MARKETING
E CREAZIONE DEL VALORE

Diletta Acuti - Gaetano Aiello - Sara Bartoloni - Nicoletta Buratti - Silvio Cardinali
Gianni Cozzi - Raffaele Donvito - Giancarlo Ferrero - Fulvio Fortezza - Laura Grazzini
Gian Luca Gregori - Simone Guercini - Luca Marinelli - Silvia Ranfagni
Andrea Runfola - Cinzia Panero - Federica Pascucci - Andrea Perna
Giorgia Profumo - Elisabetta Savelli - Valerio Temperini

MARKETING E CREAZIONE DEL VALORE

Seconda edizione

a cura di Giancarlo Ferrero

IUSTITIAM COLIMUS
G. Giappichelli Editore

VIA PO, 21 - TEL. 011-81.53.111 - FAX 011-81.25.100
http://www.giappichelli.it

ISBN/EAN 978-88-921-1748-8

Stampa: Stampatre s.r.l. - Torino

INDICE

pag.

Capitolo 2

METODOLOGIE DI ANALISI PER L'IDENTIFICAZIONE DEL VALORE

Capitolo 3

L'IDENTIFICAZIONE DEL VALORE. I CAMBIAMENTI NELL'AMBIENTE SOCIO-ECONOMICO E NEI COMPORTAMENTI DEI CONSUMATORI

pag.

Capitolo 4

PROGETTAZIONE DEL VALORE

Capitolo 5

PROGETTAZIONE E PRODUZIONE DEL VALORE: STRATEGIE COMPETITIVE D'IMPRESA E STRATEGIE DI MARKETING

pag.

Capitolo 9

LA PROGETTAZIONE DEL VALORE E LE POLITICHE DI PREZZO

Capitolo 10

PIANIFICAZIONE, METRICHE DI CONTROLLO E ASPETTI ORGANIZZATIVI DEL MARKETING

PRESENTAZIONE

Questa nuova edizione del manuale pubblicato nel 2013 presenta rispetto al testo precedente elementi di continuità e di novità.

Tra gli elementi di continuità possiamo innanzi tutto annoverare gli autori, un ampio gruppo di docenti di varie università italiane che hanno curato le diverse parti secondo un progetto unitario ed in stretta collaborazione, e l'obiettivo didattico, rivolto a supportare un corso di marketing di primo livello, collocato in genere in un percorso universitario triennale. Invariata è anche l'impostazione generale del manuale, basata sulla successione logica del processo di individuazione, progettazione, produzione, comunicazione, trasferimento e controllo del valore da offrire ai consumatori, processo di vitale importanza per le imprese, nell'indirizzo e nella gestione del quale le conoscenze e le capacità di marketing hanno un ruolo essenziale. L'obiettivo che il marketing deve perseguire è, infatti, creare valore differenziale (rispetto ai concorrenti) per i clienti dell'impresa ma in modo tale da creare, nel contempo, valore per l'impresa stessa, in termini di redditività e di competitività in una prospettiva di medio periodo. Permane, infine, un approccio aggiornato e nel contempo critico alle teorie più diffuse e consolidate di marketing management, volto a sottolineare i limiti di applicabilità di determinate linee di analisi e comportamenti strategici suggeriti dal *marketing management* tradizionale e la necessità di forme di marketing appropriate a seconda della dimensione d'impresa, delle tipologie dei mercati (beni o servizi, business to consumer o business to business), del contesto socio-economico e tecnologico in cui si opera.

Pur in presenza di questi elementi di continuità, i caratteri di novità di questa seconda edizione sono molteplici.

Innanzi tutto va rimarcata l'attenzione dedicata, in tutte le fasi del processo di creazione del valore, agli sviluppi intervenuti nel marketing a seguito della diffusione di internet e dei social network e, più in generale, come conseguenza della dinamica nelle tecnologie della comunicazione e dell'informazione. A questo si associa una più ampia disamina dell'attuale scenario economico, tecnologico e socio-culturale e delle sue tendenze evolutive, al fine di una migliore comprensione dei fattori da cui originano i mutamenti in atto nelle aspettative e nei comportamenti dei consumatori, della crescente complessità che il marketing deve fronteggiare, della opportunità di innovazione che si prospettano per le imprese. Nei titoli e nei contenuti delle diverse parti si è voluta evidenziare la necessità, da parte dell'impresa, di una visione unitaria ed integrata dell'intero processo di creazione del valore, poiché ogni fase può contribuire a creare o distruggere valore, per cui risulta difficile definire confini precisi e stabili tra scelte di valenza strategica e attività più strettamente operative, anche se sussistono differenze tra le diverse decisioni con riferimento all'orizzonte temporale da prendere in considerazione ed alle relazioni causali tra di esse. Tutti gli argomenti trattati sono stati aggiornati in base agli sviluppi intervenuti negli ultimi anni. Ci sono alcune modifiche nella struttura del testo per accorpare gli argomenti trattati in capitoli più omogenei, in modo da facilitarne lo studio e la comprensione dei collegamenti logici. Inoltre, i contenuti sono più ricchi di esemplificazioni e di riferimenti al contesto attuale.

La volontà di mantenere entro limiti contenuti la dimensione del volume ci ha indotto a focalizzare la trattazione sul marketing dei beni di consumo, mentre gli aspetti essenziali del marketing riguardanti altre aree applicative sono indicati solo allo scopo di meglio evidenziare l'esigenza di adottare modelli ad esse più appropriati.

Per quanto riguarda la forma espositiva, gli autori di questo testo hanno cercato (starà ovviamente al lettore giudicare con quale grado di successo) di semplificare il più possibile la trattazione degli argomenti "difficili" senza tuttavia cadere nel semplicismo, ossia nella rinuncia ad indicare la problematicità di molti aspetti del *marketing management*.

Per introdurre il lettore allo studio del marketing, il primo capitolo presenta i concetti chiave su cui si fonda il marketing management ed i processi evolutivi intervenuti in questa disciplina negli anni più recenti; i capitoli 2 e 3 approfondiscono la fase di individuazione del valore, passando in rassegna le metodologie per le analisi di mercato, i modelli interpretativi del processo decisionale del consumatore, le caratteristiche dell'attuale scenario socio-economico e tecnologico; il capitolo 4 ha per oggetto la progettazione del valore ed in questa prospettiva esamina le scelte di segmentazione del mercato, la formulazione della *value proposition*, il posizionamento del prodotto; i capitoli 5 e 6 trattano della produzione del valore ed in particolare il capitolo 5 analizza le relazioni tra la strategia aziendale e di marketing, le metodologie di analisi dell'ambiente competitivo, come è possibile acquisire vantaggi competitivi sui concorrenti, mentre il capitolo 6 esamina la politica del prodotto ed approfondisce i processi di innovazione del prodotto con riferimento anche alle nuove opportunità di creazione di valore offerte dalle dinamiche dell'ambiente socio-economico; il capitolo 7 illustra le politiche di comunicazione del valore; i capitoli 8 e 9 sono dedicati all'esame delle problematiche connesse al trasferimento del valore ed approfondiscono le politiche di distribuzione e di prezzo; infine, il capitolo 10 considera la pianificazione di marketing, unitamente all'organizzazione della funzione di marketing ed al profilo delle principali figure professionali che la caratterizzano.

Capitolo 1
IL MARKETING MANAGEMENT

1. FINALITÀ DEL CAPITOLO

Questo primo capitolo ha l'obiettivo di introdurre il lettore allo studio del marketing mediante l'illustrazione sintetica dei concetti base della disciplina, che saranno poi ripresi e sviluppati nei capitoli successivi. Vengono innanzi tutto chiariti gli obiettivi del marketing aziendale (creare valore per il consumatore e per l'impresa) e definiti i concetti base, specificando i diversi significati che può assumere il "valore" e le sue implicazioni gestionali. Si passa poi a delineare la filosofia direzionale di cui il marketing è promotore, che tende ad associare il successo dell'impresa alla sua capacità di essere *market-driven*. In seguito vengono presentate le diverse fasi del processo di creazione del valore, in base alle quali è stata progettata la struttura del manuale. Sono poi presi in considerazione gli attori del marketing, ovvero le diverse categorie di soggetti che intervengono nei processi decisionali di marketing, approfondendo in particolare i rapporti tra l'alta direzione e la funzione di marketing ed evidenziando la necessità, per un'efficace gestione delle strategie di marketing, di una stretta integrazione interfunzionale e tra le imprese che intervengono nella filiera produttiva.

Dopo questa analisi dei principi base su cui si fonda il marketing, si passa ad esaminare come la disciplina di marketing e la sua applicazione da parte delle imprese si sono evoluti nel tempo, con una specifica attenzione per le tendenze che si sono affermate negli ultimi anni e che potranno condizionare i futuri sviluppi di questi studi.

Nell'ultima parte del capitolo vengono esposte alcune riflessioni sugli effetti che il marketing può esercitare sulla società e l'economia, che sono spesso oggetto di dibattito e di critiche.

Infine, viene richiamata la varietà degli approcci al marketing e la necessità di adottare modelli appropriati a seconda della specificità degli oggetti di scambio, dei settori applicativi, delle diverse forme che possono assumere le relazioni cooperative tra imprese dal lato dell'offerta. Un approfondimento particolare viene fatto con riferimento alle applicazioni del marketing nelle piccole imprese.

2. GLI OBIETTIVI DEL MARKETING AZIENDALE [1]

2.1. CREARE VALORE PER IL CLIENTE E PER L'IMPRESA

Il primo interrogativo che è opportuno porsi nell'intraprendere l'esame degli aspetti essenziali del marketing aziendale riguarda la sua finalità nel contribuire ad indirizzare e gestire l'attività dell'impresa.

In stretta sintesi, **la finalità che il marketing persegue è creare valore sia per i clienti sia per la stessa impresa.**

Questa finalità qualifica il marketing aziendale come una sorta di "**Giano bifronte**". Da un lato, infatti, il marketing aziendale persegue l'obiettivo di soddisfare, nella maggiore misura possibile, i clienti a cui l'impresa rivolge la propria offerta, dall'altro è efficace se concorre anche ad aumentare la redditività e la competitività dell'impresa.

I processi di creazione e di trasferimento del valore sono quindi l'elemento focale della "filosofia" e della prassi del marketing aziendale.

Per cogliere l'essenza di tali processi **è necessario definire anzitutto le varie accezioni che assume il concetto di valore dal punto di vista del marketing.**

2.2. IL VALORE PER IL CLIENTE

La prima accezione è quella di **valore per il cliente**, valore che deriva sostanzialmente dalla **differenza** tra ciò che il cliente riceve, più precisamente tra ciò che può trarre dal possesso o dall'utilizzo di uno specifico bene o servizio (**beneficio**), e ciò che dà come contropartita (**sacrificio**).

Come si vedrà più analiticamente in seguito, la determinazione del valore per il cliente è **complessa per i cinque motivi sotto specificati.**

In primo luogo il beneficio può comprendere sia componenti funzionali, sia

[1] Di Gianni Cozzi, Università di Genova.

gratificazioni psicologiche, sociali, esperienziali. Ha quindi un carattere **multidimensionale**. Anche il sacrificio può comprendere, oltre all'onere monetario (tale è il prezzo dal punto di vista del cliente), anche costi di esercizio, dispendio di tempo per informarsi sulle alternative tra cui scegliere e per valutarle, costi di adattamento e di apprendimento, e così via.

In secondo luogo il valore per il cliente è un elemento soggettivo, nel senso che esso varia a seconda dei soggetti, delle loro esigenze ed aspettative, del loro potere di acquisto È quindi un essenziale compito del marketing definire con chiarezza ed in modo articolato a chi rivolgere l'offerta, ossia individuare il proprio **mercato-obiettivo**, nonché le sue esigenze ed aspettative materiali **ed** immateriali, per proporre un **sistema-prodotto** ad esse appropriato ed anche definire con chi operare o con quali altre modalità raggiungerlo (ad esempio *e.commerce*). Nel campo dei beni di consumo il *consumer marketing*, rivolto ai clienti finali, deve infatti integrarsi armonicamente con il *trade marketing* rivolto ai clienti intermedi, il cui potere di mercato è elevato e crescente.

Si è usato or ora il termine **sistema-prodotto (anziché prodotto *tout-court*)** per sottolineare che, in tutte le fasi di creazione e di diffusione del valore per il cliente vanno considerati i molteplici elementi che concorrono a qualificare il proprio prodotto nel mercato-obiettivo che si è scelto e, di conseguenza, che possono creare (o distruggere) valore: funzioni d'uso primarie e secondarie, materiali e tecnologie incorporate, facilità d'impiego di queste ultime, durata, costi di esercizio, affidabilità, *design*, elementi simbolici evocati dalla marca, confezione e suoi elementi di richiamo, prezzo, modalità di pagamento, garanzie, servizi pre e post vendita, ecc.

In terzo luogo il valore per il cliente va sempre considerato in termini relativi. Ciò che conta, nel marketing aziendale, non è il valore in sé dei propri output (prodotti e/o servizi), ma il loro valore differenziale, **ossia rapportato a quello che i clienti attribuiscono agli output che vengono loro offerti dai concorrenti** (Cozzi, Ferrero, 2004). L'impresa deve quindi sviluppare analisi comparate dei benefici offerti e dei sacrifici richiesti da questi ultimi.

Nell'attuale contesto, caratterizzato da una digitalizzazione pervasiva e da connessioni automatiche crescenti, supportate dalle cosiddette "tecnologie 4.0" (Brinjolfsson, McAfee, 2015; Magone, Mazzali, 2016), è non poco facilitata l'individuazione di numerosi fattori che qualificano il proprio sistema prodotto e la comparazione con quelli dei concorrenti (Kotler, Kartajaya, Setiawan, 2017). Ad esempio tali fattori possono essere scoperti e focalizzati applicando le tecnologie di *big data analytics*, che esaminano ed interpretano, tra l'altro, le numerosissime informazioni desumibili dai più diffusi *social network.* Sempre a titolo esemplificativo, applicando le tecnologie della cosiddetta "internet delle cose" (sensori connessi in rete che forniscono informazioni su singoli apparati inseriti nel prodotto) possono, tra l'altro, essere sviluppati processi di manutenzione predittiva, che arricchiscono il valore per il cliente del prodotto che sta usando, e così via.

In quarto luogo il valore per il cliente ne condiziona gli atteggiamenti ed i comportamenti di scelta solo se viene **adeguatamente percepito**. Il marketing ha un ruolo essenziale nel selezionare gli elementi che possono suscitare o migliorare la percezione del valore dell'offerta dell'impresa da parte dei clienti a cui essa si rivolge e nel comunicarli agli stessi clienti.

In quinto luogo il valore percepito può variare a seguito dell'esperienza di acquisto e/o di consumo, nel senso di rafforzarsi o indebolirsi a seconda del grado di soddisfazione del cliente. Va quindi considerato anche il **valore sperimentato** dal cliente.

In sintesi il concetto di valore per il cliente, in una prospettiva di marketing, va inteso come **valore differenziale percepito dai clienti potenziali ed anche come valore differenziale percepito e sperimentato dai clienti attuali** a cui l'impresa rivolge l'offerta di un proprio output.

In alcuni casi, sempre più frequenti, nei quali il cliente sceglie prima l'impresa o la sua marca poi i prodotti o servizi offerti, il concetto di valore per il cliente va riferito, più che a specifici output, **alla relazione che il cliente intende intrattenere con le marche di specifici produttori e/o con le insegne e le marche di specifici distributori.**

2.3. IL VALORE DI SCAMBIO

La seconda accezione di valore rilevante per il marketing aziendale è quella di **valore di scambio**. Il **concetto** di valore di scambio è **molto semplice**, in quanto il valore di scambio di un'unità di un unico output offerto da una specifica impresa corrisponde al **prezzo netto di cessione** di tale output. Con riferimento a una pluralità di output (dello stesso tipo o di tipi diversi) collocati sul mercato da una specifica impresa in un determinato arco temporale, il valore di scambio corrisponde ai suoi **ricavi netti di cessione** in tale periodo.

Meno semplice, ma fondamentale per il marketing, è l'individuazione dei **fattori dai quali dipende il valore di scambio** (Busacca, 2004; Ferrero [a cura di], 2013). In linea di principio essi **non sono generalizzabili** perché variano al variare della **forma di mercato** nel cui ambito si trova ad operare l'impresa e dello **stato della concorrenza** che, almeno *pro tempore*, caratterizza tale forma di mercato.

Nel *box* esplicativo (*box* n. 1) si indicano sinteticamente gli elementi che consentono di distinguere, sul piano teorico, le diverse forme di mercato ed i diversi stati della concorrenza che possono manifestarsi all'interno di alcune di esse.

BOX N. 1

FORME DI MERCATO E STATI DELLA CONCORRENZA

Le forme di mercato possono essere sinteticamente individuate sulla base di due elementi, da considerare congiuntamente:

a) la **numerosità delle imprese** operanti nel mercato dal lato dell'offerta;
b) **il grado di sostituibilità dei loro output**.

Nel modello della concorrenza perfetta le imprese sono molto numerose e nessuna può influire con i propri comportamenti sulla struttura complessiva del mercato. I loro output, in ciascun settore di attività, sono fortemente sostituibili. Non si ravvisa cioè alcuna differenziazione rilevante dei prodotti nella percezione dei consumatori. I loro prezzi sono uniformi e imposti alle imprese dagli automatismi esterni di mercato.
Anche nel **modello della concorrenza imperfetta** le imprese sono molto numerose e nessuna di esse può influire in misura significativa con i propri comportamenti sulla struttura complessiva del mercato. Tuttavia gli output offerti non vengono percepiti dai consumatori come omogenei, ossia come completamente sostituibili l'uno con l'altro. Ciascuna impresa opera con proprie politiche di differenziazione e di prezzo.
Nel **modello dell'oligopolio,** dal lato dell'offerta è presente un numero limitato di imprese con **politiche di mercato interdipendenti**, nel senso che le decisioni ad esse relative si basano anche sulle congetture che ogni oligopolista formula circa il probabile comportamento degli altri. L'oligopolio può essere **omogeneo** se gli output offerti sono sostituibili gli uni con gli altri, in quanto percepiti dai consumatori come dotati di "benefici" analoghi. Nell'oligopolio omogeneo la concorrenza si basa sul **prezzo, che non si forma automaticamente nel mercato ma è la risultante delle interdipendenze oligopolistiche**. L'oligopolio può anche essere **differenziato** se gli output offerti dai singoli oligopolisti vengono percepiti dai loro utilizzatori come differenti e tendenzialmente non sostituibili l'uno con l'altro a motivo dei diversi "benefici" percepiti in ciascuno di essi. **Nell'oligopolio differenziato gli oligopolisti operano in modo interdipendente sia con politiche di prezzo sia con politiche di differenziazione (in senso lato).**
Nel modello del **monopolio contendibile** vi è, almeno *pro-tempore*, un solo soggetto di offerta in un determinato settore-mercato. Tuttavia il suo output presenta per gli utilizzatori **"benefici" funzionali che possono essere anche offerti da imprese operanti in altri settori-mercati**.
Nel **modello del monopolio puro**, infine, un'unica impresa o un unico gruppo di imprese offre in uno specifico mercato un output, almeno *temporaneamente* non sostituibile e sviluppa politiche di mercato tali da consentirgli di appropriarsi nella maggiore misura possibile del *surplus* di utilità generato trasferendolo nella misura minore possibile agli utilizzatori del proprio output.

All'interno della forma di mercato oligopolistica è essenziale distinguere **tre stati della concorrenza**, che possono variare nel tempo:
a) stati della concorrenza **collusivi**;
b) stati della concorrenza **equilibrati**;
c) stati della concorrenza **aperti e dinamici**.

Negli stati della concorrenza **collusivi**, con accordi espliciti o con adattamenti taciti delle rispettive politiche di mercato, gli oligopolisti tendono a mantenere immutate le quote di mercato presidiate da ciascuno di essi, mantenendo elevati i "sacrifici" per gli utilizzatori dei propri output ed appropriandosi del maggiore valore di scambio che ne deriva.
Anche negli stati della concorrenza **equilibrati** prevale tra gli oligopolisti l'obiettivo di mantenere le rispettive quote di mercato, ma **il grado di sfruttamento delle loro posizioni dominanti, fonte di extra profitti, resta limitato**.
Gli stati della concorrenza **aperti e dinamici** si manifestano quando un oligopolista, che può fruire rispetto agli altri di vantaggi assoluti di costo o di una struttura dei costi in cui prevalgono le componenti

fisse, decide di abbassare il prezzo del suo output, anche sopportando temporaneamente una riduzione della sua redditività, con l'**obiettivo di ridurre in misura significativa le quote di mercato degli avversari più deboli e, al limite, di costringerli a uscire dal mercato**.
Nelle **forme di mercato diverse dall'oligopolio rilevanti per il marketing** (concorrenza imperfetta e monopolio contendibile) possono manifestarsi stati della concorrenza variabili nel tempo, ma essi non sono definibili in modo netto, in quanto è molto debole o nulla l'interdipendenza tra le politiche di mercato delle imprese che competono tra loro.

Ciò premesso, è essenziale tenere presente che, **dal punto di vista del marketing, sono rilevanti solo mercati riconducibili ai modelli intermedi (concorrenza imperfetta, oligopolio e monopolio contendibile)** non a quelli estremi (concorrenza perfetta e monopolio assoluto). All'interno dell'oligopolio per il marketing sono più rilevanti l'**oligopolio differenziato** rispetto a quello omogeneo e gli **stati della concorrenza equilibrati**, nonché quelli **aperti e dinamici**, rispetto agli stati della concorrenza collusivi.

Le imprese orientate al mercato tendono, ovviamente, ad individuare e gestire processi che consentano loro di avvalersi di valori di scambio il più possibile convenienti per i propri output, modificando, almeno entro certi limiti, la forma dei mercati in cui operano ed i loro stati della concorrenza, ed evitando, il più possibile, di subire confronti competitivi basati sugli automatismi della concorrenza di prezzo (Castaldo, 2010).

Ad esempio, alcuni anni or sono, nel mercato italiano delle candeggine, precedentemente caratterizzato dall'offerta di numerosi prodotti indifferenziati e nel quale prevaleva la concorrenza di prezzo, Procter & Gamble divenne rapidamente leader con una propria marca (Ace), presentandola come il candeggiante che, oltre a dare risultati migliori, garantiva a lungo l'integrità dei tessuti. Rispetto alle marche indifferenziate Ace fruì di un cospicuo *premium price*.

Sempre a titolo esemplificativo, più recentemente, Luxottica, acquisendo e potenziando parecchie marche affermate, dotandosi di una grande rete internazionale di punti di vendita propri e in franchising, applicando parecchie tecnologie "4.0" tra loro integrate sia nella sua unità produttiva principale (ad Agordo), sia lungo l'intera filiera che la connette con i mercati di approvvigionamento e con quelli di sbocco, è diventata leader mondiale nel settore degli occhiali da sole e da vista sportivi di fascia alta, con significativi effetti positivi sul complessivo valore di scambio dei suoi prodotti.

In sostanza, nei casi di successo, il marketing è un elemento determinante nella creazione di nuovi mercati, ovvero – più precisamente – nell'individuazione di mercati potenziali, nei quali le capacità distintive dell'impresa possono essere valorizzate, e nella loro trasformazione in mercati effettivi, in cui l'impresa può disporre, almeno *pro-tempore*, di un'elevata discrezionalità nel definire, a proprio vantaggio, il valore di scambio dei propri output. Si pensi, ad esempio, al caso Geox nel campo delle calzature traspiranti, oggi oggetto di numerose imitazioni, ma inizialmente unico. In questi casi, tuttavia, **il successo non è, in genere, solo il risultato di intuizioni creative di marketing**, ma anche di elevate capacità innovative (di prodotto, di processo, organizzative) e di capacità di finanziamento, specie dei cospicui investimenti iniziali necessari per accreditare la marca.

2.4. CREARE VALORE PER L'IMPRESA

Le due accezioni del concetto di valore (valore per il cliente e valore di scambio) sinteticamente definite nei paragrafi precedenti vanno, ovviamente, considerate tenendo presenti anche i costi che l'impresa sostiene per progettare, produrre e commercializzare i propri output, differenziandoli adeguatamente nei confronti di quelli dei concorrenti.

In linea teorica, quindi, **ogni output che viene venduto dall'impresa ha: un valore per il cliente, un valore di scambio ed anche – se così si può dire – un "valore costo"**, intendendo, con questa espressione un po' anomala, il valore monetario degli input impiegati dall'impresa riferibili a tale output.

Si è già sottolineato all'inizio che il marketing aziendale, nel perseguire la sua finalità ultima di creare valore sia per il cliente sia per l'impresa, può essere considerato come una sorta di "**Giano bifronte**".

Infatti **il marketing aziendale** deve contribuire in modo determinante all'immissione sul mercato, da parte dell'impresa, di output dotati, **per i suoi clienti, di "benefici" percepiti comunque superiori ai "sacrifici" richiesti (di cui il prezzo-sintesi del valore di scambio – è in genere il "sacrificio" maggiore).**

Al tempo stesso, però, **per soddisfare l'impresa, tali output devono avere un valore di scambio comunque superiore al loro valore costo.** Il marketing, dal punto di vista dell'impresa che lo pone in atto, deve cioè contribuire a **conservare ed accrescere la sua redditività e la sua competitività, in una prospettiva di medio periodo. La sua efficacia viene quindi valutata, da chi governa l'impresa, anzitutto con riferimento a questi ultimi aspetti.**

Concludendo, il marketing **aziendale** deve comunque essere **coerente con la finalità che caratterizza l'impresa stessa** e che la contraddistingue rispetto ad altri tipi di istituzioni o di organizzazioni, finalità che, in un contesto di razionalità limitata e di incertezza, può essere appunto individuata nella **sopravvivenza e, se possibile, nello sviluppo in condizioni di redditività ritenute soddisfacenti, almeno nel medio periodo, da chi la governa ed accettabili dai suoi *stakeholders*.**

3. IL MARKETING COME "FILOSOFIA" DIREZIONALE E GESTIONALE [2]

3.1. LE IMRESE ORIENTATE AL MERCATO ED I LORO PROCESSI DECISIONALI

L'impostazione e la gestione dei processi sopra indicati richiede anzitutto un orientamento al mercato dell'impresa nel suo complesso (Day, 1994; Valdani, 1995; Guatri, Vicari, Fiocca, 1999; Cozzi, Ferrero, 2004; Burresi, Aiello, Guercini, 2006; Valdani, 2011).

Da questo punto di vista il marketing va considerato, prima ancora che come una funzione aziendale specifica e specialistica, come uno stile imprenditoriale e/o manageriale diverso da quelli che caratterizzano le imprese orientate alla produzione, al prodotto o alle vendite.

Nel primo caso (**imprese orientate alla produzione**) l'efficienza dei processi produttivi in senso stretto viene considerata come il fattore-chiave per acquisire vantaggi competitivi sui concorrenti. Nel secondo caso (**imprese orientate al prodotto**) si punta principalmente sulle innovazioni tecnologico-funzionali dei prodotti. Nel terzo caso (**imprese orientate alle vendite**) la promozione delle vendite, in senso lato, e la distribuzione commerciale sono considerate, indipendentemente dai prodotti offerti, come i fattori fondamentali di successo (Stanton, Varaldo, 1989).

Senza dubbio gli orientamenti gestionali sopra richiamati sono antecedenti all'orientamento al mercato (*market driven orientation*) in cui si dispiega pienamente lo stile direzionale e manageriale oggetto della nostra analisi. Tuttavia, anche nel nuovo contesto tecnologico "4.0", essi costituiscono, con maggiore o minore successo per le imprese che li pongono in atto, orientamenti fondamentali da non sottovalutare. Ad esempio numerose startup innovative che hanno messo a punto e stanno sviluppando applicazioni avanzate delle ICT (tecnologie dell'informazione e delle telecomunicazioni) sono imprese orientate sostanzialmente al prodotto e solo se riescono ad intrattenere relazioni cooperative con altre imprese di maggiori dimensioni, dotate di risorse, di competenze e di capacità complementari, possono valorizzare i loro nuovi sistemi-prodotti (Christensign – trad. italiana, 2016).

A ben vedere, gli orientamenti alla produzione, al prodotto, alle vendite, sebbene tra loro molto diversi, hanno in comune la concezione secondo la quale **la condotta dell'impresa deriva in primo luogo da considerazioni di natura interna** riguardanti ciò che gli imprenditori e/o i *managers* ritengono – a ragion veduta – che le loro imprese sappiano e vogliano fare meglio. Solo successivamente essi si pongono il problema di cercare un equilibrio accettabile con le attese e con i vincoli via via espressi dal mercato.

Rispetto a queste impostazioni l'**orientamento al mercato configura processi decisionali che seguono un percorso opposto** in quanto partono da un'analisi di

---

[2] Di Gianni Cozzi, Università di Genova.

ciò che l'impresa può fare (alternative di azione che si prospettano sulla base di un'attenta analisi e valutazione dei mercati di suo interesse in rapporto alle sue capacità distintive) e di ciò che deve fare per avere successo, anche – se necessario – ampliando le sue stesse capacità distintive e/o integrandole con quelle di altre imprese.(Cozzi, Ferrero, 2004).

I processi decisionali delle imprese orientate al mercato possono pertanto essere sinteticamente delineati nella sequenza sotto specificata, che si articola in sostanza in tre passi logici.

Primo passo logico: analisi degli ambienti generali, del mercato (domanda e concorrenza) e dell'ambiente interno all'impresa.

In particolare, nei mercati dei beni di consumo, l'analisi della domanda deve comunque essere integrata con quella dei fattori sottostanti alla formazione delle aspettative degli utilizzatori. Tali fattori sono esogeni al mercato, nel senso che i soggetti di offerta non possono influire in modo apprezzabile sulle loro dinamiche. La loro conoscenza e la loro valutazione sono però essenziali per sviluppare azioni di marketing efficaci.

Secondo passo logico: determinazione della strategia di marketing da adottare, delle politiche di mercato da porre in atto e loro gestione operativa.

Tenendo conto dei risultati delle analisi indicate al punto precedente, l'impresa orientata al mercato definisce anzitutto: **a chi** rivolgere la propria offerta (scelta del mercato-obiettivo o *target*); **che cosa offrire** (quali "benefici" differenziali che, se percepiti e sperimentati, il *target* può trarre dal possesso o dall'utilizzo dei suoi output; **come offrirli** in modo da acquisire, accrescere, conservare un vantaggio competitivo nei confronti dei concorrenti.

Chiariti ed articolati questi aspetti (essenza delle sue **strategie di marketing**), l'impresa orientata al mercato può procedere ad articolare e svolgere le sue **attività operative di marketing**. Nella letteratura consolidata le **leve operative**, tra loro integrate e sinergiche, vengono ricondotte a quattro componenti fondamentali: politiche del prodotto (**product**); politiche di prezzo (**price**); politiche di differenziazione e di comunicazione in senso lato (**promotion**) e politiche di distribuzione (**place**), le quali, nel loro insieme, compongono. il cosiddetto **marketing mix** (McCarty, 1960).

Queste (ed altre politiche di mercato, non riconducibili allo schema mnemonico delle "quattro P") sono però – a ben vedere – **solo la parte emergente dell'iceberg con cui le imprese orientate al mercato si rapportano con i propri clienti**, ossia sono il punto di arrivo di numerosi processi di attività interni e/o condotti operando con altre imprese).

Inoltre è essenziale sottolineare che, specie nella situazione attuale, **tra le scelte strategiche di marketing e quelle operative si manifestano continue interazioni.**

Terzo passo logico: controllo di efficacia.

Quest'ultima, nelle imprese orientate al mercato, viene costantemente verificata, specie attraverso la valutazione del grado di soddisfazione dei clienti e dei risultati competitivi ed economici via via conseguiti, allo scopo di apportare, se necessario e possibile, miglioramenti "mirati" o cambiamenti gestionali e di indirizzo.

Nel *box* esemplificativo (*box* n. 2) viene sinteticamente interpretata, sulla base della sequenza sopra indicata, una specifica azione di marketing con la quale una grande impresa ha avviato in Italia l'offerta di un sistema-prodotto innovativo, affiancandola a quella consolidata dei suoi altri sistemi-prodotto e rafforzando la sua complessiva immagine di marca.

BOX N. 2

ESEMPIO: DASH ECODOSI SUL MERCATO ITALIANO

Il mercato italiano dei detersivi era stato caratterizzato, nel primo decennio degli anni 2000, da una situazione **sostanzialmente statica delle vendite in volumi**, che rifletteva la staticità degli andamenti demografici, e da incrementi, seppure lievi, tra il 2006 ed il 2010, della domanda in valori (in termini reali), nonostante la crisi economica, dopo un periodo di marcate riduzioni dei prezzi. Nel 2010 il 70% circa della domanda era composto da detersivi in polvere, il 25% circa da detersivi liquidi ed il 5% circa da detersivi concentrati in tavolette.

Dal lato dell'offerta il mercato era presidiato nel 2010 per circa il **65%** (in volumi) da **4 marche, di cui 2 (Dash di Procter&Gamble e Dixan di Henkel) dominanti** e con analoghe quote di mercato (25% circa ciascuna), per il restante 35% da numerosi prodotti sostanzialmente *unbranded*, in larga misura marche commerciali.

In questo contesto si collocò il caso "Dash Ecodosi", un prodotto innovativo, lanciato da Procter&Gamble, dotato di principi attivi molto concentrati, composto da monodosi inserite in piccoli involucri di plastica completamente biodegradabile, ciascuno dei quali, collocato direttamente nel cestello della lavatrice era in grado di garantire un normale lavaggio a cestello pieno anche con temperature molto basse. Offerto con varie profumazioni, tale prodotto poteva rendere superfluo anche l'uso di ammorbidenti.

L'**analisi delle aspettative degli utilizzatori potenziali**, da cui era partito sostanzialmente il progetto di "Dash Ecodosi", aveva evidenziato che una parte delle donne italiane, seppure minoritaria, aspirava in in questo campo ad uno stile di consumo sensibile non solo ad elementi riguardanti l'efficacia funzionale dei prodotti impiegati (sulla quale, anche a seguito di continue innovazioni incrementali, le due marche *leader* avevano da sempre basato le loro politiche di differenziazione supportate da investimenti pubblicitari rilevanti e continui, peraltro dimostratisi necessari per mantenere le rispettive posizioni sul mercato), ma anche ad elementi di carattere ecologico e ad elementi riguardanti la semplificazione delle modalità d'uso.

L'**analisi della domanda intermedia** aveva evidenziato, d'altro canto, che, in un settore in cui *la* distribuzione commerciale avveniva per l'85% nei punti di vendita delle varie organizzazioni di *grande dettaglio*, anche i detersivi delle marche *leader* dovevano comunque essere oggetto di *promozioni di convenienza (3 × 2)* di durata in genere bisettimanale, ricorrenti più volte all'anno, concordate con la grande distribuzione, data la rilevanza attribuita dai clienti finali alle offerte promozionali di prodotti noti ed apprezzati. Ciò riduceva sensibilmente la redditività dei produttori su base annuale (ogni offerta 3 × 2 implica infatti uno sconto del 33% a carico del produttore sul prezzo-base di cessione al distributore, che, da parte sua, ne sostiene i costi della comunicazione capillare). Gli effetti di attrattività dei punti di vendita erano del resto temporanei ed i distributori, pur non potendo farne e meno, non traevano, da queste operazioni ricorrenti, vantaggi in termini di acquisizione duratura di nuovi clienti.

I risultati di queste analisi (e di molte altre che qui non si considerano) indussero Procter&Gamble ad **affiancare una strategia di marketing specifica** a quella consolidata e più rilevante, strategia specifica avente, come ***target*** le donne con lo "stile di consumo" sopra richiamato (un segmento di nicchia, pe-

raltro espandibile), come **"benefici"** offerti la semplicità dell'operazione di lavaggio e, specialmente, le sue connotazioni ecologiche positive, pur con alte prestazioni funzionali; come **posizionamento competitivo**, almeno nel breve periodo, un posizionamento esclusivo, poiché i diretti concorrenti avrebbero impiegato tempi non brevissimi per imitare il nuovo prodotto.
Il *marketing mix* si basava coerentemente su un'**innovazione di prodotto** molto maggiore rispetto alle consuete innovazioni incrementali, innovazione di cui Procter&Gamble già disponeva grazie all'attività di R&S dei suoi laboratori, ed i cui risultati funzionali erano già stati testati nel mercato della Gran Bretagna. Ciò rese possibile il lancio del nuovo prodotto in tempi molto brevi sul mercato italiano, con l'obiettivo di acquisire vantaggi in termini di erosione della quota di mercato del più diretto concorrente, che non poteva ancora adeguatamente soddisfare la nicchia di mercato scelta da Procter&Gamble come *target* ed anche in termini di acquisizione di un ***premium price*** dai propri clienti, peraltro poco numerosi, appartenenti a tale nicchia di mercato, che avrebbero scelto il nuovo prodotto anziché gli usuali prodotti della gamma Dash.
Le altre componenti principali del *marketing mix*. erano la comunicazione ed alcune peculiari azioni di *trade marketing*, entrambe sviluppate con modalità inconsuete nel settore dei detersivi per lavatrici.
Nella **comunicazione** vennero usati, prima del lancio, tutti i *media*, anche con l'organizzazione di veri e propri eventi, finalizzati a diffondere l'immagine innovativa della marca in quanto tale, oltre che a presentare il nuovo prodotto. La pubblicità iniziale sui *media* televisivi, rilevante quanto ad intensità e ad investimenti, presentava il nuovo prodotto come un nuovo oggetto d'uso quotidiano di cui tutti parlavano, con rapidissimi *flashes* che alternavano la visualizzazione della marca e del prodotto monodose, senza tuttavia ancora evidenziarne i "benefici" specifici, allo scopo di suscitare attesa e curiosità da parte dei consumatori potenziali.
Nel ***trade marketing***: venne esclusa, d'accordo con le imprese di grande distribuzione, l'utilizzazione del nuovo prodotto per lo svolgimento di azioni promozionali congiunte *di convenienza* (3x2 o simili); vennero acquisiti, con specifiche contribuzioni, spazi espositivi a scaffale che richiamare l'attenzione, con particolari modalità di *merchandising* e fu commercializzata, per un periodo limitato di tempo, una confezione ridotta per incentivare gli acquisti di prova del nuovo prodotto.
Dopo un anno dal lancio venne effettuato un consuntivo dei capillari controlli di efficacia via via condotti, dal quale risultò, tra l'altro: che gli obiettivi economici specifici previsti nel piano marketing erano stati superati; che il nuovo prodotto aveva eroso in misura abbastanza apprezzabile la quota di mercato della marca più diretta concorrente ma in misura modesta, quella dei prodotti tradizionali della propria marca, mentre non aveva sostanzialmente influito sulle quote di mercato delle marche commerciali; che un prodotto analogo, lanciato affrettatamente dal diretto concorrente, non aveva avuto, almeno inizialmente, successo.
I **controlli di efficacia** evidenziavano anche alcuni aspetti, solo apparentemente di secondaria importanza, riguardanti gli effetti positivi sui costi di carattere logistico derivanti dal formato (cubico) e dal minore volume (per unità di principi attivi) delle confezioni contenenti il nuovo prodotto e, specialmente, quelli derivanti da processi ordini-consegne alla grande distribuzione non inficiati dalle irregolarità dei flussi connessi con le ricorrenti azioni 3x2, effetti positivi di cui avevano fruito sia il produttore, sia le organizzazioni della grande distribuzione, con un incremento della *customer satisfaction* di queste ultime.

3.2. I PRINCIPI ED I VALORI SU CUI SI BASANO LE IMPRESE ORIENTATE AL MERCATO

La sequenza decisionale che si è or ora indicata ed esemplificata, di per sé, nulla dice sulla **cultura aziendale delle imprese orientate al mercato, sui principi e sui valori che la animano**, espressi anzitutto dal vertice aziendale, supportati da strutture e procedure organizzative che favoriscano il **coordinamento tra le funzioni** aziendali, la **collaborazione** e la **responsabilizzazione** di tutti i soggetti coinvolti. Questi essenziali aspetti sono stati enunciati e valutati fin dagli anni '90 (Narver, Slater, 1990; Day – ed. italiana, 1992; Koli, Javorski, 1993; Grandinetti, 1993) e, tenendo anche conto degli attuali processi di digitalizzazione pervasiva, sono oggetto di continui aggiornamenti (tra i più recenti: Kotler, Kartajaya, Setiawan, 2017; Bertoli, Busacca, 2017; Jarach, Reina, 2017). Ci sembra pertanto utile sottolinearne la rilevanza, raggruppandoli in modo da facilitarne la memorizzazione.

Un primo gruppo di principi riguarda, come già si è visto, il loro orientamento ai clienti. Va ora aggiunto che esso si estrinseca innanzi tutto nel "**vedere le cose non con i propri ma con i loro occhi**", cercando inoltre di **capirli in profondità** e di **coinvolgerli il più possibile** anche nella progettazione dei sistemi-prodotto loro destinati. Con le tecnologie attuali, infatti, molti sistemi-prodotto possono essere "personalizzati" con modesti aggravi di costi.

Nei rapporti con i clienti, non ci si può limitare a cercare di rispondere alla loro domanda di "benefici", ma occorre anche **interpretare molti segnali deboli** per offrire **soluzioni creative ai loro bisogni e problemi**, di cui essi spesso non sono pienamente consapevoli.

Tutto ciò avvalendosi anche della collaborazione di altri soggetti (imprese o centri di ricerca) dotati di competenze complementari. Nelle imprese orientate al mercato **le capacità innovative di prodotto e di processo, se strettamente connesse con quelle di marketing, sono fattori fondamentali per poter offrire soluzioni creative ai bisogni ed ai problemi dei clienti.**

Un secondo gruppo di principi riguarda il continuo monitoraggio delle dinamiche dell'ambiente generale, non solo economiche e socio-culturali, ma anche fisico-ecologiche, oltre che – ovviamente – **dell'ambiente mercato**. In Italia, ad esempio, alcune dinamiche fisico-ecologiche negative che stanno diffondendosi possono rappresentare opportunità per la messa a punto di sistemi-prodotti in grado di contrastarle, anche prima che intervengano imposizioni normative.

Un altro campo nel quale le imprese orientate al mercato devono oggi cercare di effettuare continui monitoraggi è quello delle **dinamiche delle invenzioni cui pervengono i laboratori scientifico-tecnologici "di frontiera"**, monitoraggio che richiede, specialmente, capacità interpretative riguardanti i costi ed i tempi probabilmente necessari per pervenire ad eventuali loro applicazioni industriali che potrebbero modificare (nel bene o nel male) il proprio posizionamento competitivo.

Il continuo **esame dei punti di forza e di debolezza dei concorrenti e dei loro concreti comportamenti** offre alle imprese orientate al mercato informazioni e valutazioni indispensabili per porre in atto azioni finalizzate ad acquisire, conservare, accrescere i loro vantaggi competitivi. Da parecchio tempo questo monitoraggio **non può limitarsi a considerare imprese operanti nel proprio specifico settore di attività**, ma deve estendersi anche a soggetti operanti in altri settori. Ad esempio, la diffusione di strumenti per la riproduzione di contenuti musicali o visivi può avvenire – come è ben noto – con molteplici modalità, da parte di imprese che hanno il loro originario *core-business* in vari settori e che possono intrattenere relazioni cooperative e competitive di vario tipo.

Inoltre, con la riduzione del potere di acquisto destinabile alle spese discrezionali, ossia dedotte quelle non comprimibili, **il campo del monitoraggio della concorrenza potenziale può allargarsi a dismisura** e le imprese devono tenerne conto nell'articolare le loro politiche di mercato. Ad esempio, per la maggioranza delle famiglie italiane, da parecchi anni, il rinvio della domanda di rinnovo dei beni di consumo durevole è imputabile, in larga misura, a questo fattore, con la paradossale conseguenza, per restare nell'esempio, che il settore delle brevi vacanze *low-cost* può essere annoverato tra quelli potenziali concorrenti del settore delle auto nuove, nel quale diviene quindi importante proporre prodotti con consumi di carburanti molto ridotti rispetto a quelli delle vecchie auto, offrire dilazioni di pagamento a *costo zero* o possibilità di noleggio a lungo termine, riducendo, in tal modo, una spesa non comprimibile e, almeno temporaneamente, non facendo "man bassa" del limitato potere di acquisto discrezionale dei clienti.

Un terzo gruppo di principi riguarda l'**importanza che le imprese orientate al mercato danno alle emozioni ed alle esperienze gratificanti dei consumatori**, elementi che hanno spesso un ruolo centrale nei processi di creazione e di diffusione del valore degli output. Anche la comunicazione della loro marca viene collocata spesso in una "**narrazione**" (***storytelling***) **dotata di connotazioni emozionali**. Inoltre, nei limiti del possibile, esse utilizzano **media di comunicazione plurimi** e cercano di disporre, nel proprio mercato-obiettivo, di una *share of voice*[3] non marginale, anche diffondendo messaggi che ne favoriscano gli effetti moltiplicativi derivanti dal passaparola, specie sui *social network*.

Un quarto gruppo di principi investe un aspetto fondamentale della cultura aziendale delle imprese orientate al mercato: **essere imprese che apprendono continuamente dall'esperienza (*learning organizations*) e aperte al cambiamento**, pur conservando la loro identità.

Un quinto gruppo di principi, anch'esso facente parte della loro cultura aziendale, riguarda un aspetto più specifico dei loro rapporti con il mercato di sbocco: il **carattere proattivo di tali rapporti**, ossia capace di adattarsi ai condizionamenti ambientali, ma, al tempo stesso, di condizionare le variabili esterne in modo da favorire una coevoluzione sinergica della domanda e dell'offerta (Grandinetti, 2008). Tutto ciò in modo **non neutrale**, ossia in una prospettiva di medio periodo vantaggiosa per le stesse imprese.

Un sesto gruppo di principi si riferisce agli **aspetti più propriamente organizzativi** ed ai **valori ad essi sottostanti**. Si è già sottolineato, a questo proposito, che

---

[3] La *share of voice* è data dal rapporto tra gli investimenti in comunicazione di una determinata marca e gli investimenti complessivi del settore di appartenenza.

l'impresa orientata al mercato tende a dotarsi di strutture e procedure organizzative che favoriscano: coordinamento tra le funzioni aziendali, collaborazione e responsabilizzazione. Va ora aggiunto che ciò comporta la **diffusione, anche nelle funzioni non specificamente preposte a compiti di marketing, delle conoscenze di base sui suoi clienti e sui suoi concorrenti**, affinché ogni funzione sia indotta a dare il suo apporto specialistico migliorativo nei loro confronti e venga valutata in relazione a questa sua capacità. **Lo sviluppo di un impegno nei confronti dei clienti e la ricerca di vantaggi competitivi devono infatti coinvolgere tutta l'organizzazione.**

Come è stato affermato provocatoriamente "**il marketing è troppo importante per lasciarne la gestione solo agli uomini di marketing**" (Webster, 1988). Questo aforisma pone l'accento su una condizione indispensabile per l'orientamento dell'impresa al mercato: **la convinzione e l'impegno del vertice aziendale** nel diffondere in tutta l'organizzazione una cultura coerente con la "filosofia" del marketing.

Ciò non significa però assegnare alla funzione specialistica di marketing un ruolo egemone rispetto alle altre funzioni specialistiche (Marion, 1993), che potrebbe ostacolare, anziché facilitare le relazioni cooperative interfunzionali, comunque necessarie per elevare l'efficienza e l'efficacia di tutti i processi aziendali: processi innovativi, processi di approvvigionamento, processi logistici, processi produttivi in senso stretto, ecc.

Va infatti tenuto presente che l'orientamento al mercato investe l'insieme dei processi aziendali, perseguendo obiettivi di generale interesse per l'impresa, che possono essere così sintetizzati:

– accrescere la soddisfazione e la fedeltà dei clienti, riducendo l'elasticità della domanda al prezzo ed aumentando, a parità di altre condizioni, la redditività;
– accreditare la marca e, conseguentemente, il suo valore come *asset* patrimoniale dell'impresa;
– facilitare tempestivi e continui processi di cambiamento per cogliere le opportunità e minimizzare i pericoli determinati dai mutamenti ambientali;
– stimolare l'innovazione ed orientarla verso la creazione di valore per i clienti e verso l'acquisizione di vantaggi competitivi nei confronti dei concorrenti;
– favorire lo sviluppo di competenze distintive *market-based*, fondate cioè su una maggiore capacità di comprendere il mercato e di creare relazioni con i clienti ed i canali di distribuzione (Day, 1996);
– contribuire a focalizzare l'attenzione e ad orientare l'azione di tutte le componenti dell'impresa verso i processi più critici per il successo competitivo, migliorando in tal modo anche l'integrazione e la collaborazione interna.

Queste implicazioni dell'orientamento al mercato risultano di particolare rilevanza soprattutto quando si opera in ambienti complessi e dinamici, nei quali diviene essenziale monitorare un'ampia gamma di variabili ed intervenire tenendo conto della loro rapida evoluzione.

4. LE FASI DEL PROCESSO DI CREAZIONE DEL VALORE PER IL CLIENTE[4]

Dopo avere chiarito nelle pagine precedenti che la finalità della funzione di marketing è creare valore per i consumatori e per l'impresa, vediamo ora attraverso quale processo tale valore viene creato, fatto percepire e consegnato. Le fasi di questo processo e la loro sequenza sono riprodotte nella struttura di questo manuale dove, per ogni fase, vengono analizzate nei diversi capitoli le finalità da perseguire, le scelte adottabili e le tecniche utilizzabili per le decisioni da assumere.

Nella figura 1 è indicata la configurazione del processo di creazione del valore.

Figura 1. – *Il processo di creazione del valore*

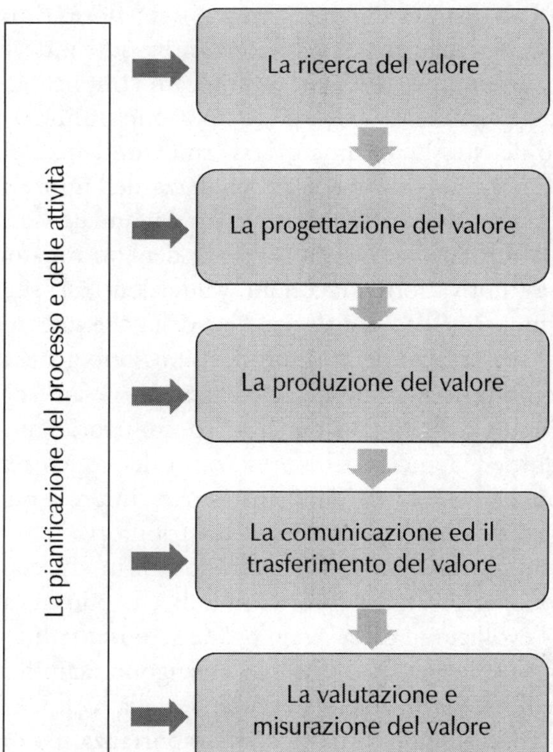

[4] Di Giancarlo Ferrero, Università di Urbino.

La prime due fasi riguardano l'analisi per l'identificazione del valore e la sua progettazione. Si tratta, in sostanza, di definire quale valore offrire, a quali utilizzatori potenziali dei propri output ed in base a quali elementi caratterizzare la propria offerta. A differenza di quanto è stato teorizzato nelle interpretazioni tradizionali del processo di creazione e di diffusione del valore, che pongono l'ideazione e la realizzazione del prodotto come il punto di partenza dell'intero processo, la sequenza da noi privilegiata, coerentemente con i concetti di orientamento al mercato e di marketing inteso anzitutto come "filosofia" direzionale e gestionale, considera come fasi fondamentali quelle che hanno come obiettivi specifici la segmentazione della clientela, la selezione dei mercati e la scelta del mercato-obiettivo ed il posizionamento di valore. Lo sviluppo del prodotto, infatti, in una corretta logica di marketing, deve essere considerato, nell'ambito della progettazione del valore, non come un'attività che si colloca solo in una logica interna per valorizzare idee e capacità innovative possedute.

La prima fase è **l'analisi per l'identificazione del valore**. È una fase che assume particolare importanza perché crea le basi conoscitive su cui devono fondarsi i processi decisionali in un'impresa orientata al mercato. Implica accurate ricerche sia sulle caratteristiche dell'ambiente generale che possono influire sulla domanda e sui processi di acquisto dei stessi consumatori, sia sull'ambiente competitivo, con particolare riferimento ai punti di forza e di debolezza dell'impresa nei confronti dei suoi più diretti concorrenti (aspetto questo che nel manuale verrà approfondito nel capitolo 5), sia sulla formazione delle aspettative dei consumatori nei campi di interesse per l'impresa (motivazioni, percezioni, valutazioni), sia sui comportamenti di acquisto e di consumo, sia sulla soddisfazione e fedeltà che tutte le esperienze di contatto con l'impresa e di utilizzo dei suoi prodotti possono generare. Nell'identificazione del valore è quindi necessario non solo un attento esame dei fattori che determinano il valore atteso e delle valutazioni che i consumatori danno sulla nostra marca ed i nostri prodotti, ma anche delle prestazioni dei concorrenti e di come vengono percepite, nonché delle capacità distintive che l'impresa può esprimere, anche con il supporto di aziende partner (fornitori e distributori).

Nel capitolo 2 sono presentati i principali modelli interpretativi del processo di acquisto e le metodologie e fonti informative di cui può avvalersi il marketing, considerate anche l'evoluzione della tecnologia e le potenzialità conoscitive offerte dai dati disponibili su internet. Nel capitolo 3 vengono esaminate alcune tendenze evolutive in atto nello scenario socio-economico, nella tecnologia e nei comportamenti di consumo che risultano di particolare importanza per orientare le strategie e le politiche operative del marketing. Nei capitoli successivi verranno trattate altre tecniche di analisi più strettamente finalizzate alle specifiche decisioni da assumere.

La **progettazione del valore** richiede innanzi tutto di procedere alla scelta dei target a cui rivolgersi, in quanto alla stessa offerta può essere attribuito un valore differenziale differente da parte di segmenti di consumatori diversi. Occorre poi procedere alla formulazione della *customer value proposition*, ovvero all'identificazione delle caratteristiche (*value elements*) del sistema di prodotto che devono distinguere e rendere superiore l'offerta di valore, rispetto ai concorrenti, per il target scelto. Questo implica anche definire come l'offerta dell'impresa dovrebbe essere percepita e memorizzata dai consumatori rispetto ai concorrenti (posizionamento del prodotto). Da queste analisi e decisioni deriverà l'elaborazione del concept del prodotto da realizzare e lanciare nel mercato. Questi processi decisionali e le tecniche che li supportano verranno esaminate nel capitolo 4.

La fase successiva riguarda la **produzione del valore**, ossia l'insieme di attività attraverso le quali il valore progettato può essere concretamente realizzato, con l'impiego di risorse e competenze interne ed esterne all'impresa, attivate in modo da ottenere la maggiore collaborazione possibile tra tutti gli attori coinvolti. È la direzione generale e non la funzione di marketing che deve decidere quanto e dove investire, quali competenze distintive sviluppare per ottenere un vantaggio competitivo, come creare le condizioni tecniche, comportamentali (motivazione ed impegno) ed organizzative (facilitazione delle capacità di apprendimento, condivisione dell'orientamento strategico, responsabilizzazione e connessi sistemi di incentivi) necessarie per consentire alle diverse funzioni di interagire efficacemente tra loro. Nel contempo il marketing può offrire un importante supporto per le decisioni che attengono la politica del prodotto ed i processi di innovazione, che richiedono una stretta integrazione tra le competenze di marketing e quelle di carattere tecnologico ed organizzativo.

Nel capitolo 5 si approfondisce le relazioni che sussistono tra la strategia aziendale e quella di marketing, le analisi dell'ambiente competitivo che devono supportare queste scelte (compresa l'analisi della quota di marcato), le risorse su cui fondare un vantaggio competitivo e la sua difesa nel tempo.

Nel capitolo 6 si analizza la politica del prodotto, soffermandosi in particolare sui processi di innovazione e sulle nuove opportunità di creazione di valore offerte dalle dinamiche dell'ambiente socio-economico.

Dopo avere progettato e il realizzato il sistema di prodotto, occorre fare percepire adeguatamente il suo valore al target a cui è indirizzato. È questa la fase riguardante la **comunicazione del valore**. Su alcune caratteristiche del sistema di prodotto i consumatori sono in grado di acquisire informazioni oggettive (test su alcune prestazioni, le dimensioni ed il peso, i materiali utilizzati, ...) ma per quanto concerne la maggior parte dei *value elements* non può che avvalersi di segnali di valore, ovvero di indicatori dai quali desume il valore di ciò che gli viene offerto (ad es. esperienze del passato, i giudizi degli altri, ecc.). Tra i segnali di valore importanza centrale assume la marca, che permette di identificare il prodotto, lo arricchisce di significati valoriali, simbolici, esperienziali, relazionali, contribuisce a differenziarlo ed a determinare le convinzioni e gli atteggiamenti verso di esso. Le politiche di comunicazione hanno la finalità di far conoscere il prodotto e la marca e di orientarne la percezione e l'immagine. Con internet e con i social media le possibilità di comunicazione si sono ampliate e si sono create possibilità di interazione con gli utenti. Nel contempo si è però ridotta la possibilità per le imprese di controllare i contenuti della comunicazione, in quanto i consumatori hanno la possibilità di comunicare tra loro le esperienze, le impressioni e le valutazioni sulla marca e sul prodotto. Queste tematiche sono sviluppate nel capitolo 7.

Importanza fortemente crescente hanno acquisito nel tempo le attività rivolte al **trasferimento del valore**. Rientrano in quest'ambito le attività svolte dalla direzione commerciale (gestione forza vendita) e dal trade marketing. Molteplici sono i fattori che hanno contribuito a generare questa tendenza. Innanzi tutto la capacità della GDO (grande distribuzione organizzata) nell'orientare le scelte dei consumatori, la sua crescente forza contrattuale verso i produttori e l'incremento della quota di mercato dei prodotti a marchio commerciale (*private label*), che hanno richiesto alle imprese politiche di marketing specificatamente rivolte a creare valore per questi intermediari, in modo da stabilire relazioni privilegiate e, nei limiti del possibile, cooperative. In secondo luogo il rilievo assunto dal processo di acquisto e dalle esperienze che in tale processo si vivono nel contribuire a determinare il valore percepito dal consumatore. In terzo luogo l'importanza delle informazioni acquisibili dalla forza vendita mediante le relazioni con gli intermediari e con i consumatori, laddove si sviluppano rapporti diretti. È un campo di attività che ha subito negli ultimi anni profonde trasformazioni, che verranno esaminate nel capitolo 8.

Possono essere fatte rientrare nella attività di trasferimento del valore anche le politiche di prezzo. Il prezzo (valore di scambio) ha acquisito negli anni della crisi economica crescente peso tra i *value elements* che concorrono a determinare, in qualità di sacrifici, il valore percepito dal consumatore. Nel contempo l'e-commerce ha notevolmente ampliato le possibilità di comparazione tra prezzi di marche e prodotti diversi. Ma il prezzo rappresenta anche un segnale di valore, ovvero uno degli indicatori utilizzati dai consumatori per valutare la qualità dei prodotti e svolge un ruolo chiave, insieme al volume di vendita, nel determinare il risultato operativo dell'impresa. Le politiche di prezzo hanno, dunque, rilevante criticità nell'ambito del marketing mix e presentano una elevata complessità. Le procedure per la loro formulazione e le strategie adottabili sono esaminate nel capitolo 9.

La **valutazione e misurazione dei risultati**, richiede un costante monitoraggio dei dati consuntivi per cogliere eventuali scostamenti tra quanto programmato ed i risultati conseguiti in termini reddituali, competitivi (volume vendite, quota di mercato, ...), di notorietà ed immagine della marca, nelle relazioni con i consumatori (soddisfazione, fedeltà), nonché con le singole iniziative adottate (ad es. con una campagna di comunicazione, una iniziativa promozionale, ecc.). Questo monitoraggio è importante sia per poter procedere tempestivamente a modifiche nelle politiche adottate, sia per favorire processi di apprendimento basati sull'esperienza. La crescente attenzione dedicata dalle imprese al ritorno economico degli investimenti che vengono effettuati ed al contenimento dei costi ha obbligato ormai da tempo anche il marketing a dotarsi di strumentazioni per la misurazione dei risultati delle politiche adottate in rapporto ai costi sostenuti. Varie di queste metodologie sono esaminate nel testo congiuntamente ai loro campi di applicazione.

Quanto esposto con riferimento alle singole fasi del processo di creazione del valore evidenzia la necessità, da parte dell'impresa, di una visione unitaria ed integrata dell'intero processo, poiché ogni fase può contribuire a creare o distruggere valore. Per questo risulta difficile definire confini precisi e stabili tra scelte di valenza strategica e attività più strettamente operative, anche se sussistono differenze tra le diverse decisioni con riferimento all'orizzonte temporale da prendere in considerazione ed alle relazioni causali tra di esse.

Queste ultime considerazioni aiutano a comprendere la necessità di una **pianificazione** che agevoli il coordinamento tra i soggetti che intervengono con competenze specifiche nelle diverse fasi del processo de creazione del valore. Questo aspetto è trattato nel capitolo 10, unitamente all'organizzazione della funzione di marketing ed al profilo delle principali figure professionali che la caratterizzano.

5. GLI ATTORI DI MARKETING ED IL MARKETING INTEGRATO [5]

I processi di marketing vedono una molteplicità di protagonisti nell'impresa, coinvolgendo valutazioni, decisioni e azioni non solo a livello di responsabile di marketing ma anche a livello del vertice aziendale. I rapporti tra questi diversi attori determinano gli spazi di autonomia decisionale della funzione di marketing ed il ruolo che assume il vertice aziendale nelle più importanti decisioni di marketing. Il tema verrà trattato successivamente nel volume (capitoli 5 e 10), ma in questo capitolo è opportuno subito precisare da un lato le caratteristiche dei due diversi ruoli (direzionali e imprenditoriali) nei processi di marketing, dall'altro la necessità di concepire i processi di marketing che vedono attori diversi in una visione integrata che corrisponde al concetto di "marketing olistico".

Infatti è necessario per la loro efficacia che i processi di marketing si configurino come un ordinato insieme di integrazioni e di interazioni tra processi diversi e attori e ruoli concettualmente distinti, intesi come modelli di comportamento che rispondono a caratterizzazioni e regole differenti. Lo stesso tema della integrazione e della coesistenza si pone a livello di definizione delle strategie di tipo aziendale, competitivo o per area funzionale. In altri termini, l'analisi dei ruoli che caratterizzano il processo di marketing deve essere coniugata con un concetto di "marketing olistico" che porta a riconoscere la necessaria integrazione ed il superamento delle separazioni nette tra tipi di attore, tipi di strategia e forme di rapporti di mercato.

---

[5] Di Simone Guercini, Università di Firenze.

Questa visione appare particolarmente importante se si considera la dinamica che porta alla creazione e diffusione del valore, rispetto alla quale singole componenti non giocano un ruolo separato, ma complementare rispetto a quello giocato da altri.

5.1. RUOLI DIREZIONALI E IMPRENDITORIALI NEI PROCESSI DI MARKETING [6]

Il ruolo degli attori nell'ambito dell'organizzazione aziendale è connesso alla visione del marketing considerato come metodologia direzionale diretta alla composizione dei rapporti azienda-mercato (Marzili, 1979). In particolare il carattere di metodologia direzionale evidenzia il collegamento tra attività di marketing e ruoli direzionali aziendali. Il marketing in questo caso si configura come processo direzionale e richiede l'impostazione di un'attività manageriale secondo i principi del *management process approach* (Fazzi, 1970), ovvero caratterizzata da processi di pianificazione, realizzazione, controllo e azione correttiva.

Il fatto che il processo di marketing management assuma i caratteri di processo direzionale porta a collocarlo sul lato della responsabilità direzionale, distinguendo il ruolo manageriale/direzionale dal ruolo imprenditoriale. Come evidenzia Burresi (2006, p. 9), "i referenti di marketing, infatti, per quanto di alto livello gerarchico, allorquando rappresentano la funzione o sono in posizione di staff alla direzione generale non sono mai chiamati ad assumere decisioni strategiche, pur ancorate alle problematiche azienda-mercato", intendendo per decisioni strategiche quelle che riguardano il livello della strategia aziendale complessiva. Il ruolo direzionale associato ai manager di marketing porta gli attori manageriali ad una posizione di frontiera in una logica di ottica di medio-lungo termine per fornire al vertice aziendale indicazioni e riferimenti utilizzabili per le decisioni di tipo strategico che dovranno essere assunte. I referenti devono quindi limitarsi ad una analisi attenta del macroambiente nel quale l'impresa è inserita, delle dinamiche che caratterizzano bisogni e consumi, dando luogo ad una specie di "istruttoria" che è elemento strumentale per le decisioni che dovranno essere assunte dal vertice. Le decisioni in ultima istanza spettano al vertice aziendale, almeno quelle che riguardano le materie di più elevato rilievo strategico (Burresi, 2006).

Se per ruolo si intende il modello di comportamento atteso (Linton, 1936), sicuramente il ruolo manageriale comprende l'assunzione di decisioni nell'ambito di una sfera autonoma, che viene comunque definita da una delega che ne circoscrive l'ambito, orientandola ad obiettivi che sono concordati quando non definiti dal vertice aziendale. Nell'impresa reale le deleghe del responsabile di marketing possono variare molto da caso a caso. Occorre poi tenere presente che lo stesso vertice aziendale potrebbe avocare a sé le funzioni di massimo decisore di marketing, cosa

---

[6] Di Simone Guercini, Università di Firenze.

non infrequente in aziende di minore dimensione. Le scelte strategiche di marketing (per esempio, definizione del target, proposta di valore per il cliente, posizionamento), anche quando un direttore marketing è presente, sono comunque da concordare con il vertice aziendale perché devono essere coerenti con la strategia aziendale.

Il marketing management, definendosi come metodologia direzionale, corrisponde in buona parte ad un marketing manageriale, ovvero al contenuto di marketing che può essere assegnato al ruolo di manager in posizione appunto direzionale e di responsabilità assunta per effetto di deleghe assegnate dal vertice. Minore attenzione è stata invece assegnata in questo ambito ai contenuti di marketing del ruolo del vertice d'impresa, e quindi al marketing imprenditoriale (Guercini, 2005). Eppure tale componente del marketing appare necessariamente da considerare, soprattutto ma non solo nelle piccole e medie imprese, proprio per effetto dei limiti del ruolo direzionale in presenza della necessità di definire decisioni di massima responsabilità che coinvolgono il vertice aziendale e che sono prese a partire da valutazioni, ma anche contribuiscono a determinarne il cambiamento, circa l'ambiente di marketing, la concorrenza, i bisogni ed i consumatori. La stessa definizione del ruolo di referente del marketing prima ricordato evidenzia la non conclusione del processo decisionale di marketing per sua opera, almeno per le decisioni di maggiore responsabilità in ambito strategico, nelle quali il suo apporto è analitico e di proposta. La conclusione spetta al vertice d'impresa, che di conseguenza assume quindi un ruolo di marketing e come tale si muoverà in base alla conoscenza che riuscirà ad acquisire, ai giudizi che si formerà ed alle scelte compiute su tale base.

Quali contenuti per il marketing imprenditoriale? In primo luogo si sottolinea la responsabilità diretta come l'attore di riferimento è costituito dall'individuo o dall'organo imprenditoriale che assume determinate funzioni di tipo strategico, politico e organizzativo nell'ambito dell'impresa (Fazzi, 1982). Il marketing imprenditoriale è importante in modo particolare nelle imprese nelle quali non si collocano ruoli manageriale, aspetto sul quale torneremo successivamente (si veda il prossimo par. 1.10) e che fa sì che il contenuto di marketing del vertice aziendale possa comprendere anche attività operative non delegate a manager di funzione. In questo senso il marketing imprenditoriale è fondamentale per il marketing della piccola impresa (Carson, 1985, Cozzi, 1985). D'altra parte il ruolo dell'imprenditore inteso rispetto all'innovazione (Schumpeter, 1911) si proietta sul marketing imprenditoriale per la rilevanza assunta dal rapporto tra marketing e innovazione. Il marketing imprenditoriale è quindi marketing che si interfaccia con l'innovazione e con il cambiamento in termini tali da vedere il ruolo dell'attore di marketing non orientato soltanto alla applicazione di una metodologia direzionale e di un approccio analitico, ma orientato alla formulazione di nuove combinazioni ed alla via del cambiamento in chiave più radicale. In questo senso il marketing imprenditoriale si propone come una risposta alle critiche di scarsa innovazione che sono state mosse in epoche diverse al marketing (Tauber, 1974).

È quindi possibile individuare alcuni aspetti rilevanti per i contenuti di marketing del ruolo del vertice d'impresa, e quindi per il marketing imprenditoriale. È noto da tempo del resto che il contenuto di marketing del ruolo del vertice comprende funzioni di marketing "creativo" (Kotler, 1967, p. 246) e di rappresentazione del mercato (Marzili, 1979). Per assolvere tali funzioni sono fondamentali risorse e capacità connesse a fattori quali: l'esperienza di settore e la conoscenza di prodotto e di mercato, l'esperienza nell'area funzionale, le abilità di comunicazione personale, le capacità di giudizio per le scelte di mercato, anche in presenza di limiti cognitivi. In particolare le capacità di networking e di interazione con i clienti e di inserimento nel mercato come network possono rappresentare un fattore cruciale del marketing imprenditoriale della piccola impresa. Su questo fronte si distinguono almeno due approcci: un primo approccio più di tipo "sociologico", legato alle condizioni del patrimonio di relazioni implicito alla appartenenza ad un contesto sociale delle persone al vertice dell'impresa; un secondo approccio più di tipo "business", che guarda alle attività che si realizza tra le organizzazioni e tra le persone ed ai processi attraverso i quali si sviluppano queste connessioni. Si ha così da un lato, nel primo approccio, la disponibilità di un adeguato "social capital" derivante dal rapporto tra il vertice aziendale ed il contesto sociale di cui è parte. Nel secondo approccio invece quello che conta è il carattere di "insider" dell'impresa ad una rete di rapporti con altre organizzazioni che è elemento costitutivo del mercato, per cui si definisce una visione di mercato come network (Richardson, 1972, Snehota, 2005).

5.2. IL MARKETING INTEGRATO

La composizione dei rapporti impresa-mercato attraverso i processi di marketing coinvolge inevitabilmente molteplici attori, tanto individui che organizzazioni, le cui caratteristiche (per esempio, l'esperienza degli individui, oppure le dimensioni delle organizzazioni) sono un elemento importante ma spesso eterogeneo e che pone problemi di integrazione. Gli attori di marketing possono essere il risultato di cooperazione tra organizzazioni (si pensi ai consorzi di promozione). I consumatori possono dare poi luogo a forme organizzate come nel caso delle associazioni di tipo "consumeristico", veri e propri sindacati dei consumatori, che promuovono iniziative a tutela del consumo anche attraverso la diffusione di informazioni ed il potenziamento delle possibilità di scelta e della consapevolezza dei consumatori rispetto a prodotti, marche e imprese. Gli attori del consumo manifestano una vitalità significativa, che produce ad esempio nuove modalità di acquisto attraverso forme associate. Ne sono esempio i Gruppi di Acquisto Solidale (GAS) che, come viene spiegato nella pagina web della rete nazionale di collegamento, "*nascono da una riflessione sulla necessità di un cambiamento profondo del nostro stile di vita. Come tutte le esperienze di consumo critico, anche questa vuole immettere una 'domanda di eticità' nel mercato, per indirizzarlo verso un'economia che metta al centro le persone e le relazioni*" (*www.retegas.org*).

L'evoluzione dell'ambiente di riferimento spinge le imprese a riorganizzare i ruoli di marketing. I compiti di marketing mutano profondamente in modo particolare sul fronte della centralità acquisita dalle nuove tecnologie (per la quale si rimanda ad un successivo paragrafo) e prima ancora dal maggiore peso assunto dalla componente servizio. Nell'impresa industriale di largo consumo gran parte dell'attività di marketing si collocava tradizionalmente all'interno del reparto marketing, nel quale sostanzialmente venivano concentrale le attività di marketing operativo ma anche le attività di marketing strategico di staff al vertice aziendale. Questo tipo di approccio viene indicato come inadeguato per le imprese dei servizi, nelle quali il marketing deve risultare necessariamente più diffuso nell'ambito dell'organizzazione, principalmente per effetto della necessità di riconoscere il ruolo di marketing del personale di contatto e, in ultima analisi, per causa dell'intangibilità del servizio e per il ruolo di coproduttore del cliente (Grönross, 1994).

L'importanza che il mercato in generale ed il rapporto con i clienti in particolare viene ad assumere per funzioni distinte da quella di marketing in senso stretto è all'origine dell'importanza assunta oggi dal tema del "marketing integrato". Quest'ultimo è inteso come approccio di marketing di vasto respiro in grado di garantire all'impresa una più forte connessione e coordinamento tra funzioni interne anche diverse da quella di marketing ed il mercato inteso nella sua più ampia accezione (Burresi, 2006, p. 31). Il fenomeno descritto per le imprese di servizi, dove il processo di co-produzione nel sistema di erogazione richiede la diffusione della funzione di marketing presso i ruoli di contatto con il cliente, interessa con evidenza anche imprese manifatturiere, tanto nei settori business-to-consumer che in quelli business-to-business. Infatti se nei settori a contatto diretto con il consumo finale si possono rilevare orientamenti sempre più forti all'ascolto di un cliente spesso esperto o comunque dotato di proprie competenze (*infra*, cap. 3), anche nel settore dei beni industriali al fornitore di imprese manifatturiere può essere richiesta la predisposizione di un'offerta di servizi capace di aiutare il cliente diretto, o anche il cliente del cliente, a soddisfare gli attori del mercato finale. Il marketing integrato è una risposta a questa esigenza che vede funzioni diverse all'interno dell'organizzazione ed attori diversi all'interno della filiera essere interessati alla generazione di soddisfazione del cliente. Così, esemplificando, nell'impresa che realizza macchine utensili le problematiche di interfaccia con il cliente sono di rilievo non solo per il reparto marketing, ma anche per quello di progettazione e di produzione nel momento in cui può essere chiamato ad interfacciarsi con competenze interne all'impresa cliente. Invece, nell'ambito di una filiera moda, l'impresa produttrice di semilavorati tessili può essere chiamata a dare un contributo all'interpretazione delle tendenze del consumo nel generare il proprio contributo creativo da mettere a disposizione del cliente diretto ma basandosi su una capacità di lettura delle dinamiche del mercato finale.

Risulta per questo importante la presenza di una maggiore cultura di mercato diffusa nell'organizzazione ed all'interno delle catene di fornitura a vari livelli. Queste dinamiche impongono da un lato una eterogeneità dei contesti di riferimento delle singole aree funzionali nell'ambito dell'attore aziendale che può risultare rischiosa per varie ragioni: perché le risorse – tempo, concentrazione, investimenti – sono limitate e devono rimanere concentrati sulle rispettive aree di specializzazione; perché l'impresa deve mobilitare tutte le sue energie per un confronto competitivo più acceso. Dall'altro però, la necessità di collaborazione tra i vari attori della filiera proprio come modalità di risposta a tale confronto competitivo, dà luogo ad un carattere pervasivo delle funzioni di marketing nell'organizzazione e dell'attenzione al mercato finale all'interno della filiera (i problemi di marketing assumono rilievo per le altre funzioni – produzione, ricerca e sviluppo, ecc. – così come tra fornitori e clienti dell'impresa). Il marketing anche per questo può assumere da un lato un "ruolo coesivo", dall'altro può avere un "carattere pervasivo" all'interno dell'organizzazione, favorendo la realizzazione di soluzioni integrate e di un livello sostenibile di coerenza tra i diversi elementi che fornitura di fronte ai clienti sul mercato.

L'integrazione dei processi di marketing si caratterizza per la presenza quindi di un fabbisogno di cultura di mercato all'interno di varie funzioni aziendali: non solo il reparto marketing tradizionalmente inteso, ma anche la produzione o erogazione di prodotti e di servizi, la ricerca e sviluppo o la progettazione, fino alle funzioni finanziarie e di gestione delle risorse umane, possono essere interessate da questo accresciuto fabbisogno.

I decisori al vertice delle organizzazioni aziendali formano giudizi e scelte circa le condizioni del contesto di mercato e quindi circa le direzioni che l'impresa dovrebbe perseguire, consultando a tale scopo specialisti e tecnici interni ed esterni all'impresa, con i quali possono essere connessi in quello che è stato definito come il network di contatti personale del decisore (Carson *et al.*, 1995). Il network di contatti personale è fondamentale soprattutto quando la conoscenza codificata è limitata o non accessibile, oppure all'opposto estremamente accessibile e quantitativamente consistente ma ne è difficile la selezione e l'impiego effettivo, per limiti di vario tipo (tempo limitato, difficoltà di elaborazione, ecc.). La rete di rapporti diventa quindi un rimedio ai limiti cognitivi, in quanto filtro per selezionare conoscenza ed in quanto fonte di legittimazione della conoscenza selezionata. La conoscenza che si matura nella rete di interazioni con organizzazioni e consumatori diventa quindi "utile" in quanto consente agli attori di marketing di formulare dei giudizi prudenti e soprattutto efficaci, così come di intraprendere le scelte e le azioni conseguenti per sviluppare la propria posizione competitiva (Grønhaug, 2002).

Il marketing integrato può quindi essere inteso almeno in due dimensioni, una interna ed una esterna, tra di loro connesse. In una prima dimensione il marketing integrato corrisponde ad un approccio di marketing diffuso all'interno dell'organizzazione, per cui il marketing integra tra di loro tali funzioni e queste con il mercato.

Questa visione del marketing integrato caratterizza ad esempio le imprese di servizi, nelle quali il marketing non è presente solo all'interno del reparto marketing ma diventa necessario in altre aree funzionali aziendali, per esempio nel personale di contatto impegnato nel sistema di erogazione dei servizi, nel controllo qualità, nei servizi logistici interni, nel rapporto con i fornitori di prodotti e servizi che devono mettere in condizione l'impresa di soddisfare le richieste dei clienti. In una seconda accezione, il marketing integrato guarda all'esterno dell'organizzazione, per cui il marketing integrato guarda al rapporto con altre aziende a vari livelli, comprendenti vari attori del mercato quali (Burresi, 2006): i *clienti finali*, ovvero consumatori ma anche imprese utilizzatrici di beni industriali e di servizi; il *clienti intermedi* nei canali di distribuzione, grossista o dettagliante; i *concorrenti*, compresi gli attori della concorrenza diretta ma anche nelle altre componenti evidenziate nel concetto di concorrenza allargata (Porter, 1982) quali gli attori dell'offerta di prodotti sostitutivi, i potenziali entranti, i fornitori ed i clienti; i *prescrittori*, ovvero coloro che non clienti consumatori o utilizzatori dei beni, ma sono in grado di definire o almeno di orientare le richieste degli acquirenti, senza comunque essere parte dell'organico dell'impresa (forza vendita). A questi attori si aggiunge (cfr. fig. 2) l'insieme degli elementi riconducibili al contesto di riferimento dell'impresa sul piano socio-economico, istituzionale e scientifico-tecnologico, nel quale sono presenti altri attori che possono assumere rilievo per lo sviluppo del rapporto impresa-mercato. Questi comprendono per esempio le strutture politiche ed amministrative, le istituzioni di ricerca quali le università, le realtà associative e di rappresentanza come i sindacati dei lavoratori e dei datori di lavoro, ecc.

Figura 2. – *Gli attori del mercato nell'orientamento delle attività di marketing*

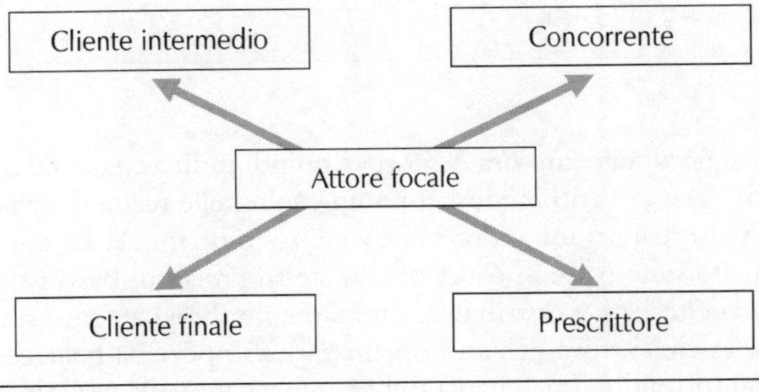

Il marketing integrato quindi ha una prospettiva interna all'impresa, connessa alla necessaria coerenza tra le attività di marketing diffuse all'interno dell'organizzazione, o almeno tra le attività che hanno rilevanza di marketing nell'ambito della stessa, ed una prospettiva esterna all'impresa, in termini di coerenza tra i vari attori cui possono orientarsi esternamente le iniziative di marketing aziendali (clienti finali, clienti intermedi, concorrenti, prescrittori, altri attori del contesto socio-economico, istituzionale e scientifico-tecnologico) (cfr. fig. 3). Entrambe le prospettive richiedono il raggiungimento di un adeguato livello di coerenza nelle diverse iniziative di marketing e, per conseguire tale coerenza, elaborano un necessario coordinamento. Così il *coordinamento interfunzionale* è orientato a conseguire coerenza tra le iniziative delle varie aree all'organizzazione impegnate in attività di rilievo per il marketing, in una prospettiva interna all'impresa (Lambin, 1996). Invece il *coordinamento interorganizzativo* è orientato a conseguire una adeguata coerenza tra iniziative delle varie unità organizzative con le quali l'impresa si raccorda nei processi di marketing, in particolare nei rapporti con gli attori prima elencati ed ai quali l'iniziativa di marketing può orientarsi, ma anche nei rapporti con altri attori della rete dell'impresa, in particolare fornitori di beni e servizi, che possono mettere in condizione l'impresa di dare risposta alle esigenze di clienti finali o intermedi, ovvero di superare con successo il confronto con la concorrenza.

Figura 3. – *Approcci di marketing integrato*

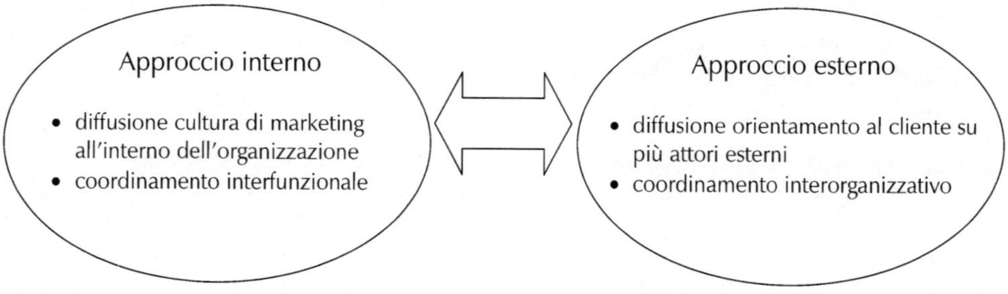

L'attività di coordinamento ora descritta è quindi indirizzata al raccordo con attori e istituzioni che in vario modo hanno un ruolo nelle scelte dei clienti, ma anche alle varie parti dell'organizzazione che a ciò sono orientate. Le due dimensioni di coordinamento sono parte in realtà di uno stesso processo. Basti pensare a come in un'impresa che realizza e distribuisce direttamente abbigliamento sia importante l'integrazione tra chi si trova nell'area organizzativa impegnata nella gestione commerciale dei punti vendita (merchant) e chi è impegnato nella gestione dei rapporti con i fornitori al servizio dei processi produttivi e distributivi (sourcing), come evidenziato dallo studio di casi d'impresa in tale ambito (Guercini, Ranfagni e Runfola, 2005). In questo senso la gestione dei processi di marketing assume un "ruolo coesivo interno" all'organizzazione, affermando in primo luogo un carattere culturale in termini di orientamento organizzativo, oltre che un "ruolo coesivo esterno", giocato però non solo nei confronti degli attori cui si è orientati (clienti, concorrenza) ma anche nei confronti degli attori (fornitori) con cui si interagisce e che mettono in condizione l'impresa di sostenere le proprie capacità di formulare e mantenere promesse ai clienti di mercato. Il marketing si propone quindi come orientamento culturale che esce dai confini funzionali ed assume una valenza strategica come elemento di integrazione della rete di attori attraverso i quali l'impresa compone la propria catena del valore.

6. TENDENZE EVOLUTIVE NEL MARKETING [7]

6.1. L'OGGETTO DI STUDIO DEL MARKETING

La definizione dell'oggetto e dei confini della disciplina di marketing è stata, nei passati decenni, al centro di un ampio dibattito e di valutazioni differenziate.

In termini molto generali e seguendo l'impostazione dominante si può affermare che questa disciplina si occupa dello studio:

– delle tecniche e delle norme di comportamento per ottenere un risultato cercato nello scambio (Martin, 1985);
– dai presupposti conoscitivi per definire tali norme;
– dalle implicazioni di tali comportamenti (Hunt, 1984).

Con riferimento al primo punto, si deve rilevare che esiste un ampio consenso nell'identificare i processi di scambio come l'oggetto di studi della disciplina. **Il *focus* del marketing è, dunque, rappresentato dai comportamenti e dalle interazioni sociali poste in atto per attivare, orientare e concludere scambi finalizzati a conseguire in modo efficiente i livelli di risultato cercati**. Esistono, tuttavia, nella comunità scientifica differenti valutazioni rispetto all'*ampiezza* ed alla *natura* degli scambi da considerare.

Alcuni sostengono che sia opportuno delimitare gli scambi da analizzare sulla base del loro contenuto (considerando solo beni e servizi) e dei soggetti coinvolti nello scambio (imprese e famiglie). Secondo questa impostazione la disciplina di marketing dovrebbe dedicarsi solo allo studio dei processi e dei fenomeni rilevanti per la gestione dell'attività commerciale delle imprese.

Altri autori, invece, si sono fatti fautori di una concezione più ampia dei con–

[7] I parr. 6.1, 6.2 e 6.3 sono di Giancarlo Ferrero, Università di Urbino. Il par. 6.4 è di Simone Guercini, Università di Firenze.

fini della disciplina (*concetto generico di marketing*), affermando che l'oggetto di studi del marketing è costituito dal "processo di pianificazione e realizzazione della concezione, del *pricing*, della promozione e della distribuzione di idee, beni e servizi al fine. di creare scambi che consentano di conseguire gli obiettivi di individui e organizzazioni" (Kotler, 1972). In questa prospettiva, il campo d'analisi viene esteso anche agli scambi che possono avere come protagoniste organizzazioni con finalità caratteristiche diverse da quelle delle imprese (organizzazioni culturali, sociali, politiche, religiose, assistenziali, ecc.), come interlocutori soggetti diversi dagli utilizzatori o consumatori degli output produttivi (cittadini, elettori, ecc.) e come oggetti di scambio idee, progetti, servizi di ogni tipo, in relazione ai quali vengono ricercati atteggiamenti e comportamenti di risposta anche molto diversi dall'acquisto, quali, ad esempio, l'adesione, il consenso, la condivisione, il sostegno, e così via. Questa concezione è stata all'origine della nascita del marketing sociale, politico, religioso, urbano, territoriale e così via.

Esula dagli obiettivi del nostro testo valutare i "pro" e i "contro" di questa seconda impostazione. Va, tuttavia, sottolineato che, come si evince dalla formulazione del concetto generico di marketing, l'estensione del campo d'analisi viene spesso intesa come applicazione a questi settori degli stessi principi e metodi del marketing management elaborati per la vendita di beni e servizi sul mercato. A nostro avviso, ciò presenta non poche controindicazioni sia sotto il profilo tecnico (vi sono campi in cui le interazioni tra le organizzazioni interessate al consenso e alla condivisione dei loro valori da parte dei cittadini possono essere gestite più efficientemente prescindendo dalle modalità che caratterizzano la gestione degli scambi economici) sia sotto il profilo etico (vi sono campi, a cominciare dalla politica, in cui può essere comunque controproducente per la collettività una gestione *marketing-oriented* spinta al di là di certi limiti, a maggior ragione se sussiste una difformità tra le forze in gioco quanto a controllo dei *mass media*). Se questi scambi vengono inclusi nell'oggetto di studio del marketing è, quindi, necessario che vengano analizzati mediante metodologie appropriate, fondate su paradigmi differenti da quello dominante nel marketing management.

Per le sue elaborazioni, il **marketing si avvale del contributo di molteplici discipline**, tra cui le altre discipline aziendali (organizzazione, finanza, ragioneria, studi di strategia, ecc.), la psicologia, la sociologia, l'antropologia, la matematica, la statistica, la micro e la macroeconomia. La specificità del marketing rispetto a queste discipline può essere proprio individuata nella capacità di cogliere la complessità dei fenomeni oggetto di analisi, grazie all'approccio interdisciplinare che adotta per la loro descrizione ed interpretazione.

6.2. ORIGINI E SVILUPPO DELLA FUNZIONE E DELLA DISCIPLINA DI MARKETING

Il modello interpretativo dell'attività di marketing presentato in questo testo deriva da un processo evolutivo della disciplina che ha consentito, in un primo tempo, di elaborare e sistematizzare i concetti base di marketing e, successivamente, di approfondire, integrare, riorientare ed articolare i modelli e le tecniche di analisi in funzione dei mutamenti intervenuti nei contesti applicativi e dei limiti evidenziati dalle iniziali impostazioni.

Lo sviluppo degli studi di marketing è sempre stato fortemente influenzato dai mutamenti nei rapporti tra le imprese (soprattutto di beni di largo consumo) ed i loro mercati di sbocco. Per comprenderne l'evoluzione nel tempo è, dunque, necessario esaminare in parallelo come si è modificato il ruolo svolto dalla funzione di marketing nelle imprese di beni di largo consumo.

Tra la prima e la seconda guerra mondiale si assiste all'introduzione della standardizzazione produttiva nelle imprese, a cui si associa una crescita delle dimensioni aziendali, degli investimenti da effettuare, dei rischi industriali e commerciali da sopportare. Si sviluppano di conseguenza in quegli anni le prime politiche di marca, al fine di consentire l'identificazione del produttore e rendere possibili forme di differenziazione del prodotto, ed i primi investimenti pubblicitari. Peraltro i consumatori presentano ancora bisogni semplici ed omogenei, facilmente comprensibili, ed attribuiscono rilievo primario al prezzo, vincolo ineludibile per avere accesso a determinate categorie di consumi (la comprensione di questo elemento è stato uno dei fattori chiave alla base del successo della Ford). L'attività commerciale nelle imprese è, in questo contesto, essenzialmente attività di vendita; prevale un *orientamento alla produzione* e la funzione commerciale ha compiti solo di carattere operativo. In questo periodo gli studi sulle attività commerciali sono soprattutto studi di settore volti a comprendere le modalità distributive ed il livello dei prezzi dei prodotti.

Le basi della disciplina di marketing si creano a partire dagli anni '50 del secolo scorso. Drucker (1954), Keith (1960) e Levitt (1960) propongono prime formulazioni del concetto di marketing, sottolineando che l'obiettivo di ogni impresa deve essere la soddisfazione del consumatore e questo obiettivo deve essere perseguito dall'impresa nel suo complesso e non solo dalla funzione di marketing. Sempre nel 1960 McCarthy presenta il modello delle "4 P" (*price*, *promotion*, *place*, *product*) per la gestione delle politiche commerciali, che ha costituito il fondamento su cui si è sviluppata la teoria dominante di marketing management. In quegli anni il forte sviluppo economico determina una crescita del reddito disponibile per le famiglie, da cui deriva una maggiore importanza dei bisogni secondari e dei fattori psicologici e sociologici nell'orientare le scelte dei consumatori; i consumi e le comunicazioni di massa (radio, televisione) creano le basi per un nuovo ruolo della funzione commerciale, alla quale viene attribuito il duplice obiettivo di sostenere le vendite e differenziare l'immagine di marca, per ridurre l'elasticità della domanda al prezzo. Si afferma l'*orientamento alle vendite* e la funzione di marketing tende ad assumere un *ruolo operativo-creativo*.

A partire dalla seconda metà degli anni '60, i mutamenti che intervengono nei mercati dei beni di consumo di massa e lo sviluppo degli studi di marketing creano i presupposti per una ulteriore modifica del ruolo della funzione di marketing. Si manifesta una relativa saturazione della domanda ed aumenta di conseguenza la pressione competitiva. La domanda presenta una maggiore articolazione, conseguentemente alla complessità assunta dalla struttura sociale ed alla convivenza di stili di vita differenti, ed una sua minore specificità, per la possibilità di destinare quote crescenti del reddito a spese discrezionali determinate da bisogni secondari. A queste tendenze si associa una forte critica (anni 1968-1972) al modello di consumo affermatosi negli anni '60 ed ai cosiddetti "consumi opulenti", che consistono in una complicazione delle modalità di soddisfacimento di alcuni bisogni individuali. Aumenta, quindi, la necessità e, nel contempo, la difficoltà di comprendere le possibili motivazioni d'acquisto dei beni, per cui gli interventi volti ad influenzare il processo di specificazione delle aspettative presuppongono studi di mercato approfonditi.

In questo contesto sempre più importante per il successo diventa la capacità di differenziare l'offerta e soddisfare i consumatori mediante efficaci strategie di segmentazione del mercato e di posizionamento del prodotto, sostenute da elevati e coerenti investimenti nelle politiche del marketing mix. Cambia perciò l'orientamento strategico delle imprese. **Si passa dall'orientamento alla produzione o alle vendite all'*orientamento al mercato* ed alla funzione di marketing vengono attribuiti compiti non solo operativi ma anche strategici.**

Nel decidere il modo di soddisfare le aspettative dei consumatori, tuttavia, l'impresa deve ancora tenere conto dei vincoli imposti dalle tecnologie di produzione utilizzate, ad elevata standardizzazione, e dalla struttura organizzativa, fortemente burocratizzata per le esigenze imposte dal sistema tecnico. L'impresa, per essere efficiente, ha quindi la necessità di mantenere bassa la varietà e variabilità della gamma di prodotti (in contrasto con la domanda espressa dal mercato), ha bisogno di pianificare la sua attività e, quindi, di acquisire capacità di previsione e controllo sull'ambiente. Il marketing si configura come la funzione in grado di conciliare le opposte esigenze espresse dall'impresa e dal mercato (Cozzi *et al.*, 1988), sia attraverso l'analisi delle opportunità espresse dal mercato e la previsione delle sue dinamiche (ovvero sviluppando le capacità di adattamento dell'impresa all'ambiente), sia intervenendo, in modo non neutrale, nella specificazione delle aspettative dei consumatori attraverso la differenziazione psicologica dei beni, ai quali vengono attribuiti valori semantici coerenti con i bisogni di varietà e variabilità espressi dalla domanda, senza dover apportare modifiche di rilievo alle loro caratteristiche tecniche. Il marketing viene così ad assumere un essenziale ruolo nel governo dei rapporti fra l'impresa e l'ambiente, in quanto consente di ridurre l'incertezza e la complessità ambientale (accrescendo così l'efficienza dell'impresa), sia ampliando le capacità di analisi e di previsione dell'impresa, e dunque le sue possibilità di adattamento, sia assicurando un maggiore controllo sul mercato, attraverso le politiche poste in atto per influenzare le percezioni dei consumatori ed aggregare e rendere omogenea per segmenti la domanda dei singoli.

È in questo periodo che avviene la sistematizzazione dei concetti e delle tecniche su cui si fonda il marketing management. Il marketing diviene una disciplina di studio con contenuti propri ed una strumentazione concettuale originale.

Un ruolo guida è svolto dalla scuola statunitense. In particolare può essere ricordato Philip Kotler, che pubblica nel 1967 la prima edizione del suo libro *Marketing management: analysis, planning and control*, destinato a divenire un fondamentale punto di riferimento per l'applicazione del marketing in molti Paesi, tra cui l'Italia.

Si delinea in quegli anni quello che resterà fino ad oggi il paradigma dominante nel marketing. Esso risulta concepito in funzione del tipo di rapporti che si instaurano fra venditori ed acquirenti nei mercati dei beni di consumo di massa: assume, infatti, a riferimento mercati di sbocco con una struttura di tipo atomistico, cioè formati da molti acquirenti anonimi che possono facilmente essere sostituiti uno all'altro e che non dispongono di un significativo potere contrattuale verso i fornitori. Un mercato, quindi, coerente con gli obiettivi ed i vincoli di imprese che adottano tecnologie standardizzate di produzione. L'attenzione si focalizza sulla gestione delle transazioni, la cui realizzazione è concepita come un processo sequenziale a più stadi governato dal produttore. L'approccio è di tipo normativo, cioè indica come principale finalità della disciplina quella di dettare le regole di comportamento che i singoli operatori devono tenere per raggiungere gli obiettivi ricercati con gli scambi.

Questo paradigma, che a partire dagli anni '70 verrà applicato anche a settori diversi dai beni di consumo (servizi, beni industriali, organizzazioni pubbliche o senza fini di lucro), ha orientato la maggior parte degli studi di marketing nei decenni successivi, ma è anche stato sottoposto a crescenti rilievi critici che hanno portato ad una sua integrazione ed evoluzione.

6.3. LE RECENTI TENDENZE EVOLUTIVE NEL MARKETING

Negli ultimi trent'anni la disciplina di marketing si è sviluppata sostanzialmente lungo due traiettorie:

– con studi rivolti ad approfondire applicazioni del marketing a specifici contesti per accrescere la sua efficacia mediante una maggiore appropriatezza;

– con l'elaborazione di nuovi concetti e metodologie per adeguare le strategie e le politiche di marketing delle imprese ai cambiamenti intervenuti nell'ambiente e nella tecnologia.

Nell'ambito della prima tendenza troviamo sia analisi che considerano ampi settori aggregati (il marketing dei servizi, il marketing business to business), sia filoni di studio che hanno per oggetto settori più circoscritti (il turismo, lo sport, le attività culturali, ...), sia ricerche focalizzate su imprese di diversa dimensione (piccole imprese, medie imprese). Nel par. 7 di questo capitolo sono presentate sintetiche considerazioni su le specificità delle applicazioni del marketing ad alcuni di questi contesti.

Nell'ambito della seconda tendenza le pubblicazioni che propongono innovazioni sono numerosissime e di diversa natura. Ci limiteremo, pertanto, a ricordare le tematiche più strettamente collegate ai processi evolutivi intervenuti nelle attività di marketing delle imprese industriali.

Le modalità operative della funzione di marketing e le tematiche oggetto di studio della disciplina sono state fortemente condizionate dai mutamenti intervenuti nell'ambiente competitivo ed in particolare da:

– i cambiamenti nelle aspettative e nei comportamenti dei consumatori;
– lo sviluppo e la diffusione delle nuove tecnologie dell'informazione e della comunicazione;
– il maggiore potere contrattuale della GDO (Grande Distribuzione Organizzata) e la sua capacità di condizionamento delle scelte di marca dei consumatori;
– la crescente pressione competitiva;
– i mutamenti nei processi produttivi.

I **consumatori** sono divenuti meno passivi e condizionabili (Fabris, 2008), più esigenti, più competenti e capaci di valutare e confrontare i benefici ed i sacrifici connessi all'acquisto ed all'utilizzo delle diverse marche. Nel contempo, l'affermarsi di nuovi stili di vita, di nuove aspettative e di più stringenti vincoli di bilancio stanno modificando la natura e l'importanza dei diversi fattori che concorrono a determinare il valore attribuito ai prodotti. Si pensi, a titolo di esempio, alla crescente attenzione dedicata al prezzo e agli effetti sulla salute e sull'ambiente dei consumi, all'importanza assunta dal significato comunicazionale e dalla "attualità culturale" dei prodotti, dalla ricerca di nuove esperienze, mentre sempre minore rilievo nell'orientare gli acquisti hanno gli elementi di differenziazione marginale tra marche che non si traducono in significativi incrementi di benefici. Molto più complesso risulta anche aggregare i consumatori in segmenti di mercato omogenei, per la tendenza di ogni consumatore ad avere molte identità ed a far convivere scelte di consumo diversificate, che sono il riflesso dell'identità prevalente al momento della scelta o sono funzionali alle tante maschere sociali che egli vuole interpretare (queste tendenze vengono approfonditamente analizzate nel capitolo 3).

Lo sviluppo delle nuove tecnologie dell'informazione e della comunicazione rappresenta un fenomeno rivoluzionario, che secondo molti sta determinando un cambiamento d'epoca. La diffusione di internet e dei *mobile device* hanno generato nuovi canali di comunicazione e di vendita che hanno rapidamente assunto notevolissimo rilievo, hanno creato le condizioni per la nascita di nuovi intermediari in questi campi, hanno modificato la natura stessa delle relazioni tra imprese e consumatori. Oggi la comunicazione non è più governata dall'azienda come emittente unidirezionale. Il cliente parla sul web, cerca, confronta e interagisce con i produttori e con altri utenti (Verona, Prandelli, 2006). I social network creano nuove aggregazioni sociali. Nel contempo, questi nuovi canali di comunicazione offrono alle imprese la possibilità di disporre di ampie, dettagliate e personalizzate informazioni sui consumatori che consentono attività di marketing mirate e controllabili nei loro effetti. Tutto questo richiede alle imprese nuovi investimenti, nuove competenze ma anche maggiore trasparenza, capacità di dialogo e di coinvolgimento, attenzione a tutti i fattori che possono influenzarne l'immagine, con riflessi profondi sul modo di impostare il marketing.

Ormai da vari anni i processi di concentrazione in atto nella **distribuzione** hanno obbligato i produttori a misurarsi con interlocutori della GDO dotati di forte potere contrattuale. Negli anni più recenti a questo si è aggiunta una crescente competenza di marketing della GDO, che ha rafforzato le capacità di condizionamento delle scelte dei consumatori mediante le promozioni e le politiche di *visual merchandising* ed ha ampliato la possibilità di commercializzare prodotti con proprio marchio (*private label*). Questo ha indotto i produttori industriali a considerare le imprese della GDO non più solo come canali attraverso i quali far giungere i prodotti ai consumatori, ma come clienti da soddisfare e con i quali ricercare rapporti di partnership. Nel contempo l'importanza assunta dall'e-commerce obbliga a confrontarsi con nuovi interlocutori con elevatissimo potere contrattuale, che adottano logiche e tecniche di vendita diverse da quelle tradizionali.

La maggiore **pressione competitiva** deriva in primo luogo dalla dinamica della domanda, che ha fatto registrare per vari anni tassi di sviluppo inferiori al passato e, a partire dal 2009, per molti beni è addirittura calata. Ma è anche conseguenza della globalizzazione e dell'affermarsi di tecnologie che hanno reso sempre più sfumati i confini dei settori, creando per le imprese nuove opportunità derivanti da offerte che si collocano all'intersezione tra settori diversi. Di conseguenza diventa sempre più importante da un lato soddisfare e fidelizzare i consumatori, dall'altro realizzare modelli di business che fondino il valore offerto su vantaggi competitivi significativi e difendibili e che si caratterizzino per alti livelli di efficienza.

I **processi produttivi** hanno avuto una profonda evoluzione con il passaggio da tecnologie rigide a tecnologie flessibili di produzione, che consentono maggiore varietà e variabilità dell'offerta, con la conseguente possibilità di rispondere in modo più rapido ed articolato alle richieste del mercato.

Queste dinamiche hanno orientato la disciplina di marketing verso nuovi campi di ricerca, con l'elaborazione di indicazioni per le imprese applicabili a livello:

– strategico, per l'adozione di nuove strategie e nuovi approcci di maggiore efficacia;
– delle analisi di mercato, con lo sviluppo di nuove tecniche e metodologie di ricerca;
– operativo, per cambiamenti nelle politiche del marketing mix ed una maggiore attenzione all'efficienza ed ai ritorni economici degli investimenti effettuati;
– organizzativo, con l'utilizzo di nuove tecnologie per i processi di comunicazione, promozione e vendita, con lo sviluppo del marketing integrato, con la creazione di nuove figure professionali e più stretti e continuativi rapporti di collaborazione con le altre funzioni aziendali

Con riferimento alle strategie di marketing, cinque aspetti vanno sottolineati.

Innanzi tutto il passaggio da una filosofia gestionale incentrata sull'orientamento al mercato, basata essenzialmente sul concetto che le strategie devono essere elaborate partendo dall'analisi dei consumatori e dell'ambiente competitivo, al concetto di impresa *market-driven*, che collega la capacità di cogliere le opportunità create dalle dinamiche ambientali non solo all'orientamento al mercato, ma anche all'adozione di modelli organizzativi e gestionali che creino le condizioni per lo sviluppo di capacità dinamiche che consentano strategie innovative di tipo proattivo (*supra*, par. 3 e *infra*, cap. 5).

In secondo luogo, uno spostamento della focalizzazione dell'attenzione dalla differenziazione e comunicazione del prodotto alla creazione di valore per il consumatore, che deve essere differenziale e fatto adeguatamente percepire (*supra*, par. 2 e *infra*, cap. 4). Ciò implica un'analisi attenta di tutti i *driver* del valore, sia nelle fasi che precedono l'acquisto, sia nelle fasi di acquisto, consumo e post-consumo, spostando l'attenzione dalle funzioni che svolge il prodotto ai processi mediante i quali il consumatore sceglie ed utilizza il prodotto.

In terzo luogo, una crescente attenzione verso l'innovazione, non più basata prevalentemente sulla differenziazione dei prodotti e l'iper-segmentazione dei mercati (Kotler, De Bes, 2004), ma finalizzata alla formulazione di proposte di valore fortemente innovative e rispondenti all'evolversi delle aspettative dei consumatori. In particolare, è stata sottolineata in molti contributi la necessità:

– del passaggio da approcci di tipo adattivo (inseguo l'evolversi delle richieste dei consumatori o imito le innovazioni dei concorrenti) ad approcci di tipo proattivo, volti a prevenire e generare i cambiamenti nella domanda (*infra*, cap. 5);
– di innovazioni orientate a creare nuovi mercati (oceani blu) dove poter acquisire posizioni di leadership (*infra*, cap. 6);
– di orientare l'attenzione verso modi nuovi di creare valore per i consumatori,

basati sul marketing esperienziale, sensoriale e tribale sulla personalizzazione dei prodotti (*infra*, cap. 6);

– di coinvolgere il consumatore nei processi di progettazione e creazione del valore, in quanto portatore di conoscenze d'uso e di relazioni di grande interesse. Questo implica adottare strategie rivolte al *customer engagement*, ovvero a creare rapporti di fiducia e legami psicologici forti tra il brand ed il consumatore tali da motivarlo alla collaborazione (*infra*, cap. 6).

In quarto luogo, lo sviluppo di strategie rivolte a instaurare relazioni solide tra il brand ed i consumatori in risposta alla maggiore mobilità dei consumatori tra diverse marche in funzione delle opportunità che si presentano di volta in volta, ed all'accorciamento del ciclo di vita dei prodotti. Queste politiche trovano una loro sistematizzazione e trattazione organica negli studi sul marketing relazionale (*infra*, cap. 6) che pongono al centro dell'attenzione del marketing non più le singole transazioni ma la costruzione di rapporti duraturi tra produttori e clienti, basati sulla soddisfazione, la fiducia, la fedeltà, la lealtà e, nei casi più avanzati, la collaborazione.

Infine, la nascita e lo sviluppo del trade marketing nasce come risposta ai cambiamenti intervenuti nei rapporti con il trade. Si basa sull'assunto che occorra considerare i soggetti della GDO come clienti da soddisfare mediante piani di marketing specifici, che si coordinino con i piani di marketing di prodotto (*infra*, cap. 8, par. 6). Rispetto al marketing di prodotto diversi sono i contenuti delle strategie e le leve operative, sono richieste competenze che integrino conoscenze di marketing e di vendita, ma la filosofia operativa rimane la stessa. Ampia è la letteratura sull'argomento.

Con riferimento alle **ricerche di marketing** ed agli **studi sui consumatori** ci sono stati sviluppi in vari campi, ma ci limitiamo a richiamarne due (*infra*, cap. 2):

– gli studi sulle informazioni ricavabili da internet. Internet, non solo ha permesso di realizzare on-line le ricerche di mercato svolte con le tradizionali tecniche (questionario, focus group, ...), ma oggi consente di avere accesso a numerosissime informazioni sui consumatori reali e potenziali, tali da permettere di sviluppare una conoscenza capillare delle loro preferenze e dei loro comportamenti. L'analisi dei *big data* potrà in futuro arricchire ulteriormente questo patrimonio informativo e offrire la possibilità di analisi predittive sui comportamenti dei consumatori. Importanti sono anche gli studi che si sono sviluppati sulle comunità on-line e sui fattori che ne condizionano gli orientamenti (*netnografia*);

– il neuromarketing che applica le metodologie delle neuroscienze ed i progressi tecnologici intervenuti negli strumenti di analisi di cui esse si avvalgono (risonanza magnetica funzionale, elettroencefalogramma, eyetracking, ecc.) per comprendere a fondo i meccanismi che regolano le emozioni e l'attenzione ed il ruolo del cervello inconscio nei processi decisionali. Questi studi possono avere importanti applicazioni sia per la segmentazione del mercato sia per decidere la profondità delle linee di prodotto ed il packaging, sia per impostare le politiche di comunicazione e di prezzo.

Con riferimento al livello operativo, l'attenzione delle aziende e degli studi di marketing si è rivolta negli ultimi anni soprattutto al marketing digitale. L'organizzazione del sito, l'e-commerce, la presenza nei social media per informare, offrire nuovi servizi e dialogare con i consumatori hanno assorbito gran parte degli investimenti fatti nel marketing. Quattro sono gli aspetti sui quali si è maggiormente incentrata l'attenzione delle imprese e degli studiosi:

– il *content marketing*, ovvero la formulazione dei contenuti editoriali trasmessi nel web, che devono non solo informare sui prodotti dell'impresa, ma anche attirare l'attenzione, suscitare interesse, talvolta divertire o far vivere esperienze, in modo che il visitatore si soffermi su di essi e torni a visitarli nel tempo;

– l'orientamento dei percorsi (*customer journey*) seguiti dal consumatore nel web, per portarlo a compiere determinate azioni;

– le politiche omnichannel, volte a gestire in modo integrato le politiche di comunicazione, di distribuzione e di vendita nei canali tradizionali e on-line (*infra*, cap. 7 e cap. 8);

– la messa a punto e l'analisi delle metriche per misurare le performance aziendali online, come ad esempio i risultati dei siti web, l'efficacia delle campagne pubblicitarie condotte online, le fonti di traffico al sito, le azioni che hanno permesso l'ottenimento del miglior conversion rate [8], ecc.

Negli ultimi anni un forte interesse si è anche manifestato verso il cosiddetto marketing non convenzionale (viral marketing, ambient marketing, ...) che consente di raggiungere con elevata efficacia gruppi anche ampi di consumatori con costi molto ridotti (*infra*, cap. 7).

Mentre gli studi finora ricordati sono stati soprattutto rivolti ad accrescere l'efficacia delle strategie e delle politiche di marketing, un altro ambito di indagine, verso il quale si è manifestata una crescente attenzione negli ultimi anni, ha avuto per oggetto la misurazione dei risultati e della redditività degli investimenti nel marketing. Da sempre il marketing definisce in termini quantitativi i suoi obiettivi e risultati, ma solo negli ultimi anni è in corso di elaborazione, con gli studi sui ***marketing metrics***, un sistema organico di indicatori e di modelli per valutare, pianificare e controllare tutte le implicazioni reddituali e finanziarie per l'impresa delle attività di marketing (*infra*, cap. 10).

Esamineremo nel prossimo paragrafo e nel capitolo 10 gli sviluppi intervenuti a livello organizzativo.

---

[8] Una conversione è un'azione che l'azienda vuole che l'utente compia in un sito. Può ad es. essere l'acquisto di un prodotto, l'iscrizione ad una newsletter, il clic per il download di un PDF. Il *conversion rate* indica la percentuale di soggetti che hanno fatto la conversione pianificata.

L'aspetto sul quale vogliamo richiamare la vostra attenzione è che la disciplina di marketing presenta oggi contenuti sensibilmente differenti da quelli del passato, sebbene i cambiamenti siano avvenuti seguendo percorsi evolutivi piuttosto che con rotture e contrapposizioni di paradigmi. **L'impostazione che è stata data a questo manuale si propone di offrire un quadro organico della nuova fisionomia che il marketing ha assunto a seguito di questi processi.**

6.4. AUTOMAZIONE E CONFINE TRA MARKETING OPERATIVO E MARKETING STRATEGICO

Il tema dell'automazione non è nuovo in assoluto, essendo presente nella letteratura già dalla prima metà del secolo scorso. Oggi però il tema assume connotati nuovi e di grande importanza per gli attori di marketing nei nuovi ambienti digitali, dal momento che si associa all'avvento delle nuove tecnologie telematiche ed allo sforzo teso a sviluppare forme di intelligenza artificiale. Il tema assume quindi un'importanza diversa da quella avuta in passato per gli attori di marketing, come appare evidente da un confronto tra letteratura passata e presente. Nel management l'automazione è stata associata già da molto tempo a tecniche di meccanizzazione tra di loro integrate e accompagnate dall'impiego di dispositivi di regolazione automatica di singole macchine e di un intero sistema orientato al conseguimento di modalità di funzionamento ottimali, secondo principi emergenti nella cibernetica (Wiener, 1948). Nel marketing si parla di automazione dalla seconda metà del novecento, riferendosi primariamente alla presenza di strumenti di supporto alla vendita e presenti nei canali di distribuzione, quali distributori automatici, macchine e supporti per la vendita, sistemi automatici di vendita all'ingrosso, con implicazioni rilevanti per le istituzioni distributive e per il marketing di massa (Goeldner, 1962). L'automazione di marketing si pone in rapporto alla raccolta di informazioni sul cliente, che tanto rilievo ha per il cambiamento dell'ambiente di consumo. Il cambiamento per i processi decisionali degli attori di marketing è già oggi rilevante, per quanto le potenzialità intraviste da alcuni autori debbano ancora trovare compiuta realizzazione (Bucklin *et al.*, 1998; Little, 2001).

Per *marketing automation* in questo nuovo contesto si intende il supporto automatico alle decisioni di marketing su Internet (Little, 2001; Heimbach *et al.*, 2015). Nell'esperienza aziendale, già oggi la grande disponibilità di dati consente l'assunzione di decisioni per azioni di marketing in forma automatica a partire da parametri impostati avvalendosi di appositi software e attraverso l'adozione di algoritmi che utilizzano tali dati in input per produrre decisioni, talvolta pressoché in tempo reale rispetto alla produzione del dato (per esempio, dati analitici da social media o motori di ricerca per attivare promozioni a specifici clienti online). L'adozione di questo supporto è oggi avvertita come necessaria da molti attori per fronteggiare in una logica competitiva la rapidità con la quale si formano e trovano utilizzo i dati di mercato; detto in altri termini, se i dati sono disponibili e non si assumono decisioni tempestive che si basano sul loro impiego, potrebbero essere i competitori a farlo. Inoltre gli strumenti di *automated marketing decision support* consentono di migliorare la produttività dei *marketers*, di migliorare la qualità delle decisioni, e quindi di avere un migliore ritorno degli investimenti e di rafforzare la soddisfazione e la fedeltà del cliente. Infatti l'idea centrale della *marketing automation* è quella di avvalersi di modelli per fare fronte al grande ammontare di dati prodotti automaticamente per reagire in modo adattivo alle scelte dei clienti e per produrre proposte più efficaci per i diversi clienti (Bucklin *et al.*, 2002). Le operazioni del sistema di marketing automatico comprendono diversi livelli (Heimbach *et al.*, 2015), e si traducono in un processo che noi riteniamo comprenda i seguenti passaggi:

1. la *definizione della strategia* (obiettivi, analisi esterna e interna) che dovrebbe guidare l'impostazione di marketing automatico così definita;
2. scelta della *tecnologia di supporto*, in primo luogo in termini di ambiente software e di cruscotti di interfaccia per l'utente nella gestione dei sistemi di supporto;
3. definizione del *data input*, come sistema di acquisizione di dati che possono derivare per esempio dalle azioni del cliente su motori di ricerca o social media;
4. selezione del *set of rules*, inteso come insieme di regole semplici/euristiche utilizzate per passare dai dati alle decisioni;
5. realizzazione di un *monitoring interface*, inteso come processo di controllo delle performance del set of rules e, se del caso modificare/aggiornare le regole euristiche che garantiscono l'efficacia dato il sistema di riferimento;
6. valutazione degli *interventi di modifica*, adeguamento o cambiamento, delle prime fasi, in particolare sui livelli di definizione della strategia e sulla tecnologia di supporto.

L'ordine con i quali i diversi livelli sono esposti ha una sua logica, ma non necessariamente corrisponde all'ordine con il quale il processo di automazione delle decisioni di marketing può essere impostato nell'impresa reale, dove per esempio la definizione del data input o del set of rules potrebbe precedere la definizione della tecnologia di supporto. Inoltre il processo di apprendimento può essere conseguente alla fase (5) a livello di definizione delle regole di decisione, ma può interessare anche il livello (6) sul piano delle strategie e delle tecnologie di supporto adottate. Ad oggi il cuore della marketing automation è stato riconosciuto in una customizzazione o personalizzazione automatica delle attività del marketing mix, completando aree come quella del marketing diretto e della interazione di marketing (Heimbach *et al.*, 2015, p. 130), e risultando particolarmente percepibile per il consumatore finale a livello di definizione delle promozioni su prodotti e servizi nel corso della navigazione online (Skiera e Nabout, 2013), tanto da evidenziare il problema della privacy come uno dei temi fondamentali da gestire in relazione alla adozione di sistemi di automazione di marketing (Sheehan e Hoy, 2000).

Quindi il marketing automatico è parte del più generale avvento delle *nuove tecnologie telematiche*, che ha messo in luce forze capaci di guidare il cambiamento nella gestione dell'informazione da parte degli attori di mercato. La prima di esse è riconducibile all'esplosione della connettività, intesa come accessibilità degli altri in rete (si pensi all'uso intenso dei social media); la seconda attiene all'adozione di standard d'informazione comuni, compresi gli indicatori la cui conoscenza, almeno in alcuni casi (si pensi agli indicatori di engagement) richiede nuove competenze specifiche. Le reti elettroniche offrono tanto alle imprese che al consumatore informazioni in flussi ampiamente indipendenti dall'economia tradizionale. L'informazione può così fluire con tempi e costi di consegna e di adattamento particolarmente contenuti, modificando nel tempo le aspettative del cliente. Più in generale è stato osservato come l'effetto più significativo singolarmente preso che deriva da Internet è proprio quello della riduzione dei costi di interazione (Nevens, 1999). Sulla rete i costi di interazione possono essere più bassi in misura tale da contribuire a spingere una parte dei clienti, in concorso con altri fattori (come per esempio il gusto per il nuovo che può interessare una parte della domanda) a privilegiare lo spazio virtuale a quello fisico nell'assunzione delle decisioni d'acquisto.

L'emergere di *standard condivisi* non è limitato alla comunicazione nella rete telematica, interessando anche l'adozione di modalità di valutazione attraverso adeguati strumenti analitici il cui impiego diffuso corrisponde all'avvento di un nuovo linguaggio per il decisore di marketing. La comunicazione online rappresenta persino un cambiamento più profondo di quello relativo alla diffusione della *connettività* perché ad esso si deve la possibilità di interagire non solo a costo contenuto, ma con una gamma molto ampia di soggetti. Fino a quando i canali elettronici erano soggetti a vincoli imposti da standard non diffusi, di proprietà e quindi ad accesso contenuto, tali limitazioni riducevano la portata del fenomeno. Gli standard come è noto sono caratterizzati da un effetto "palla di neve" (Evans e Wurster, 2000, p. 35), per cui più ampio è il numero di soggetti che ne fanno uso, maggiore è il valore che vengono ad acquisire. Tutti gli attori di mercato, e in particolare i decisori aziendali, possono ottenere un livello più elevato di ricchezza nell'informazione (*richness*) anche quando rientra tra chi è raggiunto solo da informazione a portata molto ampia (*reach*). Con questo spostamento verso l'alto della combinazione ricchezza/portata dell'informazione, la relazione economica cambia, e cambia anche per il consumatore il modo di formare la percezione delle alternative, il tipo di stimoli, i feedback dalle esperienze anche di altri consumatori ed i processi di apprendimento (Evans e Wurster, 2000).

L'avvento dei nuovi sistemi di connessione telematica offre un ulteriore potente strumento per ottenere informazioni, anche grazie alla combinazione con dati reperibili dall'impiego di sistemi di pagamento o dalla compilazione di application form, per esempio per la registrazione a social media o per l'accesso a strumenti e servizi messi a disposizione da motori di ricerca (a partire da Google) o altri service providers. La generazione di ampi database amplia il tradizionale database clienti per le iniziative di marketing diretto realizzabili da parte delle imprese. L'attenzione per questo aspetto del fenomeno Internet trova particolare trova corrispondenza dal lato dei consumatori nelle comunicazioni ricevute durane la navigazione o per posta elettronica (spesso non sollecitata, il cosiddetto "spam") che rappresenta da tempo una quota elevata dei messaggi e-mail a livello mondiale (Hagel e Singer, 1999). Questa pressione presenta notevoli potenzialità, per esempio nella promozione delle vendite, ma può anche essere vista in molti casi anche come un fattore capace di rendere problematica la relazione del consumatore per le imprese, e quindi di costituire uno dei punti critici, dal momento che "una occhiata da vicino suggerisce che le relazioni tra imprese e consumatori sono difficili, nel migliore dei casi, dal momento che il numero di relazioni one-to-one che le imprese chiedono ai consumatori di mantenere è insostenibile" (Fournier *et al.*, 1998, pp. 43-44).

Tornando al processo descritto nella prima parte di questo paragrafo, l'adozione di sistemi software di supporto per il marketing automatico (la fase 2 in quel processo) impatta tanto su attività di marketing strategico che sulle attività di marketing operativo, che infine sul confine/rapporto tra i due livelli (strategico e operativo) nell'organizzazione delle attività di marketing. Per quanto riguarda le attività di marketing strategico, l'adozione di un tipo di una piattaforma software invece che un'altra, ha un impatto tanto sul linguaggio impiegato per la rappresentazione del mercato (nel quale gli indicatori privilegiati dal sistema saranno inevitabilmente presenti), che sulla definizione di nuove soluzioni per il mercato (innovazione nei prodotti e nei servizi offerti), che potranno essere stimolate, se non ispirate, dall'ambiente che l'adozione di una certa tecnologia viene a generare.

Per il marketing operativo l'adozione di soluzioni software di marketing automatico può definire un cambiamento di efficacia ed efficienza nell'impiego dei dati relativi ai clienti. Spesso ormai la notevole consistenza del flusso di dati e la gestione di dati già disponibili per iniziative, ad esempio, di marketing diretto, richiedono la capacità di seguire flussi di dati che segnalano l'evoluzione del comportamento dei clienti (momento). Tale evoluzione se seguita senza una adeguata velocità, soprattutto in comparazione con quella dei concorrenti, può determinare una perdita di competitività, mentre la capacità di risposta può catturare le preferenze di clienti e generare in alcuni casi soddisfazione e fedeltà. Per questo che la messa a disposizione di strumenti di automazione può rappresentare un fattore di supporto allo sforzo di marketing operativo (Trusov *et al.*, 2009).

Il processo di automazione ha implicazioni anche sul rapporto/confine tra marketing strategico e marketing operativo. Di fatto i nuovi strumenti (software di gestione di campagne e processi di promozione sui social e motori di ricerca) messi a disposizione di produttori di sistemi (IBM, Marketo, ecc.) integrano strumenti tipici di marketing strategico (segmentazione, analisi dei processi di acquisto e consumo, ecc.) con le iniziative di marketing operativo (promozione, direct marketing, ecc.), con l'effetto di ridefinire il rapporto tra marketing strategico ed operativo. I responsabili di marketing strategico sono fortemente interessati alle scelte relative al processo di adozione della soluzione di marketing automatico, salvo poi vedere l'utilizzo quotidiano della stessa come un tema prevalentemente di marketing operativo, una volta che essa è stata adottata e che è stato implementato il suo uso. Eppure il processo di *marketing automation* descritto nella prima parte di questo paragrafo ha nel suo insieme una forte importanza per il marketing strategico anche oltre la fase di adozione del software, per esempio in rapporto ai processi di apprendimento connessi alla adozione ed al monitoraggio del *set of rules* (fase 4 e fase 5) e di adeguamento della strategia e delle soluzioni tecnologie (fase 6).

7. ALCUNI SPUNTI DI RIFLESSIONE SUGLI EFFETTI MACRO DEL MARKETING [9]

7.1. NESSUNA "RIVOLUZIONE COPERNICANA"

A conclusione delle considerazioni introduttive sin qui fatte sulla finalità del marketing aziendale e sulle modalità con cui essa può venire concretamente perseguita dalle imprese orientate al mercato, è opportuno introdurre due spunti di riflessione anche sugli effetti che può avere la diffusione del marketing dal punto di vista degli interessi economici collettivi e, più in generale, della società.

Nei primi contributi teorici con i quali, negli anni '60 del secolo scorso, fu accreditata negli Stati Uniti la cultura di marketing, veniva dato per scontato che la diffusione del marketing aziendale avrebbe avuto consistenti effetti positivi per la società nel suo complesso. Il marketing, infatti, veniva presentato agli operatori economici ed alla pubblica opinione come una "rivoluzione copernicana", nel senso che la nuova "filosofia" direzionale e gestionale, di cui allora si cominciavano a delineare le caratteristiche, avrebbe posto definitivamente i consumatori, anziché le imprese, "al centro del mondo degli affari"(Keith, 1960).

La soddisfazione dei consumatori sarebbe infatti divenuta non solo una condizione necessaria per la sopravvivenza e lo sviluppo delle imprese, ma anche la loro finalità caratteristica ultima. La redditività del capitale investito ed il profitto necessario per alimentarla si sarebbero infatti configurati solo come una sorta di "premio" che i consumatori, con le loro scelte discrezionali, avrebbero concesso, attraverso il

---

[9] Di Gianni Cozzi, Università di Genova.

mercato, alle imprese che avessero dimostrato, più e meglio delle altre, di soddisfare i loro bisogni.

Questo modo, molto semplificato, di accreditare socialmente la diffusione del marketing, è stato da tempo superato, ma ancor oggi riemerge frequentemente, più sul piano ideologico che su quello scientifico, come premessa ai principi ed ai metodi su cui si basa il marketing aziendale.

In questo testo, pur sottolineando ripetutamente che il marketing aziendale, apporta comunque cospicui "benefici" ai consumatori ai quali l'impresa rivolge la propria offerta, si è richiamata anche l'attenzione su quattro fatti, rilevanti per meglio cogliere e valutare i possibili effetti macro della sua diffusione:

a) in primo luogo sul fatto che **la finalità caratteristica dell'impresa non cambia con lo sviluppo del suo orientamento al mercato**. Il marketing non determina cioè alcuna "rivoluzione copernicana" da questo punto di vista;

b) in secondo luogo sul fatto che la **creazione di valore sia per il cliente sia per sé stessa** (quest'ultima in termini di redditività e competitività) comportano lo sviluppo di una **logica *win-win*, ossia basata su vantaggi reciproci**;

c) in terzo luogo sul fatto che, in questa logica, senza dubbio apprezzabile dal punto di vista degli interessi collettivi in quanto a somma positiva anziché a somma zero, **la soddisfazione del cliente è strumentale alla soddisfazione dell'impresa**, nel senso che ne è una condizione necessaria, ma nei limiti entro i quali la prima è funzionale alla seconda;

d) in quarto luogo sul fatto che **il marketing, contribuisce a ridurre i confronti competitivi basati principalmente sul prezzo** ed anche a creare – se così si può dire – nuovi mercati o segmenti di mercati di sbocco funzionali alla valorizzazione di specifiche capacità innovative, nei quali l'impresa che ne è dotata può esercitare, almeno *pro-tempore*, un consistente potere di mercato.

7.2. SOVRANITÀ DEL CONSUMATORE E SOVRANITÀ DELL'IMPRESA

Sulla base degli aspetti sopra indicati, il **concetto stesso di sovranità del consumatore, su cui si regge la cultura di marketing, non può essere considerato senza tenere anche conto della sovranità dell'impresa.**

Senza dubbio il consumatore può liberamente scegliere, tra le offerte percepite presenti sul mercato, quella che ritiene migliore, sulla base delle proprie esigenze, delle proprie motivazioni, delle proprie aspettative e compatibilmente con i propri vincoli di bilancio, o non sceglierne alcuna.

Oggi i consumatori dispongono inoltre di strumenti che consentono loro, almeno entro certi limiti, di orientare attivamente le imprese nella ricerca di soluzioni maggiormente appropriate rispetto alle loro aspettative e di condizionarne l'operato con valutazioni critiche ad ampia diffusione. I diritti dei consumatori sono del resto tutelati da norme ed organizzazioni che li rappresentano dotate di un potere crescente. Tutti questi elementi concorrono nell'accentuare la sovranità del consumatore.

Anche nei casi in cui gruppi, più o meno ampi, di consumatori sono disposti a pagare un *premium price* per disporre di prodotti e/o servizi con prestazioni funzionali analoghe (al limite identiche) a quelle di altri prodotti e/o servizi della stessa classe, in quanto ne percepiscono e ne apprezzano i "benefici" immateriali veicolati dalla loro immagine di marca, non si è in presenza di effetti negativi, dal punto di vista degli interessi collettivi, anche se ciò può determinare qualche distorsione rispetto al principio (peraltro discutibile nella sua pretesa oggettività) di una più razionale allocazione delle risorse economiche complessivamente disponibili e, specialmente, può **aumentare la frustrazione dei consumatori economicamente più deboli**, che avvertono maggiormente l'impossibilità di soddisfare i loro desideri. Quest'ultimo effetto, tuttavia, dipende anzitutto da uno squilibrio eccessivo (e purtroppo ovunque crescente) della distribuzione della ricchezza e dei redditi.

In una prospettiva di marketing, però, alla libertà di scelta dei consumatori – come si è già sottolineato all'inizio di questo paragrafo – si accompagna la libertà di scelta delle imprese. **Anche le imprese sono "sovrane", nel senso che possono scegliere il *target* a cui rivolgersi, i "benefici" da offrirgli, le modalità con cui competere con altre imprese.** Le loro scelte tendono, in ultima analisi, non solo a soddisfare nella maggiore misura possibile i consumatori ai quali rivolgono la loro offerta, ma anche a valorizzare le capacità distintive di cui dispongono, sviluppando strategie e politiche di mercato tendenti a conservare ed accrescere vantaggi competitivi difendibili e ad appropriarsi, almeno in parte, dei benefici economici che ne derivano.

Dal punto di vista degli interessi collettivi, **la sovranità delle imprese nel rapportarsi con i mercati di sbocco non si traduce quindi nella maggiore soddisfazione possibile di tutte le esigenze e le aspettative che via via emergono nel mondo dei consumatori**, seppure entro i vincoli di bilancio cui gli stessi consumatori sono sottoposti. **Molte aspettative ed anche molti bisogni primari restano insoddisfatti, almeno *pro tempore*, per il semplice motivo che, essendone portatori individui e/o collettività nei cui confronti le imprese non reputano conveniente o ritengono troppo rischioso rapportarsi, non divengono elementi rilevanti nei circuiti "virtuosi" del marketing**, che si occupano invece di altre esigenze, molte delle quali di rilevanza collettiva secondaria.

8. RENDERE IL MARKETING AZIENDALE APPROPRIATO AI SUOI DIVERSI AMBITI APPLICATIVI

Nei paragrafi precedenti si sono delineati i processi attraverso i quali il marketing aziendale crea valore per i clienti e per le imprese, processi il cui esame verrà sviluppato nelle parti successive del testo. Tutta la trattazione sarà comunque riferita solo al marketing aziendale dei beni di consumo.

Anche focalizzando l'analisi solo su quest'area applicativa (comprendente anche il *trade marketing*), le forme di marketing – come già si è accennato e come si specificherà in seguito – possono variare considerevolmente al variare delle dimensioni delle imprese, delle risorse umane e finanziarie coinvolgibili, e, specialmente, al variare di una serie di fattori di contesto (Ferrero, 1989).

In particolare – come si vedrà tra breve – i modelli ai quali si ispira l'indirizzo e la gestione delle piccole imprese (anche di quelle decisamente orientate al mercato) sono sostanzialmente diversi rispetto a quelli riferibili alle medie ed alle grandi imprese.

I fattori da tenere presenti nel rendere appropriati gli approcci ai problemi di marketing sono molteplici e tra loro variamente connessi. Schematicamente tali fattori riguardano: la specificità degli oggetti di scambio; quella dei settori applicativi e dei loro processi evolutivi; le diverse forme che possono assumere le relazioni cooperative tra imprese dal lato dell'offerta.

Inoltre, l'evoluzione delle aspettative dei consumatori (Fabris, 2010) e degli strumenti (specie informatico-telematici) disponibili per rapportarsi efficacemente con la trasformazione dei valori, degli atteggiamenti e dei comportamenti dei clienti, hanno facilitato l'emergere, anche nel campo dei beni di consumo, di nuove forme di marketing, specie di carattere relazionale-interattivo, integrative rispetto a quelle consolidate, che verranno tenute ben presenti in questo testo.

Non rientra invece tra gli obiettivi di questo testo l'esame, seppure sommario, delle specificità che assume il marketing aziendale negli ambiti applicativi diversi da quello dei beni di consumo. Ci sembra comunque utile sottolineare che, per renderli appropriati alle loro specificità, non è sufficiente (anzi può risultare controproducente) cercare di adattare i principi ed i metodi che caratterizzano il marketing dei beni di consumo. Occorre invece riferirsi, in larga misura, a modelli teorici diversi, peraltro ampiamente sviluppati nella letteratura specialistica, di cui si indicano, qui di seguito, alcuni testi-base ed alcuni aggiornamenti da noi selezionati.

– Per il marketing dei servizi alle persone: Lovelock, 1983; Eigler, Langeard, 1988; Berry, Parasuranam, 1992; Gronroos, 1994; Hoffman, Barteson, Iasevoli, 2017.

– Per il marketing *business-to-business*: Hakansson, Snehota, 1955; Ford, 1990; Anderson, Narus, 1999; Tunisini, 2011; Cozzi, in Ferrero (a cura di), 2013; Tunisini, 2017.

– Per il marketing in cui sono coinvolte, dal lato dell'offerta, anche organizzazioni con finalità diverse da quelle delle imprese nel campo dei sistemi ad alta tecnologia: Moore, 1995; Kotler, 2017; nel campo del marketinig turistico-territoriale: Valdani, Ancarani, 2000; Cozzi, Panero, 2011; Martini (a cura di), 2017.

Come già si è accennato, le dimensioni aziendali e le modalità di indirizzo e di gestione ad esse connesse richiedono, per le piccole imprese, anche nel campo dei beni di consumo, il riferimento a modelli teorici specifici per rendere appropriato il loro marketing. Questo aspetto è particolarmente rilevante in un contesto – come quello italiano – nel quale le micro [10] e le piccole imprese [11] sono quantitativamente le più numerose anche nell'industria manifatturiera [12].

In sostanza occorre valutare quali forme specifiche può assumere il marketing nelle imprese minori orientate al mercato, che sono una parte non marginale delle piccole imprese manifatturiere italiane. Lo facciamo, in stretta sintesi, nel *box* per quanto riguarda gli aspetti generali del problema, mentre, per quanto riguarda le loro implicazioni nelle varie fasi dei processi di creazione e di diffusione del valore, rinviamo alle specificazioni che verranno via via fornite nel corso di questo testo.

BOX. N. 3

IL MARKETING DELLE PICCOLE IMPRESE: ASPETTI GENERALI

DIFFERENZE DI FONDO RISPETTO ALLE GRANDI ED ALLE MEDIE IMPRESE

– Non solo scarsa disponibilità di risorse umane e finanziarie da destinare specificamente alle ricerche di mercato ed alle azioni di marketing, ma anche modalità di indirizzo e di gestione guidate dalla *vision* dell'imprenditore, basata su un misto di intuizioni e di apprendimento acquisito riflettendo principalmente sulle esperienze operative della sua impresa. L'imprenditore si avvale di un'organizzazione molto semplice (pochissimi collaboratori diretti), con distribuzione dei compiti di carattere non specialistico e con modalità di auto-coordinamento e di auto-controllo al suo interno.

LORO IMPLICAZIONI DI MARKETING

– Le forme di marketing appropriate alle piccole imprese devono pertanto allontanarsi dal modello del marketing manageriale. La "miniaturizzazione" di tale modello contrasta infatti con le loro modalità di indirizzo, di gestione, di auto coordinamento e di auto-controllo (Cozzi,1985).

– Ciò perché il difficile rapporto tra marketing e piccola impresa riflette le difficoltà più generali di rapporto tra *management* e piccola impresa(Marchini, 1995).

---

[10] Per microimprese si intendono quelle con meno di 10 addetti, imprenditore ed eventuali familiari coadiuvanti compresi.

[11] Per piccole imprese si intendono quelle con 10-19 addetti (piccole in senso stretto) e quelle con 20-49 addetti (medio-piccole).

[12] Nell'industria manifatturiera in Italia le micro (90% circa), le piccole e le medio-piccole imprese (7% circa) sono la maggioranza, occupano la maggioranza degli addetti (rispettivamente 40% e 17% circa) e partecipano nel loro complesso ad una quota molto elevata del valore aggiunto dell'industria manifatturiera.

– Il marketing delle piccole imprese deve quindi configurarsi come **una particolare forma di marketing imprenditoriale** (Guercini, 2005).
– È infatti l'imprenditore che, attraverso continue relazioni personalizzate con i principali clienti (intermedi e finali) ed anche con alcuni concorrenti, raccoglie informazioni e sviluppa modelli interpretativi dell'evoluzione o dell'involuzione del mercato, senza ricorrere a verifiche sistematiche, correndo anche il rischio di essere, almeno in parte, influenzato dalle posizioni degli interlocutori con cui ha rapporti di carattere fiduciario.
– D'altro canto nelle piccole imprese vi è, in genere, una conoscenza profonda delle aspettative e dei comportamenti dei principali clienti, il cui potere contrattuale rischia però di far prevalere politiche di mercato più adattive che proattive.
– Le loro strategie di marketing emergono via via dal loro "vissuto" operativo. Ciò, da un lato, evita le rigidità che spesso si frappongono nelle imprese maggiori nel dare risposte tempestive e flessibili, dall'altro, però, .può spingerle a sperimentare nuove politiche di mercato che, per essere efficaci, richiederebbero supporti strategici al di fuori delle loro concrete possibilità (Marchini, 2005).

COME RENDERE PIU' EFFICACE IL MARKETING DELLE PICCOLE IMPRESE

– Per rendere più efficace il loro marketing, gli imprenditori dovrebbero evitare di condurlo in modo eccessivamente monocratico, consentendo, seppure entro i limiti delle risorse disponibili,, il graduale emergere, all'interno delle loro imprese, di una microstruttura organizzativa "ibrida", nella quale le loro intuizioni imprenditoriali e le loro conoscenze derivanti dall'esperienza e dalle relazioni dirette con i clienti possano tradursi, con l'ausilio di uno o pochi *managers* specialisti, in programmi, procedure e strumentazioni più sistematiche: In effetti strutture organizzative "ibride" hanno caratterizzato e ancora caratterizzano le piccole imprese-guida dei distretti industriali, che si occupano della progettazione dei prodotti e del marketing, affidando alle piccole imprese di "di fase" le attività esclusivamente manifatturiere, una parte delle quali sono divenute imprese "eccellenti", nonché parecchie piccole imprese specializzate di successo, non solo per le loro politiche del prodotto, ma anche per la loro presenza diretta in peculiari nicchie dei mercati esteri.(Ferrero [a cura di], 2013).
– Anche l'evoluzione delle ICT può oggi consentire, nelle piccole imprese, con costi ridotti e senza di disporre di personale con particolari competenze informatiche, di rendere più sistematico l'esame dei comportamenti dei clienti (sistemi di *customer relationship management*) e di aumentare le loro capacità di comunicazione (siti Internet non solo "vetrina" e inserimento nei *social networks).*

LE PICCOLE IMPRESE CHE SI CONFIGURANO COME *STARTUP* INNOVATIVE, COME *SPINOFF* DEI CENTRI DI RICERCA O CHE COLLABORANO AI PROCESSI INNOVATIVI DELLE GRANDI IMPRESE

Considerazioni diverse, rispetto a quelle qui sintetizzate, riguardano le tipologie di piccole imprese or ora indicate Il loro esame esula però dai limiti di questo testo, pur essendo oggetto di numerosi studi specialistici, cui si rinvia (si sono selezionati, in particolare: Acs-Sanders, 2009; Varaldo, 2014; Ghio *et al.*, 2015).

DOMANDE PER AUTOVALUTAZIONE

- Come può essere definito sinteticamente il concetto di valore per il cliente?
- Perché il valore per il cliente ha, tra l'altro, un carattere multidimensionale e soggettivo?
- Come può essere definito il valore di scambio?
- Quali sono le forme di mercato e gli stati della concorrenza rilevanti per il marketing?
- Come il marketing crea valore per l'impresa che lo pone in atto?
- Qual è la fondamentale differenza tra imprese orientate alla produzione, al prodotto o alle vendite da un lato ed imprese orientate al mercato dall'altro?
- Quali sono i "passi logici" dei processi decisionali delle imprese orientate al mercato?
- Perché le politiche di mercato devono essere considerate come "la parte emergente dell'iceberg con cui le imprese orientate al mercato si rapportano operativamente con i loro clienti"?
- Quali sono i principi e i valori su cui si basano le imprese orientate al mercato? Cosa si intende per "carattere proattivo" dei rapporti delle imprese orientate al mercato con i loro clienti?
- Considerando i principi ed i valori che caratterizzano le imprese orientate al mercato, soffermarsi su quelli che investono gli aspetti organizzativi di tali imprese.
- Quali sono le fasi del processo di creazione del valore per il cliente? Quali attività vengono svolte in ogni fase?
- Quali relazioni intercorrono tra i ruoli imprenditoriali ed i ruoli direzionali di marketing nei processi decisionali aziendali?
- Che cosa si intende per marketing imprenditoriale? In quali contesti e rispetto a quali decisioni assume particolare importanza?
- Che cosa si intende per "ruolo coesivo" del marketing? Come si rapporta questo ruolo al "carattere pervasivo" del marketing nell'organizzazione aziendale?
- Definito il concetto di marketing integrato, indicare i contenuti che corrispondono ad un "approccio esterno" rispetto a quelli propri di un "approccio interno".
- Quale è l'"oggetto di studio" della disciplina di marketing?
- In quale periodo ed in quale contesto si afferma il paradigma dominante nel marketing?
- Quali tendenze evolutive si riscontrano nel marketing a livello strategico, operativo, delle ricerche di mercato e organizzativo?
- Cosa si intende per marketing automation e quale è l'idea centrale su cui si fonda?
- Quali sono i passaggi del processo di automazione delle decisioni di marketing?
- Che impatto ha l'automazione di marketing sulle decisioni di carattere strategico ed operativo?
- Di che natura sono gli effetti del marketing sulla società?
- Quali critiche possono essere mosse alla originaria "filosofia" del marketing manageriale, secondo la quale la soddisfazione del consumatore sarebbe divenuta non solo una condizione necessaria per la sopravvivenza e lo sviluppo dell'impresa, ma anche la sua stessa finalità caratteristica?
- Perché nelle piccole imprese non possono essere introdotte le tipiche procedure del marketing manageriale delle grandi e delle medie imprese orientate al mercato?
- Qual è, in sintesi, il modello più appropriato per il marketing delle piccole imprese orientate al mercato?

Capitolo 2

METODOLOGIE DI ANALISI PER L'IDENTIFICAZIONE DEL VALORE

1. FINALITÀ DEL CAPITOLO

Come è stato chiarito nel precedente capitolo, in un'impresa orientata al mercato il processo di creazione del valore prende avvio da una approfondita analisi dell'ambiente esterno ed in particolare delle aspettative e dei comportamenti dei consumatori. Solo comprendendo i processi mediante i quali si forma il valore atteso e percepito dai consumatori, attraverso quale percorso essi giungono alla decisione di acquisto ed i fattori che possono orientare le loro scelte è possibile progettare e presentare un sistema di prodotto che si caratterizzi per un valore percepito differenziale rispetto ai concorrenti. Occorre, quindi, analizzare le funzioni che il sistema di prodotto può svolgere nei loro processi di consumo e di vita, conoscere quali siano le finalità che loro perseguono, i benefici che ricercano, i problemi che vogliono risolvere, i sacrifici che desiderano minimizzare. Ma occorre anche comprendere come si configurano i loro processi decisionali, i comportamenti di acquisto e come si determina l'efficacia delle politiche di marketing poste in atto per orientarli e condizionarli.

Nella prima parte di questo capitolo viene sviluppata un'ampia analisi dei modelli interpretativi dei processi decisionali dei consumatori e dei molteplici fattori che li condizionano, con una lettura trasversale a diversi ambiti disciplinari. Nel paragrafo 2 si offre una visione complessiva di queste tematiche, che vengono poi riprese ed articolate nei paragrafi successivi. Si tratta di argomenti complessi che sono stati oggetto in letteratura di differenti interpretazioni e classificazioni; il paragrafo 2 ed il paragrafo 3 offrono, in modo complementare, un'ampia analisi delle diverse teorie seguendo approcci in parte differenti.

La seconda parte è dedicata all'esame dell'ampia strumentazione che il marketing ha elaborato per le analisi di mercato. Vengono illustrati i caratteri del sistema informativo di marketing e alcune tra le più importanti metodologie e tecniche utilizzate dalle imprese e dalle agenzie specializzate per le ricerche di mercato.

Nella terza parte sono presentate le tipologie delle ricerche che si possono svolgere on-line, con particolare attenzione anche agli sviluppi futuri delle metodologie adottabili per questi studi.

Il capitolo si chiude con importanti riflessioni sui cambiamenti in atto nell'ambiente di consumo per effetto delle nuove tecnologie.

La strategia competitiva non può essere rivolta solo a creare valore per i consumatori, deve creare anche valore per l'impresa, ovvero garantire vantaggi competitivi che assicurino una redditività adeguata nel tempo. Allo studio dei consumatori deve, dunque, associarsi l'analisi dell'ambiente competitivo e dei concorrenti, per comprendere, in ogni mercato, i fattori critici per il successo, i punti di forza e debolezza dei concorrenti e dell'impresa in rapporto ai concorrenti, le minacce e le opportunità che si prospettano. Le metodologie per questa analisi saranno esaminate nel capitolo 5.

2. LO STUDIO DEL CONSUMATORE COME TEMA INTERDISCIPLINARE [1]

Il concetto di bisogno è tradizionalmente il punto di partenza per lo studio dei comportamenti del consumatore così come più in generale per l'analisi della domanda. Quello di bisogno è un concetto problematico e spesso difficile da separare anche sul piano terminologico dall'oggetto che ne consente il soddisfacimento, tanto è vero che bisogno è spesso un "bisogno di" una tipologia di beni o servizi ("bisogno di abbigliamento", oppure "bisogno di trasporto", ecc.). Eppure oggi il bisogno si accompagna ad altri temi caratterizzanti i comportamenti del consumatore, i quali assumono forme sempre più complesse nella loro evoluzione. La condizione del bisogno appare "passiva", mentre il consumatore può assumere oggi un ruolo più attivo, al punto da coprire ruoli di produttore o al meno di soggetto che offre un contributo nella costruzione dell'offerta (Covà, Dalli, 2009) se non di imprenditorialità (Guercini, Cova, 2018). Questa evoluzione dei comportamenti di consumo ha implicazioni sulle dinamiche tanto a livello individuale (l'attitudine del singolo consumatore) che in rapporto al contesto di riferimento (il rapporto del consumatore con il suo contesto ed i rapporti con gli altri attori economici).

[1] Di Simone Guercini, Università di Firenze.

I comportamenti di consumo si confrontano poi con i comportamenti di acquisto. I due processi (consumo ed acquisto) sono distinguibili, in quanto chi consuma può ricorrere a beni e servizi acquistati da altri, ma non vi è dubbio che i due processi sono fortemente connessi e che spesso i due ruoli (consumatore e acquirente) coesistono. In questo caso il consumatore realizza la selezione, l'acquisto, il consumo fino alla eliminazione dei prodotti (beni e servizi).

L'analisi del comportamento del consumatore si presenta come un campo di studio di carattere tipicamente interdisciplinare. Tra le discipline che nel campo delle scienze sociali sono interessate al comportamento dell'acquirente, vi sono l'economia, la psicologia, la sociologia e l'antropologia, come si vedrà nel prossimo paragrafo. Nel campo dell'economia la teoria neoclassica del comportamento del consumatore ha perseguito l'obiettivo di individuare modelli di comportamento rappresentati attraverso equazioni, che esprimono le condizioni necessarie affinché il consumatore raggiunga una posizione "ottimale" massimizzando la sua funzione di utilità. I limiti della teoria economica neoclassica nella spiegazione del comportamento così definito (instabilità delle implicazioni, delle condizioni di reddito e prezzi e del loro mutare) sono confermati dalla osservazione della realtà e portano alla valutazione di ulteriori prospettive (Podestà, 1974, p. 51 ss.).

I limiti riconducibili alla teoria economica nella spiegazione delle azioni dei consumatori hanno dato spazio al contributo della psicologia, della sociologia e della antropologia. In particolare, come verrà approfondito nel paragrafo 3 di questo capitolo, la psicologia ha fornito elementi importanti alla interpretazione del comportamento del consumatore attraverso lo sviluppo di tre ambiti tematici, riconducibili rispettivamente all'analisi della motivazione, allo studio dell'apprendimento ed a quello degli atteggiamenti.

La motivazione è infatti da intendersi come fattore interno all'individuo, di cui lo stesso non è consapevole (ovvero lo è solo in parte), che lo spinge ad intraprendere una determinata azione. Si tratta quindi di una spinta all'azione, di uno stimolo che porta l'individuo ad attivare le proprie energie operative; si presenta dunque come una forza interna che viene a stimolare, regolare e sostenere le azioni principali che le persone compiono, costituendo un sistema energetico per mezzo del quale l'individuo agisce e reagisce con l'orientamento alla conservazione ed alla espansione (Hilgard, 1953). Il processo motivazionale è stato anche visto articolarsi su più fasi, comprendenti: (a) l'originarsi di uno stato di tensione connesso alla non soddisfazione di certi bisogni; (b) la ricerca dei mezzi idonei alla soddisfazione di questi; (c) la rivalutazione e ridefinizione della situazione in seguito alla soddisfazione parziale o totale; (d) la decisione circa il comportamento da seguire, compresa la valutazione circa la soddisfazione conseguita e la scoperta di nuovi bisogni (Rugiadini, 1979, p. 134). Appare evidente come, espresso in questi termini, il processo di motivazione tenda ad ampliare la sua portata fin quasi ad abbracciare gran parte del processo di consumo.

Attraverso lo studio dei processi di motivazione è possibile un allargamento del concetto di bisogno. Si tratta di un tema sul quale il punto di vista degli economisti non si spinge, dal momento che il bisogno è per loro essenzialmente uno stato di mancanza rivelato dal comportamento di acquisto. Contributi di rilievo sotto questo profilo provengono invece dalla psicologia sperimentale. In questo ambito è possibile riconoscere tre determinanti nella motivazione (drivers della motivazione):

– il comfort (comfort);
– il piacere (pleasure);
– la stimolazione (arousal).

Questi tre drivers, o forze, della motivazione portano al benessere individuale secondo modalità diverse (altre classificazioni dei bisogni che determinano la mo. Il comfort è ricercato in quanto corrispondente allo stato di riduzione delle tensioni per mezzo della soddisfazione dei bisogni fisiologici. Corrisponde quindi alla soluzione del bisogno che si realizza saziandolo. La stimolazione è ricercata per contrastare lo stato di noia, e si raggiunge attraverso la novità, il rischio, la diversità, ecc. Il piacere si colloca in una situazione intermedia tra comfort e stimolazione. Con il primo ha in comune la riduzione di uno stato di tensione, ma è più dinamico, riguardando tendenzialmente bisogni insaziabili ed essendo la risultante anche di processi di stimolazione. Il comfort corrisponde quindi ad un concetto di "bene negativo", in quanto viene a colmare uno stato di mancanza. La stimolazione ed il piacere, invece, corrispondono al concetto di "bene positivo", in quanto legati a bisogni non saturabili (Lambin, 2004, pp. 74-75).

Figura 1. – Drivers *della motivazione e determinanti del benessere*

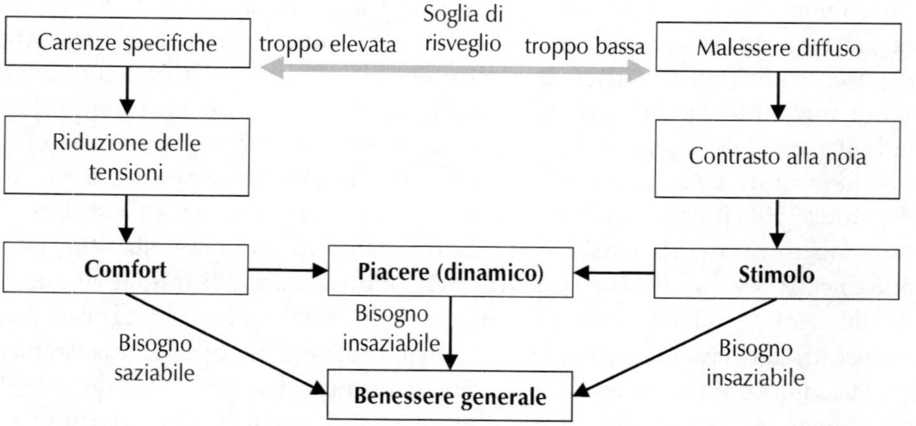

Fonte: adattamento da Lambin, 2004, p. 74.

Il processo di apprendimento del consumatore è stato preso in esame in relazione al processo di scelta inteso come tema problematico da risolvere nel migliore dei modi. Il consumatore può arrivare ad assumere forme di comportamento routinario, nelle quali la tensione si riduce e si accettano conclusioni cui si è pervenuti in una precedente scelta. Queste possono essere il risultato di un processo di apprendimento, definibile come un qualsiasi cambiamento relativamente permanente nel comportamento che si verifica in conseguenza di un'esperienza o di un'abitudine (Williams, 1982, p. 61 nella traduzione italiana).

Il tema dell'apprendimento è tra quelli maggiormente studiati in psicologia e su cui numerose sono state le teorie sviluppate in letteratura [2]. Nell'approccio teorico all'apprendimento, il presente tende ad essere spiegato in termini di passato; è infatti quest'ultimo che fornisce esperienze e ricordi ai quali è possibile rivolgersi in presenza dell'emergere di un problema, spingendo a perseguire i comportamenti che si sono rivelati utili in precedenza, ovvero a suggerire mutamenti nelle azioni se queste ultime si sono rivelate non soddisfacenti (Clayton Thomas, 1965).

Il concetto di atteggiamento, inteso come modo positivo o negativo di porsi nei confronti di una definita classe di oggetti o di attività o, in termini più generali, di una determinata situazione, è stato anche esso al centro di teorie della psicologia sociale, dove la sua importanza viene ancora oggi sottolineata da numerosi autori. Il concetto di atteggiamento si presenta quindi nei termini di una valutazione ed è connesso ad una particolare esperienza vissuta dall'individuo in rapporto ad una gamma di categorie ampia (comprendente oggetti, eventi, altri soggetti, problemi), per cui gli atteggiamenti sono espressi in termini di valutazioni formulate attraverso la descrizione di quanto viene ad essere oggetto delle proprie esperienze (Eiser e Van der Pligt, 1991). Il concetto di atteggiamento tende quindi a definire la relazione che intercorre tra una persona ed un oggetto dotato di un proprio significato sociale. L'atteggiamento è stato visto articolarsi in alcune principali componenti, che comprendono la componente cognitiva, quella affettiva e quella operativa o comportamentale (Rosemberg e Hovland, 1960), secondo una tripartizione che ha trovato successivamente ampia fortuna nell'analisi della risposta all'azione di marketing.

La componente cognitiva comprende idee e convinzioni sviluppate dall'individuo in base alle esperienze passate nei confronti dell'oggetto dell'atteggiamento; la componente affettiva è invece connessa alla qualificazione, positiva o negativa, ed all'intensità, elevata o moderata, delle reazioni affettive, generate dalle percezioni che gli effetti di ciascun oggetto sociale può consentire per il raggiungimento delle finalità o dell'affermazione dei valori individuali; la componente operativa è invece corrispondente alle tendenze all'azione connesse all'atteggiamento, traducendosi in una dimensione di comportamento.

---

[2] Si veda al riguardo i contributi di Thorndike (1911), Pavlov (1927), Skinner (1974), Watson (1925), Murray (1938), o da studiosi della Gestalt (Lewin, 1935; Wertheimer, 1945; Buckley, 1967).

Il comportamento del consumatore è stato oggetto di modellizzazione nell'ambito dei contributi di natura psicologica, in particolare a partire dalla metà degli anni '60, anche in rapporto alla individuazione del consumer behavior come area autonoma di studi all'interno del marketing. In questo ambito trovano posto i modelli generali di comportamento del consumatore formulati da Nicosia (1966), da Engel *et al.* (1968) e da Howard e Sheth (1969), che saranno oggetto di specifico approfondimento (*infra*, par. 3.2).

In seguito alle critiche mosse alle eccessive semplificazioni che sono necessarie per poter considerare il fenomeno del consumo in termini complessivi, emerge il contributo elaborato dagli studiosi del campo della psicologia cognitiva, che partono dal presupposto che gli individui non siano semplicemente dei ricettori di stimoli, ma possano elaborare e riorganizzare in modo autonomo le informazioni per generare nuova conoscenza. In altri termini le azioni dei consumatori sono viste come esito di un processo "mentale" di elaborazione delle informazioni (Bettman, 1979; 1979a) ed il comportamento del consumatore risulta in questo approccio dall'interazione tra processi mentali interni all'individuo ed influenze di origine esogena. Per spiegare il comportamento del consumatore occorre quindi riferirsi tanto a variabili di ordine psicologico, quali motivazioni, valori, percezioni, conoscenze, atteggiamenti, quanto a variabili di ordine esterno riconducibili al contesto economico, culturale e sociale.

Figura 2. – *Le componenti dell'atteggiamento: conoscenze, comportamenti e valori*

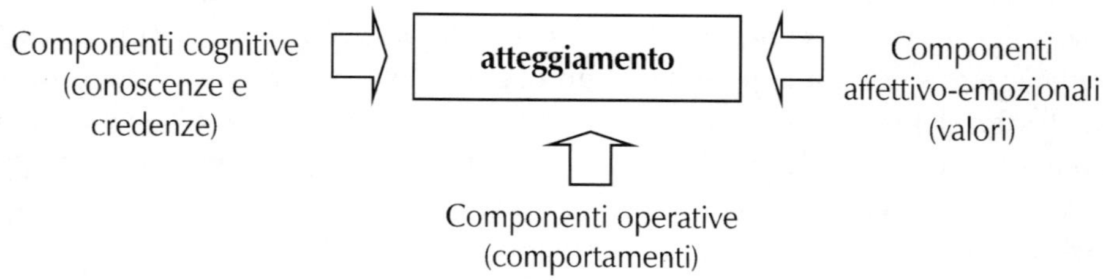

Fonte: Collesei, 1988, p. 95.

In questa prospettiva, il consumatore può essere visto rispetto ai differenti ruoli che viene ad assumere, ovvero per i modelli di comportamento assunti come individuo, come decisore ed infine come elemento dell'ambiente (Dalli e Romani, 2000, p. 30). Considerare il consumatore in quanto individuo vuol dire analizzarne il comportamento considerando le sue caratteristiche di persona, i processi attraverso i quali giunge in possesso delle informazioni, il modo in cui viene ad elaborarle e memorizzarle e quindi il modo in cui le utilizza; l'enfasi è posta in questo caso sulle dinamiche interne alla persona. Se il consumatore viene visto nel suo ruolo di decisore ci si preoccupa essenzialmente del modo nel quale utilizza le informazioni di cui dispone per orientare la propria condotta al consumo; in questo ambito è recuperabile la concezione per cui il processo decisionale del consumatore è stato visto come una attività di risoluzione di problemi orientata tra fattori di input e fattori di output (Howard e Sheth, 1969). Infine si può considerare il consumatore quale elemento dell'ambiente, individuando le implicazioni delle influenze provenienti dall'esterno sui comportamenti che può assumere e quindi le connessioni che lo legano agli altri individui presenti nel contesto ristretto (famiglia, contesto lavorativo) o allargato (gruppo sociale, società nel suo complesso).

3. PROSPETTIVE DI ANALISI DEI PROCESSI DECISIONALI E DI PERCEZIONE DEL VALORE DEI CONSUMATORI [3]

La conoscenza del processo di acquisto e di consumo, e dei fattori che li influenzano, è di fondamentale importanza nel marketing in quanto consentono all'impresa di assumere decisioni più circostanziate con riferimento alle strategie da adottare nei confronti dei mercati di sbocco ed alle politiche di mercato.

Acquisto e consumo, che spesso vengono usati in maniera intercambiabile, sono in realtà due concetti distinti, come è stato chiarito nel paragrafo precedente.

Per processo di acquisto si intende il processo decisionale e l'insieme di atti compiuti da un individuo per venire in possesso di un determinato bene o servizio.

Il consumo è invece un processo più ampio e complesso, che include l'utilizzo del bene ma anche le fasi successive all'utilizzo, riferibili alla sua cessione, eliminazione e/o sostituzione. Più in generale, il comportamento del consumatore è «l'insieme dei processi impiegati da individui e gruppi per la valutazione, la scelta, l'utilizzo e l'eliminazione di prodotti, servizi o altri beni per la soddisfazione di bisogni» e aspettative (Dalli, Romani, 2011).

Nel corso di questo capitolo l'attenzione si soffermerà sull'insieme di attività che precedono e accompagnano le decisioni di acquisto. Interessa comprendere cosa stia alla base dell'acquisto del prodotto, quali siano i percorsi decisionali e le sue determinanti.

---

[3] Di Cinzia Panero, Università di Genova, ad eccezione della parte relativa ai fattori socio-culturali, scritta da Giorgia Profumo, Università di Genova.

3.1. MOLTEPLICITÀ DEI FATTORI CONDIZIONANTI IL PROCESSO DI ACQUISTO

Poiché gli elementi che intervengono nei processi di percezione e di valutazione, da parte dei consumatori, delle alternative che vengono loro offerte, sono di diversa natura, il loro esame deve fare riferimento a fattori economici, psicologici, sociologici, socio-culturali, avvalendosi – almeno entro certi limiti – di metodi e di strumenti di analisi caratteristici di diverse discipline sociali.

Non tutti i fattori studiati da queste discipline sono sempre rilevanti. Molto dipende – come si vedrà meglio in seguito – dal tipo di processo di consumo e di acquisto considerato, ad esempio se routinario o problematico, a scarso o ad elevato coinvolgimento emotivo.

LA PROSPETTIVA ECONOMICA

Il comportamento di singoli agenti economici costituisce l'oggetto di studio della microeconomia, specie nelle sue versioni neoclassiche. Tra gli agenti considerati ci sono i consumatori, che si ipotizza tendano a massimizzare l'utilità economica totale delle loro scelte, dati i loro vincoli di bilancio, l'intensità dei loro bisogni ed i sistemi dei prezzi.

Dal punto di vista del marketing **il contributo degli economisti presenta i seguenti limiti**:

a) In primo luogo le preferenze dei consumatori non sono oggetto di analisi, in quanto si considerano "rivelate" dai loro comportamenti, né sono approfonditi gli elementi che le determinano o che influiscono sulle loro variazioni.

b) In secondo luogo si suppone che il consumatore conosca tutte le alternative di scelta disponibili ed i loro prezzi.

c) In terzo luogo, viene assunto un concetto di bisogno, inteso come stato di carenza o di pena, che può essere ridotto dalla possibilità di disporre di beni o servizi atti a soddisfarlo. Le utilità marginali derivanti da tali incrementi sono però via via decrescenti: quantità addizionali di beni, infatti, incrementano sempre meno la soddisfazione del consumatore, fino al raggiungimento del livello di saturazione.

Il primo limite delle analisi microeconomiche dei comportamenti dei consumatori è stato, almeno in parte, superato in alcuni modelli di carattere macroeconomico, di una certa utilità anche negli studi di marketing, che si riferiscono ad analisi della domanda aggregata (a livello di grandi settori o di grandi categorie di prodotti-servizi).

Tra di essi è utile richiamare la definizione di Keynes (1936), che opera una distinzione tra **bisogni assoluti** (che emergono a prescindere dal contesto sociale, come il bisogno di dissetarsi, e sono saturabili) e **relativi** (che discendono invece dal contesto sociale in cui è inserito un individuo e, pertanto, non sono saturabili, in quanto, con il migliorare delle condizioni sociali, si innalza la soglia di riferimento: dall'acqua potabile, all'acqua in bottiglia, alle acque di lusso).

La teoria generale di Keynes inserisce anche un'importante indicazione sul rapporto tra propensione marginale al consumo ed al risparmio al variare del reddito disponibile. Essa sostiene che i consumatori tendono, nel breve periodo, a conservare gli stessi livelli di consumo, con la conseguenza che, se si riduce il reddito disponibile, proporzionalmente si determina una riduzione della propensione al risparmio e un aumento di quella al consumo. Anche la distinzione, assai comune negli studi di marketing, tra **bisogni generici** (saturabili) e **bisogni derivati** (espandibili), in cui questi ultimi sono una delle possibili modalità tecnologiche (fotografia su pellicola, ormai superata da quella digitale) con cui si può rispondere ad un bisogno generico (conservare il ricordo), risente del contesto in cui l'individuo è inserito.

Con la recente crisi economica, per alcuni aspetti, è tornato d'attualità, anche nelle analisi aggregate della domanda e delle sue variazioni, il modello di Katona (1951). Esso fa discendere le variazioni della domanda dal diffondersi di aspettative congiunturali che finiscono con l'autoavverarsi. Aspettative pessimistiche (di riduzione delle retribuzioni e/o dei tassi di attività), specie se connesse con aspettative di riduzione dei prezzi, determinano forti contrazioni della domanda, ad esempio a causa del sistematico rinvio del rinnovo di beni di consumo durevole. Al contrario, diffuse aspettative ottimistiche (ad esempio di ripresa del ciclo economico) provocano esse stesse degli incrementi della domanda, anche consistenti.

Il secondo limite delle analisi microeconomiche neoclassiche dei comportamenti dei consumatori (perfetta conoscenza di tutte le alternative di scelta disponibili) è in netto contrasto con i principi stessi su cui si basano le azioni di marketing, una parte delle quali tende anzitutto a fare conoscere ed apprezzare a specifici target di consumatori alternative di scelta a loro ignote o percepite solo parzialmente. Gli studi di marketing assumono infatti la presenza di condizioni di razionalità limitata (March e Simon, 1958) e di incertezza di tutti gli agenti economici, consumatori compresi, le cui scelte sono vincolate dalle loro capacità cognitive e dal loro apprendimento, oltre che dal loro potere di acquisto.

Anche relativamente al terzo limite delle analisi microeconomiche neoclassiche dei comportamenti dei consumatori (bisogno come stato di privazione e utilità marginali decrescenti dei beni e dei servizi atti a ridurli) gli studi di marketing assumono una prospettiva di analisi, almeno in parte, opposta, partendo dalla constatazione (ampiamente verificata empiricamente) secondo la quale i bisogni umani non sono riconducibili solo ad uno stato di carenza, ma anche a fattori psicologici che comportano la ricerca di stimoli esterni ed interni e la possibilità di aumentare la propria soddisfazione all'aumentare di tali stimoli. Ad esempio, per un appassionato di Formula 1, l'utilità marginale derivante dalla visione di programmi televisivi di approfondimento, delle interviste ai tecnici, dalla possibilità di vivere la gara a bordo dell'auto, ascoltando il rombo del motore, aumenta, anziché diminuire, confrontando le diverse descrizioni e prospettive.

In sintesi, considerando il consumatore molto complesso nelle sue motivazioni, il marketing ha fatto limitato ricorso alla prospettiva economica. Va comunque precisato che si sono sviluppati anche altri approcci economici (economia comportamentale) che risultano di interesse molto maggiore per il marketing.

LA PROSPETTIVA PSICOLOGICA

I fattori psicologici influenzano grandemente il comportamento d'acquisto e, pertanto, gli studi psicologici sono stati ampiamente utilizzati nella disciplina del marketing.

I primi lavori, riconducibili al filone di ricerca del **behaviorismo**, si sono sviluppati negli anni '20, ed erano di natura comportamentista.

Secondo questa prospettiva la psiche può essere studiata solo attraverso le sue manifestazioni esterne, ossia i comportamenti, intesi come risposte che l'organismo dà a determinati stimoli ambientali. Uno degli assunti principali è il meccanismo di condizionamento, secondo il quale la ripetizione dello stimolo induce, nel tempo, una risposta condizionata. Questa prospettiva è stata superata negli anni '60, ma è in grado di spiegare alcuni aspetti delle politiche di mercato (in particolare la ripetizione degli spot pubblicitari attraverso i mass media, finalizzata alla memorizzazione dei consumatori) e può anche suggerire il ricorso a comunicazioni subliminali (da tempo vietate).

Successivamente, negli anni '60, è emersa la **prospettiva cognitiva** che, focalizzando l'attenzione sui processi mentali sottostanti ai comportamenti soggettivi ed in particolare sui processi con cui le informazioni esterne vengono recepite, elaborate ed utilizzate, è particolarmente rilevante ai fini degli studi di marketing.

I principali aspetti approfonditi dalla psicologia relativamente ai processi decisionali dei consumatori sono: le motivazioni, le percezioni, l'apprendimento e gli atteggiamenti.

Le motivazioni

Le motivazioni sono stimoli interni alla psiche di una persona, che la inducono ad assumere comportamenti volti ad un certo obiettivo: sono cioè l'insieme dei fattori che spingono un individuo verso una determinata azione.

Le motivazioni sono state oggetto di diversi studi.

Secondo la prospettiva classica (teoria pulsionale biologica), le motivazioni nascono da uno stato di bisogno, ossia da uno stato di difetto rispetto alla situazione desiderata, che genera una tensione che induce l'individuo ad agire per ripristinare il livello di benessere. Il meccanismo è perciò di tipo omeostatico, ossia volto al mantenimento di una situazione di equilibrio.

Tale approccio costituisce la base per le motivazioni di tipo fisiologico (motivazioni primarie).

Per il marketing però è fondamentale la comprensione delle motivazioni alla base dei comportamenti di acquisto, connesse sempre più, specie nelle società industriali, anche a **motivazioni di tipo cognitivo** (motivazioni secondarie).

Maslow (1954) afferma che i bisogni espressi da un individuo possono essere collocati in cinque diverse categorie ordinate gerarchicamente, dalla più semplice (di tipo fisiologico) alla più complessa (legata all'autorealizzazione). Ci sarebbe quindi un ordine di priorità nei bisogni, nel senso che le persone cercano innanzitutto di soddisfare i bisogni prioritari, posti alla base della piramide, prima di passare ai successivi (cfr. fig. 3).

Figura 3. – *La piramide di Maslow (1943)*

Alla base della piramide vi sono i **bisogni fisiologici**, legati alla biologia ed alla sopravvivenza dell'individuo, come l'alimentazione, il dissetarsi, l'igiene. Vi rientrano anche alcuni bisogni "indotti" (basti pensare alla necessità di spostarsi per recarsi sul luogo di lavoro).

Al livello successivo si collocano i **bisogni di sicurezza**, relativi alla necessità di sicurezza e protezione, sia fisica che psicologica, delle persone (ad esempio i bisogni di ordine pubblico, ma anche i bisogni "traslati", connessi alla sicurezza emotiva nell'interazione con gli altri, come, ad esempio, avere l'alito profumato).

Al terzo livello vi sono i **bisogni di appartenenza**, dati dall'interesse e dalla necessità degli individui di sentirsi parte di un gruppo (bisogni di amicizia, di amore, ecc.).

Seguono quindi i **bisogni di autostima**, connessi all'aspirazione individuale ad avere una buona percezione di sé, conseguente anche al riscontro ricevuto sul proprio operato dagli altri (prestigio).

All'ultimo livello si collocano infine i **bisogni di autorealizzazione**, connessi alla realizzazione di se stessi, superando i propri limiti (crescita personale, creatività, potere, riconoscimento ...).

La piramide di Maslow suggerisce che i bisogni di ordine superiore emergano mano a mano che quelli di ordine inferiore siano in larga misura soddisfatti. Appurato l'ampio grado di soddisfacimento da parte del target del bisogno primario (inferiore), è opportuno che l'impresa sviluppi politiche del prodotto e/o di differenziazione che esaltino la capacità di ciò che viene offerto (o della marca in quanto tale) di soddisfare un bisogno di rango superiore. I beni, pertanto, vanno sviluppati tenendo presente che, attraverso di essi, possono essere soddisfatti bisogni molteplici, da quelli fisiologici a quelli di autorealizzazione, sempre più rilevanti nelle società avanzate.

Gli esempi sono diversi. La più recente pubblicità di Barilla, che vede come protagonisti il campione di tennis Roger Federer e lo chef Oldani, evidenzia il contributo della pasta non come alimento – bisogno primario –, ma come elemento con cui realizzare il proprio talento ed affermare la propria personalità. Molto lontana da quella del 1952, in cui Barilla si proclamava "La pasta del buon appetito"!

Sul tema della sicurezza, inteso in senso traslato, insistono invece i produttori di marca nota, per "rassicurare" i consumatori rispetto all'eventualità di acquistare un prodotto generico.

Per quanto riguarda i bisogni di stima, si può portare l'esempio della pubblicità delle auto, soprattutto le più prestigiose, che spesso evidenzia il loro ruolo nel conferire prestigio al proprietario, soddisfacendo un suo bisogno non solo di trasporto.

Quando si raggiunge il livello di autorealizzazione le scelte assumono carattere fortemente personale, ma anche in questo caso le imprese possono condizionare le scelte del consumatore con l'offerta di prodotti innovativi o con caratteristiche funzionali e di immagine particolarmente gratificanti in rapporto agli specifici interessi del consumatore.

Altre teorie si sono soffermate esclusivamente sulle motivazioni secondarie, riconducibili ai fattori cognitivo-affettivi.

Tra queste McClelland (1955) individua tre tipi di bisogni che condizionano le azioni degli individui, in misura diversa a seconda delle caratteristiche personali:

- **il bisogno di successo**, che riflette la paura del fallimento ed il desiderio di realizzazione di se stessi, di migliorarsi, di raggiungere gli obiettivi che ci si è prefissati;
- **il bisogno di appartenenza**, riconducibile alla paura del rifiuto da parte degli altri ed alla ricerca di socialità, anche attraverso le proprie decisioni di acquisto;
- **il bisogno di potere**, che si caratterizza per il timore della dipendenza dagli altri e attiva quindi la ricerca del controllo e dell'esercizio della propria influenza sugli altri.

Le motivazioni che quindi condizionano i comportamenti d'acquisto sono molteplici e varie (da quelle fisiologiche a quelle più legate alle dimensioni cognitive).

L'esistenza di motivazioni così varie e complesse costituisce un aspetto rilevante per il marketing: occorre infatti indagarle, per meglio comprendere le scelte dei consumatori, ma sono anche utili per meglio differenziare la propria offerta, in risposta ai bisogni di specifici segmenti di consumatori, dotati di motivazioni all'acquisto omogenee tra loro.

Le percezioni

Una seconda area, oggetto di studi psicologici ampiamente utilizzati nella disciplina del marketing, è costituita dalle percezioni, che condizionano i comportamenti dei consumatori indotti dalle motivazioni.

La percezione è infatti il processo psichico attraverso il quale un individuo seleziona, interpreta e sintetizza gli stimoli che riceve, dando loro un significato ed attribuendogli perciò un senso. La percezione, avvenendo a livello di psiche del singolo, è perciò diversa da individuo ad individuo: lo stesso evento può perciò essere percepito in modo assolutamente differente da persone diverse.

Sono in particolare tre processi ad influenzare la percezione: l'attenzione selettiva, la distorsione selettiva e la ritenzione selettiva.

L'attenzione selettiva è il processo attraverso il quale un individuo, sottoposto quotidianamente a migliaia di stimoli diversi, pur cogliendoli attraverso i sensi, presta attenzione solo ad alcuni di essi, trascurando gli altri. È infatti impossibile, per qualsiasi persona, riuscire a prestare attenzione all'enorme quantità di messaggi che riceve dall'esterno. Perciò è più probabile che l'individuo colga gli stimoli relativi ai propri bisogni (per esempio, se si sta scegliendo il corso di studi universitari, noterà con maggiore attenzione le notizie e le informazioni riguardanti l'università, che sembreranno anche più numerose), quelli attesi in un determinato ambiente (per esempio, se interessati all'acquisto di abbigliamento adatto ad uscire il sabato sera con gli amici, all'interno di un punto di vendita di una catena specializzata in abbigliamento si noteranno maggiormente i vestiti di questo tipo, rispetto a quelli casual), quelli che si discostano dalla norma (uno sconto importante segnalato a scaffale).

Per il marketing è quindi cruciale comprendere i fattori che solleticano l'attenzione del consumatore, rendendolo, ad esempio, più sensibile alle politiche di comunicazione.

La distorsione selettiva è invece il processo di interpretazione che viene dato agli stimoli che hanno attirato l'attenzione. Esso non è neutrale, ma è condizionato dai preconcetti e dalle opinioni dell'individuo, che tenderà quindi a rielaborare le informazioni secondo le proprie convinzioni. Ne è un esempio il test a marca coperta e a marca scoperta: può accadere che lo stesso prodotto venga giudicato in maniera differente a seconda del fatto che il consumatore provi il prodotto conoscendone o meno il brand.

La ritenzione selettiva riguarda invece la memorizzazione degli stimoli: solo una parte di ciò che viene colto ed interpretato, infatti, viene memorizzato, sia perché la memoria di un individuo è comunque limitata, sia perché si tendono a privilegiare le informazioni coerenti con il proprio insieme di convinzioni ed opinioni.

Dal punto di vista del marketing, è importante tenere presente che le scelte dell'individuo, incluse quelle relative ai processi di acquisto e di consumo, sono guidate dalla percezione e dai sottoprocessi inerenti: un prodotto verrà scelto se e nella misura in cui le sue caratteristiche vengono percepite dal consumatore. È quindi di estrema importanza individuare anche le modalità più corrette con cui gestire le politiche di comunicazione, in maniera tale che i suoi contenuti vengano percepiti in maniera adeguata.

L'apprendimento

Accanto a motivazioni e percezioni, la terza area approfondita dagli studi psicologici concerne l'apprendimento, ossia il cambiamento, relativamente stabile, nel comportamento di un individuo, indotto dall'esperienza. Tutti i comportamenti degli individui, infatti, sono condizionati da quanto appreso, attraverso la propria esperienza e percezione.

Il processo di apprendimento si fonda, tra gli altri, su due meccanismi particolarmente interessanti per il marketing: **la generalizzazione** (ossia la tendenza delle persone a comportarsi in maniera simile di fronte a stimoli analoghi) e **la discriminazione** (costituita dal riconoscimento, da parte dell'individuo, delle differenze presenti in stimoli simili, quali i prodotti appartenenti alla medesima categoria).

Il primo meccanismo consente di capitalizzare le esperienze precedenti, inducendo atteggiamenti simili (ad esempio il gradimento) di fronte a stimoli simili (la marca di un prodotto), senza doverne volta a volta riapprendere le specifiche caratteristiche.

Il secondo, la discriminazione, è invece il meccanismo su cui le imprese fanno affidamento per differenziare la loro offerta (conferendo a prodotti simili a quelli dei concorrenti caratteristiche distintive, che possano essere colte dai consumatori), e quindi basare il loro posizionamento competitivo.

Gli atteggiamenti

L'atteggiamento è l'orientamento psicologico complessivo, espresso in termini di valutazione, sia essa positiva o negativa, nei confronti di un concetto e caratterizzato da una certa durata (Dalli, Romani, 2011). È quindi, in estrema sintesi, l'insieme delle opinioni, positive o negative, dell'individuo verso una certa idea, bene, servizio. Gli atteggiamenti si formano sulla base dell'esperienza, delle conoscenze e delle convinzioni individuali, ma sono condizionati anche dai gruppi sociali cui si appartiene. Si sviluppano nel tempo e sono piuttosto stabili (sulle componenti degli atteggiamenti si veda il par. 2).

Un esempio di atteggiamento è costituito dall'effetto "made in": nell'ambito degli elettrodomestici o dei beni strumentali, la percezione da parte dei consumatori dei prodotti "made in Germany" è storicamente positiva; caso opposto per i prodotti di consumo di massa "made in China", ritenuti molto competitivi sotto il profilo del prezzo, ma meno sotto quello della qualità.

Quanto più una marca riesce a riflettere al meglio i valori del consumatore, consentendogli ad esempio di comunicare al meglio se stesso, tanto più aumenta la fedeltà alla marca e la capacità di resistenza ai concorrenti. L'atteggiamento positivo verso un determinato prodotto ne favorisce l'inserimento nell'insieme evocato, ossia la "rappresentazione mentale delle varie alternative disponibili, ritenute appropriate alla soluzione del problema di scelta" (Cozzi, Ferrero, 2004), e quindi la possibilità che il consumatore ne effettui l'acquisto.

Per questo motivo, nell'ambito del marketing, l'analisi degli atteggiamenti è un aspetto fondamentale, per comprendere, prevedere e influenzare il comportamento dei consumatori, ad esempio rispetto alle scelte di marca.

I FATTORI SOCIOLOGICI

L'uomo è un essere sociale ed appartiene ad un numero più o meno elevato di gruppi: i processi sottostanti alla formazione delle aspettative, nonché una parte dei suoi comportamenti, sono perciò condizionati anche dalle relazioni sociali in cui è immerso. Ne consegue che, per le imprese, approfondire la conoscenza dei fattori sociologici sia fondamentale per comprendere i comportamenti d'acquisto e di consumo e, quindi, le modalità più efficaci con cui generare valore per il cliente.

Più nel dettaglio, gli aspetti approfonditi in questi studi riguardano (Cozzi, Ferrero, 2004): l'influenza dei gruppi sulle motivazioni di consumo; i vincoli e le opportunità che le dinamiche dei gruppi dischiudono alle imprese relativamente alle politiche di prodotto; gli effetti, sulla formazione delle aspettative e sui modelli di diffusione dei consumi, dell'affermarsi e della crisi dei valori dei gruppi storicamente presenti in determinati contesti socio-culturali.

Tra i fattori sociali di maggior rilevanza vi sono i gruppi, la classe sociale, la cultura e le subculture.

I **gruppi** sono insiemi di persone tra cui si instaura un sistema di relazioni sociali. I membri di un gruppo, pertanto, interagiscono tra di loro, sulla base di aspettative condivise circa il comportamento reciproco. L'individuo, infatti, prende parte ad un gruppo sulla base di un ruolo, ossia il modello di comportamento che risponde alle attese degli altri componenti.

Si possono distinguere gruppi di appartenenza e quelli di riferimento.

I **gruppi di appartenenza** sono quelli a cui la persona effettivamente appartiene. Il più importante è la famiglia, che influenza profondamente tutto il processo decisionale, sia perché, a seconda della tipologia di acquisto, comporta la partecipazione di tutti o alcuni membri ai processi decisionali, seppure con funzioni e ruoli diversi, sia perché essa evolve nel tempo, con un ciclo di vita (da giovane coppia senza figli, a coppia con figli piccoli, poi adolescenti, ecc.) che ne cambia le disponibilità e le esigenze.

I gruppi di riferimento sono i gruppi sociali con cui l'individuo si confronta e che esercitano una profonda influenza sui suoi comportamenti, inclusi quelli d'acquisto, e sulle loro determinanti. In questo caso la persona adotta comportamenti e modelli del gruppo di riferimento, differenti rispetto a quelli del gruppo di appartenenza. L'esempio classico è quello di un individuo che ambisce a far parte di un gruppo diverso da quello di appartenenza: egli tenderà ad assumerne i modelli ed i comportamenti (in termini di abbigliamento, consumi culturali, sport, vacanze, ecc.), in una sorta di appartenenza anticipata rispetto a quella effettiva, in cui non si riconosce più. Un esempio evidente è costituito dalle scelte di abbigliamento compiute dagli adolescenti che, con il passare degli anni, sono sempre meno condizionate dalla famiglia, e sempre più dai gruppi di amici, da cui desiderano essere accettati.

La classe sociale è costituita dall'insieme, abbastanza stabile e definito, di persone con posizione (reddituale, culturale, professionale, relazionale, ecc.) analoga all'interno della società. Anche l'appartenenza ad una determinata classe sociale contribuisce a definire il ruolo dell'individuo. I comportamenti delle persone appartenenti al medesimo ceto tenderanno perciò ad essere omogenei tra loro ed eterogenei rispetto agli altri. Sempre più, però, le classi sociali tendono ad assumere confini sfumati e, soprattutto, gli individui tendono ad avere comportamenti sempre più eclettici (vds. oltre).

La cultura è stata definita dall'Unesco come l'insieme delle "caratteristiche specifiche di una società o di un gruppo sociale in termini spirituali, materiali, intellettuali o emozionali" e costituisce un ulteriore fattore di influenza sul comportamento del consumatore. Anche in questo caso, si stanno verificando due fenomeni contrastanti: da un lato l'indebolimento delle differenze culturali, frutto dei processi migratori e della globalizzazione, che conducono a comportamenti d'acquisto simili o frutto della contaminazione tra diversi "mondi"; dall'altro si assiste anche all'accentuazione ed all'esaltazione delle specificità, spesso su base localistica, in risposta al timore di una crescente omogeneizzazione culturale. Si tratta di un aspetto sempre più rilevante, considerando che, nello scenario post-moderno, si è assistito allo sgretolamento dei legami sociali "collettivi", che spesso si ricostituiscono in dimensioni più ristrette e distruttive. Sostanzialmente, si assiste all'affermarsi di un forte individualismo, che conduce alla perdita del senso di appartenenza e, contemporaneamente, al configurarsi di un comunitarismo tribale che ripropone forme comunitarie, ma in forme distruttive ed esclusive. A tal proposito, basta osservare come, sui social network, siano presenti comunità di "tifosi" (di un'idea politica, una squadra di calcio, ecc.) il cui legante è spesso costituito solo dall'avversione verso "l'altro".

Un impatto molto forte sui comportamenti d'acquisto dei consumatori è determinato anche dalle **subculture**, costituite invece da sistemi organizzati di valori e norme condivisi da gruppi circoscritti di persone rispetto alla popolazione complessiva.

Ne è un esempio la subcultura basata sull'etnia: gli aspetti culturali legati all'etnia influenzano molto alcuni comportamenti di acquisto, anche se il loro influsso dipende dal grado di integrazione ed assimilazione dello specifico individuo rispetto alla cultura dominante (quanto più una persona è assimilata ed integrata tanto più tenderà ad adottare modelli di consumo simili a quelli degli altri) e dallo specifico oggetto/servizio acquistato (per es., per quanto riguarda l'acquisto di un televisore, le differenze sono irrilevanti, mentre è diverso il discorso nel caso del cibo, probabilmente il prodotto più strettamente connesso alle proprie radici).

Un altro esempio è la subcultura basata sulla religione, intesa sia come intensità di partecipazione (praticante o ateo), sia come fede specifica (fede cattolica, ebraica, musulmana, ecc.). Essa influenza molti tratti della personalità e degli atteggiamenti degli individui, nonché alcuni comportamenti di consumo (ad esempio, alimentari per ebrei e musulmani) o non consumo (il "mangiare di magro" del venerdì per i cattolici praticanti).

Ci sono poi le subculture di consumo, ossia sottogruppi della società che condividono lo stesso forte coinvolgimento per un prodotto, una marca o un'attività di consumo. Un esempio tipico sono i bikers della Harley Davidson.

Complessivamente, i fattori sociali influenzano l'individuo portandolo a:

– acquistare ed usare di prodotti idonei a segnalare l'appartenenza ad un determinato gruppo o classe sociale;
– fondare le proprie valutazioni (soddisfazione derivante dall'acquisto e consumo di determinati beni e/o servizi) sulle opinioni degli altri membri del gruppo o classe sociale;
– definire le proprie preferenze ed effettuare le scelte sulla base di criteri stabiliti anche dal gruppo;
– differenziare il comportamento rispetto a soggetti esterni al gruppo.

I principali effetti dei gruppi di riferimento sui comportamenti di acquisto e consumo sono stati studiati, tra gli altri, da Veblen e Duesenberry (cfr. *box* n. 1).

BOX N. 1

ALCUNI APPROCCI SOCIOLOGICI

Veblen (1899): la sua teoria approfondisce il comportamento del consumatore, considerato frutto anche dell'influsso esercitato sull'individuo da fattori sociali, quali l'ammirazione e l'emulazione verso le classi più ricche. Veblen, che sviluppa la sua teoria all'inizio del Novecento, considera infatti che la ricchezza sia considerata segno di successo e quindi alla base della stima e della reputazione. Più in dettaglio, in una situazione di mobilità sociale e contesto economico favorevole, coloro che appartengono alle classi meno ricche tendono ad emulare i più agiati, mentre questi ultimi tendono ad accentuare la distanza esistente, acquistando prodotti che, per qualità, prezzo ed innovatività, siano segnaletici dello status e del prestigio sociale, che verranno a loro volta imitati (con prodotti di serie) dagli strati sociali meno abbienti. Questo secondo aspetto è utile a comprendere i processi di diffusione delle innovazioni e delle mode, ma è anche evidente che un modello di questo tipo (ostentativo-imitativo) limita fortemente le possibilità di innovazione delle imprese, di fatto vincolata alle scelte delle classi agiate, spesso basate su prodotti artigianali esclusivi, che fungono da modello di riferimento per le produzioni seriali.
Duesenberry (1949): poiché il comportamento del singolo è influenzato da coloro con cui entra in contatto, anche il consumo è da considerare un fenomeno sociale, non indipendente dai condizionamenti esterni. Tra questi, particolarmente rilevante è l'effetto dimostrativo: la soddisfazione dipendente dai consumi deriva anche da un confronto con lo stile di vita dei gruppi sociali con cui ci si rapporta. Determinanti non sono perciò solo le condizioni reddituali e la ricerca del prestigio sociale, ma anche l'esposizione al comportamento degli altri gruppi, il cui stile di vita è ritenuto migliore e raggiungibile, anche attraverso l'acquisto di prodotti industriali.
La principale implicazione di questo modello è che la standardizzazione produttiva non è solo un'esigenza delle imprese, ma soprattutto dei consumatori, che in questo modo possono aderire allo stile di vita desiderato.
Un'ulteriore implicazione è che l'effetto dimostrativo si attenua in una società progressivamente più eguale, mentre, in società diseguali, il singolo, pur in presenza di riduzioni del proprio reddito, tenta di continuare a mantenere inalterato il livello e la qualità degli acquisti, anche a discapito della quota destinata al risparmio.

I FATTORI SOCIO-CULTURALI

I soli fattori economici, psicologici e sociologici non sono sufficienti a descrivere ed interpretare i comportamenti dei consumatori delle società più ricche. Nei Paesi più avanzati, infatti, consumatori appartenenti a classi sociali diverse, caratterizzate da diversi livelli culturali ed economici, possono manifestare le stesse aspettative in termini di *value elements* e, soprattutto, i medesimi comportamenti d'acquisto, così come persone con caratteristiche socio-demografiche simili possono caratterizzarsi per comportamenti estremamente differenziati.

Questo cambiamento è dovuto ad una serie di fattori, che hanno profondamente mutato le società contemporanee, legati prevalentemente ai processi di apprendimento dei consumatori, che hanno determinato la routinizzazione di molti acquisti, specie se ricorrenti, e una molteplicità di fattori di carattere socio-culturale sottostanti ai diversi "stili di vita".

Lo stile di vita

Lo stile di vita aiuta ad identificare consumatori più omogenei dal punto di vista delle tipologie dei bisogni espresse o esprimibili, degli elementi di valore ricercati, dei comportamenti di consumo, e dell'utilizzo dei prodotti e servizi (Townsend, 1987; Heath, 1996; Hoyer e MacInnis, 2001).

Lo stile di vita, in particolare, può essere definito come l'insieme dei valori, atteggiamenti, interessi, opinioni e comportamenti dei consumatori.

Lo stile di vita si articola normalmente su **tre livelli** (Valette-Florence, 1986; Antonides e van Raaij, 1998) (cfr. fig. 4):

• l'insieme dei **valori** e delle **norme individuali**, che rappresentano il livello stabile e duraturo nel tempo, e sono costituiti dai principi fondamentali in relazione ai quali gli individui maturano orientamenti, decisioni e azioni. Tali fattori tendono a modificarsi molto lentamente nel tempo e comprendono l'insieme dei valori etici, valori sociali, attenzione all'ambiente, valori politici, valori religiosi, rapporto con il denaro, ecc., propri di ciascun individuo;

• l'insieme degli **interessi**, delle **opinioni** e delle **convinzioni** di un soggetto (Wells e Tigert, 1971), che costituiscono il livello intermedio. Essi tendono a variare più velocemente rispetto ai valori e risultano più strettamente legati a fenomeni concreti, quali la famiglia, il tempo libero, gli hobby, la politica, lo sport, la cultura, gli affari economici, il lavoro, ecc.

• l'insieme dei **prodotti acquistati e consumati** in relazione ai due livelli precedenti, cioè il livello periferico, spesso soggetto a cambiamenti, quindi instabile. All'interno di questo livello rientrano i comportamenti degli individui che hanno un impatto sui consumi, quindi, ad esempio, come i soggetti impiegano il loro tempo libero, lo sport praticato, il tipo di hobby preferito e i prodotti e servizi acquistati in relazione a tali comportamenti.

Figura 4. – *Le componenti degli stili di vita*

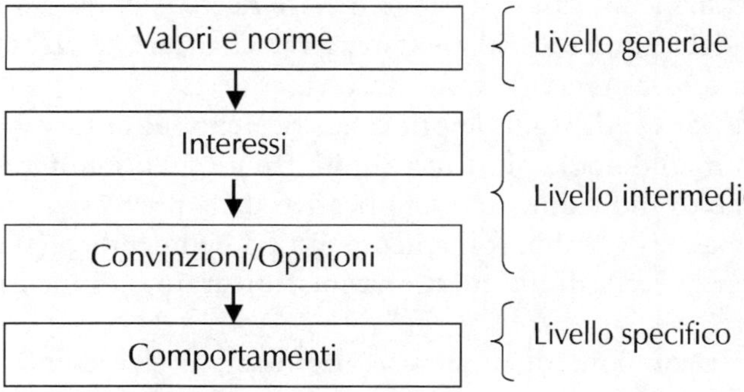

Fonte: Antonides e van Raaij, 1998.

Seguendo questo approccio, l'insieme degli individui che presentano una forte somiglianza in tutti e tre i livelli di analisi costituisce un gruppo omogeneo dal punto di vista dello stile di vita, con notevoli uniformità in termini di comportamento di consumo.

Gli stili di vita presentano diverse **caratteristiche fondanti** (Fabris, 2003): influenzano in profondità le scelte degli individui, in particolare nei consumi; possono essere liberamente, anche se inconsapevolmente, scelti dai soggetti; risultano estremamente permeabili, per cui i singoli individui possono migrare liberamente da uno stile di vita all'altro; non generano gerarchie sociali, posizionandosi a livello orizzontale e non verticale nel contesto sociale.

Lo studio degli stili di vita

Essendo composti da una pluralità di fattori, lo studio degli stili di vita risulta piuttosto complesso e implica l'utilizzo di tecniche statistiche che analizzano simultaneamente molteplici variabili. È difficile, inoltre, fornire una categorizzazione *a priori* dello stile di vita, in quanto occorre spesso declinarlo a livello *domain specific* (van Raaij e Verhallen, 1994), riferito cioè a prodotti o servizi ben definiti o a particolari situazioni di consumo.

La **psicografia**, intesa come l'applicazione delle scienze sociali e comportamentali alle ricerche di marketing, è la disciplina che studia come i fattori psicologici e gli stili di vita, in particolare, influenzano i comportamenti di consumo, partendo dal presupposto che ogni consumatore cerca in un prodotto *value elements* diversi a seconda delle sue necessità, dei suoi valori e delle caratteristiche della propria personalità.

Ad oggi, gli istituti di ricerca di mercato che svolgono analisi di tipo psicografico sono molto numerosi a livello internazionale; gran parte di essi svolge sia analisi *multi-client*, sia ricerche *ad hoc* su richiesta di una specifica impresa; sia studi generali, sia analisi *domain specific*, focalizzate su ambiti di ricerca più ristretti. Le analisi *multi-client* sono di solito rivolte allo studio dell'evoluzione degli stili di vita a livello generale, ma in alcuni casi è possibile trovare ricerche di questo tipo focalizzate su settori ben determinati (es. alimentare, servizi bancari, servizi sanitari, ecc.) o su specifici target di consumatori (*kids*, *teens*, *seniors*, ecc.).

Nonostante tale varietà di studi, le principali ricerche sui fattori socio-culturali sono condotte con **metodologie piuttosto simili**, basate sulla somministrazione ad un ampio campione di individui, reso significativo dalla preventiva stratificazione dell'universo sulla base di variabili solitamente di tipo demografico (età, sesso, reddito, area di residenza, ecc.), di un **questionario strutturato** di dimensioni rilevanti, ma ben gestibile.

Il questionario si compone di **numerose affermazioni elementari** finalizzate a indagare i valori, gli atteggiamenti e le opinioni dei soggetti relativamente a diverse aree dell'agire umano, elaborate insieme a psicologi, nei confronti delle quali i rispondenti devono indicare il grado di accordo o disaccordo attraverso una scala graduata. Possibili affermazioni sulle quali testare il grado di accordo/disaccordo possono essere, esemplificando, le seguenti: "Mi piace condurre una vita ricca di emozioni", "Preferisco creare qualcosa piuttosto che comprarla", "Il mio modo di vestire è più trendy rispetto alla media", "Mi piace essere responsabile di un gruppo di persone", "Mi interesso di arte, storia e cultura", "Pagherei di tasca mia i servizi di cui ho bisogno se lo Stato riducesse le tasse".

Accanto ai dati di tipo psicografico, i questionari raccolgono anche **altre informazioni**, al fine di completare il quadro conoscitivo degli intervistati. Si tratta, in particolare, dei **comportamenti di consumo** relativi ad alcune categorie di beni e servizi (tasso di dotazione e preferenze di marca); dei principali **fattori socio-demografici** (età, classe sociale di appartenenza, livello di istruzione, livello di reddito, attività lavorativa, ecc.) a cui poter "ancorare" i fattori socio-culturali per riuscire a raggiungere in maniera efficace i gruppi omogenei di consumatori; dei ***media habits***, cioè quali sono i principali mezzi di comunicazione a cui gli intervistati sono maggiormente esposti.

La grande quantità di informazioni che viene usualmente raccolta attraverso tali questionari deve essere poi elaborata, al fine di individuare poche dimensioni capaci di spiegare le **correnti socio culturali** e dove i diversi gruppi di consumatori si collocano relativamente a tali fenomeni.

Utilità e limiti delle analisi sugli stili di vita

Le analisi sui fattori socio-culturali e, in particolare, quelle riferite ai valori, agli atteggiamenti e ai comportamenti dei consumatori, presentano risultati particolarmente utili in un'ottica di marketing (Wells, 1975).

Possono essere utilizzate per **la segmentazione del mercato** (Ziff, 1971; Plummer, 1974); esse permettono, infatti, di ottenere profili dei consumatori più completi, e di avere quindi più informazioni per la scelta dei target e l'impostazione delle politiche di marketing. Non è un caso che gran parte dei mercati dei beni di largo consumo venga segmentato su basi psicografiche (Valdani, 2011), anche se negli ultimi anni l'efficacia di tale segmentazione è andata diminuendo (*infra*, cap. 4).

Aiutano nelle scelte di **comunicazione delle imprese** (Vyncke, 2002). I messaggi pubblicitari e le promozioni possono essere costruiti in modo tale da renderli attrattivi per i consumatori che seguono un determinato stile di vita. La campagna pubblicitaria di Nike "Just Do It", ad esempio, è stata progettata al fine di renderla particolarmente *appealing* per gli individui che presentano uno stile di vita attivo e sportivo.

Hanno anche implicazioni molto forti sulla **scelta dei media** da utilizzare per la comunicazione (Teel *et al.*, 1977): tali analisi consentono infatti di disporre di informazioni piuttosto precise ed affidabili sui media pubblicitari a cui i soggetti che adottano uno stile di vita sono maggiormente esposti.

Infine, le analisi sui cambiamenti negli stili di vita possono essere utilizzate per l'identificazione di **opportunità di sviluppo di nuovi prodotti o servizi**. Segmentazioni sempre più fini dal punto di vista socio-culturale permettono frequentemente di scoprire bisogni di gruppi di consumatori non ancora o non del tutto soddisfatti con prodotti o servizi esistenti. La crescita nel tempo dello stile di vita legato alla "sensibilità ecologica" ha portato, ad esempio, all'introduzione di un numero sempre crescente di nuovi prodotti biologici o a ridotto impatto ambientale.

Chiariti i vantaggi, va anche detto che questa metodologia di studio dei consumatori presenta vari **limiti** ed è stata messa parzialmente in crisi dalle tendenze evolutive in atto nei comportamenti dei consumatori (*infra*, cap. 3).

Negli anni più recenti, con l'emergere di **consumatori maggiormente nomadi** (Fabris, 2008) e mutevoli, che adottano percorsi sempre più flessibili, articolati ed imprevedibili nelle scelte di consumo, il concetto di stile di vita sembra aver perso in parte la sua valenza esplicativa. Da un lato, gli individui modificano sempre più spesso stile di vita e ne adottano anche più di uno contemporaneamente (comportandosi in maniera differente in contesti diversi), dall'altro, la provvisorietà e il continuo mutare dell'identità degli individui, ha reso gli stili di vita sempre più **eclettici**, tali cioè da "integrare al proprio interno credenze e valori apparentemente contrastanti e provvisori" (Fabris, 2003, p. 226).

Il consumatore di oggi, potendo attingere a diversi elementi con cui plasmare la propria identità, può cambiare rapidamente tribù di appartenenza, sa muoversi abilmente tra stili di vita diversi e li sa combinare in modo armonico. In questo senso, il "patchwork" costituisce una delle metafore che meglio rappresentano il consumatore moderno: egli sa fondere insieme una molteplicità di tessere di provenienza diversa al fine di generare nuovi spazi. All'interno degli stessi territori socio-culturali possono quindi essere presenti combinazioni diverse di stili di vita che rendono sempre più difficile utilizzare tale fattore quale chiave di lettura sociale.

Lo studio degli stili di vita, quindi, nella difficoltà di rincorrere realtà in continua trasformazione e sovrapposizione, sembra aver perso almeno parte della sua utilità per il marketing, lasciando spazio ad altri tipi di analisi, come quelle sulle generazioni di consumatori (*infra*, cap. 3), cioè gruppi sociali legati ad una certa dimensione temporale. In questo modo, la chiave di lettura della frammentazione sociale è più flessibile e meno astratta rispetto agli stili di vita.

I FATTORI SITUAZIONALI

I fattori situazionali includono diversi aspetti che intervengono nel processo decisionale al momento dell'acquisto: sono quindi specifici per la singola occasione. Tra questi vi sono: l'ambiente fisico, la disponibilità di tempo, lo stato d'animo, il contesto sociale in cui avviene la scelta.

L'**ambiente fisico** include le caratteristiche fisiche e spaziali dell'ambiente in cui avviene l'acquisto o il consumo e che sono in grado di condizionarne l'esito. Vi rientrano sia condizioni ambientali intese in senso ampio (per esempio, il clima della giornata in cui avviene l'acquisto), sia riferite specificamente al punto di vendita (come la disposizione degli arredi, l'illuminazione, la presenza di musica, ecc.).

Sul primo insieme di condizioni le imprese non hanno modo di intervenire, anche se condiziona l'esperienza: basti pensare al caso di una compagnia crocieristica che incontri, durante il viaggio, un'improvvisa tempesta. È evidente che, nonostante gli sforzi dell'equipaggio, l'esperienza dei crocieristi non sarà soddisfacente, anche se la compagnia potrà "recuperare" questi passeggeri attuando politiche mirate.

Le condizioni ambientali appartenenti al secondo gruppo costituiscono, invece, una delle leve (merchandising) con cui le imprese di distribuzione possono intervenire più efficacemente nel processo di acquisto dei consumatori. Altri aspetti da tenere presenti sono il grado di affollamento del punto di vendita (un elevato affollamento rende l'esperienza meno piacevole ed induce il consumatore ad abbandonare anzitempo il luogo), e l'interazione con il personale e gli altri acquirenti.

La **disponibilità di tempo** influenza gli acquisti in diverso modo. Innanzitutto, condiziona in alcuni casi la scelta del punto di vendita (se si ha poco tempo da dedicare alla spesa, un unico punto di vendita, in cui si possa trovare tutto il necessario, con orari flessibili, è sicuramente una scelta preferibile a tante visite presso diversi negozi), sia dei prodotti (se si ha poco tempo per cucinare, si preferiranno i piatti pronti o le insalate già lavate). È inoltre rilevante la disponibilità di tempo per lo specifico acquisto e l'urgenza: un conto è pianificare l'acquisto mensile dei pannolini per il bebè, un altro è averne urgenza perché si è rimasti senza.

Lo **stato d'animo** e lo **stato fisico** (per esempio, essere affamati) che caratterizza l'individuo durante il processo di acquisto ne condiziona tutto lo svolgimento e l'esito: non di rado, il nostro umore infatti influenza la nostra propensione ad effettuare acquisti (basti pensare come uno stato d'animo negativo possa indurre a farsi un piccolo regalino "per tirarsi su"), la scelta e la valutazione.

Infine, il **contesto sociale** all'interno del quale si compie una scelta d'acquisto condiziona l'intero processo, dalla percezione del bisogno fino alla valutazione dell'esito dell'acquisto stesso: ad esempio, le nostre scelte variano molto a seconda che un'occasione conviviale (per esempio, una cena) sia costituita da una pizza tra amici, avvenga in un'occasione formale di lavoro, o in famiglia.

3.2. MODELLI INTERPRETATIVI DEL PROCESSO DI ACQUISTO

Il processo di acquisto inizia con la **percezione del bisogno**, in tutte le sue articolate sfaccettature, ossia nel momento in cui un individuo avverte, con una certa intensità, di trovarsi in una condizione inferiore a quella desiderata, per un'insoddisfazione per la situazione attuale o per un desiderio relativo ad uno stato ritenuto migliore. Questa percezione dà l'avvio, da parte del consumatore, ad un processo decisionale, anche molto articolato, che lo condurrà all'acquisto di un prodotto o servizio che ritiene in grado di soddisfare il suo bisogno. L'individuo assume quindi un ruolo attivo, basato sulla razionalità, per quanto limitata.

Una volta percepito lo stato di bisogno, si apre la fase della **ricerca delle informazioni**, utile all'individuo per comprendere come meglio soddisfare le proprie esigenze. Si tratta di una ricerca ed una valutazione personale, atta ad identificare prodotti o servizi i cui value elements siano in grado di meglio soddisfare il suo bisogno.

Le fonti informative utilizzabili sono:

– l'esperienza pregressa e le informazioni memorizzate in occasione di precedenti acquisti;

– la prova diretta, tramite la prova del prodotto o la visione di anteprime o l'uso di demo online;

– le fonti personali, ossia i consigli e suggerimenti di amici e parenti, o, nell'ambiente online, le opinioni presenti sui social network, le discussioni nei blog. Da queste fonti si possono trarre consigli, opinioni, recensioni basati sull'esperienza, la cui attendibilità è variabile, in funzione del grado di competenza della fonte;

– le fonti istituzionali, tendenzialmente imparziali e competenti. Vi rientrano le informazioni fornite dalla stampa giornalistica, televisiva e via web; o da istituzioni, attraverso rapporti e studi, o da associazioni di categoria (come le comparazioni tra prodotti effettuate dalle associazioni di consumatori);

– le fonti commerciali (ad esempio la pubblicità, i volantini promozionali, i siti web aziendali, i consigli di venditori e distributori ...) che, in quanto controllate dalle imprese, tendono ad essere meno imparziali, ma sono facilmente accessibili e gratuite.

Non necessariamente un individuo, impegnato ad individuare le alternative, consulta tutte queste fonti informative, anche perché si tratta di un processo dispendioso (in termini di tempo e, a seconda delle fonti, anche di denaro).

Si procede quindi al confronto ed alla **valutazione delle alternative** disponibili. Questa fase può riguardare la scelta del prodotto/marca e del punto di vendita/insegna, valutando i prodotti alternativi e dove acquistarli, scelta che può avvenire contemporaneamente o in successione (prima il punto di vendita/insegna e poi il prodotto/marca, o viceversa). È evidente che, a seconda dell'ordine dato alla scelta (prima il prodotto/marca e poi il luogo, fisico o virtuale, in cui acquistare), cambia il ventaglio di alternative: scegliendo prima il prodotto/marca, i punti di vendita/insegna sono rilevanti solo nella misura in cui ne consentano l'acquisto; scegliendo prima il punto di vendita/insegna (incluso il canale online), la valutazione delle alternative è limitata a quelle presenti in quella sede.

A questo punto si entra nella fase di **acquisto**, caratterizzata dalla decisione relativa al prodotto e al punto di vendita (o canale online). Trovandosi nel punto di vendita, il consumatore può compiere ulteriori valutazioni, che dipendono oltre che dalla presenza di alternative, anche dalle azioni di comunicazione e marketing messe in atto all'interno del negozio.

Per i beni più costosi e complessi (per esempio, un'auto) oltre alla decisione relativa al prodotto vengono compiute ulteriori scelte, relative, ad esempio, alla negoziazione del prezzo (tramite la richiesta di sconti), al finanziamento (ad esempio, la possibilità di acquistare a rate, o tramite finanziamento del credito), alla definizione dei tempi di consegna, ossia tutti gli elementi che costituiscono il sistema-prodotto.

La terza fase include tutte le attività necessarie all'**utilizzo del prodotto**: in alcuni casi, sono quasi nulle (se non l'apprendimento all'uso: ad esempio, le istruzioni sulla confezione di una nuova pietanza surgelata), in altri sono necessari anche l'installazione e l'adattamento al contesto (ad esempio, un sistema di climatizzazione fisso).

Con l'utilizzo del prodotto, il consumatore comprende se ciò che ha acquistato risponde o meno alle sue aspettative (**valutazione post-acquisto**). In caso positivo, si riterrà soddisfatto, in caso contrario, se qualche elemento dell'offerta non corrisponde a quanto atteso, ne risulterà una situazione di insoddisfazione. In caso di insoddisfazione, il comportamento di risposta del consumatore può essere molto variegato: dal non ripetere l'acquisto, alla protesta esplicita (nei confronti del punto di vendita o del marchio, di persona o attraverso i social), fino al boicottaggio vero e proprio. Un cliente soddisfatto è invece un cliente che maturerà un atteggiamento positivo nei confronti del prodotto o servizio che, nel tempo, potrebbe trasformarsi in fiducia e fedeltà (al prodotto, al marchio, al punto di vendita).

Il comportamento di acquisto è efficacemente illustrato dal modello di Howard e Sheth (1969).

Il modello è descrittivo, non normativo, ed ha come obiettivo comprendere come diverse variabili influiscano sui processi cognitivi, valutativi, comportamentali e di apprendimento del consumatore, condizionandone le scelte.

Secondo questo modello (cfr. fig. 5), il consumatore compie le scelte di acquisto sulla base di:

- un insieme di motivi (MOT);
- considerando le diverse alternative (INS EVO);
- con l'intervento di mediatori decisionali (MED DEC), che sono i criteri con cui i motivi sono accoppiati (matched) alle diverse alternative.

I **motivi** sono specifici per classi di prodotti e riflettono i bisogni del consumatore.

Le **alternative** sono costituite dai diversi marchi/prodotti che possono potenzialmente soddisfare i bisogni del consumatore: non necessariamente simili merceologicamente (per esempio, si possono considerare bevande alternative il caffè, il tè, le bibite), possono tutti potenzialmente soddisfare i bisogni del consumatore. Costituiscono l'"insieme evocato", differente da consumatore a consumatore.

I mediatori decisionali sono costituiti dall'insieme di criteri adottati dal consumatore per abbinare i suoi bisogni ai mezzi (ossia i prodotti) ritenuti idonei a soddisfarli. Essi vengono generati attraverso un processo di apprendimento e sono quindi condizionati dall'esperienza e dalle informazioni provenienti dall'ambiente.

In sintesi, secondo questo modello, quando il consumatore effettua un acquisto relativo ad una nuova classe di prodotti:

- cerca attivamente e riceve informazioni (input) dal contesto (sociale, commerciale), che sono però modificate dal suo sistema percettivo, sia in termini quantitativi (non tutte le informazioni provenienti dall'ambiente vengono colte), sia qualitativi (le informazioni possono essere percepite in maniera erronea o essere distorte per renderle coerenti con il proprio sistema di valori);
- sulla base delle sue motivazioni, dei suoi criteri di scelta e delle sue rappresentazioni mentali delle alternative preferite, definisce le proprie risposte, in termini percettivi, di atteggiamento e di comportamento (output).

Dai processi di scelta si attiva quindi un meccanismo di retroazione (feedback), in termini di apprendimento e di soddisfazione/insoddisfazione.

Nel modello i processi decisionali non sono oggetto diretto di analisi, mentre gli input e gli output possono essere quantificati. Variando gli input è possibile valutarne l'influenza sui processi decisionali, verificando l'impatto sugli output. Estendendo quest'analisi a gruppi di consumatori con profili psicologici, socio-culturali e situazionali differenti, può inoltre essere valutato anche il "peso" di questi ultimi fattori: tali analisi sono utili per clusterizzare i consumatori.

Figura 5. – *Modello di Howard e Sheth (semplificato) del comportamento del consumatore*

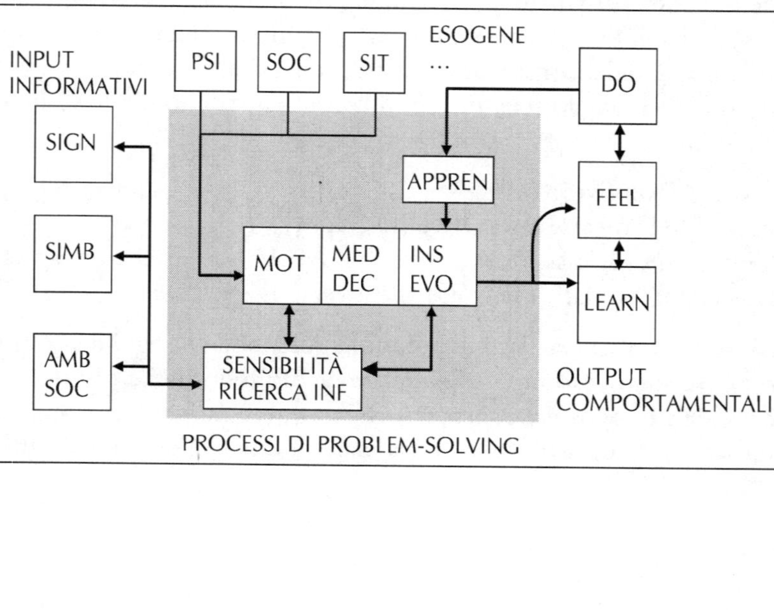

Il modello è rappresentato dalla figura 5: la parte rettangolare include i processi e le variabili interne al consumatore, non osservabili. Essi sono alimentati da input, costituiti dagli stimoli e dalle variabili esogene, e generano output, rappresentati dalle variabili di risposta.

Gli stimoli possono provenire dall'ambiente mercato o da quello sociale.

I primi possono essere stimoli significativi (SIGN, riferiti all'esperienza diretta del consumatore) e/o simbolici (SIMB, inviati dai soggetti di offerta) ed includono tutte le variabili che compongono il marketing mix, dal prezzo alla disponibilità, all'immagine, agli attributi fisici.

Gli stimoli dell'ambiente sociale (AMB SOC) sono costituiti dalle informazioni che il consumatore riceve dal suo contesto sociale: un esempio è il passaparola, ma anche tutte le forme di comunicazione oggi possibili grazie alle nuove tecnologie (social network).

Le variabili esogene intervengono sulle decisioni del consumatore e sono:

– Fattori psicologici (PSI), come la personalità dell'individuo (autostima, fiducia in sé, ansietà), spesso sostituita con lo "stile di vita";

– Fattori sociali e socio-culturali (SOC), come l'organizzazione sociale, ossia i gruppi di appartenenza e riferimento; la classe sociale, spesso approssimata sulla base del reddito; la cultura di appartenenza;

– Fattori situazionali (SIT), come l'importanza dell'acquisto, che influenza la ricerca delle informazioni e l'ampiezza dell'insieme evocato (più rilevante è l'acquisto, più estesi sono la ricerca di informazioni e l'insieme evocato); la disponibilità di tempo; la situazione finanziaria personale, anche temporanea.

La complessità del comportamento del consumatore è evidenziata anche dalla grande varietà di risposte del consumatore, rilevanti per diverse aree delle strategie di marketing:

– attenzione alle informazioni, che costituisce il primo stadio (livello percettivo LEARN) delle risposte cognitive;

– comprensione, ossia il riconoscimento dell'insieme degli attributi distintivi delle diverse alternative di prodotto (LEARN);

– attitudine nei confronti delle diverse alternative, intesa come valutazione da parte del consumatore circa la loro capacità di soddisfare le motivazioni d'acquisto (stadio delle risposte in termini di atteggiamento, in cui vengono definite le preferenze di marca, FEEL);

– intenzione d'acquisto, ossia la previsione circa il brand che verrà acquistato (primo stadio delle risposte comportamentali, DO);

– acquisto effettivo (DO), ossia il comportamento effettivamente tenuto dal consumatore all'atto dell'acquisto, che attiva un processo di apprendimento (APPREN) basato sul livello di soddisfazione conseguito.

Queste risposte sono quindi condizionate, oltre che dalle informazioni raccolte e dai fattori economici, anche da quelli psicologici, sociologici, socio-culturali e situazionali che influiscono sulle sue motivazioni e sui suoi mediatori decisionali.

3.2.1. Il grado di coinvolgimento ed il rischio percepito

La complessità del processo di acquisto e l'intensità della ricerca di informazioni dipendono dal rischio percepito associato dal consumatore all'acquisto, ossia dall'incertezza circa l'esito di una decisione di acquisto e dalle dimensioni delle eventuali conseguenze negative. È una dimensione soggettiva, in quanto variabile da soggetto a soggetto, in funzione dell'esperienza e della conoscenza della categoria di prodotti.

I rischi possono essere:

– funzionali: si verificano nel caso in cui le caratteristiche e gli elementi del prodotto non corrispondano alle attese;
– economico-finanziari: derivanti dalle conseguenze di una scelta sbagliata per la propria situazione reddituale o patrimoniale, ad esempio qualora si debbano sostenere delle spese se il prodotto si rompe ed è necessario sostenerne i costi per la riparazione;
– di perdita di tempo, ad esempio per mancata consegna del prodotto;
– fisici, dovuti alla possibilità che un prodotto non adeguato possa comportare un pericolo per la propria salute;
– sociali, qualora il prodotto acquistato possa recare un danno d'immagine rispetto alla propria cerchia sociale;
– psicologici, per le conseguenze derivanti alla propria autostima dall'aver effettuato l'acquisto sbagliato.

Se il consumatore percepisce un rischio elevato, procederà ad un'intensa raccolta di informazioni durante la fase pre-acquisto. La prevalenza di un tipo di rischio rispetto ad un altro influenza inoltre la rilevanza assegnata alle fonti informative: ad esempio, se l'acquisto può minare la considerazione nell'ambito del gruppo di riferimento, sarà data particolare rilevanza ai consigli degli amici (esempio: l'acquisto di un abito per un'occasione importante, che spesso avviene in compagnia di amici o familiari).

Un altro aspetto che influenza il consumatore nel processo d'acquisto è il grado di interesse verso la categoria di prodotto o una marca, che dipende ancora una volta da aspetti soggettivi.

Un forte coinvolgimento, derivante dall'importanza assegnata all'acquisto e/o al rischio percepito, comporta una attenta riflessione in fase di pre-acquisto e una forte reazione affettiva, mentre un basso coinvolgimento fa sì che i consumatori siano poco attenti al processo di acquisto, sia sotto il profilo cognitivo, sia affettivo. Ambedue le situazioni sono rilevanti per il marketing: nel primo caso è importante rimuovere le cause che fanno percepire la presenza di un rischio elevato, attraverso un'attenta progettazione della comunicazione e del processo di acquisto, nel secondo sarebbe importante individuare delle modalità con cui spezzare la routine.

3.2.2. I diversi comportamenti risolutori

Sulla base del rischio percepito e della conseguente necessità di raccogliere informazioni si possono distinguere tre tipi di risoluzione del problema di acquisto:

– **estensivo**: in tal caso il rischio percepito dal consumatore è elevato, così come la quantità di informazioni ricercate. È la situazione che si verifica quando il consumatore non ha mai acquistato la categoria di prodotti (ad esempio, è la prima volta che compra un PC), per cui non ha chiari i criteri di scelta ed effettua ricerche approfondite che gli consentano di compiere la valutazione di tutte le alternative, analizzate in maniera approfondita;

– **limitato**: in tal caso il consumatore conosce già la categoria di prodotti, ma non la marca, perché è nuova, o perché quelle note non soddisfano le sue esigenze. È quanto accade quando, ad esempio, entra sul mercato della telefonia mobile un nuovo operatore. In questo caso i criteri di scelta sono già definiti, ma l'individuo dovrà comunque raccogliere informazioni ed effettuare valutazioni;

– **routinario**: in tal caso il processo di acquisto avviene in maniera automatica, quasi senza ricerca di informazioni (per esempio: la marca di caffè per la moka di casa). È la situazione che si verifica quando il consumatore ha maturato un elevato livello di esperienza su prodotti e marche, o è fedele o è inerte (Burresi *et al.*, 2006).

È evidente che, qualora cambi il panorama delle offerte presenti sul mercato, un processo risolutore in precedenza routinario possa essere messo in discussione e comportare la riattivazione del processo di ricerca di informazioni, mentre, mano a mano che si acquisisce esperienza, un processo in precedenza estensivo possa diventare limitato o, addirittura, routinario.

Esistono poi acquisti che vengono effettuati perché il consumatore prova un improvviso e rilevante bisogno di comprare immediatamente un prodotto: sono i cosiddetti **acquisti di impulso** (per es., l'acquisto di una scatola di cioccolatini vista nella vetrina di un negozio). Essi si caratterizzano per il bisogno immediato e pressante di comprare e possono comportare un conflitto emozionale tra la gratificazione immediata e le possibili conseguenze negative, che comunque vengono poco considerate. È il caso di un consumatore che, non riuscendo a resistere ai cioccolatini, è consapevole che non sono indicati per la dieta che sta seguendo, ma li acquista ugualmente perché già ne pregusta il sapore.

3.2.3. Fasi del processo di acquisto e consumo identificate in base ai processi percettivo e cognitivo

All'interno dei processi decisionali e di valutazione del valore del consumatore è utile identificare diverse fasi, con caratteristiche diverse, per consentire alle imprese di comprendere come migliorare l'efficacia del servizio reso. Il fatto che sia possibile distinguere fasi, consente infatti di individuare strumenti e logiche di marketing specifiche per ciascuna di esse.

Si possono identificare tre fasi, che consentono di evidenziare come il processo si articoli su un arco temporale che precede e va ben oltre il semplice atto di acquisto del prodotto o servizio, con effetti che perdurano nel tempo.

Si tratta delle fasi di:

– pre-acquisto, comprendente l'emergere del bisogno e la sua trasformazione in desiderio, la raccolta delle informazioni, la valutazione delle alternative;
– acquisto, comprendente, oltre alla scelta del prodotto, la negoziazione del prezzo, il finanziamento, la definizione dei tempi di consegna;
– post-acquisto, comprendente l'installazione, l'apprendimento per l'utilizzo, l'esperienza d'uso, la possibilità di sostituzione o aggiornamento, la soddisfazione o l'insoddisfazione.

Seguire il consumatore in ognuna di queste fasi consente all'impresa di sviluppare forme di apprendimento sulle sue esigenze e caratteristiche, di instaurare con lui legami sociali e rapporti di fiducia, di accrescere la possibilità di far percepire il valore d'uso della prestazione offerta e di garantirne una efficace fruizione.

Focalizzando l'attenzione sul sistema percettivo e cognitivo del consumatore, è possibile rappresentare il suo comportamento nelle tre fasi sopra elencate con un altro modello, che identifica i quattro stadi rappresentati in figura 6.

Figura 6. – *Stadi del processo di acquisto e consumo*

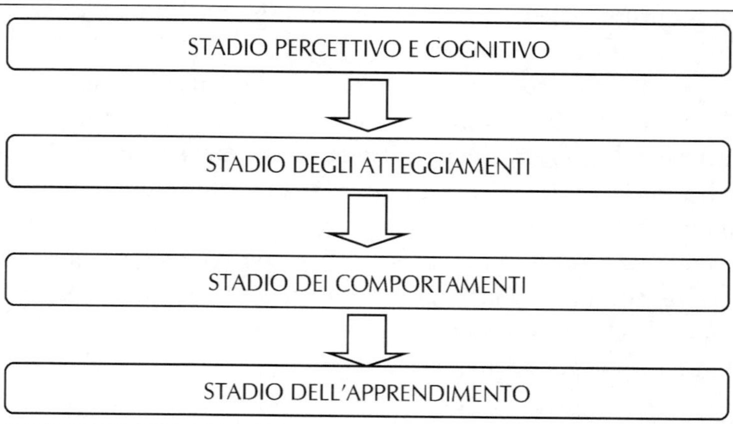

Nello **stadio percettivo**, il consumatore, avvertendo un bisogno insoddisfatto, procede alla raccolta ed elaborazione di informazioni relative alle possibili alternative di scelta.

In questa fase le ricerche di marketing possono sostenere l'azione dell'impresa individuando ed interpretando, sulla base di mappe percettive, le somiglianze e le differenze percepite dal consumatore tra prodotti e marche appartenenti alla stessa classe e definire conseguentemente le politiche di comunicazione, sia in termini di contenuti del messaggio, sia di scelta dei più appropriati mezzi di comunicazione.

Nello **stadio degli atteggiamenti** il consumatore identifica e valuta le alternative d'offerta, che andranno a costituire l'"insieme evocato".

In questa fase l'obiettivo delle ricerche di marketing è comprendere gli atteggiamenti del consumatore nei confronti delle alternative possibili, le loro cause ed individuare gli eventuali correttivi da adottare o i propri punti di forza.

Nello **stadio dei comportamenti** si sviluppano, da parte del consumatore, le intenzioni e le decisioni di acquisto e riacquisto: le ricerche di marketing si occupano di rilevare aspetti oggettivi e dati quantitativi, quali l'oggetto dell'acquisto, la frequenza e l'occasionalità, la dimensione degli acquisti, i luoghi in cui vengono effettuati, ecc., con l'obiettivo di "fotografare" il comportamento del consumatore.

Nell'ultimo stadio (**stadio dell'apprendimento**), infine, sulla base dell'esperienza derivante dal consumo del bene/servizio e del confronto con le sue aspettative, il consumatore definirà il proprio grado di soddisfazione/insoddisfazione, che andrà a costituire un elemento informativo ulteriore nelle decisioni di acquisto successive.

È estremamente importante, quindi, per le imprese, rilevare il livello di soddisfazione/insoddisfazione e, nel caso di insoddisfazione, individuarne le cause, al fine di rimuoverle. Un cliente soddisfatto, infatti, sviluppa fiducia nei confronti della marca e tende a ripetere gli acquisti, i due pilastri su cui si fonda la costruzione della fedeltà del cliente.

Oltre alla soddisfazione, è importante rilevare anche l'esperienza, ossia ciò che è accaduto al consumatore nel processo di acquisto e uso del prodotto: il livello di soddisfazione ed insoddisfazione, infatti, può derivare ad esempio da un uso scorretto del prodotto, o da fattori esterni, non direttamente riconducibili ad esso (ad esempio, pessima esperienza di acquisto nel punto di vendita), che, una volta noti, possono essere corretti.

3.2.4. Il customer journey

Il viaggio (**customer journey**) che il consumatore compie durante il processo di acquisto, gli consente di interagire con l'impresa, attraverso una molteplicità di punti di contatto (*touch point*), costituiti dalla moltitudine di canali, media, ecc. presenti online ed offline. Quanto più il processo è lungo e articolato, tanto più saranno presenti punti di contatto con l'impresa, ognuno dei quali può avere un ruolo rilevante nell'orientare lo svilupparsi del processo d'acquisto.

Per le imprese diventa quindi importante comprendere come il cliente percepisca complessivamente il valore offerto dall'azienda, considerando il contributo congiunto di tutte le interazioni. Diventa quindi importante comprendere il valore generato complessivamente, e non solo la performance conseguita nel singolo punto di contatto. Il consumatore, infatti, percepirà tutte le interazioni come provenienti da un'entità unica, senza distinguere tra i vari momenti, e considererà tutto il percorso condiviso con l'azienda come un'unica esperienza, che concorrerà nel suo complesso a determinare la sua soddisfazione.

A tal fine viene suggerito alle imprese di mappare il percorso com'è ("*as is*"), in maniera da avviare una serie di attività con cui migliorare l'esperienza del cliente e favorirne gli acquisti e la fidelizzazione.

Il **customer journey mapping** si riferisce ad un processo di ricerca sul consumatore, basata sulla raccolta ed analisi di dati, che mira ad individuare tutti i momenti di interazione con l'impresa, che possono essere online (visita siti web, social media, advertising online, ecc.) ed off line (negozi, radio, TV, ecc.), alcuni gestiti direttamente dall'impresa (per es. pubblicità, sito web), altri da soggetti terzi (punti di vendita dei distributori, opinioni sui social network, ecc.). Il fine è descrivere il percorso del cliente target, assumendo il suo punto di vista, dal primo punto di contatto, al successivo e così via fino al momento in cui decide se acquistare o meno.

Il percorso così ricostruito viene quindi visualizzato, inserendo i touch point all'interno della descrizione delle varie fasi del processo d'acquisto, consentendo all'azienda di comprendere come (con quali canali, media, punti di vendita, ecc.), con chi (se touch point dell'impresa o di terzi) ed in quale stadio (pre-acquisto, acquisto, post-acquisto) il cliente ha interagito con l'impresa, l'esperienza vissuta dal cliente e l'esito di tale interazione (ad esempio, se ha abbandonato la ricerca del prodotto sul sito web o, dopo essersi recato in negozio, non ha effettuato acquisti). Sostanzialmente, quindi, consente all'impresa di avere una chiara consapevolezza su come i clienti si muovono nel processo d'acquisto, passando, attraverso le varie fasi, dalla percezione del bisogno all'acquisto e alla valutazione post-acquisto.

Per quanto utile, nella prospettiva di migliorare l'esperienza del cliente, per poter essere effettuata, questa mappatura richiede, ovviamente, la possibilità di integrare tutti i dati relativi alle interazioni avvenute tra cliente e impresa, a prescindere dalla modalità con cui esse sono avvenute; implica la necessità di sviluppare un'organizzazione flessibile e dinamica, in grado di coordinare i flussi informativi e le conseguenti attività, dà per scontata una certa linearità del processo o un certo grado di omogeneità tra i clienti, che non sempre, nella realtà, si verifica. Tuttavia i software oggi disponibili consentono una mappatura personalizzata dei percorsi effettivamente seguiti dai clienti e, quindi, di porre in atto anche con algoritmi interventi volti a condizionarne le scelte.

3.3. IL RUOLO DELLE EMOZIONI NEL PROCESSO DI ACQUISTO

Non sempre il razionale processo di acquisto descritto in precedenza trova concreta attuazione, perché possono intervenire altre attività mentali, connesse alla componente affettiva (Bagozzi *et al.*, 1999).

Per componente affettiva si intende la dimensione emotiva del consumatore.

Le emozioni sono un insieme complesso di reazioni, di ordine mentale e fisiologico, a specifici stimoli o situazioni (Gallucci, 2014).

Le emozioni sono spesso fuori dal nostro controllo ed inducono reazioni fisiche (per es.: se si prova paura, immediatamente il corpo reagisce in vario modo: i sensi sono in allerta).

Le emozioni sono infatti situate tra processo biologico e cognitivo. Alcune, come la paura, che abbiamo in comune con gli animali, sono innate. Altre nascono in noi come reazione ed interpretazione di notizie o eventi (la gioia per la notizia della nascita di un nipote), quindi si basano su processi cognitivi, altre ancora (come il senso di vergogna) sono influenzate dalla cultura.

Le emozioni si manifestano in vari modi, tra loro interconnessi:

– **risposta psicologica**: con cui si esprime verbalmente l'esperienza emozionale ("mi è piaciuto moltissimo quel film dell'orrore ...");
– **risposta comportamentale**, che consiste sia in azioni come conseguenza dell'emozione (sobbalzare durante il film per una scena di tensione), sia in cambiamenti della postura e delle espressioni facciali (pelle accapponata e occhi chiusi per la paura);
– **risposte fisiologiche**, ossia i cambiamenti che avvengono nel nostro corpo (alterazione della frequenza cardiaca, l'arrossire del volto, l'incremento della sudorazione o della frequenza respiratoria).

Le emozioni possono perciò essere colte da altri, tramite le espressioni corporee che le accompagnano.

Le emozioni sono state classificate in diversi modi. Ad esempio, sono state identificate quattro componenti positive (amore, gioia, speranza ed orgoglio) e cinque negative (rabbia, tristezza, paura, vergogna o senso di colpa e disgusto), altri hanno invece delimitato otto emozioni primarie ed universali (rabbia e paura, tristezza e gioia, sorpresa ed attesa, disgusto ed approvazione), la cui combinazione può dare origine a emozioni secondarie o complesse.

Le altre emozioni sono infatti il risultato di variazioni di intensità e commistione delle emozioni di base. Per esempio, l'ansia è il risultato della commistione tra paura e attesa, la paura che proviamo per qualcosa che può accadere in futuro. Una forma di tristezza con meno intensità è la malinconia, l'angoscia è invece una tristezza molto intensa.

La componente affettiva si caratterizza infatti per alcuni aspetti, che la distinguono dalla componente cognitiva esaminata in precedenza nel processo decisionale razionale.

In primo luogo, la componente affettiva possiede una polarità, ossia può orientarsi in senso positivo o negativo (un brand può attrarre o suscitare avversione); può variare, come visto poco sopra, nell'intensità con cui si provano sentimenti positivi o negativi (un prodotto può piacere poco, abbastanza o moltissimo). La dimensione affettiva è inoltre un concetto relazionale, in quanto si esprime in relazione ad altre persone o prodotti; ed induce, non appena si manifesta, all'azione (se apprezzo particolarmente un prodotto, non appena ne avrò l'occasione lo acquisterò). Infine, è molto soggettiva e centrata sull'individuo.

Spesso si ritiene che il comportamento del consumatore sia caratterizzato dalla sequenza cognizione-reazione affettiva-comportamento, ma in realtà, spesso, si manifesta prima una reazione affettiva, che va ad influenzare le percezioni, il pensiero cognitivo ed il comportamento di un individuo.

Questo accade perché la componente affettiva, le emozioni, attivano una reazione più veloce agli stimoli provenienti dall'esterno, ad esempio, preparando il corpo a reagire velocemente ad un potenziale pericolo. Il processo cognitivo, più lento, elaborerà le informazioni e ci chiarirà se vi era effettivamente un pericolo o meno, e quale comportamento adottare. Il primo tipo di reazione, però, è più rapido.

La componente affettiva influenza perciò in molti modi il processo decisionale. In primo luogo può indurre gli individui ad attribuire più o meno rilevanza alle caratteristiche del prodotto, oppure subentrare nel processo decisionale come fattore di influenza o vincolo.

BOX N. 2

IL NEUROMARKETING

A lungo il marketing ha considerato la sfera emozionale troppo sfuggente per poter aiutare a comprendere meglio il comportamento del consumatore, preferendo perciò focalizzare l'attenzione sul comportamento razionale dell'individuo.

L'interesse verso le emozioni ha iniziato a svilupparsi nei primi anni '90, nel momento in cui le neuroscienze hanno consentito di studiare sperimentalmente i processi mentali ed il loro impatto sui comportamenti.

Il neuromarketing è una disciplina basata sulle neuroscienze e sul marketing, che ha come obiettivo lo studio delle risposte sensomotorie, cognitive ed emotive degli individui agli stimoli di marketing, attraverso l'applicazione di metodi e tecnologie propri delle neuroscienze.

Nuovi strumenti consentono, infatti, di comprendere meglio cosa succeda nella mente del consumatore, attraverso l'osservazione delle variazioni di alcuni aspetti fisici, conseguenti alle alterazioni dovute alle emozioni.

I ricercatori utilizzano tecnologie come l'ElettroEncefaloGrafia (EEG) per misurare l'attività elettrica relativa a ogni area del cervello, la functional Magnetic Resonance Imaging (fMRI) per misurare l'ossigenazione del sangue nelle varie regioni del cervello correlata all'attività neuronale, sensori per misurare le variazioni di una variabile fisiologica (battito cardiaco, frequenza respiratoria, risposta galvanica della

pelle), e/o sistemi di rilevamento del puntamento dello sguardo (eye-tracking) e dell'espressione facciale. Nonostante le differenze tra i metodi, il principio su cui si basa l'analisi è che il cervello reagisca agli stimoli provenienti dall'esterno e attivi alcune zone specifiche, la cui energia viene rilevata da questi strumenti. Il grande vantaggio, pertanto, è che queste metodologie non richiedono agli individui di partecipare attivamente ai test, ad esempio rispondendo ad un questionario. Questo consente di rimuovere i bias cognitivi (ad esempio, la giustificazione razionale delle proprie valutazioni) o la possibile non perfetta descrizione verbale delle proprie emozioni ed opinioni.
I principali campi applicativi del neuromarketing sono:

- pubblicità: per misurare l'efficacia di pubblicità stampata o video (spot);
- collocazione dei prodotti e spazi di vendita, per valutare quali siano le leve emozionali che si attivano quando si acquista, o l'influenza esercitata da colori, suoni, luce, layout e merchandising;
- packaging: per ottenere un design delle confezioni che attiri maggiormente l'attenzione, in modo che, ad esempio un cliente possa riconoscere il prodotto più facilmente su uno scaffale di un supermercato;
- le ricerche sul comportamento degli individui nei punti di vendita (o in determinate situazioni, ad esempio per valutare la reazione durante le campagne elettorali).

Il neuromarketing è però stato oggetto di critiche di natura sia etica che scientifica. Dal punto di vista etico, si è obiettato che esista la possibilità che sia svolta un'opera di manipolazione sui consumatori, inducendoli all'acquisto di merci contro la loro volontà razionale. A questa critica è stato risposto che il neuromarketing va inteso come un campo di ricerca volto all'osservazione dei clienti e non all'interferenza con le loro opinioni e sensazioni. Inoltre, permettendo di capire in anticipo quali prodotti siano destinati ad avere successo, consente alle imprese di concentrare su di essi gli investimenti, evitando dispersione di risorse.
Il neuromarketing è criticato anche da un punto di vista scientifico: alcuni studiosi, infatti, avvertono che le conclusioni a cui si è giunti fino ad ora non sono ancora consolidate e che non è possibile comprendere in maniera assoluta la disposizione mentale di una persona semplicemente attraverso elettrodi e sensori biometrici.
Gli studi relativi al neuromarketing appaiono però destinati ad avere un ruolo sempre più rilevante. L'introduzione di uno strumento per studiare non solo lo stato emotivo e cognitivo, ma anche il comportamento inconscio, offre infatti una prospettiva molto allettante per il marketing e le imprese.

4. IL SISTEMA INFORMATIVO E LE RICERCHE DI MARKETING (SIM) [4]

Il dinamismo dei mercati determina nell'impresa una tensione costante verso *l'analisi dell'ambiente*, per assumere scelte strategiche ed impostare le azioni per il loro conseguimento. All'interno dell'impresa la funzione marketing assume il "ruolo di filtro" (Marzili, 1979) tra l'ambiente interno e quello esterno ricorrendo al patrimonio cognitivo che confluisce nel **sistema informativo di marketing (SIM)**. Secondo Amstrong e Kotler (2006, p. 124) il SIM è costituito da "risorse umane, attrezzature e procedure destinate alla raccolta, all'organizzazione, all'analisi, alla valutazione ed alla distribuzione di informazioni utili, tempestive ed accurate da sottoporre ai responsabili delle decisioni di marketing". Le informazioni che conver-

[4] Di Silvia Ranfagni, Università di Firenze.

gono nel sistema informativo sono articolabili nei seguenti quattro subsistemi (Kotler e Scott, 1998): (a) il subsistema delle rilevazioni interne; (b) il subsistema di marketing intelligence; (c) il subsistema delle ricerche di marketing e (d) il subsistema dei modelli a supporto delle decisioni di marketing.

– **Il subsistema delle rilevazioni interne** comprende documenti contabili ed extra-contabili aziendali redatti nel corso del ciclo ordine-spedizione-fatturazione (Kotler e Scott, 1998) da cui ricavare informazioni su variabili aziendali quali la produzione, le vendite, i clienti ed i risultati economici. Tutte queste informazioni, se inserite in appositi database[5], subiscono un processo di "organizzazione razionale" che le rende accessibili, facilmente consultabili e, se opportunamente combinate, anche in grado di rispondere a specifici obiettivi conoscitivi dell'impresa.

– **Il subsistema delle attività di marketing intelligence** consiste nella raccolta e nell'analisi sistematica di informazioni non confidenziali su dinamiche rilevanti in ambito marketing. Esso svolge quindi una "funzione di sorveglianza continua" (Franch, 1992) dell'ambiente esterno al fine di individuare opportunità/minacce emergenti, di cogliere le dinamiche della domanda e della concorrenza e di identificare eventuali interventi da apportare al processo di pianificazione strategica (cfr. par. 2.2). Si tratta di informazioni che sono raccolte dai responsabili di marketing in modo autonomo attraverso attività individuali (lettura di riviste specializzate, partecipazione a convegni su temi di interesse, ecc.) ed attraverso la naturale e continua interazione con attori esterni (tra cui fornitori, distributori) ed interni (quale il personale di vendita) all'impresa.

– **Il subsistema delle ricerche di marketing** racchiude analisi affidate a specialisti esterni costituiti soprattutto da istituti di ricerca da cui derivano informazioni per l'assunzione di specifiche decisioni di marketing strategico ed operativo. Le ricerche di marketing infatti comprendono "l'insieme di strumenti di conoscenza indirizzati a fornire presupposti oggettivi, basati su tecniche di rilevazione professionale per l'assunzione delle decisioni di marketing e per il controllo della validità delle scelte effettuate" (AMA, Marketing News, n. 21, 2 gennaio 1987).

– **Il subsistema delle analisi a supporto delle decisioni di marketing** produce informazioni attraverso un insieme di strumenti statistici e di modelli decisionali in grado di assistere i marketing manager nell'analisi di informazioni di cui sono in possesso. (Kotler, 1998). Tale subsistema si basa su (a) *strumenti statistici* (analisi della regressione, analisi di correlazione, analisi fattoriale, analisi congiunta, ecc.) e (b) *modelli matematici* che consentono di analizzare gli effetti prodotti dall'interazione di due o più variabili decisionali sulla base dei quali poter definire e/o controllare specifiche scelte di marketing.

---

[5] Il database è un archivio di risorse informative in formato digitale su cui è possibile effettuare una serie di operazioni di ricerca più o meno complesse, al fine di evidenziare e rendere disponibile l'informazione rilevante per uno specifico scopo conoscitivo.

Mentre i subsistemi c) e d) producono prevalentemente informazioni sulla base di *dati primari*, a) e b) si alimentano di *dati secondari* rispettivamente interni ed esterni (Chisnall, 1996). I dati primari sono dati originali e pertanto generati specificatamente per un determinato scopo di ricerca; i dati secondari invece sono dati che già esistono in quanto raccolti per altri scopi. Questi ultimi possono produrre informazioni esplorative e preliminari all'inquadramento di fenomeni conoscitivi complessi. Essi si distinguono in esterni, se reperiti al di fuori dell'impresa e interni, se prodotti dall'impresa. I primi comprendono statistiche e rapporti pubblicati da enti pubblici, associazioni di categorie ed imprese private. I secondi includono rilevazioni dell'impresa sulla produzione, sull'attività di distribuzione, sulla contabilità analitica e rapporti di precedenti ricerche.

4.1. LE RICERCHE DI MARKETING: CONTENUTI E PROCESSO DI IMPLEMENTAZIONE

Le **ricerche di marketing**, come già anticipato, danno luogo alla produzione di informazioni per la soluzione di *specifiche decisioni di marketing* (Burn e Bush, 2000; Gupta e Steckel, 1998; Malhotra, Birks, Palmer, Koenig-Lewis, 2003). Sono effettuate internamente all'impresa oppure da appositi istituti di ricerca. Questi ultimi costituiscono delle imprese specializzate che lavorano per committenti sia privati che pubblici e che oltre a realizzare ricerche ad hoc basate su un processo di ricerca su misura (ricerche "taylor made") funzionale all'individuazione di una determinata soluzione di marketing, effettuano anche ricerche multiclient (dette *Ominibus*) finalizzate ad indagare una tematica di carattere generale, ad intervalli ripetuti nel tempo, attraverso il coinvolgimento di panel specifici (ne sono esempi la Sinottica e l'Auditel[6]). Mentre nelle prime il committente diventa l'unico proprietario delle informazioni prodotte, nelle seconde più clienti sono co-proprietari della stessa ricerca. Le ricerche multiclient se da un lato consentono di acquisire informazioni su un campione molto ampio a un costo contenuto, dall'altro non forniscono risultati il cui livello di approfondimento sia tale da consentire l'analisi di fenomeni specifici e complessi (Malhotra, 1998; Parasuraman, 1986). Le ricerche ad hoc sono articolabili in un processo strutturato su più fasi alle quali partecipano "figure" diverse sia dell'impresa committente che dell'istituto di ricerca (Troilo e Molteni, 2003). Le fasi sono le seguenti:

1. Definizione del problema e degli obiettivi di ricerca: questa prima fase si chiude con la definizione del brief ossia di un documento molto snello in cui sono

[6] Panel Auditel è costruito e aggiornato con lo scopo di stimare il livello di ascolto di varie reti televisive pubbliche e privata tra cui Rai, Fininvest, Rete A, Odeon TV e Italia 7; Sinottica è una ricerca panel dell'istituto Eurisko che permette di effettuare analisi sugli stili di vita degli italiani.

formalizzati l'obiettivo e l'oggetto della ricerca, le condizioni aziendali che hanno generato il fabbisogno formativo, i tempi e il budget per la realizzazione dell'intero processo di analisi.

2. Sviluppo del piano di ricerca: in questa seconda fase l'istituto di ricerca si propone di individuare percorsi di ricerca alternativi fra i quali il *committente* dovrà scegliere. Le variabili che influenzano tali scelte sono la profondità dell'analisi richiesta, il budget stanziato e i tempi di realizzazione. Ogni percorso può essere il risultato della combinazione di metodologie qualitative e quantitative.

3. Raccolta delle informazioni (field-work): in questa terza fase le metodologie e le tecniche di analisi concordate con la committenza sono effettivamente implementate. Si tratta di una *fase critica* della ricerca: da essa dipende la qualità del risultato e l'effettivo rispetto del costo stimato nella fase precedente.

4. Elaborazione e analisi delle informazioni: in questa fase i dati raccolti durante il field-work, sono *elaborati e analizzati*. L'esito è un rapporto finale quale documento di sintesi del percorso e dei risultati di ricerca. Tale rapporto contiene: (a) *gli obiettivi della ricerca*; (b) *un executive summary* con una breve sintesi dei risultati, (c) *le implicazioni emergenti in termini di scelte di marketing*; (d) *una descrizione dei risultati* con un buon livello di dettaglio e infine (e) *appendici tecniche*, utili per attestare l'affidabilità delle metodologie impiegate e dei risultati conseguiti.

In tutte queste fasi, la figura che è presente in modo costante è quella del ricercatore, ossia del professionista appartenente all'istituto di ricerca che è responsabile del progetto di ricerca dalla sua formalizzazione alla sua conclusione. Nella *prima fase*, intenso è il suo confronto con il committente, rappresentato dalla figura dell'*iniziatore*. Quest'ultimo è di solito un manager aziendale che manifesta l'esigenza informativa in primo luogo all'*account*, ossia all'addetto commerciale dell'istituto di ricerca e poi, tramite questo, direttamente al ricercatore. È dal confronto con l'iniziatore che il ricercatore identifica specifici obiettivi conoscitivi e propone percorsi di ricerca alternativi. Nella *seconda fase* il ricercatore organizza la ricerca sul campo in cui sono coinvolte figure interne all'istituto quali l'*analista* e il *responsabile del field-work*. L'*analista* può essere uno statistico, un semiologo, uno psicologo, un sociologo o un antropologo che assume un ruolo tecnico lavorando a stretto contatto con il ricercatore per la messa a punto degli strumenti di analisi e per la rilevazione sul campo. *Il responsabile di rilevazione on field* raccorda le attività di ricerca empirica che possono prevedere il lavoro di moderatori, intervistatori e il reclutamento di partecipanti da intervistare. Infine nelle ultime fasi di ricerca il ricercatore lavora soprattutto con l'*account*, per l'interpretazione dei dati raccolti e con il vertice, per la presentazione e la condivisione dei principali risultati.

4.2. LE METODOLOGIE PER LE RICERCHE DI MARKETING

Le "ricerche *ad hoc*" possono basarsi su diverse metodologie di ricerca. La distinzione che ci limitiamo a proporre è quella fra metodologie qualitative e quantitative. Si tratta di metodologie che possono essere impiegate le une indipendentemente dalle altre, ma anche, come spesso accade, in modo combinato. Procediamo con l'analisi di ciascuna delle due metodologie per poi illustrare il dialogo che può intercorrervi.

4.2.1. La ricerca qualitativa

La ricerca qualitativa (Carson, Gilmore, Perry e Gronhaug, 2001; Henry, 1978, Fabris, 1967), detta anche ricerca esplorativa e motivazionale, consente all'impresa di esplorare in dettaglio un fenomeno di mercato, di conoscerlo nei suoi elementi costitutivi (items) e di indagare aspetti motivazionali a esso correlabili. Un'impresa impegnata nell'analisi di un nuovo mercato di riferimento può ad esempio impiegare metodologie qualitative per ricostruire il quadro competitivo e indagare le motivazioni che possono spingere i nuovi consumatori ad acquistare i suoi prodotti rispetto a quelli della concorrenza. Oltre all'analisi di fenomeni sconosciuti, la ricerca qualitativa è impiegata anche per approfondire la conoscenza di fenomeni noti al fine di coglierne la complessità. È il caso di un'impresa che si trova a valutare nomi diversi per un nuovo prodotto; l'impiego di metodologie qualitative le permette di conoscere le emozioni, le sensazioni evocate dai possibili nomi nella mente del consumatore e di identificare anche quelle che con maggiore probabilità saranno destinate a incidere sulle motivazioni di scelta. La ricerca qualitativa assume una natura "diagnostica", coinvolge campioni esigui e produce come risultato dati qualitativi nella forma di testo, immagini e composizioni grafiche. La qualità dell'analisi dipende dal ricercatore-analista, che assume un ruolo critico nella raccolta, nell'analisi e nell'interpretazione dei dati. Spetta a lui il compito di individuare gli elementi costitutivi del fenomeno indagato, di analizzarli in profondità, di collegare fra loro dati emergenti con l'obiettivo di sviluppare approcci interpretativi del fenomeno indagato.

Le principali metodologie della ricerca qualitativa sono l'intervista in profondità, il focus group (o gruppo di discussione) e l'osservazione. si tratta di metodologie complesse in quanto contraddistinte da una forte interdisciplinarietà e quindi dal ricorso a tecniche proprie della psicoanalisi, della psicologia, della sociologia, dell'antropologia culturale, della semiotica, dell'etnografia e della programmazione neurolinguistica (*box* n. 3).

BOX N. 3

LA NATURA INTERDISCIPLINARE DELLA RICERCA QUALITATIVA

Le metodologie della ricerca qualitativa ricorrono a tecniche di analisi proprie delle seguenti discipline:

- **Psicologia**: cerca di scoprire perché le persone compiano certe azioni e perché le compiano in certe determinate circostanze studiando le forze e le ragioni che determinano e rendono comprensibile il comportamento.
- **Psicoanalisi**: fornisce tecniche che permettono di rilevare quei motivi che si collocano al di sotto della coscienza (subconscio) e che il soggetto non sa riferire o non riesce a riferire completamente.
- **Sociologia**: studio dei comportamenti di gruppi di individui all'interno del contesto sociale.
- **Antropologia culturale**: L'antropologia ha come oggetto specifico di studio la cultura dove con il termine "cultura" si intende l'insieme dialettico dei patrimoni psichici individuali costituiti attraverso rapporti socialmente integrati tra ciascun individuo ed il suo ambiente sociale ed ecologico, nel quadro di una società storicamente determinata.
- **La semiotica**: analizza le potenzialità di senso inscritte a livello di supporti comunicativi, di segni, di testi e di pratiche discorsive, con particolare attenzione ai percorsi cognitivi/emotivi offerti come "guida" alla fruizione.
- **L'etologia**: è disciplina che studia i comportamenti così come si sviluppano nel contesto quotidiano, ossia fuori dal setting di ricerca e quindi in condizioni di maggiore spontaneità per il soggetto/ oggetto osservato.

Fonte: nostra elaborazione.

– **L'intervista in profondità.** L'intervista in profondità presuppone un rapporto diretto fra ricercatore-analista e intervistato, dove quest'ultimo è messo nella condizione di potersi esprimere liberamente (Banana, 1981). Si ricorre a questa metodologia quando, con riferimento al fenomeno indagato, si ricerca una prospettiva individuale, s'indaga su aspetti riservati propri della sfera personale, si coinvolgono target non facilmente interattivi all'interno dei focus group (i giovani teen-ager non sempre partecipano attivamente sotto il coordinamento di una persona esterna con ruolo di moderatore). Sono interviste in profondità il colloquio clinico, l'intervista proiettiva e l'intervista semi-strutturata. Il tempo medio di realizzazione di ciascuna è di almeno novanta minuti. Mentre il colloquio clinico e l'intervista proiettiva approfondiscono fenomeni di mercato non conosciuti, l'intervista semi-strutturata analizza fenomeni già noti all'impresa. Nel colloquio clinico l'analista, spesso uno psicologo, tende a "scavare" liberamente nel subconscio dell'intervistato. Nell'intervista proiettiva e in quella semi-strutturata invece, l'analista si limita a comprendere le motivazioni di certi comportamenti individuali in base ad una sequenza di domande predefinita a livello di protocollo di analisi.

– **Il focus group (o gruppo di discussione).** Il focus group è una metodologia basata sull'interazione all'interno di un gruppo di persone che sono stimolate a discutere, per un intervallo temporale compreso tra una e due ore, sul fenomeno oggetto di ricerca. Il gruppo, composto da 8-12 persone, è coordinato da un moderatore che introduce gli argomenti di riflessione e gestisce l'interazione tra i partecipanti (Goldman e McDonald, 1987; Greenbaum, 1998, Morgan, 1988, Stewart e Shamdasani, 1990). L'interazione se particolarmente attiva, permette di produrre informazioni maggiori rispetto a quelle generate dal rapporto diretto tra intervistato e intervistatori nell'intervista in profondità. Rispetto a quest'ultima infatti, il focus group oltre a coinvolgere un numero maggiore di partecipanti a costi più contenuti e in tempi più brevi, consente anche un maggior grado di flessibilità di analisi in quanto il dinamismo prodotto dall'interazione di gruppo mette il moderatore nella condizione di individuare argomenti emergenti su cui animare la discussione (Troilo, Molteni, 2003). Nella gestione del gruppo il moderatore segue una traccia predefinita, dove gli argomenti sono affrontati passando da tematiche generali a tematiche più circoscritte; l'utilizzo, soprattutto nella fase finale del focus group, di tecniche proiettive proprie della psicologia, contribuisce a rendere più esplicative le opinioni dei partecipanti. Tali tecniche sono costituite da stimoli di tipo verbale o grafico attraverso cui i partecipanti proiettano loro stessi e con questo i loro giudizi e la loro personalità in una terza persona dichiarando, seppure indirettamente, punti di vista personali.

– **L'osservazione.** L'osservazione consente di acquisire informazioni che i partecipanti a interviste in profondità ed a focus group non riescono o non sono intenzionati a fornire. Si tratta di una metodologia che ha origine nell'etnografia e che è efficace soprattutto per analizzare il comportamento di acquisto all'interno di superfici di vendita e le modalità di utilizzo di determinati prodotti. Per verificare ad esempio le reazioni di un acquirente di fronte ai segnali sensoriali all'interno di un punto vendita, può essere utile osservarlo mentre si muove tra gli scaffali, preleva i prodotti, li esamina e acquista. Rientra nella metodologia dell'osservazione la tecnica del "cliente misterioso" (*mistery shopper*), che consente di indagare il rapporto tra addetti alle vendite di un prodotto/servizio e gli acquirenti. L'analista in questo caso si trova a frequentare luoghi di vendita i cui addetti sono oggetto di rilevazione, comportandosi come se fosse un effettivo cliente e simulando richieste di informazioni ed atti di acquisto. In questo modo riesce a verificare l'impatto del prodotto-servizio sul consumatore e a valutare l'eventuale livello di customer service da parte dell'addetto alle vendite. Tuttavia se da un lato il metodo dell'osservazione permette di fornire informazioni su fenomeni difficili da descrivere verbalmente, dall'altro non è in grado di rilevare le motivazioni alla base di certi comportamenti di acquisto. Per questo motivo, molto spesso l'osservazione è integrata con interviste individuali o focus group al fine di acquisire un quadro più approfondito del fenomeno indagato.

4.2.2. La ricerca quantitativa

La ricerca quantitativa si pone l'obiettivo di fornire misurazioni del fenomeno di mercato indagato. Si tratta di una ricerca che ne misura gli aspetti costituitivi (items) emergenti da un'analisi qualitativa oppure identificati a prescindere da questa4.2.2. La ricerca quantitativa. Sia le metodologie quantitative che quelle qualitative possono essere, infatti, impiegate nei processi di ricerca in modo non combinato e quindi le une indipendentemente dalle altre. Attraverso la ricerca quantitativa non s'individua il motivo per cui alcuni consumatori preferiscono acquistare un determinato prodotto, ma si viene a determinare quanti sono i consumatori che acquisteranno quel prodotto in corrispondenza di specifiche motivazioni di acquisto. Inoltre la ricerca quantitativa non identifica i motivi per cui certi acquirenti siano attratti da alcuni nomi di prodotto piuttosto che da altri, ma quanti sono gli acquirenti che compreranno prodotti identificati da determinati nomi. Ne deriva la produzione di dati quantitativi che sono raccolti attraverso questionari somministrati a campioni rappresentativi dell'universo indagato. Tutto questo richiede capacità di "sintesi logica" per la redazione del questionario e abilità statistiche per la costruzione del campione e l'elaborazione dei dati raccolti. In particolare una volta identificati gli obiettivi conoscitivi, la ricerca quantitativa prevede la definizione del piano di campionamento, la scelta del metodo di contatto e l'elaborazione del questionario quale strumento di rilevazione.

<u>1. Il piano di campionamento</u>. Il piano di campionamento implica tre principali decisioni che sono: (i) la definizione dell'unità-campione e quindi di chi intervistare: questa scelta è correlata all'identificazione di unità capaci di fornire le informazioni ricercate (nell'analisi del processo di acquisto di un'auto, il ricercatore può focalizzare la sua attenzione sui driver del processo stesso e pertanto decidere di intervistare il marito, la moglie, altri membri della famiglia piuttosto che il concessionario); (ii) la determinazione della numerosità campionaria ossia di quante persone intervistare: il campione, se opportunamente scelto, riproduce alcune caratteristiche dell'universo che rappresenta (la media dei dati ottenuti da un campione ha una probabilità definita di avvicinarsi alla media dell'universo e di rappresentarlo in modo efficace); e (iii) la scelta della procedura di campionamento e pertanto del modo con cui devono essere scelti gli intervistati: il campionamento può distinguersi in probabilistico, se ogni unità, di cui è composta la popolazione, ha una probabilità nota e diversa da zero, di essere inclusa nel campione, oppure non probabilistico, se ci sono delle unità della popolazione che non hanno nessuna probabilità di essere selezionate.

<u>2. I metodi di contatto</u>. Dopo aver definito il piano di campionamento, il ricercatore deve chiedersi in che modo interagire con le unità del campione coinvolte nella rilevazione. I principali metodi di contatto sono l'intervista personale (face-to-face), l'intervista telefonica, l'intervista postale e web based.

L'intervista personale prevede un contatto *face-to-face* tra intervistato e intervistatore che pone le domande secondo un questionario di rilevazione impostato su domande prevalentemente chiuse. L'intervistatore legge le domande e registra le risposte su supporto cartaceo oppure, nel caso ricorra al sistema CAPI (Computer Aided Personal Interview), su un terminale elettronico. La sua presenza oltre a consentire di verificare che le risposte provengano da unità componenti il campione, offre garanzie in termini di qualità dei dati raccolti. Infatti, l'intervistatore può spiegare le domande non comprese, ridurre al minimo le risposte di natura evasiva e utilizzare, se necessario, stimoli visivi e multimediali funzionali a generare interazione con l'intervistato. Gli svantaggi sono legati soprattutto ai costi e ai tempi di rilevazione. I costi sono elevati soprattutto a causa della presenza in field di intervistatori professionisti. Per quanto concerne i tempi, ogni intervista ha una durata di circa trenta-quaranta minuti; questo è giustificato dal livello di profondità della rilevazione. Tuttavia l'utilizzo da parte degli intervistatori dei sistemi CAPI permette di velocizzare la fase di raccolta e di elaborazione dati.

L'intervista telefonica consiste nel chiamare, in modo casuale, unità del campione al telefono e nel somministrare loro uno specifico questionario di rilevazione. La costruzione del campione avviene di solito attraverso elenchi telefonici (cartacei o digitali) da cui sono estrapolate unità appartenenti a diverse aree geografiche. L'intervistatore può riportare le risposte su supporto cartaceo oppure può utilizzare il sistema CATI (Computer Aided Telephone Interview) che consente di inserire le risposte all'interno di un elaboratore già predisposto. I vantaggi delle interviste telefoniche sono costituiti dalla possibilità di ottenere dati su determinati fenomeni di mercato in tempi brevi e a costi abbastanza limitati. I limiti concernono la semplicità delle domande che solitamente sono chiuse, la necessità di limitare il tempo di erogazione del questionario e l'impossibilità di verificare l'effettiva identità del rispondente. A questi si aggiunge anche il rischio di dover fare i conti con un campionamento falsato. Questo perché gli abbonati alla telefonia fissa diminuiscono e soprattutto stanno diventando un universo con caratteristiche diverse dalla popolazione nel suo complesso; si tratta di persone tendenzialmente di età avanzata. Le interviste telefoniche trovano applicazione soprattutto nei sondaggi di opinione, nelle ricerche elettorali e nelle indagini realizzate per verificare il tasso di notorietà di una marca e l'efficacia di una campagna promozionale.

L'intervista postale prevede l'invio di un questionario all'unità campionaria che dopo aver provveduto alla sua compilazione, lo rinvia all'organizzazione che si occupa della ricerca. Il vantaggio di queste interviste risiede nella possibilità di utilizzare supporti visivi alla compilazione a un costo più basso rispetto a quello delle interviste personali e telefoniche. Il limite principale è costituito dalla bassa percentuale di questionari compilati e dalla possibile distorsione del campione iniziale. Le unità del campione che effettivamente rispondono a un questionario postale possono avere nei confronti dell'argomento particolare interesse oppure mostrare un atteggiamento molto negativo o positivo; ne deriva un campione auto-selezionato e quindi non necessariamente rappresentativo dell'universo indagato. Altri svantaggi sono costituiti dai lunghi tempi di attesa e dalla possibilità di errori di compilazione dovuta all'assenza dell'intervistatore. L'utilizzo della posta elettronica (**web based**) consente di snellire i processi dell'intervista postale. L'intervistato riceve il questionario tramite posta elettronica, provvede alla sua compilazione e al suo rinvio in modo semplice e rapido. Gli intervistati effettuano una compilazione analoga nel caso in cui i questionari non vengano inviati via e-mail, ma si trovino all'interno di pagine web.

3. Il questionario. Lo strumento di raccolta dati della ricerca quantitativa è costituito dal questionario la cui elaborazione richiede notevoli capacità individuali di "sintesi logica" degli *items* oggetto di rilevazione che si devono tradurre in un quadro coerente di domande funzionali agli obiettivi conoscitivi della ricerca. Il contenuto delle domande deve essere tale da consentire agli intervistati di poter fornire le informazioni richieste. Pertanto le domande devono essere chiare, facili da comprendere in modo che l'intervistato possa dare risposte relativamente immediate. Esse possono assumere la forma di domande aperte e chiuse. Mentre le prime consentono all'intervistato di esprimersi liberamente e di fornire risposte spontanee, le seconde prevedono una scelta tra risposte predefinite. Per esempi relative a queste ultime ed a possibili scale di misurazione si veda il *box* n. 4. Inoltre l'ordine delle domande può seguire un approccio che va dal generale al particolare passando da un argomento a un altro più approfondito dopo una sua analisi completa.

BOX. N. 4

DOMANDE CHIUSE E SCALE DI MISURAZIONE

Domanda dicotomica: domanda che offre due alternative di risposta.
Per prenotare la vacanza estiva in questa località ha telefonato personalmente alla struttura ricettiva?
☐ si ☐ no

Domanda a scelta multipla: domanda che offre tre o più alternative di risposta.
A quale operatore di telefonia mobile è abbonato?
☐ Telecom Italia Mobile ☐ Wind ☐ Vodafone ☐ H3G ☐ Altro

Scala di Likert: è una scala rispetto alla quale l'intervistato dichiara l'intensità del proprio accordo o disaccordo.
Indichi il suo grado di accordo con le seguenti affermazioni riguardanti il nuovo prodotto Beta (dove 1 = per niente d'accordo; 2 = poco d'accordo; 3 = abbastanza d'accordo; 4 = molto d'accordo; 5 = completamente d'accordo)

Il prodotto Beta presenta un packaging attraente	1	2	3	4	5
Il prodotto Beta ha un prezzo conveniente	1	2	3	4	5
Il prodotto Beta è innovativo	1	2	3	4	5
Il prodotto Beta è destinato ad un pubblico giovane	1	2	3	4	5

Scala di importanza: è una scala che classifica l'importanza di alcuni attributi e varia da "per nulla importante" a "estremamente importante".
Le chiedo di esprimere secondo una scala di importanza da 1 a 5 (dove 1 = per niente importante; 2 = poco importante; 3 = indifferenze; 4 = importante; 5 = molto importante) una valutazione sui seguenti servizi offerti dalla compagnia aerea Fox nella business class:

Il servizio di ristorazione	1	2	3	4	5
Il servizio Internet	1	2	3	4	5
Il servizio intrattenimento (cinema, lettura, ecc.)	1	2	3	4	5
Il servizio bus navetta	1	2	3	4	5
Altri (specificare)	1	2	3	4	5

Scala di valutazione: è una scala che classifica alcuni attributi da "scadente" ad "eccellente".
Le chiedo di esprimere secondo una scala di valutazione da 1 a 5 (dove 1 = scadente; 2 = discreto; 3 = buono 4 = ottimo; 5 = eccellente) un giudiziose sui seguenti servizi offerti dalla compagnia aerea Fox nella business class:

Il servizio di ristorazione	1	2	3	4	5
Il servizio Internet	1	2	3	4	5
Il servizio intrattenimento (cinema, lettura, ecc.)	1	2	3	4	5
Il servizio bus navetta	1	2	3	4	5
Altri (specificare)	1	2	3	4	5

4.2.3. Il dialogo tra ricerca qualitativa e quantitativa

La ricerca qualitativa e quella quantitativa costituiscono sempre più due momenti complementari di un articolato processo di analisi. Nonostante siano contraddistinte da una loro specifica identità che giustifica un loro utilizzo separato nell'analisi di determinati fenomeni, si assiste a un loro impiego congiunto secondo una sequenzialità temporale di metodologie che prevede: (i) *un'analisi qualitativa* diretta a disegnare il fenomeno nella sua articolazione complessa; (ii) la redazione *del questionario di rilevazione* avvalendosi del contributo informativo prodotto dall'indagine qualitativa; (iii) *un'analisi quantitativa* estensiva finalizzata a misurare le dimensioni del fenomeno emerse dalla ricerca qualitativa. Non è escluso che quest'ultima analisi sia seguita da analisi quantitative oppure qualitative di approfondimento su specifici items emersi. Possiamo osservare che nei processi di ricerca, *le metodologie qualitative precedono quelle quantitative* tutte le volte che a) il problema da affrontare con la ricerca è nuovo per l'impresa e mancano ipotesi quadro sulla base delle quali circoscrivere i dati da rilevare, b) le variabili determinanti il fenomeno oggetto di ricerca devono essere identificate nella loro complessità ed articolazione. Con riferimento a quest'ultimo punto riteniamo opportuno precisare che, anche se il fenomeno oggetto di ricerca è conosciuto nelle sue linee generali, può essere opportuno identificare in modo preciso e completo tutte le sue determinanti e non precludersi alternative di analisi; passare direttamente alla fase quantitativa senza questa analisi preliminare potrebbe voler dire misurare ipotesi concettualmente errate, conseguendo risultati inutilizzabili e quindi inutilmente costosi. Occorre precisare che il rapporto sequenziale ora presentato tra metodologie qualitative e quantitative non è una regola; infatti esistono situazioni in cui *la ricerca qualitativa segue quella quantitativa.* Questo accade soprattutto – come risulta evidente nella sequenza sopra riportata – quando si avverte l'esigenza di chiarire il significato di dati quantitativi e di "comprendere" meglio le determinanti il fenomeno in oggetto.

5. LE RICERCHE ONLINE [7]

Le ricerche di marketing sono state profondamente influenzate dallo sviluppo di Internet e degli strumenti di conseguenza divenuti disponibili.

Le ricerche online presentano infatti numerosi vantaggi:

a) Consentono di **ridurre notevolmente i costi**. Si azzerano quasi totalmente i costi sostenuti per contattare gli intervistati, per la produzione di materiale cartaceo di supporto alle indagini e per il personale (per es.: stipendi, trasferte per effettuare le interviste, o gestione di call center) impegnato nella somministrazione. I principali costi sono infatti connessi, oltre che all'attività di ricerca, all'acquisto di hardware (pc) e software, accesso ad internet ed eventuali costi per specifiche attività online. Un altro vantaggio è la possibilità di modificare a costo nullo l'indagine in corso d'opera.

b) Forniscono i **risultati in tempi più rapidi**: le ricerche online, infatti, consentono di rendere immediata la somministrazione di questionari alla popolazione, e automatizzare la raccolta dei dati in formati direttamente elaborabili. Questo consente di restituire i risultati delle indagini quasi in tempo reale.

c) Rendono possibile la **personalizzazione dell'indagine**: le indagini online consentono una maggiore personalizzazione, potendo essere facilmente adattate all'intervistato, senza interazione diretta con il ricercatore: pertanto la personalizzazione non influisce sulla possibilità di esprimersi liberamente. L'intervistato, inoltre, può decidere come, quando iniziare e completare l'indagine.

d) Consentono di proporre all'intervistato una maggiore **ricchezza di contenuti**, come immagini, suoni, filmati ed animazioni, a costi contenuti e con vantaggi in termini di coinvolgimento.

---

[7] Di Cinzia Panero, Università di Genova, ad eccezione dei parr. 5.2 e 5.3 scritti da Giorgia Profumo, Università di Genova.

e) Favoriscono un tasso di risposta comparativamente più elevato, rispetto alle tradizionali, ed ormai inflazionate, modalità di effettuazione delle indagini.

f) Consentono di effettuare indagini su individui difficilmente raggiungibili, per ragioni di distanza geografica o di stile di vita (per es., chi fa lavori notturni).

Vi sono anche alcuni svantaggi, riconducibili essenzialmente al mezzo di contatto.

Un primo problema è connesso al fatto che non tutte le zone geografiche hanno disponibilità di accesso ad Internet, specie con banda larga; un secondo problema, invece, si connette agli specifici individui, ed alla loro eventuale carenza di accessibilità o alla loro mancata conoscenza di Internet o dell'uso del pc (quest'ultima parzialmente superabile con gli smartphone). In questo senso si osserva spesso che le indagini online rischiano di selezionare i rispondenti, ossia di favorire la partecipazione di individui residenti nelle aree più sviluppate e in prevalenza giovani, anche se, con il trascorrere del tempo, questi limiti tenderanno ad annullarsi.

Un secondo problema è riconducibile alla difficoltà ad identificare il rispondente, o alla possibilità che possa fraintendere i contenuti del questionario.

Infine, paradossalmente, un ultimo possibile rischio è che, nel caso manchi un chiaro soggetto da intervistare, e si conduca un'indagine online aperta al pubblico, oltre a non controllare chi siano i rispondenti, vi sia anche qualche difficoltà a rendere nota l'esistenza dell'indagine, per cui diventa molto importante comunicarne la presenza laddove, su Internet, è presente il target dell'indagine.

Nonostante questi limiti, le ricerche di marketing online tendono a riscuotere sempre maggiore successo.

5.1. TIPOLOGIE DELLE RICERCHE SU WEB QUANTITATIVE E QUALITATIVE

Le ricerche online utilizzano prevalentemente gli stessi strumenti utilizzati da tempo nelle ricerche di marketing tradizionali, ma concepiti in maniera tale da sfruttare i vantaggi di questo canale, la multimedialità e l'interattività.

Anche le ricerche online possono essere pertanto distinte in qualitative o quantitative e, a seconda della partecipazione contemporanea (o meno) di intervistatore e intervistato, in sincroniche e asincroniche.

Le ricerche online di tipo qualitativo includono le chat interview, i focus group online e le video conference interview.

La chat interview è un'intervista che avviene in modalità sincrona tra ricercatore e intervistato, utilizzando software presenti gratuitamente online per la gestione della comunicazione simultanea. Le chat possono essere one-to-one o chat di gruppo. Il primo tipo di chat, che consente di comunicare con una persona alla volta, è utilizzabile con contatti personali e contenuti in una rubrica. Ha funzionalità multimediali avanzate (possibilità di condividere audio, video, foto) e ne sono un esempio Whatsapp, MSN e Yahoo! Messenger. Le chat di gruppo consentono la comunicazione contemporanea di più persone, in quanto i messaggi sono contemporaneamente inviati a tutte le persone che sono collegate al gruppo. È comunque possibile avviare anche una conversazione in privato tra due utenti.

I **focus group online** ripropongono la logica dei focus group tradizionali (gruppi di 8-12 persone, che discutono di un tema sotto la guida di un supervisore) nel mondo di Internet, utilizzando chat e supporti multimediali. Rispetto al focus group tradizionale, l'interazione è meno personale e si perde la visione della comunicazione non verbale. Ha però il grande vantaggio di ridurre l'inibizione e l'omogeneizzazione delle opinioni su quelle dei partecipanti dominanti. Il reclutamento dei partecipanti può avvenire sia online (ad esempio, tra gli iscritti ad una newsletter e a forum) che off line. È però necessario che i partecipanti abbiano dimestichezza con il web e l'accesso ad esso.

La **video conference interview** è un'intervista face-to-face, ma condotta a distanza, utilizzando gli strumenti online (ad esempio via Skype), che sono accessibili, oltre che tramite computer, anche tramite smartphone o tablet. Questo tipo di intervista consente, nonostante la distanza, di condurre interviste in profondità, cogliendo anche la comunicazione non verbale. Consentendo di effettuare in rapida successione più interviste a persone anche lontane, consente di velocizzare il processo di raccolta dati e contenerne i costi. Ne consente inoltre la registrazione, utile per successive elaborazione delle informazioni. I limiti possono essere costituiti da limiti qualitativi della connessione a Internet o degli strumenti informatici.

Tra le tecniche con cui condurre indagini di tipo quantitativo, si segnalano le **e-mail interview** e le web-based interview, che consistono nella versione online delle survey viste in precedenza (indagini personali, telefoniche o postali), con grandi vantaggi in termini di contenimento dei costi e dei tempi di risposta. Sono tutte asincroniche.

Nelle e-mail interview le persone da intervistare sono contattate tramite e-mail.

Agli inizi, la mail conteneva nel testo o in allegato il questionario, che l'intervistato compilava e poi reinviava al mittente tramite reply. Era un metodo con costi contenuti ed elevata celerità del processo, ma che presentava alcune limitazioni, connesse in particolare al fatto che i dati del questionario, così compilato, andavano riportati su database per la loro elaborazione. Inoltre non era possibile randomizzare l'ordine delle domande e potevano essere presentati pochi contenuti multimediali. Essendo noto l'indirizzo e-mail dei destinatari, si ha però un certo grado di controllo del campione (anche se non vi è certezza circa l'identità del rispondente) ed è possibile sollecitare l'intervistato a rispondere.

Recentemente, vista la diffusione di software gratuiti (o a costo contenuto) per la redazione e gestione di indagini via web, la mail contiene un link al questionario online, per cui essa diventa semplicemente la modalità di contatto dell'intervistato, che viene quindi invitato a partecipare ad una **web-interview** (**CAWI: Computer Assisted Web Interviewing**).

Il questionario viene quindi proposto su un sito web, cui possono accedere persone appositamente reclutate. L'intervistato viene quindi indirizzato al questionario, il cui accesso è controllabile se, al momento del contatto, viene consegnato anche un codice identificativo ed una password. La persona quindi clicca sul link, si registra e compila il questionario, i cui dati vengono registrati in un database online (cloud).

La web-based interview consente numerosi vantaggi: a parte la rapidità del processo ed i costi contenuti, i dati sono immediatamente elaborabili, consentendo di risparmiare ulteriore tempo e denaro.

Inoltre la somministrazione via web consente di rendere il questionario più comprensibile, visualizzando solo le domande pertinenti (ad esempio, escludendo quelle a valle di una domanda-filtro cui si è data risposta negativa) e organizzandolo per sezioni focalizzate su aspetti specifici, che consentono, oltre ad una migliore comprensione, di recuperare informazioni parziali qualora la compilazione si concluda prima del termine del questionario. Sono inoltre inseribili contenuti multimediali.

La somministrazione dei questionari online può avvenire tramite gli **smartphone** (**Mobile Assisted Web Interviewing, MAWI**). Gli intervistati vengono contattati tramite mail o SMS o altra forma di comunicazione, e possono provvedere alla compilazione del questionario online direttamente dal proprio dispositivo, in qualsiasi posto e momento della giornata. La crescente diffusione degli smartphone, la loro multimedialità, facilità e frequenza d'uso ne fanno infatti un canale di contatto, somministrazione e compilazione molto funzionale.

Il questionario online, infine, può anche essere lasciato aperto sul web, e reso pubblico attraverso pop-up, inserimento sui social network, sui forum, ecc. (in questo caso, ovviamente, si perde il controllo sulla composizione del campione e la possibilità di sollecitarne la risposta).

Le indagini online possono essere effettuate anche su **panel**, ossia su un gruppo di utenti pre-selezionati per partecipare alla ricerca, che rimane immutato nel tempo. Il gruppo viene sottoposto a interviste periodiche per analizzare l'andamento di un fenomeno nel tempo. Inoltre viene tracciato il profilo sociodemografico dei membri del gruppo e rilevate informazioni sul loro stile di vita.

I partecipanti di solito sono remunerati, con omaggi, buoni o premi da devolvere in beneficienza. Occorre che siano motivati altrimenti, nel tempo, la partecipazione tende a decadere e si pone il problema della sostituzione dei partecipanti. Il tasso di abbandono è però meno rilevante che nel panel tradizionale, per la maggiore facilità di compilazione (i questionari sul web sono autocompilati dal rispondente e possono includere immagini e suoni).

Visti vantaggi e limiti delle diverse tecniche e per contrastare il calo crescente dei tassi di risposta alle indagini (i consumatori sono sempre meno interessati a partecipare alle indagini, anche a causa della loro eccessiva frequenza) ed il cambio di abitudini della popolazione (che dispone sempre meno frequentemente di telefono fisso), si ricorre anche ad indagini multicanale (per esempio, CATI e CAWI, o CAMI e CAWI). L'indagine viene cioè somministrata attraverso più canali, lasciando all'intervistato la possibilità di scegliere come rispondere, sulla base delle proprie preferenze, cercando quindi in questo modo di favorirne la partecipazione.

Il metodo multicanale comporta però alcuni limiti, superabili attraverso un'attenta progettazione dell'indagine e dell'elaborazione dei dati: la necessità di realizzare un questionario utilizzabile su tutti i canali prescelti (ad esempio, occorre che il questionario CAWI sia adatto anche allo smartphone, utilizzato per il MAWI); la necessità di comprendere come l'uso di diversi canali possa influenzare la composizione del campione, le risposte e ponderare conseguentemente i risultati; infine, la necessità di omogeneizzare ed integrare database diversi.

5.2. NUOVI SPAZI DI INTERAZIONE: LE COMUNITÀ ONLINE

Le nuove tecnologie di comunicazione legate ad internet e ai social media hanno profondamente modificato l'interazione tra gli individui e la loro percezione dello spazio fisico inteso come luogo.

Dal punto di vista sociale, queste tecnologie hanno di fatto **annullato lo spazio fisico** tra gli individui, permettendo anche a categorie di soggetti in precedenza escluse di interagire con altri indipendentemente dalla loro collocazione fisica. La rete rappresenta infatti uno straordinario luogo virtuale dove incontrarsi, discutere e costruire rapporti tra soggetti, permettendo la creazione di comunità online.

Queste *community* non devono essere contrapposte a quelle fisiche; anche in questo caso esistono tra i membri interessi, valori, simboli, significati, storie e linguaggi comuni, oltre a senso di identità e appartenenza (Muniz e O'Guinn, 2001), ma si differenziano in termini di schemi di comunicazione e regole di interazione. Una comunità virtuale può essere vista infatti come un gruppo di persone caratterizzato da un mezzo di comunicazione online condiviso dai partecipanti, dalla discussione su temi precisi e dall'irrilevanza della locazione geografica dei partecipanti.

Tra le diverse comunità che possono sorgere online, le **comunità di marca** sono quelle più interessanti per il marketing. Esse costituiscono un vero e proprio spazio online dedicato al dialogo, allo scambio di idee, informazioni ed esperienze dei consumatori, che può essere creato dalle imprese, oppure in maniera spontanea da parte dei consumatori, appassionati di una determinata marca, prodotto o servizio. I prodotti e i brand diventano, in questo modo, supporti per la ricerca di legami e aggregazione tra soggetti, che diventano più importanti dell'oggetto di culto in sé (Cova, 2003).

In queste *community*, il consumatore può generare contenuti (*user genereted con-*

tent – UGC), partecipando, condividendo esperienze ed esprimendo le proprie opinioni sui brand e sulle imprese, sia positivamente, sia negativamente; esse, quindi, rappresentano un'importante fonte di dati per la ricerca di marketing.

L'aggregazione di un gran numero di soggetti rende infatti facile per le imprese riuscire ad intercettare numerosi consumatori che presentano un legame più o meno forte con i propri prodotti o brand, nel caso si voglia impostare una indagine ad hoc. Inoltre, queste comunità risultano preziose al fine di monitorare l'atteggiamento e le opinioni dei consumatori nei confronti del brand, oltre ai processi, i luoghi e le occasioni di consumo dei prodotti o dei servizi delle imprese.

5.3. METODOLOGIE EMERGENTI: NETNOGRAFIA E TEXT MINING

Lo sviluppo delle comunità di consumatori online ha portato all'emergere di nuove metodologie di ricerca, che prendono spunto dalle scienze sociali, volte a comprendere la complessità del mondo sociale tecnologicamente mediato (Kozinets, 2010) attraverso l'ascolto del mercato e delle interazioni tra consumatori su piattaforme online, quali social network, forum, chat room, blog, ecc.

Questi metodi di ricerca di tipo qualitativo risultano particolarmente utili per comprendere il mondo che si trova alla base del comportamento di consumo online, focalizzando maggiormente l'attenzione sulla prospettiva esperienziale del consumatore e sui contenuti che esso genera nel mondo virtuale (Xun e Reynolds, 2010).

La **netnografia**, in particolare, intesa come l'etnografia applicata alla rete internet e ai social media, è uno dei metodi di ricerca più seguiti al fine di analizzare le culture che si formano attraverso le comunicazioni tra utenti mediate dalle nuove tecnologie (Kozinets, 2010; Martone e Furlan, 2007). Questa analisi si basa su tecniche di osservazione dirette delle conversazioni che vengono generate online rispetto ad un argomento specifico, ad un brand o ad un prodotto.

La ricerca netnografica si prefigge, quindi, di **leggere il mondo attraverso gli occhi dei membri delle comunità online**, documentandone le interazioni, attraverso una combinazione di osservazione e partecipazione da parte del ricercatore, che si "immerge" nelle conversazioni degli utenti, diventando membro stesso delle *community* che analizza e da cui cerca di trarre informazioni.

La netnografia non si limita alla sola osservazione non partecipata delle *community* online, ma rappresenta un metodo ibrido, dove è possibile partecipare anche alle conversazioni, oppure intervistare via mail, chat, o survey gli utenti, o creare focus group digitali. In questo modo è possibile dare un'interpretazione integrata della realtà osservata.

La **prima fase** di questa metodologia consiste nella scelta della *community* da analizzare e nella partecipazione attiva alla stessa. Questo permette di conoscere in maniera approfondita i membri del gruppo, il loro ruolo all'interno del contesto sociale, la storia della *community*, i tipi di messaggi che vengono scambiati, rituali, valori, ecc. Il ricercatore può decidere di palesarsi all'interno della comunità o di rimanere anonimo.

La **seconda fase** è quella di raccolta dei dati, che presuppone che il ricercatore copi in un archivio (autonomamente o tramite software) le comunicazioni dei membri delle comunità online e/o annoti le proprie osservazioni sulla *community*, sui membri che ne fanno parte e sulle loro interazioni. I documenti raccolti possono essere di diverso tipo: testuali, visivi (immagini, fotografie, video, ecc.) e auditivi (musica, registrazioni audio di utenti, ecc.), dato che da ciascuna di queste fonti possono derivare informazioni utili per il marketing per inferire dinamiche sociali, atteggiamenti cognitivi ed emotivi e comportamenti dei consumatori (Luceri, 2013).

Più complessa, invece, è la **fase di analisi e interpretazione** del contenuto raccolto, che può avvalersi anche di metodologie quantitative di ***text mining***. Questi tipi di analisi sono forme particolari di *data mining* in cui i dati sono costituiti da testi destrutturati, da cui si cerca di estrarre, attraverso metodi automatici o semiautomatici, saperi e conoscenza utili per le imprese.

Il *text mining* utilizza specifici software in grado di effettuare un'analisi semantica del linguaggio a partire dai testi in formato elettronico dei contenuti generati dai membri delle *community*, capace di aggiungere nuove informazioni sugli atteggiamenti e le opinioni di coloro che hanno creato i testi.

L'analisi interpretativa dei dati a disposizione permette di individuare ed estrarre dalle tribù online **diversi tipi di *insights***, utili per molteplici decisioni di marketing. In particolare, è possibile ricavare informazioni sull'atteggiamento e sulla valutazione dei consumatori relativamente al valore percepito dei prodotti dell'impresa o al brand, sulla reputazione della marca, sul grado di soddisfazione dei consumatori, sulle politiche di prodotto, individuando se ci sono dei nuovi usi del prodotto proposti dagli utenti o utilizzando la *community* per sviluppare innovazioni incrementali di prodotto. È possibile, inoltre, descrivere e comprendere la cultura e i valori della tribù di riferimento.

La netnografia, come tutte le ricerche online, ha il grande **vantaggio** di ridurre notevolmente i costi delle indagini, raggiungere un gran numero di soggetti e avere contenuti scritti facilmente archiviabili elettronicamente; ma, soprattutto, essa consente un'**osservazione naturale e non invasiva** delle interazioni dei consumatori, in un contesto meno artefatto rispetto ad altre tecniche qualitative tradizionali come il focus group.

Gli **svantaggi** più evidenti della netnografia, invece, sono legati alla difficoltà di interpretare i numerosi dati che emergono dalle conversazioni, alla potenziale bassa qualità del contenuto delle interazioni e al fatto che il focus della ricerca spesso riguarda comunità online di piccole dimensioni, con problematiche relative alla generalizzazione dei risultati.

5.4. L'ANALISI DEI BIG DATA

Lo sviluppo della tecnologia, che ha supportato molte delle innovazioni descritte nei paragrafi precedenti, ha prodotto un altro fenomeno, di estrema rilevanza per il marketing, ossia il fatto che il consumatore sia diventato un "incessante generatore di dati" (Erevelles *et al.*, 2016) conducendo al fenomeno noto come Big Data.

La vera rivoluzione, però, non è tanto costituita dalle dimensioni dei dati disponibili, quanto dall'affermarsi di tecnologie, strumenti ed algoritmi che ne consentono l'elaborazione, per collegare fra loro informazioni diversissime (strutturate come quelle dei database e non strutturate, come foto, video, ecc.) e suggerire quindi pattern e modelli di interpretazione innovativi.

Per descrivere l'impatto dei Big Data, ne sono state evidenziate alcune caratteristiche, note come "3V" (volume, velocità e varietà), cui recentemente si sono aggiunte altre "2 V", la veridicità e il valore.

Il **volume** dei Big Data è talmente grande da venire misurato in zettabyte (1 zettabyte equivale a 1 triliardo di byte), ma si ipotizza che presto si dovranno ideare nuove denominazioni per le unità di misura. La crescita di volume dei dati disponibili implica per le imprese la necessità di individuare nuovi strumenti e metodologie con cui acquisire, gestire ed elaborare queste informazioni in tempi rapidi.

La **velocità** è infatti la seconda caratteristica dei Big Data: essi vengono generati a ritmo incessante, e le imprese che riescono ad acquisire ed elaborare in tempi rapidi dati così dettagliati sono in grado di assumere decisioni basare su evidenze, anziché su intuizioni o ricerche condotte in laboratorio.

La **varietà** dei Big Data discende dalle differenti fonti da cui sono tratti. I Big Data sono infatti generati da molteplici **fonti**: **umane** (è il caso, ad esempio, dei social network, dei blog, dei micro-blog come Twitter, dei multimedia sharing come YouTube o Instagram, dei wiki come Wikipedia, dei portali di e-commerce o delle recensioni online), **basate su macchine** (dati generati ad esempio dai GPS o dall'Internet of Things o da strumenti di monitoraggio, ad esempio meteorologici), o **business**, ossia generati e registrati all'interno di un'impresa durante lo svolgimento delle sue attività (database sulle transazioni, i rapporti con i fornitori, ecc.).

A causa di questa diversa origine, ci sono dati strutturati (come nel passato, da database, scanner, ecc.), ma anche dati testuali, tratti ad esempio dai blog, o dati non testuali (video, audio, ecc.), generati sui social media.

La **veridicità** si riferisce alla necessità di verificare l'accuratezza dei dati oggetto di analisi, in quanto la loro qualità, che è variabile a causa della grande varietà di fonti e formati, incide sull'affidabilità dei risultati. È quindi un problema importante, considerando il passo a cui sta crescendo la massa di dati disponibili.

I Big Data, infine, devono essere di **valore**: è importante selezionare quali dati siano rilevanti, e focalizzare su di essi le analisi, anche in ragione della necessità di dover sostenere investimenti importanti per poterle effettuare.

La possibilità di connettere questo crescente volume di dati sta aprendo nuove prospettive per il marketing, con particolare riferimento al processo di segmentazione e comunicazione, inteso in senso ampio.

Con riferimento alla segmentazione, attraverso accurate **analisi descrittive**, i Big Data consentono di comprendere in estremo dettaglio chi sono i consumatori del brand, studiandone le caratteristiche socio-demografiche, il comportamento, le modalità di navigazione nel web o gli acquisti, e i loro altri interessi, ad esempio utilizzando i dati delle app. Sulla base di questa profilazione sarà possibile poi: migliorare il prodotto o il servizio (qualora ad esempio si rilevino delle disfunzioni nell'uso), definire politiche di pricing dinamico (in base al comportamento della domanda), studiare azioni di marketing o advertising specifiche per ogni segmento.

A proposito di advertising, è sempre grazie ai Big Data che imprese come Zalando o Amazon, sulla base dei dati di navigazione, dei prodotti visionati e degli acquisti effettuati, fanno proposte di acquisto sulla base degli specifici interessi di un individuo, individuando i prodotti più adatti agli scopi del cliente, quelli che stimolano la sua curiosità e lo spingono a comprare.

Un altro aspetto rilevante, in tema di comunicazione, è la possibilità di effettuare advertising personalizzato su cluster di clienti, a prescindere dal sito web visitato: in questo modo i messaggi sono mostrati solo a coloro che sono potenzialmente interessati, migliorando l'audience e rendendo più mirato l'investimento.

Tra i Big Data rientrano poi gli algoritmi per **analisi predittive**, che riescono cioè a predire eventi futuri (per es., epidemia influenzale o prossima nascita di un figlio) analizzando le ricerche effettuate dall'utente sul Web e gli acquisti precedenti. In questo modo si possono poi effettuare comunicazioni mirate, promozioni, ecc.

La conoscenza così approfondita del cliente può consentire inoltre di fargli vivere un'esperienza personalizzata, durante la navigazione sul sito o nel contatto con il brand, favorendo il customer relationship management.

Altre applicazioni, ancora in fase sperimentale, sono le **analisi prescrittive** che, sulla base degli scenari derivanti dall'analisi dei dati, propongono ai loro utilizzatori differenti possibili corsi di azione. Poiché evidenziano l'impatto delle diverse decisioni prima che esse siano assunte, consentono di individuare la soluzione più idonea.

Un'ultima applicazione è l'**automated analytics** che, sulla base delle analisi svolte, implementa autonomamente le attività da svolgere, ad esempio gestendo il contenuto dell'advertising in maniera automatizzata in base ai comportamenti di navigazione e di acquisto.

L'uso dei Big Data, per quanto appetibile, ha sollevato numerose obiezioni, con particolare riferimento all'invasione della privacy degli utenti, all'uso "distorto" di dati personali (ne è un esempio lo scandalo che ha coinvolto Facebook, riguardante la vendita dei dati di milioni di utenti ad una società di consulenza) o alla possibilità di condizionare, attraverso l'alterazione degli algoritmi, il comportamento delle persone su Internet.

Nonostante il potenziale derivante dall'uso dei Big Data nel marketing, la ricerca in questo ambito è ancora in fase iniziale, mentre i dati continuano ad essere generati (Amado *et al.*, 2018). È perciò un ambito molto dinamico, con possibili, rapide, attualmente non prevedibili evoluzioni e richiederà un adattamento del management e della sua cultura, e nuove figure professionali (McAfeet *et al.*, 2012).

6. IL CAMBIAMENTO DELL'AMBIENTE DI CONSUMO PER EFFETTO DELLE NUOVE TECNOLOGIE [8]

L'avvento delle *nuove tecnologie telematiche* ha messo in luce forze capaci di guidare il cambiamento nella gestione dell'informazione da parte del consumatore. La prima di esse è riconducibile all'esplosione della connettività, intesa come accessibilità degli altri in rete (si pensi all'uso intenso dei social media); la seconda attiene all'adozione di standard d'informazione comuni, compresi gli indicatori la cui conoscenza, almeno in alcuni casi (si pensi agli indicatori di engagement) non è solo appannaggio delle imprese. Le reti elettroniche offrono al consumatore informazioni in flussi ampiamente indipendenti dall'economia tradizionale. L'informazione può così fluire con tempi e costi di consegna e di adattamento al cliente particolarmente contenuti, e più in generale è stato osservato come l'effetto più significativo singolarmente preso che deriva da Internet è proprio quello della riduzione dei costi di interazione (Nevens, 1999). Sulla rete i costi di interazione possono essere più bassi in misura tale da contribuire a spingere una parte dei clienti, in concorso con altri fattori (come per esempio il gusto per il nuovo che può interessare una parte della domanda) a privilegiare lo spazio virtuale a quello fisico nell'assunzione delle decisioni d'acquisto.

L'emergere di *standard condivisi* per la comunicazione nella rete telematica rappresenta persino un cambiamento più profondo di quello relativo alla diffusione della *connettività* perché ad esso si deve la possibilità di interagire non solo a costo contenuto, ma con una gamma molto ampia di soggetti. Fino a quando i canali elettronici erano soggetti a vincoli imposti da standard non diffusi, di proprietà e quindi ad accesso contenuto, tali limitazioni riducevano la portata del fenomeno. Gli standard come è noto sono caratterizzati da un effetto "palla di neve" (Evans e Wurster, 2000, p. 35), per cui più ampio è il numero di soggetti che ne fanno uso, maggiore è il valore che vengono ad acquisire. Oggi, attraverso la rete, un consumatore può mettersi in contatto con un numero essenzialmente illimitato di istituzioni. Il cliente può ottenere un livello più elevato di ricchezza nell'informazione (*richness*) anche quando rientra tra chi è raggiunto solo da informazione a portata mol-

---

[8] Di Simone Guercini, Università di Firenze.

to ampia (*reach*). Con questo spostamento verso l'alto della combinazione ricchezza/portata dell'informazione, la relazione economica cambia, e cambia anche per il consumatore il modo di formare la percezione delle alternative, il tipo di stimoli, i feedback dalle esperienze anche di altri consumatori ed i processi di apprendimento (Evans e Wurster, 2000).

L'avvento dei nuovi sistemi di connessione telematica offre un ulteriore potente strumento per ottenere informazioni, portando al centro dell'attenzione il tema della tutela della riservatezza sui dati personali e della privacy del consumatore. Questo processo di natura tecnologica può favorire, anche grazie alla combinazione con dati reperibili dall'impiego della carta di credito o di password concesse su compilazione di application form, la generazione di ampi database da parte delle imprese. L'attenzione per questo aspetto del fenomeno Internet trova particolare seguito negli Stati Uniti, dove una aliquota crescente di consumatori riceve comunicazioni inviate per via di posta elettronica non sollecitata (il cosiddetto "spam") che rappresenta da tempo una quota elevata dei messaggi e-mail a livello mondiale (Hagel e Singer, 1999). Questa pressione viene vista come un fattore capace di rendere problematica la relazione del consumatore con le imprese produttrici, e quindi di costituire uno dei punti critici, dal momento che "una occhiata da vicino suggerisce che le relazioni tra imprese e consumatori sono difficili, nel migliore dei casi, dal momento che il numero di relazioni one-to-one che le imprese chiedono ai consumatori di mantenere è insostenibile" (Fournier *et al.* 1998, pp. 43-44).

Il coinvolgimento dei consumatori in un'ottica relazionale, per alcuni, assume un'importanza crescente anche sul piano della gestione dei brand, che vengono visti acquisire un ruolo di primo piano nella relazione con il cliente (Manaresi, 1999, p. 15). Rispetto all'ottica di transazione, la relazione con il cliente comprende una più estesa prospettiva temporale, nella quale i singoli atti di acquisto possono ripetersi, e quindi il loro numero complessivo superare ovviamente il numero dei clienti aziendali. Le persone ed i singoli atti di acquisto possono non coincidere, per cui in un dato orizzonte temporale (ad esempio, un anno) un certo numero di soggetti può non rientrare tra chi verrà ad esprimere domanda potenziale o effettiva per l'impresa, e quindi non assumere rilievo sul piano delle transazioni, pur mantenendo tale rilievo in un'ottica di relazione, perché possono effettuarsi atti di acquisto con l'impresa nel presente oppure in futuro.

DOMANDE PER AUTOVALUTAZIONE

- Cosa s'intende per processo d'acquisto? E per comportamento di consumo?
- Perché la prospettiva economica è poco utile per gli studi di marketing?
- Quali sono i fattori sociologici di maggiore rilevanza? Quale impatto determinano sul processo d'acquisto?
- Cosa s'intende per gruppo di appartenenza? E per gruppo di riferimento?
- Cosa si intende per subculture?
- Come si articola il processo di acquisto, secondo la prospettiva psicologica cognitiva?
- Quali sono i processi che influenzano la percezione? E l'apprendimento? Perché sono importanti per il marketing?
- Quali sono le componenti degli stili di vita?
- Descrivere l'utilità e i limiti delle analisi sugli stili di vita.
- Quali sono i fattori situazionali? Sono influenzabili dal marketing?
- In quali fasi può essere articolato il processo d'acquisto? Perché sono rilevanti per il marketing?
- Cosa descrive il modello di Howard e Sheth? Quali sono i fattori di input? Quali sono le possibili risposte del consumatore?
- Quali sono le fonti utilizzabili per acquisire informazioni durante il processo di acquisto? Sono sempre tutte rilevanti?
- Quali sono i possibili comportamenti risolutori? Tutti i processi d'acquisto seguono una sequenza razionale?
- Cosa s'intende con customer journey? Cosa sono i touch point? Perché è importante per le imprese mappare il customer journey?
- Cosa sono e come si manifestano le emozioni? Perché sono rilevanti per il marketing?
- Come si compone il sistema informativo di marketing?
- Quali sono le finalità e le metodologie della ricerca qualitativa di marketing?
- Quali sono le finalità e le metodologie della ricerca quantitativa di marketing?
- Qual è il rapporto che intercorre tra la ricerca qualitativa e la ricerca quantitativa di marketing?
- Cosa s'intende con neuromarketing? Descriverne le principali applicazioni ed i limiti.
- Quali vantaggi e quali svantaggi caratterizzano le ricerche online?
- Quali sono le principali tecniche qualitative online?
- Cosa s'intende con MAWI e CAWI? Perché si ricorre frequentemente ad indagini multicanale?
- Cosa si intende con netnografia e come il *text mining* può aiutare tale metodologia di ricerca?
- Cosa s'intende con Big Data? Quali sono i tratti caratteristici?
- Quali sono i possibili usi dei Big Data nel marketing? L'uso dei Big Data quali criticità solleva?
- Quali effetti ha l'emergere di *standard condivisi* e la diffusione della *connettività* sui flussi informativi e sulle relazioni tra consumatori e impresa?

Capitolo 3

L'IDENTIFICAZIONE DEL VALORE. I CAMBIAMENTI NELL'AMBIENTE SOCIO-ECONOMICO E NEI COMPORTAMENTI DEI CONSUMATORI

Sommario: Trend evolutivi nei mercati e nella domanda aggregata. – 2. Cambiamenti nei valori, nei criteri di valutazione e nei comportamenti dei consumatori. – 3. L'empowerment del consumatore. – 4. Le nuove pratiche di consumo e la ricerca di una nuova felicità. – 5. Generazioni di consumatori a confronto. – 6. Nuove tecnologie e potenzialità di innovazione dell'offerta. – Domande per autovalutazione.

1. TREND EVOLUTIVI NEI MERCATI E NELLA DOMANDA AGGREGATA [1]

Monitorare la dinamica dei consumi e cercare di prevederne l'evoluzione è uno dei principali compiti del marketing in azienda. Dall'accuratezza e correttezza di questa analisi dipende, in larga parte, la possibilità per l'impresa di adeguarsi ai mutamenti che intervengono nel mercato e di cogliere le opportunità e le minacce che le dinamiche evolutive dei mercati possono prospettare. Questa analisi si presenta, però, più complessa di quanto si possa pensare e non tanto per mancanza di dati (l'Istat e varie società specializzate, ad es. Nielsen, offrono dati tempestivi ed articolati), quanto per i problemi che sorgono nella loro interpretazione. Due aspetti vanno considerati per comprendere la complessità di questa analisi:

1. le tendenze che si rilevano dall'esame dei dati aggregati a livello di settore o di categoria di prodotti molto spesso sono il risultato di compensazioni tra dinamiche differenti per segmenti di mercato, aree geografiche, tipologie di prodotti; fanno correre il rischio di trascurare nicchie di domanda che, pur di dimensioni ancora modeste, possono presentare tassi di crescita elevati e prospettare interessanti opportunità di business per il futuro; possono configurare fenomeni temporanei (mode destinate ad essere rapidamente superate o comportamenti dettati da parti-

---

[1] Di Giancarlo Ferrero, Università di Urbino.

colari contingenze economiche), fenomeni ciclici o trend destinati a durare nel tempo ed a modificare profondamente la struttura dei consumi;

2. la valutazione dell'impatto delle tendenze rilevate e la formulazione delle strategie conseguenti richiede di non limitarsi all'analisi dei dati ma di comprendere i fattori che li hanno determinati, ovvero i *drivers* che sono alla base dei processi evolutivi dei consumi e della società in una determinata fase storica.

Con riferimento al punto 2, nel capitolo precedente sono stati illustrati i vari fattori (economici, socio-culturali, psicologici) che influenzano il processo di acquisto e le teorie interpretative ad essi riferite ed in questo capitolo, nei paragrafi seguenti, verranno esaminati quali sono i principali processi di cambiamento nella nostra società che stanno determinando l'evoluzione dei comportamenti d'acquisto e di consumo. In questo paragrafo, invece, focalizzeremo l'attenzione sul punto 1 e su alcuni aspetti della dinamica dei consumi in Italia negli ultimi anni.

Dal 1973 al 2008 i consumi degli italiani sono cresciuti tutti gli anni, sia pure con velocità differente a seconda dei periodi (*fonte*: Istat, serie storiche spesa media mensile per consumi familiari). In termini monetari la crescita è stata del 44,4%, in termini reali del 17,92%. Sul totale la spesa per alimentari e bevande è passata dal 35,9% del totale dei consumi al 18,8%, mentre quella per i consumi non alimentari è passata dal 64,1% al 81,2%, ma va sottolineato cha dal 1997 la distribuzione della spesa tra le due tipologie di consumo considerate si è stabilizzata. **C'è stato in sostanza un lungo periodo nel quale le imprese hanno pianificato le loro politiche commerciali sulla base di previsioni di crescita dei consumi.** Dal 2008 lo scenario è cambiato radicalmente. **Nel periodo 2008-2013 i consumi totali sono calati del 5%, quelli alimentari del 3%, i consumi non alimentari del 5,5%. Le difficoltà economiche conseguenti alla crisi, la crescita della disoccupazione ed i timori sul futuro hanno indotto le famiglie a modificare profondamente i comportamenti di acquisto e di consumo** (tab. 1).

Tabella 1. – *I consumi degli italiani. Variazioni % medie annue a prezzi costanti*

	2008-2010	**2011-2013**	**Cumulo 2014-2007**
Comunicazioni	2,6	1,8	19,8
Sanità	1,1	1,1	10,3
Ricreazione e cultura	1,7	– 0,8	5,0
Abitazione	1,2	– 0,1	4,2
Alberghi e ristoranti	0,1	– 0,6	– 0,3
Beni e servizi vari	0,7	– 1,5	– 1,4
Istruzione	– 0,4	– 1,8	– 6,7

Segue

	2008-2010	2011-2013	Cumulo 2014-2007
Alimentari e bevande non alcoliche	– 1,8	– 2,5	– 12,8
Mobili, elettrodomestici e manutenzione casa	– 1,5	– 3,5	– 14,4
Bevande alcoliche, tabacco, narcotici	– 2,0	– 3,2	– 15,8
Vestiario e calzature	– 1,2	– 5,1	– 18,4
Trasporti	– 3,4	– 5,6	– 24,8

Fonte: Rapporto Coop, 2014.

Da un lato si sono affermate scelte ispirate alla sobrietà, alla selettività, alla ricerca del low cost (Rapporto Coop, 2014). Si è assistito ad uno spostamento verso beni di prezzo inferiore (la percentuale di famiglie che ha dovuto cambiare qualità o quantità dei generi alimentari per esigenze di risparmio è stata nel 2013 del 65%), ad un maggior ricorso alle promozioni, ad un nomadismo della spesa connessa alla caduta della fedeltà alle marche, ad una forte riduzione degli sprechi, al ricorso ad internet per ricercare prezzi inferiori e maggiori informazioni sui prodotti, ad una crescita degli acquisti nei discount. È diminuita la spesa per carne, bevande e persino quella per pane e cereali, mentre è cresciuta moderatamente quella per l'acquisto di frutta e ortaggi.

Dall'altro si sono progressivamente diffusi comportamenti e scelte dettati da maggiore razionalità, nuovi valori e stili di vita, che hanno trovato conferma e consolidamento negli anni successivi, quando i consumi hanno avuto una ripresa, sia pure molto modesta.

Nel 2014, si arresta il calo dei consumi (fonte Istat), nel 2015 si registra un aumento dello 0,4% che si consolida nel 2016 (+ 1%) e nel 2017 (+ 1,6% e + 3,8% nei confronti del 2013, anno di minimo per la spesa delle famiglie). **Con la ripresa economica assumono rilievo crescente cambiamenti nelle abitudini alimentari e nelle modalità di scelta dei beni che, come si è detto, già si erano manifestati negli anni precedenti. Nel contempo si rilevano profonde differenze nei volumi e nelle tipologie degli acquisti a seconda delle caratteristiche degli acquirenti.**

La dinamica dei consumi alimentari dimostra un aumento dell'attenzione per qualità, benessere, varietà, sostenibilità e contenuto di servizio (Rapporto Coop, 2017). Cresce la considerazione per la qualità dei prodotti e le caratteristiche degli ingredienti: si esaminano le etichette, i marchi certificati (DOC, DOP, IGP, …), si ricercano informazioni sui siti internet e sui social network, si privilegia il *made in Italy*; aumenta l'acquisto di prodotti di maggior valore unitario (filetti di pesce, vini doc, …), si rileva un effetto sostituzione dal latte fresco al latte ad alta digeribilità, dalle uova di galline allevate in batteria alle uova di galline allevate a terra, dalle merendine ai biscotti arricchiti con vitamine. Elevata è la cura per la scelta di diete e di prodotti che contribuiscano alla salute ed al benessere fisico: cala la quantità di calorie consumate e si ricerca una dieta equilibrata e bilanciata; crescono gli acquisti di vegetali, frutta, pesce, carni bianche, mentre calano i consumi di carni rosse; diminuisce il consumo di bevande alcoliche, di pasta, pane e prodotti a base di cereali; fanno registrare un forte aumento i consumi di prodotti biologici, prodotti integrali, "prodotti con" (Omega 3, fibre, ...) e "prodotti senza" (senza olio di palma, zuccheri, glutine, ...), cibi terapeutici ricchi di vitamine, minerali e antiossidanti (come ad es. i semi di chia, le bacche di acai e di goji, avocado, zenzero, quinoa), di integratori alimentari. Si manifesta il desiderio di sperimentare ricette, gusti e stili alimentari diversi: si seguono le trasmissioni che insegnano a preparare ricette particolari, si acquistano prodotti ed ingredienti in funzione della moda del momento, si cercano prodotti tipici delle diverse regioni, aumenta il consumo di cibi etnici (es. sushi, cous cous, kebab, ...). Forte è la propensione degli italiani ad acquistare prodotti ecologici (il 70% afferma che l'eco-sostenibilità delle merceologie in assortimento va ad impattare sulla decisione di acquisto) o commercializzati da soggetti che perorano cause ambientalistiche (prodotti a km. zero). In crescita l'acquisto di cibi pronti e di prodotti cucinabili rapidamente o che possono abbreviare i tempi di preparazione (zuppe, condimenti, ...). In sintesi, all'interno di un mercato che cresce molto lentamente, si riscontrano dinamiche differenti anche all'interno delle stesse categorie di cibi per cui nascono opportunità che possono essere colte solo con analisi molto disaggregate e puntuali delle dinamiche dei consumi.

La spesa per beni e servizi non alimentari segna un aumento più modesto, solo dello 0,9%. La voce di spesa più elevata è la spesa per abitazione, acqua, elettricità e altri combustibili, seguita da quella per trasporti. Aumentano le spese per servizi ricettivi e di ristorazione e per beni e servizi ricreativi spettacoli e cultura (rapporto Coop, 2017). Le famiglie sono progressivamente diventate più selettive e razionali nell'acquisto, sia dei beni durevoli che di quelli non durevoli. Le spese per l'abbigliamento hanno subito sensibili cali e si sono modificati i criteri di scelta: il fashion è stato spogliato del suo ruolo segnaletico di affermazione nella società e di status symbol e prevalgono negli acquisti motivazioni funzionali ed il fast fashion. Anche nei consumi delle famiglie a più alto reddito si evidenziano modifiche sostanziali: cresce il lusso esperienziale (es. la cena nel ristorante di chef stellati), legato più alle emozioni personali che al semplice possesso, aumentano le spese per interventi estetici, per servizi sanitari, per viaggi, istruzione e svago.

Questi dati aggregati nascondono, però, differenze molto significative tra le famiglie con diversi livelli di reddito, composizione e professione del capofamiglia, e tra le varie aree territoriali (*fonte*: Istat).

Se si dividono le famiglie in cinque gruppi in base ai livelli di spesa equivalente[2],

---

[2] La spesa familiare è resa equivalente mediante opportuni coefficienti che la rendono comparabile a quella di una famiglia di due componenti, permettendo confronti fra i livelli di spesa di famiglie di diversa ampiezza.

considerando nel primo quinto il 20% delle famiglie con la spesa equivalente più bassa e nell'ultimo quinto il 20% di famiglie con la spesa equivalente più elevata, si vede che nel 2017 le famiglie con spese più basse (primo quinto) spendono solo il 7,6% della spesa totale, mentre quelle dell'ultimo quinto il 39,9%. Queste ultime hanno quindi un livello di spesa equivalente complessiva pari a 5,2 volte quella delle famiglie del primo quinto. Questo valore era pari a 5,0 nel 2016, a 4,9 sia nel 2015 sia nel 2014, e a 4,8 nel 2013, a dimostrazione di un aumento della disuguaglianza complessiva. Questa tendenza trova conferma in uno studio della Nielsen (Il Sole 24 Ore, 2018), che ha delineato cinque nuovi "profili d'acquisto" degli italiani, a partire dalle loro effettive abitudini di spesa (*infra*, par. 4.2.3): a crescere più rapidamente sono le categorie "estreme", ovvero i "Golden shoppers", che vivono soprattutto nel Nord Ovest, hanno un reddito superiore alla media, amano i prodotti bio, le linee di benessere e salute e i negozi specializzati, e i "Low Price", che guadagnano un po' meno della media, e per questo sono sempre a caccia di offerte che garantiscano un buon rapporto qualità-prezzo. Dal 2015 al 2017 sono migrati verso questi due stili di vita 2 milioni di famiglie, per un corrispettivo di 6,6 miliardi di euro di spesa, un fatto che ha favorito i retailer specializzati e flessibili, che hanno puntato sulla convenienza (ad esempio i discount) o sul valore aggiunto dei prodotti. Le famiglie a più basso reddito destinano una percentuale più elevata di spesa ai prodotti alimentari, alle bevande, ai trasporti, quelle a reddito più elevato hanno percentuali di spesa (sul totale delle loro spese) più alte per la casa, per spettacoli e cultura, alberghi e ristoranti, cura della persona.

Con riferimento alla composizione delle famiglie (*fonte*: Istat), i livelli di spesa più bassi si registrano per le famiglie di un solo componente 18-34enne (1.601 euro mensili), per quelle composte da soli stranieri (1.679 euro) e per le famiglie la cui persona di riferimento ha un basso titolo di studio (1.699) o è in cerca di occupazione (1.725). Osservando la struttura della spesa, le voci destinate al soddisfacimento dei bisogni primari, come quelle per alimentari, abitazione, mobili, articoli e servizi per la casa, sanità pesano soprattutto tra le famiglie anziane. La spesa per trasporti è influenzata dalle differenti mobilità (lavorativa, di studio o familiare) che caratterizzano le diverse fasi del ciclo di vita. La spesa per servizi ricettivi e di ristorazione è fortemente legata alle fasi di vita familiare: a fronte di una incidenza del 5,1% sul totale delle famiglie, vale circa l'8% fra i giovani, single o in coppia senza figli, ed è ancora al di sopra della media per le famiglie di single adulti (6,6%), mentre scende al 3,2% tra le coppie di anziani senza figli e al 2,2% tra gli anziani soli.

Notevoli sono anche le differenze territoriali nei consumi. Nel Nord-ovest si spendono mediamente, in termini assoluti, quasi 900 euro in più che nelle Isole, il 45,0% in più in termini relativi. Rispetto al 17,8% di media nazionale, la quota per la spesa alimentare è il 22,5% nel Sud e il 21,6% nelle Isole e ha il valore minimo nel Nord-est (15,7%) (tab. 2).

Tabella 2. – *Spesa mediana mensile e spesa media mensile delle famiglie per gruppo sociale. Anno 2017, valori stimati in euro e composizione percentuale per capitolo di spesa rispetto al totale della spesa media mensile (a)*

GRUPPO SOCIALE	SPESA MEDIANA MENSILE	SPESA MEDIA MENSILE (= 100%)	CAPITOLO DI SPESA												
			Prodotti alimentari e bevande analcoliche	Bevande alcoliche e tabacchi	Abbigliamento e calzature	Abitazione, acqua, elettricità, gas e altri combustibili di cui:	*Manutenzioni straordinarie*	*Affitti figurativi*	Mobili, articoli e servizi per la casa	Servizi sanitari e spese per la salute	Trasporti	Comunicazioni	Ricreazione, spettacoli e cultura	Istruzione	Servizi ricettivi e di ristorazione	Altri beni e servizi *
Famiglie a basso reddito con stranieri	1.494,88	1.761,58	22	2,3	4,9	35,4	*0,3*	*10,2*	3,9	3,2	11,4	3,4	3,5	0,6	3,9	5,6
Famiglie a basso reddito di soli italiani	2.618,23	2.882,44	20,8	2,2	6,0	27,5	*0,9*	*17,1*	3,6	4,2	13,8	2,7	5,5	1,0	5,0	7,6
Famiglie tradizionali della provincia	2.632,34	2.956,66	21,8	2,1	5,1	29,7	*0,6*	*19,3*	3,4	4,4	12,8	3,0	5,1	1,0	4,8	6,9
Anziane sole e giovani disoccupati	1.347,64	1.660,55	19,9	1,7	3,7	42,1	*0,7*	*28,5*	4,9	5,2	7,4	2,5	3,7	0,4	2,9	5,6
Famiglie di operai in pensione	1.742,22	2.051,80	20,2	1,8	3,3	39,7	*1,2*	*26,6*	4,3	5,9	9,1	2,5	3,6	0,1	3,0	6,5
Giovani blue-collar	2.024,01	2.299,29	18,1	2,3	4,4	32,5	*0,8*	*19,9*	3,5	4,3	13,6	2,8	4,9	0,5	5,7	7,3
Famiglie di impiegati	2.772,45	3.111,39	15,4	1,5	5,8	31,4	*1,0*	*21,1*	4,1	4,1	13,4	2,4	6,2	0,8	7,3	7,7
Pensioni d'argento	2.844,80	3.201,43	16,3	1,5	4,2	36,9	*1,3*	*25,8*	4,4	5,4	10,6	2,3	5,4	0,6	5,1	7,2
Classe dirigente	3.678,74	4.108,66	13,3	1,4	5,1	35,9	*1,7*	*25,3*	5,5	4,7	10,9	1,9	6,4	0,9	6,2	7,8
Italia	2.153,86	2.563,94	17,8	1,8	4,7	35,0	*1,1*	*22,9*	4,3	4,8	11,3	2,5	5,1	0,6	5,1	7,1

(*) La somma di riga può differire da 100 per via degli arrotondamenti.
* Includono beni e servizi per la cura della persona, effetti personali, servizi di assistenza sociale, assicurazioni e finanziari.

Fonte: Istat.

Queste differenze evidenziano che **le tendenze rilevate** esaminando la dinamica complessiva dei consumi **vanno poi declinate in funzione dei diversi segmenti di mercato** e che possono prospettarsi opportunità di sviluppo anche adottando strategie diametralmente opposte (basso/alto prezzo, prodotti tradizionali/innovativi), purché si disponga di capacità distintive nel realizzarle. Mostrano inoltre la **necessità di un monitoraggio continuo che deve spingersi fino all'analisi di microdati**, perché il mutamento è continuo e talvolta contraddittorio, anche se possono identificarsi alcuni megatrend, non limitati all'Italia ma riferiti all'economia mondiale.

BOX N. 1

I MEGATREND

I megatrend sono mutamenti strutturali e globali della società che produrranno effetti duraturi sui comportamenti di consumo, con conseguenze su molteplici settori industriali. Comprendere i megatrend quando incominciano a manifestarsi e saperne valutare i potenziali effetti sui consumi è di fondamentale importanza per impostare strategie di tipo proattivo.

La *megatrend analisys* si sviluppa attraverso tre fasi:

1. identificare i drivers che determinano il cambiamento;
2. costruire una lista più ampia possibile dei megatrend generati dalle driving forces considerate;
3. selezionare i megatrend che possono avere un maggiore impatto sul proprio settore o prospettare opportunità di innovazione e diversificazione.

Secondo Euromonitor International i drivers del cambiamento sono oggi rappresentati da:

– i cambiamenti del peso economico delle diverse aree del mondo, con la crescita dell'economia di Paesi emergenti e la nascita di nuove rilevanti fonti di domanda. La classe media globale (persone in grado di spendere tra i 10 e 100 dollari al giorno) aumenterà di oltre un miliardo nei prossimi anni;
– i cambiamenti demografici: cresce la popolazione mondiale e l'urbanizzazione, si ampliano le migrazioni, aumenta l'aspettativa di vita e si sviluppa la *silver economy*, ovvero il numero e la domanda delle persone con oltre 65 anni;
– le pressioni ambientali: aumentano i vincoli imposti dalle istituzioni per combattere l'inquinamento e ridurre il buco dell'ozono, l'opinione pubblica è sempre più attenta agli effetti sull'ambiente dei prodotti che consuma, si sviluppano nuovi prodotti "verdi";
– i cambiamenti tecnologici: lo sviluppo dell'intelligenza artificiale, le stampanti 3D, la robotica, le biotecnologie, la disponibilità di reti sempre più veloci per internet, l'internet delle cose sono destinati a modificare profondamente il modello di consumo e gli stili di vita;
– i cambiamenti nei valori: i fattori sopra ricordati, l'insicurezza sul futuro, la transizione verso il postmodernismo determinano profondi cambiamenti nell'interpretazione del mondo, nelle priorità, nelle aspettative e nelle percezioni delle persone, che si riflettono sui consumi.

Euromonitor International ha identificato 20 megatrend determinati dalle *driving forces* sopra richiamate (vedi tab. 3. In grassetto sono indicati quelli considerati più importanti). Come si può facilmente verificare, tutti questi megatrend si riscontrano anche in Italia.

Tabella 3. – *I principali megatrend individuati da Euromonitor International*

Smart Cities and Smart Homes	**Sviluppo di prodotti premium**	Economia circolare	**Reinvenzione delle modalità di shopping**	Personalizzazione
Attenzione al benessere fisico	Revisione dei ruoli di genere	**Stili di vita etici**	Cambiamenti delle dinamiche familiari	**Consumatori connessi**
Sharing economy	**Ricerca di esperienze**	Attenzione all'autenticità	**Caduta di reddito della classe media nei Paesi sviluppati**	Multiculturalismo
Gap generazionali	Velocità d'acquisto	**Caduta delle barriere tra mercati**	Nuove modalità di lavoro	Ricerca della semplicità

Fonte: Boumphrei, Brehmer, 2017.

2. CAMBIAMENTI NEI VALORI, NEI CRITERI DI VALUTAZIONE E NEI COMPORTAMENTI DEI CONSUMATORI [3]

I valori sono dei criteri-guida che stanno alla base dell'agire umano ed orientano la vita delle persone, gli atteggiamenti, le opinioni e le loro scelte (De Lillo, 2006). Essi sono influenzati dalle tendenze tecnologiche, economiche e sociali che contraddistinguono un determinato periodo storico e determinano dinamiche di consumo che sarebbero difficili da comprendere ed interpretare alla luce delle sole variabili socio-demografiche e comportamentali che caratterizzano gli individui.

I valori di consumo sono, perciò, in continua evoluzione e, in alcuni momenti storici, si sono talmente modificati da determinare punti di rottura importanti rispetto al passato. All'inizio del nuovo millennio, ciò si è verificato con il passaggio dall'epoca moderna a quella c.d. postmoderna.

L'espressione società postmoderna contrappone all'interpretazione statica e deterministica, tipica della società moderna, una visione dell'universo governata dal rifiuto di ideologie totalizzanti a favore del relativismo, dal multiculturalismo, dall'incredulità dell'individuo e la sua volontà di recuperare selettivamente il passato. Un'epoca, insomma, caratterizzata dalla perdita di punti di riferimento fissi e dalla presenza di mutamenti così rapidi e continui da imporre un'esasperazione dell'*hic et nunc*, il "qui e ora", che porta gli individui a vivere il presente sfruttando al massimo ogni occasione e istante della propria vita (Fabris, 2003).

---

[3] Di Elisabetta Savelli, Università di Urbino.

Nel postmoderno, il tempo non è più concepito come un processo cronologicamente lineare, ma ciclico, per cui ogni momento è allo stesso tempo unico ma non irripetibile in senso assoluto. Ciò comporta anche la distruzione dello spazio come luogo concreto, governato dai vincoli della distanza fisica, a favore di un ambiente relazionale che sempre più spesso diventa anche un ambiente virtuale in cui individui diversi e geograficamente distanti convivono con i loro orientamenti e giudizi morali.

Inserito in tale contesto, il consumatore postmoderno viene descritto come un soggetto in costante evoluzione perché immerso nel grande flusso del cambiamento e, pertanto, interessante da analizzare perché orientato da valori e atteggiamenti completamente diversi rispetto al passato e destinati a segnare il comportamento delle generazioni future.

Tale individuo è guidato dalla consapevolezza che la propria identità non sia qualcosa di eterno ed assoluto, ma un fattore mutevole, che può cambiare a seconda dei contesti. Seguendo la descrizione di Fabris (2003), il consumatore postmoderno è un soggetto *autonomo*, *competente*, *esigente*, *selettivo* e *disincantato*. È *autonomo* nei confronti di chi produce perché tende ad instaurare con il produttore un dialogo critico, senza accettare passivamente i messaggi che gli sono indirizzati al solo scopo di persuaderlo; è *competente* perché ben informato in merito alle caratteristiche fisiche del prodotto, la sua provenienza, le materie prime di cui è composto. Grazie al possesso di tali informazioni, può valutare in maniera critica le performance di un prodotto, confrontarle con quelle di altri beni ed orientare in maniera consapevole le proprie scelte di acquisto. La sua competenza, in particolare, gli permette di perseguire il principio del *good value for money*, ossia di spendere al meglio il proprio denaro, ottimizzando, quindi, le proprie risorse. Il consumatore postmoderno, inoltre, è molto *esigente* poiché si aspetta che i produttori offrano beni, servizi ed esperienze che abbiano sempre qualcosa in più in termini di qualità e prestazioni, ed è *selettivo* nelle sue scelte poiché sa orientarsi molto bene nella giungla di prodotti che, spesso, hanno caratteristiche simili, senza farsi influenzare troppo dalla risonanza della marca. Infine, l'individuo postmoderno è *disincantato*, nel senso che manifesta un atteggiamento alquanto distaccato nei confronti del mercato.

Si tratta, dunque, di un consumatore attento, pragmatico e curioso, che è meno disposto a farsi guidare nelle proprie scelte di consumo dalle imprese (Kotler *et al.*, 2017).

Volendo riassumere i principi cardine della postmodernità, si possono utilizzare tre parole-chiave che segnano un nuovo modo di concepire il rapporto tra individui e consumo: simbolo, identità ed esperienza.

Valore simbolico del consumo. Nell'epoca postmoderna, il consumo non assume più esclusivamente un significato economico, divenendo sempre più spesso una forma di linguaggio. Il valore tangibile degli oggetti tende a ridursi a favore del loro valore immateriale e simbolico, che fa dei prodotti veri e propri mezzi di comunicazione (Fabris, 2003).

Ciò deriva, in buona parte, dai mutamenti strutturali che hanno interessato la società negli ultimi decenni, favorendo il passaggio da una struttura verticale e gerarchica ad una orizzontale (Friedman, 2002). Nel postmoderno si è assistito, infatti, alla creazione di nuovi gruppi sociali basati sugli stili di vita. Il predittore delle scelte d'acquisto non è più la classe sociale, bensì lo stile e i prodotti si spogliano del loro ruolo di *status symbol* per assumere quello di *style symbol*, in quanto i consumatori non sono più guidati dal bisogno di contornarsi di prodotti in grado di identificare il loro status sociale, ma dal desiderio di trovare beni che possano migliorare la qualità della propria vita e che possano aiutare a comunicare all'esterno i tratti della propria personalità. Ecco, dunque, che i prodotti diventano segni, capaci di mettere in relazione l'individuo che li possiede con il contesto circostante.

Il consumo, in altre parole, diviene un linguaggio del corpo, tramite cui le persone comunicano all'esterno il proprio modo di pensare, i valori, l'appartenenza ad un gruppo e la propria unicità.

Ciò determina implicazioni rilevanti per le imprese, dovendo considerare che i beni possono subire variazioni semantiche importanti al modificarsi del tempo e dello spazio, di cui bisogna tenere conto per veicolare un messaggio che sia sempre in linea con la propria immagine e identità.

<u>Valore identitario del consumo</u>. Nella postmodernità il consumo è divenuto uno degli indicatori più significativi della cultura umana. I beni non rappresentano più semplicemente il mezzo per soddisfare i propri bisogni, ma un modo per appagare i propri desideri e per costruire la propria personalità.

Il consumatore postmoderno, pertanto, ricerca nei prodotti un valore identitario, consapevole del ruolo di mediazione che questi possono assumere: "l'appartenenza sociale, il successo, le stesse forme di intimità vengono sempre più segnalate e modulate dal possesso di oggetti o di esperienze che si possono acquistare" (Siri, 2004).

Tuttavia, poiché la visione di sé non è univoca in quanto nella società postmoderna, caratterizzata dal crollo di forti istituzioni e dalla perdita dei luoghi comunitari e di lavori stabili, l'individuo si sente spesso disorientato, può accadere che il consumatore sostituisca alla costruzione di un'identità forte e rigida, la costruzione di più "identità deboli" (Vattimo, 1989). In tale prospettiva anche il consumo, considerato nella sua finalità identitaria, diviene variabile e imprevedibile, in quanto strumentale ad un continuo processo di ridefinizione dell'identità personale.

Come naturale conseguenza, le imprese devono fare molta attenzione a monitorare le dinamiche comportamentali e sociali dei propri clienti perché lo stesso prodotto che oggi può essere apprezzato e scelto da un consumatore per i suoi attributi simbolici, potrebbe non avere più alcun significato nel momento in cui quello stesso consumatore assume una diversa concezione dell'io e vuole manifestare tratti diversi della propria personalità.

Valore esperienziale del consumo. Oltre che acquistare per motivi personali e sociali, il consumatore postmoderno ricerca in misura crescente prodotti che contribuiscano alla creazione di esperienze gratificanti. Il valore esperienziale è molto difficile da circoscrivere in quanto può essere ricondotto a molteplici esigenze del consumatore, che comprendono la ricerca di autogratificazione, di allontanamento dalla routine quotidiana, di stimolazione sensoriale.

Dire che il consumo sia il fulcro dell'esperienza significa ammettere che le esperienze si fondano sull'interazione degli individui con gli stimoli provenienti dai beni e servizi. Di conseguenza, il consumo tende a non essere più vissuto come un atto individualistico e solitario, bensì come un "modo corale di usare le cose, di confondersi con esse e stabilire rapporti umani con altri soggetti" (Di Nallo, 2004).

Questa nuova concezione del consumo ha portato molte aziende a modificare il proprio sistema di offerta, trasformandosi in vere e proprie fornitrici di esperienze, in grado di assicurare il massimo coinvolgimento emotivo e personale del consumatore, che, in questo modo, diventa co-creatore del valore offerto (Schmitt, 1999b).

Se il passaggio dagli anni '90 agli anni 2000 ha favorito l'affermarsi di una fase postmoderna dei consumi (fatta di minore prevedibilità e di maggiore complessità dei comportamenti di consumo, frutto anche della crescente frammentazione e permeabilità degli stili di vita), oggi si assiste ad un'ulteriore evoluzione, caratterizzata dalla forte ascesa di alcuni valori-guida, sempre più identitari e "mainstream" (ossia validi in modo generalizzato all'interno della società) come, ad esempio, la sostenibilità (Lorek, Spangenberg, 2014), e dai seguenti aspetti-chiave:

– crescente "empowerment" del consumatore, sempre più orientato a comporre in autonomia il proprio paniere ideale di consumo, seppur affidandosi in misura rilevante alla "voce del web" (Kotler *et al.*, 2017), soprattutto sotto forma di interscambi di informazioni con i suoi "pari" (si pensi ai forum e ai siti che ospitano recensioni);

– ricerca di "nuove forme di felicità" (Fortezza, 2014), frutto di una "nuova consapevolezza" del consumatore che tende ad assumere una diversa concezione del consumo;

– sviluppo di un nuovo rapporto tra le persone e gli oggetti e, di conseguenza, di nuove forme di "possesso" e pratiche di consumo, maggiormente collaborative e basate sull'accesso (Botsman, Rogers, 2010);

– trasformazione della fisionomia della società, per effetto delle "nuove generazioni di consumatori" (Boccia Artieri, 2012), oltre che di altri rilevanti fenomeni, come il crescente multiculturalismo.

Tali tendenze sono oggetto di approfondimento dei paragrafi successivi del presente capitolo.

3. L'EMPOWERMENT DEL CONSUMATORE [4]

A partire dagli anni '80 del secolo scorso, come già ampiamente discusso, è emersa la concezione di un "nuovo consumatore" le cui motivazioni, atteggiamenti, e comportamenti di acquisto sono significativamente diversi da quelli del passato; in particolare, il nuovo consumatore non è più semplicemente un soggetto che acquisisce ed elabora informazioni e stimoli provenienti dall'ambiente per orientare le sue scelte, ma acquista un ruolo attivo nell'ambito del processo di consumo. Fabris (2008) identifica, a tal proposito, tre diversi ruoli: il *consum-attore*, il *consum-autore* ed infine il *consumato-re*.

Il *consum-attore* è protagonista delle decisioni di acquisto e di consumo, competente e selettivo, padrone delle proprie scelte, siano esse razionali e ponderate oppure d'impulso.

Il *consum-autore* contribuisce con l'apporto di contenuti creativi ed originali alla costruzione dell'immagine di marca, operando una riduzione delle distanze tra produzione e consumo. Hanno sicuramente contribuito ad alimentare questa nuova figura le nuove tecnologie dell'informazione e della comunicazione, sia permettendo l'accesso a strumenti innovativi di creazione di contenuti, sia favorendo processi di condivisione su larga scala di contenuti e relazioni sociali (comunità di marca).

Il *consumato-re*, infine, si configura come un soggetto esigente, disincantato, che rivendica il diritto ad una piena soddisfazione dei propri bisogni e, grazie ad una approfondita conoscenza sui prodotti, è in grado di svolgere un ruolo attivo nella gestione del rapporto con le aziende, fornendo anche contributi importanti nell'ambito di alcuni processi di creazione del valore (innovazione).

Ne consegue che le imprese sono sempre più forzate a fare i conti con un consumatore informato, consapevole, attivo. In una parola, un consumatore "empowered".

Come possiamo quindi definire il concetto di *empowerment* del consumatore? Quali sono le *fonti del potere* del consumatore? Come si manifesta *l'esercizio del potere* del consumatore nei confronti delle imprese? E quali *implicazioni* ne derivano per il marketing management?

---

[4] Di Nicoletta Buratti, Università di Genova.

3.1. IL CONCETTO DI EMPOWERMENT, LE FONTI E LE FORME DI MANIFESTAZIONE DEL POTERE DEL CONSUMATORE

In termini generali, l'empowerment può essere considerato un processo attraverso il quale gli individui acquisiscono la padronanza o il controllo sulla propria vita (Zimmerman, 1995). Con specifico riferimento ai consumatori, con il termine empowerment si indica il processo di acquisizione di potere da parte degli individui nell'ambito delle esperienze di consumo (Wathieu *et al.*, 2002).

Esistono due primarie forme di *consumer empowerment* descritte negli studi di marketing management (Boyd, Clarke e Spekman, 2014):

– la prima, è riconducibile ad una precisa scelta strategica dell'impresa, che garantisce al consumatore il controllo su specifiche attività di marketing, ad esempio la costruzione della *brand image* (Cova e Pace, 2006), lo sviluppo di nuovi prodotti (Fuchs e Schreier, 2011) o la co-generazione del servizio (Pranic e Roehl, 2012);
– la seconda, deriva da un processo autonomo del consumatore, il quale grazie alla maggiore disponibilità di informazioni sulle alternative di consumo e/o alla possibilità di attivare e coinvolgere una ampia rete di relazioni sociali mediate dalla tecnologia (web-based community e social network), percepisce un maggiore senso di controllo sulle proprie esperienza di acquisto e di consumo (Wathieu *et al.*, 2002; Harrison *et al.*, 2006; Pires *et al.*, 2006; Kucuk, 2012).

In entrambe i casi la tecnologia è un importante fattore abilitante. Internet e le molteplici applicazioni Internet based hanno infatti reso possibile l'attivazione di canali di collegamento fra imprese e consumatori e fra gli stessi consumatori, secondo una logica *peer2peer*.

Attraverso la rete quindi il consumatore può essere coinvolto dalle imprese, mettendo a disposizione le sue risorse di conoscenza, la creatività, le relazioni e apportando così benefici al brand e all'impresa.

Sempre attraverso la rete, può però anche acquisire maggiore autonomia, agendo in modo più informato e consapevole nei processi di scelta e di acquisto; può dare maggiore enfasi alla propria soddisfazione e/o esprimere il proprio dissenso in caso di insoddisfazione, ampliando l'orizzonte della propria audience; può infine divenire un agente catalizzatore di azioni collettive nei confronti delle imprese.

È interessante richiamare, sotto questo profilo, quanto affermato da McGregor (2005), il quale sottolinea che il maggiore accesso alle informazioni, di per sé, è una condizione necessaria ma non sufficiente a garantire al consumatore lo status di empowered. Maggiori livelli di empowerment (nei confronti delle imprese) si raggiungono infatti solo in presenza di una percezione interiore di potere, che l'autore chiama *inner power*, intesa come la valorizzazione delle potenzialità individuali, unite alla capacità di attivare un percorso di crescita personale che porta alla conquista di un maggiore livello di controllo sul proprio destino, ivi inclusi i processi di consumo.

Da quanto detto emerge come i costrutti di *potere* e *controllo* siano a fondamento del concetto di empowerment.

Possiamo quindi affermare che **l'empowerment è il processo attraverso cui il consumatore acquisisce consapevolmente livelli crescenti di potere nei confronti delle imprese, grazie al quale è in grado di esercitare un maggiore controllo nell'ambito dei processi di acquisto e consumo.**

Le fonti del potere per il consumatore sono di varia natura (Kucuk e Krishnamurthy, 2007); fra le più importanti, nel nuovo contesto di mercato:

– L'accesso alla tecnologia: i progressi nelle tecnologie dell'informazione e della comunicazione hanno intensificato la compressione spazio-temporale, consentendo al consumatore online di monitorare e controllare le proprie transazioni e lo stato dei propri ordini 24 ore al giorno, 7 giorni alla settimana. I progressi tecnologici hanno inoltre consentito di ridurre i costi di transazione, indebolendo l'influenza da questi esercitata sui brand.

– La disponibilità di informazioni: il maggiore accesso ad informazioni sui prodotti, i brand, le imprese aumenta le capacità di valutazione del consumatore, con un impatto sul potere contrattuale del consumatore. La disponibilità di siti di infomediazione mitiga inoltre la problematica dell'eccesso di informazioni, orientando il consumatore nell'universo delle possibilità "infinite".

– La possibilità di aggregazione attraverso le reti sociali: la partecipazione alle comunità on line e/o la possibilità di dare vita a nuove comunità attribuisce al consumatore un potere sociale, che può tradursi anche in maggior potere economico. La tendenza dei consumatori ad aggregarsi spontaneamente intorno ad interessi ed esperienze comuni, viene amplificata da Internet e dalla possibilità di stabilire comunicazioni senza vincoli geografici e barriere sociali. Le reti di consumatori che ne emergono hanno un potere determinato dalla loro indipendenza dal controllo delle imprese e dalla possibilità di agire come un soggetto collettivo che condivide esperienze, sperimenta, innova (Prahalad e Ramaswamy, 2004).

Attraverso quali forme il consumatore esercita il potere nei confronti delle imprese nel nuovo contesto competitivo?

Denegri-Knott *et al.* (2006) analizzano le diverse forme di manifestazione del potere dei consumatori nei confronti delle imprese, riconducendole a tre modelli interpretativi:

– Il modello sovranità del consumatore. La sovranità del consumatore è un concetto non nuovo, e poggia su due presupposti fondamentali: autonomia nelle scelte d'acquisto e possibilità di esprimere la propria insoddisfazione nella fase post acquisto, attraverso azioni di abbandono della marca (exit) o di reclamo (voice). In una condizione di mercato "tradizionale" il singolo consumatore ha tuttavia limitate possibilità di incidere sulle condizioni di offerta o di orientare i comportamenti delle imprese. Nell'attuale contesto di mercato, invece, grazie alle possibilità offerte dalla tecnologia, la sovranità del consumatore trova nuove modalità di espressione, con un impatto molto più incisivo sul rapporto con le imprese. Gli strumenti del potere a disposizione del consumatore sono quindi identificabili nel *word of mouth* negativo on line e nelle iniziative di *retaliation* (rappresaglia), fino a sfociare nelle azioni di *consumer brand sabotage*, i cui effetti vengono amplificati attraverso i social media.

– Il modello resistenza creativa. In questa prospettiva, il consumatore empowered è visto come un utilizzatore attivo e creativo di simboli e significati generati dalle imprese attraverso gli strumenti di marketing e comunicazione (Firat *et al.*, 1995); il suo potere nei confronti dell'impresa si manifesta quindi non tanto attraverso l'opposizione (come nella precedente prospettiva), ma piuttosto attraverso l'abilità nell'interpretare, manipolare e ri-utilizzare a proprio vantaggio proprio quegli strumenti che l'impresa utilizza per esercitare il proprio potere di mercato. Un ruolo chiave in questo modello è svolto dalla *comunità di marca*, che rappresenta un soggetto collettivo in grado di contrastare gli sforzi di marketing delle imprese, utilizzando i canali di comunicazione per diffondere la "resistenza" (Muniz and O' Guinn, 2001) e/o realizzare iniziative di *brand hijacking*, basate sull'appropriazione del brand e in grado anche di mutarne il significato originario.

– Il modello potere discorsivo. Qui il potere è considerato come una forza co-creativa che struttura i possibili ambiti di interazione e scambio fra consumatori e produttori, agenti liberi (Holt, 2002). Il dialogo è la pre-condizione necessaria per alimentare la condivisione di conoscenza fra imprese e consumatori, che collaborano nella ricerca e nella sperimentazione di percorsi innovativi di creazione del valore (Prahalad e Ramaswamy, 2004). Il processo di *co-creazione* è alimentato dalla partecipazione a comunità virtuali, che rappresentano una forma di consumer agency e una importante fonte di potere per i consumatori che, in maniera indipendente dal controllo delle imprese, possono condividere esperienze reali di consumo che travalicano i confini degli usi definiti dalle imprese, sperimentando anche nuove possibilità.

Il caso Winner Taco-Algida rappresenta, a tal proposito, un esempio emblematico di manifestazione del potere esercitato da una comunità di appassionati che, grazie ad una attività molto intensa ed articolata di resistenza creativa, è riuscita ad ottenere dal management la re-introduzione sul mercato del prodotto, escluso dalla gamma per motivazioni di carattere interno, nonostante l'apprezzamento del mercato.

BOX N. 2

RIDATECI IL WINNER TACO

Winner Taco, gelato Algida, è stato al centro di una intensa campagna di resistenza creativa, organizzata da due appassionati ex-consumatori che, attraverso la creazione di una comunità on line, sono riusciti ad ottenere dall'azienda la reintegrazione del prodotto nella propria gamma, a distanza di 13 anni dalla decisione del management di eliminarlo. Non si trattava evidentemente di un gelato qualunque: anche dopo la sua scomparsa dal mercato, l'attaccamento dei consumatori è infatti rimasto vivo nel tempo: fra il 2001 e il 2011, Winner Taco appare in circa 169,000 siti web e fra il 2008 e il 2010 vengono create 5 pagine Facebook, nelle quali i consumatori nostalgici esprimevano il desiderio di poter riassaporare il mitico gelato. Nell'Aprile del 2011, Daniele e Alessandro, due fan del Taco, aprono una pagina Facebook intitolata "Ridateci il Winner Taco – Give us back Winner Taco", per nostalgia e curiosità: nostalgia per un gelato davvero fuori dal comune e curiosità di capire quanti altri fan avrebbero risposto all'appello e se fosse stato possibile creare una comunità in grado di attrarre l'attenzione della multinazionale del gelato.
I due riescono nell'intento e in breve attivano una comunità di migliaia di follower (tab. 4), anche grazie ad una intensa attività di pubblicazione di post dal contenuto creativo ed ironico (fig. 1).

Tabella 4. – *Crescita dei membri della community on line "Ridateci il Winner Taco"*

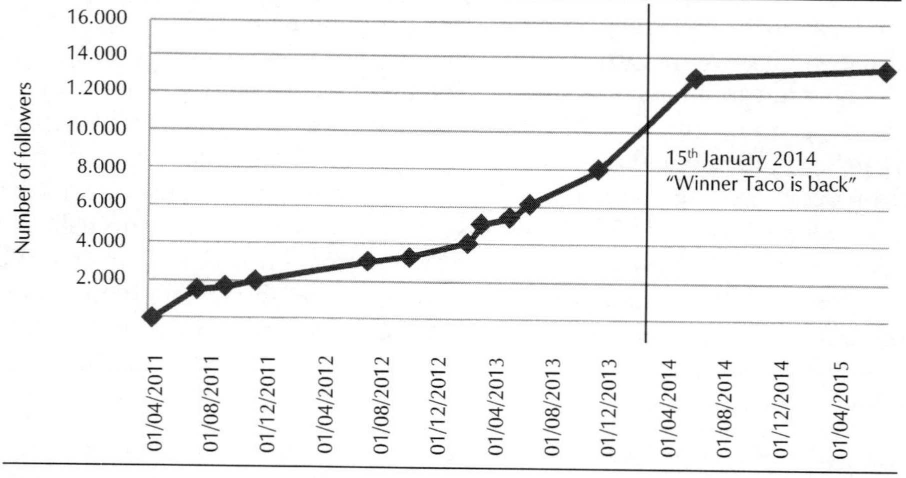

Fonte: Buratti, Derchi, Profumo (2015).

Dopo avere creato la comunità, viene attivata una campagna di comunicazione contro Algida/Unilever, attraverso la pubblicazione di post sia all'interno della pagina della community, sia all'interno della pagina Facebook di Algida, commentando ogni post dell'azienda con contenuti che richiamavano il Taco e il desiderio di averlo nuovamente in commercio. Nel 2013, dopo due anni di attività organizzata, il management di Unilever decise di rispondere ufficialmente alle richieste della community, accogliendone le richieste con un messaggio del 15 gennaio 2014 nel quale si annunciava il ritorno del Winner Taco. La community fu inoltre coinvolta attivamente nel ri-lancio del Winner Taco, e i due fondatori vennero "ingaggiati" per organizzare alcune attività di comunicazione relative al lancio: *flash mob* a Roma, eventi ed altre attività di comunicazione non convenzionale.

Figura 1. – *Esempi di azioni creative della community on line*

Fonte: Buratti, Derchi, Profumo (2015).

3.2. IMPLICAZIONI PER IL MARKETING MANAGEMENT

L'*empowerment* del consumatore rappresenta una minaccia ed una opportunità per le imprese.

Fenomeni quali il *WoM negativo*, il *brand hyjacking*, il *brand consumer sabotage*, possono mettere a dura prova la capacità delle imprese di mantenere il controllo sulle strategie e le politiche di mercato definite in sede di pianificazione e richiedono una attenta e continuativa capacità di ascolto del mercato, di analisi della domanda e di relazione con il cliente, con una presenza attiva sul web e sui principali social media, laddove il consumatore esprime le proprie idee, condivide esperienze, formula giudizi.

Ma al tempo stesso il nuovo consumatore *empowered* può rappresentare una opportunità, in termini di accesso a conoscenze contestuali, legate al sistema degli usi, che possono tradursi in progetti di miglioramento dei prodotti/servizi esistenti, fornire spunti per nuove opportunità di mercato o, come nel caso Winner Taco, rappresentare una risorsa attivabile per ottimizzare i processi di comunicazione.

Per sfruttare questo potenziale occorre però ripensare le logiche di approccio al mercato ed i processi di creazione del valore in un'ottica collaborativa, imparando a lavorare non più solo *per il* consumatore ma *con il* consumatore (Rossi, 2014). Nel nuovo contesto competitivo, le imprese possono contare sul desiderio del consumatore di collaborare, a patto di considerare quest'ultimo non più semplicemente un target ma una risorsa, un potenziale partner con il quale stabilire un dialogo funzionale all'innovazione ed alla costruzione del brand attraverso la narrazione condivisa.

Questi aspetti saranno approfonditi nei successivi capitoli 6 e 7.

4. LE NUOVE PRATICHE DI CONSUMO E LA RICERCA DI UNA NUOVA FELICITÀ [5]

Come premesso, si sta facendo strada un modo nuovo di concepire il consumo, collegato a una **nuova ricerca di felicità** da parte delle persone (Fortezza, 2014). Infatti, se per lungo tempo nelle società a economia più avanzata (che ora attraversano una fase post-industriale) i comportamenti di consumo hanno avuto un'impronta fortemente materialistica, oggi questa tendenza si sta invertendo, lasciando spazio alla ricerca di un nuovo tipo di appagamento, che al massimo può trovare supporto nei beni materiali.

Naturalmente, esistono ancora brand e prodotti che sono desiderati in quanto tali, ma si riduce rispetto al passato il numero dei brand "capaci di farsi amare" in modo indiscriminato (Ahuvia, 2005). Da questo punto di vista, come accennato in precedenza, il consumatore è oggi più critico, competente, selettivo ed esigente, per cui tende a mettere in competizione le imprese sotto il profilo delle **esperienze (di spessore)** che esse sono in grado di generare o di facilitare (Bardhi e Eckhardt, 2012). Ciò riguarda, in particolare, le nuove generazioni di consumatori, contraddistinte da una forte propensione alla sperimentazione ed alla mobilità.

È in quest'ottica (e non necessariamente in quella della necessità di far fronte alle ristrettezze economiche), ad esempio, che va letto il successo avuto negli ultimi anni da specifiche categorie di beni e servizi o da specifici brand, come:

– i *trasporti aerei low-cost*, che offrono sì un vantaggio economico, in termini di contenimento dei costi di viaggio, ma che consentono (secondo una concezione anche più sobria, "easy", fluida del consumo) di liberare risorse da destinare ad altri consumi, secondo logiche di ottimizzazione delle risorse a propria disposizione (Dunn *et al.*, 2011), quindi di maggiore soddisfazione complessiva da parte del consumatore;

– la "*moda veloce*" (o fast fashion), che risponde soprattutto all'esigenza di variare il proprio look e il proprio guardaroba, a seconda delle occasioni di utilizzo dei capi, anche mixando questi ultimi con altri di maggior valore e di diverso stile. Ciò riflette l'eclettismo tipico del consumatore postmoderno (Fabris, 2008) e la sua necessità di "non vincolarsi" troppo a specifici prodotti, per evitare il cosiddetto "effetto adattamento" (Scitovsky, 1992);

– i *cofanetti week-end* (Fortezza, Dusi e Pencarelli, 2018), che consentono di regalarsi (o di regalare) piccole pause nel corso dell'anno ("rotture positive dello status quo quotidiano"), in sostituzione o in aggiunta rispetto ai momenti dell'anno tradizionalmente deputati alle vacanze. In tal senso, è dimostrato che molteplici (anche

---

[5] Di Fulvio Fortezza, Università di Ferrara.

piccoli) piaceri e gratificazioni tendono a rendere più felici rispetto a pochi acquisti più impegnativi, soprattutto qualora questi ultimi comportino il forte indebitamento del consumatore (Dunn *et al.*, 2011);

– i *mobili Ikea*, che non si contraddistinguono tanto per la loro convenienza (non sono, in assoluto, i più convenienti sul mercato, considerando anche la "quota di lavoro" che il consumatore deve prestare per il loro assemblaggio a casa), quanto, piuttosto, per la loro versatilità (si pensi al classico scolapasta proposto – alternativamente – come libreria da muro), per la loro connessa capacità di offrire soluzioni creative a esigenze quotidiane, nonché, in una certa misura, per la componente ludica del percorso proposto al consumatore (dall'ambientazione degli store alla co-creazione del prodotto, che generalmente avviene in compagnia, diventando anche occasione di condivisione di un'esperienza).

In generale, l'esigenza, oggi, è di spendere al meglio il proprio denaro, secondo un modello di consumo più fluido (Bauman, 2000), indipendente (rispetto ai brand) e libero, perché non basato necessariamente sul possesso (Rifkin, 2000; Chen, 2009). Come osservano Botsman e Rogers (2010), oggi le persone sono interessate al risultato più che al mezzo con cui raggiungerlo, quindi, ad esempio, alla musica e ai film, più che ai dispositivi specifici che li erogano. I veri must, qui, sono, piuttosto, la possibilità di fruire di questi contenuti in mobilità, di scegliere quando farlo e di accedere ad ampi cataloghi.

Ciò, se da un lato crea opportunità per **prodotti "intelligenti"**, che vadano incontro a questo tipo di necessità in modo affidabile e intrigante (è proprio su questo che Apple ha creato il proprio successo, con i propri device e le proprie piattaforme), dall'altro ne crea anche per fornitori di soluzioni innovative, che sempre più sono basate sull'**accesso** e sulla **condivisione (o "sharing")**. Esse, in sostanza, non richiedono necessariamente l'acquisizione della proprietà esclusiva di un bene da parte del consumatore, che può fruirne anche solo quando ne ha bisogno, condividendo questa risorsa (contemporaneamente o meno) con altre persone, pagando un corrispettivo, oppure limitandosi semplicemente a partecipare alle spese sostenute, oppure anche (in casi estremi) senza offrire nulla in cambio, quindi usufruendone in modo gratuito, come accade, ad esempio, con il "Couchsurfing" [6].

Si tratta di dinamiche che emergono in modo chiaro nell'ambito della mobilità, in particolare a mezzo auto. Qui ritroviamo, ad esempio, il car sharing e il car pooling.

---

[6] Couchsurfing.com è una piattaforma web diffusa oramai a livello internazionale, che mette in contatto chi ha un posto letto da offrire (a titolo gratuito) per brevi periodi e chi ne è alla ricerca, prevalentemente per finalità di svago o vacanza. Chi offre il proprio divano, o comunque un posto letto nella propria abitazione con questa formula, non è quindi interessato a realizzare un guadagno o anche a trovare qualcuno che partecipi alle spese dell'appartamento, bensì a conoscere nuove persone, arricchire il proprio bagaglio culturale e linguistico, aprirsi al mondo.

Il car sharing è un fenomeno nato negli anni '90 in Germania e Svizzera, ma che ha ottenuto il suo massimo successo negli Stati Uniti, dove nel corso degli ultimi anni ha registrato un vorticoso aumento, per poi diffondersi rapidamente anche in altri Paesi, fra cui l'Italia. Un aspetto significativo da considerare è che l'automobile è un bene particolarmente carico di significati simbolici nella cultura americana, dove l'acquisto della prima automobile è sempre stato visto come un fondamentale momento di passaggio verso l'età adulta[7]. Siamo quindi di fronte a cambiamenti di ampia portata nel modelli di consumo.

Zipcar, compagnia di riferimento negli USA e più grande player al mondo in questo mercato, acquisita nel 2013 dal noto colosso internazionale del noleggio auto Avis, rappresenta sostanzialmente il modello tipico di car sharing. A partire dall'anno in cui è stata creata (2000), Zipcar ha registrato una crescita costante, al ritmo medio del 100% all'anno.

Le vetture della flotta sono distribuite soprattutto nelle grandi aree urbane e attorno ai principali campus universitari. Per poter accedere al servizio bisogna superare un "member check" iniziale, che verifica principalmente le esperienze precedenti dell'utente e il suo grado di presumibile affidabilità. Ogni cliente riceve quindi una card, con la quale può accedere a qualsiasi vettura del network, in base alle sue specifiche necessità. Si può infatti scegliere all'interno di una vasta gamma di modelli, optando per vetture più funzionali, sportive o anche di lusso, così come per modelli ibridi. La prenotazione può essere effettuata attraverso il sito web, mediante app, o al telefono, nel giro di pochi minuti. Il costo del noleggio è di 6 dollari all'ora o 60 dollari al giorno e comprende tutte le spese di utilizzo, quindi carburante, assicurazione, parcheggio e una quota a titolo di manutenzione. In sostanza, si acquista una soluzione chiavi in mano, ma flessibile.

Il servizio di Zipcar è disegnato per essere il più possibile self-service, in modo da assecondare le esigenze di un consumatore "smart" e, nel contempo, di abbattere i costi fissi, con la possibilità, così, di praticare tariffe più accessibili nei confronti dei clienti. Nella fattispecie, Zipcar non utilizza impiegati per la consegna e la riconsegna delle vetture, perché tutto è svolto dai clienti, secondo le regole base definite dal gestore, che hanno lo scopo di garantire il corretto funzionamento dell'intero processo.

In particolare, all'utente viene richiesto di:

- riconsegnare l'auto in tempo;
- lasciare l'auto pulita;
- segnalare eventuali danni;

---

[7] Peraltro, è proprio su questo che molti brand dell'automotive hanno saputo costruire sagaci strategie di marketing (in particolare tribale e relazionale), proponendosi come veri e propri "love brand" (Muniz e O'Guinn, 2001).

- non fumare in auto;
- rifornire il serbatoio;
- non trasportare animali.

Inoltre, esiste un sistema di monitoraggio dell'utilizzo che ciascun utente fa dell'auto. L'azienda, poi, utilizza sanzioni e incentivi per indirizzare al meglio il comportamento dei clienti, come, ad esempio, l'addebito di 50 dollari per ogni ora di ritardo nella riconsegna, ma anche l'erogazione di 15 dollari a titolo di rimborso qualora il cliente si adoperi per pulire l'auto dentro e fuori.

Uno dei principali fattori di appeal di formule di questo tipo è la comodità e, rispetto a questo, il gestore del network deve predisporre:

- *tecnologie (es: app) e spazi web* che consentano un accesso immediato, semplice alle informazioni necessarie per usare al meglio il servizio;
- una *rete capillare di punti di prelievo e parcheggio* delle vetture, secondo i percorsi tipici dei clienti e le loro più frequenti necessità;
- un *sistema di erogazione del servizio* che consenta di rendere veloci e flessibili i vari passaggi, riconoscendo al cliente competenze, abilità, autonomia.

Un aspetto interessante da considerare sono i principali benefici ricercati da parte degli utenti del car sharing. Da questo punto di vista, proprio prendendo in riferimento Zipcar, Bardhi e Eckhardt (2012) rivelano come i fattori principali siano la comodità del servizio e i risparmi complessivi derivanti dal fatto di non dover gestire un'automobile di proprietà. In aggiunta, emerge una certa soddisfazione (una sorta di autocompiacimento) da parte degli utenti dovuta al fatto di utilizzare un modo intelligente per valorizzare il proprio denaro e il proprio tempo, all'insegna della flessibilità e della libertà, anche come parziale soluzione per affrontare le pressioni esercitate dalla crisi economica sul budget familiare. Un servizio di questo tipo viene quindi visto come un supporto ideale alle proprie esperienze di vita quotidiane, capace di offrire molta più libertà rispetto all'utilizzo di un'auto di proprietà.

In tal senso, questo tipo di noleggio auto (2.0) non è più visto – com'era in passato – come una soluzione contingente o come un servizio prevalentemente business, bensì come una nuova opzione (desiderabile, intelligente) per soddisfare il bisogno di mobilità (anche come concreta alternativa all'acquisto dell'auto), in particolare nelle grandi aree urbane. Si consideri che secondo dati 2018, il 61% degli utenti del car sharing in Italia decide quantomeno di posticipare l'eventuale acquisto dell'auto [8].

Non è quindi un caso che al car sharing si siano avvicinate anche le grandi case automobilistiche, come nel caso del Gruppo Daimler, che ha dato vita alla rete

---

[8] *Fonte*: *http://www.ansa.it/canale_motori/notizie/analisi_commenti/2018/03/20/il-car-sharing-cresce-e-fa-rinviare-acquisto-auto-nuova_b5a21425-576c-441e-aa60-5db268337b87.html*.

Car2Go (presente anche in Italia), mediante flotte Smart (anche elettriche). Un modo, questo, per intercettare le nuove tendenze di consumo, traducendo una possibile minaccia in opportunità, ma anche un modo aggiuntivo per promuovere la propria offerta e i propri brand. In tal senso, bisogna considerare che nell'ambito di **modelli di consumo sempre più ibridi** (Scaraboto, 2015) ci si può aspettare che di fronte al bisogno di mobilità, nella fattispecie, il consumatore del prossimo futuro possa optare per un paniere composito, all'interno di cui potrebbero rientrare l'acquisto di un certo tipo di auto per alcune esigenze, il car sharing per altre, vettori aerei low cost per altre ancora, fino ad arrivare al car pooling (di cui parleremo a breve) e anche alla teleconferenza (a mezzo Skype, Whatsapp o simile), come alternativa agli spostamenti fisici. È questo, presumibilmente, lo scenario che sempre più ci troveremo di fronte, soprattutto al cospetto delle nuove generazioni di consumatori.

Chiudiamo con il car pooling, che è sostanzialmente la versione 2.0 del passaggio in auto, con la differenza, rispetto al passato, che app e piattaforme web consentono di mettere in connessione in modo veloce e capillare molte più persone. Il fine è di abbattere i costi di viaggio, ma non solo, perché un rilevante beneficio ricercato dai carpooler è anche la condivisione del tempo e la creazione di nuovi legami (Cova, 2003). A differenza del car sharing, infatti, la condivisione di una data risorsa – nella fattispecie, un'automobile – fra più persone avviene contemporaneamente, non in momenti diversi. Un'altra rilevante differenza rispetto al car sharing è che con il car pooling, di fatto, si fuoriesce dal mercato propriamente detto, perché non si verifica una transazione economica fra un soggetto d'offerta (la compagnia di car sharing) e un soggetto di domanda (l'utente del servizio), bensì si verifica una collaborazione (da qui il concetto di "consumo collaborativo") fra "pari", senza fini di lucro da parte di chi detiene la proprietà della risorsa. È comunque fondamentale, in tal senso, un soggetto terzo (che, sì, invece, persegue fini di lucro), che metta in contatto i carpooler, faciliti la conclusione degli accordi fra gli stessi e sovraintenda al regolare funzionamento di queste community[9]. Il più conosciuto in Italia è, ad esempio, BlaBlaCar, piattaforma nata nel 2012 a seguito della fusione fra i preesistenti Covoiturage.fr (francese) e postoinauto.it (italiano). Con BlaBlaCar è possibile cercare o offrire un passaggio, così da dividere i costi (carburante, pedaggi autostradali) di viaggi che di solito si attestano almeno su medie percorrenze (fra i 300 e i 400 chilometri). Qui i costi pro-capite per i carpooler vengono calcolati direttamente dal sito (in base alla numerosità dei viaggiatori in condivisione), in modo da evitare contrattazioni fra guidatore e passeggeri e preservare, così, il carattere delle relazioni, puramente collaborative (e non profit), fra i partecipanti. A questi ultimi, poi, alla fine del viaggio, viene richiesto uno scambio di feed-back (giudizi su grade-

[9] Ad esempio, sono molto importanti, su piattaforme web di questo tipo, le recensioni date ai carpooler, in modo da scoraggiare gli utenti meno rispettosi e premiare i più corretti.

volezza e correttezza dei viaggiatori), in modo da indirizzare altri utenti nella scelta dei compagni di viaggio migliori. Nel 2018 questo player è arrivato a coprire 22 Paesi al mondo, risultando, con oltre 25 milioni di utenti, la piattaforma di carpooling più utilizzata al mondo [10].

5. GENERAZIONI DI CONSUMATORI A CONFRONTO [11]

La suddivisione dei consumatori in fasce generazionali si rileva particolarmente utile ai fini del marketing per comprendere i tratti comuni e le differenze di comportamento che caratterizzano gli individui nati e cresciuti in diversi periodi temporali. Il presupposto è che gli avvenimenti (fatti, usanze, valori, trend) e le dinamiche economico-congiunturali che contraddistinguono una determinata fase storica possano avere ripercussioni rilevanti sui comportamenti della società e, di conseguenza, sulle scelte di consumo ed acquisto (Strauss, Howe, 2000).

Nell'attuale contesto, le imprese hanno di fronte quattro principali generazioni che in comune hanno ben poco o quasi nulla, denominate Baby Boomers, Generazione X, Generazione Y (o Millennials) e Generazione Z. Ciascuna di queste è contraddistinta da atteggiamenti e comportamenti diversi che, da un lato, evidenziano il limite di talune tendenze che, per quanto diffuse, tendono comunque ad essere confinate all'interno di contesti e situazioni circoscritte, dall'altro sottolineano i lunghi tempi (interi decenni) che sono necessari per la loro diffusione.

L'obiettivo di questo paragrafo è di presentare, sinteticamente, le principali tendenze di comportamento che contraddistinguono le diverse generazioni, discutendo, senza pretese di esaustività, alcune implicazioni che potrebbero derivarne per il marketing. Naturalmente si tratta di generalizzazioni che vanno prese con la dovuta cautela, ma che possono aiutare a costruire dei modelli utili per le finalità di marketing. La categorizzazione generazionale, infatti, pur non tenendo conto delle enormi differenze che ci possono essere da individuo a individuo, sicuramente può essere un valido punto di partenza per capire meglio le differenze di pensiero ricorrenti tra padre e figlio, dirigente e dipendente, e, di conseguenza, per aiutare le imprese a calibrare meglio i messaggi e le offerte verso target definiti.

L'attenzione, in particolare, verrà posta sui Millennials non solo perché essi rappresentano il futuro del mercato, ma, soprattutto, perché presentano trend di comportamento molto peculiari e differenti rispetto a quelli tipici delle altre generazioni.

---

[10] *www.blablacar.it.*

[11] Di Elisabetta Savelli, Università di Urbino.

Baby Boomers. I Baby Boomers sono i nati tra il 1943 e il 1963. Il nome di questa generazione è dovuto all'enorme aumento demografico registrato successivamente al secondo conflitto mondiale che contribuì notevolmente all'aumento di domanda di beni di consumo, stimolando positivamente la crescita economica.

I Baby Boomers sono soggetti indipendenti e fortemente orientati alla carriera, anche in virtù delle maggiori possibilità economiche e di istruzione che hanno avuto rispetto alle generazioni precedenti. Portati alla concretezza, essi credono molto nelle relazioni "faccia a faccia", nel lavoro a stretto contatto e nell'esperienza maturata. Molti di loro, occupano posti di autorità nelle più grandi imprese a livello mondiale. Si pensi a personaggi come Bill Gates, David Taylor – CEO di Procter & Gamble, Bob Iger – Amministratore delegato The Walt Disney Company, Bill Clinton. La parola chiave che sembra meglio descriverli è "ottimismo". I Baby Boomers hanno visto tornare i loro padri dalla guerra e, quando erano bambini, hanno visto che tutto era possibile e raggiungibile: ricostruire, studiare, mangiare, lavorare. Durante la loro formazione giovanile hanno visto arrivare nella propria casa i frigoriferi, le automobili e, nello stesso tempo, hanno cominciato a vedere donne che andavano a lavorare nelle fabbriche o a studiare all'università. Ciò ha fatto dei Baby Boomers una generazione positiva, civilmente impegnata nella lotta per i propri diritti ma non conflittuale e desiderosa di integrarsi il più rapidamente possibile nella realtà sociale. Individui che hanno sempre dimostrato un grande rispetto per la famiglia e la religione, ansiosi di guadagnare denaro e in fretta per migliorare la qualità della loro vita.

Ancora oggi sono la generazione con il più alto potere d'acquisto, quindi, molto rilevante dal punto di vista economico. Molti di loro sono ormai in età pensionistica, tuttavia, sono ancora intenzionati a vivere appieno la loro vita, viaggiando, coltivando i propri hobby e godendosi la pensione in modo attivo. Un intreccio di tendenze, insomma, che nell'insieme delinea il comportamento di una fascia di mercato particolarmente interessate per le imprese, ricca di opportunità, nei cui confronti possono e debbono essere progettate non solo offerte di prodotto continuamente nuove, ma anche modalità comunicative *ad hoc*. I Baby Boomers, infatti, pur continuando a prediligere la comunicazione face-to-face, sono molto attivi anche sul web, il cui avvento l'hanno vissuto in età adulta. Sono su facebook e sugli altri social, anche se non ne padroneggiano appieno il linguaggio e, probabilmente, sono colpiti in misura maggiore rispetto alle generazioni successive, dagli attributi di concretezza e intuitività che possono caratterizzare qualsiasi forma di comunicazione online.

Generazione X. I figli dei Baby Boomers rientrano nella c.d. Generazione X: soggetti nati tra il 1964 e il 1981 che, a differenza dei loro genitori, sono privi di una caratteristica distintiva (da qui la scelta del nome X per identificarli). Sono famosi per la mancanza di ottimismo nel futuro, per il forte scetticismo, per la sfiducia nei valori tradizionali e nelle istituzioni. Cresciuti nel clima della guerra fredda, gli individui di questa generazione (anche detti X-ers) sono maturati con il crollo dell'Urss ed hanno sviluppato, per la prima volta, un rapporto difficile con la religione.

Tendenzialmente apatici, precari, in bilico fra l'affermazione di sé e l'autodistruzione, gli X-ers si caratterizzano per una grande apertura verso tutti i tipi di differenze (genere, razza, orientamento sessuale) ed un'elevata flessibilità nel cambiamento di lavoro.

Lo scetticismo e la mancanza di fiducia sono alcuni tratti distintivi di questa generazione, che per la prima volta ha sentito parlare di divorzio ed ha vissuto il problema della disoccupazione. Tratti che hanno segnato l'affermarsi di un atteggiamento di estrema cautela nei confronti delle persone, delle istituzioni, dei valori dominanti, così come dei prodotti e dei servizi ad essi indirizzati. I soggetti di questa generazione sono diventati, così, grandi 'generatori' di alternative, sempre più indipendenti nel pensiero e nel comportamento, e, di conseguenza, molto esigenti, attenti al prezzo e alla percezione di disallineamento tra prezzo e valore (Howe, Strauss, 2007).

Gli X-ers tendono ad essere meno fedeli alle marche rispetto ai Baby Boomers, meno fidelizzabili nello shopping, più aperti a sperimentare nuove marche e prodotti, ma anche particolarmente attenti all'immagine e all'apparenza (Racioppi, 2013). Questa miscela di caratteri ha reso la generazione X molto più difficile da identificare e, per molti aspetti, meno appetibile agli occhi delle imprese. Eppure, ad oggi, la generazione X sta raggiungendo il picco massimo di spesa, guida gli acquisti online e spende piuttosto che risparmiare. Guidati da coerenza ed autenticità, gli X-ers amano gestire da soli il processo d'acquisto, scegliere tra più opzioni ed interagire molto durante la trattava di scelta. Essendo la generazione dei primi computer, delle televisioni commerciali e dei primi oggetti portatili (walkman, telefonini), si trova molto più a suo agio con le nuove tecnologie rispetto ai Boomers. Comunicano tramite email e sms; trascorrono molto tempo sui social, vanno alla ricerca di informazioni utili, sconti e tendono a scegliere quali prodotti acquistare solo dopo aver consultato recensioni e opinioni di chi ne è già un consumatore. Pionieri dei selfie e delle chat di gruppo, i membri della generazione X hanno creato i grandi colossi digitali (Google, Yahoo!), spianando consapevolmente la strada ai loro successori, i nativi digitali.

Generazione Z. La Generazione Z abbraccia i nati dopo il 2000. Sono individui giovanissimi, cresciuti con Internet e il Tablet. Iperconnessi e multimediali di nascita, sono la prima generazione mobile-first che preferisce scrivere un messaggio anziché parlare con qualcuno. Sono nati e cresciuti con il terrore dell'inquinamento ambientale, del riscaldamento atmosferico e, nello stesso tempo, nel clima di nuova austerità imposto dalla crisi economica imperante. Tutto questo li ha fatti crescere più in fretta e più sensibili verso i problemi del mondo, rispetto alle generazioni precedenti (Capeci, 2017).

Abituata ad utilizzare la tecnologia in ogni campo della vita, la generazione Z è convinta, e quasi pretende, di poter trovare sempre una rapida soluzione ai propri problemi. Questo non avviene certo per mancanza di capacità, quanto piuttosto per una forma di pigrizia indotta dalla comodità delle nuove tecnologie che, in qualsiasi momento e con un semplice click, permettono l'accesso a migliaia di informazioni e contenuti multimediali. Una mole enorme di informazioni che se da un lato "impigrisce" il consumatore, dall'altro, lo rende sicuramente più consapevole e in grado di processare contenuti con estrema rapidità e semplicità.

L'individuo della Generazione Z comunica prevalentemente attraverso i social (Instagram, Snapchat, Youtube, Musical.ly), utilizzando immagini e video personalizzati e creativi. Nel web non sono destinatari passivi di informazioni e non si limitano a condividere contenuti, ma li creano. Prima di comprare un determinato prodotto ricercano la prova della sua efficacia e per questo confidano più nei consigli di amici e familiari, che sono ritenuti sinceri e affidabili, che non nella comunicazione tradizionale. Tendenzialmente infedeli ai brand, lasciano costantemente feedback e recensioni e cercano servizi che riducano il più possibile l'attesa (es.: Amazon Prime). Sono questi i consumatori del futuro, che per essere raggiunti richiedono strategie basate sull'immediatezza, in grado di alimentare la loro curiosità e, soprattutto, di favorire una piena customizzazione.

5.1. UN FOCUS SULLA GENERAZIONE Y: I MILLENNIALS

La Generazione Y (o Millennials) merita un'attenzione particolare in relazione ad alcuni trend etici e sociali che la caratterizzano ed in virtù della sua rilevanza economica. Essa, infatti, rappresenta la generazione emergente, che comprende il 24% della popolazione globale per un totale di circa 1,7 miliardi di persone (Capodaglio, 2016). Secondo i dati Istat (2016), nel nostro paese, i Millennials sono poco più di 11 milioni, corrispondendo a circa un quinto della popolazione totale. La differenza fra uomini e donne è molto bassa: il 50,8% è rappresentato da maschi, mentre le femmine pesano per il 49,2%. Il nord, inoltre, registra un numero leggermente maggiore di Millennials rispetto alle altre regioni d'Italia.

Nati a cavallo tra gli anni 1982 e 2001, i Millennials rappresentano l'ultima generazione del XX secolo, decisi a chiudere con il passato e a delineare un nuovo futuro che mette in discussione, fino a quasi rifiutare, la certezza e la linearità del naturale ciclo di vita umano. Quest'ultimo, infatti, è influenzato da così tante opportunità e variabili che non può essere semplificato in un percorso lineare comprensibile che passa attraverso la formazione scolastica, la ricerca di occupazione, il matrimonio, la creazione di una nuova famiglia. Tra i Millennials, l'indipendenza economica è raggiunta mediamente dopo i 30 anni; il lavoro è concepito come un'attività flessibile, soggetta a continui cambiamenti e caratterizzata da esperienze differenti che si susseguono nel tempo; il matrimonio e la famiglia non sono sempre un obiettivo primario (Rapporto Coop, 2016).

Profilo socio-demografico. I Millennials sono la fascia di popolazione più istruita della storia. In America, la percentuale di giovani adulti (18-25 anni) in possesso di un diploma di laurea è passata dal 12% con la Generazione X al 32% con quella Y, triplicando quasi il suo valore. Per la prima volta, sono le donne laureate che superano gli uomini (32% contro 25%) (Pew Research Center, 2015).

I dati sull'occupazione, tuttavia, hanno subito una generale decrescita, dovuta alle difficoltà economiche e congiunturali che caratterizzano il mercato del lavoro. Negli Stati Uniti, la percentuale di occupati tra i Millennials è scesa di circa 10 punti percentuali rispetto a quella che caratterizzava la Generazione precedente (Pew Research Center, 2015). In Italia, i dati sull'occupazione sono ancora più preoccupanti, rivelando grandi difficoltà tra i giovani Millennials ad ottenere l'indipendenza lavorativa ed economica. Ci troviamo di fronte ad una generazione altamente qualificata ma incapace di trovare un lavoro collegato agli studi fatti e soddisfacente dal punto di vista professionale. Le ragioni di questa tendenza sono, purtroppo, varie e poco chiare. Spesso, vengono attribuite alla presenza di un sistema legislativo lacunoso quanto a tutela della nuova classe di lavoratori, che ammette lavori poco retribuiti e pervasi dall'immobilismo, i quali costringono i giovani ad accettare mansioni spesso poco gratificanti, in attesa di prospettive migliori e nell'impossibilità di realizzare programmi concreti per l'avvenire.

Fortunatamente, in Italia, dal primo trimestre del 2015 qualcosa è (lentamente) iniziato a cambiare. La disoccupazione per i giovani compresi fra i 15 e i 35 anni è leggermente calata e vede un plus di occupati pari a + 27.000 unità (Istat, 2016). A trainare la ripresa occupazionale sembrano essere le start up che stanno registrando un boom senza precedenti. Al 31 dicembre 2016 sono 6.745 le startup innovative iscritte al registro, con una crescita senza sosta: +12% in sei mesi, +31% in un anno e ben +112% in più in due anni (Bartoli, 2017). I settori principali che trainano questo successo sono il food, seguito dal web e dalla "sharing economy".

Nonostante questi dati positivi, la generalizzata incertezza economica ed occupazionale si riflette su altre importanti scelte di vita dei Millennials. In Italia, l'età media di uscita dalla famiglia di origine si attesta attorno ai 30 anni, facendo sì che la percentuale di ragazzi tra i 18 e i 34 anni che vivono con i genitori sia la più alta in Europa. Come conseguenza naturale, anche i matrimoni continuano a diminuire, a causa, appunto, del protrarsi della convivenza con i genitori e la mancanza di indipendenza economica, oppure avvengono in età sempre più tarda: 34 anni per gli uomini, 31 per le donne (Istat, 2016). I motivi di questa tendenza non risiedono solo nelle incertezze lavorative cui sono esposti gli individui della Generazione Y, ma anche nella perdita di importanza di alcuni ideali religiosi e nazionali che tipicamente caratterizzavano le generazioni precedenti, che determinano, come naturale conseguenza, anche un continuo calo del tasso di maternità.

Macro-tendenze comportamentali. Tre aspetti particolari caratterizzano il comportamento dei giovani Millennials: lo stretto rapporto con la Rete, l'importanza del contesto sociale e la globalizzazione.

I Millennials sono nati in piena rivoluzione digitale e, per questo, si sono abituati a vivere connessi 24 ore su 24. I servizi maggiormente utilizzati sono i social media, i video e l'e-commerce.

I Social Media sono un mondo dominato da regole decisamente nuove, che coinvolge tutto e tutti, a livello sociale quanto lavorativo. Essi permettono di essere sempre a contatto con i propri amici, offrono l'opportunità di sviluppare nuove relazioni d'affari e non, e consentono di accedere ad un quantitativo di informazioni pressoché infinito. I social media rappresentano il palcoscenico preferito dai Millennials, particolarmente utile per fare personal branding. I Millennials sono praticamente ovunque, in particolare su Facebook, Instagram e Youtube, canale principe in cui cercano intrattenimento. La Generazione Y, infatti, è riuscita a dare stabilità alle piattaforme on-line che consentono di pubblicare e guardare video. Si è così generato un doppio beneficio, per l'utente (ora in grado di guardare comodamente dal suo pc, o smartphone, qualsiasi video di proprio gradimento) e per le piattaforme fornitrici del servizio, che si sono accaparrate una fetta enorme di clienti. L'e-commerce, infine, è la terza area che coinvolge i Millennials, ormai non più disposti a rinunciare alla comodità di acquistare indipendentemente da dove si trovano e dal momento della giornata.

Essendo i principali utilizzatori delle tecnologie legate al web, i Millennials vengono considerati come gli esperti, coloro a cui bisogna rivolgersi per saperne di più in materia. Rivestono così un ruolo determinante per la società e nel rapporto generazionale, sono considerati "lead user" dai quali ci si aspetta consigli e suggerimenti per un corretto utilizzo dello strumento tecnologico.

Questa Iperconnessione favorisce una drastica accelerazione dello stile di vita nel mondo reale ed anche i rapporti tendono a divenire sempre più veloci e virtuali. Il fatto di essere sempre raggiungibili e rintracciabili apre moltissime porte ai Millennials, ma porta anche a vivere una frenesia continua, che spinge al multitasking, dove diventa essenziale la coordinazione e la ricerca di un continuo equilibrio sia fisico che mentale.

Un secondo comportamento tipico dei Millennials è riconducibile alla c.d. "prova sociale", un principio di emulazione secondo cui, al verificarsi di determinate circostanze, l'individuo che deve assumere una decisione tende a scegliere quello che hanno già scelto altri. Si prenda l'esempio classico del ristorante: quando ci si trova in una zona sconosciuta, si tende a scegliere i locali con molte persone al loro interno, oppure si utilizzano motori di ricerca dedicati per seguire l'opinione che altri hanno lasciato in una precedente occasione. Ovviamente il fenomeno della prova sociale risulta particolarmente amplificato dalla diffusione della Rete ed ha portato, nei casi più estremi, allo sviluppo di nuove figure (Influencer, Fashion blogger) che hanno un ruolo determinante in taluni contesti di consumo.

Infine, grazie ancora alle nuove tecnologie, i membri della Generazione Y sono nati e cresciuti in un mondo dove i confini, intesi come barriere geografiche, appaiono sempre più sfumati ed ampliati, fino di fatto quasi a scomparire. Questo cambiamento ha portato ad un'apertura non solo fisica ma anche mentale, influenzando gli stili di vita delle persone e le loro convinzioni. I Millennials tendono a mostrare un livello di tolleranza e di accettazione del prossimo superiore rispetto al passato; sono in grado di trattare temi importanti come eutanasia, aborto, razzismo con un'elevata dose critica e sono capaci di analizzare i vari problemi sotto differenti punti di vista. Ciò si traduce in una visione multiculturale e in un'accesa curiosità che sempre più spesso si traduce nell'intenzione di andare all'estero alla scoperta di nuove culture e stili di vita.

Tendenze di consumo. Gli esperti stimano che i Millennials sono i consumatori che domineranno i mercati fra 20-30 anni. Essi hanno nuovi miti, nuovi bisogni, un linguaggio nuovo, si informano diversamente ed hanno driver d'acquisto totalmente differenti da chi li ha preceduti. Due aspetti (tra i tanti che si potrebbero approfondire) del comportamento di consumo tipico di questa generazione meritano particolare attenzione per i risvolti che possono avere in termini di strategie e politiche di marketing attuabili.

Il primo riguarda l'atteggiamento verso il brand. I Millennials chiedono un cambio di passo e nuove modalità di interazione con i brand. Si informano in rete prima di fare un acquisto, lo recensiscono, lo fotografano, caricano le immagini sui social e, talvolta, decidono di acquistarlo solo dopo aver ottenuto il consenso di molti. La Generazione Y è poco fedele al brand e la maggioranza di essi sostiene di basare le scelte di acquisto solamente sul grado di coerenza con il proprio stile di vita (Censis, 2016). Passione per le novità, curiosità e voglia di distinguersi li spingono ad avventurarsi nel mondo delle private label, non tanto per inseguire un obiettivo di risparmio, quanto piuttosto per sperimentare qualcosa di differente dalla propria tradizione.

Un secondo trend comportamentale riguarda la ricerca di esperienze. I Millennials richiedono un coinvolgimento forte dal punto di vista emozionale. Il che si traduce nella richiesta di prodotti capaci di appagare i bisogni emozionali, oltre che puramente funzionali, nella consapevolezza che la felicità non si basi esclusivamente sul possesso di un bene, ma soprattutto sulla creazione e condivisone di esperienze che ripercorrono, caratterizzano e definiscono la propria vita (Fortezza, 2014). Di conseguenza, la spesa in concerti, eventi sociali, sportivi, culturali e di qualsiasi tipo è fortemente in aumento. L'82% dei Millennials, nell'ultimo anno, ha partecipato ad almeno un evento di questo tipo e le statistiche dicono che 3 individui su 4 preferirebbero spendere i propri soldi in qualche esperienza che desiderano vivere o realizzare, piuttosto che in beni materiali. Ovviamente, poi, le esperienze vanno condivise con i propri amici (e non) sui social media, il che le rende ancora più appaganti e in grado di aumentare lo status e la popolarità stessa degli individui sulla rete (The Boston Consulting Group, 2016).

In definitiva, le nuove richieste e i nuovi bisogni dei Millennials devono essere prontamente recepiti e catturati dalle imprese e devono essere tradotti in comportamenti strategici adeguati per poter sopravvivere in un sistema in costante mutamento. Sicuramente, i Millennials si caratterizzano per un innalzamento delle loro aspettative di vita. Al giorno d'oggi le statistiche sembrano prospettare una longevità all'incirca di 10-12 anni maggiore rispetto alle generazioni passate. È quindi essenziale per le aziende essere in grado di sviluppare un servizio al cliente che non sia orientato al breve periodo, ma fondato su rapporti stabili e intensi, destinati a durare nel tempo.

Il loro sistema di valori ed attese stimola a rivedere l'approccio di marketing delle imprese. Verso quale direzione? È difficile dirlo.

Sicuramente sembra essere indispensabile trovare un approccio al marketing più esperienziale, che viaggi sui mezzi e sui canali più frequentati dai Millennials. Occorre sviluppare capacità di ascolto, sorprendere costantemente, ampliare le occasioni di contatto con il mercato, offrire prodotti sempre nuovi in grado di far interagire il consumatore con il mondo che lo circonda (Internet of Things).

Sotto il profilo comunicazionale, gli appartenenti alla generazione Y sono sempre meno interessati ai classici stili d'informazione. I Millennials hanno una forte propensione all'interazione e vogliono esercitare il loro potere di scelta, decidendo cosa guardare in TV (streaming, Netflix), quali news leggere, quale musica ascoltare (Spotify) e in quali persone identificarsi (influencer).

Per attirare la loro attenzione è fondamentale sviluppare qualcosa di nuovo e puntare su nuove tecniche comunicative come ad esempio il visual marketing, il cui scopo è di creare un legame diretto con il consumatore facendo ricorso a immagini particolari, a oggetti, ad uno storytelling in grado di farlo identificare con il prodotto e soddisfare il suo desiderio emozionale.

Insomma, per fare breccia nel cuore digitale dei Millennials, le aziende devono saperli intrattenere ma soprattutto coinvolgere in un rapporto paritario, cercando il più possibile di parlare la stessa lingua, articolata in GIF ed emoji, e di dimostrarsi all'altezza delle loro aspettative.

6. NUOVE TECNOLOGIE E POTENZIALITÀ DI INNOVAZIONE DELL'OFFERTA[12]

6.1. MARKETING E TECNOLOGIA NEI PROCESSI DI CREAZIONE DEL VALORE

Il contesto economico, sociale, competitivo e di mercato in cui le imprese si trovano oggi ad operare è caratterizzato, come visto, da tendenze (invecchiamento della popolazione nei paesi industrializzati; crescente consumo di risorse; polarizzazione della distribuzione del reddito; disuguaglianze sociali ...) che impongono nuove sfide.

D'altra parte, le imprese si trovano anche a fronteggiare un contesto in cambiamento sotto il profilo tecnologico; la diffusione delle tecnologie dell'informazione e della comunicazione ha raggiunto livelli ormai impensabili in passato; la digitalizzazione dei processi aziendali è in fase di accelerazione, grazie anche a politiche governative che incentivano gli investimenti necessari per completare la transizione verso l'impresa 4.0, mentre nuove tecnologie emergenti vengono tradotte in applicazioni di mercato, specie ad opera di un numero crescente di *start up* e *spin off* impegnate nella sperimentazione di *killer application* sulle quali basare il proprio successo.

In questo contesto, fortemente permeato dalla tecnologia, il marketing gioca un ruolo chiave nella creazione del vantaggio competitivo, in termini di risposta ai bisogni emergenti e di anticipazione dei bisogni latenti, attraverso la traduzione delle potenzialità tecnologiche in opportunità di mercato (Buratti *et al.*, 2016).

Sono molteplici le nuove tecnologie sulle quali oggi è focalizzata l'attenzione di osservatori, studiosi e manager, perché destinate ad esercitare un impatto sul business delle imprese, sul modo di lavorare e sulla vita delle persone (Rullani, 2017). Il neologismo Industria 4.0 (utilizzato per la prima volta alla fiera di Hannover nel 2011) indica il processo che scaturisce dalla quarta rivoluzione industriale, destinata a generare un contesto industriale caratterizzato da sistemi di produzione integralmente automatizzati ed interconnessi. L'impatto delle nuove tecnologie digitali sui processi aziendali può essere analizzato secondo alcune direttrici strettamente integrate. La prima riguarda l'utilizzo dei dati, la potenza di calcolo e la connettività, e si declina in big data, Internet of Things, machine-to-machine e cloud computing per la centralizzazione delle informazioni e la loro conservazione. La seconda è quella degli *analytics*, ossia le applicazioni che consentono di estrarre valore dai dati raccolti e, attraverso il c.d. "machine learning", rendere le macchine in grado di perfezionare la loro resa "imparando" dai dati via via raccolti e analizzati. La terza

[12] Di Nicoletta Buratti, Università di Genova.

direttrice di sviluppo riguarda l'*interazione uomo – macchina* e coinvolge le interfacce *touch*, la realtà aumentata e la realtà virtuale. L'ultima, è riconducibile alle tecnologie ed applicazioni che riguardano la trasformazione del digitale in reale, e comprende la manifattura additiva (stampa 3D), la robotica, le comunicazioni ed interazioni machine-to-machine e le nuove tecnologie per immagazzinare e utilizzare l'energia in modo mirato, razionalizzando i costi e ottimizzando le prestazioni.

I vantaggi derivanti dalla digitalizzazione dei processi aziendali secondo il modello Industria 4.0 sono strettamente connessi all'incremento dell'efficienza nelle attività produttive e nell'intera *supply chain*; tuttavia la digitalizzazione offre anche l'opportunità di migliorare la capacità di risposta al mercato ed il servizio al cliente (Mandelli, 2017), mentre le nuove tecnologie allargano gli orizzonti delle possibilità di innovazione, sia attraverso l'emergere di nuove categorie di prodotti/servizi (si pensi ad esempio alla robotica di servizio), sia attraverso la progettazione di proposizioni di valore innovative all'interno di categorie esistenti.

6.2. LA CREAZIONE DI VALORE PER IL CLIENTE E CON IL CLIENTE ATTRAVERSO L'INTERNET DELLE COSE (IOT)

Fra le tecnologie suscettibili di esercitare un elevato impatto sul mercato dei beni di consumo, vi è sicuramente l'Internet delle cose (IoT), che sta contribuendo a trasformare prodotti e sistemi di uso quotidiano.

IoT è l'acronimo di Internet of Things, espressione con la quale si fa riferimento ad una rete di oggetti dotati di sensori e connessi ad una rete di trasmissione dati, in grado di comunicare con l'utente o con altri oggetti e/o macchine. Grazie a queste caratteristiche (sensori e connessione), gli oggetti: 1. possono essere identificati; 2. sono in grado di trasmettere informazioni sul loro stato; 3. sono in grado di interagire con l'ambiente circostante; 4. possono adattare le performance alle condizioni del contesto. Dal punto di vista concettuale, l'IoT si basa quindi sulle seguenti caratteristiche degli oggetti: (i) identificabilità (ii) comunicabilità (iii) interazione. Sotto il profilo tecnico, l'IoT si basa sull'utilizzo combinato di sensori e microprocessori. I primi hanno il ruolo di recepire un'informazione sullo stato di una situazione specifica, mentre i secondi interpretano l'informazione e reagiscono secondo le modalità con cui sono stati programmati. Grazie alla connessione ad Internet, è possibile disporre di sistemi interconnessi, in grado di trasmettere informazioni e quindi di comunicare in tempo reale, rapidamente e senza limiti spaziali. Una ricerca condotta dal McKinsey Global Institute (2015) con l'obiettivo di valutare l'impatto economico generato dalla diffusione dell'IoT, identifica nelle applicazioni di carattere industriale gli ambiti più promettenti; tuttavia, i c.d. *smart connected products* (Porter e Heppelmann, 2014 e 2015) si stanno diffondendo anche nei mercati consumer, introducendo nuove modalità di creazione del valore per gli utilizzatori. Ad oggi infatti esistono numerosi apparecchi di uso quotidiano che possono essere collegati e monitorati grazie ad Internet: telecamere, sensori per il *fitness*, autoveicoli, elettrodomestici, impianti di climatizzazione, lampadine, ecc. Così come esistono prodotti intelligenti con livelli di diffusione piuttosto ampia (*smartwatch*, contapassi, cardiofrequenzimetri) che il consumatore non sempre identifica come un prodotto appartenente all'ambito IoT. Grazie alla tecnologia, i prodotti intelligenti e connessi sono in grado di svolgere funzioni di monitoraggio e controllo con modalità e a condizioni decisamente più vantaggiose per l'utilizzatore, sia in termini di performance che di costo. Inoltre, la tecnologia IoT consente di ottimizzare le performance degli oggetti ed attribuisce loro anche caratteristiche di autonomia impensabili in passato.

Le funzionalità degli *smart connected products* (monitoraggio, controllo, ottimizzazione, autonomia) rappresentano elementi su cui le imprese possono basare la ricerca di nuove modalità per *creare valore per l'utilizzatore*, rispondendo ai cambiamenti nel sistema di valori e nei trend di consumo.

Si pensi ad esempio, per quanto riguarda la funzione di monitoraggio, ai possibili utilizzi in ambito medico o di assistenza agli anziani. *Medtronic*, azienda leader a livello mondiale nel campo delle tecnologie mediche, ha sviluppato un misuratore di glucosio digitale che, attraverso un sensore inserito sottopelle nel paziente affetto da diabete, permette di monitorare il livello di glucosio nel sangue ed inviare i dati via wireless ad un dispositivo in grado di avvisare il paziente ed il suo medico 30 minuti prima che i livelli soglia siano raggiunti, permettendo così una rimodulazione della terapia in maniera preventiva (Porter e Heppelmann, cit.). Oppure, si pensi ai servizi aggiuntivi che un'impresa potrebbe offrire ai propri clienti grazie alle informazioni sull'utilizzo del prodotto acquisite attraverso i sensori di cui è dotato. Un esempio emblematico in tal senso è ravvisabile nell'offerta di *Babolat*, azienda francese produttrice di attrezzature sportive per il tennis, il badminton e lo squash che, grazie al sistema *Babolat Play Pure Drive System*, introdotto nel 2013, è riuscita ad ottenere un decisivo miglioramento della propria offerta per i clienti. Il sistema si basa su sensori (inseriti nella racchetta e connessi ad Internet) che, attraverso il tracciamento e l'analisi della velocità della pallina, dello spin e del luogo di impatto, consentono ai giocatori di migliorare il loro gioco, attraverso l'invio dei dati ad una applicazione per lo smartphone. Un altro esempio di utilizzo delle possibilità offerte dalla tecnologia IoT riguarda la funzione di controllo: l'azienda Philips ha posto in commercio una linea di lampadine, denominate *Philips Hue*, che possono essere controllate attraverso lo smartphone, attivando e/o programmandone l'accensione o lo spegnimento, regolandone l'intensità ed il colore. Per quanto riguarda invece l'ottimizzazione delle performance del prodotto, il consistente flusso di dati proveniente dal monitoraggio, unito alla possibilità di controllo, permette alle aziende di ottimizzare la performance del prodotto in diversi modi. Ad esempio, il monitoraggio dei dati in tempo reale sulle condizioni del prodotto e sulle sue capacità, consente alle imprese di modulare i servizi offerti attraverso una manutenzione preventiva quando, in base ad algoritmi predittivi, è constatato che esistono i presupposti per un guasto imminente, compiendo una riparazione a distanza che permette di ridurre i tempi di inattività del prodotto e il bisogno di inviare personale per la riparazione. Qualora invece si rendesse necessaria una riparazione *in situ*, informazioni particolareggiate sulle parti danneggiate, sui pezzi di ricambio necessari e sulle modalità per eseguire la correzione, consentono un notevole risparmio di costi per il servizio. Questa funzionalità è particolarmente rilevante nei mercati b2b, nei quali i prodotti/sistemi vengono utilizzati nell'ambito di processi produttivi ed un loro guasto provoca l'interruzione del flusso delle attività, con conseguente aumento dei costi di gestione. Sono però altrettanto rilevanti le possibilità di impiego nel campo dei beni di consumo durevole; l'azienda coreana LG ha introdotto in commercio una lavatrice che, attraverso una applicazione scaricabile sul proprio smartphone, può essere monitorata a distanza e che, in caso di problema tecnico, è in grado di segnalare sia sul pannello di controllo che sullo schermo dello smartphone l'esatto codice di errore come da manuale, mostrando anche i suggerimenti su come procedere e sulle eventuali azioni da intraprendere per risolvere il problema. Infine, le funzioni combinate di monitoraggio, controllo ed ottimizzazione, consentono agli *smart connected products* di ottenere elevati livelli di autonomia. Al livello più semplice, troviamo *iRobot Roomba*, un aspirapolvere-robot che, grazie all'utilizzo di sensori e di un software, identifica le caratteristiche e la stato delle superfici da pulire, attivando appropriate soluzioni. A livelli più complessi, i prodotti sono in grado di riconoscere l'ambiente in cui sono inseriti, autodiagnosticare i propri bisogni per un corretto funzionamento e adattarsi alle preferenze dell'utente.

Nel futuro delle applicazioni IoT un ruolo importante sarà svolto dalla *smart home*, che ha da tempo catturato l'interesse di grandi aziende operanti nel settore dei prodotti e sistemi per la casa (quali Samsung, Philips, LG), ma anche di nuovi entranti, quali Google e Amazon. Vi sono però altri ambiti suscettibili di esercitare un impatto significativo sul consumatore, sulle sue abitudini e comportamenti: si pensi ad esempio alla *smart car* o alle numerose applicazioni emergenti, anche grazie al contributo di molte *start up*, negli ambiti del fitness e della salute. Il consumatore del prossimo futuro sarà circondato da oggetti in grado di trasmettere/ricevere ed elaborare dati, rendendo presumibilmente le sue attività più sicure ed efficaci; la sfida per le imprese sarà di rendere semplice e gratificante l'interazione del consumatore/utilizzatore con questi *smart connected products*, progettando soluzioni ad elevato valore percepito.

DOMANDE PER AUTOVALUTAZIONE

- Quali tendenze evolutive hanno interessato i comportamenti di consumo ed acquisto degli individui dal 2008 ad oggi?
- Che cosa sono e quali sono i principali megatrend sottostanti i cambiamenti in atto nei comportamenti di consumo?
- Come si modifica il rapporto tra individui e consumi nell'epoca postmoderna?
- Che cosa si intende per *empowerment* del consumatore? Quali sono le fonti e le principali forme di manifestazione del potere del consumatore?
- Quali implicazioni derivano dall'*empowerement* del consumatore per il marketing management?
- Quali sono i contenuti innovativi insiti nelle nuove pratiche di consumo basate sull'accesso e sulla condivisione (i.e., car sharing e car pooling)? Quali implicazioni genera la loro diffusione in termini di marketing management?
- Quali tendenze comportamentali e di consumo caratterizzano la Generazione Y e la differenziano rispetto alle altre generazioni di consumatori?
- Perché l'analisi generazionale dei consumatori è utile per il marketing?
- Quali impatti tendono a produrre le nuove tecnologie digitali sui processi aziendali?
- Che cos'è l'*Internet of Things* e quali implicazioni genera sui processi di consumo e sui rapporti impresa/mercato?

Capitolo 4

PROGETTAZIONE DEL VALORE[1]

Sommario: 1. Finalità del capitolo. – 2. La segmentazione e la scelta del target. – 3. La *value proposition*. – 4. Il posizionamento del prodotto. – Domande per autovalutazione.

1. FINALITÀ DEL CAPITOLO

Questo quarto capitolo esamina i concetti base, le procedure, le tecniche fondamentali per la progettazione del valore da offrire ai consumatori. L'obiettivo è far apprendere allo studente un corretto approccio alla formulazione delle scelte strategiche di marketing e di prospettargli un quadro integrato dei fattori più importanti da prendere in considerazione nella definizione di tali strategie.

Il primo processo decisionale che viene approfondito è quello inerente la scelta dei segmenti-obiettivo. Questa decisione ha riflessi molto rilevanti sulla elaborazione della value proposition e delle politiche del marketing mix e può condizionare, spesso in modo determinante, il successo competitivo e la redditività di un prodotto o di un brand.

Il paragrafo successivo esamina i fattori che devono essere valutati nella formulazione della *customer value proposition*, che definisce il valore progettato, cioè identifica gli elementi che dovrebbero distinguere e rendere superiore l'offerta di valore dell'impresa, collegandoli ai benefici ricercati ed ai sacrifici percepiti dai consumatori. Nel terzo paragrafo si analizzano alcune metodologie per decidere il posizionamento del prodotto, in funzione delle politiche di differenziazione da adottare. Con l'espressione "posizionamento del prodotto" si indica come esso si colloca nella mente dei consumatori rispetto alle loro aspettative ed ai prodotti concorrenti.

---

[1] Di Giancarlo Ferrero, Università di Urbino.

2. LA SEGMENTAZIONE E LA SCELTA DEL TARGET

2.1. RILEVANZA DELLA SCELTA DEI MERCATI-OBIETTIVO

La maggior parte dei mercati è costituita da acquirenti che:

– valutano il valore dei prodotti e dei servizi acquistabili sulla base di criteri differenti, con riferimento sia ai benefici ricercati ed alle caratteristiche degli attributi che vengono associati a tali benefici, sia al rilievo attribuito ai fattori che possono tradursi in sacrifici da sopportare (es. al prezzo) per l'acquisizione e l'utilizzo del bene;

– adottano processi d'acquisto differenti, caratterizzati da una diversa incidenza dei fattori razionali rispetto a quelli affettivi ed emotivi, da una diversa attenzione ed importanza attribuita alle varie fonti informative ed a specifici segnali di valore, da gradi differenti di autonomia rispetto ad altri soggetti che possono condizionare le scelte di acquisto (influenzatori, consumatori, decisori d'acquisto, che non sempre coincidono con gli acquirenti).

Di conseguenza, a seconda delle tipologie di acquirenti muta l'efficacia di una specifica *value proposition* e delle diverse configurazioni che possono assumere le politiche del marketing mix. Nel contempo, a seconda della tipologia di clientela alla quale l'offerta viene rivolta possono cambiare i concorrenti, la pressione competitiva, i punti di forza e di debolezza dell'impresa.

La scelta del target-group a cui indirizzare la propria offerta rappresenta dunque una delle più importanti decisioni preliminari da assumere per una efficace elaborazione della value proposition e delle politiche del marketing mix e può condizionare, spesso in modo determinante, il successo competitivo e la redditività di un prodotto o di un brand. Non dedicare particolare cura a questa decisione può portare a dispersione di risorse, se si cerca di adattarsi alle esigenze di consumatori molto eterogenei, o al rischio di avere una parte di acquirenti insoddisfatti che possono danneggiare l'immagine del brand con il passaparola, se si sceglie di offrire lo stesso prodotto a tutti.

La scelta dei mercati obiettivo deve essere finalizzata, in linea generale, ai seguenti obiettivi:

– consentire una elevata soddisfazione degli acquirenti valorizzando le capacità distintive dell'impresa;

– favorire le possibilità di differenziazione e innovazione della value proposition;

– contenere la pressione competitiva e prospettare una redditività soddisfacente;

– garantire una domanda potenziale coerente con la dimensione e gli obiettivi di sviluppo dell'impresa.

2.2. I LIVELLI DI SEGMENTAZIONE

I mercati possono essere rappresentati mediante strutture gerarchiche che, partendo da aggregati più o meno ampi, giungono progressivamente a identificare segmenti crescentemente omogenei sotto il profilo delle aspettative dei consumatori, dei comportamenti d'acquisto e delle capacità e risorse necessarie alle imprese per operare in essi con successo (cfr. fig. 1).

Il livello di disaggregazione da considerare dipende dalla natura delle decisioni da assumere. Per decidere le caratteristiche del sistema di prodotto e le strategie del marketing mix occorre spesso spingersi fino a livelli di disaggregazione molto elevati, che consentano di identificare gruppi di consumatori che presentino modalità di risposta agli stimoli posti in atto dall'impresa con le politiche del marketing-mix fortemente omogenee. Per decidere una strategia rivolta ad ottenere vantaggi competitivi nei confronti dei concorrenti è invece opportuno utilizzare definizioni più aggregate del mercato, che permettano una valutazione più ampia delle opportunità di sviluppo esistenti, delle relazioni verticali e orizzontali che potrebbero influire sui costi e la qualità del prodotto, delle capacità e risorse utilizzabili dall'impresa e dai concorrenti per competere (Day, 1992; Abell, 1986).

In questa logica Lambin (1991) distingue tre livelli di segmentazione:

– la **segmentazione strategica**, che identifica il macrosettore da assumere come riferimento base per l'analisi. Esso sarà definito in modo più o meno ampio in funzione delle caratteristiche dell'impresa (risorse possedute, tecnologie disponibili, capacità sviluppate, ecc.), delle finalità perseguite, dei processi di selezione già operati in fasi precedenti del processo decisionale. In molti casi esso viene definito semplicemente in funzione della classe di prodotto (il settore automobilistico, il settore dell'abbigliamento, ecc.). Talvolta all'indicazione del prodotto si aggiunge il gruppo di clienti a cui è diretto (alimenti per cani, abiti per bambini, ecc.) o il tipo di uso a cui il bene è destinato (abbigliamento sportivo, elettrodomestici per la preparazione dei cibi, ecc.). La definizione del macrosettore non deve essere troppo ampia, per evitare eccessivi costi di analisi, né eccessivamente ristretta per non perdere opportunità interessanti;

– la **macrosegmentazione**, che identifica, secondo criteri pluridimensionali, combinazioni di prodotto/mercato (Aree Strategiche di Affari: *ASA*) all'interno del macrosettore che presentano fattori critici di successo e livelli di attrattività differenti. L'attrattività può essere valutata in funzione della minore intensità della concorrenza (che determina la possibilità di appropriarsi del valore creato), della struttura del settore (che determina i fattori critici di successo e la possibilità di acquisire vantaggi competitivi), della corrispondenza tra gli obiettivi perseguiti e le caratteristiche del mercato (ad esempio: dimensioni e tasso di crescita del mercato, rischi che presenta, entità delle risorse necessarie per operarvi, ecc.). L'attrattività va giudicata non solo in base alla situazione presente, ma soprattutto formulando pre-

Figura 1. – *Esempio di rappresentazione della struttura gerarchica del mercato degli elettrodomestici*

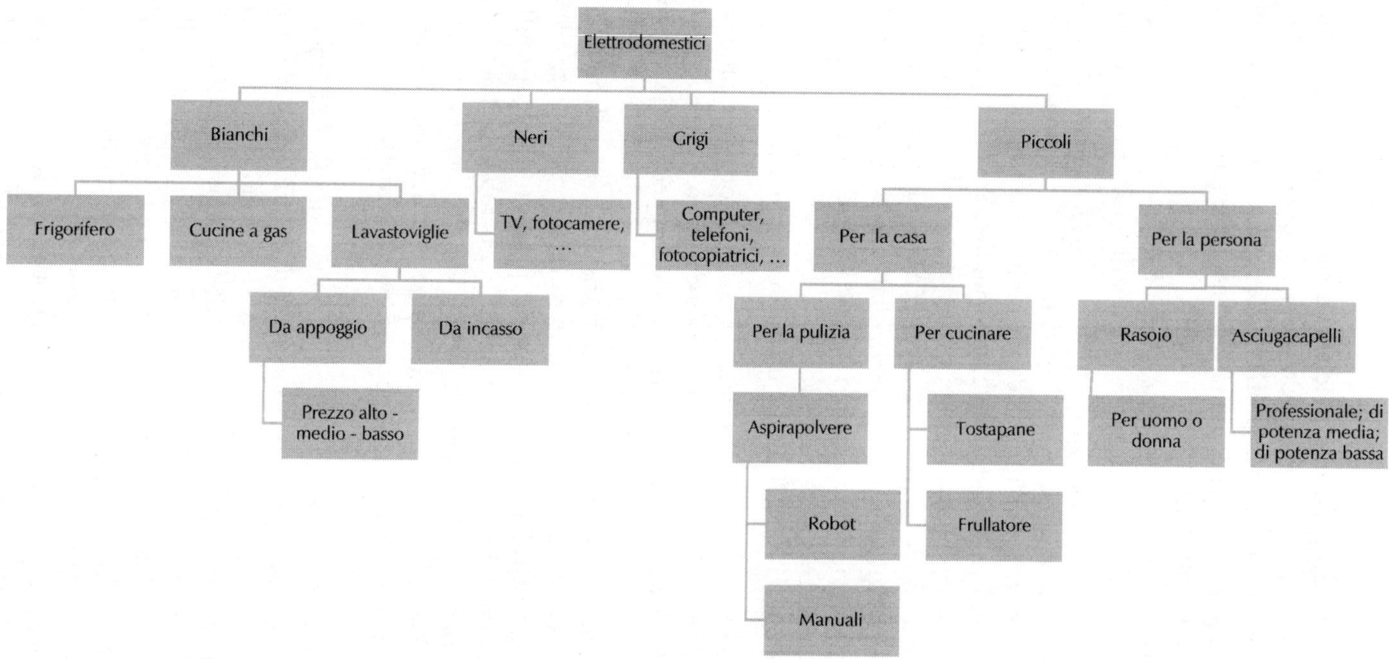

visioni sul futuro. Decidendo in quali ASA operare (*ampiezza orizzontale del business*) l'impresa sceglie anche "contro chi competere" e le regole competitive a cui dovrà sottostare, che derivano appunto dalla struttura del mercato prescelto; ciò si riflette sui fattori critici di successo, sui punti di forza e di debolezza nei confronti dei concorrenti e sul potere di condizionamento nei confronti delle forze competitive. La definizione dell'ampiezza del business è, quindi, la base per valorizzare le capacità dell'impresa al fine di ottenere un vantaggio competitivo sostenibile ed a questo scopo deve essere finalizzata;

– la **microsegmentazione** che, all'interno dei confini dei mercati definiti negli stadi precedenti, individua sotto-gruppi di acquirenti, ognuno dei quali risulta, nel modo di reagire a specifiche politiche del marketing mix, il più possibile omogeneo al suo interno e significativamente differenziato rispetto agli altri. È questo il livello di disaggregazione che consente di definire i target group a cui indirizzare l'offerta e le strategie di marketing da perseguire. È dunque su di esso che focalizzeremo la nostra attenzione.

Le decisioni relative alla segmentazione del mercato (d'ora in poi utilizzeremo questa espressione per riferirci a quella che Lambin chiama microsegmentazione) dovrebbero essere assunte in base ad una procedura articolata in quattro fasi (cfr. fig. 2):

– identificazione dei possibili criteri di segmentazione;
– descrizione del profilo dei segmenti ottenuti con la loro applicazione;

Figura 2. – *Il processo di segmentazione*

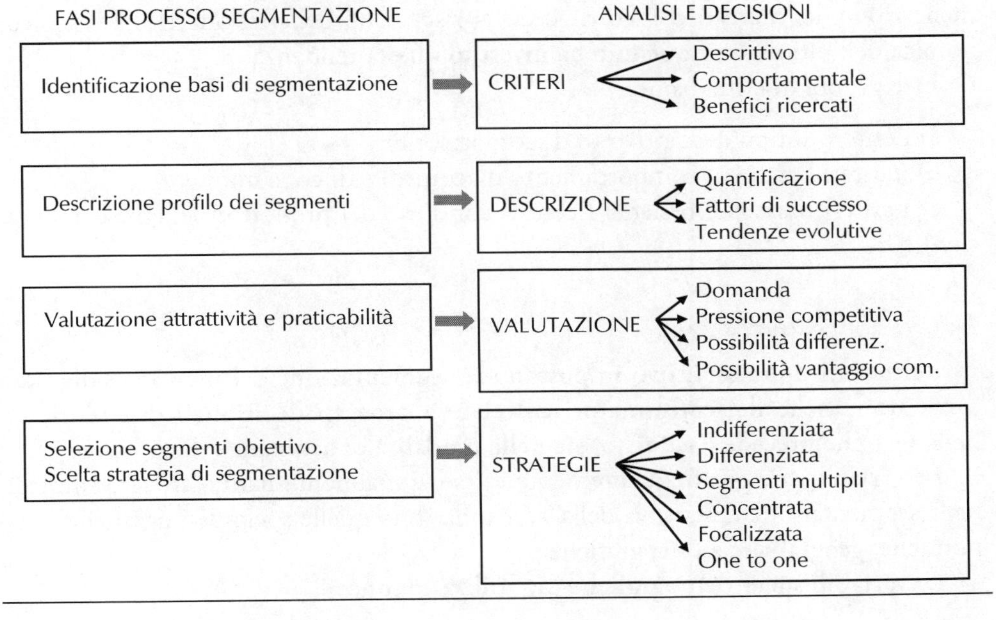

– valutazione dell'attrattività e della praticabilità per l'impresa dei diversi segmenti;
– selezione dei segmenti obiettivo e della strategia di segmentazione.

Approfondiamo le analisi e le scelte da compiere ad ogni fase del processo.

2.3. LA SCELTA DEI CRITERI PER LA SEGMENTAZIONE DEL MERCATO

Per essere efficaci i criteri adottati devono possedere:

a) una **capacità "identificatrice"**: devono consentire di fornire l'*identikit* dell'individuo-medio che caratterizza il segmento;
b) una **capacità "discriminante"**: devono individuare segmenti omogenei al loro interno e nel contempo il più possibile differenziati l'uno rispetto all'altro, con riferimento ai criteri di valutazione della value proposition ed alle reazioni ad una specifica configurazione delle politiche del marketing mix;
c) una **capacità "esplicativa"**: devono consentire di formulare fondate ipotesi sui fattori sottostanti alla varietà dei fenomeni osservati.

Le variabili utilizzabili per segmentare i mercati dei beni di consumo possono essere classificate in tre gruppi, anche se spesso criteri rientranti in gruppi diversi devono essere usati congiuntamente per pervenire a risultati efficaci. Naturalmente, maggiore è il numero dei criteri utilizzati congiuntamente, minore è l'ampiezza dei segmenti identificati. Questo ha portato, nel decennio pre-crisi, ad una ipersegmentazione dei mercati con costi eccessivi rispetto ai benefici offerti. La crisi economica dell'ultimo quinquennio ha invertito questa tendenza.
I tre gruppi di criteri sono:

a) i criteri di tipo descrittivo (o di correlazione);
b) i criteri basati sul comportamento d'acquisto e di consumo;
c) i criteri basati sui benefici ricercati con l'uso del prodotto (benefit segmentation).

I criteri di tipo descrittivo

I criteri di tipo descrittivo **impostano la segmentazione del mercato sulla base di caratteristiche dei consumatori correlate a processi decisionali differenti, sia nella fase che precede l'acquisto, sia nelle modalità di acquisto e di consumo.**
Le variabili che più frequentemente e tradizionalmente hanno trovato impiego nella segmentazione descrittiva della domanda sono quelle socio-demografiche, economiche, geografiche e psicografiche.
Le **variabili socio-demografiche** più utilizzate sono:

– il sesso: prodotti cosmetici, orologi, abbigliamento, riviste, talvolta anche automobili vengono abitualmente differenziati a seconda che siano rivolti a uomini o donne. Da vari anni, ormai, oltre alle differenze di sesso si fa riferimento anche alle differenze di identità di genere[2];

– l'età: applicata spesso sia ai prodotti e servizi per le persone (es. offerte di viaggi o di vacanze, programmi televisivi, stili di abbigliamento, ma anche tipologie di pasta, biscotti, dentifrici...) sia a prodotti per gli animali (differenziati in base all'età del cane o del gatto). Notevole rilievo sta assumendo in tutto il mondo la *silver economy*, ovvero il segmento di domanda generato dagli over 65, che rappresentano una quota rapidamente crescente della popolazione, hanno capacità di spesa superiori alla media ed esprimono esigenze specifiche (si pensi ai viaggi) e diversificate (dal cibo ai divertimenti alla sanità ed all'assistenza). Altrettanto importante per le sue specificità e le potenzialità di consumo future è il segmento dei millenials, di cui si è parlato nel capitolo precedente;

– il livello di istruzione e l'occupazione: possono condizionare le esigenze, gli interessi, le capacità di comprensione ed utilizzo, il linguaggio. Utilizzati, ad es., per i quotidiani, gli smart-phone, i tablet, i prodotti finanziari, ecc.;

– la dimensione e la composizione del nucleo famigliare, che possono condizionare sia i formati offerti, sia la domanda di varie tipologie di prodotti. Normalmente si distingue: single, giovani coppie senza figli, giovani coppie con figli, coppie di mezza età con figli a casa o con genitori anziani, coppie di mezza età senza figli a casa, anziani (coppie o single);

– la religione o il gruppo etnico, con offerta di prodotti specifici, rispettosi di vincoli o usanze.

Le **variabili economiche** fanno riferimento al reddito familiare. Nel tempo la distribuzione del reddito ha avuto, nelle società occidentali, una evoluzione che ne ha condizionato la capacità discriminante per le diverse tipologie di prodotti. Per molti secoli la distribuzione del reddito è stata rappresentabile come una piramide: la classe più numerosa era rappresentata dalle famiglie a più basso reddito, al crescere del reddito diminuiva progressivamente il numero di famiglie che facevano parte delle diverse classi. Con la crescita del benessere la distribuzione del reddito ha assunto la forma di un rombo, caratterizzato da un ristretto numero di famiglie ad alto ed a basso reddito, mentre la maggioranza della popolazione si collocava in una fascia intermedia di reddito che consentiva di avere accesso alla maggior parte dei beni di largo consumo. In quella fase il reddito ha mantenuto un rilievo come base di segmentazione solo per beni di nicchia o percepiti come *status simbol*. Negli ultimi dieci anni la crisi economica ed i mutamenti intervenuti nella capacità delle diverse

---

[2] Il sesso si riferisce all'anatomia di una persona mentre l'identità di genere indica la percezione che ciascuno ha di sé in quanto maschio o femmina (*https://www.ilpost.it*).

categorie di salvaguardare il loro reddito hanno nuovamente modificato la distribuzione del reddito tra la popolazione, accentuando la divaricazione tra chi ha mantenuto o ampliato il suo potere di acquisto e chi invece ha dovuto fortemente ridimensionare e selezionare i suoi acquisti. Il reddito è tornato, quindi, per molti beni a rappresentare un fattore fortemente condizionante le scelte di consumo. Nel contempo, nei Paesi in rapido sviluppo, si sta formando una consistente classe di nuovi ricchi che rappresenta un mercato di grande interesse, soprattutto per i prodotti *made in Italy* di fascia alta.

.La **zona geografica e la dimensione demografica del centro di residenza.** In epoca di globalizzazione dei consumi queste variabili hanno perso molta della loro capacità discriminante, anche se le abitudini di consumo ed i segnali di valore assunti a riferimento dai consumatori per valutare l'offerta presentano spesso differenze significative tra diverse nazioni e continenti anche per prodotti "globali", per cui si rende necessario adattare al contesto geografico determinate politiche di marketing. A livello nazionale persistono modalità di consumo diverse tra le grandi città ed i piccoli centri ma anche tra regioni diverse, in particolare per le abitudini alimentari.

La segmentazione basata sulle **variabili psicografiche** assume a riferimento gli stili di vita delle persone (*supra*, cap. 2) rilevati con analisi che considerano congiuntamente i valori (valori etici, valori sociali, attenzione all'ambiente, valori politici, valori religiosi), gli interessi (come si trascorre il tempo, sport praticati, hobby, ...), le attività (l'insieme dei prodotti acquistati e consumati, ...). Come rilevato in altra parte del testo (*supra*, cap. 3), la tendenza dei consumatori post-moderni verso l'eclettismo ed il nomadismo, che portano ad assumere diverse identità anche nel corso della stessa giornata, riducono l'efficacia di segmentazioni basate sugli stili di vita, a meno che vengano applicati a specifiche tipologie di consumi (es. viaggi, strumenti finanziari, ...).

I principali vantaggi che hanno contribuito alla popolarità e all'utilizzo dei criteri descrittivi per la segmentazione dei mercati sono:

a) facilità di misurazione, che avviene su scale definite e di semplice comprensibilità;

b) facilità nel reperimento ed elevata oggettività ed attendibilità dei dati ad esse relativi, molti dei quali disponibili da fonti ufficiali altamente affidabili e sufficientemente aggiornate;

c) semplicità delle tecniche che ne supportano l'impiego;

d) disponibilità di servizi *general purpose*, a costo relativamente contenuto e predisposti su supporto informatico, che consentono incroci articolati tra le suddette variabili.

Il criterio descrittivo, specie se basato su analisi multivariate e su tecniche di elaborazione statistica in grado di far emergere l'importanza relativa dei varî fattori strutturali considerati nello spiegare la diversità degli atteggiamenti e dei comportamenti di acquisto che caratterizzano ciascuno dei segmenti individuati, può, inoltre, essere particolarmente utile per definire immagini di marca più coinvolgenti. Spesso, però, la loro capacità discriminante ed esplicativa rispetto ai comportamenti di scelta dei prodotti e delle marche è limitata.

I criteri basati sul comportamento d'acquisto e di consumo

Rispetto ai criteri di tipo descrittivo, questi criteri **spostano l'attenzione dalle caratteristiche dei consumatori ai loro processi decisionali, al comportamento d'acquisto ed al rapporto con il prodotto, con la marca, con il fornitore.** Esistono molteplici tipologie di basi di segmentazione che rientrano in questa categoria di criteri. Ci limiteremo a ricordarne alcune.

Un primo criterio, adottato solo in anni molto recenti a seguito degli studi del neuromarketing (*supra*, cap. 2), si basa sulle **risposte cognitive ed emozionali dei consumatori agli stimoli a cui sono sottoposti.** In questo caso la segmentazione avviene a monte del processo di acquisto, studiando il funzionamento della mente del consumatore quando deve scegliere tra diverse alternative (Lugli, 2011, 2015). Ciò può consentire di evidenziare processi decisionali e reazioni differenti tra categorie di consumatori offrendo preziose indicazioni al marketing per impostare politiche più efficaci per ogni categoria. Ad esempio, gli studi di neuromarketing hanno dimostrato che comunicare con uomini e donne richiede tecniche diverse, in quanto ci sono differenze tra cervello maschile e femminile, dovute a fattori genetici, ormonali e strutturali. Il cervello maschile facilita il coordinamento tra percezione ed azione, quello femminile dà più peso alle emozioni, facilita il ricordo, è più intuitivo; l'uomo ha più abilità matematiche e logiche, le donne riconoscono più velocemente un suono o un'immagine, hanno più memoria, maggiore facilità di comunicazione, attitudine a leggere espressioni facciali o corporali; i motivi che spingono gli uomini allo shopping sembrano essere più utilitaristici, mentre i motivi dello shopping femminile tendono ad essere edonistici. Questa segmentazione, quindi, non si limita a rilevare differenze di comportamento ma ne spiega le cause, anzi si basa su di esse.

Altre basi di segmentazione che rientrano in questa categoria fanno riferimento a **fattori condizionanti il processo di acquisto e di consumo**. Si pensi, ad esempio, al grado di conoscenza del prodotto o al rapporto con la tecnologia, ai fattori situazionali analizzati nel capitolo 2, all'atteggiamento verso il prodotto (ostili, contrari, indifferenti, positivi ed entusiasti), ma spesso sono variabili discriminanti anche le tipologie di utilizzo del prodotto (si pensi al cioccolato, che può essere destinato al consumo individuale o in gruppo, alla preparazione di cibi o ad essere donato ad amici: per ognuna di queste funzioni occorre modificare forma, gusto, confezione, prezzo, comunicazione, canali distributivi) o l'intensità d'uso, in base alla quale si possono distinguere i forti, i medi ed i deboli consumatori, oppure i consumatori abituali da quelli saltuari o occasionali.

Assumendo a riferimento i **comportamenti di acquisto** la Nielsen, in base al monitoraggio degli acquisti di un panel di 9.000 famiglie italiane in termini di categorie, tipologie di prodotto e relativo profilo nutrizionale, ha recentemente individuato cinque segmenti di consumatori [3]:

– i *Traditional* (4 milioni di famiglie), che fanno riferimento a famiglie in età avanzata, con reddito sotto media, vivono prevalentemente al sud, concentrano i propri acquisti sul freschissimo e sugli ingredienti base;
– i *Silver* (5,9 milioni di famiglie) che sono nuclei famigliari in gran parte in età matura, residenti prevalentemente al Nord e con una disponibilità di spesa superiore alla media;
– i *Mainstream* (6,3 milioni), per lo più famiglie giovani con figli, che vivono un po' in tutto il territorio italiano, hanno un reddito inferiore alla media nazionale, acquistano prodotti più "indulgenti" e golosi;
– i *Low Price* (4,3 milioni) famiglie leggermente più giovani della media, che hanno figli, guadagnano un po' meno della media e per questo sono sempre a caccia di offerte che garantiscano un buon rapporto qualità-prezzo;
– i *Golden Shoppers* (4,3 milioni), famiglie in gran parte single (il 40%) o in età centrale senza figli, vivono soprattutto nel Nord Ovest ed hanno un reddito superiore alla media. Amano i prodotti bio, le linee di benessere e salute e i negozi specializzati.

L'ampiezza delle famiglie che adottano questi stili è soggetta a variazioni. In particolare, se nel 2015 il 12% delle famiglie italiane era "Golden", nel 2017 lo sono il 17,4%. Parallelamente anche i Low Price sono passati dal 14,9% al 17,4%. In termini assoluti, parliamo di una migrazione verso questi due stili di 2 milioni di famiglie e 6,6 miliardi di spesa. Si nota quindi una tendenziale polarizzazione, conseguente all'assottigliarsi del ceto medio. Prova ne sia la diminuzione nell'ultimo anno delle famiglie Mainstream (meno 490mila), di cui una parte si è dovuta adeguare a uno stile Low Price (230mila), e un'altra si è evoluta verso lo stile Golden (260mila).

In base ai **rapporti con il fornitore** si possono distinguere i consumatori fedeli ad una sola marca oppure a due o più marche, dai consumatori che tendono ad acquistare ad ogni occasione marche differenti a seconda delle condizioni di convenienza offerte o degli stimoli sensoriali ricevuti, o è possibile classificare i clienti in funzione del rendimento che possono assicurare all'impresa, al netto del costo del tempo che occorre loro dedicare e dei servizi specifici che richiedono.

---

[3] *http://www.nielsen.com/it/it/press-room/2018/consumi--nielsen-individua-i-5-nuovi-profili-di-acquisto-degli-i.html.*

I criteri basati sui benefici ricercati

Le forme più avanzate di segmentazione comportamentale sono quelle che **raggruppano i consumatori di una determinata classe di prodotti in base alla similarità dei benefici da essi ricercati ed al valore atteso** (Valdani, 2011). Ad esempio, applicando questo criterio, si potrebbero segmentare i consumatori di vino distinguendo i competenti, alla ricerca di una qualità elevata, i cacciatori di immagine, che richiedono marche di prestigio, gli avveduti, attenti al rapporto qualità/prezzo, i forti consumatori abituali, che si accontentano di una qualità standard e privilegiano l'economicità del prodotto.

L'utilizzo di questo criterio comporta (Kotler *et al.*, 2012) inizialmente lo sviluppo di una ricerca qualitativa per identificare i benefici ricercati e gli attributi del prodotto ad essi associati; successivamente dovrà essere svolta un'indagine presso un campione rappresentativo di consumatori per rilevare l'importanza assegnata ad ogni beneficio; infine, con una *cluster analysis* i consumatori potranno essere suddivisi in gruppi in funzione delle differenti valutazioni espresse.

Le difficoltà che incontra questo tipo di segmentazione sono di varia natura:

– i benefici ricercati tendono a variare rispetto alla situazione d'uso, per cui può rendersi necessario sviluppare l'analisi considerando diverse modalità di utilizzo del prodotto;

– se questo tipo di segmentazione non si connette strettamente con forme appropriate di segmentazione descrittiva, l'impresa che se ne avvale non è in grado di sviluppare coerentemente le proprie politiche di mercato. Ciò perché, mentre dispone di numerose informazioni utili per definire politiche del prodotto e messaggi pubblicitari efficaci, le mancano riferimenti omogenei che le consentano di scegliere i media comunicazionali preferiti dal segmento cui essa indirizza la propria offerta, i canali distributivi di cui tale segmento maggiormente si avvale, e così via.

Un vantaggio della *benefit segmentation* è di consentire all'impresa di affrontare in modo unitario e con l'uso delle medesime tecniche di analisi sia i propri problemi di segmentazione del mercato, sia quelli di posizionamento competitivo del prodotto.

2.4. DESCRIZIONE DEL PROFILO DEI SEGMENTI

Dopo avere identificato i segmenti, occorre raccogliere su di essi tutte le informazioni che possono contribuire a valutarne l'efficacia ai fini del marketing, l'attrattività (dimensioni, dinamica, redditività potenziale) e la praticabilità (cioè la possibilità per l'impresa di acquisire in essi vantaggi sui concorrenti).

Per essere utili dal punto di vista del marketing i segmenti devono possedere, oltre ai requisiti ricordati all'inizio del punto precedente (capacità identificatrice, discriminante, esplicativa) altri due requisiti base.

Il primo è la **misurabilità**, cioè la possibilità di quantificare talune caratteristiche fondamentali del segmento per poter stimare gli obiettivi conseguibili e le risorse necessarie per perseguirli.

Il secondo è **l'accessibilità**, ossia la disponibilità di media e veicoli che consentano di sviluppare politiche mirate sul segmento senza eccessiva dispersione di risorse.

Verificata la sussistenza di questi requisiti, bisogna valutare l'attrattività e la praticabilità dei diversi segmenti identificati. A tal fine è necessario raccogliere tre tipologie di informazioni:

– informazioni quantitative sul segmento. Occorre stimare la dimensione del segmento in rapporto al mercato complessivo della categoria di prodotto e la dinamica evolutiva della domanda. Occorre descrivere le caratteristiche socio-demografiche dei consumatori che ne fanno parte (età, sesso, reddito, ...). Occorre valutare le quote di mercato delle varie marche acquistate dal segmento e le loro variazioni nel tempo;

– informazioni quali-quantitative volte a comprendere i fattori critici di successo nel segmento e le politiche da praticare in esso. Con riferimento ai consumatori è necessario cercare di capire quali siano le principali motivazioni d'acquisto, i criteri adottati per valutare le offerte, l'importanza attribuita al prezzo, i comportamenti d'acquisto e di utilizzo, i segnali di valore presi in considerazione, i media con cui entrano in contatto. Con riferimento all'offerta, si tratta di considerare il livello di consapevolezza (*brand awareness*) delle diverse marche, la loro *share of voice* (la quota sugli investimenti totali in comunicazione), il loro posizionamento;

– informazioni sul *grado di variabilità* dei segmenti di mercato individuati. In particolare occorre valutare se i fattori differenzianti sono destinati a perdurare nel tempo o potranno esaurirsi prima di poter ammortizzare gli investimenti necessari per affermarsi. La variabilità dei segmenti, che comporta una riduzione dei tempi di accessibilità e di sfruttamento, implica anche la necessità di limitare l'arco temporale coperto dal piano di marketing e di sottoporlo a continue verifiche. Tale variabilità tende ad essere più bassa se la segmentazione si basa su variabili strutturali (sociodemografiche e di stile di vita), più elevata se si base su variabili comportamentali (benefici ricercati, modalità d'uso, abitudini di acquisto, ecc.) (cfr. F. Casarin, 1990).

2.5. VALUTAZIONE DELLA ATTRATTIVITÀ E PRATICABILITÀ DEL SEGMENTO

Per giungere a definire il *target group* della strategia di marketing è necessario considerare l'attrattività e la praticabilità dei segmenti presi in considerazione.

L'attrattività può essere valutata in base a molteplici parametri, la cui importanza dipende, almeno in parte, dalle caratteristiche dell'impresa e dagli obiettivi che si propone di conseguire.

Possiamo identificare tre tipologie di parametri.

La prima fa riferimento all'**ampiezza ed alle prospettive della domanda**. La valutazione del grado di attrattività della dimensione della domanda (in valore ed in volume) è fortemente condizionato dalle risorse di cui l'impresa dispone e dal ruolo (fondamentale, complementare) che attribuisce a quel business o a quel prodotto nell'ambito del suo portafoglio di attività. Oltre al livello attuale della domanda vanno considerati il trend negli anni passati e le possibilità di crescita.

Una seconda tipologia di parametri è riferita alla **pressione competitiva** che caratterizza il segmento. La pressione competitiva dipende soprattutto dai rapporti quantitativi tra domanda ed offerta, dalla numerosità delle marche presenti nel segmento, dal clima competitivo, dalla concorrenza rappresentata da prodotti sostitutivi, dalle barriere all'entrata. La pressione competitiva si riflette sui margini realizzabili e sulle risorse necessarie per acquisire una quota di mercato significativa.

Una terza categoria di parametri è riferita alle **possibilità di differenziazione e di innovazione**, ovvero alla possibilità di ridurre l'elasticità della domanda al prezzo e di acquisire vantaggi modificando le "regole del gioco", ovvero i fattori (benefici offerti ai consumatori, attributi del prodotto associati ai benefici, costi di varia natura, ...) sui quali i concorrenti hanno finora fatto leva nel definire le loro offerte di valore.

La **praticabilità è invece riferita alla possibilità per l'impresa di acquisire nel segmento vantaggi significativi sui concorrenti**. Per valutarla occorre porre in relazione le caratteristiche dell'impresa con quelle del segmento e dei concorrenti che in esso operano. Vanno, quindi, comparate le capacità distintive dell'impresa con i fattori critici di successo che contraddistinguono il segmento, gli investimenti richiesti con le risorse disponibili, la vulnerabilità dei concorrenti rispetto alle strategie perseguibili e le loro possibilità di reazione, i vantaggi che l'impresa potrebbe trarre dalle sinergie sfruttabili con altri business del suo portafoglio di attività.

2.6. SCELTA DEL TARGET E STRATEGIE DI SEGMENTAZIONE

Dopo aver formulato le ipotesi sui criteri di segmentazione adottabili ed aver valutato l'attrattività e la praticabilità dei segmenti così identificati, le imprese possono seguire differenti strategie.

Possiamo distinguere (Kotler *et al.*, 2012):

– le strategie di segmentazione rivolte alla copertura dell'intero mercato;
– le strategie di segmentazione indirizzate a porzioni specifiche del mercato.

Se l'impresa persegue una **copertura completa del mercato** può adottare:

a) **strategie indifferenziate** (in qualche caso definite anche "di contro-segmentazione"), consistenti nell'offrire prodotti destinati indifferentemente a tutto il mercato con politiche di marketing uniformi. Spesso queste strategie sono adottate per la marca-ombrello, che identifica il produttore o la linea di prodotti e può essere associata alle marche individuali di prodotto. L'impresa tende ad attribuirle connotazioni tali da poter risultare attrattiva per un'ampia gamma di consumatori, o comunque tali da farla rientrare tra le marche da essi prese in considerazione nel processo di acquisto. Con riferimento ai singoli prodotti o linee di prodotto, queste strategie possono essere efficacemente adottate se i consumatori, in modo generalizzato, valutano il valore solo sulla base di uno o di pochissimi attributi (es. il gusto, la convenienza, ...) o non presentano esigenze particolari, per cui privilegiano prodotti standardizzati caratterizzati da buone funzionalità d'uso e da un prezzo conveniente. Nel primo caso, la strategia indifferenziata risulta vincente se l'impresa è in grado di differenziarsi dai concorrenti per gli attributi giudicati dai consumatori più rilevanti, raggiungendo livelli di eccellenza a prezzi competitivi o offrendo una qualità accettabile a prezzi molto più convenienti di quelli dei concorrenti. Un classico esempio è costituito da Nutella. Un altro esempio è storicamente rappresentato dalla Coca-Cola, che però diversifica le politiche di comunicazione tra Paesi a seconda delle abitudini di consumo e, negli ultimi anni, ha articolato l'offerta creando prodotti per segmenti di mercato specifici (Coca-Cola light, Coca-Cola zero). Nel secondo caso molto importanti sono la notorietà della marca e la capillarità della distribuzione. È una strategia adottata, ad esempio, per vari prodotti alimentari, che offrono con lo stesso marchio una pluralità di gusti senza selezionare target specifici (esempi sono offerti da vari produttori di yogurt, di tisane, pelati, ecc.). Il principale vantaggio della strategia indifferenziata è il contenimento dei costi, ma essa presenta il rischio di erosione di quote di mercato da parte di imprese con offerte di valore mirate su singoli segmenti;

b) **strategie differenziate**. L'impresa tende a coprire ampia parte del mercato rivolgendosi ai vari segmenti con differenti politiche di marketing mix. Queste strategie richiedono ingenti risorse umane, tecniche e finanziarie, ma possono consentire di raggiungere elevati volumi di vendita, in quanto consentono di conciliare politiche di offerta anche molto differenti senza che si danneggino reciprocamente sul piano dell'immagine. Un esempio è offerto da varie imprese che operano nel settore automobilistico, che si rivolgono a differenti target con marchi, modelli, politiche di comunicazione e livelli di prezzo differenti. Si pensi al gruppo Autogerma, che utilizza i marchi Volkswagen, Audi, Skoda, Seat, Porsche, Bentley, Bugatti, ecc. Ognuna di queste marche offre poi linee di prodotto dirette a segmenti specifici (Passat, Golf, Polo, ...), che comprendono molteplici modelli volti a soddisfare consumatori che ricercano benefici differenti.

Se l'impresa, invece di rivolgersi a tutto il mercato, **focalizza l'attenzione solo su alcuni segmenti**, le strategie adottabili sono:

a) strategie di **specializzazione su segmenti multipli**, consistenti nell'individuazione di vari segmenti-obiettivo, che possono essere aggregati per alcune similarità in un macro-segmento oppure essere considerati distinti ma raggiungibili con un prodotto che presenta caratteristiche tali da risultare attrattivo per tutti. Un esempio del primo tipo è offerto dallo shampoo Johnson: originariamente rivolto esclusivamente al segmento dei bambini, ha poi modificato il suo mercato obiettivo identificandolo nelle persone con capelli delicati, che comprende i bambini ed una parte degli adulti. Un esempio del secondo tipo è la strategia adottata da alcuni produttori di SUV (*Sport Utility Vehicle*), che rivolgono la loro offerta sia a chi ha bisogno di un fuoristrada per esigenze funzionali, sia ad un segmento di consumatori che sceglie il SUV per ragioni di prestigio o di divertimento. Queste strategie possono consentire di ampliare i mercati di riferimento contenendo i costi. Talvolta danno luogo a modalità innovative di segmentazione del mercato, che possono essere alla base del successo competitivo di un prodotto;

b) **strategie concentrate**, che selezionano un segmento come mercato obiettivo, ma configurano l'offerta in modo tale da poter risultare di interesse anche per altri segmenti. Molti esempi possono essere fatti al riguardo: la nuova 500 Fiat è pubblicizzata come utilitaria di alto livello soprattutto per giovani, ma è acquistata da segmenti di tutte le età; i prodotti di Zara, a basso prezzo e rivolti ad un segmento di giovani, vengono sempre più spesso acquistati anche da persone di alto reddito e non più giovani, che li associano ad altri capi di abbigliamento magari di prezzo molto elevato; all'opposto, scarpe di marche di prestigio (Tods, Hogan) vengono acquistate anche da persone fuori target per il loro confort e la qualità. Queste strategie, che puntano ad associare una precisa identità con volumi di fatturato ampi, presentano tuttavia il rischio di fare perdere alla marca nel tempo la sua caratterizzazione;

c) **strategie focalizzate**, consistenti nella scelta di un solo, circoscritto, segmento obiettivo, in funzione del quale è progettata la value proposition in modo da garantire una prestazione ad elevata appropriatezza. Questa strategia può trovare applicazioni differenti. Può essere adottata per prodotti pensati per funzioni o esigenze molto specifiche: si pensi ad un prodotto come Perlana Black Magic, detersivo creato per lavare i capi di abbigliamento neri mantenendone il colore originale, oppure a Finish Sale Special per lavastoviglie, o ancora ai prodotti per celiaci o per gruppi etnici con abitudini alimentari distinte. Può essere adottata anche per marche che si caratterizzano per significati simbolici fortemente connotativi di specifici gruppi. Possono essere marche *status symbol*, ma possono anche essere marche vissute da gruppi di consumatori come fattori aggreganti del gruppo o come simboli che identificano chi fa parte del gruppo. Si pensi alla Harley Davidson o alla Ducati, intorno alle quali si sono formate delle "comunità di marca", in quanto fungono da piattaforma relazionale tra individui che condividono scelte di consumo e un'analoga visione del mondo. Quando la strategia di focalizzazione si fonda soprattutto sul significato comunicazionale della marca, l'impresa che l'adotta deve scoraggiare i consumatori che non rientrano nel segmento prescelto ad acquistarla, in modo da salvaguardare l'immagine distintiva e connotativa della marca.

Nell'ambito delle strategie focalizzate una particolare caratterizzazione assumono le **strategie di nicchia** (Mattiacci, 2008). La nicchia è uno spazio di mercato di dimensioni contenute, formato da consumatori che presentano esigenze specifiche e sono disposti a riconoscere un plusvalore alle imprese in grado di soddisfarle con offerte appropriate, per competere nel quale sono richieste capacità distintive acquisibili solo con investimenti specifici (in ricerca, in marketing, in impianti, in relazioni, ...), che determinano consistenti barriere all'entrata nei confronti dei concorrenti potenziali. Quindi, una strategia di nicchia si distingue dalle altre strategie focalizzate in quanto non implica solo una strategia di marketing appropriata ma orienta tutta la strategia competitiva dell'impresa e può quindi essere perseguita solo da imprese con capacità specifiche. Gli esempi sono moltissimi. Il più noto: la Ferrari. Ma si possono citare molti altri esempi riferibili a medie imprese italiane. Uno, emblematico delle specificità del made in Italy, è quello della FIAM, azienda di Pesaro che progetta, sviluppa e produce elementi di arredo in vetro curvato, realizzati seguendo processi artigianali e industriali insieme. La FIAM nella lavorazione del vetro curvato, può definirsi unica al mondo. Le sue creazioni rappresentano ormai storici "capolavori", originali per concezione progettuale, inimitabili per rigore stilistico e impeccabile esecuzione. Queste capacità le hanno permesso di acquisire una leadership nella nicchia di mercato di riferimento;

d) **strategie di marketing one to one**. Le nuove possibilità offerte dalla tecnologia hanno portato alcuni autori a sostenere che bisogna affinare i processi di segmentazione fino a gestire il singolo individuo consumatore come controparte dell'impresa. La prospettiva è quella di giungere, in condizioni di redditività soddisfacente, a personalizzare l'intero marketing mix. Il "marketing individualizzato" comprende e serve gli interessi e i bisogni di gruppi selezionati di consumatori, i cui profili sono ben noti all'impresa e implica l'adattamento e la personalizzazione dell'intero sistema di offerta, a partire dal prodotto/servizio fino alla fatturazione, package, servizi logistici e distributivi, comunicazione, prezzo e così via. Questi tipi di strategie trovano ampia applicazione nel *BtoB*, soprattutto nei confronti dei principali clienti, e nel trade marketing, verso le grandi catene di distribuzione. Più limitate sono state finora le applicazioni nel *BtoC*, ma le nuove possibilità offerte dai *social network*, dall'analisi dei *big data* e da *software* specifici di conoscere nel dettaglio le attese, le valutazioni, i percorsi di ricerca dei singoli consumatori hanno aperto nuove potenzialità anche in questo campo. Il marketing *one to one* nel *BtoC* può assumere molteplici forme. Può limitarsi alla personalizzazione del rapporto ("marketing di relazione diretta"), attuata mediante comunicazioni e promozioni personalizzate. Oppure può spingersi fino alla personalizzazione del prodotto, con gradi di coinvolgimento dei clienti che possono variare dalla personalizzazione solo di taluni aspetti estetici (es. l'indicazione del nome dell'acquirente sul prodotto) fino alla co-progettazione del prodotto con un suo coinvolgimento nelle fasi di progettazione e realizzazione.

Queste politiche, che richiedono all'impresa di realizzare prodotti personalizzati di massa (*mass customizer*) e, nel contempo, di diventare *one-to-one marketer*, capaci di ottenere da ogni cliente informazioni sui suoi specifici bisogni e desideri, richiedono cambiamenti gestionali che non riguardano solo il marketing, ma anche l'organizzazione della produzione, la logistica, la stessa cultura d'impresa (Pine II e ass., 1994). Va, peraltro, anche valutato che la personalizzazione dei prodotti, al di là di certi limiti, si inserisce in un contesto di *utilità decrescenti*, in quanto aggiunge servizi supplementari apprezzati dal singolo individuo ma non modifica il "servizio di base" del prodotto (Cozzi, 1995).

BOX N. 1

LA SEGMENTAZIONE INVERSA

Il processo di segmentazione esaminato nel testo si basa su una metodologia top-down, ovvero è l'impresa che, prima di lanciare il prodotto, decide come disaggregare il mercato di riferimento e su quali segmenti obiettivo puntare.

Si può però seguire una metodologia alternativa (bottom-up) per definire il target di riferimento, partendo dalle esperienze realizzate per giungere a selezionare le tipologie di consumatori presso i quali il prodotto ha riscosso maggiore successo, orientando successivamente le strategie di marketing verso una maggiore penetrazione nei segmenti ai quali tali consumatori appartengono. Questa metodologia è denominata segmentazione inversa e si fonda su un processo di auto-selezione dei clienti, puntando a replicare i casi di successo.

La segmentazione inversa richiede di adottare la seguente procedura:

1. analisi dei rapporti con i clienti attuali;
2. valutazione del livello di soddisfazione, fedeltà, partnership;
3. individuazione del profilo dei clienti che manifestano la più alta soddisfazione. Comprensione dei fattori alla base della loro valutazione. In questa fase è anche possibile identificare più gruppi di clienti che basano la positività del loro giudizio su caratteristiche differenti del sistema di prodotto offerto;
4. aggregazione dei clienti con più alta soddisfazione in segmenti, in funzione della analogie che presentano in funzione dei criteri di segmentazione normalmente utilizzati (criteri descrittivi, comportamentali, riferiti ai benefici ricercati);
5. valutazione delle possibilità di sviluppo nei segmenti così ottenuti . Definizione dei nuovi clienti da ricercare e contattare. Impostazione delle politiche di marketing da adottare per replicare i casi di successo.

La segmentazione inversa è adottata soprattutto nel settore BtoB. Può rivestire notevole interesse per le piccole imprese. Può seguire la segmentazione top-down nel lancio di un prodotto, sviluppando nella fase successiva all'introduzione del prodotto nel mercato un processo adattivo fondato sull'apprendimento derivante dai risultati conseguiti.

3. LA VALUE PROPOSITION

3.1. MULTIDIMENSIONALITÀ DEL CONCETTO DI VALORE

Dopo aver definito il mercato-obiettivo, occorre rispondere alla domanda: "perché i consumatori che appartengono al nostro target ci dovrebbero comprare?". La risposta va cercata nell'offerta di un sistema di prodotto che presenti per tali consumatori un valore superiore a quello dei prodotti concorrenti e nella capacità di fare efficacemente percepire gli elementi di superiorità della nostra proposta. Come è già stato chiarito in altre parti del testo (*supra*, cap. 1), la capacità di creare valore per i clienti costituisce il punto di riferimento essenziale per tutte le decisioni di marketing ed uno dei due pilastri su cui si fonda la competitività dell'impresa (l'altro è lo sviluppo di capacità distintive per ottenere vantaggi competitivi significativi e difendibili nel tempo).

Il valore per il cliente (*customer value*) deriva dal differenziale tra i benefici che riceve dall'acquisto e l'utilizzo del bene ed i sacrifici che deve sopportare per poterli conseguire.

I *benefici* possono essere di diversa natura (Valdani, 2011) (cfr. fig. 3):

– ***benefici funzionali***: fanno riferimento al ruolo che il sistema di prodotto offerto può avere per migliorare i risultati dei processi nell'ambito dei quali viene utilizzato; sono originati dalle funzioni d'uso primarie e secondarie del prodotto, le modalità con cui vengono assolte (materiali, componenti e tecnologia utilizzati, costi di esercizio, ecc.), la durata e l'affidabilità, gli attributi estetici;

– ***benefici esperienziali***: rispondono alla ricerca di esperienze d'acquisto e di consumo piacevoli e coinvolgenti. L'esperienza è da intendere come una nuova forma di dialogo col consumatore, il quale cerca di soddisfare desideri e vivere situazioni sempre più coinvolgenti, anche attraverso la globalità dei sensi. Possiamo considerare in questa categoria di benefici anche le esperienze di consumo che generano processi di apprendimento nei consumatori, inducendoli a scoprire o ad approfondire la conoscenza di nuove realtà, nuovi stili di vita, nuove modalità di soddisfare i bisogni;

– ***benefici sociali***: possono essere riferiti ai significati simbolici ed espressivi del bene o della marca (possono essere simboli di *status*, espressione di stili di vita, segno dell'appartenenza ad un gruppo, ecc.) oppure ai riflessi sulle relazioni sociali che le altre tipologie di benefici generati dal bene possono avere;

– ***benefici psicologici***: quando l'acquisto e l'utilizzo del bene concorrono all'autorealizzazione, generano autostima, sicurezza, sono vissuti come tramite per la realizzazione di ideali e obiettivi di vita.

Figura 3. – *Le ruote del valore*

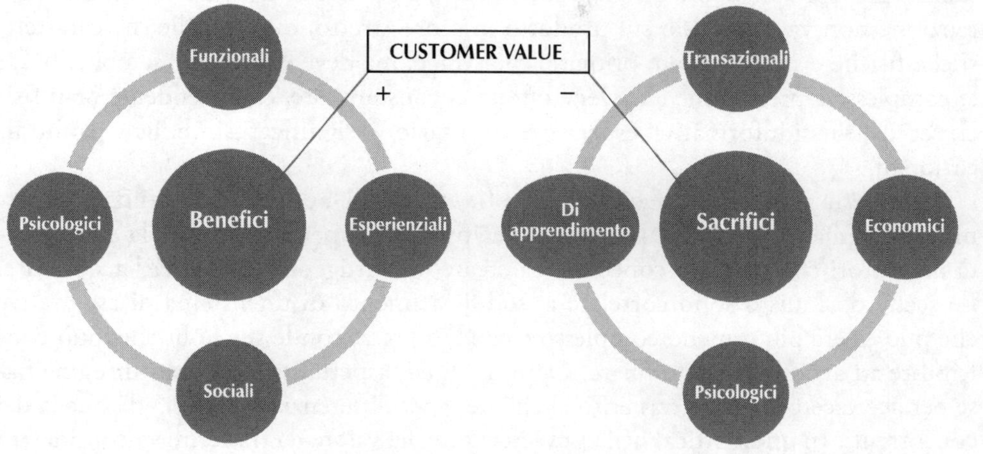

I *sacrifici* possono essere:

– **di natura** ***transazionale***: costi informativi, valutativi, di reperimento; dipendono dal sistema d'offerta e di consegna (capillarità della distribuzione, informazioni fornite, tempi e modalità di consegna, ecc.). L'e-commerce e le informazioni reperibili su internet contribuiscono a ridurre sensibilmente questi costi;

– **di natura** ***economica***: prezzo d'acquisto, costi di esercizio, costi di conversione alla fine del ciclo di vita del bene; modalità di pagamento ed eventuali finanziamenti ottenibili;

– **di natura** ***psicologica***: ansia e insicurezza derivanti dai rischi connessi all'acquisto del bene, che possono essere di tipo funzionale (non corrispondenza agli obiettivi per cui è stato acquistato; valutazioni errate nel confronto con i concorrenti; ...), sociale (es. giudizi negativi da parte del gruppo di appartenenza o di persone con le quali si è in stretta relazione), economico (sostenibilità della spesa, suoi riflessi su altri aspetti dello standard di vita, potenziale esistenza di offerte più convenienti, ...). Fattori rassicuranti possono essere l'immagine di marca, le informazioni comunicate dal produttore, le esperienze passate e la relazione con il produttore o il distributore, le tipologie di utilizzatori ed i loro giudizi, la possibilità di restituire il bene senza costi, le garanzie fornite;

– **di** ***apprendimento***: connessi all'acquisizione di adeguate capacità di utilizzo del prodotto e consistenti nel tempo da dedicare, nell'impegno richiesto, nelle difficoltà da superare, ecc. Molto importanti, sotto questo profilo, sono i servizi e l'assistenza forniti nella fase post-acquisto.

L'elenco dei fattori che concorrono a determinare il valore per il cliente (*value elements*) richiama l'attenzione sulle molteplici leve e modalità di intervento utilizzabili per offrire un valore differenziale. Nella progettazione dell'offerta, quindi, l'attenzione non va posta solo sul prodotto in senso stretto, ovvero sulle sue caratteristiche fisiche e sulle funzioni primarie che svolge, ma deve essere diretta a pianificare la complessiva prestazione che viene offerta al consumatore, comprendente beni fisici, servizi, flussi informativi, esperienze e sensazioni, significati simbolici e comunicazionali.

Per questa ragione, come già si è visto (*supra*, cap. 1), è preferibile utilizzare il termine "sistema di prodotto" piuttosto che "prodotto", per sottolineare la complessità dei fattori che possono concorrere a creare o distruggere valore per l'acquirente. Le scelte d'acquisto sono correlate al soddisfacimento di un sistema di aspettative che può essere più o meno complesso e che l'impresa, con le sue politiche, può contribuire ad arricchire ed ampliare. Ognuna di tali aspettative può costituire una base per accrescere il valore trasferito al cliente e per differenziare l'offerta da quella dei concorrenti. In quest'ottica, nella progettazione del valore da trasferire va considerato tutto il ciclo di attività del consumatore, dalle fasi pre-acquisto, alla fase dell'acquisto, fino alle fasi di utilizzo post-acquisto e di dismissione e sostituzione del bene. In ognuna di queste fasi, infatti, si può intervenire per accrescere i benefici o ridurre i sacrifici per il cliente.

In linea generale, un potenziale cliente è indotto all'acquisto quando i benefici attesi superano i sacrifici da sopportare, ovvero, facendo riferimento alla figura 4, quando percepisce l'offerta dell'impresa collocata al di sopra della bisettrice.

Figura 4. – *Valore = Benefici – Sacrifici*

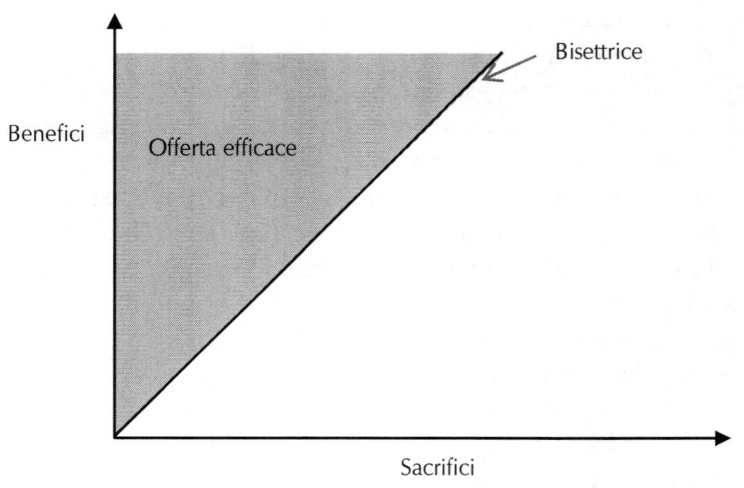

Nella realtà il problema è più complesso, in quanto:

– occorre valutare anche le offerte dei concorrenti, in quanto il consumatore formula i suoi giudizi in termini comparati e non assoluti;
– alcuni acquisti avvengono d'impulso senza una comparazione dei benefici/sacrifici che ne derivano, o sono dettati dall'abitudine;
– possono sussistere situazioni di mercato (es. monopolio) o di contesto (stato di necessità) che inducono all'acquisto anche se la transazione risulta sfavorevole o, viceversa, possono indurre a non effettuare l'acquisto anche se i benefici attesi superano i sacrifici da sopportare.

Il confronto tra benefici e sacrifici può essere rappresentato in termini sottrattivi o in forma di rapporto (Raimondo, Miceli, 2005).

$$V = B - S \quad \text{oppure} \quad V = \frac{B}{S}.$$

Nel primo caso lo scambio risulta di interesse per il consumatore se il valore che ne deriva è maggiore di zero. Nel secondo caso, se è maggiore di 1. Esprimere il valore in forma di rapporto può meglio spiegare, relativizzandola, la valutazione delle alternative d'acquisto. Considerando la comparazione con i concorrenti l'espressione può essere così riformulata:

$$\Delta V = \frac{B_x}{S_x} - \frac{B_y}{S_y}.$$

Dove:

ΔV indica il valore differenziale (rispetto alle alternative di scelta) attribuito dal consumatore;

B_x e B_y indicano rispettivamente i benefici percepiti per i prodotti delle imprese X e Y;

S_x e S_y indicano rispettivamente i sacrifici percepiti per i prodotti delle imprese X e Y.

Salvo casi particolari, **perché un consumatore sia indotto all'acquisto occorre che sia l'equazione 1 che l'equazione 2 risultino maggiori di 1, cioè occorre che tragga un vantaggio dalla transazione e che tale vantaggio sia superiore a quello riconosciuto alle offerte dei concorrenti.**

3.2. LA FORMULAZIONE DELLA CUSTOMER VALUE PROPOSITION

La customer value proposition definisce il valore progettato, specificando come la complessiva prestazione fornita al consumatore deve generare un valore differenziale, rispetto ai concorrenti, per il target scelto. Identifica, quindi, gli elementi che distinguono e rendono superiore l'offerta di valore dell'impresa, collegandoli alla gerarchia delle aspettative dei consumatori riferita sia ai benefici ricercati, sia ai sacrifici percepiti. È una **espressione verbale che precisa le linee guida da seguire nella progettazione del sistema di prodotto e nella formulazione delle politiche di marketing** da porre in atto durante il suo ciclo di vita.

Per definire la customer value proposition occorre:

- analizzare quali sono i fattori che concorrono a determinare il valore percepito della prestazione dell'impresa e l'importanza che i consumatori assegnano ad ognuno di essi;
- valutare le prestazioni offerte dai concorrenti per comprendere su quali elementi fondano la loro offerta di valore e per quali aspetti si determina un gap tra le attese dei consumatori ed il sistema di prodotto da loro offerto;
- considerare le proprie capacità distintive e gli obiettivi strategici perseguiti, per valorizzare i propri punti di forza e garantire una coerenza tra la strategia aziendale complessiva e la strategia di marketing.

Per capire quali fattori concorrono a determinare il valore attribuito alla prestazione dell'impresa e l'importanza di ognuno di essi, **è necessario esaminare come quella prestazione si inserisce nei processi mediante i quali i consumatori cercano di conseguire gli obiettivi che perseguono nella vita.** Occorre, cioè, considerare che i prodotti sono mezzi per raggiungere dei fini, per cui vanno progettati in base alle relazioni che sussistono tra gli obiettivi che il consumatore vuole raggiungere e la decisione di acquistare un determinato bene o servizio. Questo implica comprendere come si configura, per le diverse tipologie di prodotti, la gerarchia mezzi-fini.

Tre elementi entrano in gioco nella **catena mezzi-fini** (Busacca, Bertoli, 2017):

– i valori individuali;
– i benefici ricercati;
– gli attributi dei prodotti.

I valori individuali si collocano al livello più elevato della catena. **Possono essere definiti come "rappresentazioni mentali di importanti finalità che il cliente vuole raggiungere nella vita"** sul piano delle condotte apprezzate dai gruppi sociali di riferimento, dell'autostima e delle condizioni di esistenza, della concezione della società e delle relazioni umane. Ad esempio, la scelta di acquistare un prodotto può essere condizionata da come contribuisce a creare accettazione o apprezzamento da parte dei gruppi di appartenenza o di riferimento (si pensi all'acquisto dell'ultima versione appena disponibile dello smartphone), da come concorre alla concretizzazione delle proprie aspirazioni ed all'autorealizzazione (es. l'acquisto di prodotti costosi per praticare hobby a cui si tiene molto: una moto di grossa cilindrata, una macchina fotografica professionale; oppure di prodotti con forti valenze culturali: un libro, uno spettacolo teatrale, un viaggio), dalla sua coerenza con valori propugnati quali la salvaguardia dell'ambiente (prodotti che puntano sul green marketing) o il rispetto dei diritti umani (marche rifiutate perché taluni processi produttivi si basano sullo sfruttamento di manodopera minorile). I valori possono essere strumentali, cioè funzionali al conseguimento di fini di livello superiore (ad esempio la solidarietà) o terminali, come la serenità, la felicità.

I benefici ricercati nel bene o nel servizio rappresentano il contributo che esso può dare alla soluzione di problemi o al conseguimento di specifici obiettivi. Ad esempio nell'acquisto di una bicicletta i benefici ricercati potrebbero essere: sicurezza, comodità, miglioramento delle prestazioni, minimizzazione dello sforzo richiesto per conseguire una determinata prestazione, innovatività, immagine percepita dagli amici, ecc. I benefici possono essere di tipo funzionale (es. miglioramento prestazioni) o psico-sociale, connessi ai significati simbolici e comunicazionali del bene (es. immagine percepita).

Gli attributi del prodotto rappresentano le caratteristiche del bene/servizio che i consumatori associano a determinati risultati funzionali o di immagine (nell'esempio della bicicletta, i benefici ricercati possono essere associati al telaio in carbonio, al peso, al colore, alla gamma delle moltipliche, alla tecnologia del cambio, ...). Gli attributi possono essere concreti (es. contenuto calorico di un cibo) o astratti (design, immagine di marca).

Progettare la customer value proposition semplicemente adeguandosi alle richieste che i consumatori formulano con riferimento agli attributi che il sistema di prodotto dovrebbe avere, rischia di impoverire fortemente la capacità di innovazione dell'impresa. È meglio assumere un'ottica più ampia, considerare i benefici ricercati dal consumatore e le finalità che vuole raggiungere e, in funzione di questi, ricercare soluzioni innovative che gli consentano di conseguire in modo più soddisfacente ed efficiente gli obiettivi perseguiti. Occorre in altri termini adottare verso le richieste dei consumatori non un'ottica adattiva ma un approccio pro-attivo, sempre basato, però, su un'attenta valutazione delle sue aspettative e dei suoi vincoli e sul perseguimento della sua soddisfazione.

Questo implica analizzare le relazioni che sussistono, nelle percezioni dei consumatori, tra:

– prodotti e benefici, al fine di comprendere perché per conseguire specifici obiettivi i consumatori si orientano verso determinate tipologie di prodotti;

– prodotti ed attributi, per capire quali attributi assumono maggiore rilievo nella stima del valore del sistema di prodotto offerto e quindi in base a quali valutazioni i consumatori scelgono la marca da acquistare;

– attributi e benefici, esaminando le associazioni mentali che il consumatore adotta ponendo in relazione i singoli attributi del prodotto con i benefici o i sacrifici che ne conseguono. L'impresa può progettare l'offerta di valore partendo da queste associazioni mentali, può cercare di modificarle, può servirsene come segnali di valore per influenzare la percezione della sua offerta.

Nel contempo, è importante considerare come possono essere messi in relazione gli attributi ed i benefici del prodotto con i valori individuali, per creare nuove motivazioni di acquisto o rimuovere resistenze.

La progettazione della *customer value proposition* deve anche basarsi, come inizialmente spiegato, sul confronto con le offerte dei concorrenti, considerata la relatività del concetto di valore. Tale confronto deve tenere anche conto dell'importanza attribuita dal consumatore ai singoli benefici e sacrifici. Possiamo, pertanto, basare la comparazione del valore offerto da due concorrenti sulla seguente formula:

$$VP_{x-y} = \frac{\sum_{i=1}^{n} I \times BA_{ix}}{\sum_{z=1}^{n} I \times SA_{zx}} - \frac{\sum_{i=1}^{n} I \times BA_{iy}}{\sum_{z=1}^{n} I \times SA_{y}}.$$

Dove:

VP_{x-y} indica il differenziale tra il valore del prodotto dell'impresa X e quello dell'impresa Y;

I indica l'importanza data ai singoli benefici e sacrifici;

BA_i indica il livello del beneficio associato all'attributo A_i dei prodotti delle imprese X e Y;

SA_z indica il livello del sacrificio associato all'attributo A_z dei prodotti delle imprese X e Y.

Questa formula, tratta con modifiche dall'approccio adottato da Fishbein (1963; 1967), ipotizza che eventuali convinzioni negative su alcuni attributi possano essere compensate da convinzioni positive su altri attributi. Questo è vero solo in parte, in quanto per alcuni benefici esistono soglie minime al di sotto delle quali il prodotto non viene acquistato anche se presenta vantaggi significativi rispetto ad altri attributi. Analogamente, esistono soglie di sacrificio che non si considerano superabili.

Va inoltre considerato che non per tutti gli attributi del sistema di prodotto la relazione tra la valutazione del livello di positività o negatività assegnato dal consumatore ed il livello dei benefici o sacrifici che ne conseguono si caratterizza come relazione lineare (cfr. fig. 5).

Occorre, infatti distinguere (Busacca, Bertoli, 2017):

– gli attributi *basic*, che in caso di bassa performance determinano una elevata insoddisfazione ma in caso di alta performance l'impatto positivo è limitato. La loro presenza nella proposta di valore dell'impresa è fondamentale ma conviene investire su di essi solo fino al punto che annulla l'insoddisfazione;

– gli attributi *exciting*, i quali sono determinanti per la soddisfazione ma, se non presenti, hanno un impatto marginale in termini di insoddisfazione. Sono la vera fonte della differenziazione e costituiscono un'area di investimento caratterizzata da rendimenti crescenti;

Figura 5. – *Le determinanti della soddisfazione secondo la "three factor theory"*

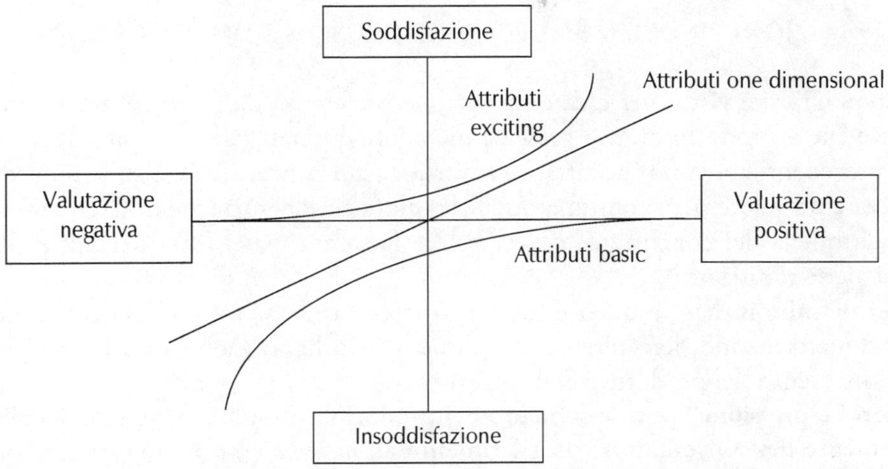

Fonte: Busacca, Bertoli, 2017.

– gli attributi *one dimensional*, che hanno una relazione lineare con la soddisfazione e possono rappresentare sia fattori di differenziazione positiva che fattori di penalizzazione dell'offerta dell'impresa.

La capacità di presentare rispetto ai concorrenti offerte che siano innovative e capaci di creare un valore superiore, incidendo sia sui benefici che sui sacrifici, rappresenta, soprattutto nel contesto odierno fortemente dinamico e con consumatori attenti a selezionare con cura la destinazione delle loro risorse di denaro e tempo, uno dei fattori chiave di successo.

Infine va considerata la coerenza con gli obiettivi e la strategia competitiva perseguiti dall'impresa. Rimandiamo ad altri capitoli (*supra*, cap. 1; *infra*, cap. 5) per l'approfondimento di questo punto. Qui ci limitiamo a ricordare che per la creazione di valore l'impresa può seguire tre strategie base.

Una strategia di leadership di prodotto, focalizzata sull'innovazione, sulle prestazioni del prodotto, sugli attributi estetici, sui suoi significati simbolici.

Una strategia incentrata sulla vicinanza al cliente, che punta sui servizi offerti, sulla personalizzazione delle prestazioni, sulla creazione di relazioni basate sulla fiducia e l'equità.

Una strategia che mira soprattutto all'efficienza, rivolta a garantire standard di risultato accettabili con costi (e sacrifici per i consumatori) contenuti.

4. IL POSIZIONAMENTO DEL PRODOTTO

4.1. DEFINIZIONE ED OBIETTIVI DEL POSIZIONAMENTO DEL PRODOTTO

Come già si è visto, per creare una stabile preferenza da parte del target group occorre che il prodotto offerto presenti un valore differenziale percepito. Nei paragrafi precedenti abbiamo incentrato l'attenzione sui concetti base e sulle procedure per creare un valore per i consumatori. Tale valore deve però anche differenziare l'offerta da quella dei concorrenti e deve essere fatto adeguatamente percepire, altrimenti viene vanificato.

Per definire in base a quali elementi differenziarsi e per comprendere come le diverse marche sono percepite dai consumatori risultano molto utili le analisi sul posizionamento dei prodotti o delle marche.

Con l'espressione "posizionamento del prodotto" si indica come esso si colloca nella mente dei consumatori con riferimento all'*insieme evocato*, ovvero alle alternative di scelta percepite per soddisfare un bisogno o un desiderio, e in base agli attributi che determinano risposte differenziate degli acquirenti.

Va innanzi tutto considerato che l'insieme evocato può modificarsi a seconda dei contesti di riferimento. Ad esempio, se compro una barra di cioccolato per preparare un dolce posso prendere in considerazione un insieme di marche differenti da quelle che valuterei dovendo regalare una scatola di cioccolatini. Se poi voglio fare un dono in occasione di S. Valentino, l'insieme evocato può comprendere prodotti appartenenti a classi merceologiche differenti (cioccolatini, fiori, un libro, un prodotto di bigiotteria, ...) che possono tutti rispondere allo scopo dell'acquisto. Un primo problema da risolvere è, dunque, identificare le alternative di scelta percepite dal consumatore per soddisfare la finalità perseguita.

Anche con riferimento agli attributi che determinano risposte differenziate degli acquirenti l'analisi richiede approfondimenti articolati. Vanno distinti gli elementi di parità (*POP, points of parity*) dagli elementi di differenziazione (Kotler *et al.*, 2012).

Nell'ambito degli **elementi di parità** possiamo distinguere le caratteristiche del prodotto considerate essenziali da quelle che invece possono essere oggetto di differenziazione. Se acquisto un'automobile dò per scontato che la carrozzeria non venga aggredita dalla ruggine per un certo numero di anni: non scelgo la marca in base a questo attributo, ma posso scartare una marca se ritengo che questo requisito non sia rispettato. Analogamente, difficilmente scelgo la banca dove aprire un conto corrente in base alla sua solidità patrimoniale, ma escludo la possibilità di depositare i miei risparmi in una banca che rischia il fallimento. Definiamo questi gli "elementi di parità di categoria" e corrispondono al prodotto atteso. Essi possono variare nel tempo in funzione dell'evoluzione tecnologica o delle attitudini dei consumatori. Gli elementi di parità che possono essere oggetto di differenziazione sono invece definiti "elementi di parità competitivi". Sono riferiti agli attributi del prodotto che due marche presentano con intensità analoga, ma possono anche essere gli attributi di una marca che presentano standard medi rispetto al complesso delle marche concorrenti.

La definizione degli obiettivi da conseguire in termini di punti di parità è funzionale alla minimizzazione dei punti di debolezza. L'analisi degli elementi di parità competitivi delle diverse marche è di ausilio alla identificazione dei punti di debolezza dei concorrenti.

Il posizionamento di un prodotto o di una marca è determinato dai suoi punti di parità ma, soprattutto, dai **fattori che lo differenziano** dai concorrenti e, quindi, gli danno una precisa immagine nella percezione del consumatore.

L'obiettivo delle decisioni di posizionamento è, proprio, di definire e far percepire gli attributi tangibili e intangibili del prodotto in funzione di rilevanti benefici attesi, differenziando l'offerta da quella dei concorrenti, in modo da creare una stabile preferenza per la marca da parte di un target definito.

Per essere realmente efficace il posizionamento dovrebbe essere *esclusivo*, basato su *fattori di scelta rilevanti* per l'acquirente, *difficilmente imitabile* dai concorrenti. Solo alcune marche sono, dunque, chiaramente posizionate.

Si dice che un posizionamento è ***appuntito*** quando un numero rilevante di persone (acquirenti abituali, potenziali o, anche, non interessate all'acquisto) lo percepisce nello stesso modo, gli attribuisce le stesse caratteristiche. Si dice, invece, che è ***disperso***, quando differenti gruppi di consumatori attribuiscono alla marca connotazioni diverse. Un posizionamento appuntito crea più elevate barriere nei confronti dei concorrenti e, quindi, può accrescere la fedeltà alla marca, ma, nel contempo, circoscrive e limita i possibili acquirenti. Un posizionamento disperso dà la possibilità di rivolgere l'offerta ad un mercato più ampio, ma ha un minore potenziale di identificazione e differenziazione. Il mancato posizionamento di una marca può, dunque, derivare da una scelta strategica e non solo da condizionamenti di mercato, vincoli di risorse o limiti di competenze.

4.2. ALCUNE METODOLOGIE PER DECIDERE IL POSIZIONAMENTO

Sul piano analitico gli obiettivi sono:

– comprendere il rilievo attribuito dai consumatori ai differenti benefici che il prodotto può generare, identificando nell'ambito del mercato diversi gruppi di consumatori con aspettative omogenee al loro interno e differenti dagli altri;

– individuare come sono percepiti i prodotti delle marche concorrenti in rapporto ai benefici attesi;

– considerare come si colloca, nella percezione dei consumatori, la nostra marca in rapporto ai benefici attesi dai consumatori ed in rapporto ai concorrenti.

Sul piano strategico il problema da risolvere è trovare una posizione per il nostro prodotto (o per la nostra marca) che:

– lo differenzi dai concorrenti, riducendo così la pressione competitiva;
– assicuri un target di riferimento sufficientemente ampio, in quanto presenta un valore differenziale per un gruppo di consumatori adeguatamente numeroso e con aspettative sostanzialmente omogenee;
– possa essere fatto percepire con politiche di marketing che richiedano budget coerenti con le risorse di cui disponiamo.

Per le analisi di posizionamento possono essere utilizzate tecniche empiriche, basate su intuizioni o valutazioni solo qualitative, o metodologie sofisticate che si avvalgono di strumenti matematici ed informatici.

Tra le prime si può annoverare la tecnica basata su schemi di associazione tra marche e attributi: si sottopone agli intervistati una matrice di prodotti e di attributi chiedendo di indicare come si associano. È un metodo di tipo "disgiuntivo", perché non somma i valori attribuiti per una marca a tutti gli attributi (metodo "congiuntivo") ma considera solo gli attributi di ogni marca giudicati più significativi. Permette di capire se un attributo:

– non è associato a nessuna marca e può rappresentare un'opportunità di differenziazione;
– è associato solo ad una marca (esclusivo), che può quindi avere una posizione dominante tra i consumatori che assegnano a quell'attributo notevole importanza;
– è associato ad un gruppo di marche, che dunque risultano in diretta concorrenza tra loro;
– è associato a tutte le marche e rappresenta un punto di parità e non di differenziazione.

Un quadro informativo più ampio ed esaustivo forniscono le tecniche basate su analisi statistiche multivariate. Senza entrare nel merito dei diversi supporti di elaborazione matematico-statistica dei dati su cui si basano queste analisi, la metodologia adottata può essere sintetizzata nelle seguenti fasi:

a) individuazione del mercato di riferimento e dei potenziali acquirenti che lo compongono;
b) identificazione, solitamente mediante indagini di tipo qualitativo, delle caratteristiche del prodotto che assumono maggiore importanza nel processo di valutazione delle diverse offerte e nelle preferenze ad esse accordate; definizione di una scala di misurazione di tali attributi;
c) rilevazione, presso un campione significativo di consumatori potenziali, dell'importanza attribuita nel processo di scelta ai diversi *value elements*, per identificare la configurazione dei prodotti desiderati (prodotti ideali, che possono essere diffe-

renti a seconda dei consumatori) e quantificare le dimensioni della domanda per ognuno di essi;

d) rilevazione dei giudizi espressi dai consumatori sul possesso di tali attributi da parte delle diverse marche, in modo da comprenderne i fattori differenzianti in termini di benefici e sacrifici e la rispondenza alle attese dei consumatori;

e) applicazione di strumentazioni matematico-statistiche che permettono di condensare in poche dimensioni effettivamente discriminanti le aspettative ed i giudizi rilevati;

f) costruzione di mappe che rappresentino, in uno spazio a due o tre dimensioni i cui assi sono costituiti dai fattori di cui al punto precedente, i giudizi espressi dai consumatori con riferimento agli attributi ricercati ed alle diverse marche. L'addensamento di giudizi in determinate zone della mappa consente di comprendere come si caratterizzano (posizionano) i prodotti "desiderati" (che possiamo denominare *prodotti ideali*) e di identificare il posizionamento delle marche esistenti.

Possono essere costruite varie mappe da analizzare prendendo a riferimento, ad esempio, a due a due, fattori diversi. Ogni mappa può fornire utili indicazioni. Si tratterà di vedere, caso per caso, su quale focalizzare maggiormente l'attenzione.

L'analisi delle mappe di posizionamento può consentire di valutare:

a) come sono percepiti dal mercato i prodotti dell'impresa, se di ognuno di essi si ha una percezione omogenea (posizionamento appuntito) o diversificata (posizionamento disperso), se c'è corrispondenza tra le preferenze espresse da specifici gruppi di consumatori e il posizionamento dei propri prodotti;

b) le posizioni dei prodotti concorrenti, con la conseguente possibilità di distinguere i concorrenti più diretti (con un posizionamento vicino a quello dell'impresa) da quelli che difficilmente possono essere considerati un'alternativa valida all'offerta dell'impresa; l'analisi del posizionamento dei concorrenti può anche consentire di valutare alcuni loro punti di forza e debolezza e aiutare a prevedere le strategie che essi probabilmente adotteranno in futuro;

c) l'esistenza di posizionamenti ideali liberi, che possono costituire opportunità di sviluppo o di riposizionamento per l'impresa.

Dalle analisi sul posizionamento competitivo dei propri prodotti o delle proprie marche possono essere tratte utili indicazioni sulle strategie da adottare.

Queste possono essere:

– **conservative**, ovvero rivolte a mantenere e rafforzare il posizionamento esistente se esso risulta adeguato agli obiettivi dell'impresa;

– di **riposizionamento**, tendenti a modificare la percezione che i consumatori hanno della marca. Può essere il caso di marche il cui posizionamento si fonda su un'immagine che ha perso significatività nel tempo (es. Cynar, che è stata per molto tempo associata all'attore Calindri finendo per essere percepita come bevanda solo per anziani, ha cercato di riposizionare la sua immagine come prodotto per segmenti giovani modificando radicalmente i codici comunicativi) o di marche che vogliono ampliare il loro mercato (lo shampoo Johnson, percepito per molti anni come shampoo per bambini, ha riposizionato la sua immagine come shampoo per capelli delicati, aprendosi un mercato anche tra gli adulti) o di marche che vogliono differenziarsi maggiormente per ridurre la pressione competitiva di taluni concorrenti. Occorre comunque considerare che il riposizionamento di una marca presenta notevoli difficoltà, sia per i fenomeni di inerzia che condizionano le valutazioni dei consumatori, sia per gli effetti di disorientamento che possono determinare segnali contraddittori rispetto a quelli in precedenza trasmessi;

– di **affiancamento**, quando viene lanciato un nuovo prodotto (o una nuova marca), che si affianca a quelli dell'impresa già esistenti, destinato ad occupare un posizionamento diverso dagli altri (ad esempio per occupare un posizionamento ideale libero). Ad es. la Nuova 500 della Fiat si presenta con un posizionamento notevolmente differente da quello della Panda, pur appartenendo allo stesso segmento di auto, e può così rivolgersi a segmenti di consumatori più attenti al design ed all'immagine. Il pericolo, nell'adozione di queste strategie, è di generare fenomeni di cannibalizzazione, ovvero di sottrazione di quote tra prodotti della stessa marca, se le differenze di posizionamento non sono sufficientemente rilevanti;

– di **spostamento delle preferenze** di gruppi di potenziali acquirenti, per assicurare una migliore corrispondenza fra prodotti ideali e posizionamento della propria marca. Ad esempio si può cercare di ridurre l'importanza attribuita dai consumatori al prezzo facendo leva sul proverbio "chi più spende, meno spende", spiegando che chi spende di più e acquista prodotti affidabili e di qualità, ha molte meno probabilità di andare incontro a guasti e problematiche che porteranno a ulteriori spese, rendendo vano il risparmio iniziale. Oppure si può accrescere l'attenzione dedicata a determinati attributi, ad esempio enfatizzando i danni che possono derivare alla salute dai pesticidi e dai concimi chimici per accrescere i benefici percepiti dai prodotti biologici. Queste strategie, però, presentano spesso risultati incerti e possono richiedere rilevanti investimenti;

– di **modifica delle basi di posizionamento**. In questo caso, attraverso la valorizzazione di attributi del prodotto prima trascurati, vengono definiti dei nuovi assi in base ai quali posizionare i prodotti offerti e quelli ideali, rivoluzionando le precedenti percezioni sul grado di similitudine e di differenziazione fra le diverse marche, con l'obiettivo di assumere un'identità fortemente differenziata dai concorrenti. Questa strategia è stata seguita al momento del lancio dal marchio Mulino Bianco che, in un mercato nel quale i biscotti venivano valutati essenzialmente in base alle loro capacità energetiche, ha basato il proprio posizionamento sulla genuinità e la tradizione. Negli ultimi anni in vari settori sono stati utilizzati come nuovi assi di posizionamento valori umanitari e caratteristiche ecologiche: si pensi ai prodotti di Altro Mercato e del Mercato Equo e Solidale, alle uova delle galline allevate a terra, ai detersivi con ricarica per ridurre la plastica della confezione, e così via. È la strategia dai contenuti maggiormente innovativi, con tutti i rischi ed i vantaggi che ne possono conseguire.

Per tradurre queste strategie in politiche operative occorre comprendere le "chiavi del posizionamento", ovvero gli elementi che maggiormente influiscono sulla percezione del possesso di un determinato attributo da parte di una marca. Ad esempio sulla percezione della freschezza di un prodotto potrebbero incidere la confezione, la data di preparazione o di scadenza, la fragranza e così via. Sostanzialmente, per collegarci a concetti esaminati nei precedenti paragrafi, si tratta di comprendere le relazioni esistenti nelle percezioni dei consumatori tra attributi e benefici. Una volta formulate delle ipotesi, occorre procedere a test di mercato che ne verifichino l'attendibilità.

Il posizionamento voluto costituisce il principale punto di riferimento per la formulazione delle politiche del marketing-mix. Il marketing-mix deve essere la realizzazione e la gestione coerente, creativa e permanente del posizionamento. La valutazione dei risultati delle azioni di marketing sul prodotto deve sempre accompagnarsi ad una valutazione sull'impatto di esse sul posizionamento. Ogni scelta che modifica il posizionamento è una scelta strategica per il prodotto.

La customer value proposition e le scelte di posizionamento devono poi tradursi nella progettazione di un sistema di prodotto coerente con le strategie di marketing decise. Il *concept* del prodotto definisce le caratteristiche fisico-funzionali, estetiche, comunicazionali e di servizio che devono caratterizzare l'offerta dell'impresa. Rappresenta il riferimento base per la progettazione di una prima versione del prodotto, per la quale il marketing deve collaborare con le funzioni di R&S e di produzione, che sarà poi sottoposta a test di verifica prima del lancio. La trattazione di questi aspetti sarà sviluppata nel capitolo 6.

DOMANDE PER AUTOVALUTAZIONE

- Perché la segmentazione del mercato è importante?
- Quali sono i tre livelli di segmentazione del mercato?
- Quali sono le quattro fasi del processo di segmentazione del mercato?
- In base a quali criteri si può segmentare un mercato?
- Come si valuta l'attrattività di un segmento?
- Quali sono le strategie di segmentazione adottabili?
- Cosa sono e quali sono i *value elements*?
- Perché un consumatore sia indotto all'acquisto, che rapporto deve sussistere tra benefici e sacrifici determinati dal sistema di prodotto?
- Quali elementi entrano in gioco nella catena mezzi-fini?
- Cosa si intende per posizionamento del prodotto? A cosa è finalizzato?
- Come si costruisce una mappa di posizionamento?
- Quali sono le strategie di posizionamento adottabili?

Capitolo 5

PROGETTAZIONE E PRODUZIONE DEL VALORE: STRATEGIE COMPETITIVE D'IMPRESA E STRATEGIE DI MARKETING

Sommario: 1. Finalità del capitolo. – 2. Strategie d'impresa e strategie di marketing. – 3. Analisi dell'ambiente competitivo. – 4. Vantaggio competitivo: caratteri, strategie di base e strategie cooperative. – 5. Risorse critiche e risorse dinamiche per le strategie di marketing. – Domande per autovalutazione.

1. FINALITÀ DEL CAPITOLO

La capacità competitiva di un'impresa dipende non solo dalla capacità di sviluppare idee innovative in grado di generare valore superiore per i clienti, ma anche dalla capacità di realizzarle in modo efficace ed efficiente. Al conseguimento di questo obiettivo devono concorrere tutte le funzioni aziendali, ma il marketing può svolgere un importante ruolo nel governo strategico di questi processi. L'acquisizione di vantaggi competitivi sui concorrenti e, quindi, costituisce la base per coniugare la creazione di valore per i clienti con la creazione di valore per l'impresa.

Questo capitolo approfondisce l'esame dei fattori e delle strategie che possono contribuire all'acquisizione di vantaggi competitivi da parte di un'impresa, evidenziando il contributo che possono dare la cultura e la funzione di marketing.

Nel primo paragrafo si inquadra il ruolo del marketing nel governo strategico dei processi di produzione del valore, sottolineando come questo ruolo sia venuto assumendo importanza crescente nel tempo. Si considerano poi alcune tra le modalità attraverso le quali procedere all'analisi competitiva, attività che consente all'impresa di ottenere informazioni utili per l'impostazione delle proprie strategie. Vengono poi passate in rassegna le possibili fonti del vantaggio competitivo, chiarendo che esso può trovare fondamento soprattutto nella capacità di creare benefici superiori per i clienti o nella capacità di creare benefici in linea con i concorrenti ma con costi minori. Particolare attenzione è dedicata ai processi evolutivi in atto nei fattori critici di successo. Si passa in seguito ad esaminare le strategie che le imprese possono adottare per conseguire vantaggi sui concorrenti. In quest'ambito vengono presentate non solo le strategie competitive e di sviluppo, ma anche le strategie cooperative che possono permettere di ridurre i vincoli costituiti dalle risorse direttamente possedute.

Per il successo competitivo non è però sufficiente una buona strategia. Occorre che essa trovi alimento e supporto in:

1. un modello di business coerente ed efficace, che metta in grado l'impresa di avere un approccio pro-attivo verso i mercati e di valorizzare ed ampliare le risorse mobilitabili;
2. risorse distintive, tangibili ed intangibili, che contribuiscano in modo determinante a creare benefici differenziali per i clienti ed a ridurre i costi. In questo contesto viene evidenziato come un ruolo sempre più importante abbiano assunto le risorse critiche e dinamiche quali la conoscenza (e la capacità di apprendimento di un'organizzazione) e le risorse di fiducia.

2. STRATEGIE D'IMPRESA E STRATEGIE DI MARKETING [1]

2.1. IL MARKETING ED IL GOVERNO STRATEGICO DEI PROCESSI DI PROGETTAZIONE E PRODUZIONE DEL VALORE

Il marketing, come più volte evidenziato nel corso del testo, contribuisce in modo decisivo alla definizione dei vantaggi competitivi sostenibili nel lungo termine, appropriandosi di una prospettiva di portata strategica (cfr. Wind e Robertson, 1983). In quanto funzione critica nella produzione del valore, il marketing "svolge un ruolo di attività permanente orientata alla conoscenza, alla interpretazione ed al controllo dei fenomeni di mercato" (Marzili, 1979, p. 50). In particolare, il **marketing sostiene l'imprenditore nella gestione strategica dei rapporti impresa-mercato** contribuendo al formarsi dell'immagine imprenditoriale della domanda e alla individuazione di quelle nuove idee che generano posizioni di vantaggio competitivo sostenibile nel tempo (Marzili, 1979). Secondo Webster, il marketing si è evoluto lungo tre dimensioni, quella tattica, quella strategica e quella culturale. Fino agli anni '70, ha prevalso la **dimensione tattica** con l'enfasi sulle decisioni operative di marketing e sui risultati di breve termine espressi in termini di volume delle vendite e quota di mercato. Con gli anni '80, emerge la reale **dimensione strategica** del marketing secondo la quale la strategia di marketing è parte integrante della strate-

---

[1] Di Gaetano Aiello e Raffaele Donvito, Università di Firenze.

gia aziendale con l'obiettivo specifico di definire il comportamento dell'impresa nell'ambito delle arene competitive nelle quali essa è presente. Le fondamenta del marketing strategico, quale creatore di valore per l'impresa, poggiano sui concetti di produzione del valore e sulla conquista di vantaggi competitivi. Ognuno di essi, esplicitato nell'ambito della strategia di marketing trova collocazione nella strategia aziendale ed in quel contesto diviene un rilevante tassello delle decisioni per lo sviluppo d'impresa. Con la conquista della dimensione strategica, esplode il problema della **dimensione culturale** del marketing. Quest'ultima, assieme alle altre due, spiega il ruolo che il marketing si conquista nell'ambito dello sviluppo d'impresa; il marketing rimane una funzione aziendale che contribuisce in modo specialistico al consolidamento di valori distintivi che guidano i comportamenti d'impresa, alla definizione dei contenuti della strategia ed, infine, alla definizione delle decisioni operative. Il marketing modernamente inteso si caratterizza, allora, per la focalizzazione sui problemi competitivi e sociali (Pellicelli, 1988) e perché opera come funzione integrata, a sostegno sia del processo direzionale di definizione dei rapporti a lungo termine dell'impresa con l'ambiente sia dei conseguenti processi di allocazione delle risorse interne (Stanton Varaldo, 1986). È in questo senso che il marketing diviene un supporto indispensabile alla formulazione della strategia ed acquisisce una posizione sempre più integrata con il general management (Valdani, 2000): Il marketing, prima ancora che gestire le variabili del mix, è uno strumento a disposizione della direzione per individuare ed interpretare la complessità ambientale (Scott, 1987 e 1989) e per facilitare la produzione del valore. Questa prospettiva facilita il passaggio da un'impresa dal carattere "reattivo" ad una con spiccata propensione alla "proattività". Nel primo caso, l'impresa giunge a definire la miglior "modulazione" delle variabili del "mix" in funzione delle caratteristiche della domanda, vista come il solo ambiente "critico" a cui riferirsi: una tale visione è limitante e non tiene conto della crescente complessità che le imprese si trovano a dover fronteggiare nella realtà. Nel secondo caso, ci si muove da una critica alla posizione deterministica dell'impresa nei riguardi dei rapporti con l'ambiente[2], ed emerge un nuovo orientamento, favorevole ad interpretare il rapporto impresa-ambiente in modo dialettico, nel quale il management (di imprese guida) assume un carattere proattivo, non più costretto ad adattarsi alle dinamiche in atto, ma anche capace di condizionarle, influenzarle fino al punto di determinarle. La grande dinamicità del macro ambiente, finisce per "riqualificare" il **marketing** che abbandona il ruolo di *riduttore strategico*[3] (nel bre-

---

[2] Tipica della cosiddetta "*Scuola ambientalista*", i cui postulati ponevano, come condizioni basilari per la sopravvivenza dell'impresa, l'adeguamento alle tendenze del momento e la "sensibilità" del management direzionale a comprendere tali mutevoli contingenze (cfr. Ferrero, 1992).

[3] Si noti come, anche in tale concetto, ritorni quello che sarà uno dei "leitmotiv" della teoria relazionale, e cioè la funzione di "*interfaccia*", di "*mediatore linguistico*" tra impresa e ambiente svolta dal marketing (vd. Cozzi, Di Bernardo e Rullani, 1988).

ve termine) dell'eccedente complessità ambientale, per acquisire quello **di sostegno al *governo strategico*** della crescente complessità ambientale in una prospettiva di medio-lungo termine. Prevale un marketing che contribuisce a processi di sviluppo d'impresa nei quali coesistono cambiamento e continuità, un **marketing** essenzialmente **orientato "verso una equilibrata e stabile crescita economica e verso posizionamenti e situazioni di *stabilità e di continuità*"** (Marzili, 2006).

In questo senso il marketing contribuisce a i) definire gli elementi del baricentro strategico dell'impresa (missione, valori, obiettivi generali); ii) analizzare l'ambiente e le risorse (per identificare opportunità e minacce e per valutare le risorse appropriate per competere); iii) definire il campo di attività dell'impresa e le strategie di sviluppo; iv) definire la strategia competitiva (Mattiacci, Pastore, 2014). Di seguito concentreremo la nostra attenzione sul rapporto tra marketing, strategie di sviluppo, ambiente, vantaggio competitivo e risorse critiche e dinamiche.

2.2. IL MARKETING E LE STRATEGIE DI SVILUPPO

L'impresa nella sua pianificazione strategica tiene conto, nella stragrande maggioranza dei casi, dei percorsi da attivare per raggiungere **obiettivi di crescita**, siano essi espressi in aumento delle vendite di un prodotto già sul mercato, in termini di avanzamento nelle quote di mercato di ingresso in ambiti dello spazio economico ancora non presidiati. In via sintetica un'impresa può definire tali obiettivi di crescita su tre aree principali:

– all'interno di un mercato in cui già opera, e si parla in questo caso di strategia di crescita in "senso stretto";
– lungo i diversi livelli della filiera industriale in cui è inserita, mediante una strategia di integrazione;
– al di fuori dell'ambito di attività prevalente (e spesso in altre filiere) attraverso una strategia di diversificazione.

Strategia di crescita in senso stretto. La giustificazione di una strategia basata sulla crescita in senso stretto si ritrova nel fatto che l'impresa non ha ancora sfruttato completamente le opportunità che la sua offerta gli garantisce nell'ambito dei mercati già coperti. Tale crescita può essere ottenuta attraverso tre modalità prevalenti (cfr. fig. 1)[4]: a) la penetrazione del mercato b) lo sviluppo del mercato, c) lo sviluppo del prodotto.

---

[4] La quarta casistica identificata dalla figura 2 ricade nelle scelte di diversificazione che sono trattate di seguito (cfr. Ansoff, 1957, pp. 113-124).

Figura 1. – *La matrice prodotto/mercato di Ansoff*

	Prodotti attuali	Nuovi prodotti
Mercati attuali	Penetrazione del mercato	Sviluppo del prodotto
Nuovi mercati	Sviluppo del mercato	Diversificazione

Fonte: Ansoff (1957).

La ***penetrazione del mercato*** prevede l'aumento delle vendite dei prodotti attuali nei mercati già esistenti tramite, ad esempio, lo sviluppo della domanda primaria, l'aumento della propria quota di mercato, la riorganizzazione del mercato servito (aumento dell'efficacia e dell'efficienza del marketing mix). Lo ***sviluppo del mercato*** implica invece l'aumento delle vendite attraverso introducendo i prodotti attuali dell'impresa in nuovi segmenti, attraverso nuovi canali di distribuzione, in altre are geografiche rispetto a quelle presidiate. Lo ***sviluppo del prodotto*** mira all'incremento delle vendite dovuto al perfezionando dei prodotti o attraverso l'elaborazione di nuovi prodotti destinati a mercati che l'impresa già serve; in questo senso l'impresa può decidere di aggiungere nuove caratteristiche, espandere la propria gamma prodotti, rinnovare la linea di prodotti, ecc.

Strategia di integrazione. Obiettivo della strategia di integrazione è quello di riuscire a migliorare la redditività assumendo il controllo di attività diverse aventi importanza strategica e collocate nella filiera industriale di cui fa parte. La strategia di integrazione può essere operata attraverso tre modalità, in relazione alla direzione di crescita intrapresa nella filiera; si può distinguere dunque tra:

Integrazione a monte, volta a consolidare o difendere una fonte di approvvigionamento di importanza strategica siano esse materie prime, semilavorati, componenti o servizi (Ford che acquista l'azienda di carrozzeria-centro stile Ghia).

Integrazione a valle, volta ad assicurare all'impresa il controllo degli sbocchi di mercato, come ad esempio il controllo della distribuzione mediante lo sviluppo di punti vendita di proprietà dell'impresa (precedentemente non presente a questo livello di filiera; (i punti vendita di proprietà o "directly operated" di Salvatore Ferragamo).

Integrazione orizzontale, tesa invece a rafforzare la posizione concorrenziale assunta in uno specifico livello della filiera tramite l'assorbimento (acquisizione) o il controllo di specifici concorrenti (il Guppo Coin che acquista UPIM).

Strategia di diversificazione. La strategia di diversificazione, nella sua modellizzazione classica, e riassunta nella figura 3, prevede l'ingresso di un'impresa in nuovi mercati con nuovi prodotti rispetto a quelli si qui realizzati dalla stessa. Tuttavia, potremmo definire diversificazione quella condotta strategica che porta l'impresa a scegliere di operare su più prodotti-mercati caratterizzati da un certo livello di eterogeneità. In particolare, è proprio dall'entità del grado di difformità tra i prodotti-mercati che si distinguono due approcci di diversificazione, ognuno dei quali risponde a particolari motivazioni: *la* ***diversificazione concentrica*** *e la diversificazione pura (o conglomerata).* Attraverso la prima, l'impresa si affaccia in altri prodotti-mercati rispetto a quello di origine con l'obiettivo di aggiungere al suo portafoglio nuove attività che siano complementari alle attività esistenti sul piano tecnologico e/o commerciale, in modo da generare economie di scala o sinergie tra attività. È il caso della Yamaha, operante nel settore dei motocicli, dei motori marini (Yamaha Motor) e degli strumenti musicali (Yamaha Corporation); in questo caso il legame è riscontrabile nella natura generica del bisogno che Yamaha intende soddisfare, ovvero "l'enjoyment". Allo stesso modo Armani è entrato con Armani Casa nell'arredo, estendendo il concetto di total look e di stile dalla persona agli ambienti. Nel caso **diversificazione pura (o conglomerata)**, l'impresa decide di entrare in nuove attività che non manifestano alcun rapporto con le attività presidiate, né sul piano tecnologico né su quello commerciale. Preminente obiettivo di questo percorso è spesso la ripartizione del rischio finanziario su una serie di attività tra loro non collegate; tuttavia si deve sottolineare come il ricorso continuo alle operazioni di diversificazione e anche la scelta di coprire troppi prodotti-mercati senza alcun legame reciproco, espongano ugualmente l'impresa a una serie di rischi gravi (l'impresa ad esempio può perdere i suoi caratteri distintivi che gli consentivano di ottenere una posizione competitiva favorevole) e siano molto complesse da gestire. General Electric (GE) è un esempio di conglomerata, avendo diversificato il rischio del portafoglio dei propri business, operando nei settori della tecnologia, della produzione, della finanza e dei media.

3. ANALISI DELL'AMBIENTE COMPETITIVO [5]

L'analisi dell'ambiente competitivo rappresenta una delle attività chiave per la progettazione e produzione del valore secondo un'ottica di marketing. Essa com-

---

[5] Di Andrea Runfola, Università di Perugia.

prende una serie di modelli e strumenti che consentono di fornire una base conoscitiva utile all'impresa per orientare le decisioni e le strategie aziendali e di marketing, ed in definitiva competere con efficacia in mercati sempre più complessi. Ciò premesso, in questo paragrafo vengono presentate tre principali aree di analisi competitiva. La prima riguarda l'analisi dei fattori strutturali dell'ambiente competitivo. La seconda area fa riferimento alle attività di comparazione con i competitor. La terza area riguarda, un aspetto più specifico, connesso all'analisi della quota di mercato dell'impresa e delle sue componenti. Si tratta di tre aree di analisi che sono tra di loro interrelate, e che da elementi più generali relativi alla struttura dell'ambiente competitivo vanno poi ad inquadrare elementi più di dettaglio relativi a singoli concorrenti ed alle performance competitive dell'impresa.

3.1. I FATTORI STRUTTURALI DELL'AMBIENTE COMPETITIVO

Una prima area di analisi riguarda l'identificazione dei potenziali concorrenti dell'impresa e della loro capacità di esercitare un'azione competitiva in grado di ridurre l'efficacia delle strategie di marketing dell'impresa. In questo senso occorre evidenziare come nel corso degli ultimi decenni nuove tendenze nell'ambiente competitivo, come l'avvento della digitalizzazione ed in generale delle nuove tecnologie, rendono sempre più difficile comprendere a pieno gli attori che possono esercitare una pressione competitiva sulle strategie dell'impresa. Diventa quindi rilevante effettuare in prima istanza una analisi tesa a identificare la struttura dell'ambiente competitivo e delle forze che lo compongono.

Con riferimento a ciò un modello che ha trovato ampia diffusione negli studi di management e di marketing è quello noto come **modello delle cinque forze competitive** o **modello della concorrenza allargata** (Porter, 1982). L'elemento peculiare di tale modello, infatti, riguarda il fatto che viene rilevato come la pressione competitiva non provenga solo dai concorrenti diretti del settore quanto piuttosto anche da altri potenziali attori (fig. 2).

In particolare, le cinque forze competitive nel modello della concorrenza allargata sono identificate nelle seguenti: (a) i *concorrenti diretti*, ovvero imprese operanti nel business che offrono un prodotto mirante a soddisfare la stessa funzione d'uso attraverso la medesima tecnologia rispetto al prodotto dell'impresa; (b) i *potenziali entranti*, ovvero imprese che non operano nel business dell'impresa e che possono avere un potenziale interesse per un ingresso nel settore; (c) i *produttori di prodotti sostitutivi*, quindi imprese che propongono un prodotto che si caratterizza per il soddisfacimento della stessa funzione d'uso del prodotto dell'impresa, ma attraverso una tecnologia differente; (d) gli *acquirenti*, ovvero i clienti dell'impresa, il cui comportamento può esercitare pressione competitiva sull'impresa; (e) i *fornitori*, che analogamente al caso dei clienti, possono porre in essere azioni in conflitto con le strategie aziendali.

Per ogni forza competitiva è cruciale identificare le modalità attraverso le quali essa può esercitare competizione all'impresa.

Figura 2. – *Il modello delle cinque forze competitive di Porter*

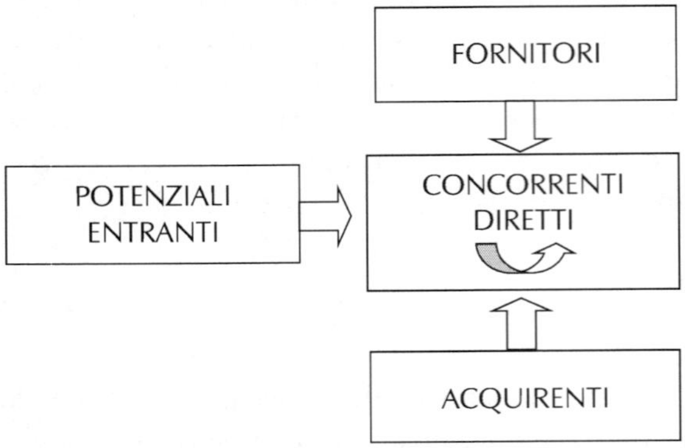

Fonte: Porter (1982).

Per quanto riguarda l'intensità della competizione proveniente dalla *concorrenza diretta*, essa discende da una serie articolata di fattori, come ad esempio il tasso di crescita del settore, piuttosto che la forza della marca dei singoli competitor, il grado di differenziazione tra i prodotti degli stessi, il livello dei costi o il grado di concentrazione del settore (Burresi, Aiello e Guercini, 2006). Ogni fattore incide sull'intensità competitiva sia singolarmente che in combinazione con gli altri. Si prenda ad esempio il grado di concentrazione del settore. Vi sono numerosi ambiti competitivi caratterizzati dalla presenza di pochi attori che rappresentano la quota maggioritaria delle vendite del mercato. Molti mercati maturi nel largo consumo (come nel caso di molti prodotti grocery), che si connotano per livelli di concentrazione di questo tipo, presentano anche un tasso di crescita del settore relativamente basso. In questo caso, in presenza di una sostanziale staticità della domanda, le imprese, oltre che cercare di aumentare la marginalità presso i propri clienti, sono impegnate a sottrarre clienti ai competitor. Ne segue, che il livello di competizione tra i concorrenti può essere piuttosto marcato.

Per quanto riguarda i *potenziali entranti*, come anticipato, ci riferiamo a soggetti potenzialmente interessati al business dell'impresa, e che quindi sono in grado di entrare nel settore proponendo una propria offerta di valore per il cliente. A titolo esemplificativo, si pensi al caso di Huawei, impresa di origine cinese, che in Italia è riuscita ad ottenere posizioni di rilievo nella vendita di smartphone nonostante la presenza nel mercato di attori leader, come Apple o Samsung. In merito ai potenziali entranti, diventa fondamentale comprendere la possibilità per l'impresa che già opera nel settore di fare leva su delle barriere all'entrata, in grado di ostacolare l'ingresso di questi nuovi potenziali competitor. Se è vero che le barriere all'entrata possono avere diversa natura (Ferrucci, 2000), è interessante rilevare come la tendenza in molti ambiti competitivi a ridurre i vincoli di legge che impediscono l'accesso a determinati settori, fa sì che l'impresa debba fare maggiormente riferimento alla definizione di barriere che discendano da opportune strategie di marketing. In questo senso, ad esempio, nell'ottica di marketing, il brand può rappresentare un elemento in grado di agire come ostacolo all'azione di potenziali entranti, dato che la marca può rappresentare un asset strategico che impedisce ai nuovi entranti l'acquisizione di clienti in virtù di fedeltà e fiducia riconosciute nel tempo alla marca dell'impresa. È pur vero che l'ingresso di nuovi attori può essere contrastato anche proponendo azioni con altre leve di marketing, come ad esempio l'utilizzo della leva del pricing, sulla base dello sfruttamento di eventuali economie di costo (come le economie di scala) che l'impresa può detenere (Ferrucci, Tunisini e Pencarelli, 2014).

Per quanto riguarda i *prodotti sostitutivi*, la forza competitiva si sostanzia nella concorrenza che può essere esercitata da produttori di beni che pur avendo una tecnologia differente svolgono la stessa funzione di base (ad esempio lo smartphone rispetto all'orologio tradizionale per la funzione sveglia piuttosto che il bike sharing rispetto all'acquisto di una bicicletta per gli spostamenti urbani). Per l'impresa non è agevole stimare il livello di sostituibilità del proprio prodotto con altri, dato che in definitiva è un aspetto connesso anche alle percezioni dei clienti. Ad ogni modo, come è noto, un indicatore che può essere utilizzato per stimare il grado di sostituibilità è l'elasticità incrociata, che misura la variazione percentuale della quantità venduta di un prodotto (prodotto A) rispetto alla variazione percentuale del prezzo di un altro prodotto (prodotto B). Laddove all'aumentare del prezzo del prodotto B si assista ad un incremento della quantità venduta del prodotto A, siamo verosimilmente in presenza di due prodotti sostituibili per il cliente.

Anche gli *acquirenti* possono rappresentare una forza competitiva per l'impresa. In prima istanza, essi sono in grado di influenzare la marginalità dell'impresa all'aumentare del potere di negoziazione di cui sono detentori. Questo infatti può influire in misura sfavorevole per l'impresa, ad esempio, sulle condizioni di vendita, come prezzi praticati o tempi di pagamento. In linea generale, il potere di negoziazione del cliente discende da una serie di fattori come il volume degli acquisti (maggiore è il volume degli acquisti del singolo cliente maggiore sarà il potere negoziale), la possibilità di ricorrere ad altri fornitori (più alternative sono disponibili all'acquirente, maggiore sarà il potere negoziale) o ancora il grado di concentrazione degli acquisti del cliente rispetto al totale degli acquisti dei clienti dell'impresa (maggiore è l'incidenza del cliente rispetto agli altri clienti dell'impresa, maggiore sarà anche il suo potere negoziale). La pressione competitiva esercitata dagli acquirenti è sicuramente più forte nel caso dei mercati business to business, dove i clienti sono imprese anziché consumatori finali (Tunisini, 2017). È comunque necessario evidenziare, che con il crescente impatto delle nuove tecnologie, anche i consumatori finali, con le loro azioni possono avere un impatto sulla marginalità dell'impresa. Si pensi a titolo esemplificativo, agli effetti che possono essere ricondotti alle review lasciate da singoli consumatori su siti online (come avviene nel caso del turismo). Oltre che alla forza negoziale, la pressione competitiva esercitabile dal cliente discende anche dalle possibilità che questi ha di procedere a strategie di integrazione verticale a monte. Si pensi ad esempio alla competizione generata dagli attori della grande distribuzione al dettaglio, che oltre a detenere un alto potere negoziale nei confronti delle imprese industriali, in virtù dell'incidenza sugli acquisti dei consumatori finali, presentano nel loro assortimento marche commerciali, che si propongono anche come alternativa a leader di mercato in termini qualitativi oltre che di prezzo.

Come evidenziato in precedenza, anche i *fornitori* possono rappresentare attori in competizione con l'impresa, in virtù del potere di negoziazione che possono detenere. In particolare, è evidente che minore è il numero dei fornitori cui l'impresa può rivolgersi, maggiore sarà il potere che essi possono detenere. Inoltre, laddove l'offerta del fornitore rappresenti una componente strategica per il prodotto dell'impresa, maggiore sarà il potere negoziale da questi detenuto. Anche nel caso del fornitore poi, le possibilità in termini di strategie di integrazione, in questo caso a valle, incidono sulla pressione competitiva che questi possono esercitare.

Benché il modello delle cinque forze competitive sia stato teorizzato negli anni '80 dello scorso secolo, in un contesto competitivo sicuramente meno intenso e complesso di quello attuale, esso mantiene per molti ambiti settoriali una sicura validità che consente di spiegare e comprendere la dinamica competitiva. Tuttavia, nell'ultimo decennio è stato rilevato come l'analisi della struttura dell'ambiente competitivo debba in alcuni ambiti competitivi tenere conto di fenomeni di **convergenza intersettoriale** o di **concorrenza ibrida** (Ancarani e Costabile, 2009). Si parte dall'assunto che è sempre più difficile in alcuni ambiti delimitare gli spazi competitivi, per cui per l'impresa diviene più arduo procedere ad una mappatura dei confini del proprio business e, di conseguenza degli attori in competizione.

Si tratta a ben vedere in molti casi dell'impatto che le tecnologie dell'informazione e della comunicazione (ICT) prima, e della digitalizzazione e dei nuovi paradigmi tecnologici connessi alla quarta rivoluzione industriale nota come Industry 4.0 (Kagermann *et al.*, 2013) più recentemente, hanno avuto su alcuni settori. A ciò si aggiunga che è sempre più frequente una convergenza tra mondo online e offline, con attori del mondo fisico in competizione crescente con soggetti del mondo online (si pensi ad esempio al caso dell'acquisto di prodotti di elettronica di consumo su portali online piuttosto che in store fisici o ancora la recente diffusione degli acquisti di abbigliamento nel mercato online, con particolare riferimento al caso del lusso). Vi è poi anche una evoluzione della domanda, con l'apprezzamento da parte dei consumatori di nuove funzioni connesse ai prodotti. Si pensi ad esempio alla diffusione di prodotti cosiddetti "smart" (come ad esempio gli smartwatch) che consentono in unico prodotto la presenza di funzioni multiple e che hanno un potenziale di connessione con altri prodotti attraverso Internet o mediante specifiche applicazioni per smartphone (Tunisini, 2017). In sintesi, nuove dimensioni tecnologiche e dinamiche di mercato generano processi di convergenza tra attori in precedenza appartenenti a settori ben distinti e che si trovano invece sempre più frequentemente a competere tra di loro in quello che viene ad essere considerato come un "metamercato" (Valdani e Ancarani, 2009) i cui confini non sono ben identificabili. Come anticipato la tendenza a creare metamercati è sicuramente riconducibile all'impatto della digitalizzazione. Si pensi ad esempio al caso della visione di contenuti come film o serie TV in Italia. Mentre in passato il mercato era dominato da operatori tradizionali del mondo televisivo, l'avvento di nuovi attori come Netflix, piattaforma che consente la visione di contenuti attraverso Internet, piuttosto che Amazon, con il servizio Prime Video, rende più complessa l'analisi della struttura concorrenziale del settore. In sostanza, l'ambiente competitivo diventa più complesso da comprendere se analizzato con modelli tradizionali, come quello della concorrenza allargata, perché attori che appartengono a settori diversi, in realtà tendono a far parte di un ambito competitivo più ampio i cui confini però non sono ben identificabili. Occorre inoltre evidenziare come il processo di convergenza intersettoriale non avvenga solo in contesti competitivi connessi alle ICT, ma anche nel caso di ambiti più tradizionali. Secondo Ancarani e Costabile (2009), tenendo conto dei fenomeni di concorrenza ibrida un'impresa dovrebbe valutare la possibilità di essere soggetta a pressioni competitive, analizzando tre fattori principali che la possono determinare: (a) la *tecnologia*, che nella sua evoluzione incide sulla possibilità per attori anche lontani dal business dell'impresa di esercitare una forza competitiva; (b) il livello di *competizione* tra le imprese del settore, che se particolarmente marcata, stimolando l'innovazione tecnologica e la ricerca di nuove soluzioni di prodotto, spinge verso lo sviluppo di nuove funzioni; (c) le *dinamiche della domanda*, e quindi il cambiamento dei bisogni e l'apprezzamento da parte dei consumatori finali per beni che offrono contemporaneamente più funzioni.

3.2. LA VALUTAZIONE DELLE RISORSE E DELLE CAPACITÀ ALLA BASE DEL MODELLO DI BUSINESS DEI COMPETITOR

Una seconda area di analisi dell'ambiente competitivo riguarda la valutazione del modello di business dei competitor, e delle risorse e capacità che ne sono alla base. Questa attività di studio comparativo dei concorrenti è nota anche come attività di benchmarking (Watson, 1993). L'analisi in questo caso passa da aspetti di taglio più generale, come quelli inerenti i fattori strutturali del business (affrontati nel paragrafo precedente), ad elementi di dettaglio connessi allo studio di singoli concorrenti. In un contesto caratterizzato, dalla difficoltà di delineare con certezza i confini dell'ambiente competitivo, l'analisi dei competitor e dell'efficacia dei loro modelli di business rappresenta una importante attività di analisi per l'implementazione di strategie di marketing efficaci.

Questa area di analisi parte dall'identificazione dei competitor sui quali realizzare una analisi comparativa. La scelta dei concorrenti da sottoporre a valutazione può riguardare o le imprese leader del mercato o concorrenti non leader, ma che sono ritenuti particolarmente significativi, per esempio per la loro capacità di generare innovazione tecnologica.

Come è noto lo studio dei modelli di business può avvenire attraverso strumenti che consentono di mappare in termini generali le varie componenti, come ad esempio attraverso il noto modello Canvas (Osterwalder e Pigneur, 2012). Questo modello è particolarmente efficace nel comprendere le possibilità di un'impresa di generare profitti ed operare con successo. Si veda in proposito il *box* n. 1.

BOX N. 1

IL BUSINESS MODEL CANVASS

Il business model Canvass è un modello di riferimento per la mappatura del modello di business di una impresa. Secondo Osterwalder e Pigneur (2012, pp. 16-17), infatti, per lo studio del modello di business di una impresa è importante considerare nove dimensioni: (a) i segmenti di clientela, e quindi i target destinatari dell'offerta dell'impresa; (b) la value proposition, e quindi la tipologia di prodotti o servizi offerti dall'impresa; (c) i canali attraverso i quali tale value proposition è veicolata, sia in termini comunicativi che distributivi, ai target di riferimento; (d) la tipologia di relazione che l'impresa vuole instaurare con i clienti; (e) le modalità attraverso le quali l'impresa ottiene ricavi dal mercato; (f) le risorse chiave che sono alla base del modello; (g) le attività chiave svolte dall'impresa; (h) le partnership dell'impresa con altri attori; (i) la tipologia e la struttura dei costi dell'impresa.

Fonte: Osterwalder e Pigneur (2012).

Tra le varie dimensioni che compongono il modello di business dell'impresa concorrente, un ruolo fondamentale è ricoperto dalle risorse e competenze chiave su cui può fare leva per impostare le strategie aziendali e di marketing (Grant, 1999). Come è noto le risorse sono considerate aspetti centrali per la competizione (si veda il prossimo par. 5.4). Tra le varie dimensioni (Valdani, 1995) occorre quindi focalizzare l'attenzione su come il competitor riesca ad organizzare le risorse ***interne*** (come le proprie capacità in termini di R&S o di marketing) e le risorse ***esterne*** (come ad esempio risorse che ottiene in virtù di relazioni più o meno formali con altri attori), anche considerando le possibili ***sinergie*** tra queste (ad esempio la possibilità di fare leva su risorse condivise tra due o più business in caso di un competitor che abbia attuato una strategia di diversificazione).

Occorre infine sottolineare come nell'analisi comparativa, non necessariamente, l'impresa debba tenere conto di attori operanti nello specifico ambito competitivo o in settori comunque ad esso collegati, ma tale analisi può riguardare anche attori che operano in ambiti di business completamente diversi (Ferrucci, Tunisini e Pencarelli, 2014). In questo caso la finalità dell'attività comparativa si riconnette alla possibilità di trarre indicazioni in merito a strategie implementabili anche nel business dell'impresa. Esistono infatti attori che hanno proposto modelli di business e strategie innovative, che ne hanno consentito l'affermazione anche in settori maturi e competitivi. Si pensi ad esempio a Inditex-Zara, impresa spagnola della moda, ed alla sua capacità di proporre un modello innovativo come quello del fast fashion o Tesla nell'automotive e la proposta di auto elettriche con alto posizionamento di mercato. In questo caso, l'attività di comparazione riguarda lo studio delle risorse e delle capacità alla base del successo di realtà che ancorché non appartenenti al business in cui opera l'impresa, possono essere analizzate per comprenderne le ragioni del successo ed eventuali buone pratiche che l'impresa può implementare nel proprio business.

3.3. L'ANALISI DELLA QUOTA DI MERCATO

Una terza area di analisi dell'ambiente competitivo riguarda **l'analisi della quota di mercato dell'impresa**. Com'è noto la quota di mercato di un'impresa può essere espressa a quantità ed a valore (Valdani, 1995; Valdani e Ancarani, 2009). La quota di mercato a quantità (fig. 3) è il rapporto in percentuale tra il volume totale in quantità dei prodotti venduti dall'impresa ed il volume in totale della quantità dei prodotti venduti da tutte le imprese nell'area di business in un determinato tempo in un determinato ambito geografico (ad esempio il numero di spazzolini elettrici venduti in Italia nel 2017 da un'impresa rispetto al numero di spazzolini elettrici venduti in Italia nel 2017 da tutte le imprese).

Figura 3. – *La quota di mercato (quantità)*

$$QM_i = \frac{Q_i}{Q_{tot}} \times 100$$

Legenda:

QM_i = quota di mercato della marca dell'impresa;

Q_i = quantità della marca dell'impresa acquistata nel mercato;

Q_{tot} = quantità della categoria di prodotto acquistata complessivamente.

La quota di mercato a valore (fig. 4) è invece il rapporto in percentuale tra il fatturato dell'impresa ed il fatturato totale dell'area di business in un determinato tempo in un determinato ambito geografico (ad esempio il fatturato generato dalla vendita di spazzolini elettrici in Italia nel 2017 di una impresa rispetto al fatturato generato dalla vendita in Italia nel 2017 di tutte le imprese produttrici di spazzolini elettrici).

Figura 4. – *La quota di mercato (valore)*

$$QM_i = \frac{V_i}{V_{tot}} \times 100$$

Legenda:

QM_i = quota di mercato della marca dell'impresa;
V_i = fatturato della marca dell'impresa;
V_{tot} = fatturato della categoria di prodotto acquistata complessivamente.

La quota di mercato cosi calcolata rappresenta la quota di mercato assoluta. È comunque possibile definirla anche in termini relativi (cfr. fig. 5). In questo caso essa misura il rapporto in percentuale tra la quota di mercato dell'impresa e la quota di mercato di un concorrente rilevante. Questa informazione, è utile per comprendere le performance competitive rispetto ad un concorrente prioritario, soprattutto in quei mercati caratterizzati dalla presenza di una forte competizione tra alcuni attori (si pensi ancora alla telefonia mobile piuttosto che ad ambiti come il cioccolato confezionato).

Figura 5. – *La quota di mercato relativa*

$$QMR_i = \frac{QM_i}{QM_c} \times 100$$

Legenda:

QMR_i = quota di mercato relativa della marca dell'impresa;
QM_i = quota di mercato della marca dell'impresa;
QM_c = quota di mercato della marca del concorrente.

Figura 6. – *Le tre componenti della quota di mercato a livello consumer*

$$QM_i = \frac{n_{ci}}{N_{ct}} \times \frac{\dfrac{Q_i}{n_{ci}}}{\dfrac{Q_{tci}}{n_{ci}}} \times \frac{\dfrac{Q_{tci}}{n_{ci}}}{\dfrac{Q_{tot}}{N_{ct}}}$$

Tasso di penetrazione

Tasso di fedeltà

Tasso di intensità

Legenda:

QM_i = quota di mercato della marca dell'impresa;
n_{ci} = numero dei clienti della marca dell'impresa;
N_{ct} = numero dei clienti totali della categoria di prodotto a cui appartiene la marca dell'impresa;
Q_i = quantità della marca dell'impresa acquistata in totale;
Q_{tci} = quantità totale della categoria di prodotto acquistata dai clienti della marca dell'impresa;
Q_{tot} = quantità totale acquistata complessivamente nella categoria di prodotto.

Per comprendere la dinamica e le variazioni della quota di mercato, essa può essere analizzata ad un maggiore livello di dettaglio, andandone a studiare le componenti. A tal fine, è necessario che si consideri la quota di mercato su due livelli, (Mauri, 2007; Fiocca e Sebastiani, 2010; Valdani e Ancarani, 2009; Busacca e Bertoli, 2012), a livello ***consumer*** ed a livello ***retail***, dato che si può procedere nei due casi a considerazioni diverse. Nel caso **consumer**, si identificano infatti tre componenti principali della quota di mercato, dato che se ne studia l'andamento con riferimento ai consumatori finali. Nel caso **retail**, si identificano invece due componenti principali, verificando l'andamento della quota di mercato con riferimento alla distribuzione commerciale.

L'analisi della quota di mercato a **livello consumer**, può fare riferimento a tre principali componenti (fig. 6) (Valdani e Ancarani, 2009; Fiocca e Sebastiani, 2010): (a) il *tasso di penetrazione*, che misura quanto l'impresa riesce a coprire il mercato in termini di numerosità dei clienti rispetto ai clienti totali; (b) il *tasso di fedeltà*, che esprime il livello di fedeltà dei propri acquirenti, considerato che si riferisce alla quantità di prodotti acquistati dai clienti dell'impresa rispetto al totale dei prodotti acquistati da quegli stessi clienti con riferimento al mercato; (c) il *tasso di intensità*, ovvero la quantità media acquistata dal cliente dell'impresa rispetto alla quantità media acquistata dai clienti nel mercato, dato che fornisce una indicazione dell'intensità di acquisto del prodotto da parte dei clienti dell'impresa. Ciò considerato, la variazione della quota di mercato dell'impresa può essere spiegata studiando la dinamica dei tre fattori evidenziati. Ad esempio, risultati non soddisfacenti della quota di mercato, potrebbero risultare dall'avere in realtà pochi clienti rispetto al totale, o piuttosto perché gli acquirenti dell'impresa sono poco fedeli o ancora perché rispetto al cliente medio della categoria i clienti dell'impresa acquistano di meno.

Come anticipato, a **livello retail**, la quota di mercato dell'impresa viene analizzata avendo come riferimento il rapporto con la distribuzione commerciale e quindi studiandone la dinamica dal punto di vista della relazione con i distributori (Valdani e Ancarani, 2009; Fiocca e Sebastiani, 2010). È del tutto evidente infatti che scarsi risultati in termini di andamento della quota di mercato, possono dipendere anche dalla difficoltà dell'impresa a coprire il mercato distributivo o per l'azione stessa dei distributori, che possono porre in essere proprie strategie che diminuiscono l'efficacia delle strategie dell'impresa. Ciò considerato, la dinamica della quota di mercato a livello retail può essere riferita a due principali componenti (fig. 7): (a) la *quota nei clienti trattanti*, che considera la quantità di prodotti dell'impresa rispetto al totale venduto nella categoria da parte dei distributori e rappresenta un indicatore di stima di quanto l'impresa rappresenti un fornitore importante e riesca ad essere presente negli assortimenti dei suoi clienti distributori; (b) la *copertura ponderata*, che considerando la quantità venduta dai distributori dell'impresa rispetto alle vendite totali di prodotti di tutti i potenziali distributori della categoria (anche quelli non serviti dall'impresa), cerca di stimare se i distributori dell'impresa rappresentano anche i distributori più importanti nel mercato.

Figura 7. – *Le due componenti della quota di mercato a livello retail*

$$QM_i = \frac{Q_i}{VCS_i} \times \frac{VCS_i}{Q_{tot}}$$

Quota nei clienti trattanti

Copertura ponderata

Legenda

Q_i = quantità venduta dall'impresa;

Q_{tot} = vendite totali del settore;

VCS_i = vendite totali effettuati dai clienti distributori serviti dall'impresa.

Come nel caso della quota di mercato a livello consumer, la variazione della quota di mercato dell'impresa può essere spiegata studiando la dinamica dei due fattori che ne spiegano l'andamento a livello retail. Ad esempio, nel caso di performance insoddisfacenti, l'impresa potrebbe avere o una presenza minore rispetto ai suoi competitor presso i distributori o invece essere presente in distributori di minore importanza nel mercato, o, perfino entrambi i casi.

4. VANTAGGIO COMPETITIVO: CARATTERI, STRATEGIE DI BASE E STRATEGIE COOPERATIVE [6]

4.1. IL VANTAGGIO COMPETITIVO: CONCETTO, TIPOLOGIE E FONTI

Si ha **vantaggio competitivo** quando il differenziale di valore creato, rispetto ai concorrenti, è superiore al differenziale di costo che si deve sostenere. In particolare, il vantaggio competitivo fa specifico riferimento al possesso di **capacità distintive** in grado di garantire tale differenziale, inteso quale gap tra il **valore di scambio conseguibile**, ovvero il prezzo massimo che il cliente sarebbe disposto a pagare, considerando il valore percepito ed i prezzi dei concorrenti, ed i costi totali sopportati (Miller *et al.*, 2018).

Porter (1987, p. 9) afferma che il *vantaggio competitivo* "deriva fondamentalmente dal valore che un'azienda è in grado di creare per i suoi acquirenti, che fornisca risultati superiori alla spesa sostenuta dall'impresa per crearlo.

Il valore è quello che gli acquirenti sono disposti a pagare: un valore superiore deriva dunque dall'offrire prezzi più bassi della concorrenza per vantaggi equivalenti, o dal fornire vantaggi unici che controbilancino abbondantemente un prezzo più alto". In altri termini, si può affermare che "quando due o più imprese competono all'interno dello stesso mercato, un'impresa possiede un vantaggio competitivo sui suoi rivali quando ottiene in maniera continuativa una redditività superiore (o quando ha la possibilità di superarla)" (Grant, 1999, p. 218). Il vantaggio competitivo per essere definito come tale si deve contraddistinguere per alcune caratteristiche quali la durevolezza nel tempo, la difendibilità nei confronti di altri competitors – i cosiddetti meccanismi di isolamento (Rumelt, 1984) – e la rilevanza agli occhi del cliente verso il quale si rivolge l'offerta di valore.

Il vantaggio competitivo si fonda su una pluralità di fattori, interni ed esterni all'impresa, capaci di generare specifici processi di produzione del valore; in tal sen-

---

[6] Di Gaetano Aiello e Raffaele Donvito, Università di Firenze.

so si può distinguere tra vantaggio competitivo esterno e vantaggio competitivo interno[7].

Il vantaggio competitivo esterno si basa su caratteri e qualità distintive del prodotto (e della marca) che rappresentano un valore per l'acquirente; tale vantaggio si fonda di solito su qualità del prodotto capaci di aumentarne la performance o di ridurne il costo di utilizzo. Il vantaggio esterno è direttamente riconducibile al percorso di "**offerta di valore differenziale**" del prodotto, in cui il marketing apporta un contributo rilevante, e che permette all'impresa di conquistare potere di mercato grazie alla fedeltà dei clienti ed alla minor sensibilità di prezzo che ne dovrebbe scaturire. In modo più specifico "si consegue una **differenziazione rispetto ai concorrenti** quando un'impresa è in grado di offrire qualcosa di unico al quale gli acquirenti attribuiscono un valore che va al di là delle offerte a più basso prezzo dei concorrenti" (Porter, 1987, p. 120); in questa ottica i clienti sono quindi disposti a comprare un bene riconoscendogli un "premium price" rispetto alla media dei prezzi dei competitors. Come anticipato, la via della differenziazione è un percorso che trova la sua piena legittimazione nell'ambito nel regime competitivo della concorrenza monopolistica e dell'oligopolio differenziato. In particolare, il vantaggio competitivo esterno viene facilitato da condizioni attivabili dall'impresa attraverso lo sviluppo di innovazioni, brevetti, disponibilità finanziarie e lo sviluppo di capacità, intese come l'abilità di utilizzare in modo integrato insiemi complessi di competenze e risorse e che rappresentano la base strutturale dell'impresa, il prodotto della sua storia. Sulle capacità è possibile fare una distinzione tra: capacità inside-out (gestire i processi interni necessari a soddisfare le esigenze del mercato, attraverso ad esempio i processi produttivi, la logistica, la gestione risorse umane); capacità outside-in (capacità di percezione del mercato e di creare legami con i clienti e con il canale, attraverso il sistema informativo di marketing, le capacità di relazione); capacità ponte (processi orizzontali che integrano le capacità inside-out e outside-in, quali ad esempio l'elaborazione della strategia, le innovazione di prodotto, l'esecuzione ordini).

Affinché il percorso di differenziazione risulti efficace si devono rispettare una serie di condizioni che, oltre a quelle già richiamate, sono così riassumibili (Lambin, 2004, p. 189):

- il **differenziale positivo** di prezzo pagato dal cliente deve superare i costi sostenuti per attribuire gli elementi di unicità-differenziazione; ci preme sottolineare quindi come la differenziazione non sia una fonte di vantaggio competitivo a costo zero ma viceversa implichi la manifestazione di costi (non solo di marketing) non trascurabili;

---

[7] Come si approfondirà nel proseguo in tema di strategie di base (intimamente legate alle diverse fonti del vantaggio competitivo), l'impresa potrà abbracciare la strada della differenziazione o quella del dominio attraverso i costi.

• gli **elementi di differenziazione** devono essere **difendibili** contro le imitazioni realizzabili a breve dai concorrenti (la difendibilità della differenziazione appare intimamente legata ai livelli qualitativi dell'offerta realizzata, al grado di fedeltà alla marca che riesce a generare ed al tasso di innovazione necessario per ottenerla);
• gli **elementi di unicità** (specie se non palesi) **vanno comunicati**.

Si può inoltre rilevare la presenza di fattori di differenziazione dotati di maggiore tangibilità e di altri fattori che invece sono connotati da un carattere prettamente immateriale [8]. A questo proposito è osservabile quanto avvenuto nelle economie avanzate; in tali ambiti si nota come un numero sempre più ridotto di beni siano scelti dai clienti unicamente in base alle loro caratteristiche oggettive e viceversa siano selezionati in virtù dei fattori sociali, estetici, emozionali e psicologici che discendono proprio dalla differenziazione basata sui caratteri immateriali. Esemplificativo a questo proposito, è il differenziale di prezzo che i clienti sono disposti a pagare tra modelli di autoveicoli molto simili e con medesime funzioni d'uso; gli Sport Utility Veichles di Porsche e Volkswagen (ambedue del Gruppo VW) mostrano in effetti un differenziale di prezzo elevato, denotando un vantaggio competitivo esterno in capo al brand Porsche.

Il vantaggio competitivo interno si basa invece sulla capacità dell'impresa di controllare i costi di produzione, di amministrazione e/o di gestione della marca-prodotto in modo più efficiente di quanto non riescano a fare i competitors. Questa tipologia di vantaggio genera valore nella misura in cui permetta all'impresa di produrre i propri output sostenendo un costo unitario medio inferiore a quello dei concorrenti e/o del concorrente più pericoloso, a parità di grado di utilizzo della capacità produttiva disponibile. Il vantaggio competitivo interno consente in tal modo all'impresa di raggiungere un livello di redditività superiore conferendole la capacità di resistere ad una diminuzione del prezzo di vendita liberamente stabilito dall'impresa o viceversa imposto dalla domanda e/o dalla concorrenza. Il perseguimento di un vantaggio di costo ha successo solo se l'impresa riesce ad offrire al cliente un valore che sia reputato in linea con le sue aspettative e con un prezzo inferiore o uguale al prezzo medio praticato dalla concorrenza. Più in dettaglio nel caso in cui si pratichi un prezzo più basso dei concorrenti, l'impresa cercherà di farsi scegliere dal cliente in virtù del rapporto qualità/prezzo particolarmente vantaggioso e ciò gli dovrebbe consentire un incremento dei volumi di vendita; nel caso in cui invece si intenda praticare un prezzo uguale a quello medio del mercato, l'impresa non si discosterà dalla offerta di valore proposta dai concorrenti ma sarà in grado di ottenere margini più cospicui.

---

[8] Mathur, analizzando gli elementi che determinano l'unicità dell'offerta, sottolinea l'utilità di distinguere tra differenziazione di prodotto (hardware) e differenziazione di servizi (software). Cfr. S. Mathur (1984), "Competitive industrial marketing strategies", in *Long Range Planning*, 17, n. 4.

In termini analitici il **vantaggio competitivo interno può essere perseguito riducendo i costi attraverso le seguenti modalità:**

- economie di scala;
- effetto esperienza;
- economie di scopo;
- economie di varietà;
- economie di velocità;
- economie di qualità;
- abbassamento del costo dei fattori produttivi;
- migliore utilizzo della capacità produttiva;
- migliore tecnica di produzione;
- migliore ideazione e design del prodotto;
- efficienza organizzativa;
- appartenenza a network di imprese;
- organizzazione integrata della supply chain.

È noto (già Smith nel 1776 ne sottolineava l'importanza) che le ***economie di scala*** sono date dalle riduzioni del costo unitario del prodotto che si possono ottenere attraverso l'aumento della scala di produzione (dimensione degli impianti produttivi, volumi prodotti e quindi del livello di capacità produttiva); avviene cioè che i costi unitari relativi alla produzione di livelli elevati di output siano più bassi rispetto a quelli che si manifesterebbero per produrre livelli più ridotti del medesimo output. Tradizionalmente le economie di scala sono distinte in economie di scala reali e pecuniarie. Le prime sono quelle che si associano alla riduzione delle quantità utilizzate di input al crescere dei livelli di un output (ad esempio le scorte di materie prime aumentano al crescere dell'output ma in modo meno che proporzionale), al crescere della dimensione e del grado di meccanizzazione-automazione, dal minore impiego di forza lavoro per unità di prodotto; le seconde quelle che derivano dalla forza contrattuale delle imprese in relazione ai fornitori di input (l'impresa riesce a ottenere prezzi più bassi sugli input di cui necessità in virtù della maggiore quantità acquistata).

L'effetto esperienza (Wright, 1936 e Boston Consulting Group, 1968) si produce quando "il costo unitario del valore aggiunto di un prodotto omogeneo, misurato in unità monetarie costanti, diminuisce di una percentuale fissa e prevedibile ogni volta che la produzione totale cumulata raddoppia" (cfr. Lambin, 2004, p. 194). Per interpretare correttamente il portato della definizione è necessario sottolineare come il termine "esperienza" sia relativo al volume totale cumulato di produzione e non solo al numero di anni duranti i quali l'impresa ha fabbricato il prodotto considerato. Inoltre la legge di esperienza è una cosiddetta "legge volontaria" nel senso che i costi si riducono solo se esiste una precisa volontà di ridurli (ovvero la volontà di apprendere i meccanismi del processo produttivo, di valorizzare e non disperdere il sapere accumulato). Sebbene la legge di esperienza abbia un campo di applicazione generale (ma non universale) questa produce effetti apprezzabili soprattutto nei settori caratterizzati da forte intensità di manodopera (Abernathy e Wayne, 1974). Si consideri poi come l'effetto esperienza riguardi i costi legati al valore aggiunto (il valore aggiunto è uguale alla differenza tra il prezzo di vendita ed il costo degli input) ossia quei costi su cui l'impresa esercita un suo diretto controllo come quelli di trasformazione, di assemblaggio, di distribuzione e di servizio.

Da un punto di vista causale, i fattori che producono l'effetto di esperienza sono da ricondurre a (Abell e Hammond, 1986):

– l'efficienza del lavoro manuale (i lavoratori acquisiscono maggiori abilità);
– la specializzazione del lavoro e dei metodi;
– i nuovi processi di produzione (robotica, nuove tecniche flessibili, ecc.);
– le migliori attrezzature di produzione;
– il mutamento delle risorse impiegate;
– la nuova confezione del prodotto al fine di impiegare un numero più limitato di risorse.

Comparando gli effetti di scala con gli effetti di esperienza si può rilevare come i primi siano il frutto ed il risultato della **dimensione produttiva** (i costi medi di produzione per la minore incidenza dei costi di struttura si riducono in seguito all'incremento delle dimensioni dell'impresa e della scala produttiva) mentre gli effetti di esperienza si manifestano in base al **volume cumulato della produzione** ed al trascorrere del **tempo**. Inoltre per quanto riguarda gli effetti di scala occorre ricordare che questi, dovuti alla dimensione, sussistono sempre (i costi di struttura ripartiti su un numero maggiore di unità prodotte provocano necessariamente un costo medio unitario più basso); nell'effetto esperienza i vantaggi di costo dovuti all'esperienza stessa non si manifestano spontaneamente ma, come già anticipato, sono il risultato di sforzi concentrati ed organizzati allo scopo di ridurre tali costi. Le implicazioni strategiche contenute nella legge di esperienza sono varie e rilevanti; tra queste si deve considerare in primo luogo come, a parità di condizioni, l'impresa che raggiunga il maggior volume di produzione di tutti i competitor potrà avere costi più bassi a condizione che sappia valorizzare l'effetto esperienza. Inoltre l'impresa che ha obiettivi di sviluppo sarà interessata a mettere a frutto la curva di esperienza per ottenere un vantaggio di costo in relazione ai diretti concorrenti; in questo caso è opportuno che tali obiettivi (i quali dovrebbero condurre l'impresa a generare elevati volumi di produzione cumulata) siano perseguiti fin dal lancio dell'attività; infatti è proprio nell'arco di questa fase che si manifestano gli incrementi di esperienza più consistenti (ad esempio si compiono e si correggono i primi errori, si acquisisce maggiore pratica nello svolgere le nuove mansioni, ecc.). In termini esemplificativi si pensi alle considerevoli economie di scala che un'impresa agroalimentare come Rana può ottenere grazie ai volumi di produzione realizzati e commercializzati nei mercati del largo consumo; tale impresa presidiando una vasta domanda riesce in un dato tempo "t" a generare costi medi di produzione inferiori grazie alla minore incidenza dei costi di struttura sui prodotti realizzati e venduti. Sul fronte dell'effetto esperienza, si consideri invece il livello di costi più elevato da sostenere in termini di training delle risorse umane, di format e di relazione con l'audience che si ha in uno spettacolo teatrale con una o poche repliche, rispetto al livello dei costi degli spettacoli di Broadway che rimangano in cartellone anche per numerosi anni consecutivi.

Come più volte sottolineato, nell'attuale contesto ipercompetitivo, l'impresa non può essere semplicemente "driven", ovvero guidata dal mercato e dai cambiamenti in atto, ma deve assumere un orientamento proattivo. Ciò comporta, da parte delle imprese, la capacità di perseguire nuove economie. In particolare è necessario tenere conto delle cosiddette economie di scopo, di varietà, di velocità e di apprendimento.

Le ***economie di scopo***, definite anche economie di raggio di azione, si presentano tutte le volte in cui la produzione o la vendita di due beni differenti all'interno di una determinata impresa consente di ottenere una riduzione dei costi rispetto alla situazione in cui tali beni siano prodotti da due imprese distinte. Analiticamente vi sono economie di scopo quando il **costo totale della produzione congiunta di X1 e X2 è minore della somma dei costi totali sostenuti producendoli separatamente** (C (X1, X2) < C(X1, 0) + C(0, X2)). Il presupposto delle economie di scopo è che le diverse attività produttive possano condividere delle risorse, siano esse materiali o immateriali. Nel primo caso, il vantaggio può derivare dalla possibilità saturare la capacità produttiva (ad esempio introdurre nuove linee di prodotto); si possono inoltre condividere le strutture della rete di vendita, in modo da ripartirne il costo su un numero maggiore di prodotti (concessionari FIAT-Lancia). Per quanto attiene le risorse immateriali possono essere importanti fonti di economie di scopo, data la loro caratteristica di essere riutilizzabili potenzialmente in modo illimitato. Tra queste troviamo la notorietà del marchio, la reputazione dell'impresa, il know-how tecnologico, la conoscenza del mercato e la capacità di interpretare le preferenze dei clienti; il gruppo Calzedonia, ad esempio, beneficia di economie di scopo derivanti dalle comuni attività di interpretazione e di presidio del mercato per i propri brand (Calzedonia, Intimissimi e Tezenis). Le economie di scopo possono essere sfruttate sia attraverso processi di *diversificazione*, che di *integrazione*, così come verrà approfondito nel paragrafo successivo.

Con riferimento alle **economie di varietà**, la maggiore sofisticatezza della domanda da una parte e l'intensificarsi del confronto concorrenziale dall'altra, hanno incentivato l'impresa a ricercare una fonte per il suo vantaggio competitivo nella **varietà e nella personalizzazione dell'offerta dei suoi prodotti o servizi**. Tale strategia impone dunque la definizione di processi tecnico-produttivi sufficientemente flessibili per rispondere ad una domanda che richiede l'offerta di prodotti e servizi di alta qualità, a basso costo ma personalizzati. In particolare, l'impresa può perseguire le economie di varietà attraverso due condotte: 1) ampliando verticalmente e orizzontalmente la varietà delle linee e delle opzioni di prodotti e servizi in modo significativo; 2) personalizzando i prodotti e i servizi, producendoli su misura rispetto alle specificità richieste.

In merito alle **economie di velocità**, poiché il successo nel confronto ipercompetitivo dipende dalla creazione di una serie di vantaggi, anche temporanei, la capacità di un'impresa di manovrare rapidamente il passaggio da un vantaggio all'altro diviene cruciale. In particolare, la capacità di gestione del tempo significa non solo offrire al cliente ciò che desidera ma anche e soprattutto garantirglielo quando lo vuole, più velocemente di ogni altro concorrente. Per misurare l'economia di velocità di un'impresa è possibile fare riferimento a diverse **fonti di contenimento o compressione del tempo**, quali:

- time to market: il lead time dalla nascita dell'idea alla commercializzazione del prodotto;
- throughput time: tempo del ciclo di produzione (attraversamento);
- delivery time: il tempo che intercorre tra l'acquisizione ordine e il suo soddisfacimento;
- sub process time: tempo consumato per ogni attività di ogni processo.

Relativamente alle **economie di qualità**, queste trovano fondamento nella richiesta da parte di acquirenti di beni industriali di prodotti in grado di integrarsi nei processi di produzione e che rispondano alle attese espresse. In particolare, la qualità o l'integrità intesa quale perfezione del prodotto presenta una dimensione interna ed esterna:

- l'**integrità interna** del prodotto si riferisce alla coerenza tra le sue funzioni e la sua struttura tecnico fisica, nonché all'affidabilità delle componenti che lo caratterizzano (affidabilità, conformità alle specifiche, durata);
- l'**integrità esterna** si riferisce invece alla coerenza tra le prestazioni del prodotto e le aspettative del cliente (estetica, design, immagine, idoneità all'uso).

Infine, in un contesto incerto come quello di oggi, una fonte per conseguire un vantaggio competitivo è lo sviluppo e il **controllo della conoscenza**, per cui le imprese sono chiamate a sapere dominare anche l'apprendimento, ovvero la capacità di gestire le informazioni per creare e diffondere conoscenza, da condividere con i tutti i membri, andando oltre l'effetto esperienza. Il dominio della conoscenza e delle informazioni rappresentano, dunque, l'arma per anticipare e sorpassare i rivali (circa l'importanza della risorsa conoscenza cfr. cap. 4, par. 3.3). In particolare l'impresa deve essere in grado di sperimentare, ricercare, verificare e applicare nuova conoscenza; apprendere dal passato; apprendere dagli altri (dall'ambiente esterno composto non solo da concorrenti e fornitori, ma anche dai clienti e dalle altre imprese); trasferire tale conoscenza, affinché tutti i membri dell'organizzazione se ne approprino.

4.2. IL VANTAGGIO COMPETITIVO E LE STRATEGIE DI BASE

Le **strategie di base** sono definibili come i principali approcci alternativi adottabili in relazione ai competitor attuali e potenziali dell'impresa; tali strategie si fondano o sulla ricerca e l'ottenimento di un vantaggio competitivo interno e/o di un vantaggio competitivo esterno (Porter, 1987, pp. 18-23). Le due tipologie di vantaggio competitivo, in relazione agli ambiti di competizione per i quali l'impresa cerca di ottenerli determinano tre strategie di base: la **strategia di leadership di costo**, la **strategia di differenziazione**, la **strategia di focalizzazione** (che a sua volta può prevedere una focalizzazione sui costi o una focalizzazione sulla differenziazione). Come si osserva dalla figura 8 tali vantaggi possono essere conseguiti sia con riferimento ad un ambito ristretto dello spazio economico di riferimento (ad esempio una specifica parte – un segmento – di un prodotto-mercato) o in relazione ad un ambito ampio (ad esempio un prodotto-mercato intero od un mercato-soluzione intero).

Figura 8. – *Le strategie di base*

		Fonte del vantaggio competitivo	
		Costi bassi	Differenziazione
Ambito competitivo	Ampio	Leadership di costo	Differenziazione
	Ristretto	Focalizzazione	

Fonte: Porter, 1985.

Leadership di costo. Con questa prima tipologia di strategia, l'impresa si prefigge l'obiettivo di comprimere il livello dei costi sostenuti, in modo tale da poter praticare **prezzi più bassi dei concorrenti**, acquisendo un'elevata quota di mercato, o praticando **prezzi in linea con la concorrenza ma spuntando dei margini superiori**. La strategia di leadership di costo implica un'attenzione continuativa sulle dinamiche di manifestazione dei costi in modo tale da massimizzare la produttività dell'impresa e di valorizzare l'effetto esperienza.

La capacità dell'impresa sviluppare una strategia di leadership di costo le consente di fruire di una serie di vantaggi nei confronti della concorrenza quali:

– una maggiore resistenza ad eventuali guerre dei prezzi;
– una barriera contro l'entrata di eventuali nuovi concorrenti, grazie al basso livello di costi medio raggiunto;
– una buona protezione nei confronti dei prodotti sostitutivi.

Inoltre i bassi costi difendono l'impresa anche dagli aumenti imposti dai fornitori, riducendo la dipendenza del prezzo praticato sul mercato dai costi di approvvigionamento dei fattori produttivi. In generale questa condotta strategica si riscontra in particolari tipologie settoriali come quella delle materie prime, delle produzioni di base e della componentistica, ma non solo (si pensi ai viaggi aerei low cost o alla presenza dei cosiddetti dettaglianti "hard e soft discount" come Lidl e Penny Market).

Strategia di differenziazione. L'obiettivo della strategia di differenziazione consiste nel conferire ai prodotti **caratteristiche distintive rilevanti all'occhio dell'acquirente**, tali da differenziarli dai prodotti offerti dalla concorrenza. Come già approfondito in precedenza le imprese che intendano differenziarsi dagli altri competitors cercheranno di **creare un regime di concorrenza monopolistica** nell'ambito della quale conquistare un dato livello di potere di mercato sulla base di uno o più elementi di distinzione (dispostivi Apple vs. tutti gli apparecchi di elettronica di consumo). Si è già sottolineato poi come la differenziazione sia percorribile attraverso una serie di forme diverse come la costruzione di una immagine di marca forte e distintiva, il design, l'eccellenza tecnologica, la rete di distribuzione e, in una logica di prodotto inteso come paniere di attributi, sulla modulazione dei servizi necessari ed accessori destinati alla propria clientela. Forte di queste caratteristiche distintive, giudicate rilevanti da parte della domanda, l'impresa ha la possibilità di realizzare profitti superiori a quelli dei concorrenti, grazie al prezzo più elevato (premium price) che il mercato è disposto ad accettare. Si deve sottolineare come in generale una strategia di differenziazione comporti il sostenimento di costi maggiori sia di carattere produttivo che(spesso soprattutto) di marketing (spese di comunicazione ed investimenti sulla marca) volti a sottolineare e rafforzare gli elementi distintivi avocati dall'impresa. Come già osservato in riferimento al vantaggio competitivo esterno, l'incremento dei costi non deve superare il differenziale positivo di prezzo pagato dal cliente in virtù degli elementi di unicità-differenziazione attribuiti all'offerta. I vantaggi derivanti da questa strategia sono inoltre individuabili nella riduzione della sostituibilità del prodotto il mantenimento della fedeltà alla marca (l'ingresso di nuovi concorrenti diventa più difficile) la minore sensibilità al prezzo e migliore redditività.

Strategia di focalizzazione (o di specializzazione o ancora di concentrazione). Con il ricorso alla strategia di specializzazione l'impresa intende soddisfare i **bisogni**

specifici di un dato segmento di domanda piuttosto che rivolgendosi verso l'interezza del mercato. In larga parte il senso di questa strategia risiede nell'obiettivo dell'impresa di soddisfare quello specifico bisogno in modo migliore di quanto non siano in grado di effettuare i concorrenti che si rivolgono a tutto il mercato. Come anticipato la strategia di specializzazione può basarsi sia sullo sviluppo di un condotta che consenta all'impresa di **differenziarsi** agli occhi dei clienti di quello **specifico segmento** rispetto alla concorrenza (Tiffany), sia sull'acquisizione di un **vantaggio** di costo rispetto alle imprese che operano in quel segmento o grazie al fatto di limitare il raggio d'azione (Dacia), nonché mediante il **conseguimento di entrambe le fonti di vantaggio competitivo** (Culligan nel trattamento delle acque). Pur non essendovi una regola precisa, questo ultimo tipo di strategia ben di adatta a quei settori contraddistinti ad alto contenuto di specializzazione all'interno dei quali le imprese, talvolta ma non necessariamente, sono in grado di perseguire in contemporanea vantaggi interni ed esterni.

4.3. IL VANTAGGIO COMPETITIVO E LE STRATEGIE COOPERATIVE

Nell'ambito delle opzioni strategiche a disposizione delle imprese, un percorso che suscita un crescente interesse teorico e che assume un rilievo di particolare rilievo nelle condotte implementate è quello relativo alle **interdipendenze di natura cooperativa**. Il riconoscimento della ampia diffusione delle scelte cooperative tra imprese solleva dei quesiti sulle dinamiche competitive in atto; nello specifico viene sentita l'esigenza di chiarificare il rapporto che sussiste proprio tra cooperazione e competizione (Padula, 2000, p. 221). Per alcuni infatti (Bettis e Hitt, 1995, pp. 13-16) la cooperazione viene letta come un comportamento di natura concorrenziale, che aiuta a spiegare il vantaggio competitivo detenuto-detenibile da un'impresa e che possiede sia caratteri di natura collaborativa che di tipo competitivo nella relazione che intercorre tra le imprese che l'abbiano attivata (Richardson, 1972, p. 895). Secondo Padula, l'intreccio tra dinamiche competitive e cooperative si fonda su due prospettive di base:

– la cooperazione è uno strumento di azione concorrenziale capace di spostare l'asse della competizione da un piano che vede un'impresa contrapposta ad un'altra impresa ad un piano in cui la **contrapposizione** avvenga **tra un network di imprese ed un altro network** (Vicari, 1989);

– la cooperazione è al tempo stesso collaborazione e competizione, ovvero la cooperazione include forme di interdipendenza più complesse rispetto alle due anime di cui si compone ed è definibile come "**co-opetition**" (Nalebuff e Brandeburger, 1996).

In altri termini il concetto di cooperazione così delineato, che si rifà al substrato teorico della Network Analysis (tra gli altri Aldrich e Whetten, 1981, Hakansson e

Ostberg, 1975, Hakansson, 1982) implica l'identificazione di dinamiche concorrenziali "pure" tra network diversi e forme di co-opetition nell'ambito del medesimo network. Rimandando l'analisi delle possibili tipizzazioni di reti d'impresa ad altre sedi, ci concentreremo in particolare sul temo della co-opetition, ovvero sulle tensioni rintracciabili nei rapporti di cooperativi. Ciò detto è possibile identificare tre tipologie principali di co-opetition:

– la competizione da selezione;
– la competizione da apprendimento;
– la competizione da multidimensionalità.

La ***competizione da selezione*** è quel tipo di co-opetition che si manifesta qualora siano presenti più imprese dotate di risorse simili e che attivano relazioni con altre imprese a loro volta simili in termini di risorse. Si pensi agli investimenti realizzati in modo congiunto tra il Gruppo PSA e Toyota per la realizzazione in comune del pianale utilizzato per Peugeot 107, Toyota Aygo e Citroen C1.

La ***competizione da apprendimento*** si riferisce invece alla relazioni cooperative attive e che prevedono un percorso di incremento di conoscenza reciproco da parte dei partner; ad esempio, nelle joint venture finalizzate all'internazionalizzazione non di rado più imprese mettono a fattor comune dotazioni di conoscenza asimmetriche (cultura di produzione e di prodotto, conoscenza e presidio del mercato); questa modalità di competizione si manifesta quando i soggetti coinvolti cerchino di evitare che uno dei partner ponga fine alla cooperazione forte di avere un processo di apprendimento più rapido dell'altro partner, rendendo quindi inutile la prosecuzione del rapporto.

Anche la ***competizione da multidimensionalità*** si realizza nell'ambito delle relazioni attivate (e non in quelle potenziali) ed è particolarmente osservabile nelle relazioni uno ad uno (relazione diadica); vi sono tre tipologie di competizione da multidimensionalità: a) le relazioni cooperative tra concorrenti diretti, che ha la sua ragion d'essere nella crescente necessità dei competitor di unire le proprie forze per fronteggiare le minacce provenienti da altre fonti (piccole e medie imprese che costituiscono consorzi o stilano contratti di rete per difendersi dalla concorrenza internazionale di medie e grandi imprese); b) le relazioni cooperative tra cliente e fornitore (che sono anche concorrenti diretti tra loro) che si manifestano tra imprese operanti su livelli diversi della stessa filiera ma che si trovano ad essere concorrenti sui medesimi mercati di sbocco (produttori nazionali di marca leader che producono prodotti a marca commerciale per i dettaglianti della grande distribuzione organizzata); c) le relazioni cooperative tra cliente e fornitore (che sono anche concorrenti indiretti) nelle quali un'impresa fornitrice tesse relazioni cooperative con una pluralità di imprese clienti le quali risultano essere tra loro diretti concorrenti (imprese del tessile-abbigliamento che sono fornitrici di più griffe di moda). In definitiva, il portato della prospettiva della cooperazione indica che l'indirizzo strategico delle imprese non possa essere definito prescindendo dall'intreccio delle dinamiche di collaborazione e competizione che si manifestano nelle relazioni attivate-attivabili tra l'impresa e la rete in cui l'impresa si trova ad operare e competere.

5. RISORSE CRITICHE E RISORSE DINAMICHE PER LE STRATEGIE DI MARKETING [9]

Come anticipato, risorse distintive, tangibili ed intangibili contribuiscono in modo determinante a creare benefici differenziali per i clienti ed a ridurre i costi. Tre diversi approcci teorici identificano ed enfatizzano le diverse risorse critiche e dinamiche che l'impresa può utilizzare per la costruzione di un vantaggio competitivo difendibile nel tempo: la Resource Based View, la Customer Based View e la Competition Based View. Il paradigma della **Resource Based View (RBV)** [10], si è concentrato sul ruolo delle risorse tangibili ed intangibili di cui l'impresa dispone o può disporre per perseguire la propria *mission*. In particolare, questa prospettiva sottolinea come l'impresa riesca ad ottenere un vantaggio nei confronti degli altri concorrenti in virtù della sua capacità di impiegare in modo efficiente ed efficace tali risorse e competenze.

Lo stesso concetto di ***risorse*** richiede una distinzione tra risorse *tangibili e intangibili*, materiali o immateriali. Le prime esprimono quegli assets sui quali l'impresa può fare affidamento dato la loro componente materiale, per cui possono essere inventariati e misurati (le principali categorie di risorse tangibili sono quelle finanziarie, fisiche, umane e tecnico-produttive). Le seconde, invece, costituiscono la vera fonte dei vantaggi competitivi in quanto alla base del processo di creazione del valore, e possono essere distinte in *risorse di competenza e risorse di fiducia* (Vicari, 1991 e 1998). *Le risorse di competenza* si basano sulla conoscenza in termini manageriali, di marketing, di produzione di tutte le attività che animano l'impresa; esse esprimono la conoscenza collettiva dell'organizzazione con particolare riguardo alla competenza inerente il coordinamento delle diverse capacità e risorse, costituendo di fatto un patrimonio "cognitivo" dell'impresa. *Le risorse di fiducia* si basano, invece, su processi cognitivi sia interni che esterni all'impresa ed esprimono la capacità dell'impresa di soddisfare le attese dei propri pubblici. In particolare, Vicari definisce la fiducia "uno schema cognitivo, un modello di strutturazione delle informazioni che richiede un minor numero di dati per consentire una interpretazione od attivazione della realtà, in ogni negoziazione in ogni scambio vi è un elemento di

[9] Di Gaetano Aiello e Raffaele Donvito, Università di Firenze.

[10] Sulla RBV si vedano tra gli altri Penrose (1959), Wernerfelt (1984), Rumelt (1984), Barney (1991).

fiducia in mancanza del quale sarebbe necessario possedere tutte le informazioni relative allo scambio" (Vicari, 1992, p. 143). Come verrà evidenziato nel paragrafo successivo, la fiducia è anch'essa una risorsa cognitiva che ha particolare rilevanza nell'ambito delle relazioni tra l'impresa e gli altri soggetti economici, da cui consegue il ruolo centrale del marketing nel presidio di queste particolari risorse immateriali ed in specie in quelle basate sulla fiducia.

Alla base del filone teorico della RBV si riconosce, dunque, l'impresa come un insieme di risorse eterogenee e di meccanismi di conversione di tali risorse attraverso l'azione manageriale (Rumelt, 1984). In particolare, è la diversità tra le imprese (la dotazione di risorse e la capacità di utilizzarle) e non l'appartenenza ad un settore specifico a determinarne il successo o l'insuccesso (Prahalad e Hamel, 1990). Inoltre, le risorse di cui deve disporre l'impresa al fine di costruire un vantaggio competitivo nel tempo devono caratterizzarsi per la scarsità, la rilevanza, la durevolezza, la trasferibilità e la replicabilità (Grant, 1999) e soprattutto devono essere capaci di "generare dei differenziali di efficienza ed efficacia nelle proposte di valore formulate dal mercato rispetto ai concorrenti" (Costabile, 2000, p. 16). Nonostante l'importanza apportata dal filone teorico della RBV, questo è stato nel tempo rivisto e criticato, soprattutto in quanto si è ignorato come le risorse fossero sviluppate, integrate nell'impresa e rilasciate all'esterno. Con il paradigma delle ***Dynamic capabilities*** (Teece, 1997) centrato sulla creazione del valore, si cerca, appunto, di colmare questo gap della RBV (Wilden & Gudergan, 2015). Secondo questa interpretazione il vantaggio competitivo non è dato tanto dal possesso delle risorse quanto dalla *capacità* di accedervi, impiegarle, scambiarle e combinarle. Per Teece, Pisano e Shuen (1997) le dynamic capabilities possono essere descritte come l'abilità di un'impresa di integrare, costruire e riconfigurare le competenze interne ed esterne, così da adattarsi rapidamente ai cambiamenti ambientali. In particolare, le capacità dinamiche riflettono l'abilità di un'organizzazione di realizzare nuove e innovative forme di vantaggio competitivo, come sottolineato più volte nel corso dei capitoli.

In merito al paradigma della **Competition Based View**, questo si propone di interpretare i giochi competitivi che esprimono il dinamismo delle condotte delle imprese nei mercati competitivi. In particolare, tale paradigma è strettamente legato al processo di sviluppo dell'innovazione e tradizionalmente enfatizza che il valore è generato dalla capacità dell'impresa di formulare e perseguire strategie di leadership di costo o di differenziazione dell'offerta, ampliamente trattate nei paragrafi precedenti.

Per concludere l'analisi delle risorse attivabili per la produzione di valore è utile infine considerare l'apporto della **Customer Based View (CBV)** (Valdani e Busacca, 1999) dove l'attenzione si concentra sul *cliente*, quale generatore di valore per l'impresa. Secondo la CBV le determinanti del processo di creazione di valore per l'impresa sono influenzate in maniera determinante dagli esiti dei processi e delle relazioni con i suoi clienti. Per questo motivo il *marketing relazionale* ha una posizione focale per sviluppare azioni volte alla massimizzazione dei benefici ed alla minimizzazione dei sacrifici percepiti dal cliente; più in dettaglio il marketing è capace di creare valore attraverso la massimizzazione dei benefici, o la minimizzazione dei costi, associati al risultato (ovvero ciò che riguarda gli attributi della prestazione che il cliente riceve dall'impresa, sotto forma di prodotti e servizi), al processo (ovvero in riferimento all'interazione impresa/cliente) ed alla relazione (cioè tutto ciò che sia connesso al rapporto di medio-lungo termine tra impresa e cliente) (Aiello, 2002). La dinamica relazionale contenuta nella CBV implica inoltre che il vantaggio competitivo sia acquisibile non solo generando soddisfazione per il cliente ma anche ottenendone la sua fiducia, la fedeltà ed in ultimo grado anche la condivisione di conoscenza sulla base di risorse e competenze *"firm specific" a-settoriali* (Valdani, Busacca, 1999). Il ciclo dei nessi causali proposti dalla CBV si completa infine delineando i legami che sussistono tra customer equity (valore dei clienti), valore dell'impresa e dotazione di risorse e capacità distintive; in questa prospettiva la centralità delle relazioni con i clienti è ulteriormente rimarcata in quanto le dimensioni del capitale economico dell'impresa ed il suo accrescimento nel tempo, dipendono proprio dal valore delle relazioni con i clienti.

Nell'attuale contesto competitivo le relazioni e le interazioni tra imprese assumono, come si è evidenziato più volte nei precedenti capitoli, un particolare rilievo che è destinato a crescere nella misura in cui il marketing sia chiamato ad operare nella cosiddetta "***economia della conoscenza***" (Rullani e Romano, 1998), dove l'attenzione si sposta dalle macchine e dai prodotti risultato dell'applicazione della conoscenza alla ***risorsa conoscenza*** in quanto tale. Di conseguenza i cicli produttivi assumono una nuova architettura: non si tratta più di trasformare fisicamente i beni, ma riprodurre conoscenza a cui toccherà trasformarli e rigenerarli in modo creativo: innovare, adattare, sviluppare la conoscenza precedente per rigenerare la forza della propagazione e il riuso in contesti sempre differenti. La conoscenza che serve per produrre merci è essa stessa una merce che viene ottenuta dal processo produttivo e che può essere comprata e venduta sul mercato. Quindi oltre ad essere il principale fattore produttivo, diventa anche il principale prodotto ottenuto: produzione di conoscenza a mezzo di conoscenza. L'immateriale usa il materiale come base di partenza per ulteriori trasformazioni (cognitive) che gli aggiungono valore (Rullani, 2004). La **Knowledge Based View** (Nonaka, 1994) individua, dunque, nella conoscenza la principale risorsa per lo sviluppo dell'impresa (Rullani, 2004). La prospettiva Knowledge based sottolinea come le risorse immateriali, e la conoscenza nello specifico, siano la fonte principale di vantaggio competitivo e come quindi esse facciano parte del patrimonio aziendale e contribuiscano al valore complessivo d'impresa (Barney, 2001 e 1991; Vicari, 1995 e 1991; Rullani, 1992). Questa teoria riprende la teoria resource-based che, sebbene considerasse la conoscenza tra le risorse immateriali, non ne riconosceva le caratteristiche peculiari che fanno della conoscenza la principale risorsa strategica per il vantaggio competitivo. Le conoscenze sono preziose perché uniche, poco imitabili, possono essere difese nel tempo e non possono essere acquistate sui mercati come invece accade per le risorse materiali. Per questo esse devono essere generate dall'impresa stessa attraverso un processo di lungo periodo e dall'esito incerto; in ogni caso portano a risorse specifiche per l'organizzazione che le ha generate (Costabile, 2001; Vicari, 1998 e 1991; Baccarani, Golinelli, 1992).

Le risorse immateriali hanno la proprietà di autoalimentarsi e di generare altre risorse immateriali, attraverso la combinazione e lo scambio attraverso le reti sociali. In questa prospettiva, la conoscenza circola senza più la necessità di essere incorporata in media fisici o gerarchizzati, quanto piuttosto mediante linguaggi, canali e relazioni ad essa appositamente dedicati. La conoscenza diviene dunque non una nuova risorsa per il sistema economico, in quanto da sempre parte di ad esso, ma una risorsa generabile, replicabile e condivisibile attraverso un sistema di relazioni tra soggetti economici. (Aiello, 2002).

In questo senso il marketing ricopre un ruolo cruciale ovvero quello di presidiare i processi d'interazione e di condivisione delle risorse cognitive con i soggetti economici della rete nella quale l'impresa compete e coopera. In un'economia in cui il principio regolatore è quello della condivisione della conoscenza distribuita in rete, l'importanza delle relazioni di marketing deriva dalla loro duplice funzione (Aiello, 2002):

- costituiscono la fonte di risorse cognitive distintive, indispensabili per sviluppare un'offerta competitiva;
- costituiscono, esse stesse, la proposta di valore che l'impresa offre ai clienti per ottenerne la fedeltà nel medio-lungo termine.

I punti chiave che qualificano il marketing nell'economia della conoscenza, riguardano i temi dell'*asimmetria informativa e cognitiva*, dei *linguaggi* e della *fiducia*.

Il problema dell'**asimmetria** ha rilevanza centrale per le relazioni di marketing nell'economia della conoscenza. Se lo esaminiamo dal punto di vista dell'asimmetria informativa, intesa come qualità delle risorse cognitive che i soggetti hanno a disposizione, il problema non ha ragione d'essere. La disponibilità di risorse cognitive differenziate è il presupposto indispensabile per attivare il processo di apprendimento: la condivisione tra due o più soggetti di conoscenze identiche non accresce il patrimonio cognitivo di nessuno. Il mondo del consumo e quello dell'offerta dispongono di conoscenze diverse, la questione è di condividerle. La riflessione da fare concerne allora l'asimmetria cognitiva: due soggetti economici sono in grado di apprendere condividendo conoscenze, cosa che appare più facile per due imprese rispetto a quanto accade tra un consumatore ed un'impresa.

La riduzione dell'asimmetria tra le parti ad opera del marketing appare facilitata quando i soggetti in gioco sono tutte imprese e condividono il medesimo **linguag-**

gio. Tale riduzione, a prima vista, avviene con maggiore difficoltà nelle relazioni tra impresa e consumatore, poiché difficilmente quest'ultimo si dota del linguaggio scientifico necessario a condividere risorse cognitive con il sistema dell'offerta (Cozzi e Ferrero, 1996). In sostanza, la maggiore distanza linguistica tra consumatore ed impresa rende il solco dell'asimmetria cognitiva più profondo e difficilmente colmabile rispetto a quanto accade tra due imprese. Se ci affidiamo al linguaggio scientifico come medium di comunicazione o linguaggio di interfaccia tra due soggetti economici (Di Bernardo e Rullani, 1990), l'obiezione all'estendibilità del marketing relazionale ai beni di consumo resta vera. Il consumatore si appropria con difficoltà di un linguaggio condiviso con l'impresa che è molto diverso dai linguaggi che già conosce, poiché necessariamente ha una base scientifica. Un simile ragionamento trascura, tuttavia, un aspetto importante della relazione: il linguaggio tecnico-scientifico consente di condividere solo parte della conoscenza. In tutte le relazioni, comprese quelle tra imprese, parte della condivisione cognitiva non riguarda la conoscenza codificata e trasmessa tramite linguaggio. In particolare, nelle relazioni tra imprese, contenuti critici della relazione spesso non hanno la forma della conoscenza codificata ma quella della conoscenza tacita, trasferibile solo condividendo intensamente uno specifico contesto di relazione. In questo caso il linguaggio scientifico-tecnologico ha un'efficacia limitata alla quota di conoscenza esplicita scambiata. La diffusione di questo tipo di linguaggio non risolve quindi il problema della condivisione di conoscenza nelle relazioni, si tratti di relazioni tra imprese o tra imprese e consumatori. In entrambi i casi è necessario uno specifico linguaggio di interfaccia ed una condivisione di contesto che renda possibile la condivisione della conoscenza tacita (Micelli, 2000). La soluzione del problema dell'asimmetria cognitiva necessita di un linguaggio d'interfaccia specifico, diverso dai linguaggi posseduti dalle parti. Si tratta di un linguaggio condiviso entro uno specifico contesto che è quello del reticolo di relazioni che connettono imprese e consumatori (Busacca e Prandelli, 2001). Il marketing delle relazioni nell'economia della conoscenza, quali che siano le parti coinvolte, non ammette asimmetria cognitiva cioè la presenza di soggetti che impossibilitati a condividere conoscenza. L'asimmetria cognitiva rende infatti impossibile la partecipazione al processo di creazione del valore o, che è lo stesso, rende impossibile lo stabilirsi della relazione di marketing (lasciando spazio a rapporti orientati alla transazione). L'attenzione si sposta, dunque, al linguaggio della relazione. La creazione di linguaggi di interfaccia condivisi è un compito che il marketing delle relazioni deve assolvere (Cozzi, Di Bernardo e Rullani, 1988). Non si tratta solo di elaborare codici ma anche modelli interpretativi comuni tra i soggetti della rete; i codici da soli presiedono alla condivisione dei dati, i linguaggi permettono la condivisione dei significati, costrutti cognitivi di complessità superiore rispetto ai primi.

Nella dinamica di una relazione di marketing gioca un ruolo fondamentale la ***fiducia***. Come già richiamato nei paragrafi precedenti, si tratta di una risorsa di conoscenza particolare che può essere interpretata come uno schema cognitivo che riduce il fabbisogno di informazioni necessarie a prevedere ed interpretare il comportamento altrui (Vicari, 1992, p. 143). In una relazione, ciascuna parte matura delle attese sul comportamento dell'altra. La conferma delle attese genera uno schema cognitivo che semplifica la valutazione sui comportamenti futuri delle parti. Questo schema cognitivo è la fiducia, capace di ridurre l'incertezza delle parti e di spingere ad escludere scelte opportunistiche favorendo invece comportamenti cooperativi. La fiducia si rafforza, durante la relazione, ad ogni reciproca conferma delle aspettative, come ampliamente descritto successivamente nel testo. La dinamica della relazione, dunque, incide sulla fiducia e viceversa (Costabile, 2000). Infine, "la fiducia agisce come criterio di selezione ed ordinamento delle relazioni. Un soggetto economico non stabilisce connessioni con tutti gli altri, ma seleziona solo un numero determinato di essi con cui costruire legami forti. Questi altri soggetti sono selezionati e mantenuti in connessione attraverso l'instaurarsi di un forte rapporto di fiducia, che consente di ridurre il numero di informazioni ricevute" (Vicari, 2001, p. 35). La fiducia non è solo criterio di selezione ma anche di ordinamento, nella misura in cui i soggetti individuano le relazioni strategiche in base all'esistenza di legami fiduciari più forti che in altri casi. Il marketing delle relazioni, orientato alla condivisione delle risorse di conoscenza ed alla gestione delle interazioni, svolge appieno il suo ruolo solo se presidia attivamente questa particolare risorsa cognitiva, dovendosi, in caso contrario, ricondurre il rapporto tra le parti e la funzione di marketing allo schema della transazione.

DOMANDE PER AUTOVALUTAZIONE

- Quando un'impresa ha un vantaggio competitivo sui concorrenti?
- In cosa consiste il vantaggio competitivo esterno?
- In cosa consiste il vantaggio competitivo interno?
- Come si caratterizzano le strategie di base?
- Quali sono le tre tipologie principali di *co-opetition*?
- Quali percorsi può seguire un'impresa nel perseguire strategie di crescita?
- Quali sono le cinque forze competitive nel modello della concorrenza allargata?
- Cosa si intende per convergenza intersettoriale?
- Cosa si intende per benchmarking?
- Come si calcola la quota di mercato?
- Quali sono le componenti della quota di mercato a livello consumer ed a livello retail?
- Come si caratterizzano le risorse di competenza e di fiducia?
- Su cosa si fonda la competitività di un'impresa, secondo il paradigma delle *Dynamic capabilities*?
- Che ruolo ha la conoscenza nel determinare la capacità competitiva di un'impresa?

Capitolo 6

PROGETTAZIONE DEL VALORE, POLITICHE DI PRODOTTO E INNOVAZIONI

Sommario: 1. Le politiche del prodotto. – 2. L'innovazione di prodotto. – 3. Fra esperienza e co-creazione. – Domande per autovalutazione.

1. LE POLITICHE DEL PRODOTTO [1]

1.1. ELEMENTI DI CRITICITÀ DELLA POLITICA DI PRODOTTO

La politica di prodotto comprende l'insieme delle decisioni aziendali che riguardano i prodotti da offrire sul mercato, considerati sia singolarmente che nel loro insieme (portafoglio prodotti). Essa riveste un ruolo centrale nell'attività di marketing delle aziende, dalla grande multinazionale alla piccola impresa, rappresentando lo strumento fondamentale attraverso cui prende forma l'offerta di valore indirizzata al consumatore finale. La politica di prodotto comporta scelte molto complesse, che vincolano l'impresa per tempi lunghi, necessari per ammortizzare gli investimenti, e che sono strettamente correlate con le decisioni di targeting e posizionamento strategico. In questo paragrafo il focus si rivolge all'analisi degli aspetti concettuali attinenti il prodotto (definizione e classificazione) e degli aspetti strategici inerenti la gestione della gamma. Si rimanda ad altre parti del manuale (*infra*, cap. 7) l'analisi della gestione del brand che, pur essendo una componente di valore molto importante per la differenziazione del prodotto, rappresenta una leva di comunicazione primaria, considerata pertanto nell'ambito delle strategie comunicazionali dell'impresa.

Prima di procedere con la trattazione dei singoli aspetti è opportuno sottolineare alcuni elementi di criticità della politica di prodotto, ovvero:

---

[1] I parr. 1, 2, 3 sono di Elisabetta Savelli, Università di Urbino; i parr. 4, 5, 6 sono di Nicoletta Buratti, Università di Genova.

– la rilevanza strategica ai fini del successo competitivo dell'azienda;
– la complessità di gestione;
– la trasversalità che caratterizza questo tipo di attività rispetto alle altre politiche del marketing mix;
– l'articolazione gerarchica del prodotto, che determina la necessità di assumere decisioni complesse e coordinate su più livelli.

La rilevanza strategica della politica di prodotto deriva dal fatto che quest'ultimo rappresenta la sintesi dell'attività dell'impresa e del consumatore; l'elemento di unione su cui si basa il delicato rapporto azienda-mercato. Assumendo, infatti, una concezione ampia di prodotto, comunemente accolta nella letteratura di marketing, che considera tale un insieme di attributi tangibili e intangibili in grado di fornire utilità al consumatore, si enfatizza il duplice ruolo del prodotto. Da un lato, esso rappresenta l'output dell'attività aziendale, che la contraddistingue agli occhi del consumatore e la differenzia rispetto ai concorrenti. Dall'altro lato, l'insieme degli attributi materiali e immateriali che compongono il prodotto definisce un sistema complesso di valore che il consumatore ricerca per trovare soddisfazione ai bisogni variegati della propria esistenza.

La complessità di gestione della politica di prodotto è evidenziata solo in parte dalla smisurata quantità di prodotti presenti nel mercato – le cui differenze sono spesso difficili da valutare se non ricorrendo ad elementi intangibili o immateriali –, dal ritmo imponente con cui vengono presentati nuovi prodotti e formati e dall'elevato tasso di insuccesso che caratterizza la vita di molti beni, destinati a lasciare il mercato in tempi brevissimi rispetto alla loro fase di lancio perché considerati obsoleti e non più in grado di soddisfare i bisogni mutevoli della domanda. Il successo e l'efficacia con cui vengono gestiti i prodotti dipendono da numerosi fattori interni ed esterni all'impresa: le risorse possedute, il know how maturato nel tempo, la presenza di determinati assetti organizzativi e sistemi manageriali, il livello di pressione competitiva, gli sviluppi in ambito tecnologico, i cambiamenti nel sistema distributivo e, non per ultimo, i mutamenti di carattere sociale e comportamentale che possono impattare sui processi di acquisto. Ogni prodotto, infatti, per sua natura, interagisce con diversi attori nel contesto socioculturale che sono, oltre all'impresa, gli acquirenti, gli utilizzatori, i decisori di acquisto, i rivenditori e i vari intermediari commerciali, ciascuno dei quali riconosce nel prodotto un determinato ventaglio di prestazioni. La progettazione e gestione del prodotto deve tenere conto di questi diversi attori e della possibile interazione che si sviluppa tra di essi.

La trasversalità nella gestione del prodotto riguarda la stretta relazione che esiste tra quest'attività e le altre politiche del marketing mix, in particolare le politiche di differenziazione (Cozzi, Ferrero, 2004; Raimondi, 2009). Nella sua concezione ampia, il valore del prodotto è determinato non solo dagli attributi fisici ma anche dalla marca, dal prezzo, dai servizi annessi e dal modo in cui esso è comunicato e distribuito al cliente. Da questo punto di vista, la politica di prodotto sintetizza l'intero marketing mix perché tutto ruota intorno al prodotto, alla ricerca di una coerenza e di uno sfruttamento sinergico di tutti gli elementi che contribuiscono a completare l'offerta di valore dell'impresa e a renderla percepibile e fruibile da parte del consumatore.

L'articolazione gerarchica del prodotto, infine, fa riferimento al sistema di aggregazione dei prodotti all'interno del portafoglio e rappresenta uno strumento utile (ma anche un vincolo) per impostare le logiche di gestione più opportune. Tale articolazione può seguire diversi schemi. L'architettura di prodotto più comunemente adottata prevede tre principali livelli: la singola referenza, la linea e la gamma. La singola referenza (o singolo prodotto, detto anche articolo) è l'unità di prodotto distinta nell'ambito del portafoglio aziendale e dotata di specifici attributi riconoscibili. La linea è un raggruppamento che risulta dall'aggregazione di più prodotti che presentano talune similarità tecnico-produttive o di natura commerciale (es.: svolgono una funzione simile, sono rivolti alla stessa categoria di clienti, sono venduti tramite gli stessi canali distributivi). La gamma (o portafoglio prodotti), infine, comprende l'insieme di tutte le linee di prodotto offerte sul mercato da un'impresa. La gamma può essere qualificata in base a quattro principali attributi:

– ampiezza: fa riferimento al numero totale di linee che la compongono;
– profondità: fa riferimento al numero di varianti di ogni marca o prodotto presenti all'interno di ciascuna linea;
– lunghezza: fa riferimento al numero totale di prodotti;
– coerenza: fa riferimento al grado di omogeneità che caratterizza le diverse linee di prodotto, rispetto all'utilizzo finale del bene, alle caratteristiche del processo produttivo, ai canali distributivi, ecc.

Questi parametri sono utili per confrontare le gamme dei vari concorrenti presenti sul mercato e rappresentano le basi per elaborare la strategia di portafoglio da perseguire.

Le modalità secondo cui i prodotti possono essere aggregati all'interno delle linee variano a seconda dei criteri adottati dall'impresa. Ciò che rileva è la necessità di gestire in maniera coordinata i diversi livelli di aggregazione, considerando il singolo articolo come l'unità fondamentale di un'architettura più complessa, caratterizzata da obiettivi strategici di medio-lungo termine che devono orientare gli investimenti rivolti ad ogni prodotto o specifica referenza.

1.2. LA CONCEZIONE DEL PRODOTTO COME INSIEME DI ATTRIBUTI

Il concetto di prodotto può essere analizzato assumendo diverse prospettive. Gli studi di marketing privilegiano una definizione ampia del prodotto inteso come qualsiasi output produttivo (anche di tipo intangibile) che, a motivo delle utilità derivanti dai suoi attributi (fisici o immateriali) tende a specificare e soddisfare le aspettative di definiti gruppi di fruitori o di utilizzatori (Cozzi, Ferrero, 2004). Due aspetti di questa definizione meritano attenzione. Il primo riguarda la struttura multidimensionale del prodotto che viene concepito come "paniere di attributi" (Grandinetti, 2008; Lambin, 2002) composto da fattori di diversa natura quali: le funzioni d'uso primarie e secondarie, le modalità con cui vengono assolte (materiali, componenti e tecnologia utilizzati), la durata e l'affidabilità, gli attributi estetici, i significati simbolici ed espressivi che il prodotto assume (può essere simbolo di status, espressione di uno stile di vita, segno dell'appartenenza ad un gruppo, ecc.) i servizi annessi (assistenza, garanzie, ecc.), il sistema di offerta e di consegna (dove e come può essere acquistato, informazioni fornite, modalità di pagamento ed eventuali finanziamenti ottenibili, tempi e modalità di consegna, ecc.) ed altri ancora. Molti di questi attributi non appartengono in senso stretto alla politica di prodotto, ma sono veri e propri strumenti della strategia di marketing. Il design di un capo di abbigliamento, per esempio, così come la confezione di un prodotto alimentare possono contribuire ad elevarne le prestazioni d'uso ed essere, quindi, considerate come un aspetto della politica del prodotto; al tempo stesso, contribuiscono a rendere il prodotto chiaramente riconoscibile rispetto ai concorrenti, a sottolinearne la distintività e l'immagine di marca, ad arricchire il suo valore nella percezione del consumatore, ecc. Tutti elementi che rientrano nel campo specifico delle politiche di differenziazione (cfr. *box* n. 1).

BOX N. 1

LE MOLTEPLICI FUNZIONI DEL PACKAGING

La confezione (o packaging), oltre a costituire una parte essenziale del prodotto, rappresenta un importante elemento di comunicazione del valore che favorisce la relazione tra il prodotto e il mondo del consumo.
In linea teorica, le funzioni del packaging si possono raggruppare in due categorie: funzioni tecniche e funzioni di natura commerciale.
Funzioni tecniche del packaging: comprendono la protezione e conservazione del prodotto. Il contenitore deve, anzitutto, proteggere il prodotto da rischi di danneggiamento (dovuti ad urti, vibrazioni, ecc.) che si possono verificare durante il trasporto, l'immagazzinamento e l'esposizione nel punto vendita. Inoltre, deve conservare le caratteristiche di integrità, funzionalità, fragranza, freschezza e igiene del prodotto, evitando alterazioni dovute a cambiamenti di temperatura e umidità oppure al contatto con microrganismi dannosi. Ciò è particolarmente importante per i prodotti alimentari: le bottiglie dell'olio di oliva, per esempio, sono di vetro spesso e di colore scuro per mantenere inalterata l'acidità e la profumazione del prodotto.
Funzioni commerciali del packaging: comprendono i ruoli di identificazione, differenziazione e comunicazione del packaging. La confezione è un importante elemento di identificazione che permette di individuare e riconoscere il prodotto ed associarlo ad una determinata categoria. La passata di pomodoro, per esempio, è comunemente presentata in bottiglie trasparenti, barattoli di alluminio o brick in tetrapack di colore rosso. La differenziazione è una seconda funzione importante, tenuto conto che

un individuo, davanti ad uno scaffale di supermercato visualizza mediamente circa 300 referenze al minuto e dunque è necessario attirare l'attenzione, ispirare fiducia e generare un'impressione favorevole nei confronti del prodotto. La confezione, infine, è un mezzo privilegiato di comunicazione con il cliente. Da un lato, attraverso la confezione (e l'etichettatura) si forniscono informazioni sul prodotto in termini di gusto, ingredienti, composizione, istruzioni per l'uso, avvertimenti, assistenza clienti, ecc. Tali informazioni vengono trasmesse tramite scritte, illustrazioni oppure l'utilizzo di materiali trasparenti che rendono visibile il contenuto. Dall'altro lato, la confezione contribuisce a comunicare la personalità della marca e a rafforzare la brand image, attraverso l'utilizzo di colori, forme e disegni in grado di veicolare al meglio la sua identità. Si pensi, per esempio, alle scatole in velluto o ai tessuti raffinati che vengono utilizzati nel settore dei cosmetici o in quello dei gioielli.
L'eterogeneità delle funzioni del packaging porta le imprese a prestare grande attenzione alla gestione di questo elemento, perseguendo finalità strategiche oltre che meramente operative. Modifiche e innovazioni nel packaging possono favorire lo sviluppo di nuovi formati (e talvolta modelli) in grado di aumentare il livello di differenziazione dell'offerta e di creare soluzioni sempre più personalizzate.
Anzitutto, l'impiego di nuovi materiali o tecnologie può contribuire a migliorare le performance del packaging e, di riflesso, del prodotto in esso contenuto, ampliandone le possibilità di utilizzo da parte del consumatore. I cioccolatini, per esempio, possono essere venduti in confezioni molto diverse a seconda della funzione d'uso che assolvono. Nuovi formati e packaging possono essere studiati per ampliare il mercato di riferimento o, viceversa, per favorire l'identificazione del prodotto con una specifica nicchia. Interessanti esempi al riguardo possono riferirsi al segmento femminile (oggigiorno esistono numerosi articoli di vita quotidiana disegnati appositamente per le donne, che spaziano dalla telefonia all'informatica, fino alle automobili), a quello dei single oppure a quello dei pendolari e frequenti viaggiatori che prediligono packaging resistenti, comprimibili e adatti al consumo del prodotto on the road.
Nuovi formati e confezioni possono, inoltre, favorire una migliore possibilità di accoglienza ed una collocazione più favorevole del prodotto all'interno del punto vendita. Una confezione cubica è molto più efficiente di una bottiglietta e quest'ultima, a sua volta, è più efficiente di una bottiglia. La scelta del packaging, dunque, può incidere sui costi di logistica (in particolare, trasporto e stoccaggio) permettendo notevoli risparmi al distributore. Quest'ultimo, inoltre, soprattutto nel comparto grocery, è sempre più favorevole alle confezioni ridotte, poiché il formato mini consente, a parità di spazio espositivo, di aumentare la redditività per metro lineare.
Packaging innovativi, infine, possono essere studiati per affermare la propria impronta socialmente responsabile, attraverso la progettazione di confezioni e formati multipli (che facilitano la movimentazione e il magazzinaggio oltre che il risparmio), riutilizzabili per scopi diversi (che in tal modo tendono ad essere percepiti come un valore aggiunto dall'acquirente) oppure realizzati con materiali bio-degradabili e di più facile smaltimento.

Il secondo elemento che emerge dalla definizione di prodotto secondo la prospettiva del marketing concerne il ruolo del consumatore. Al contrario delle definizioni contabile e progettuale[2], che tendono a privilegiare l'ottica dell'impresa nella gestione del prodotto attraverso la continua ricerca di risposte a domande del tipo "cosa può fare il prodotto?", "quali soluzioni si possono creare?", "quali mezzi utilizzare?", la prospettiva di marketing pone l'accento sull'ottica del consumatore

[2] Secondo la definizione contabile, il prodotto rappresenta un oggetto di transazione economica che può essere fonte di ricavi per l'impresa. Secondo la definizione progettuale, invece, il prodotto è un artefatto composto da una serie di attributi tecnici, funzionali e d'uso. In entrambi i casi si pone enfasi sugli elementi materiali e tangibili del prodotto.

cercando risposte a domande quali: "come può essere utilizzato il prodotto?" "che senso ha per l'acquirente?", "a che cosa può servire?", "quali necessità soddisfa?". Dal punto di vista del cliente, infatti, il prodotto è concepito come una soluzione ricercata per soddisfare le proprie esigenze e desideri. È un "insieme composito di valori soddisfatti", afferma Levitt (1985), il cui acquisto è correlato al soddisfacimento di un sistema di aspettative che può essere più o meno complesso e che l'impresa, con le sue politiche, può contribuire ad arricchire ed ampliare. La prestazione da offrire va definita in funzione di tali aspettative e non solo in base a parametri tecnici o merceologici che rispondono all'ottica del produttore. In altre parole, il prodotto visto nell'ottica del consumatore, è un artefatto che esiste nella misura in cui serve a soddisfare un determinato bisogno. Tutto questo può avere conseguenze rilevanti in termini di gestione della politica di prodotto. Anzitutto, considerare il prodotto come un mix articolato di attributi materiali e non, rileva le numerose possibilità di differenziazione che vanno oltre gli attributi meramente fisici. L'impresa può intervenire a diversi livelli che, secondo Levitt (1985), vanno dal prodotto generico (inteso come insieme di elementi di base che veicolano il vantaggio essenziale, ossia il beneficio fondamentale che il cliente riceve da una determinata prestazione), al prodotto atteso (principali caratteristiche che i consumatori si aspettano insieme al prodotto generico), al prodotto ampliato (comprendente tutti i benefici aggiuntivi che distinguono l'offerta di un'impresa dalle altre) fino al prodotto potenziale (che incorpora tutte le possibili trasformazioni del prodotto volte a rispondere in modo unico ed originale ai bisogni del consumatore). Passando dal prodotto generico a quello potenziale tende ad aumentare l'importanza delle componenti intangibili la cui differenziazione può generare utilità maggiormente legate ai bisogni di tipo socio-relazionale e psicologico dell'acquirente (Guatri, Vicari, Fiocca, 1999), collegati cioè alla sua sfera emotiva ed individuale (cfr. *box* n. 2). Si ampliano, pertanto, le opportunità di differenziazione, potendo considerare ambiti d'innovazione diversi e sempre più distanti dal *core benefit* essenziale, che in alcuni casi potrebbero condurre le imprese anche ad interessanti riconfigurazioni del business. Fortemente correlata a questa implicazione vi è la considerazione relativa alla crescente sfumatura dei confini tra prodotto fisico e prodotto immateriale, data la tendenza sempre più diffusa tra le imprese, anche produttrici di beni c.d. commodity (acqua, sale, ecc.), a ricercare la differenziazione attraverso l'aggiunta di servizi (es.: garanzie, ricambio, assistenza, ecc.) ed attributi immateriali (valori intrinseci, immagine, stile, prestigio del produttore, ecc.) che tendono a colpire maggiormente la sfera sociale e psicologica del consumatore. Come teorizzato dalla Service Dominant Logic (Vargo, Lusch, 2008), tale tendenza non è priva di conseguenze sul piano operativo-manageriale, poiché porta a considerare le imprese e i clienti come risorse attive, in contrasto con l'idea tradizionale del marketing e dell'economia che i fornitori fanno "cose" per utenti appena reattivi o passivi. Il fornitore, inoltre, offre solo una proposta di valore al mercato, mentre il consumatore viene concepito, quasi sempre, come un co-creatore di valore. Non solo, la prospettiva service dominant favorisce una concezione implicita che tutti gli attori sociali ed economici siano co-creatori e integratori di risorse, sottintendendo, in tal modo, che la creazione di valore avviene attraverso l'interazione in sistemi e reti complesse.

BOX N. 2

DAL PRODOTTO GENERICO AL PRODOTTO POTENZIALE.
LE POSSIBILI TRASFORMAZIONI DI UN DENTIFRICIO

Consideriamo un'azienda che produce dentifrici e vediamo i diversi livelli di prodotto su cui intervenire ai fini della differenziazione.
Vantaggio essenziale (= core benefit): il beneficio essenziale di un dentifricio è solitamente associato alla pulizia e igiene dentale. L'impresa può intervenire a questo livello cercando di associare il prodotto al soddisfacimento di nuovi tipi di benefici ricercati dal consumatore (es.: prevenzione della carie, sbiancamento dello smalto dentale).
Prodotto generico: L'impresa può intervenire sul prodotto generico, attraverso la definizione di nuove soluzioni liquide o in polvere in grado di soddisfare il medesimo bisogno ma con modalità innovative rispetto a quelle tradizionalmente in uso (paste o gel).
Prodotto atteso: il prodotto atteso incorpora una serie di attributi, materiali e non, che rientrano nelle aspettative del cliente. A questo livello è possibile intervenire modificando alcuni attributi generalmente associati al prodotto quali la confezione (es.: nuovo packaging più facile da utilizzare anche nelle fasi terminali del prodotto) o il formato (disponibilità di nuovi format con quantitativi diversi per favorire usi variegati: domestico, in viaggio, ecc.).
Prodotto ampliato: Questo livello di prodotto deve permettere di superare le aspettative del cliente mediante l'aggiunta di attributi tecnici, simbolici e/o emozionali in grado di migliorare le performance complessive del prodotto. Nel caso di un dentifricio, l'impresa potrebbe intervenire attraverso azioni tese a modificare la composizione degli ingredienti, in modo da differenziare meglio la propria marca rispetto a quelle concorrenti. Si potrebbe aggiungere una certa quantità di Sali di zinco che hanno proprietà antialitosiche oppure di corexidina che favorisce un maggiore controllo della placca. Una maggiore quantità di sostanze aromatizzanti e dolcificanti potrebbe, inoltre, incentivare i bambini all'igiene orale oppure rendere più gradevole la spazzolatura.
Prodotto potenziale: Posto, infine, che per ottenere risultati apprezzabili non è sufficiente il solo uso del dentifricio ma occorrono un'adeguata compliance e destrezza dell'utilizzatore nel compiere le manovre di igiene orale, l'azienda potrebbe pensare, a livello di prodotto potenziale, all'offerta di programmi formativi ad hoc erogati presso le scuole, tesi a sensibilizzare gli individui in tema di igiene orale e a migliorare le condizioni di salute dei propri denti.

Infine, la concezione estensiva del prodotto, incorporando al meglio la visione dell'impresa e quella del cliente:

– evita pericolose miopie che potrebbero andare a discapito della competitività aziendale o della soddisfazione del cliente;

– incoraggia, in tutti i modi, la ricerca di un giusto allineamento tra il valore d'uso creato dall'impresa ed il valore percepito dal potenziale consumatore, considerando tutte le caratteristiche del prodotto, comprese quelle che, pur non traducendosi in valore d'uso per l'acquirente, contribuiscono a comunicare il valore e, dunque, a determinarne la sua percezione. L'espressione "sistema di prodotto", infatti, traduce al meglio questo concetto estensivo, sottolineando la complessità dei fattori che concorrono a creare, comunicare e distribuire valore all'acquirente;

– sottolinea, infine, l'importanza di realizzare continui interventi migliorativi ed innovativi del prodotto, volti a stimolare il riacquisto e la fedeltà del consumatore (Solomon, Stuart, 2005). Integrando l'ottica del consumatore, infatti, qualsiasi intervento dell'impresa sulle singole componenti della prestazione è visto in funzione dello sviluppo di benefici ed utilità tese a generare la sua preferenza e soddisfazione nel tempo.

1.3. LE CLASSIFICAZIONI DI PRODOTTO PIÙ COMUNI

La letteratura di marketing propone numerose classificazioni di prodotto che pongono enfasi su elementi diversi riferiti sia ad aspetti intrinseci, riguardanti la natura e gli attributi del prodotto, che ad aspetti comportamentali legati alle modalità di utilizzo da parte del consumatore. Il loro richiamo è utile perché, a seconda di dove viene posta l'attenzione, la gestione del prodotto implica strategie di marketing differenti, talvolta diversificate anche all'interno della stessa categoria.

Una prima distinzione è quella tra beni industriali, o destinati alla produzione, e beni destinati al consumo. I primi sono impiegati dalle imprese all'interno dei loro processi produttivi al fine di creare prodotti finiti. I beni destinati al consumo, invece, sono utilizzati dagli acquirenti finali per soddisfare i propri bisogni.

Focalizzando l'attenzione sui beni destinati al consumo, la tabella 1 illustra quattro principali modalità di classificazione, molto diffuse nella letteratura e nella pratica di marketing, che fanno riferimento alla natura economica, alla durata, alle caratteristiche e la complessità del processo di acquisto ed al grado di tangibilità del prodotto.

Tabella 1. – Le classificazioni dei prodotti destinati al consumo

Criterio di classificazione	**Tipo di prodotto**	**Caratteristiche essenziali**	**Esempi**
1. Classificazione in base alla natura economica	Prodotti indipendenti	Non hanno diretti legami di utilizzo tra di loro	Televisori, rasoi elettrici, ...
	Prodotti complementari	L'utilizzo richiede la presenza di altri prodotti	Stampante e cartucce d'inchiostro, rullino e macchina fotografica, ...

Segue

Criterio di classificazione	Tipo di prodotto	Caratteristiche essenziali	Esempi
	Prodotti sostitutivi	L'utilizzo esclude la scelta di altri prodotti	Televisori di 26 e 34 pollici, ...
2. Classificazione in base alla durata	Beni durevoli	Sono destinati a produrre la loro utilità nel tempo	Elettrodomestici, automobili, vestiti, ...
	Beni non durevoli	Esauriscono la loro utilità in un'unica soluzione o in pochi utilizzi del prodotto	Bibite, alimenti, detersivi, prodotti per l'igiene personale, ...
3. Classificazione in base alle caratteristiche e la complessità del processo d'acquisto	Convenience good	Beni di largo consumo, poco costosi, acquistati frequentemente. Richiedono uno sforzo d'acquisto minimo e sono presenti in molti punti vendita al dettaglio	Pane, bevande analcoliche, chewing-gum, quotidiani, ...
	Preference good	Simili ai prodotti convenience, comportano un maggiore coinvolgimento emotivo del consumatore perché offrono maggiori benefici sociali e psicologici (grazie al brand)	Oggetti d'arredamento, grandi elettrodomestici, ...
	Shopping good	Beni a scelta meditata che richiedono un modesto sforzo di pianificazione e molto tempo dedicato al confronto tra marche e punti vendita (scarsa fedeltà alla marca). Sono acquistati meno frequentemente e vengono venduti in un numero più ristretto e selezionato di punti vendita al dettaglio.	Elettrodomestici, smartphone, tablet e laptop, mobili, ...

Segue

Criterio di classificazione	Tipo di prodotto	Caratteristiche essenziali	Esempi
	Speciality good	Beni che presentano caratteristiche uniche e una forte identità di marca. Richiedono un notevole sforzo di pianificazione e ricerca. Hanno un elevato valore unitario e sono acquistati molto raramente. Il consumatore che deve acquistarli, si documenta preventivamente e sa con precisione che cosa vuole, formulando richieste molto dettagliate. Sono presenti in un numero limitato di punti vendita al dettaglio.	Penna Mont Blanc, orologio Rolex, auto Porsche, ...
4. Classificazione in base al grado di tangibilità del prodotto	Search goods	Beni con un discreto contenuto tangibile, facili da valutare prima dell'acquisto	Capo d'abbigliamento, automobili, ...
	Experience goods	Beni caratterizzati da un maggiore livello di intangibilità, correttamente valutabili solo dopo averli sperimentati	Ristorante, vacanza, ...
	Credence goods	Beni ad elevato contenuto intangibile, difficili da valutare anche dopo il loro utilizzo	Riparazione auto, prestazione medica, ...

La classificazione in base alla natura economica distingue i prodotti a seconda del loro grado di interdipendenza con altri beni e risulta particolarmente utile per stimare le previsioni di vendita, per definire il portafoglio prodotti e le strategie di gamma e per impostare e/o rivedere le proprie strategie competitive. La vendita di prodotti complementari, per esempio, richiede specifiche strategie di prezzo, tecniche di vendita e un'adeguata gestione delle attività in-store. Anzitutto, è auspicabile che il prodotto complementare abbia un prezzo sensibilmente inferiore rispetto al prodotto principale, per non far percepire al cliente un sacrificio eccessivo legato alla necessità di dover acquistare per forza i due prodotti per un adeguato utilizzo. I prodotti complementari, inoltre, si prestano ad essere venduti sia con tecniche di *cross selling* che di *upselling*. Nel primo caso, si offre al cliente un prodotto complementare, o funzionale al primo, offrendo un beneficio maggiore o un vantaggio quasi irrinunciabile. Solitamente il prodotto in cross selling presenta un prezzo vantaggioso rispetto al prodotto principale. Nel caso dell'upselling, invece, si cerca di indirizzare il cliente verso l'acquisto di un prodotto più costoso (complementare, ma talvolta anche sostitutivo) rispetto a quello che è orientato ad acquistare. Si pensi ad un individuo che entra in negozio per acquistare delle cartucce d'inchiostro per la propria stampante e il personale di vendita gli presenta l'ultimo modello di stampante, particolarmente performante (e costoso!), convincendolo ad acquistarlo perché garantisce una riduzione sensibile dello spreco d'inchiostro. La vendita di prodotti complementari richiede anche adeguate strategie di in-store management. Nel punto vendita, ad esempio, è preferibile una disposizione delle merci coerente con il percorso-tipo del cliente, in modo che questi sia quasi costretto a passare davanti a prodotti complementari che stimolano l'acquisto reciproco (passando, ad esempio, vicino alla pasta il consumatore può trovare anche i sughi pronti).

La classificazione in base alla durata distingue i prodotti a seconda della numerosità degli atti di consumo in cui si esaurisce la loro utilità. Una distinzione di questo tipo è particolarmente utile perché facilita le decisioni riguardanti i servizi accessori, la tipologia di vendita (selettiva o intensiva), la struttura distributiva, la comunicazione, l'analisi della domanda (se di primo acquisto o sostituzione). Nella progettazione di beni durevoli, per esempio, sono molto importanti i servizi aggiuntivi, in termini di assistenza pre- e post-vendita, garanzie accessorie, disponibilità di ricambi, dilazioni di pagamento. In genere, tali prodotti richiedono processi di vendita personalizzata, sia online che offline, che possono essere meglio garantiti attraverso una copertura distributiva selettiva, affidata a rivenditori addestrati. Questi prodotti richiedono, inoltre, forme di comunicazione meno massicce rispetto ai beni non durevoli, e garantiscono solitamente margini molto più elevati all'impresa.

Una terza classificazione che suggerisce indicazioni utili per impostare le strategie di comunicazione e vendita dell'impresa è quella che si basa sulle caratteristiche e la complessità del processo di acquisto. Considerando, in particolare, la frequenza d'acquisto e la disponibilità del consumatore ad impegnarsi in tale processo, i beni di consumo vengono distinti in: *convenience, preference, shopping* e *speciality* (Kotler *et al.*, 2014). Focalizzando l'attenzione sul processo di acquisto, questa classificazione è molto utile per definire le strategie di copertura distributiva (*infra*, cap. 8), ma anche per guidare l'attività innovativa dell'impresa ed orientare le scelte di posizionamento più adeguate.

Analogamente avviene nel caso della quarta classificazione proposta che si basa sul grado di intangibilità dell'offerta. Elaborata inizialmente nell'ambito della letteratura sul service marketing (Bitner, Zeithaml, 2002), questa tassonomia tiene conto del grado di incidenza della componente immateriale rispetto al prodotto complessivo e della conseguente facilità/difficoltà di valutazione del prodotto da parte del cliente. A differenza degli experience, e ancor più dei *search goods*, i c.d. *credence goods* sono caratterizzati da elementi intangibili che difficilmente possono essere valutati anche dopo averne usufruito. Il loro acquisto si basa, pertanto, su elementi di fiducia che possono essere ispirati solo da fattori estranei alla prestazione. Si intuiscono da ciò le implicazioni che possono derivare in termini di marketing relazionale e di gestione del rapporto con la clientela.

Le ultime due classificazioni assumono particolare rilievo considerando che nella società attuale l'integrazione di elementi tangibili e intangibili è sempre più importante ai fini della differenziazione del valore e della possibilità di influenzare la percezione dello stesso da parte del consumatore. La componente di servizio associata al prodotto materiale può contribuire, infatti, a trasformare il prodotto stesso e a renderlo unico nel suo genere; come avviene spesso per alcune commodities del settore alimentare (es.: yogurt, caffè) che, arricchite di contenuti immateriali in grado di esaltarne la dimensione esperienziale, diventano interpreti di nuove esigenze di consumo. Peraltro, questa tendenza, oltre ad evidenziare la complessità degli elementi su cui le imprese possono intervenire nell'ambito della gestione delle politiche di prodotto, argina qualsiasi tentativo di trovare forme di corrispondenza univoca tra le tipologie di beni individuate utilizzando le diverse tassonomie: un prodotto apparentemente convenience (es.: tavoletta di cioccolato) potrebbe in realtà incorporare contenuti intangibili elevati, riguardanti la sfera socio-relazionale e sensoriale, che lo elevano alle categorie dei prodotti shopping o experience. Un esempio eclatante è la Sfoglia di cioccolato Nero lanciata da Perugina nel 2005: una sottilissima falda di cacao creata con l'obiettivo di esaltare al meglio la degustazione multisensoriale del consumatore. Formato, dimensioni, colore, packaging ed altri attributi del prodotto sono stati accuratamente progettati e gestiti al fine di sviluppare un prodotto unico in grado di comunicare al consumatore l'idea di raffinatezza, superiorità qualitativa e soprattutto la capacità di offrire una vera e propria esaltazione dei sensi (Savelli, Moriconi, 2010).

1.4. LE DECISIONI SUL PRODOTTO, LA LINEA DI PRODOTTI E LA GAMMA

L'analisi del prodotto basata su alcuni indicatori chiave di performance (economica, di mercato e finanziaria) rappresenta un passaggio chiave nella gestione del prodotto. Il management deve infatti verificare se l'impresa sta offrendo sul mercato prodotti in linea con le aspettative della clientela e in grado di assicurare un beneficio superiore rispetto ai prodotti offerti dalla concorrenza.

Per fare questo, occorre monitorare con continuità, attraverso il sistema informativo di marketing (*supra*, capp. 2 e 5), le performance del prodotto (volumi di vendita, margine di contribuzione, ecc.) e la sua posizione relativamente ai concorrenti e alle dinamiche di mercato (posizionamento percepito, quota di mercato, trend della domanda, ecc.). Tale analisi è funzionale alla identificazione delle condizioni (interne, di mercato e competitive) del prodotto e fornisce indicazioni utili per la definizione delle decisioni di carattere operativo e strategico riguardanti la singola referenza, la linea o l'intera gamma (Mauri, 2007; Buratti, 2009).

1.4.1. Le decisioni sui prodotti esistenti

Con riferimento ai prodotti esistenti, dall'analisi possono scaturire fondamentalmente tre gruppi di decisioni:

a) mantenimento;
b) adeguamento;
c) eliminazione.

Il **mantenimento** implica una ri-conferma delle decisioni – assunte nei precedenti cicli di gestione – che hanno generato risultati positivi, in linea con le aspettative (o addirittura superiori ad esse). Può essere utile ricordare, a questo proposito, che ciò non significa assenza totale di cambiamenti nelle decisioni operative del marketing mix. Spesso, anche in situazioni ottimali, può essere necessario modificare alcune scelte operative (quali, ad esempio, quella relativa alla composizione dei media di comunicazione o dei canali di vendita), per tenere conto dell'evoluzione dei comportamenti del target in termini di esposizione ai media e/o utilizzo dei canali di vendita.

Più spesso, la gestione dinamica del prodotto implica l'introduzione di modifiche più o meno consistenti, per tenere conto dei cambiamenti nelle aspettative dei consumatori e/o delle azioni della concorrenza.

Si parla, in questo caso, di scelte di **adeguamento**, che possono essere attuate attraverso cambiamenti in una o più caratteristiche del prodotto.

Le modifiche al prodotto possono riguardare molteplici dimensioni; fra le aree di intervento prioritarie si considerano:

– la qualità;
– la funzionalità;
– l'estetica.

Le modifiche che riguardano la qualità si basano per lo più sull'utilizzo di nuovi materiali o sulla messa a punto di nuovi processi produttivi. L'impresa può agire sulla qualità in due modi (Pride e Ferrel, 2005):

1. incrementare il differenziale competitivo attraverso la qualità più elevata, con l'obiettivo di conseguire una maggiore fedeltà del cliente e ridurne la sensibilità al prezzo;
2. orientare il prodotto verso un nuovo mercato target, offrendo una alternativa a basso costo, con l'obiettivo di dare risposta ad un segmento di domanda insoddisfatto dall'offerta di mercato esistente.

Un altro vettore di cambiamento è rappresentato dalle modifiche funzionali al prodotto; in questo caso, l'intervento richiede la riprogettazione del prodotto, ed è orientato a migliorare la sicurezza, l'efficacia, la versatilità (rendendo ad esempio il prodotto utile a più persone, con l'obiettivo di ampliare il target di riferimento). Rientrano in questa categoria le innovazioni incrementali che conducono allo sviluppo di generazioni successive di prodotto, normalmente caratterizzate da un arricchimento funzionale.

Le modificazioni estetiche riguardano gli aspetti fisici del prodotto e vengono attuate con l'obiettivo di influenzare le percezioni del consumatore. Normalmente si distingue fra interventi di *face* lifting (quando la modifica del prodotto si basa su attributi estetici ed in particolare sul packaging, molto frequenti nel settore delle acque minerali e delle bevande analcoliche in genere) e interventi di restyling (ad es., il frontale o il retro di una vettura).

Va osservato, per concludere su questo punto, che la strategia di adeguamento non dà origine ad una estensione di linea (cfr. par. 1.4.2), perché il prodotto originale viene sostituito dal prodotto modificato; inoltre, presenta minori rischi rispetto allo sviluppo e al lancio di un nuovo prodotto *tout court*, in quanto il prodotto modificato è già noto al mercato e al consumatore e dispone normalmente di una buona *brand awareness*. Questa decisione può quindi consentire di migliorare il mix dei prodotti esistenti, a condizione che le modifiche introdotte:

a) siano percepite dal consumatore;
b) aumentino la soddisfazione del potenziale cliente/utilizzatore.

La decisione più radicale sul prodotto è sicuramente quella che porta alla sua **eliminazione.**

Escluse situazioni eccezionali come, ad esempio, la pericolosità di un prodotto, la decisione di eliminazione avviene a seguito della constatazione che le performance del prodotto (in termini di vendite, quota di mercato, margini e contribuzione unitaria) sono negative e non presentano margini di miglioramento.

Eliminare un prodotto dalla gamma non è una decisione semplice per l'impresa, perché possono esservi resistenze di vario tipo: manager, dipendenti, forza vendita normalmente sostengono la necessità di mantenere in vita il prodotto, il più a lungo possibile. Motivazioni personali e di carattere strategico possono indurre l'impresa a mantenere un prodotto non più profittevole nell'ambito della linea; vi possono però essere anche motivazioni di carattere economico: quando il prodotto si basa sull'uso di risorse comuni (materiali ed immateriali), ossia condivise con altri prodotti della linea o della gamma, cessarne la produzione può ridurre il grado di utilizzo di tali risorse, con ripercussioni negative sul costo degli altri prodotti della gamma. È quindi necessario, prima di decidere l'eliminazione del prodotto, valutare non solo il risparmio di costi diretti atteso dalla sua eliminazione, ma anche eventuali maggiori costi "comuni" trasferiti su altri prodotti (Cozzi, Ferrero, 2004). Molti tentativi di riposizionamento si giustificano a seguito di questa duplice valutazione, e normalmente si giunge all'eliminazione del prodotto solo quando un ulteriore mantenimento in vita genera pesanti oneri finanziari per l'azienda.

L'eliminazione del prodotto può avvenire secondo tre distinte modalità: per eliminazione graduale (*phase out*), per esaurimento (*run out*), mediante ritiro immediato dal mercato.

Quest'ultima si presenta come l'unica soluzione possibile quando le perdite sono talmente elevate da rendere improponibile qualunque tentativo di prolungarne la vita sul mercato; l'eliminazione graduale si presenta come la decisione più appropriata quando è opportuno mantenere ancora in vita il prodotto, senza però effettuare particolari sforzi per modificare la strategia di marketing e/o tentare il riposizionamento per rivitalizzare il prodotto; infine, l'eliminazione per esaurimento è una strategia orientata a trarre dal prodotto il maggiore risultato possibile, sfruttando ogni opportunità rimanente. Normalmente, questo tipo di strategia punta ad aumentare i profitti del prodotto, attraverso l'eliminazione di alcune spese di marketing (es. la pubblicità e/o i servizi alla clientela) e l'intensificazione degli sforzi nei mercati strategici.

In questa fase, le decisioni di prezzo assumono un ruolo chiave: il management può infatti decidere di puntare sull'aumento di prezzo, per sfruttare la bassa elasticità al prezzo dei segmenti residui; oppure, può decidere di puntare sulla riduzione di prezzo per aumentare le quantità vendute, raggiungendo i segmenti di consumatori maggiormente elastici al prezzo, che sono stati fino a quel momento esclusi dal mercato. Questa strategia accompagna ad esempio l'eliminazione dei prodotti tecnologici obsoleti, con l'obiettivo di spostare le vendite verso i mercati meno attrattivi.

1.4.2. Le decisioni sulla linea di prodotti e la gamma

Oltre alle decisioni sui singoli prodotti, il management dell'impresa è impegnato nella gestione dinamica della linea di prodotti e dell'intera gamma aziendale. L'obiettivo di sopravvivenza e sviluppo in condizioni di redditività soddisfacente e rischio fronteggiabile che rappresenta il fine dell'impresa in quanto istituzione economica, implica normalmente decisioni riguardanti l'aumento del numero di prodotti che compongono ciascuna linea e la gamma nel suo complesso. Le decisioni di eliminazione, come si è visto, sono complesse e devono essere fortemente motivate; ancora più critiche le decisioni che riguardano l'eliminazione di una intera linea di prodotto, conseguenti a strategie di ridimensionamento assunte a livello corporate. Ci concentriamo quindi sulle decisioni di estensione di linea, che può avvenire secondo due modalità:

– **completamento di linea**: attraverso il c.d. flankering, ossia l'aggiunta di varianti in funzione di specifici criteri (gusto, confezione, formato, target, ...) nella fascia di mercato dei prodotti attuali;
– **allungamento di linea** o line extension: attraverso l'aggiunta di nuove varianti di prezzo rispetto all'attuale configurazione.

Le decisioni di **completamento** della linea agiscono sulla profondità, e rispondono a diversi obiettivi, di tipo economico, finanziario, competitivo: sfruttare la capacità produttiva eccedente, conseguire maggiori profitti, soddisfare le richieste dei distributori, rispondere ad una mossa dei concorrenti o costruire un posizionamento di impresa capace di offrire varietà. L'impresa ricorre a questa strategia con maggiore frequenza per categorie di prodotto in fase avanzata del loro ciclo di vita, per mantenere alto l'interesse dei consumatori evitando la banalizzazione degli acquisti. L'aggiunta di nuove varianti pone però alcune questioni critiche, determinate in particolare dagli effetti che l'introduzione della nuova variante di prodotto esercita sulle vendite degli altri prodotti della linea. Si possono infatti determinare non solo effetti positivi (quando il nuovo prodotto suscita un incremento nelle vendite dei prodotti già esistenti), ma anche effetti negativi (quando la nuova variante "cannibalizza" le vendite di altri prodotti della linea).

Le decisioni di **allungamento** agiscono sulla lunghezza, ed implicano una estensione della linea verso l'alto, verso il basso o in entrambe le direzioni.

Le imprese posizionate nella fascia bassa del mercato possono decidere di allungare la linea verso l'alto, perché attratte da un tasso di crescita più elevato o da maggiori margini di profitto; si tratta però di una strategia che richiede una attenta gestione dell'immagine e dell'identità di marca, perché il mercato potrebbe non riconoscere all'impresa la capacità di soddisfare le esigenze più sofisticate dei segmenti *di fascia alta*.

Viceversa, le imprese posizionate nella fascia alta del mercato possono decidere di allungare la linea verso il basso, sia per raggiungere segmenti di mercati a tassi di crescita più elevati, sia per rispondere ad una minaccia di un concorrente. Infine, le imprese che operano nella fascia intermedia del mercato possono allungare la linea in entrambe le direzioni, con l'obiettivo di soddisfare le esigenze dei vari segmenti di mercato.

Infine, le **decisioni sulla gamma** riguardano la definizione del mix di prodotto dell'impresa, ovvero la gestione strategica dell'insieme di tutte le linee e di tutte le referenze che compongono ciascuna linea.

Oltre alle decisioni sulla singola linea già illustrate (completamento e allungamento), la gamma (o portafoglio) dell'impresa può essere estesa attraverso decisioni rivolte ad agire sulla ampiezza, che si raggiunge attraverso l'**aggiunta di nuove linee di prodotto.**

La crescita dell'impresa attraverso l'aggiunta di nuove linee di prodotto richiede una attenta valutazione della coerenza fra le diverse linee di prodotto, in funzione sia delle competenze e capacità possedute, sia della reputazione a cui aspira il management nei diversi settori di attività (Kotler *et al.*, 2014).

Vi sono imprese che hanno costruito nel tempo portafogli di prodotto molto complessi e diversificati, la cui gestione richiede una valutazione congiunta delle performance interne, della posizione competitiva e dell'attrattività di mercato di ciascuna componente del portafoglio, ma anche una valutazione combinata delle diverse attività, da gestire secondo una logica appunto di portafoglio. Di seguito si propongono due strumenti classici utilizzabili dal management per supportare l'analisi e la gestione strategica del portafoglio prodotti: il modello del ciclo di vita del prodotto e le matrici di portafoglio, rinviando al par. 2 la trattazione delle problematiche gestionali connesse alla decisione di innovazione.

1.5. IL MODELLO DEL CICLO DI VITA DEL PRODOTTO

Durante la vita utile del prodotto, il product manager ha il compito fondamentale di adattare le politiche di mercato (prodotto/prezzo/promozione/distribuzione) alle specifiche esigenze determinate dall'evoluzione del mercato (domanda, concorrenza, distribuzione) e, ad un livello più generale, dall'evoluzione della tecnologia e del contesto macroeconomico ed istituzionale.

Uno strumento concettuale utile, sotto questo profilo, è il c.d. modello del ciclo di vita del prodotto, che mette in relazione l'andamento delle vendite con il progredire della durata di vita di un prodotto/mercato. Va infatti sottolineato che il modello è stato proposto originariamente con riferimento ad una categoria di prodotto (e non ad un singolo prodotto o marca) e non ha carattere previsionale, ma ha una forte valenza prescrittiva, in quanto consente di trarre, dalle dinamiche che si riscontrano negli andamenti delle vendite, indicazioni sui comportamenti più appropriati da adottare per affrontare con successo le sfide della competizione sul mercato.

Il modello si basa sull'assunto che ogni classe di prodotto normalmente presenta una evoluzione delle vendite caratterizzata da quattro fasi fondamentali, contraddistinte da andamenti differenti e da contesti competitivi specifici. Le fasi che si susseguono prendono il nome di introduzione, sviluppo, maturità e declino (cfr. fig. 1).

Figura 1. – *Il ciclo di vita del prodotto (del servizio/del punto vendita)*

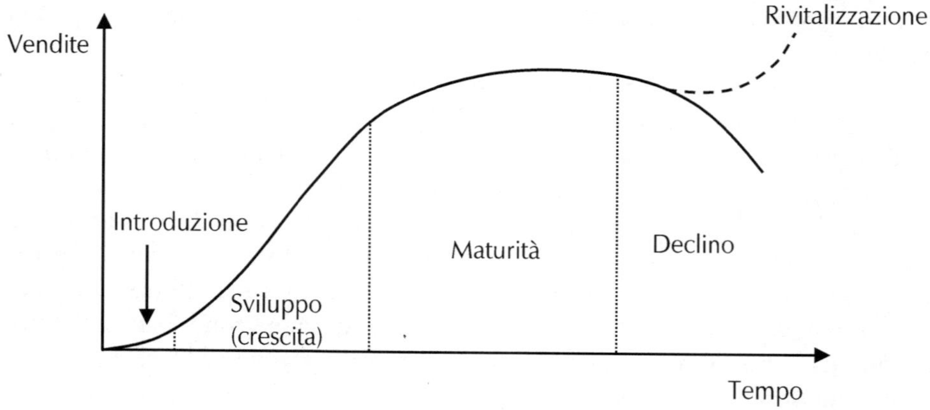

Fonte: *https://www.tes.com/lessons/BZ8RhrAzU3vtRA/il-grafico-del-ciclo-di-vita-del-prodotto-e-la-matrice-bcg.*

Nella fase di *introduzione* i tassi di crescita delle vendite sono inizialmente contenuti in valore assoluto, per poi crescere gradualmente. L'impresa pioniera che ha introdotto sul mercato un prodotto destinato a costituire anche un nuovo mercato, opera con tecnologie ancora allo stato fluido e deve sopportare elevati costi, fronteggiando anche le resistenze all'adozione da parte della maggioranza degli utilizzatori potenziali e dei distributori ad inserirlo nell'assortimento. Talora, in caso di innovazione radicale, è necessario inoltre predisporre adeguate infrastrutture per agevolare la diffusione del prodotto, nonché sopportare costi di educazione all'uso da parte dei potenziali acquirenti/utilizzatori.

Nella fase successiva, denominata *sviluppo*, si assiste ad una crescita esponenziale delle vendite, sia perché le barriere iniziali all'adozione si sono attenuate, sia perché sono apparsi sul mercato nuovi soggetti di offerta, che attraverso strategie imitative, contribuiscono allo sviluppo del mercato complessivo del nuovo prodotto. In questa fase, di accesa competizione per la conquista del consumatore avviene una selezione fra produttori, che utilizzano le leve della differenziazione e del prezzo per battere la concorrenza; i tassi di sviluppo delle vendite, dapprima molto intensi, tendono a ridursi con l'avvicinarsi della domanda primaria al livello di saturazione del mercato potenziale.

Il prodotto/mercato entra nella fase di *maturità*, nella quale le posizioni competitive sono pressoché stabili e le imprese che vi operano tendono a competere con modalità tipiche dell'oligopolio differenziato: le strategie di mercato sono orientate al mantenimento delle posizioni acquisite e alla fidelizzazione della clientela. Nonostante ciò, sarebbe errato ritenere che le imprese in questa fase non intraprendano progetti di sviluppo di nuovi prodotti; tuttavia, si tratta per lo più di innovazioni di carattere incrementale, orientate a prolungare la vita utile del prodotto e/o a soddisfare in modo sempre più preciso le aspettative di consumatori sempre più esigenti, coprendo tutte le possibili nicchie del mercato. La durata di questa fase è indeterminata e dipende sostanzialmente dalla capacità delle imprese che operano sul mercato di mantenere lo status quo, garantendo profittabilità a tutti i soggetti che vi operano e soddisfazione ai consumatori.

Il prodotto/mercato si avvia alla fase di *declino* quando le vendite della classe di prodotti tendono a decrescere, a causa dell'emergere di nuove opportunità tecnologiche e/o di cambiamenti nelle aspettative dei consumatori, che spostano le loro preferenze verso nuove categorie di prodotto rese disponibili dalle imprese proattive in grado di cogliere in anticipo tali cambiamenti.

Non sono però solo le condizioni del contesto esterno (tecnologia, concorrenza, domanda) a subire cambiamenti nel passaggio da una fase alla successiva; molto rilevanti sono anche i cambiamenti che avvengono, all'interno dell'impresa, specie sotto il profilo economico-finanziario.

Per quanto riguarda i *costi*, il passaggio dalla fase di introduzione alla fase di maturità è contraddistinto da una progressiva riduzione dell'incidenza delle componenti a struttura fissa rispetto a quelle a struttura variabile. Mentre per quanto riguarda i *ricavi*, nella fase di sviluppo si osserva una crescita esponenziale del fatturato, anche se più contenuta rispetto a quella delle quantità, a motivo della riduzione dei prezzi che normalmente si osserva. Ma ciò che più conta è l'andamento della *redditività del capitale investito netto*, che è negativa o pressoché nulla nella fase di introduzione, aumenta in modo consistente nella fase di sviluppo, raggiunge i massimi livelli nella fase di maturità, per poi decrescere in quella di declino. All'opposto, il *fabbisogno finanziario netto* è molto elevato nella fase di introduzione e decresce rapidamente al culmine della fase di sviluppo; mentre nella fase di maturità e in quella iniziale di declino la generazione di risorse nette è superiore al fabbisogno.

Prima di descrivere le implicazioni strategiche sottese alla gestione del prodotto lungo l'intero ciclo di vita, va ancora richiamato che non esiste un unico modello di cvp, perché a seconda delle classi di prodotto cui viene applicato, si possono rilevare andamenti anche fortemente differenziati.

Tuttavia, l'utilità del modello risiede nel fatto che, per ogni fase, mette in evidenza i comportamenti di marketing più appropriati da seguire per gestire con successo il prodotto e battere la concorrenza, tenendo conto naturalmente delle esigenze determinate anche da una corretta gestione economico-finanziaria dell'impresa. Il modello quindi si rivela utile anzitutto per le imprese che si propongono di seguire, con i loro prodotti, l'evoluzione complessiva della classe di prodotti cui appartengono, non per quelle che si propongono di adottare strategie di tipo disruptive, operando contro-corrente, ad esempio attraverso la rivitalizzazione di un prodotto maturo.

Le principali implicazioni strategiche del modello, possono essere così sintetizzate:

– nella fase di *introduzione*, specie se si tratta di un prodotto realmente nuovo, è presente sul mercato una sola impresa. Le vendite aumentano in modo graduale ma lento e difficilmente il prodotto genera profitti, in quanto si rende necessario recuperare i costi di ricerca e sviluppo e i costi relativi al lancio, che normalmente eccedono i ricavi di vendita. Il nuovo prodotto necessita quindi di un forte impegno da parte dell'alta direzione;

– nella fase di *sviluppo*, imprese follower propongono le loro versioni del prodotto, quindi l'impresa innovatrice è indotta ad adottare comportamenti aggressivi, orientati a conquistare un vantaggio competitivo difendibile e duraturo e ad acquisire la maggiore quota di mercato possibile. Tutte le risorse generate dal prodotto dovrebbero essere reinvestite per migliorarne la posizione sul mercato;

– nella fase di *maturità*, le vendite raggiungono il punto di massimo, per poi mantenersi sul livello raggiunto o decrescere, parallelamente ai margini. La concorrenza si intensifica, anche perché il mercato tende a ridursi mentre crescono in modo esponenziale le varianti del prodotto. Le risorse finanziarie generate che superano il diretto fabbisogno dei prodotti che si trovano in questa fase, dovrebbero essere utilizzate per sostenere le vendite del prodotto (attraverso la comunicazione), per individuare nuove modalità di rivitalizzazione del mercato, attraverso la ricerca di nuove modalità d'uso, l'introduzione di versioni migliorate del prodotto, ecc. o infine per sostenere il processo di sviluppo dell'impresa secondo un'ottica di portafoglio, quindi alimentando la pipeline dei nuovi prodotti;

– infine, nella fase di *declino*, nella quale si registra una riduzione delle vendite per l'intera categoria e una diminuzione degli utili, si pone la decisione critica del mantenimento del prodotto in portafoglio o, viceversa, della sua eliminazione, qualora il prodotto sia caratterizzato da: crescita delle vendite nulla, profittabilità negativa ed elevata percentuale di assorbimento di risorse.

1.6. STRUMENTI PER L'ANALISI STRATEGICA DEL PORTAFOGLIO PRODOTTI

Normalmente le imprese operano con una pluralità di prodotti, collocati in diverse fasi del ciclo di vita, che richiedono strategie di marketing appropriate alle specificità del contesto di mercato di riferimento. D'altra parte, come si è visto, prodotti in diverse fasi del ciclo di vita forniscono contributi differenziati alla redditività aziendale: i prodotti nelle fasi iniziali, di introduzione e sviluppo, sono normalmente utilizzatori di risorse finanziarie in misura maggiore di quante non riescano a generarne; mentre i prodotti che raggiungono la fase di maturità con un solido posizionamento di mercato, generalmente forniscono elevate risorse finanziarie, che possono contribuire a sostenere lo sviluppo futuro del business e dell'azienda in generale.

Poiché le possibilità di sviluppo dell'impresa dipendono anzitutto dalla sua capacità di disporre, in ogni momento della sua vita, di prodotti profittevoli nel presente ma anche di prodotti dai quali ci si attende uno sviluppo nel breve termine, nonché da progetti di nuovi prodotti per il futuro, è importante per il management realizzare un adeguato bilanciamento nell'uso delle risorse.

Sotto questo profilo, può essere utile ragionare secondo un'ottica di portafoglio, che induce a formulare le decisioni strategiche sui singoli prodotti che compongono la gamma, con l'obiettivo finale di realizzare un equilibrio nell'uso delle risorse.

Uno degli strumenti di analisi strategica del portafoglio prodotti maggiormente diffuso è rappresentato dalla **matrice tasso di crescita-quota di mercato** elaborata negli anni '70 dal Boston Consulting Group, più nota come matrice BCG.

Lo strumento utilizza due parametri per classificare i prodotti:

– il tasso di sviluppo delle vendite;
– la quota di mercato relativa, ossia rapportata a quella del concorrente prioritario.

Le ipotesi su cui si fonda il modello sono le seguenti:

– tanto più elevato è il tasso di sviluppo delle vendite del prodotto (riferito alla media ponderata dei tassi di sviluppo dei diversi segmenti che compongono il mercato di riferimento), tanto maggiore sarà il fabbisogno di risorse finanziarie nette necessarie per sostenere il prodotto sul mercato (*effetto ciclo di vita*);
– tanto maggiore è la quota di mercato relativa, tanto più il prodotto può sfruttare il c.d. *effetto esperienza*, che garantisce all'impresa una migliore redditività ai prezzi correnti di mercato rispetto al concorrente prioritario (Lambin, 2016).

Il modello si basa quindi da un lato sull'ipotesi che in un mercato in rapida crescita occorre una elevata liquidità per supportare l'espansione (effetto ciclo di vita); dall'altro, sull'ipotesi che i prodotti di successo, in fase di maturità, possano garantire flussi di cassa superiori rispetto al concorrente prioritario, grazie ad una strategia competitiva orientata alla leadership di costo (*effetto esperienza*).

I risultati dell'analisi dei prodotti secondo le due dimensioni (crescita/quota relativa) vengono visualizzati in una matrice a quattro quadranti, che individua altrettante tipologie di prodotti (partendo dal quadrante in alto a destra e procedendo in senso antiorario):

– **enigmi** (question marks): prodotti inseriti in un mercato caratterizzato da tassi di crescita delle vendite superiori alla media, con una quota di mercato relativa bassa (inferiore al concorrente prioritario). Si trovano normalmente nella fase di introduzione o primo sviluppo e non generano risorse finanziarie sufficienti a garantirne lo sviluppo;
– **stelle** (stars): prodotti inseriti in mercati caratterizzati da tassi di sviluppo delle vendite superiori alla media, con una quota di mercato relativa alta (superiore al

concorrente prioritario). Generano risorse finanziarie adeguate a soddisfare il proprio fabbisogno e pertanto sono in grado di autoalimentare il proprio sviluppo;

– **vacche da mungere** (cash cows), prodotti inseriti in mercati caratterizzati da tassi di sviluppo delle vendite inferiori alla media, con una quota di mercato relativa alta (superiore al concorrente prioritario). Generano risorse finanziarie nette superiori a quelle direttamente assorbite, che possono essere utilizzate per sostenere lo sviluppo dei prodotti deficitari in questo senso (question marks);

– **cani** (dogs), prodotti inseriti in mercati caratterizzati da tassi di sviluppo delle vendite inferiori alla media, con quota di mercato relativa bassa (inferiore al concorrente prioritario). Destinati all'eliminazione, a meno che non vi siano i presupposti per iniziative di rivitalizzazione, che devono però essere attentamente valutate per le implicazioni finanziarie che generano.

Figura 2. – *La matrice del Boston Consulting Group*

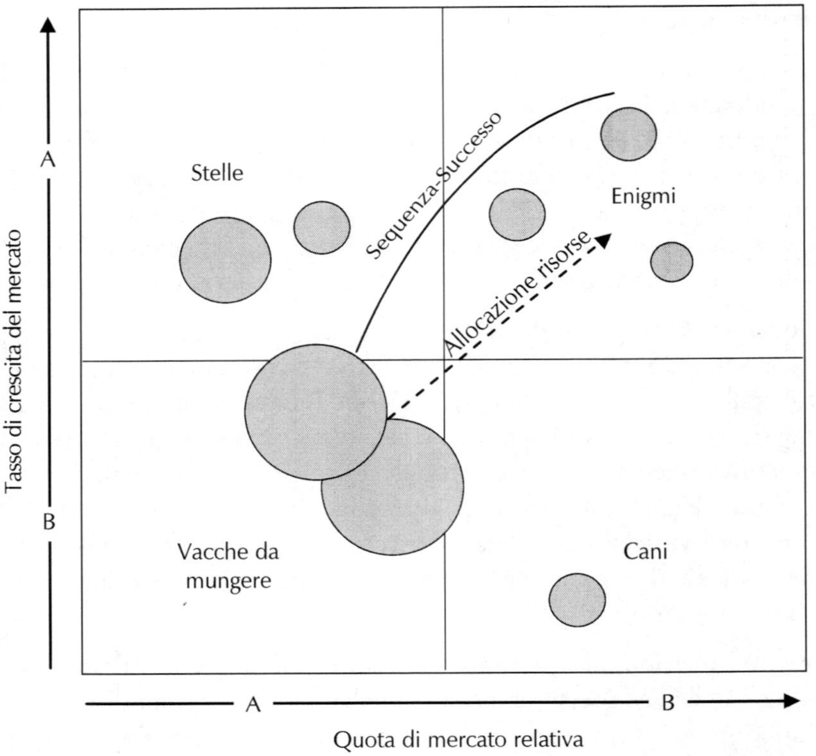

La matrice di portafoglio BCG consente di visualizzare in modo significativo la composizione del portafoglio prodotti, per ciascuno dei quali viene anche evidenziata l'importanza relativa: ogni prodotto infatti viene rappresentato graficamente con una circonferenza la cui area è proporzionale all'incidenza del prodotto sul fatturato complessivo. È quindi possibile effettuare non solo una analisi di tipo statico sulla composizione del portafoglio, ipotizzando l'impiego di risorse eccedenti provenienti dalla vacche da mungere a sostegno degli enigmi, ma anche una analisi di tipo dinamico, che evidenzi i cambiamenti nel tempo dei singoli prodotti, la loro capacità di seguire traiettorie di successo o viceversa l'incapacità di evolvere, subendo una traiettoria di insuccesso.

Va peraltro sottolineato che la matrice BCG rappresenta più uno strumento di riflessione che non un vero e proprio supporto alle decisioni strategiche, in quanto la sua applicabilità, come si è detto, è determinata dalla specificità delle ipotesi su cui si fonda e dalla limitatezza delle variabili prese in considerazione nella valutazione del grado di attrattività del mercato e di competitività del prodotto.

Per ovviare a tale limite, sono state elaborate successivamente altre proposte, fra le quali vale la pena rammentare la matrice McKinsey (nota anche come matrice General Electric o Shell, dai nomi delle aziende che hanno contribuito alla sua elaborazione ed originaria applicazione).

In particolare, la **matrice McKinsey** si basa sulla preliminare identificazione, da parte di chi effettua l'analisi, di un numero variabile di fattori, di carattere quantitativo e qualitativo, che influiscono sull'attrattività del mercato e sulla competitività delle imprese che vi operano.

L'analista decide quindi, sulla base delle proprie conoscenze settoriali ed attraverso verifiche empiriche compiute raccogliendo le valutazioni di clienti e fornitori, l'importanza relativa da assegnare ad ogni fattore, esprimendola in termini quantitativi (coefficienti di ponderazione). Viene quindi valutato il grado di intensità (alto, medio, basso) con cui si presenta ogni fattore di attrattività nel mercato di ogni prodotto ed il grado di presidio (alto, medio, basso) di cui dispone l'impresa, rispetto ai suoi più diretti concorrenti, per ciascuno dei fattori di competitività considerati. Le valutazioni effettuate vengono poi tradotte in punteggi ponderati, si procede alla determinazione della sommatoria di tutti i punteggi, distintamente per attrattività del mercato e competitività dell'impresa. Infine si posizionano i singoli prodotti su una matrice attrattività/competitività che sintetizza i risultati dell'analisi; la matrice, generalmente a nove quadranti, si presta ad uno schema interpretativo simile a quello della matrice BCG.

Il vantaggio di questo metodo consiste nella molteplicità di variabili assunte a riferimento; il limite è rappresentato dalla soggettività delle valutazioni; normalmente infatti si consiglia di utilizzare questo metodo non tanto in funzione dei risultati quantitativi, ma come stimolo alla riflessione, da parte dei responsabili di ogni prodotto e degli organi di staff all'alta direzione, a considerare sistematicamente i numerosi fattori che influiscono sulle scelte strategiche riguardanti il portafoglio prodotti ed a discuterne l'importanza relativa.

2. L'NNOVAZIONE DI PRODOTTO[3]

2.1. CONSIDERAZIONI INTRODUTTIVE

L'innovazione di prodotto rappresenta un tema chiave nell'ambito delle scelte di marketing strategico e richiede competenze di marketing specifiche per essere affrontato con successo. In esso si riassume la logica fondamentale dell'impresa proattiva e orientata al mercato, ossia dell'impresa capace non solo di gestire il presente con la massima efficacia ed efficienza, ma anche e soprattutto di costruire il proprio futuro, sia attraverso *abilità di risposta* alle richieste del mercato nel quale opera; sia attraverso la capacità di *immaginare e creare nuovi mercati*, intercettando bisogni emergenti e/o latenti del consumatore.

Il paragrafo presenta questo tema con un duplice obiettivo.

Da un lato, si intende sottolineare la centralità dell'attività innovativa nella strategia di sviluppo dell'impresa, accentuata, nell'attuale fase economica, dalla pressione competitiva crescente e dall'accorciamento del ciclo di vita dei prodotti – e focalizzando l'attenzione sull'importanza, nell'impresa *market oriented*, di assumere la prospettiva dell'utilizzatore nella progettazione e sviluppo di nuove proposizioni di valore.

Dall'altro, si ritiene utile richiamare i principali strumenti a disposizione del management per gestire il processo di sviluppo e lancio del nuovo prodotto: un processo articolato in molteplici attività, ciascuna delle quali comporta livelli di incertezza e rischio variabili in funzione del grado di novità dell'idea, della tecnologia utilizzata, del bisogno soddisfatto.

Il paragrafo intende rispondere alle seguenti domande:

1. qual è il ruolo del marketing nella strategia di innovazione aziendale?
2. quali sono le principali tipologie di innovazione di prodotto e cosa si intende con l'espressione "innovazione di valore"?
3. quali sono i rischi dell'innovazione ed i fattori critici di successo?
4. come è articolato un processo di sviluppo di nuovi prodotti e qual è il contributo del marketing nell'ambito delle diverse fasi che lo compongono?
5. quali fattori determinano la velocità di diffusione del nuovo prodotto e come è possibile influenzarne l'adozione?

2.2. INNOVAZIONE DI PRODOTTO E STRATEGIA AZIENDALE

L'innovazione rappresenta probabilmente oggi più che mai la strategia più appropriata per costruire un solido vantaggio competitivo e sostenere lo sviluppo dell'impresa.

---

[3] Di Nicoletta Buratti, Università di Genova.

Come si è visto (*supra*, cap. 3), i millennials, ossia la generazione alla quale le imprese guardano con crescente interesse perché rappresenta i consumatori del futuro, appare orientata verso l'autorealizzazione e la ricerca di felicità attraverso la domanda di prodotti e servizi personalizzati, di esperienze appaganti, in una logica di condivisione ed accesso più che di possesso. Si va diffondendo una nuova figura di consumatore, sempre connesso ed inserito all'interno di reti sociali; desideroso di farsi sorprendere dalla novità, ma anche propenso a giocare un ruolo attivo nei processi di innovazione, consapevole del fatto che il proprio bagaglio di conoscenze e relazioni rappresenta una risorsa importante nella creazione delle proposizioni di valore.

Un ulteriore fattore di complessità del contesto di mercato è rappresentato dalla distinzione sempre più labile fra beni fisici e servizi, già più volte richiamata (*supra*, cap. 3); il prodotto è infatti sempre più spesso un contenitore di servizi, senza i quali non avrebbe valore per l'utilizzatore. Ne consegue che la sua evoluzione qualitativa è determinata dalla capacità dell'impresa di arricchire la proposta di valore con contenuti innovativi di servizio, con un impatto significativo sulla sua politica di innovazione.

Non solo i cambiamenti nella sfera del consumo, ma anche l'incessante intensificazione della concorrenza e l'evoluzione del sistema tecnologico, determinano un contesto di mercato caratterizzato da livelli di complessità ed incertezza ignote in passato.

Vi sono infatti molteplici esempi di innovazioni *disruptive* che hanno cambiato i tradizionali confini del mercato rivitalizzando mercati ormai maturi, ed esempi di innovazioni radicali che propongono ai consumatori/utilizzatori modalità completamente nuove di soddisfacimento dei loro fabbisogni. *Driverless car, smart home, robotica di servizio*, rappresentano esempi emblematici della tensione continua a cui sono sottoposti i mercati e le imprese.

La strategia di innovazione implica gradi crescenti di complessità in relazione al progressivo allontanamento dell'impresa dai mercati serviti e dal mix di prodotti in portafoglio. L'**incertezza** (ed il rischio ad essa connesso) aumentano, come è ovvio, in funzione del grado di **novità**, misurata rispetto alle competenze tecnologiche e di mercato necessarie per la sua realizzazione ed introduzione sul mercato.

Sotto questo profilo, si è soliti distinguere due categorie di innovazioni:

– le innovazioni *competence enhancing*;
– le innovazioni *competence destroying*.

Le innovazioni *competence enhancing* sfruttano la base di conoscenza dell'impresa, sia rispetto alle tecnologie di prodotto e di processo, sia rispetto al mercato, perseguendo miglioramenti incrementali che conducono ad un approfondimento e/o allargamento delle combinazioni prodotto/mercato lungo percorsi di crescita organica. Non escludono possibilità di diversificazione, purché si sfruttino i collegamenti esistenti fra le componenti fondamentali delle conoscenze necessarie per sviluppare i nuovi prodotti e affrontare i nuovi mercati (si parla, in questo caso di diversificazione correlata). Le imprese tendono normalmente a limitare il rischio connesso all'innovazione, privilegiando progetti che presentano le migliori opportunità di sfruttamento commerciale e rispetto ai quali le stime dei ricavi futuri generati dall'innovazione sono più consistenti e più "certi" (Christensen, Kaufman e Shih, 2008).

Le innovazioni *competence destroying* hanno invece un effetto dirompente sull'impresa e le sue *routines* organizzative; per questo motivo, raramente esse hanno origine nelle imprese esistenti all'interno di un determinato mercato, specie se operanti in posizione dominante. L'impresa *incumbent* è infatti maggiormente propensa a perseguire una strategia di innovazione intesa a sfruttare e rafforzare le competenze esistenti. Le innovazioni competence destroying vengono quindi introdotte sul mercato per lo più ad opera di nuove imprese, talvolta anche grazie al supporto di imprese *incumbent* fortemente orientate all'innovazione e propense ad adottare strategie di *open innovation*.

2.3. COSA È INNOVAZIONE DI PRODOTTO?

Dal punto di vista del marketing, è importante considerare che il grado di novità del prodotto deve essere valutato con riferimento sia all'impatto, come già osservato, sulle competenze dell'impresa, sia all'impatto sulle conoscenze, abitudini e comportamenti del consumatore/utilizzatore nel mercato di riferimento.

Sotto questo profilo, una strategia di innovazione di prodotto può prevedere il ricorso a molteplici alternative, in funzione degli obiettivi specifici dell'impresa. Il *box* n. 3 illustra le principali tipologie di innovazione di prodotto riscontrate nella pratica.

BOX N. 3

COSA È INNOVAZIONE DI PRODOTTO?

Definire il concetto di nuovo prodotto è un esercizio apparentemente banale, ma che può portare a molteplici risultati, in funzione del criterio in base al quale viene valutato il grado di novità (rispetto alla tecnologia impiegata, al bisogno soddisfatto o alla strategia di mercato dell'impresa innovatrice). Se si indaga sul significato attribuito dal management al termine nuovo prodotto, si evidenzia un insieme articolato, che va ben oltre la semplice e tradizionale distinzione fra innovazione incrementale e innovazione radicale.
Come evidenziato da una ricerca condotta negli anni '80 su un campione di 700 imprese fra le mille di "Fortune" dalla società di consulenza Booz-Allen & Hamilton, è possibile identificare sei tipologie di nuovo prodotto:

– *prodotti breakthrough (new to the world product)*: novità assolute che danno luogo a mercati nuovi. Rappresentano le innovazioni radicali, che richiedono nuove risorse ed uno sforzo di marketing significativo per la loro introduzione e successiva diffusione;
– *nuove linee di prodotto*: prodotti nuovi per l'impresa, che consentono di entrare in un mercato già sviluppato. Richiedono uno sforzo innovativo sotto il profilo tecnologico e di marketing, specie per identificare un corretto posizionamento rispetto ai prodotti già esistenti;
– *estensioni di linea*: come i precedenti, si tratta di prodotti nuovi per l'impresa, ma che richiedono sforzi inferiori in quanto si integrano nell'ambito di una linea già esistente nella gamma dell'impresa;
– *riposizionamenti*: si tratta di prodotti esistenti nella gamma dell'impresa, che vengono riposizionati per un nuovo uso o una nuova applicazione e/o rivolti a nuovi segmenti di mercato. In questo caso, il prodotto è nuovo per il mercato e può dare luogo ad innovazioni di carattere incrementale, per adattarlo alle esigenze del nuovo segmento o mercato;
– *miglioramenti di prodotti esistenti*: lancio di versioni migliorate dei prodotti attualmente offerti dall'impresa, spesso ricorrendo all'aggiunta di benefici;
– *riduzioni di costo*: prodotti che forniscono le stesse prestazioni a costi inferiori.

Studi recenti hanno evidenziato che le imprese operanti nei mercati di largo consumo, tendono a perseguire strategie di innovazione basate per lo più su estensioni di linea e miglioramenti ai prodotti esistenti, con l'obiettivo di soddisfare le richieste di varietà di una domanda sempre più esigente, ed al contempo di erigere barriere all'entrata di nuovi concorrenti nel mercato (Roth e Sneader, 2006). Questa strategia, coerente con scelte di ipersegmentazione del mercato, appare razionale sotto il profilo dei costi e dei rischi ad essa associati, in quanto genera economie nell'uso delle informazioni ed al contempo risponde alle crescenti esigenze di personalizzazione del consumatore. La gamma delle imprese industriali ha infatti raggiunto livelli di ampiezza e profondità tali da soddisfare anche le aspettative più specifiche. A risultati analoghi pervengono anche Kim e Mauborgne (2005), i quali, attraverso lo studio delle fasi di lancio di 108 aziende, hanno evidenziato che nell'86% dei casi il lancio è stato una estensione di linea, ossia il risultato di una strategia basata sull'introduzione di miglioramenti incrementali nell'ambito dello spazio di mercato già esistente.

Tuttavia, proseguendo nell'analisi, gli autori hanno evidenziato che le innovazioni incrementali, pur rappresentando il 62% del fatturato totale, contribuivano solo al 39% dei profitti totali. Nel contempo, l'analisi condotta ha permesso di evidenziare che la restante quota di lanci (14%), orientata ad innovazioni in grado di dare vita a nuovi mercati, ha generato il 38% del fatturato totale ed il 61% dei profitti totali.

Queste osservazioni inducono a riflettere sull'importanza – specie per le imprese che operano in settori maturi caratterizzati dall'accentuazione del confronto competitivo, in un contesto di saturazione della domanda e crescente banalizzazione dei consumi, che si accompagna ad un inasprimento delle manovre di prezzo e alla riduzione dei margini di profitto – di **fare leva su strategie di innovazione orientate a creare nuovi spazi di mercato, al riparo dalla concorrenza e in grado di attri-**

buire all'innovatore un significativo e quanto più possibile duraturo vantaggio da first mover.

Si tratta di creare *oceani blu* – secondo l'ormai celebre metafora utilizzata da Kim e Mauborgne – ossia generare prodotti e servizi in grado di dare vita a nuovi spazi di mercato per una crescita forte e redditizia dell'impresa (Kim e Mauborgne, cit., p. 10 ss.). La colonna portante della strategia oceano blu è ***l'innovazione di valore.***

BOX N. 4

L'INNOVAZIONE DI VALORE PER LA CREAZIONE DI OCEANI BLU

L'innovazione di valore non va confusa con l'innovazione tecnologica o con un approccio commerciale pionieristico.
L'innovazione di valore pone la medesima enfasi sul valore e sull'innovazione.
La ricerca del valore, quando manca l'innovazione, tende a focalizzarsi sulla creazione di valore su scala incrementale, un'attività che accresce il valore, ma non è sufficiente a distinguere un'azienda dai concorrenti sul mercato.
La ricerca dell'innovazione, quando manca il valore, si risolve in uno sforzo unicamente tecnologico, oppure in un approccio commerciale pionieristico...
L'innovazione di valore si verifica soltanto quando l'azienda unisce l'innovazione all'utilità, al prezzo e alle voci di costo ... L'innovazione di valore confuta uno dei dogmi più comunemente accettati della strategia basata sulla concorrenza: il trade off tra costo e valore. ... Chi cerca di dare vita ad un oceano blu persegue allo stesso tempo l'obiettivo della differenziazione e quello del contenimento dei costi ... è in questo modo che il valore fa un vero e proprio salto, sia per l'azienda che per gli acquirenti ... l'innovazione di valore si ottiene soltanto quando l'intero sistema che comprende l'utilità, il prezzo e le voci di costo è correttamente allineato. ... La strategia Oceano Blu integra l'intera gamma di attività funzionali ed operative dell'azienda ... [Essa] richiede alle aziende di ri-orientare l'intero sistema per arrivare ad un significativo aumento del valore creato, per gli acquirenti e per se stesse.

Fonte: Kim e Mauborgne, 2005.

Ma come realizzare innovazioni di valore in grado di generare oceani blu?

Gli autori identificano un percorso, diverso da quelli tradizionali basati principalmente su estensioni di linea supportate da innovazioni incrementali, che si articola in alcuni passaggi fondamentali:

– anzitutto, la ricerca delle opportunità di innovazione deve essere condotta attraverso un approccio che privilegia l'analisi trasversale dei settori alternativi, dei gruppi strategici, dei gruppi di acquirenti, dell'offerta di prodotti e servizi complementari, dell'orientamento funzionale-emotivo del settore e del suo sviluppo nel tempo;

– in secondo luogo, è necessaria l'adozione di un processo di pianificazione strategica che spinga il management a porre l'attenzione sul quadro complessivo, più che sui numeri e la ricerca spasmodica di informazioni per ridurre l'incertezza;

– in terzo luogo, si suggerisce l'abbandono della logica della segmentazione sempre più spinta, a favore di un approccio che tende ad aggregare la domanda, non concentrandosi sulle differenze che separano i clienti, ma basandosi sui fattori che accomunano i non clienti, in modo da massimizzare la dimensione della nuova domanda che *si sta sbloccando*;

– in quarto luogo, si ribadisce la necessità di progettare un modello di business che porti vantaggio sia ai clienti che all'impresa, ragionando sui legami fra utilità, prezzo e costi.

2.4. RISCHIO E FATTORI DI SUCCESSO DEI NUOVI PRODOTTI

In generale, possiamo affermare che l'impresa innovatrice deve affrontare tre tipologie di rischio: un **rischio di mercato** (determinato dal grado di accettazione del nuovo prodotto/servizio), un **rischio tecnologico** (determinato dalla fattibilità tecnico/economica dell'innovazione) e un **rischio strategico** (determinato dal grado di coerenza dell'innovazione rispetto ai business esistenti e dalla difendibilità dell'innovazione dall'imitazione).

L'incertezza che caratterizza l'innovazione è segnalata dall'elevato tasso di fallimento dei nuovi prodotti: secondo alcune stime, la percentuale di insuccesso è pari al 95% negli stati Uniti e al 90% in Europa[4].

A partire dal contributo seminale di Cooper e Kleinschmidt (1995), rivisitato ed integrato a distanza di una decina di anni (2007), numerosi studi sono stati condotti allo scopo di identificare i fattori in grado di determinare il **successo dei nuovi prodotti.** Alla luce dei risultati evidenziati da tali studi, è possibile identificare tre classi di fattori, riguardanti rispettivamente: la strategia di innovazione e la gestione dei progetti e delle risorse disponibili secondo una logica di portafoglio; l'adozione di un processo strutturato, flessibile e market oriented per lo sviluppo del singolo progetto; la disponibilità di risorse umane altamente qualificate e di un clima organizzativo favorevole all'innovazione[5].

Viceversa, fra le cause di insuccesso più frequenti vi sono: l'ambiguità della strategia di innovazione, quando non venga assegnata una chiara priorità ai progetti e non vengano definiti in modo esplicito gli obiettivi di innovazione rispetto a quelli di sviluppo del business (ad esempio attraverso la quantificazione dei risultati a

---

[4] S. Ogama-F.T. Piller (2006), "Reducing the Risks of New Product Development", in *MIT Sloan Managemtn Review*, Winter, pp. 65-71.

[5] R.G. Cooper-E.J. Kleinschmidt (1995), "Benchmarking the Firm's Critical Success Factors in New Product Development", in *Journal of Product Innovation Management*, November, 12(5), pp. 374-391; R.G. Cooper-E.J. Kleinschmidt (2007), "Winning businesses in product development: the critical success factors", in *Research Technology Management*, May-June.

breve e medio termine attesi dai nuovi prodotti); l'indeterminatezza del concetto di prodotto; l'insufficiente conoscenza delle aspettative del potenziale consumatore e della concorrenza potenziale; costi di sviluppo elevati; la sovrastima delle reali dimensioni del mercato; la definizione di un posizionamento errato; una scarsa collaborazione intra- ed inter-organizzativa.

BOX N. 5

FATTORI CHIAVE PER IL SUCCESSO DEI NUOVI PRODOTTI

Product Strategy
Chiara strategia di innovazione di prodotto per l'unità di business
Sinergie (di mercato e tecnologiche) rispetto ai business esistenti
Pianificazione dello sviluppo tecnologico (Technology roadmap)
Risorse finanziarie e umane adeguate
Orientamento strategico di lungo termine
Bilanciamento fra progetti a rischiosità differenziata
Forte selezione dei progetti in funzione del valore atteso

Process
Processo di sviluppo nuovi prodotti market oriented
Enfasi sulle attività preliminari del processo
Analisi finanziaria e del business
Velocità dello sviluppo
Qualità dell'output
Controllo dei costi

People
Relazioni interne ed esterne del team di sviluppo
Clima organizzativo per l'innovazione
Supporto del senior management
Team interfunzionali

Fonte: nostre elaborazioni su fonti varie.

Vale la pena osservare che la qualità del processo di sviluppo (con le caratteristiche indicate nel *box* n. 5) risulta essere il fattore maggiormente in grado di determinare le performance dei progetti di sviluppo di nuovi prodotti.

Puntare quindi sull'innovazione di prodotto come strategia per competere con successo sui mercati sembra richiedere anzitutto l'adozione di un **processo strutturato** nel quale le attività necessarie allo sviluppo vengono organizzate secondo criteri orientati a stimolare la creatività e gestire l'incertezza.

Il marketing gioca un ruolo essenziale all'interno del processo di sviluppo di nuovi prodotti, in quanto fornisce due tipi di risorse fondamentali per il successo: risorse di conoscenza, (basate sull'ascolto del mercato, sull'analisi delle aspettative, sull'individuazione di bisogni emergenti, sulla valutazione delle scelte di prodotto intraprese ...); risorse di fiducia (immagine di marca, reputazione, relazioni con i clienti ...), che attraverso opportune scelte di tipo strategico ed operativo possono contribuire a facilitare la diffusione sul mercato dei nuovi prodotti.

2.5. IL PROCESSO DI SVILUPPO DI NUOVI PRODOTTI

Il processo di sviluppo di nuovi prodotti si articola in un insieme di **fasi fondamentali**, che prendono avvio dalla generazione delle idee (o esplorazione delle opportunità) e giungono al lancio del nuovo prodotto/servizio (cfr. fig. 3).

Figura 3. – *Le fasi fondamentali del processo di sviluppo*

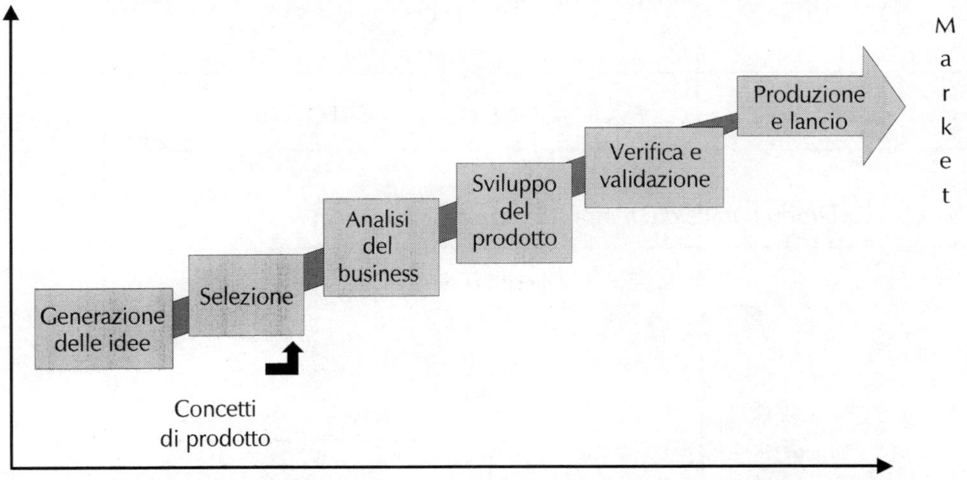

Come già si è accennato, vi sono fondamentalmente due tipi di approccio allo sviluppo di nuovi prodotti: un **approccio di tipo sequenziale**, ed un approccio denominato *concurrent development* o **parallelo**. Nel primo, le varie fasi si succedono in maniera rigida e l'output di ciascuna fase (che rappresenta l'input della successiva) viene rilasciato solo quando tutti i problemi specifici sono stati risolti (cfr. fig. 4).

Nel secondo, basato sulla sovrapposizione (più o meno completa) delle fasi, si segue la logica della c.d. parallelizzazione delle attività, mentre sotto il profilo dell'organizzazione del lavoro, si assiste ad una continua interazione fra i membri del team di progetto. Quest'ultimo approccio, seppure più complesso del precedente, appare oggi più adeguato alle esigenze di flessibilità implicite nei processi di innovazione, consentendo inoltre di conseguire performance di progetto (in termini di velocità, qualità dell'output, controllo dei costi) adeguate alle sfide dell'ambiente competitivo (cfr. fig. 5).

Figura 4. – *Sviluppo sequenziale e tempo di risposta*

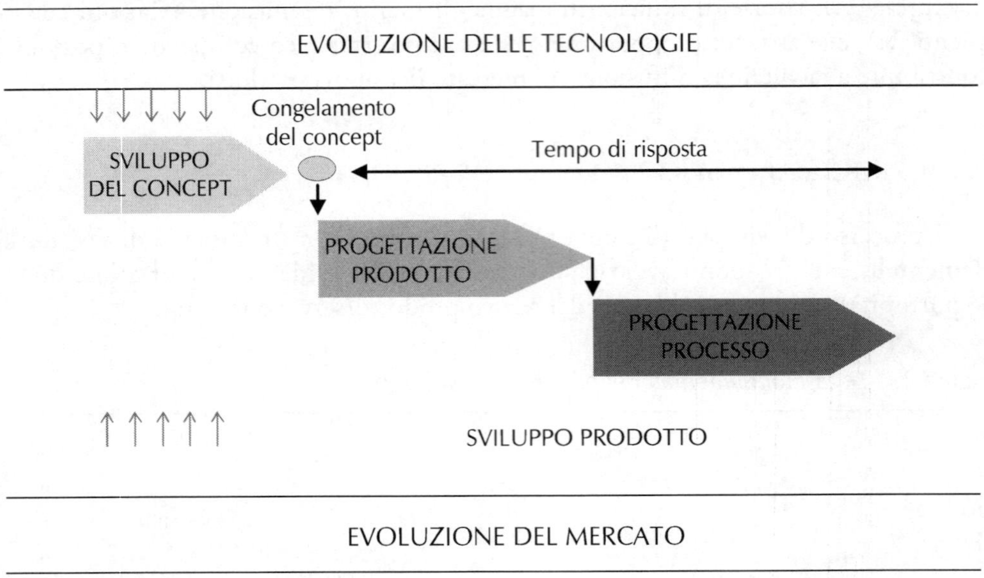

Figura 5. – *Sviluppo parallelo e tempo di risposta*

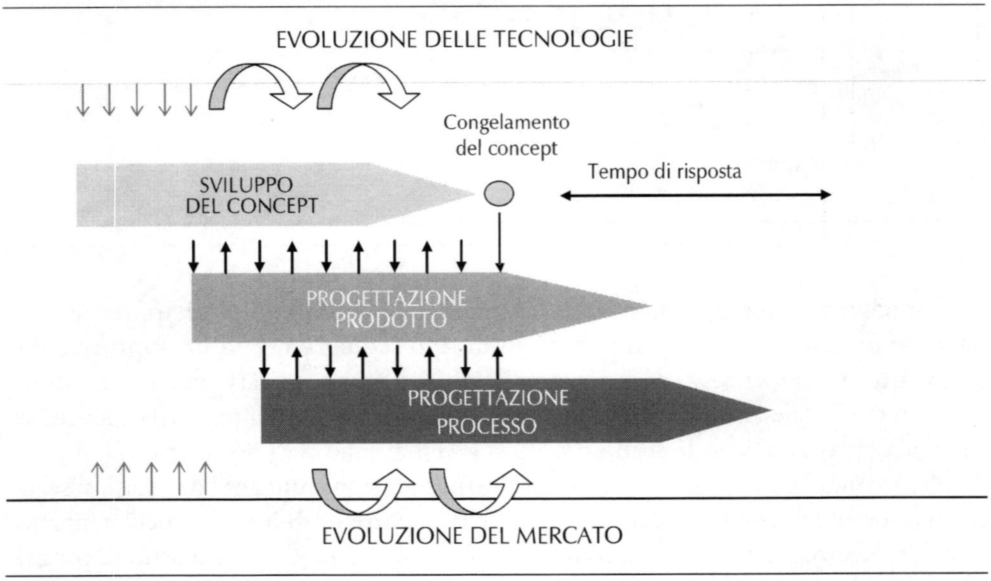

2.6. IL CONTRIBUTO DEL MARKETING NELLE SINGOLE FASI: DALLA GENERAZIONE DELL'IDEA AL LANCIO

Le fasi del processo in esame sono:

1. generazione e selezione delle idee;
2. definizione del concept di prodotto e della strategia di mercato;
3. sviluppo del prodotto e test di mercato;
4. gestione del lancio.

Si propone di seguito una analisi dei contenuti delle attività svolte nell'ambito delle diverse fasi, con una particolare enfasi al ruolo ed ai compiti assegnati alla funzione marketing.

Generazione e selezione delle idee

La **generazione di nuove idee** costituisce la fase iniziale del processo e le idee di nuovi prodotti possono provenire da molteplici **fonti**, interne ed esterne: l'impresa orientata all'innovazione riconosce infatti la necessità di allargare il più possibile la "bocca dell'imbuto dell'innovazione" (Clark e Wheelwright, 1993), coinvolgendo nell'attività creativa non solo le funzioni marketing e R&S, ma più in generale tutti gli attori della catena interna del valore, così come gli attori della rete esterna del valore (clienti, concorrenti, partner commerciali, fornitori, centri di ricerca, ecc.), secondo un approccio di open innovation (Chesbrough, 2003).

Per quanto riguarda più specificamente gli approcci alla generazione di nuove idee di prodotto, possiamo distinguere fra: metodi di analisi funzionale del prodotto; metodi basati sulla creatività; ascolto e coinvolgimento del cliente.

I **metodi di analisi funzionale** si basano sostanzialmente sull'analisi dei prodotti esistenti, per identificare modalità di miglioramento delle performance, attraverso azioni sugli attributi esistenti (lista degli attributi), o attraverso la ricombinazione degli elementi costitutivi del prodotto e del più ampio sistema che ne rende possibile l'utilizzo (analisi morfologica o delle componenti principali). In questo contesto, anche l'analisi dei prodotti della concorrenza, attraverso tecniche di c.d. *reverse engineering*, può fornire importanti contributi alla progettazione.

I metodi basati sulla **creatività** utilizzano alcune tecniche, fra le quali vanno ricordate il *brainstorming* e la cassetta dei suggerimenti.

Il brainstorming si basa sull'organizzazione di un gruppo di persone (provenienti da diverse aree aziendali, ma può includere anche soggetti esterni: clienti, fornitori, ecc.) coordinate da un moderatore professionale, con l'obiettivo di discutere su un problema presentato in un promemoria che viene consegnato ai partecipanti in anticipo, in modo che la discussione sia orientata e già basata su un sistema di associazioni di idee maturate sulla base di una personale riflessione. I principi chiave su cui si basa il brainstorming sono: la libertà di espressione e l'interazione fra i membri del gruppo. Le tecniche per la creatività, se opportunamente inserite in un processo strutturato di marketing "laterale", possono condurre alla innovazione creativa (cfr. *box* n. 6).

BOX N. 6

MARKETING LATERALE PER L'INNOVAZIONE CREATIVA

Il marketing laterale (ideato da Philip Kotler e Fernando Trias De Bes), nasce dall'unione tra le tecniche del pensiero laterale di Edward de Bono e il marketing tradizionale, detto anche verticale, perché basato sull'approccio lineare: analisi dei bisogni, definizione della strategia, articolazione del marketing mix, riferito ad uno specifico prodotto/mercato.
Il marketing verticale, quando applicato all'innovazione, induce a muoversi all'interno di situazioni già note e familiari, con lo specifico obiettivo di:

– migliorare un prodotto esistente, aumentando, riducendo o eliminando uno (o più) attributi specifici o agendo sull'estetica;
– ampliare la gamma di un prodotto-base, attraverso l'introduzione di nuovi attributi.

A differenza del marketing verticale, il marketing laterale segue un approccio esplorativo: modificando uno dei tre elementi selezionati dal marketing verticale (bisogni, target, situazioni d'uso), il marketing laterale conduce alla ricerca di nuovi concetti di prodotto, al di fuori dei mercati esistenti. Esempi emblematici in tal senso sono: il cambiamento nel bisogno-base di illuminare gli ambienti domestici introdotto da Artemide con la lampada Metamorfosi; il cambiamento del target nella strategia di Cirque du Soleil, che offre spettacoli circensi agli adulti; il cambiamento nella fruizione della musica introdotto da Walkman di Sony ...
Il processo del marketing laterale è così sintetizzabile:

1) selezionare un focus, costituito da un prodotto o servizio, un problema da risolvere, un obiettivo da realizzare;
2) provocare una dislocazione laterale, attraverso l'introduzione di un elemento esterno nella sequenza razionale fra il focus e le sue caratteristiche, che determina un "vuoto" come stimolo per generare idee innovative;
3) realizzare una connessione, partendo dalla "dislocazione laterale" per trovare un modo fattibile per dar vita ad un'innovazione.

Il marketing laterale non sostituisce quello verticale: il laterale ha il compito di esplorare e creare mercati, il verticale di svilupparne il potenziale.

Fonte: Kotler, De Bes (2004).

La *cassetta dei suggerimenti* rappresenta uno strumento convenzionale, al quale le imprese fanno ricorso con l'obiettivo di stimolare proposte spontanee da parte dei dipendenti. Con l'ausilio delle tecnologie web è evoluto in una sorta di "spazio virtuale" attraverso cui qualunque dipendente può proporre idee innovative o commentare quelle già "postate", come nel caso di Cisco, fra le prime aziende a creare un sito web interno denominato "zona delle idee". Sono molte le aziende che oggi ricorrono a strumenti che facilitano l'interazione "virtuale" fra l'impresa ed i suoi dipendenti, allo scopo appunto di catturare idee innovative nate dal basso: un esempio emblematico in questo senso è rappresentato da Amazon, che ha creato il programma a iscrizione annuale Amazon Prime in seguito ad un suggerimento fornito dallo staff [6].

Per poter sfruttare tutte le possibili fonti di generazione di nuove idee di prodotto, è necessario che l'impresa abbia procedure esplicite di monitoraggio delle **fonti esterne** di conoscenza, di acquisizione e valutazione degli input provenienti dall'esterno ed infine ruoli specifici (*product champion*) dedicati alla articolazione delle idee più promettenti.

La terza modalità di approccio alla generazione di idee innovative riguarda l'ascolto ed il coinvolgimento dei **clienti**. Questi ultimi rappresentano senza dubbio una fonte prioritaria di nuove idee di prodotto, specie se l'innovazione riguarda una categoria di prodotto esistente o comunque nota al mercato.

Fra le tecniche più diffuse per l'analisi delle aspettative dei clienti, vanno richiamati il *focus group* e l'*osservazione*. Il *focus group* (*supra*, cap. 2) è una tecnica in cui la raccolta dei dati avviene tramite la conduzione di un gruppo – normalmente di dimensioni limitate – di clienti-utilizzatori ai quali, in questo caso, viene chiesto di esprimere le proprie valutazioni sugli attributi-benefici del prodotto e sulle modalità di utilizzo, di descrivere eventuali problemi relativi all'uso, sollecitando a proporre soluzioni. Il gruppo è gestito da un moderatore che orienta la discussione fra i partecipanti. L'*osservazione* (*supra*, cap. 2) è una tecnica di indagine basata sull'idea che solo l'osservazione diretta del comportamento del consumatore/utilizzatore nel contesto d'uso abituale del prodotto possa fare emergere difficoltà, incertezze, reazioni ad esso collegate, inducendo il ricercatore a formulare soluzioni creative ai problemi: questa tecnica di indagine, molto promettente nell'ambito dei prodotti tecnologici, ha condotto anche ad una modalità di progettazione innovativa, basata appunto sull'osservazione dell'utilizzatore nel contesto d'uso del prodotto (*empathic design*). Una variante del metodo consiste nell'allestimento, all'interno dei laboratori di R&S e progettazione dell'impresa, di ambienti dove osservare i clienti mentre utilizzano prodotti dell'azienda. Altre tecniche per il coinvolgimento del cliente alle quali è possibile ricorrere sono *l'analisi delle esperienze d'uso* (interviste in profondità condotte su base individuale in cui il cliente descrive la propria esperienza di utilizzo della classe di prodotto indagata, con l'obiettivo di indagare le tipologie di problemi più frequentemente rilevati) e *l'indagine contestuale*, che combina le due precedenti, in quanto prevede che un componente del team di sviluppo conduca una intervista in profondità con il cliente mentre questi utilizza il prodotto (Marzocchi e Montaguti, 2003).

Sempre con riferimento all'analisi del cliente come fonte di generazione di nuove idee di prodotto, vanno richiamate due tecniche (*l'analisi mezzi-fini* e la *Metaphor Elicitation Technique*) che possono consentire di fare emergere i bisogni ine-

---

[6] (*https://www.fabbricafuturo.it/quattro-suggerimenti-uninnovazione-promossa-dai-dipendenti/*).

spressi: la prima (analisi mezzi-fini) è orientata a fare emergere le motivazioni sottostanti ai bisogni, attraverso la conduzione di interviste basate su una sequenza di domande che considera gli attributi, i relativi benefici, infine i valori personali sottostanti alle preferenze dichiarate; la seconda (MET) prevede che sia lo stesso consumatore ad illustrare in forma metaforica, attraverso immagini, i significati e i valori ricercati nel prodotto.

Le idee così generate, devono essere sottoposte ad un **processo di selezione** che risponde all'esigenza di eliminare le idee poco promettenti nelle fasi iniziali dello sviluppo, quando i costi relativi al progetto sono ancora limitati. In molte aziende, le idee di nuovi prodotti vengono descritte seguendo un formato standard, che consente al comitato nuovi prodotti di effettuare una valutazione "oggettiva". La descrizione definisce l'idea di prodotto, il mercato target, la concorrenza e una stima (approssimativa) delle dimensioni del mercato, del prezzo del prodotto, dei tempi e costi dello sviluppo, dei costi di produzione e del tasso di ritorno atteso. Il comitato nuovi prodotti – una struttura permanente formata dai manager di livello superiore, appartenenti alle principali funzioni aziendali, con il compito di valutare ed approvare le proposte di nuove idee di prodotto, monitorare l'andamento del progetto, assumere le decisioni fondamentali connesse all'avanzamento e/o all'abbandono – procede quindi alla valutazione di ciascuna idea rispetto ad un insieme di fattori che rispondono alle seguenti domande: Il prodotto risponde ad un bisogno effettivo? Offre un valore superiore al cliente potenziale? Può essere comunicato in modo distintivo? È coerente con il posizionamento attuale dell'impresa? L'impresa dispone delle risorse finanziarie ed organizzative necessarie per lo sviluppo? Quali sono le probabilità che il prodotto realizzi le aspettative in termini di vendite e profitti?

Le idee sopravvissute possono essere classificate utilizzando un metodo di valutazione che si basa su diversi passaggi:

- individuazione dei fattori chiave di successo in ogni funzione (marketing, finanza, produzione, R&S);
- assegnazione di un peso a ciascun fattore, in funzione della sua importanza relativa;
- formulazione di un giudizio su ciascuna idea di prodotto e per ciascun fattore considerato precedentemente, che esprime la valutazione del comitato sul livello di attrattività dell'idea e di competenza detenuta dall'impresa per poterla sviluppare.

Su queste basi è possibile compilare una graduatoria delle idee sottoposte a valutazione.

Va peraltro sottolineato che tale procedura di selezione ha lo scopo di promuovere la discussione sulle nuove idee di prodotto; in quanto tale, non rappresenta un modello decisionale, ma più semplicemente un supporto alla decisione del management.

Definizione del concept e della strategia di mercato

Le idee che superano la fase di selezione vengono tradotte in altrettanti concetti di nuovi prodotti. Il **concept di un nuovo prodotto** può essere definito come la elaborazione della idea di prodotto secondo modalità che identificano: il target, i benefici e le occasioni d'uso del prodotto. Ad ogni idea possono corrispondere più concetti di prodotto; ciascun concetto si riferisce ad uno specifico scenario d'uso e, quindi, identifica la categoria di prodotto e l'ambito competitivo di riferimento. Per ciascun ambito di riferimento, l'impresa dovrà anche definire il posizionamento distintivo ricercato e il posizionamento di marca rispetto ai prodotti esistenti sul mercato.

Una volta elaborato il concept di prodotto (in questa fase ancora espresso in termini verbali o grafici), è necessario procedere alla sua valutazione, sottoponendolo ad un campione di consumatori in target e raccogliendo le loro reazioni. Poiché in questa fase l'impresa sta ancora esplorando diverse alternative, normalmente si ricorre a test di tipo qualitativo, basti su focus group o interviste individuali. I concetti che hanno ottenuto la maggiore approvazione dei clienti potenziali devono essere sviluppati e sottoposti ad ulteriore valutazione: si tratta a questo punto di identificare gli attributi chiave del prodotto e misurare le preferenze dei consumatori potenziali rispetto a diverse alternative di configurazione del prodotto stesso.

Una tecnica di indagine molto utile allo scopo è costituita dalla *conjoint analysis*, che consente di **misurare le preferenze** dei consumatori rispetto a concetti alternativi di prodotto. La tecnica si basa sulla individuazione dei valori di utilità che i consumatori associano a vari livelli degli attributi di prodotto. Agli intervistati vengono mostrate diverse ipotesi di offerta, formate dalla combinazione di vari livelli degli attributi del prodotto e viene chiesto di fornire una graduatoria dei profili di offerta così ottenuti. Questa tecnica è molto utile perché consente di valutare la combinazione e il livello di attributi che genera la maggiore utilità percepita dal campione analizzato. Permette inoltre di stimare l'importanza relativa degli attributi, orientando così gli sforzi della progettazione verso le dimensioni ritenute maggiormente rilevanti; infine, attraverso l'analisi delle utilità parziali delle modalità che i diversi attributi assumono per ogni singolo consumatore, permette di aggregare i consumatori (applicando una *cluster analysis*) che hanno funzioni di utilità simili, segmentare il mercato in base ai benefici attesi e sviluppare prodotti mirati a specifici segmenti.

Un'altra applicazione utile della tecnica di analisi congiunta nella fase di valutazione del concept consiste nella possibilità di comparare il concetto del nuovo prodotto con i profili dei prodotti e delle marche con cui entrerà in competizione, una volta introdotto sul mercato. Di particolare rilevanza è la valutazione della probabilità di acquisto del nuovo prodotto: si ritiene infatti che la percentuale di consumatori che hanno collocato al primo posto nella graduatoria il nuovo prodotto, assegnando ad esso la massima utilità totale, corrisponda alla quota di coloro che lo acquisteranno qualora il suo prezzo sia da loro percepito come appropriato. Un altro metodo per valutare il potenziale di mercato del nuovo prodotto consiste nella conduzione di interviste nelle quali viene espressamente chiesto ai potenziali acquirenti di indicare le intenzioni d'acquisto, il grado di rilevanza del bisogno soddisfatto dal concept di nuovo prodotto e il grado di differenziazione (percepito) rispetto ai prodotti esistenti: una elevata percezione del bisogno e del valore differenziale del prodotto, unitamente ad una elevata intenzione d'acquisto, forniscono un indicatore favorevole al successivo sviluppo. Ad es.: nei mercati dei beni di largo e generale consumo ad acquisto ricorrente (detti anche Fast Moving Consumer Goods) una intenzione d'acquisto inferiore al 65% del campione viene considerata un fattore di rischio elevato (Kotler e Keller, 2006).

Una volta definito il concept di prodotto su cui puntare, occorre sviluppare una **strategia preliminare di introduzione del nuovo prodotto sul mercato** (piano marketing del nuovo prodotto). Il piano consiste di tre parti: la prima descrive le dimensioni del mercato target; la struttura e il comportamento d'acquisto del consumatore potenziale; il posizionamento del prodotto; le vendite, la quota di mercato attesa e gli obiettivi di profitto ricercati nei primi anni. La seconda parte descrive le componenti del marketing operativo: il prezzo; la strategia di distribuzione; il budget di marketing per il primo anno. Infine, la terza parte del piano definisce le vendite attese, gli obiettivi di profitto e la strategia di marketing mix di lungo periodo (qualità del prodotto, prezzo, comunicazione, ecc.), specificando anche le ricerche di mercato orientate a verificare il raggiungimento degli obiettivi attesi.

La valutazione di attrattività del business richiede una stima delle vendite, dei costi e dei profitti totali, normalmente articolati su un periodo di tre anni dal lancio. L'interrogativo a cui dare risposta è: tenuto conto della dimensione del mercato potenziale nel segmento target, quale volume di vendita o quota di mercato è possibile realizzare in base a diverse ipotesi di budget di marketing, nella fase di lancio?

La **stima delle vendite totali** varia in funzione della tipologia di prodotto e della frequenza d'acquisto relativa: si distinguono, sotto questo profilo, i beni ad acquisto ripetuto, i beni ad acquisto infrequente (beni di consumo durevole, attrezzature e beni industriali di investimento), i beni ad acquisto unico. Il compito dei manager è di stimare le vendite relative al primo acquisto in ciascun periodo considerato ai fini dell'analisi. Per i beni ad acquisto infrequente, sarà necessario stimare anche le vendite di sostituzione, mentre per i beni ad acquisto ripetuto si rende necessario stimare la frequenza di riacquisto.

Per quanto riguarda invece la valutazione dei costi, ciascuna funzione coinvolta nello sviluppo (R&S, produzione, marketing, amministrazione e controllo, finanza), procede ad una stima dei costi relativi alle attività che rientrano sotto il proprio controllo specifico.

I dati così individuati vengono utilizzati per effettuare una valutazione economica del nuovo prodotto, attraverso l'utilizzo di strumenti quali il *payback period*, l'analisi del punto di pareggio (*break even point analysis*), *l'analisi del rischio.*

Sviluppo del prodotto e test di mercato

Giunti a questo stadio del processo, l'impresa impegna elevate risorse per la realizzazione del prodotto. Una delle sfide più significative per l'impresa consiste nella traduzione del concetto di nuovo prodotto in un prototipo funzionante che presenti le caratteristiche desiderate dai potenziali acquirenti, così come sono emerse dalle ricerche di mercato condotte nelle fasi precedenti.

Una metodologia utile allo scopo è il c.d. QFD (*Quality Function Deployment*), che si basa sulla lista degli attributi desiderati dai consumatori generata dalla ricerca di mercato e la traduce in una lista di attributi ingegneristici, o specifiche tecniche del nuovo prodotto. La metodologia consente di evidenziare le relazioni tra aspettative dei consumatori, scelte di progettazione e relativi costi, fornendo le basi per l'individuazione dei *trade off* tra qualità attesa, performance del prodotto ed economicità; un importante contributo del QFD è il miglioramento della comunicazione fra product manager, analisti di mercato, progettisti e manager della produzione.

La costruzione di prototipi fisici e virtuali è una attività molto importante in questa fase: l'obiettivo è di realizzare il prodotto che maggiormente si avvicina alla descrizione del concept preferita dai consumatori, in condizioni di funzionalità e a costi allineati agli obiettivi di profitto previsti dal piano marketing. In contesti particolarmente dinamici e caratterizzati da turbolenza ambientale, l'attività di prototipazione ha assunto un ruolo particolarmente critico: per fronteggiare i rapidi mutamenti in atto sul fronte delle aspettative dei consumatori e dei concorrenti, si rende infatti necessario effettuare valutazioni ripetute in tempi ristretti. L'utilizzo di tecniche di prototipazione rapida e/o il ricorso a tecniche di simulazione e ricostruzione in ambienti virtuali, possono rappresentare una competenza chiave per lo sviluppo e aumentare le probabilità di successo del nuovo prodotto.

I prototipi devono essere sottoposti a due tipi di verifica: una verifica interna all'azienda, sulla funzionalità del prodotto; una verifica esterna, basata sul potenziale cliente/utilizzatore. I test del primo tipo sono denominati Alpha test, orientati a verificare il funzionamento del prodotto nell'ambito di differenti applicazioni; i test del secondo tipo sono denominati Beta test e comportano il coinvolgimento del cliente. Questi ultimi possono assumere varie forme, dai test di laboratorio all'uso sperimentale del prodotto da parte di consumatori volontari.

BOX N. 7

LA MISURAZIONE DELLE PREFERENZE DEL CONSUMATORE
RISPETTO A PROTOTIPI ALTERNATIVI

Possono essere utilizzati, allo scopo, diversi metodi:

– test monadico: il prototipo viene valutato da solo, senza un diretto confronto con le alternative, chiedendo al consumatore di fornire una valutazione utilizzando una scala semantica (ad es., su una scala da 1 a 7, 1 è il giudizio più negativo, 7 assolutamente positivo e 4 giudizio di indifferenza). In questo modo, è possibile ottenere informazioni sull'ordine di preferenza di ciascun individuo, sul livello qualitativo delle preferenze personali e sulla distanza relativa fra le preferenze;
– lista delle preferenze: al consumatore viene chiesto di definire una gerarchia fra le alternative sottoposte a valutazione. Questo metodo ha il pregio della semplicità, ma presenta lo svantaggio di non fornire alcuna informazione sulle effettive preferenze dei consumatori, né di chiarire quanto sia consistente il divario fra le alternative;
– valutazione comparativa a coppie: al consumatore viene chiesto di fornire un giudizio di preferenza su coppie di prototipi alternativi; questo metodo ha il pregio rispetto al precedente di focalizzare l'attenzione del potenziale acquirente su due sole alternative per volta, portandolo a formulare giudizi su vantaggi e svantaggi relativi.

I test di mercato rappresentano la fase finale dello sviluppo: il prodotto nella sua veste definitiva, con il nome di marca e la confezione, viene introdotto sul mercato in via sperimentale con l'obiettivo di verificare le reazioni dei consumatori e dei distributori e valutare l'efficacia dei programmi di marketing e il potenziale di mercato.

Sotto il profilo manageriale, la questione fondamentale da affrontare in questa fase dello sviluppo può essere sintetizzata attraverso il seguente interrogativo: quanto investire nei test di mercato? Si può ritenere che quanto maggiore sia il grado di innovazione del prodotto e il rischio connesso alla sua commercializzazione, tanto più elevata sarà l'utilità dei test di mercato; tuttavia, se l'impresa innovatrice si trova a fronteggiare una elevata pressione sui tempi, può anche decidere di correre il rischio di una introduzione precoce sul mercato, per anticipare i concorrenti.

Per i beni di consumo, l'impresa cerca di stimare quattro variabili: l'acquisto di prova, il primo acquisto ripetuto, l'adozione e la frequenza d'acquisto. L'ideale per l'impresa innovatrice è registrare tassi elevati in ciascuna di queste risposte del consumatore.

Molte imprese oggi sfruttano i vantaggi dei test di mercato elettronici che registrano, attraverso le casse di pagamento elettroniche dei punti vendita nell'ambito di aree di mercato selezionate, il comportamento d'acquisto di un panel di consumatori preventivamente identificato. La rapida disponibilità dei dati d'acquisto reali consente ai manager di effettuare variazioni nel marketing mix, raggiungendo un *fine tuning* con il mercato.

BOX N. 8

I TEST DI MERCATO

Possono essere condotti attraverso diversi metodi. Fra i più frequentemente utilizzati, ricordiamo:

– *test di mercato in ambiente simulato* (detti anche pre-test di mercato). Si attuano attraverso interviste a piccoli gruppi (da 30 a 40 acquirenti qualificati), ai quali viene chiesto di esprimere la conoscenza dei brand e le preferenze in una specifica categoria di prodotto. Gli stessi vengono poi invitati a fornire un breve screening di comunicazioni pubblicitarie note e nuove; una di queste pubblicizza il nuovo prodotto, ma non viene indicata in modo particolare. I consumatori ricevono successivamente una somma di denaro da spendere in punti vendita "laboratorio", nel cui assortimento è inserito il prodotto sottoposto a test; i ricercatori osservano quali prodotti vengono acquistati, e la percentuale di coloro che acquistano il nuovo prodotto rispetto ai prodotti concorrenti. A coloro che non scelgono il nuovo prodotto viene fornito in omaggio un campione di prova; successivamente, tali individui vengono nuovamente intervistati per ottenere informazioni circa gli usi del prodotto, il grado di soddisfazione dell'utilizzatore, le intenzioni di riacquisto, ecc. Questa tecnica consente di ottenere informazioni attendibili ad un costo limitato sui seguenti aspetti: efficacia della comunicazione pubblicitaria; tasso di prova e di acquisto ripetuto. Le informazioni così ottenute possono essere utilizzate per formulare previsioni sul livello delle vendite post lancio;

– *test di mercato in ambiente controllato*. Questa tecnica si basa su un panel di negozi che accettano di introdurre il nuovo prodotto a scaffale dietro pagamento di un compenso. L'impresa deve specificare il tipo di negozi e la localizzazione; la società di ricerche di mercato consegna il prodotto e controlla la posizione a scaffale, e il tipo di esposizione, quanti-qualitativa, così come il prezzo. I risultati di vendita vengono misurati attraverso lo scanner alle casse. L'impresa può anche valutare l'impatto della comunicazione e promozione sul punto vendita (p.v.); un campione di consumatori viene in seguito intervistato per fornire le impressioni sul prodotto. Questa tecnica di indagine presenta alcuni limiti, dovuti principalmente al fatto che espone il prodotto all'attenzione della concorrenza e specialmente che richiede la collaborazione di un campione di p.v. rappresentativo dell'universo dei p.v. nei quali verrà distribuito il prodotto;

– *introduzione in mercati prova*. Il nuovo prodotto può essere valutato prima del lancio attraverso l'introduzione in mercati-prova. A tale scopo, l'impresa sceglie alcune zone rappresentative del mercato potenziale (le c.d. area test) ed incarica la forza vendita di convincere i distributori ad inserire il prodotto in assortimento e a garantire una buona esposizione a scaffale. L'introduzione in ciascuna area test viene accompagnata da una campagna pubblicitaria e promozionale analoga a quella che avrà luogo sul "grande mercato". I test di mercato consentono anche di valutare l'impatto di marketing mix alternativi, modificando i programmi di marketing in ciascuna area test Per questa ragione, forniscono informazioni complete e attendibili, ma presentano lo svantaggio di costi e tempi elevati ed inoltre, più di quanto accade con il test precedentemente descritto, forniscono informazioni alla concorrenza sul nuovo prodotto che possono accelerare il processo di imitazione o che possono indurre i concorrenti a comportamenti competitivi che non assumeranno nel "grande mercato", allo scopo di "inquinare" i risultati del test.

La gestione del lancio

Le due maggiori criticità relative alla gestione di questa fase dello sviluppo riguardano da un lato la previsione delle vendite e la decisione delle quantità da produrre; dall'altro le azioni di comunicazione per sostenere lo sviluppo del mercato del nuovo prodotto. **Un errore in questa fase implica rischi di tipo finanziario:** nel caso di una stima eccessivamente prudenziale delle vendite (e, quindi, della produzione), l'impresa può incorrere in una perdita di profitti; nel caso opposto (sovrastima) potrebbe incorrere invece in costi di magazzino. Va tuttavia riconosciuto che la disponibilità di sistemi di produzione flessibile riduce significativamente questi rischi.

Nella commercializzazione del nuovo prodotto occorre assumere alcune decisioni chiave, che rispondono alle seguenti domande: quando entrare sul mercato? Dove commercializzare il nuovo prodotto e a chi offrirlo? Come lanciare il nuovo prodotto?

La decisione di entrata sul mercato deve tenere conto dell'impatto che il nuovo prodotto può esercitare sulla concorrenza (valutandone preventivamente la capacità di reazione), sul consumatore (valutandone eventuali resistenze all'adozione) e sulla gamma dei prodotti dell'impresa (valutando la minaccia di cannibalizzazione delle vendite dei prodotti esistenti).

La scelta riguardante il mercato di lancio è anch'essa critica, specie se il nuovo prodotto ha un mercato potenziale esteso a livello internazionale e se l'impresa persegue una strategia di leadership che punta sulla massima penetrazione nel più breve tempo possibile, per sfruttare appieno i vantaggi del pioniere e ridurre le probabilità di successo dei follower.

Un tema di particolare rilevanza per il management è l'individuazione del target prioritario: all'interno del mercato prescelto, l'impresa deve infatti definire il suo target group iniziale. Il gruppo di clienti prospect (interessati al prodotto) ideale è costituito da adottanti precoci che siano contemporaneamente utilizzatori pesanti del prodotto, opinion leaders, raggiungibili a basso costo. L'impresa deve analizzare i segmenti potenziali alla luce di queste caratteristiche e scegliere quello che presenta le maggiori probabilità di successo.

L'introduzione sul mercato richiede un piano d'azione, che preveda tutte le attività necessarie (produzione, pubblicità, promozioni, vendita personale, servizio, ricerche di mercato, ecc.). Per facilitare il coordinamento, il management ricorre spesso a tecniche di pianificazione quali la Critical Path Scheduling (CPS), che mostra su un grafico tutte le attività da svolgere in sequenza e in parallelo, specificandone i tempi. In questo modo è possibile tenere sotto controllo la durata della fase di lancio, intervenendo con correttivi nel caso in cui emergano problemi che causano ritardi e/o nel caso in cui si renda necessario accelerare il processo.

2.7. COINVOLGIMENTO DEL CLIENTE E POTENZIALITÀ DEL WEB

Una sfida emergente per le imprese innovative è rappresentata dalle crescenti opportunità di coinvolgimento del cliente – facilitato dalla diffusione di strumenti web-based a supporto dello sviluppo di nuovi prodotti – e dalla relativa necessità di integrare l'approccio tradizionale allo sviluppo, centrato sul produttore, **con un approccio che riconosce anche al consumatore un ruolo attivo, di co-generatore di conoscenza utile ai fini dello sviluppo** (*supra*, cap. 3).

Esistono molti strumenti utilizzabili dall'impresa per facilitare il dialogo continuo ed il coinvolgimento del cliente nel processo di innovazione: alcuni contribuiscono ad aumentare l'efficienza e l'efficacia del processo (minori tempi di sviluppo, maggiore qualità dell'output), altri rappresentano una innovazione nel modo di concepire e realizzare l'attività di sviluppo di nuovi prodotti, attribuendo al cliente-utilizzatore compiti tradizionalmente svolti da personale dell'azienda (progettisti, sviluppatori). Sono ormai molteplici le imprese che sfruttano i vantaggi di questa impostazione, che si sta diffondendo rapidamente non solo nei mercati dei prodotti/servizi high tech (il software è un esempio emblematico), ma anche nei più tradizionali mercati dei beni di consumo (auto, moto, abbigliamento sportivo, cosmesi, ecc.).

Si fornisce di seguito una breve descrizione delle principali tecniche, seguendo l'articolazione delle fasi del processo adottata precedentemente.

Nella fase di **generazione delle idee**, strumenti web based (quali ad es. survey e focus group on line), consentono di ottenere informazioni e registrare commenti su possibili idee di nuovi prodotti, in modo molto ampio, non paragonabile a tecniche più tradizionali; la coerenza e qualità dei commenti offerti dai partecipanti, può essere garantita da tecniche (quali ad es. l'*information pump*), che prevedono una duplice valutazione, sia da parte di un esperto imparziale, sia da tutti gli altri membri partecipanti al focus virtuale. L'impresa può comunque ricorrere anche a metodi meno strutturati di acquisizione di informazioni utili allo sviluppo di nuove idee di prodotto, quali ad esempio l'attivazione di *Suggestion Box* e l'analisi dei reclami memorizzati nelle apposite sezioni all'interno dei siti aziendali. Fra le imprese più attive sotto questo profilo va ricordata Procter&Gamble, che all'interno del proprio sito istituzionale ha inserito apposite finestre di dialogo con i consumatori (*www.pg.com*). Anche le aziende italiane maggiormente orientate all'innovazione hanno ormai da tempo attivato meccanismi di "raccolta" on line delle idee di nuovi prodotti che provengono dai consumatori: emblematico il sito dell'azienda Barilla (*www.nelmulinochevorrei.com*) progettato, come dichiara l'azienda, allo scopo di "raccogliere le vostre idee, analizzarle e, compatibilmente con la missione visione e valori, realizzarle insieme".

La **selezione dei concetti di prodotto** può essere condotta on line, attraverso i virtual concept test, con un aumento esponenziale di efficacia: il dilemma fra la descrizione verbale (paper&pencil) e quella visiva (disegni, fotografie, prototipi) viene superato dalla possibilità di riprodurre, in ambiente virtuale, una rappresentazione "ricca" del concetto di nuovo prodotto e addirittura, in alcuni casi, dalla possibilità per il potenziale consumatore di "manipolare" il prodotto.

Anche lo **sviluppo del concept** è facilitato dalla possibilità di condurre on line indagini estese basate su applicazioni della conjoint analysis, che possono prevedere comparazioni fra coppie di attributi, classificazioni relative a profili completi di attributi o infine demandare al consumatore il compito di individuare la combinazione di caratteristiche ricercate nel prodotto "ideale": aziende come Nike, Adidas, Ducati, adottano già in modo esteso questo approccio.

Uno strumento più potente, che attribuisce al cliente-utilizzatore un ruolo attivo nello sviluppo è costituito da c.d. *toolkits for user innovation*, che consentono di progettare il prodotto, secondo un ventaglio di alternative che si estendono da modifiche marginali all'interno di offerte esistenti, fino ad innovazioni di tipo radicale (Thomke e von Hippel, 2002). Si tratta di sistemi composti da insiemi coordinati di applicazioni per la configurazione dei prodotti e sono generalmente destinati allo sviluppo di progetti mirati, richiedendo competenze ad hoc relativamente a una specifica tipologia di prodotto. In particolare, sono composti da una interfaccia grafica che consente una sperimentazione per tentativi e forniscono come feedback una simulazione dei risultati. In questo modo, gli utenti sono in grado di cogliere le implicazioni delle loro scelte iterativamente, fino alla co-progettazione di un prodotto ritenuto ottimale. L'impresa, a sua volta, è in grado di produrre il bene secondo le specifiche dei consumatori.

Inizialmente adottati nell'ambito dei mercati high tech business to business (Buratti, 2005), coinvolgendo i c.d. *lead users*, ossia utilizzatori con una particolare conoscenza – anche tecnica – del prodotto e del business, unita ad una spiccata propensione ad anticipare le tendenze future, sono oggi sempre più diffusi fra le aziende anche nei mercati di consumo e su di essi si basa l'adozione di politiche di personalizzazione spinta del prodotto.

Il ricorso a ***virtual product test*** (cfr. fig. 6) consente all'impresa di verificare il gradimento di un maggiore numero di alternative di prodotto, senza ricorrere ai prototipi fisici; ma il vero vantaggio del ricorso ai *virtual product test* risiede nella possibilità di "contestualizzare" il prodotto, attraverso tecniche di simulazione che creano ambienti virtuali nei quali effettuare i test di prodotto. Questa tecnica, detta *information acceleration*, permette infatti l'acquisizione di un elevato numero di informazioni da parte del consumatore in fasi molto precoci dello sviluppo, aspetto che risulta particolarmente importante in contesti dinamici, turbolenti, altamente competitivi e/o nello sviluppo di innovazioni di carattere radicale, rispetto alle quali può essere necessario fornire una rappresentazione non solo del nuovo prodotto, ma anche delle innovazioni di contesto che accompagneranno la diffusione del prodotto. La sperimentazione di questa tecnica è stata infatti avviata da un gruppo di ricercatori già negli anni '90 del secolo scorso (Urban, Weinberg e Hauser, 1996), con riferimento all'auto elettrica, la cui diffusione su larga scala richiede disponibilità di infrastrutture coerenti, necessariamente diverse da quelle correnti e tuttora in uso. Il processo di digitalizzazione delle imprese indotto dalla c.d. quarta rivoluzione industriale sta rendendo questi strumenti disponibili ad un numero sempre più elevato di imprese utilizzatrici, con evidenti ricadute sul processo di sviluppo e vantaggi sia per l'impresa che per i destinatari del nuovo prodotto.

Figura 6. – *Strumenti per l'analisi di mercato e lo sviluppo di nuovi prodotti web based*

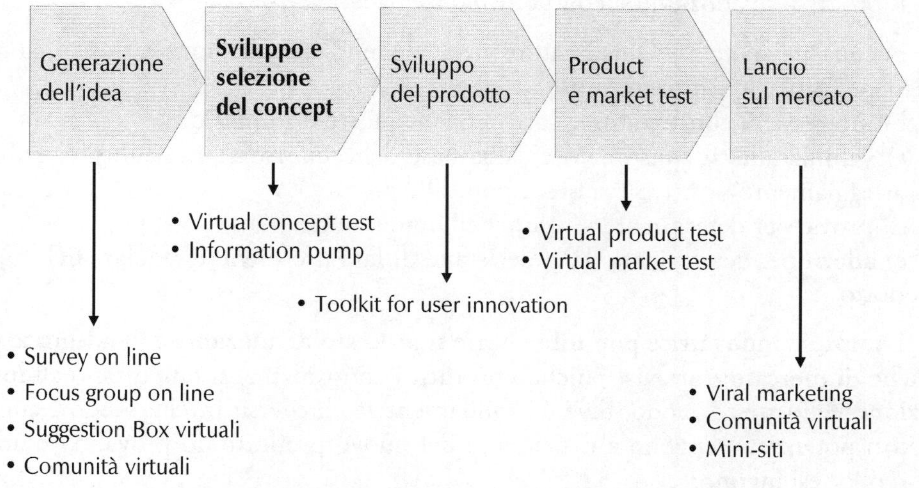

Nella fase di **lancio**, l'impresa può fare leva sul consumatore per attivare iniziative di marketing virale e generare un passa parola positivo sul nuovo prodotto; il passaparola del marketing virale (*infra*, cap. 7) può avvenire attraverso chat, mail, newsgroup, scambio di file, condivisione peer-to-peer di file e video, diffusioni di giochi via web, ecc. Può essere, inoltre, favorito dall'azienda attraverso l'introduzione di opzioni quali la predisposizione di pagine precompilate da inviare via mail o incentivi ad hoc (come sconti, omaggi o partecipazioni a concorsi) destinati sia ai mittenti che ai riceventi del messaggio.

Infine, va sottolineato il **ruolo crescente svolto dalle comunità virtuali nell'ambito di tutto il processo di sviluppo nuovi prodotti**: dalla fase di generazione, in cui attraverso la comunicazione diretta e iterativa, possono fornire un'autentica conoscenza di consumo di natura sociale e fare emergere bisogni e desideri difficilmente identificabili con i tradizionali strumenti di ricerca; alla fase di lancio, dove l'istituzione di minisiti temporanei (autonomi rispetto a quello aziendale) può contribuire al supporto del nuovo prodotto (tale, ad esempio, la strategia di lancio adottata da Fiat per la nuova 500, attraverso l'istituzione del minisito: *www.fiat500.com* (per un approfondimento si rimanda a Cucco-Dalli, 2008).

2.8. ADOZIONE DEL NUOVO PRODOTTO E FATTORI DI DIFFUSIONE

L'adozione è il punto di arrivo del processo mentale attraverso cui ogni individuo passa dalla semplice consapevolezza dell'esistenza del nuovo prodotto alla decisione di utilizzarlo regolarmente.

Il processo di adozione si compone di cinque fasi:

a) **consapevolezza**: il consumatore viene a conoscenza dell'innovazione, ma non possiede sufficienti informazioni;

b) **interesse**: il consumatore si attiva per acquisire informazioni;

c) **valutazione**: il consumatore, sulla base delle informazioni acquisite, elabora un atteggiamento positivo e si predispone alla prova;

d) **prova**: per determinare il valore dell'innovazione;

e) **adozione**: determinata dalla decisione di fare uso pieno e regolare del nuovo prodotto.

L'impresa innovatrice può influenzare il processo di adozione con adeguate politiche di mercato; tuttavia, poiché non tutti i consumatori si rapportano all'innovazione nello stesso modo, diventa fondamentale chiedersi: in che modo i consumatori potenziali vengono a conoscenza del nuovo prodotto, lo provano, lo adottano o lo respingono?

Un utile punto di riferimento per affrontare questa problematica è rappresentato dagli studi di Rogers sul processo di diffusione delle innovazioni (1982).

Rogers definisce la diffusione come "il processo secondo cui una innovazione viene comunicata attraverso determinati canali per un periodo di tempo dai membri di un sistema sociale". Secondo questo Autore, l'innovatore è un individuo pronto ad adottare nuove idee in misura maggiore rispetto agli altri membri appartenenti al suo sistema sociale. Il processo di diffusione quindi dipende anzitutto dalla propensione all'innovazione degli individui che popolano il mercato potenziale e dalla possibilità di influenza, ossia dalle azioni che un individuo può esercitare sugli atteggiamenti di un altro, determinandone la probabilità di acquisto. Tale influenza è rilevante soprattutto nella fase di valutazione del processo di adozione, mentre ha un ruolo marginale nelle altre fasi.

Rogers dimostra che è possibile segmentare la popolazione cui è rivolta l'innovazione in cinque gruppi di individui distinti sulla base della loro predisposizione all'innovazione (misurata dalla deviazione standard del tempo medio di adozione rispetto a quello di immissione del prodotto sul mercato): innovatori, adottanti precoci, maggioranza anticipatrice, maggioranza ritardataria, pigri (cfr. fig. 7).

Ciascuno di questi gruppi presenta differenze di tipo psicologico e comportamentale rispetto alla decisione di provare o rifiutare l'innovazione.

Figura 7. – *Classificazione degli adottanti in funzione del tempo relativo di adozione*

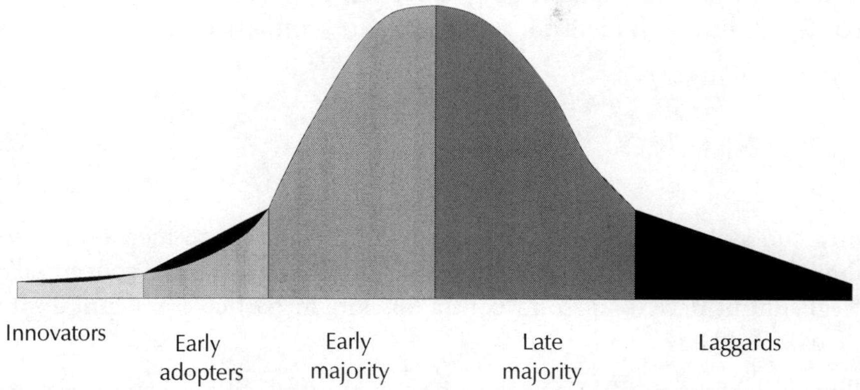

I **fattori che influenzano la velocità di adozione** sono molteplici:

– il *vantaggio relativo* dell'innovazione rispetto a prodotti/soluzioni utilizzati precedentemente per soddisfare lo stesso bisogno;

– la *compatibilità*, intesa come il grado di coerenza con le esperienze i bisogni ed i valori già esistenti presso la popolazione in cui si diffonde;

– la *complessità*, ossia lo sforzo di apprendimento richiesto all'adottante nell'utilizzo;

– la *comunicabilità* dei vantaggi (funzionali, psicologici e sociali) indotti dall'uso, ossia la possibilità di osservarli e descriverli ad altri soggetti con cui si entra in contatto;

– la *sperimentabilità* dei vantaggi, attraverso la possibilità di prova, che consente ai potenziali utilizzatori di acquisirne esperienza prima dell'acquisto o della completa adozione.

Nonostante il modello non abbia valore predittivo, tuttavia contribuisce a mettere in luce i fattori sui quali l'impresa può agire per favorire il processo di diffusione, con l'obiettivo di aumentare le probabilità di successo dell'innovazione.

Può essere utile infine sottolineare che, nel caso di prodotti ed apparati *high tech*, specie di quelli con contenuti di software applicativo ad elevata complessità, il processo di diffusione avviene con caratteristiche parzialmente diverse rispetto a quelle descritte da Rogers e sin qui delineate. Più precisamente, Moore (1991 e 1995), evidenzia che fra la categorie dei c.d. *early adopters* (da lui denominati *visionaries*) e quella degli *early majority* (da lui ribattezzati *pragmatics*), a differenza del modello tradizionale nel quale non vi è soluzione di continuità, si determina nel mercato dei prodotti high tech una sorta di abisso, che separa i due segmenti.

Ciò implica, da parte dell'azienda innovatrice, la necessità di elaborare strategie di mercato specifiche, affrontando il sub-mercato iniziale degli utilizzatori visionari e quello primario degli utilizzatori pragmatici con modalità organizzative, sistemi di marketing e politiche di mercato, almeno in parte, antitetici.

3. FRA ESPERIENZA E CO-CREAZIONE [7]

In linea con i rilevanti cambiamenti intercorsi nell'ambiente-mercato nel corso del tempo, la disciplina di marketing si è arricchita di nuovi filoni e concettualizzazioni. Negli ultimi decenni si sono contraddistinti in particolare alcuni approcci (Carù e Cova, 2011):

– all'inizio degli anni '90 si è progressivamente diffuso il marketing relazionale orientato alla fidelizzazione (Ziliani, 2008);

– la fine degli anni '90 e l'inizio degli anni 2000 è stato il periodo del marketing sensoriale, esperienziale e tribale e del consumatore (postmoderno) edonista (Fabris, 2008);

– l'ultimo decennio ha visto l'ascesa del marketing collaborativo (Mandelli e Accoto, 2012), quindi di un marketing relazionale orientato alla partnership con un consumatore sempre più attivo e creativo.

3.1. LA PROSPETTIVA ESPERIENZIALE

Soddisfatti in modo ampio, per larghi strati della popolazione, i precedenti bisogni, tipici di una società in fase di sviluppo, come abbiamo visto nel capitolo 3 oggi gli individui sono alla forte ricerca di significati e di senso (Fabris, 2008), che spesso ritrovano in offerte di mercato (Fortezza e Pencarelli, 2011; Fortezza, 2014). Quella odierna, infatti, è una società dove le persone hanno bisogno di **vivere "esperienze significative"** (Boswijk *et al.*, 2005), spesso a carattere aggregante (Fortezza, 2009), come forma di soddisfazione e di espressione del proprio sé.

Nell'ambito di questo scenario, le esperienze vissute danno valore all'individuo quando (Fortezza, 2014):

– appagano i sensi, anche esaltandoli;

– creano piacevoli occasioni di socialità;

– consentono di affermare la propria identità, oppure di "acquisirne pro-tempore una";

– creano occasioni di autorealizzazione;

[7] Di Fulvio Fortezza, Università di Ferrara.

– danno la possibilità di esprimere un potenziale, di mettere a frutto le proprie competenze.

Si fa così largo sul mercato un nuovo tipo di offerta – oltre a quella classica dei beni e dei servizi – ovvero quello delle "esperienze di vita" (Fortezza e Pencarelli, 2011; Fortezza, Dusi e Pencarelli, 2018), dove i consumatori pagano per poter vivere momenti memorabili, che possono avere diversa natura (adrenalinica o rilassante, individuale o aggregante, ecc.). Al marketing dei beni e dei servizi si affianca, così, il **marketing dei produttori di esperienze** (ludiche, sportive, artistiche, culturali, ecc.).

Le esperienze, però, possono anche essere una componente integrativa del sistema di prodotto di beni e servizi (un fattore che, quindi, crea valore aggiuntivo all'interno di un certo paniere di attributi), o un segnale di valore (un fattore che accresce il valore percepito da parte del consumatore). Si parla, in questi casi, di **marketing esperienziale** o di marketing orientato all'esperienza (Resciniti, 2004). È su questo che di seguito concentreremo la nostra attenzione.

Di "esperienza" si parla oramai da diversi anni nella letteratura di marketing, dapprima con riferimento ai comportamenti di consumo, soprattutto in specifici ambiti come l'arte e la cultura, che sono "strutturalmente esperienziali". Nel tempo questo filone ha destato crescente interesse fra gli studiosi e si è progressivamente accreditato come una delle più interessanti evoluzioni del marketing, assieme al più consolidato filone del marketing relazionale. Allo stesso tempo, sono molte le iniziative a carattere esperienziale realizzate dalle aziende, nei più svariati settori, cadendo però, talvolta, nell'errore di eccessive semplificazioni (non basta comunicare un "mood esperienziale"), o di spettacolarizzazioni fini a sé stesse. Ciò ha determinato un rischio di banalizzazione del concetto, portando in molti casi al disorientamento dei consumatori, o addirittura ad infastidirli (Gilmore e Pine, 2007). Come sottolinea Morace (2003), "il tema dell'esperienza è frutto di un'intuizione interessante e corretta, che però fatica a gestire in modo profondo e incisivo i propri contenuti e le proprie conseguenze". In sostanza, non basta "promettere un'esperienza", ma bisogna essere in grado di rappresentare concretamente un vettore di esperienze piacevoli, appaganti, significative per il consumatore.

3.2. IL MARKETING ESPERIENZIALE

Non esiste, al momento, una definizione univoca di marketing esperienziale, anche in virtù di una consistente varietà di proposte e di varianti sul tema.

Volendo semplificare e trovare un fattor comune fra i vari contributi esistenti, possiamo dire che, in generale, il marketing esperienziale suggerisce di non concentrarsi, ai fini della creazione del valore, sulle sole funzioni d'uso di beni e servizi (sempre meno differenzianti, per effetto dell'iper-competizione), bensì sulle esperienze che i consumatori-obiettivo possono voler vivere, a partire dal momento del consumo, ma non solo. In quest'ottica, bisogna agevolare le esperienze positive (quelle che procurano gioia, senso di realizzazione, piacere, interesse, compiacimento, ecc.) ed eliminare o prevenire le esperienze negative (Fabris, 2008) (quelle che possono risultare noiose, intrusive, irritanti, stressanti, ecc.), sapendo che le esperienze di consumo, in realtà, si articolano in più fasi (Arnould *et al.*, 2002), ovvero:

– pre-acquisto: ricerca di informazioni e pianificazione dell'acquisto;
– acquisto: scelta del prodotto, pagamento, attesa, eventuale interazione con il personale di vendita;
– consumo in senso stretto: sensazioni ed emozioni durante il consumo;
– post-consumo: richiamo e ricordo dell'esperienza.

In tal senso, il **contenuto esperienziale dell'offerta** può andare da un minimo (es: semplice connotazione esperienziale del prodotto[8], del punto vendita[9], della comunicazione[10]) ad un massimo (Carù e Cova, 2011), che si verifica quando viene adottato un approccio di "customer experience management" (Ferraresi e Schmitt, 2006), che mira sostanzialmente a rendere (potenzialmente) ogni momento di contatto fra impresa e clientela di riferimento (a partire dalla customer care) un "episodio" di un'esperienza nel suo complesso soddisfacente e arricchente (La Salle e Britton, 2003). Questo continuum porta anche da un approccio di marketing più

---

[8] Qui il riferimento è ad aspetti come la conformazione del prodotto, il suo design, il packaging, che possono essere una rilevante fonte di esperienze piacevoli, prevalentemente di natura sensoriale. Si pensi al brand di yogurt *Müller*, che grazie ad una diversa consistenza del prodotto (più cremoso e con varianti di gusto capaci di esaltare l'esperienza gustativa), un packaging di forte e immediato appeal, coerente con il posizionamento esperienziale sintetizzato dal claim "fate l'amore con il sapore", è riuscito a ritagliarsi uno spazio interessante in un mercato che al momento del suo ingresso sembrava oramai saturo e fortemente cristallizzato.

[9] Il punto vendita è uno strumento privilegiato per generare esperienze coinvolgenti (Codeluppi, 2001), grazie alla sua atmosfera, alla sua ambientazione, alle stimolazioni sensoriali che è in grado di offrire (dalla musica alle fragranze diffuse nell'aria), alla stessa disposizione dei prodotti (che in molti casi è esaltata, come a ricreare una sorta di "templio della marca"), agli eventi che possono essere organizzati al suo interno, alle occasioni di networking che possono generarsi fra gli stessi clienti, in particolare in presenza di "love brand" (Roberts, 2006). In quest'ultimo caso, il compito del punto vendita diventa quello di creare dei "mondi vitali", che esaltino prodotti, brand e relazioni. Si pensi, in tal senso, agli "Apple Store".

[10] Ciò può avvenire, ad esempio, con le campagne pubblicitarie, che possono semplicemente richiamare il fattore esperienziale nei codici di comunicazione, oppure possono anticipare le esperienze promesse dalla marca e attivare il passaparola. Anche gli eventi possono avere un ruolo importante nella generazione di esperienze di valore attorno al prodotto (bene o servizio). La loro tipologia è molto diversificata: dai raduni ai concerti, dalle mostre d'arte alle sfilate, dagli aperitivi ai road show, ecc. Del resto, anche un catalogo o una rivista aziendale possono essere esperienziali, per effetto dell'esperienza estetica generata a vantaggio del consumatore o del racconto veicolato.

transazionale verso uno più relazionale, fino ad arrivare a quanto previsto dalla "Service Dominant Logic" (Vargo e Lusch, 2004), che prevede che il valore fra impresa e consumatori si produca in modo emergente (Carù e Pace, 2009), sulla base delle "possibilità" (che nel nostro caso diventano le "piacevoli occasioni di esperienza") messe a disposizione dall'impresa e modellate dal rapporto fra le due parti.

La differenza sostanziale fra questi due estremi, quindi, è fra curare singole occasioni di esperienza positiva per il cliente, oppure curare l'**esperienza complessiva del cliente**, anche arrivando ad avere un impatto positivo sulla vita del cliente stesso, che vada oltre il singolo atto di consumo, come nel caso *Wegmans*, riportato nel box sottostante. In quest'ottica, l'impresa presta attenzione all'esperienza esistenziale quotidiana (un'"esperienza globale") delle persone (Morace, 2003). A tal fine, è necessario non dare nulla per scontato, valorizzando tutto ciò che potrebbe dare piacere al cliente, di cui bisogna studiare con attenzione il "mondo esperienziale" (Carbone e Haeckel, 1994). Da qui verranno innescati i processi di creazione, comunicazione e trasferimento del valore.

BOX N. 9

IL CASO WEGMANS: ANDARE AL DI LÀ DELL'OVVIO

Un caso emblematico di orientamento verso un'esperienza globale del consumatore è quello di Wegmans, retailer di successo che negli Stati Uniti offre alla sua clientela, più che altro, un "modello di orientamento e di cultura alimentare", improntato a preservare salute e benessere, come sintetizzato efficacemente dal claim "Eat Well Live Well".

I Wegmans sono superstore che offrono un'elevata varietà di prodotto, soprattutto nella categoria dei "freschi" (es: formaggi) e nelle linee dal posizionamento più alto. In tutte le categorie trovano spazio specialità alimentari internazionali, con particolare attenzione a quelle europee. All'interno dei punti vendita, ad esempio, i forni producono vari tipi di pane e prodotti di pasticceria francesi o italiani e anche il layout richiama l'atmosfera dei mercatini europei, con ciascuno degli addetti pronto a illustrare l'offerta e a consigliare il cliente. Si punta molto, poi, sulla preparazione del cibo dal vivo, da portare a casa o da consumare nei molteplici punti di ristoro presenti, ognuno dei quali diverso dall'altro. Anche qui, le specialità proposte sono numerose, includendo oltre a quelle più classiche, come le italiane o il sushi, anche il kosher o specialità tedesche.

Wegmans si contraddistingue per l'elevata attenzione nella scelta dei prodotti, per la capacità di stringere partnership mirate e strategiche con i fornitori e per la tensione continua al miglioramento della gradevolezza dei punti vendita e del contatto con la clientela. Da questo punto di vista, buona parte del successo di questo retailer è ascrivibile alle attività di selezione e motivazione del personale, formato tanto da esperti cuochi, con alle spalle importanti esperienze in grandi alberghi e ristoranti, quanto da giovani fortemente motivati, che vengono spesso sostenuti con borse di studio.

Fin qui, molti sembrano essere i punti di contatto con il modello Eataly, messo a punto da Oscar Farinetti ed esportato con successo in tutto il mondo.

Del resto, l'aspetto che qualifica su tutti l'offerta Wegmans è la presenza negli store di figure professionali specializzate in nutrizione, benessere e prevenzione, che sono a disposizione dei clienti per supportarli nella messa a punto di percorsi che consentano di affrontare o tenere sotto controllo specifici disturbi o patologie (dalle forme allergiche alle intolleranze, dall'ipertensione al diabete), senza privarsi del piacere di consumare prodotti di qualità. Wegmans può quindi contare su una task force altamente

preparata, che oltre a fornire assistenza nei punti vendita ha il compito di produrre contenuti da divulgare attraverso gli spazi web dell'azienda (sempre nell'ottica del supporto al cliente) e indirizzare in base alle principali necessità che emergono dal contatto con la clientela sia la gestione delle forniture sia la realizzazioni di nuovi prodotti. Wegmans, infatti, introduce sistematicamente nel proprio assortimento prodotti innovativi, come, ad esempio, un particolare tipo di pane arricchito con grassi Omega 3, che aiuta a combattere radicali liberi e malattie cardiovascolari.
Nel complesso, risulta difficile inquadrare il business dell'azienda entro i confini della semplice distribuzione di prodotti alimentari di qualità, ambito di mercato in cui Wegmans ha evidentemente definito nuove regole del gioco, facendo leva sul concetto di "management nutrizionale" e sul supporto proattivo al cliente per l'ottimale organizzazione di importanti momenti e spazi di vita.

A prescindere dal contenuto esperienziale dell'offerta, quindi dall'approccio di marketing esperienziale che si considera, sono molteplici le dimensioni esperienziali che è possibile attivare per creare valore per il cliente. Da questo punto di vista, Schmitt (1999) propone, ad esempio, il concetto dei "**moduli strategici esperienziali**", ognuno dei quali corrisponde ad un modulo della mente umana, che, da solo o combinato con altri, è capace di procurare un certo "beneficio esperienziale":

– il *sense* attiva esperienze legate alla sfera sensoriale (olfatto, udito, gusto, vista, tatto);
– il *feel* attiva esperienze affettive e stimola i sentimenti interiori delle persone;
– il *think* attiva esperienze di apprendimento e stimola l'intelletto;
– l'*act* attiva esperienze legate al fisico;
– il *relate* attiva esperienze aggreganti e stimola l'individuo a mettersi in relazione con gli altri.

L'impresa può decidere di intervenire su uno di questi moduli, su alcuni in particolare, oppure su tutti, dando così vita ad esperienze olistiche, integrate (Haeckel *et al.*, 2003).

È proprio su queste basi che hanno fondato il proprio successo alcuni dei prodotti e dei brand di maggiore successo e/o culto negli ultimi anni in ambito consumer. Si pensi ad esempio a:

– *Nintendo Wii*, piattaforma di gioco che vuole soddisfare esigenze di *act* e di *relate* del consumatore, sulla base di un'analisi creativa delle occasioni di vita potenzialmente coinvolte dal gioco. La Nintendo Wii ha di fatto rivoluzionato il modo di concepire le console di gioco, ampliandone nel contempo il bacino potenziale di utilizzatori, non più circoscritto ai più giovani o ai "patiti dei videogame";
– *Red Bull*, bibita energetica dal forte contenuto di *sense* (a partire dal packaging, passando per il gusto) e di *act* (stimolato dalla comunicazione, che sostiene il posizionamento), capace di aprire un vero e proprio nuovo mercato e il cui valore va ben al di là delle caratteristiche organolettiche del prodotto. Importanza particolare rivestono gli eventi (gare insolite o altre occasioni di intrattenimento), che l'azienda

organizza sistematicamente per "inscenare" il mondo della marca in modo coinvolgente, chiamando spesso in causa gli stessi consumatori;

– *Pringles*, le patatine che si connotano per il contenuto di *sense* (a partire anche in questo caso dal packaging, peraltro riutilizzabile e oggetto per molti di collezione, e dalla consistenza del prodotto, pensato per essere agevole da conservare, più pratico e resistente) e di *relate* (negli anni sono state pensate varie iniziative di co-marketing con operatori dell'intrattenimento, per inserire il prodotto in occasioni di consumo aggreganti), finendo per essere agli occhi dei consumatori qualcosa di più rispetto alle "semplici patatine".

Un altro caso da prendere in considerazione e a cui prestare un'attenzione particolare è *Coca Cola*, che, pur essendo una "marca mito" (Gerken, 2000), sembra ricercare sistematicamente e in chiave proattiva nuovi punti di contatto e di "sintonizzazione" (Fabris, 2003) con il "mondo" della clientela di riferimento.

Negli ultimi anni il brand ha spinto molto sulle dimensioni dell'*act*, del *feel* e del *relate*, in coerenza con il posizionamento simbolico sulla felicità e sulla condivisione. In modo più preciso, l'azienda ha fatto leva su un mix di iniziative (di comunicazione e di prodotto) finalizzate a sollecitare atteggiamenti e comportamenti capaci di generare felicità. Nel dettaglio, in questa formula entrano in gioco:

a) *il prodotto*, a partire dalle referenze storiche (vari formati), fino ad arrivare alle diverse varianti elaborate nel corso del tempo;

b) *il merchandising*, che sostiene e alimenta (soprattutto per gli "apostoli") il "mito della marca";

c) l'esperienzializzazione del prodotto, con la fortunata iniziativa delle etichette che riportano dediche, messaggi e personalizzazioni [11], attraverso cui il prodotto è diventato veicolo di comunicazione e, appunto, di connessione fra persone [12];

d) gli ambiti valoriali e gli spazi vitali promossi attivamente dal brand, nell'ottica della "gioia condivisa", fra cui:

- lo sport, con le sponsorizzazioni (sportive) di eventi sia globali (si pensi ai Mondiali di Calcio) che locali;
- la musica, con le sponsorizzazioni (artistiche e culturali) di eventi come, ad esempio, il Coca-Cola Summer Festival, ma anche con le video-dediche musicali, da scegliere e veicolare tramite il sito web o tramite dispositivi mobili;

---

[11] Più propriamente, si tratta di un'operazione di "cosmesi", perché è una "quasi personalizzazione". Essa, infatti, riguarda un aspetto di dettaglio del prodotto e, peraltro, non prevede la vera e propria creazione di etichette ad hoc, quanto, piuttosto, la realizzazione di un'ampia gamma di varianti (nella fattispecie, molteplici varianti di etichetta, con diversi nomi di persona o stati d'animo), in grado, potenzialmente, di generare identificazione da parte di un'ampia porzione del mercato di riferimento (Pine e Gilmore, 1997).

[12] Proponendosi, peraltro, ancora più come un "feticcio" per gli appassionati del brand.

• il food, con la promozione di ritmi, rituali, legami perduti mediante un sito web dedicato, con la possibilità per gli utenti di inoltrare inviti personalizzati ai propri amici e conoscenti.

A queste iniziative in Italia se ne sono aggiunte altre diverse nei contenuti ma finalizzate a raggiungere obiettivi simili (in termini di stimolo di determinate esperienze e comportamenti da parte dei consumatori) in altri Paesi. Da segnalare, ad esempio, una campagna promozionale e di sensibilizzazione verso il tema ambientale (riciclo creativo e riduzione dei rifiuti) lanciata sempre negli ultimi anni in Vietnam, dove sono stati messi in circolazione dei kit contenenti ognuno sedici tappi particolari, che, applicati sulle bottigliette di Coca-Cola, permettevano di ottenere molteplici utilizzi (dal temperamatite al dispenser per salse), facendo in modo che l'involucro del prodotto recuperasse utilità (andando così incontro ai principi della nuova "economia circolare"). È significativo che la campagna sia stata indirizzata soprattutto ai più giovani, come iniziativa educativa, per un futuro più sostenibile.

3.3. IL MARKETING TRIBALE

Il principio di fondo del marketing tribale è che si crea e/o si segnala valore soprattutto attraverso i **legami**, facendo leva su gruppi di consumatori reali (non astratti segmenti di mercato) e sulla tendenza verso il "consumo comunitario" (Badot e Cova, 1995; Cova, 2003). In quest'ottica, l'azienda deve chiedersi quale apporto possa dare (e con quale intensità) alla costruzione, allo sviluppo ed al consolidamento dei legami con e fra i consumatori. Da ciò scaturisce uno "spirito di servizio", che si esprime nel supporto al mondo della tribù e dei suoi rituali: dall'organizzazione di raduni o di altre occasioni di socialità e di intrattenimento, all'offerta di accessori e complementi al bene/servizio venduto, dalla diffusione della cultura della marca e del suo "senso", alla gestione di spazi dedicati sul web.

Si tratta di comprendere quali caratteristiche di un bene o di un servizio si prestino maggiormente a rafforzare i legami della "comunità", che non deve mai sentire, però, la presenza della marca come "ingombrante" (Cova *et al.*, 2008).

Va sottolineato che quest'approccio non è adatto a tutti i beni o servizi, bensì solo a quelli che presentano un "valore di legame" che possa essere estratto; che presentano, cioè, un "**Dna tribale**" o un "vissuto comunitario" (Fortezza, 2009). Nell'ottica del marketing tribale, l'individuo cerca di dare un senso alla propria vita attraverso il consumo, non astraendosi dagli altri, ma facendo del consumo un modo per instaurare legami. Il valore di legame di un bene o servizio, quindi, dipende dal contributo che esso offre nella costruzione o nel potenziamento di relazioni fra persone. È il valore che si genera grazie e attorno al consumo di determinati beni o servizi. In tal senso, si può affermare provocatoriamente che il legame conti più della merce. Emerge, così, un approccio all'esperienza su base relazionale (Gummesson,

2005), che non può essere rigidamente pianificato e che difficilmente può essere standardizzato, perché nasce dalle interazioni fra individui, con la collaborazione del brand, che funge da "totem" e da elemento aggregante (Cova, 2003). Proprio per questi motivi, il valore di legame non si crea istantaneamente, ma richiede tempo, per cui non può essere frutto di iniziative sporadiche, fra loro non coordinate secondo un chiaro disegno strategico.

Il marketing tribale, quindi, richiede un approccio diverso ai consumatori ed ai loro gusti e la rinuncia, da parte dell'impresa, a controllare in modo diretto ed esclusivo la comunicazione e l'immagine del brand (Cova e Pace, 2007). Si può giungere addirittura a casi di "dirottamento della marca" (Wipperfurth, 2005), che consistono in azioni da parte della tribù volte ad intervenire sull'evoluzione della marca, del suo significato. Tale "dirottamento di senso" può vedere l'impresa come vittima o come promotrice. Infatti, riconoscendo il potere della comunità sulla marca, l'impresa può co-creare il significato della marca insieme alla tribù.

E bene specificare, però, che vi sono diversi approcci al marketing tribale, in base al grado di "tribalizzazione dell'offerta", più o meno elevato (Fortezza, 2009).

Il legame può essere concepito come un elemento del "sistema di prodotto", ovvero come componente della proposta di valore realizzata. È il caso, ad esempio, di *Ducati* o *Harley Davidson*, il cui obiettivo non è semplicemente di "produrre e vendere motociclette", bensì di creare una "piattaforma di valore", dove il bene è un elemento (molto importante) posto al centro di momenti di vita vissuti piacevolmente dagli appassionati di moto e del brand. È questo "sistema" nel suo complesso a creare valore per la clientela (composta prevalentemente da "apostoli"). In casi come questo, il valore di legame ha una collocazione strutturale e stabile all'interno dell'offerta dell'impresa, investendo in modo ampio le logiche di approccio impresa-mercato. Innanzitutto, influisce sull'analisi del mercato e, in particolare, della domanda, che non potrà essere effettuata in modo distaccato e discontinuo, bensì prestando estrema attenzione al divenire degli ambiti socioculturali e valoriali in cui si vuole collocare il prodotto/brand, anche dialogando con la clientela e con eventuali opinion leader. Per quanto riguarda l'individuazione della clientela, tenderà a configurarsi una sorta di "autosegmentazione" (o segmentazione "bottom-up"), sulla base di fattori di forte condivisione e partecipazione emotiva, che diventano determinanti anche in termini di posizionamento dell'offerta. Per quanto concerne il marketing operativo:

– la distribuzione dovrà essere attentamente presidiata e fortemente selettiva e i rapporti con la clientela commerciale (il retail) dovranno essere gestiti su base relazionale;
– i processi di comunicazione dovranno far leva sulla vita quotidiana e reale dei consumatori, ma, al contempo, dovranno essere "discreti";
– la gestione della gamma prodotti (quindi anche l'innovazione di prodotto) do-

vrà avvenire sulla base dell'evoluzione dello "spazio di relazione" costruito con la clientela. Da questo punto di vista, ha fatto scuola il caso *Ducati* (Castaldo, 2009);

– in tutto ciò, il prezzo tenderà ad essere meno importante come segnale di valore e tenderà anche ad esservi maggiore "discrezionalità" da parte delle imprese nel determinarlo, proprio perché l'ottica si sposta dal bene al "contesto relazionale e valoriale" in cui il bene si inserisce.

Alternativamente, il legame può essere utilizzato solo come leva di comunicazione e di fidelizzazione della clientela. In questo caso, si assiste a politiche di brand management finalizzate a riconoscere il valore delle tribù di marca ed il loro "potere", riservando ad esse uno spazio in cui potersi esprimere. È, ad esempio, quanto accade nel caso *Nutella*, con "myNutella The Community", dove il consumatore è messo in condizione di far mostra delle proprie capacità e competenze, oppure semplicemente di rappresentare la propria passione per il prodotto e per il brand, condividendola con altri (Cova e Pace, 2007). Qui l'azienda opera con una strategia tipicamente mass market (tipica del marketing classico), ma è stata attenta nel valutare i fenomeni di aggregazione spontanei sorti attorno al prodotto ed al brand, lavorando per agevolare il "culto della marca" e l'esperienza dei propri fan, che sui social network avrebbero comunque un libero spazio di espressione.

Più deboli e potenzialmente controproducenti sono i casi in cui si cerchi di far leva sui legami esclusivamente in chiave strumentale, ad esempio attraverso particolari iniziative promozionali, isolate e fini a se stesse.

Qualunque sia l'approccio di marketing tribale adottato, è estremamente importante effettuare un'analisi attenta su (Cova, 2003):

– gli eventuali "raggruppamenti tribali" che nascono o non nascono (in qualsiasi forma) attorno al prodotto. Si tratta di un'attività particolarmente delicata, perché bisogna comprendere dove si inseriscono i momenti di consumo (in quali contesti di vita) ed il contributo che l'impresa può dare per renderli più piacevoli (Cova *et al.*, 2008). Le tribù sono aggregazioni non necessariamente durature fra persone a priori dissimili (sono dei sistemi "aperti"), ma lasciano sempre delle tracce, nel tempo e nello spazio. Un metodo può consistere, ad esempio, nell'osservazione (partecipativa o non partecipativa) di alcuni spazi in cui la tribù si riunisce, con particolare attenzione ai dettagli (soprattutto ai codici ed ai riti). Anche il web può offrire, in tal senso, nuove ed importanti opportunità (Kozinets, 2002);
– il potenziale comunitario del brand;
– l'intrinseco valore di legame del prodotto.

BOX N. 10

IL CASO FICHIMORI: IL VINO ROSSO DA BERE FREDDO, IN COMPAGNIA

Fichimori è un vino particolare ("un rosso da bere freddo"), prodotto dall'azienda pugliese Tormaresca, facente parte dello storico gruppo Cantine Antinori.
Il valore complessivo di Fichimori non è dato solo dal bene (dalle sue qualità intrinseche e dall'estetica), bensì da ciò che questo prodotto/brand si propone di rappresentare per la clientela di riferimento e per i momenti di vita che vuole accompagnare e all'interno dei quali si vuole inserire. In tal senso, si punta molto sugli abbinamenti eno-gastronomici, che nel progetto Fichimori devono allietare piacevoli momenti di svago e soprattutto di socialità, all'insegna del buon vivere e della riscoperta di piaceri e di valori autentici (Fortezza, 2009).
Le iniziative di marketing intraprese a partire dal momento del lancio del prodotto/brand sul mercato (2006) hanno voluto esaltare il valore di legame che ruota attorno alla fruizione del vino ed ai momenti esperienziali ad essa collegati, richiamando la cultura e la storia del luogo di produzione, con particolare riferimento al folklore locale (rappresentato soprattutto da pizzica e taranta) ed al piacere di stare insieme, divertendosi. A tal fine, innanzitutto è stato realizzato un cd di pizzica e taranta ("Tarantaindacasa") con la collaborazione di alcuni dei migliori artisti della scena musicale tradizionale e popolare, che è stato distribuito in occasione degli eventi e delle feste organizzate dall'azienda e reso scaricabile dal sito web. L'azienda ha voluto puntare molto sull'intrattenimento, sia con feste private, sia con feste in locali attentamente selezionati. Per quanto riguarda le prime, particolarmente creativa è stata la scelta di far autocandidare i clienti tramite il sito internet per ospitare la festa a casa propria, privilegiando le location più suggestive (ed interessanti dal punto di vista del bacino di mercato) ed i clienti maggiormente capaci di aggregare amici e conoscenti per lasciarsi andare al ritmo delle danze offerte da Fichimori. L'azienda, infatti, a fronte dell'ospitalità dei clienti ha offerto il prodotto, l'intrattenimento musicale (un dj e ballerine di pizzica) e l'allestimento della festa. Per quanto riguarda l'intrattenimento nei locali, l'azienda ha cercato di garantire un coordinamento sulle varie iniziative realizzate, puntando molto sulla collaborazione con i gestori, ai quali si è offerto un ampio supporto (allestimento, merchandising, musica, ballerine), per cercare di ricreare l'"atmosfera Fichimori".

3.4. CO-CREAZIONE E MARKETING COLLABORATIVO

Il tema della **co-creazione del valore** rappresenta un filone ampiamento dibattuto in letteratura. In ambito business-to-consumer, esso mutua le logiche tipiche dei rapporti relazionali fra produttore e acquirente in ambito business-to-business (Ferrero, 1992).

La considerazione comune alla base dei vari contributi di marketing basati sulla co-creazione è il processo di **empowerment del consumatore**, che oggi nutre in molti casi il desiderio di partecipare, di esprimere la propria visione, di vedere riconosciute e valorizzate le proprie competenze. Da questo punto di vista, appare effettivamente evidente come oggi il consumatore sia sempre meno un "contenitore di bisogni" e sempre più un "portatore di competenze", al quale può rivelarsi utile riconoscere un ruolo più attivo (Cova e Dalli, 2009; Carù e Cova, 2011). Tutto ciò, chiaramente, è facilitato dallo sviluppo del "web della partecipazione", il web 2.0 (Moffitt e Dover, 2012).

Le imprese possono sfruttare questa "richiesta di coinvolgimento" per trarre reale utilità dai suggerimenti e dalle abilità dei "consumatori-partner", con la possibilità di realizzare prodotti più in linea con le reali aspettative di questi ultimi (sulla base di logiche più orientate alla personalizzazione o alla mass customization, a seconda dei casi) e che possono arricchirsi di ulteriore valore (simbolico) proprio per il fatto di incorporare la partecipazione del cliente, risultando, in questo modo, nelle percezioni di quest'ultimo, maggiormente autentici (Gilmore e Pine, 2007).

Nell'ottica della "produzione presidiata dal consumatore" torna utile il concetto di "prosumer", sviluppato pionieristicamente da Toffler (1980). Con la co-creazione si propone al prosumer più una "piattaforma" che un prodotto finito vero e proprio. Si tratta di una piattaforma relazionale, che supporta esperienze partecipative (Prahalad e Ramaswamy, 2004). Questi percorsi, secondo Scitovsky (1992), consentono di dare piena o comunque maggiore realizzazione al concetto di "sovranità del consumatore", che si ha, appunto, quando questi ha la possibilità di dire la propria sulla natura degli output da realizzare e che rappresenta una situazione diversa dalla semplice libertà di scelta, che il consumatore esprime ogni volta che usa il proprio denaro per acquistare un dato prodotto-brand anziché un altro.

La teoria economica e la pratica manageriale ci hanno abituati a ragionare sulla base dei costrutti di produttore e consumatore, vedendo la creazione del valore come un processo essenzialmente interno alle imprese. Oggi questa distinzione tende a diventare meno significativa, o comunque meno netta (Dalli, 2010), posto che le differenze di ruoli fra le parti coinvolte nello scambio rimane, sebbene evolva. Si tratta di un grande cambiamento, amplificato da Internet (Prandelli e Verona, 2006). Si consideri il citatissimo caso de "*Il Mulino che Vorrei*", iniziativa lanciata negli ultimi anni da Mulino Bianco (Barilla), che si basa su un sito web dedicato, dove l'azienda cerca l'interazione con i consumatori, ai quali chiede di esprimere giudizi, ma soprattutto di proporre idee, per rivedere prodotti dell'attuale gamma, rilanciare prodotti storici, oppure per lanciare nuove referenze, che sappiano soddisfare bisogni specifici. L'azienda, quindi, chiama a raccolta i consumatori, facendo una chiara promessa di ascolto, e il consumatore viene effettivamente messo al centro delle decisioni relative al prodotto. Ciò contribuisce a rafforzare l'immagine di marca e i rapporti con la clientela. In una situazione di questo tipo, chiaramente, non tutte le idee vengono recepite (ma tutte vengono prese in considerazione), perché l'azienda (che, a tal fine, deve allineare i propri codici e i propri linguaggi a quelli della domanda) opererà necessariamente un filtro, arrivando a espandere la "frontiera del possibile", quindi il grado di varietà dell'offerta, in linea con quanto risulterà opportuno e produttivo fare, come già pionieristicamente sottolineato da Cozzi *et al.* (1988).

Alla base del **marketing collaborativo** (Prahalad e Ramaswamy, 2004; Cook, 2008) vi sono quattro step fondamentali (Carù e Cova, 2011):

– l'identificazione delle competenze dei consumatori;
– la mobilitazione dei consumatori competenti;

– la ricompensa dei consumatori, che può avere natura monetaria o simbolica e che ha un impatto sul coinvolgimento dei consumatori nel medio-lungo termine [13];

– l'eventuale incremento delle competenze dei consumatori, mediante un'interazione di tipo tecnico con l'azienda, nell'ambito di un processo di "coaching", che può portare a creare competenze nuove, a potenziare le competenze esistenti, o a recuperare competenze perdute.

In tutto questo, può rivelarsi fondamentale il personale di contatto (addetti alla vendita e operatori della customer care), che deve essere in grado di ascoltare e rispondere alle esigenze dei clienti, facilitando i loro processi di "appropriazione dell'esperienza" (Muniz, O'Guinn, 2001).

Nel complesso, questo approccio determina uno "spostamento d'asse" nei rapporti impresa-mercato, con una almeno parziale rinuncia a persuadere da parte delle imprese, che, però, sono chiamate a nuove capacità, di dialogo e di conversazione (Weber, 2007). Da approcci di questo tipo può scaturire una visione più umanistica del marketing, incentrata sulla centralità delle persone e delle relazioni, da attivare, stimolare e orientare, in modo meno persuasivo di un tempo. Da questo punto di vista, in realtà, vi è anche chi sostiene addirittura che il consumatore possa diventare il soggetto fondamentale dell'intero processo del valore, "relegando" le imprese al compito di sostenere e supportare i consumatori con risorse e servizi adeguati (Vargo e Lusch, 2004), ma questa ci sembra una visione troppo estrema, che potrebbe avere spazio solo in alcuni particolari ambiti di consumo e rispetto a particolari segmenti, come delle "nicchie tecniche" e di appassionati.

Proprio per leggere il fenomeno della co-creazione in modo equilibrato, riteniamo utili alcune considerazioni di approfondimento, dal lato della domanda e dell'offerta:

• innanzitutto, bisogna prestare attenzione a talune importanti criticità che questi processi possono determinare dal lato della domanda, come il senso di fatica e/o disagio verso cui alcuni consumatori possono andare incontro quando sono "sovrasollecitati a partecipare". Peraltro, non tutti i consumatori dispongono delle competenze necessarie per affrontare un processo di co-creazione e questo potrebbe generare frustrazione, anziché esperienze di valore (Carù e Cova, 2011). Esistono, infatti, diversi profili di consumatori, in base alla loro propensione alla co-creazione (Boaretto *et al.*, 2011):

– i *Collaboratori*: presentano un'elevata propensione alla co-creazione ed al coinvolgimento, anche per creare valore a beneficio di altri consumatori; si aspettano che le aziende li riconoscano come leader con i quali interagire;

[13] Qui emerge anche un aspetto di natura etica (Dalli, 2010), collegato al possibile sfruttamento delle competenze del consumatore, che deve percepire un arricchimento dall'interazione con l'impresa e trarre motivo di soddisfazione dalla valorizzazione del suo contributo.

– i *Creatori*: sono inclini alla co-creazione, ma più che altro per utilità personale, per aumentare la propria soddisfazione nell'utilizzo di beni e servizi;

– i *Partecipanti*: rispetto ai precedenti, agiscono più da follower; attivano o seguono discussioni con le aziende e le community di riferimento per conoscere e condividere punti di vista, pareri e giudizi;

– i *Tester*: sviluppano contatti con le aziende per la risoluzione di specifici problemi collegati all'utilizzo di un determinato prodotto/servizio e vogliono far valere il loro punto di vista;

– i *Visitatori*: sono i consumatori più passivi. All'occorrenza ricercano anche informazioni, ma senza mirare a particolari forme di interazione; il loro obiettivo è di disporre delle informazioni utili per poter assumere decisioni d'acquisto (per loro) ottimali.

È però innegabile che anche grazie alla diffusione crescente del **web 2.0** la tendenza alla ricerca di contatto, prossimità e collaborazione con le imprese coinvolgerà strati sempre più ampi del mercato, visto, peraltro, che il mercato del futuro sarà composto dagli attuali "nativi digitali" (Boccia Artieri, 2012);

• come anticipavamo, con la co-creazione le imprese devono essere pronte ad affrontare processi del valore completamente diversi, con un atteggiamento nuovo, ancor prima che con competenze e strumentazioni differenti rispetto al passato. Nella pratica, ad esempio, si osservano sia casi di co-creazione solo apparente, dove l'impresa usa questa promessa semplicemente per rendere più accattivanti le operazioni di lancio di nuovi prodotti e le proprie campagne di comunicazione e fidelizzazione, ma senza effettiva inclusione (più o meno ampia) dei consumatori nei processi creativi, sia casi di semplice co-creazione di messaggi e palinsesti di comunicazione, ovvero i cosiddetti "user-generated content". La collaborazione in chiave comunicazionale può di certo essere interessante, ma deve essere autentica e non puramente strumentale, altrimenti si rischia di avere effetti più di breve che di medio-lungo termine sull'appeal e sul posizionamento dei brand sul mercato.

Infine, una sottolineatura che riteniamo importante: se è vero che gran parte delle esperienze di co-creazione passano attraverso la tecnologia come "fattore abilitante", e non potrebbe essere diversamente in un mondo sempre più digitale e connesso, è anche vero che i percorsi co-creativi possono essere molteplici (si vedano i box sottostanti). I veri must, da questo punto di vista, sono rappresentati dall'autenticità e dalla qualità delle relazioni fra impresa e clienti-partner, nell'ottica della messa a sistema di competenze e visioni.

BOX N. 11

BAMBOO BIKE STUDIO – QUANDO UNA BICI NON È UNA BICI ...

"Entri camminando il sabato ed esci pedalando il giorno dopo sulla bicicletta che ti sei costruito". Così recita lo slogan della Bamboo Bike Studio di New York, azienda giovane creata nel 2008 da un antropologo, un botanico, un ingegnere.
Cosa si sono inventati? Bene, spendendo l'equivalente di 758 € si può trascorrere un week-end formativo e imparare a costruire con le proprie mani la bicicletta dei sogni, rigorosamente in bamboo, materiale molto resistente, ma anche leggero e sostenibile.
Ma c'è di più, perché le biciclette possono essere anche customizzate sulla base delle indicazioni del cliente, che tramite e-mail può specificare dimensioni e modello che preferisce.
Un caso decisamente interessante, dove:
– il cliente ha la possibilità di recitare un ruolo di primo piano non solo nel processo produttivo, ma nell'intero processo di relazione con l'impresa, secondo logiche fortemente paritetiche, improntate allo scambio reciproco;
– le attività di produzione e vendita di un bene (la bicicletta) si combinano con un'attività "trasformativa" (Pine e Gilmore, 2000), in virtù della quale il cliente può acquistare una bicicletta che risponda esattamente ai suoi desideri, ma anche imparare a fare, sperimentare e acquisisce, quindi, un know-how ("incremento delle competenze del consumatore").

BOX N. 12

BUILD-A-BEAR: L'ORSACCHIOTTO CHE PRENDE FORMA GRAZIE A TE

Build-a-Bear Workshop è un retailer internazionale di giocattoli, giudicato nel 2010 dalla rivista Fortune fra le 100 migliori aziende al mondo in cui lavorare. Si tratta di una rete di negozi ben presente a livello mondiale, con una rete di store di proprietà in Nord America (soprattutto) e in Europa e una rete franchising ancora in Europa, ma anche in Australia, Africa, Asia e Messico.
Ma di cosa si tratta realmente?
Non certo di semplici negozi di giocattoli. L'idea di partenza è che i bambini dei giocattoli si possano stancare facilmente, ma non certo dell'esperienza del gioco che un bene può racchiudere o supportare. Nella fattispecie, si parla di orsetti, che vengono creati passo dopo passo, sul posto, direttamente dai piccoli clienti, con l'ausilio del personale del negozio e dei genitori.
Il meccanismo è questo: l'orsetto si presenta inizialmente come sagoma vuota. La sua realizzazione ruota attorno al tema emozionale di "dar vita al proprio amico del cuore" e diventa un vero e proprio rito affettivo, con il riempimento della sagoma, l'inserimento del cuore di seta rosso e del dischetto per la voce, la scelta del nome e dell'abbigliamento e l'importantissima "prova dell'abbraccio".
La creazione del valore avviene quindi secondo un processo di co-creazione dal contenuto molto personale (ciò che fa la differenza rispetto ad acquisti più standard), anche partecipato, con coinvolgimento emozionale e interazioni di valore.

BOX N. 13

IKEA: QUANDO ASSEMBLARE DIVENTA UN GIOCO

Il caso Ikea è un concentrato di tanti ingredienti di illuminata imprenditoria e di management proattivo, con una formula complessa, di cui tutti parlano e che molti vorrebbero imitare, con scarsi risultati. Quello di Ikea è, difatti, un vantaggio competitivo significativo e molto difendibile.
Generalmente la ricetta del "pacco piatto" (è in questa forma che il consumatore trova a scaffale i mobili che ha precedentemente scelto girando all'interno degli store) sia tutto sommato facile. In realtà, è il frutto di una complessa combinazione di fattori e di scelte di approccio al mercato creative e fra loro coerenti.
Cominciamo dalla segmentazione, dove è evidente che Ikea, a differenza di quanto si dice spesso, non sia per tutti. Infatti, a parte i piccoli clienti occasionali (più che altro dei curiosi), il bacino di clientela è rappresentato soprattutto da chi (single, giovani coppie, persone giovanili e "disimpegnate") ha uno stile di vita orientato alla sperimentazione, all'apertura, alla flessibilità (anche esistenziale). Per questa clientela Ikea è un "mondo di possibilità" (colorato e "easy"), un fornitore di soluzioni, capaci, in particolare, di "moltiplicare gli spazi", aspetto su cui l'azienda svedese punta molto.
Anche in termini di posizionamento spesso si riscontra un equivoco, perché si tende a pensare che il principale o addirittura esclusivo motivo di scelta di un prodotto Ikea sia il prezzo abbordabile. Cominciamo con il dire che chi sceglie Ikea in molti casi lo fa perché si tratta di prodotti "meno impegnativi", ma anche perché si tratta di prodotti che "danno delle possibilità" al consumatore, che può sperimentare, variare, combinare, interpretare. Fra le basi del posizionamento vi è quindi di certo il problem-solving, che in Ikea significa "fornire molteplici diverse possibilità di creare utilità", anche con lo stesso oggetto, e questo ha a che fare con la creatività, intesa non solo in termini di design. Sì, perché la fase creativa in Ikea inizia "sollevando dei dubbi" (che passano dall'ascolto del cliente e dall'immedesimazione con i suoi ritmi di vita) su quali siano anche le più piccole esigenze, scocciature, necessità che si possano avere in casa (soprattutto in appartamenti piccoli, dove lo spazio diventa risorsa preziosa, da valorizzare) e sulle diverse modalità di soddisfarle.
Il cerchio di questa complessa formula di valore (che, a monte, comprende anche una particolare strutturazione della supply chain, nonché la logistica) si chiude con la componente (ludica) del fai da te, in corrispondenza al ruolo di co-produttore che viene assegnato al consumatore. Da questo punto di vista, bisogna dire, innanzitutto, che non tutti i consumatori sono fatti per "vivere l'esperienza del mobile Ikea", perché per taluni la composizione del puzzle sul punto vendita (mai miscelato le gambe di un tavolo con un pianale a scelta?), il self-scanning al momento del pagamento (Ikea, infatti, in parte delega al cliente anche questa fase), il trasporto e soprattutto il montaggio possono rappresentare un vero supplizio.
Tutto questo porta a pensare che Ikea sia di certo un brand "easy", snello, smart, ma non solo e non necessariamente a basso costo, perché non si può sottovalutare il fatto che in tutto l'iter che aspetta il consumatore entrino in gioco anche i costi-opportunità, connessi al tempo ed alle energie che il cliente deve profondere. Del resto, non vanno nemmeno sottovalutati il piacere e l'autogratificazione a cui il cliente va incontro con quello che si avvicina molto all'assemblaggio di una costruzione Lego. Si tratta di un'esperienza che, peraltro, di solito viene condivisa con partner o amici. Avere la meglio sui "temibili" libretti delle istruzioni per il montaggio, su bulloni, viti e chiavette fa venir fuori il piccolo artigiano che è dentro di noi; una forma di intrattenimento che magari ci fa "staccare la spina" dalla routine quotidiana e ci rimette alla prova con noi stessi.
Non va dimenticato che per fare tutto questo è risultata vincente ed illuminata l'idea iniziale dell'imprenditore-fondatore (Ingvar Kamprad) e la capacità di strutturare un'intera rete del valore (invisibile agli occhi del cliente finale), che è flessibilmente e proattivamente allineata sui ritmi Ikea.

DOMANDE PER AUTOVALUTAZIONE

- Quali sono i principali elementi di criticità che caratterizzano la politica di prodotto?
- Secondo quali prospettive può essere analizzato il concetto di prodotto?
- Quali sono le principali funzioni tecniche e commerciali assolte dal packaging?
- Quali sono ed a quali finalità rispondono le principali classificazioni di prodotto proposte in letteratura?
- Quali decisioni devono essere assunte con riferimento ai prodotti esistenti, alle linee di prodotto ed alla gamma?
- Cosa sono le innovazioni *competence enhancing* e *competence destroying*?
- Quali sono le principali differenze fra un processo di sviluppo di nuovi prodotti sequenziale ed uno parallelo?
- Quali vantaggi e limiti presenta ciascuna alternativa?
- Descrivete in sintesi le fasi fondamentali del processo di sviluppo di nuovi prodotti.
- Cosa si intende con il termine "concetto di nuovo prodotto"?
- Come può essere effettuato il test del concetto per misurarne il grado di accettazione da parte del mercato?
- Quali metodi possono essere adottati per stimare il volume delle vendite nei primi tre anni dal lancio?
- Come può essere realizzato il coinvolgimento del cliente nel processo di innovazione?
- Illustrate i fattori che influenzano la velocità di diffusione dell'innovazione e le soluzioni adottabili dalle imprese per accelerare il processo di diffusione.
- Quali sono i reali fattori di novità del marketing esperienziale rispetto al marketing concept classico?
- Come va interpretata l'affermazione secondo cui nel marketing tribale il legame conta più del bene?
- Il marketing partecipativo non sembra poter essere sempre adatto o premiante per le imprese. Quali sono le principali difficoltà da superare, in tal senso?

Capitolo 7

LA PROGETTAZIONE DEL VALORE E LA SUA COMUNICAZIONE

Sommario: 1. Finalità del capitolo. – 2. La marca: concetto, dimensione relazionale e processi di branding per la fidelizzazione. – 3. Le politiche di comunicazione. – 4. L'evoluzione della comunicazione nell'era digitale. – Domande per autovalutazione.

1. FINALITÀ DEL CAPITOLO [1]

Non è possibile, oggi, affrontare i temi del branding e della comunicazione ignorando i cambiamenti strutturali che stanno interessando il rapporto delle imprese con i mercati, quindi la **trasformazione del marketing**, soprattutto per effetto della cosiddetta "rivoluzione digitale" (Prandelli e Verona, 2011).

Si tratta di un processo contraddistinto in particolare da tre aspetti:

– *velocità*: i processi di branding e comunicazione oggi devono essere necessariamente più veloci, fluidi, con iniziative – in particolare sul web – anche in real time, per co-evolvere con i processi che emergono e si sviluppano in rete, anche per iniziativa diretta degli utenti, nell'ottica del crowdsourcing (Mandelli e Accoto, 2012);

– *relazionalità*: i processi di comunicazione sono sempre più circolari, perché basati sulle interazioni fra brand (chiamati ad assumere – in modo credibile – un "volto umano") e consumatori alla ricerca di risposte (veloci e coerenti), apertura e disponibilità a collaborare, sotto varie forme (Kotler *et al.*, 2017). In quest'ottica, va costruito ed alimentato nel tempo un vero e proprio dialogo con i consumatori (Cova *et al.*, 2008), che non può essere sostituito dai meccanismi dei *chat bot* [2], che

---

[1] Di Fulvio Fortezza, Università di Ferrara.

[2] Si tratta di assistenti virtuali (tecnicamente, sono dei software) che simulano la capacità di risposta dell'uomo e che possono quindi fornire alcune informazioni essenziali al consumatore, sulla base di una serie di aree tematiche pre-codificate.

al massimo possono dare un primo (ancorché interessante, se gestito bene) supporto informativo agli utenti;

– *ibridazione*: è opinione comune che sebbene vi sia un forte spostamento dell'asse relazionale fra domanda e offerta verso contesti virtuali e mobili (lo smartphone, infatti, oggi è il principale media di contatto fra le parti), il reale e duraturo coinvolgimento del consumatore ("customer engagement") passerà sempre più da un intreccio fra "touchpoint" fisici e virtuali, all'insegna della coerenza e della capacità di veicolare un'esperienza con la marca nel complesso positiva, stimolante, gratificante.

In tutto questo, come già evidenziato nel capitolo 1, i confini fra le tre grandi aree di attività del marketing, ovvero marketing strategico, marketing informativo e marketing operativo (Lambin, 2016) diventano più sfumati, dando vita a un marketing sempre più integrato (Prandelli e Verona, 2006), che dovrà progressivamente dimostrarsi in grado di abbandonare le logiche (top-down) della "manipolazione" per abbracciare logiche maggiormente co-evolutive nei confronti della domanda (Vargo e Lusch, 2004), facendo leva su una leadership di tipo emozionale (Gerken, 2000; Weber, 2007) e sull'intelligente sfruttamento della conoscenza generata nel contatto quotidiano con il mercato.

In questo capitolo verranno dapprima presentati gli aspetti definitori e tecnici del branding, con dei rimandi alla sua dimensione relazionale (che, come premesso, è sempre più importante). In seguito, verranno forniti elementi sulla struttura e sulla gestione dei processi di comunicazione, includendo un'ampia concezione del cosiddetto "mix comunicazionale". Infine, verranno illustrati i principali cambiamenti (tecnici e di approccio) che l'avvento dell'era digitale sta determinando, portando a un sostanziale cambio di scenario per la comunicazione d'impresa (e non solo).

2. LA MARCA: CONCETTO, DIMENSIONE RELAZIONALE E PROCESSI DI BRANDING PER LA FIDELIZZAZIONE

2.1. IL CONCETTO DI MARCA [3]

La marca è uno strumento che consente di identificare una specifica formula d'offerta (componente identificativa della marca), generando una rete di associazioni cognitive e percezioni (componente percettiva) nonché confermando o meno le aspettative dell'acquirente (componente fiduciaria). Svolgendo queste funzioni, la marca assume un ruolo di differenziazione e di posizionamento competitivo capace di orientare la preferenza degli acquirenti e di aumentare le possibilità che gli stessi compiano atti di acquisto ripetuti nel tempo (fedeltà alla marca). Come

[3] Di Gaetano Aiello e Raffaele Donvito, Università di Firenze.

avremo modo di analizzare, la marca assume una posizione centrale nella comunicazione e nel trasferimento del valore in virtù della sua capacità di attivare anche una dinamica relazionale con il mercato.

Kotler (1980, p. 374) **definisce la marca** come "un nome, un termine, un segno, un simbolo, un disegno o una loro combinazione che identifica un prodotto o servizio di un venditore e che lo differenzia da quello del concorrente". Larga parte della dottrina ritiene che la marca rappresenti "la memoria" di un'impresa, capace di racchiudere tutti gli investimenti, le attività di ricerca, le tecnologie di processo e le innovazioni realizzate dall'impresa nel corso del tempo, riassumendone di fatto la sua storia (Deichmann, 1991, p. 15; Collesei, 2000, p. 144). La marca è al contempo uno strumento a disposizione del cliente per esprimere le proprie specificità individuali, i propri orientamenti oltre che palesare i bisogni che lo accompagnano (Keegan, Moriarty e Duncan, 1992). Secondo Zara (1997) la marca si struttura su tre componenti di base: a) la componente identificativa (segni di riconoscimento); b) la componente percettiva (associazioni cognitive e percezioni); c) la componente fiduciaria (conferma aspettative). La **componente identificativa** attiene a tutto ciò che può agevolare il consumatore nell'identificazione della marca e nella distinzione della stessa dalle alternative esistenti (nome, logo). Da essa discende la consapevolezza di marca (brand awarness) articolata a sua volta nelle dimensioni di riconoscimento, ovvero la capacità della marca di essere correttamente individuata dai consumatori ad essa esposti, e di richiamo, ovvero la capacità della marca di essere correttamente collegata ad una particolare categoria di prodotto o a specifici benefici-occasioni d'uso. La **componente percettiva** riguarda invece la rete di significati costruita dall'impresa intorno al brand name e concerne l'insieme di associazioni evocate nel sistema cognitivo dei consumatori della marca come (cfr. Peter e Olson, 1990) gli attributi del prodotto (concreti astratti), i benefici offerti dal prodotto (funzionali, esperienziali e simbolici), i valori individuali correlati al prodotto (relativi a comportamenti, considerazione sociale, autostima, gratificazione). La **componente fiduciaria** attiene al ruolo svolto dalla marca nel processo di acquisto e scaturisce dalla conferma delle aspettative, maturate dal consumatore; il consumatore per economizzare le proprie risorse cognitive e temporali compie un atto di fiducia verso la marca, confidando di ritrovare in tutte le sue manifestazioni le stesse valenze distintive.

La marca, dunque, sia in un'ottica generale che in ciascuna delle componenti nella quale può essere scomposta, impatta in modo rilevante sulle percezioni e sulle decisioni di acquisto dei clienti. L'analisi dell'influenza esercitata dalla marca in tale direzione è agevolata andando ad osservare le specifiche funzioni esercitata della marca stessa. A questo proposito, Kapferer e Thoenig (1989) e Lambin (1991) classificano una serie di **funzioni di utilità assunte dalla marca**, sia a favore del cliente che del produttore; in termini di **benefici offerti ai clienti**, si riconoscono alla marca le funzioni: a) di orientamento – la marca comunica la presenza di un dato insieme di attributi (tangibili ed intangibili) orientando le scelte del cliente in base alle sue preferenze; b) di garanzia – la marca essendo una "firma" identifica e fa assumere una responsabilità all'impresa in modo inequivoco e durevole, impegnando l'impresa a garantire un livello di qualità specifica e costante; c) di personalizzazione – la marca consente ai clienti di esprimere la loro originalità, personalità attraverso le scelte di acquisto ed utilizzo effettuate; la marca comunica il sistema di valori del cliente; d) di praticità – la marca è una scorciatoia cognitiva, permettendo al cliente di memorizzare facilmente le caratteristiche di un prodotto ad un nome specifico (la marca); e) ludiche – laddove i bisogni di base siano soddisfatti la marca soddisfa le esigenze di novità, di sorpresa, di rischio, di complessità.

In termini di **benefici offerti al produttore**, la marca assume le funzioni di: i) protezione: la marca (depositata) protegge l'impresa da imitazioni e contraffazioni; ii) posizionamento: l'impresa attraverso la marca rivendica i suoi caratteri distintivi e di differenziazione; iii) capitalizzazione: la marca è come un serbatoio che raccoglie il valore degli investimenti di comunicazione effettuati nell'arco degli anni ed il valore del capitale di soddisfazione e relazione accumulato dall'impresa con i suoi clienti.

La marca, quindi, in virtù delle sue funzioni, possiede nel suo codice genetico una valenza strategica capace di stimolare le risposte dell'acquirente, in quanto, come osservato, rappresenta una sintesi dei valori dell'impresa, della qualità del suo prodotti e dei suoi processi, delle sue competenze, del suo ruolo nel mercato di riferimento. Il rafforzamento della dimensione strategica della marca e del suo impatto sulle percezioni e sulle decisioni di acquisto discende inoltre dal fatto che il cliente contemporaneo ricerca nei prodotti-servizi sempre meno elementi primari, tangibili ed oggettivi, ma soprattutto elementi emozionali (talvolta ancorati a correnti socio-culturali alle quali esso stesso sente di appartenere) (Fabris, 1999; Fornari, 1995); questi elementi sono destinati a divenire la reale base di differenziazione e sono sintetizzabili nella marca. Le imprese perseguono così l'obiettivo di creare intorno ai propri prodotti un universo "simbolico" che rafforzi la brand loyalty del consumatore (cfr. Marzili, 1979), ovvero che stimoli l'acquisto dei prodotti in virtù dei valori e dei significati sintetizzati dalla marca.

2.2. IL MARKETING RELAZIONALE E LA MARCA: LA DIMENSIONE RELAZIONALE DELLA MARCA [4]

Come noto le imprese non sono attori isolati, bensì soggetti che operano in un ambiente reticolare del quale sono parte. Per questo motivo, è necessario che le imprese diano valore alle relazioni che instaurano con i diversi stakeholder. In particolare le relazioni che un'impresa sviluppa con i propri clienti rappresentano uno degli elementi paradigmatici del marketing in quanto tali relazioni consentono alla impresa l'acquisizione ed il mantenimento di un durevole vantaggio competitivo.

[4] Di Diletta Acuti, Università di Firenze.

La marca rappresenta uno strumento centrale ed efficace nel valorizzare il rapporto dell'impresa con i suoi clienti, rendendolo profondo e duraturo.

I caratteri principali del marketing relazionale (cfr. Cozzi, Ferrero, 2000) – definito come l'insieme di tutte le attività di marketing volte a stabilire, sviluppare e mantenere scambi relazionali di successo – sono stati illustrati da numerosi autori attraverso un confronto tra la prospettiva del marketing relazionale e quella di marketing transazionale (Hennig-Thurau e Hansen, 2000). La tabella 1 illustra e sintetizza le principali differenze che esistono tra i due approcci, specificando il ruolo della marca quale strumento del marketing relazionale.

Tabella 1. – *Il ruolo della marca nella prospettiva del marketing relazionale*

Criterio	Marketing transazionale	Marketing relazionale	Ruolo della marca
Obiettivo primario	Singola transazione	Relazione	Personalizza la relazione
Approccio	Relativo all'azione	Relativo all'interazione	Agevola l'interazione
Prospettiva	Statica	Dinamica evolutiva	
Orientamento di base	Orientamento alla decisione	Orientamento all'implementazione	Aumenta il coinvolgimento
Lungo vs breve termine	Generalmente prospettiva di breve termine	Generalmente prospettiva di lungo termine	Rafforza la relazione
Strategia di fondo	Acquisizione di nuovi clienti	Mantenimento di relazioni esistenti	Facilita la fedeltà
Focus sul processo decisionale	Attività pre-vendita	Le fasi si focalizzano nelle decisioni e azioni post-vendita	Approfondisce la fiducia
Intensità del contatto	Bassa	Alta	Aumenta l'intensità del contatto
Grado di dipendenza reciproca	Generalmente bassa	Generalmente alta	Raggiungimento brand love
Misurazione della soddisfazione del cliente	Monitoraggio della quota di mercato (approccio indiretto)	Gestione della base clienti (approccio diretto)	Attaccamento alla marca e riacquisto
Dominanza della dimensione qualitativa	Qualità dell'output	Qualità dell'interazione	Aumenta la qualità dell'interazione
Produzione di qualità	Preoccupazione della produzione	Preoccupazione di tutti	Visione multi dimensionale
Ruolo del marketing interno	Importanza limitata	Importanza strategica rilevante	Employer branding
Importanza dei dipendenti per il successo del business	Bassa	Alta	Aiuta a descrivere e rappresentare l'impresa
Focus sulla produzione	Produzione di massa	Personalizzazione di massa	Rapporto unico con ogni consumatore

In questa ottica, di seguito sono presentati il significato di marca in chiave relazionale, le tipologie di relazioni che possono essere instaurate tra marca e cliente, le motivazioni e i benefici che spingono i consumatori e le imprese a costruire un rapporto nel tempo, le variabili che incidono su tale relazione e gli strumenti di gestione del marketing relazione in riferimento alla marca.

Innanzi tutto, le relazioni tra cliente e marca evolvono nel tempo attraverso le azioni della marca e del consumatore. La qualità della relazione diadica è spesso basata su diversi elementi, come l'identificazione nella marca o la distanza percepita dal consumatore. In particolare nella **teoria delle basi relazionali**, il concetto di personalità della marca costituisce un punto d'appoggio della relazione, assumendo un senso biunivoco; la stessa relazione infatti non resisterebbe senza il supporto attivo e affettivo sia del cliente che della marca stessa. In questa prospettiva la rilevanza del concetto di personalità della marca è sostenuto da una serie di evidenze empiriche (Manaresi, 1999; Gurviez, 1996), le quali fanno emergere come la relazione marca-cliente sia descritta dagli stessi clienti come se il brand fosse metaforicamente una persona. Il cliente tende infatti ad antropomorfizzare i prodotti e le marche, considerandoli dotati di personalità, caratteristiche e qualità tipicamente umane (Codeluppi, 1992). Ciò detto la teoria delle basi relazionali, sottolinea come accanto al fenomeno di personalizzazione della marca sia necessario considerare gli specifici comportamenti di acquisto e di consumo che concorrono alla costruzione della personalità stessa. Una funzione essenziale di tali comportamenti è infatti quella di dare significato ai rapporti sociali degli individui. In altre parole le relazioni interpersonali sono utilizzate da chi consuma non solo per avere degli stimoli riguardo a cosa e come consumare, ma anche per dare senso a ciò che si consuma soggettivamente; si consuma, anche per dare senso alle interazioni con altri individui.

La forza della relazione cliente-marca dipende sia dalle caratteristiche del cliente sia dalle caratteristiche della marca. Secondo alcuni studiosi non si devono infatti raccogliere solo le informazioni su ciò che il consumatore pensa della marca, ma anche su ciò che il consumatore pensa che la marca pensi di lui; viene dunque analizzata l'interazione tra gli atteggiamenti del consumatore nei confronti della marca con gli "atteggiamenti della marca" nei confronti del consumatore (Blackstone, 1992-1993). Nonostante la notevole astrazione concettuale, l'approccio descritto ha il merito di cercare di andare oltre la percezione del cliente nei confronti della marca (e quindi dei prodotti offerti dalla marca stessa), per tentare di penetrare più a fondo nella relazione tra le due parti. Secondo Maranesi (1999) le fondamenta su cui è costruita la relazione tra cliente e marca possono essere ricondotte a cinque categorie principali (ovvero le basi di relazione della teoria delle basi relazionali) che riguardano la possibilità per la marca di:

a) essere percepita come una marca in grado di fornire premi-incentivi (**reward base**; si pensi ai programmi di fedeltà attivati dalle testate della carta stampata ai suoi abbonati);

b) essere percepita come marca ad alto contenuto di know-how ed esperta (**expert base**; il brand Shure con i suoi microfoni professionali per le "live performances" e le incisioni in studio);

c) esercitare una forma di coercizione nei confronti del consumatore ad acquistarla (**coercive base**; la marca "costringe" il cliente ad essere acquistata – il ciclista inserito nella brand community Bianchi non può fare a meno di possedere almeno un modello di bicicletta Bianchi);

d) essere percepita come legittimata in virtù di tradizione e cultura (**legitimate base**; Antinori e Frescobaldi quali produttori di vino plurisecolari);

e) essere percepita come vicina ai valori del consumatore (**referent base**; la marca commerciale Coop che fonda la sua ragione d'essere nell'identificazione con il cliente-socio).

Tra le varie teorie che supportano il ruolo critico del "sé" nella relazione cliente-marca, il **modello di "auto-espansione"** (Sheth e Parvatiyar, 1995) ha acquisito sempre più importanza. Secondo questo modello, un individuo è motivato a iniziare e mantenere uno stretto rapporto con un altro attore (in questo caso la marca) per costruire se stesso – internalizzando risorse, prospettive e caratteristiche dell'altro – o per comunicare se stessi agli altri. Questo meccanismo, a sua volta, porta la persona ad agire e pensare come se alcuni o tutti gli aspetti dell'altro fossero parzialmente parte della propria persona. Dunque secondo questa prospettiva i consumatori scelgono i prodotti e le marche non solo per i loro valori utilitaristici ma anche per i loro benefici simbolici, poiché con questi possono comunicare aspetti importanti della propria identità ed esprimere aspetti della propria personalità.

La vicinanza con la marca e lo sviluppo di una relazione forte con essa può portare ad atteggiamenti favorevoli verso la marca e aumentare l'intenzione di acquisto dei consumatori. Quando c'è una corrispondenza in entrambe le parti, la relazione ha un'evoluzione positiva.

Addirittura si parla di odio (***brand hate***) o di amore (***brand love***) verso il brand, quando la relazione con il cliente raggiunge un'intensità particolarmente forte e duratura. Recentemente infatti la letteratura ha evidenziato il ruolo fondamentale che ricoprono le emozioni suscitate dal brand nel consumatore che lo acquista, nell'influenzare la qualità e la stabilità della relazione marca-cliente. Le emozioni suscitate dalle marche – come ad esempio l'orgoglio, lo stupore, la felicità o la gratitudine – non solo rafforzano (o indeboliscono quando negative) il rapporto con il cliente, ma possono tradursi in comportamenti positivi verso la marca da cui quest'ultima può trarre beneficio.

Innanzi tutto, il forte legame che si instaura tra il consumatore e la marca fa sì che cliente sviluppi un rapporto di elevata **fedeltà** che lo spinge a ripetere l'acquisto nel medio-lungo termine. Inoltre, un rapporto marca-consumatore basato sulla "passione" per la marca fa sì che il consumatore sia quasi dipendente da questa e dunque disposto a pagare un prezzo anche molto più elevato pur di poter godere dei benefici che trae dal suo acquisto e utilizzo. L'esperienza positiva provata dal consumatore durante l'acquisto e il consumo di un determinato prodotto o servizio e la sua percezione del prodotto o servizio come irripetibile ed insostituibile, spinge il consumatore a consigliarlo al gruppo sociale cui appartiene, incrementando in tal modo la **notorietà** e la visibilità del brand. La marca riesce così a rafforzare il rapporto con il proprio cliente ma a raggiungere anche un gruppo di consumatori potenziali, influenzati dal giudizio positivo del proprio cliente. Questa attività del cliente vede una sua espressione evidente nelle *community*, ovvero spazi di aggregazione creati spontaneamente dai consumatori (o strategicamente dalle imprese) in cui gli individui interagiscono intorno ad un interesse condiviso, che in questo caso è una specifica marca.

Le variabili che incidono nella relazione marca-cliente sono numerose. In particolare vengono identificati tre fattori principali che determinano e influenzano la dimensione relazionale con i consumatori: la **soddisfazione**, la **fiducia** e l'**impegno** (o *commitment*).

La soddisfazione del cliente è intesa come la reazione del cliente a una differenza percepita tra valutazione delle prestazioni e le aspettative che lo avevano indotto all'acquisto. In generale, le aspettative non confermate portano a insoddisfazione, mentre la conferma delle aspettative porta alla soddisfazione.

La fiducia, invece, viene raggiunta se un cliente crede che una marca sia affidabile e che abbia un alto grado di integrità (Morgan e Hunt, 1994). Poiché lo sviluppo della fiducia nella marca è una potente strategia per ridurre il rischio percepito dai clienti in una transazione, la fiducia è di particolare importanza quando esiste un alto grado di incertezza. Infatti, maggiore è il grado di fiducia tra le parti, maggiore è la loro disponibilità a scambiarsi in maniera chiara ed esaustiva informazioni rilevanti, o a trasferire conoscenze su alcuni temi chiave. Ciò aiuta a sviluppare una buona collaborazione e ad aumentare il valore della prestazione del servizio o del prodotto offerto.

L'impegno può invece essere descritto come l'orientamento del cliente verso una relazione con la marca a lungo termine, basata su legami affettivi, e come la convinzione che portare avanti il rapporto con la marca porterà maggiori benefici piuttosto che terminarlo.

Le imprese posso decidere di agire su questi fattori portando avanti alcune iniziative di coinvolgimento dei consumatori. Si parla in questo caso di sviluppo del *brand engagement*, inteso come uno stato psicologico del consumatore che si verifica in virtù di esperienze interattive e co-creative con una marca. Sviluppare brand engagement significa dunque migliorare il valore complessivo della marca che i consumatori ricevono. Questo orientamento a coinvolgere il cliente richiede all'azienda di disporre di maggiori informazioni, al fine di poter interpretare al meglio le esigenze e le preferenze dei clienti. Per raggiungere questo scopo, le tecnologie possono fornire un valido supporto, permettendo alle aziende di fornire maggiori servizi ai clienti e, nello stesso tempo, raccogliere utili informazioni che permettono di identificare i consumatori e i loro comportamenti.

La relazione tra i consumatori e la marca dipende in gran parte dalla affermazione positiva dei significati del brand nelle menti dei consumatori (come la personalità di marca, le associazioni alla marca o l'immagine di marca). Questi significati della marca possono formarsi grazie ad una esperienza diretta del consumatore che entra in contatto con la marca. Per questo motivo i brand marketer devono rivolgersi ai consumatori creando occasioni di **brand *experience*** utili ad accrescere positivamente le associazioni al brand e rafforzare il rapporto dei consumatori con l'impresa. Tali esperienze possono essere create sia all'interno dei negozi dove i prodotti vengono acquistati, sia mostrando l'evoluzione del prodotto tramite *tour* negli stabilimenti produttivi o nei musei aziendali. Per esempio, i produttori di vino possono organizzare tour di degustazione nelle proprie cantine e i brand della moda esporre le proprie collezioni nei musei appositamente aperti (si veda il museo Gucci o il Museo Ferragamo).

Nonostante i benefici a cui una buona gestione della relazione marca-cliente può portare, il legame che si sviluppa non è immediato, bensì rappresenta il punto di arrivo di un percorso a più fasi, che contribuiscono a determinare – come vedremo nel prossimo paragrafo – la cosiddetta "brand equity".

2.3. IL MODELLO DELLA BRAND EQUITY [5]

Si deve sottolineare come fin dalle sue origini la **marca** ha sempre rivestito una **valenza strategica** in quanto sintesi dei valori dell'impresa (etici, manageriali, tecnici), della qualità dei suoi prodotti e dei suoi processi (capacità di presidiare la frontiera tecnologica), delle sue competenze riconosciute, del suo ruolo nel mercato di riferimento nonché dei suoi attributi intangibili ed immateriali. In quanto sintesi di elementi così rilevanti e direttamente collegabile alla "mission" aziendale la marca rappresenta uno strumento di identificazione e di raccordo con il mercato e nella misura in cui si identifica anche con i valori dell'acquirente, consente l'attivazione di una relazione duratura in grado di promuovere fedeltà. Tuttavia nonostante la sua potenzialità strategica, allorquando l'impresa non riesce a presidiare alcune delle più rilevanti dimensioni della marca (tecnologia di processo, innovazione sostanziale di prodotto, mantenimento di certi valori) e ne cura, invece, prevalentemente la sua dimensione estetica contando sulla notorietà acquisita, propone una gestione di pura immagine della marca, che pur avendo delle ricadute tattiche, ne indebolisce i connotati strategici.

---

[5] Di Gaetano Aiello e Raffaele Donvito, Università di Firenze.

In linea generale, il valore di una marca o "**brand equity**" si basa "su una serie di 'attività' e 'passività' ad essa associate che aggiungono o sottraggono valore al prodotto o servizio venduto da un'azienda e acquistato dai consumatori" (Aaker, 1997). **Le attività e passività su cui è fondato il valore della marca** possono mutare da un contesto all'altro anche se è possibile comunque raggrupparle in cinque categorie (Aaker, 1997): fedeltà alla marca; notorietà del nome; qualità percepita; altri valori associati alla marca; altre risorse esclusive della marca, quali brevetti, marchi registrati, canali distributivi in esclusiva, ecc.

È importante sottolineare però che la brand equity non si manifesta necessariamente in modo spontaneo ma anzi si basa sull'unicità delle associazioni e delle esperienza di marca che si stratificano nella mente degli acquirenti, grazie agli stimoli di marketing loro veicolati. Non è facile né rapido riuscire a costruire la brand equity; secondo Keller (2008) questa si sviluppa mediante un processo sequenziale suddiviso in quattro fasi, denominato *customer based* ***"brand equity pyramid"*** (cfr. fig. 1).

Figura 1. – *La "brand equity pyramid"*

Fonte: Keller (2008).

La prima fase consiste nello sviluppo di una positiva *brand awareness* (**notorietà di marca**) e di un'associazione di marca nell'ambito di una specifica classe di prodotto (Martini è uno degli esempi evidenti di questa fattispecie). Successivamente, nella seconda fase (**performance e immaginario di marca**), l'impresa deve cercare di sviluppare dei "significati" di marca nella mente degli acquirenti. Tali significati possono essere ricondotti a due macro-ambiti: la dimensione funzionale basata sulle "performance" tecniche e la dimensione più astratta di "immaginario" legato alla marca. Salvatore Ferragamo, ad esempio, sottolinea i contenuti tecnico-qualitativi di artigianalità e maestranza dei suoi prodotti ed al contempo esprime attraverso la marca un immaginario connesso all'eleganza ed allo stile. Il terzo stadio implica lo sviluppo delle opportune risposte da parte dei consumatori-acquirenti in termini di giudizi cognitivi (**giudizio dei clienti**) e di risposte affettive (**feelings dei clienti**).

In questa fase l'impresa si deve concentrare sui giudizi che la domanda esprime sulla marca in relazione alle marche concorrenti e sulla reazione emozionale suscitata dal brand (un esempio a questo proposito è il brand di prodotto VW Golf). L'ultima fase, ed anche la più complessa da sviluppare, è volta a creare un legame tra marca e cliente (**relazione Marca-Clienti**) che sfoci in una dinamica relazionale di medio-lungo termine (si veda a questo proposito il paragrafo precedente) capace di generare fiducia, fedeltà, lealtà tra le parti (si pensi agli esempi di connessione e di identificazione personale dei clienti di marche come Apple, Ferrari).

2.4. LA PERSONALITÀ DELLA MARCA [6]

Nell'analisi dell'influsso esercitato dalla marca sulle percezioni e le decisioni di acquisto, appare di estremo rilievo considerare i legami, più o meno espliciti, che attivano le relazioni tra la marca e il cliente. L'approfondimento dei caratteri relazionali della marca passa in primo luogo attraverso la comprensione del **concetto di "personalità della marca"**. Cook (1992) afferma che il rapporto tra marca e cliente presenti caratteri similari a quelli di una relazione affettiva tra individui, attribuendo così una vera e propria personalità alla marca. Le imprese, infatti, hanno cercato sempre più di personificare le proprie marche, in modo tale che i consumatori potessero riflettervi la loro personalità, trovando elementi di coerenza con i propri valori, e quindi infine acquistandone i prodotti; già alla fine degli anni '80, Grandi (1987) sottolinea come la percezione di un consumatore riguardo alla marca è di un'immagine personificata, costruita in modo simbolico anche in virtù degli sforzi comunicativi posti in essere dalle imprese; ciò che il consumatore desidera e acquista è infatti la personalità globale del prodotto che consiste non solo nella sua composizione chimica, ma anche delle idee che il pubblico se ne forma (cfr. Dogana, 1976).

L'attribuzione di caratteristiche umane ad oggetti inanimati sembra comunque configurarsi come un fenomeno universale presente in diverse forme ed applicazioni in varie culture (Brown, 1991, Donvito, 2018). In modo molto chiaro Aaker (1997, p. 347) definisce la personalità di marca (brand personality) come il "set di

---

[6] Di Gaetano Aiello e Raffaele Donvito, Università di Firenze.

caratteristiche umane associate alla marca"; al contempo Aaker propone una **scala** utile **per la misurazione della personalità di marca basata su 5 dimensioni** a loro volta articolate specifici tratti elementari (fig. 2).

Figura 2. – *Il modello della "brand personality"*

Fonte: Aaker (1997).

La prima dimensione "**Sincerità**" si lega ad una personalità con tratti "onesti", "realistici", "amichevoli", "morali" (rilevazioni empiriche hanno identificato in brand come Toyota, Kodak, Hyunday alcuni esempi rappresentativi di questa dimensione); la seconda dimensione denominata "**Eccitazione**" è basata su elementi di carattere quali i tratti "sfidante", "brioso", "immaginifico" e "contemporaneo" (es. Mazda e Apple); la terza dimensione "**Competenza**" qualifica una personalità "affidabile", "sicura", "intelligente", "di successo" (es. FedEx, Ford, Sony); la quarta dimensione "**Sofisticatezza**" si abbina ai tratti "affascinante", "di alta classe" (Hermes, Mercedes); infine la dimensione "**Durezza**" si caratterizza per tratti di personalità "ruvidi-mascolini" e di soggetti "amanti dell'outdoor" (Nike, Marlboro). Pur essendo stata oggetto di critiche, questa scala di misurazione della personalità della marca è stata ampiamente utilizzata nell'ambito delle ricerche sul *consumer behavior* ed ha sostenuto, in numerose circostanze, il management di imprese nella definizione del posizionamento di marca (Okazaki, 2006; Supphellen e Grønhaug, 2003; Venable *et al.*, 2003; Maehle e Shneor, 2010).

2.5. LA BRAND LOYALTY: CARATTERI E PROCESSI DELLA FIDELIZZAZIONE ALLA MARCA [7]

Come anticipato la fedeltà alla marca (*brand loyalty*) rappresenta un esito essenziale della relazione marca-cliente (Cengiz e Akdemir-Cengiz, 2016). Negli attuali mercati dove le logiche competitive si intensificano sempre più e dove acquisire nuovi consumatori diventa più difficile, costruire una intensa fedeltà alla marca diventa una leva di successo per le imprese. Numerosi studi infatti riconoscono come la creazione di una relazione duratura nel tempo con i propri clienti, basata su una logica di fedeltà, permetta alle imprese di incrementare i propri profitti in quanto (cfr. Reichheld e Sasser, 1990; Foroudi *et al.*, 2018):

- i consumatori fedeli acquistano più prodotti;
- i consumatori fedeli sono meno sensibili al prezzo e pongono meno attenzione all'offerta dei prodotti concorrenti;
- i consumatori fedeli generano passaparola positivo.

Emerge dunque come la brand loyalty sia uno dei costrutti base della concettualizzazione del valore della marca per i clienti (Veloutsou, 2015; Veloutsou *et al.*, 2013). Ad oggi, la fedeltà alla marca assume sempre più rilevanza in quanto capace di determinare le basi su cui le aziende possono costruire il proprio vantaggio competitivo (Russell-Bennett *et al.*, 2007; Han *et al.*, 2008; Mathew e Thomas, 2018). Imprese con alti tassi di fedeltà possono ad esempio ridurre i costi di marketing, aumentare le vendite cross-selling, generare un passaparola positivo e ridurre i rischi di insuccesso. La brand loyalty è dunque in grado di catturare la forza della relazione che si forma tra il cliente e il brand e di predirne la stabilità nel tempo.

A conferma di ciò, i risultati di alcune recenti ricerche sulla fedeltà verso top brand globali (Brand Keys Customer Loyalty Engagement Index, 2017) che dimostrano come i consumatori fedeli preferiscano gli stessi brand nel tempo: nel caso di Apple, il 78% dei consumatori dichiara di sostituire un vecchio IPhone con uno nuovo, mentre quasi l'80% sostiene di non poter immaginare di possedere un altro brand; nel caso del brand Ford emerge come quasi il 45% dei consumatori che acquista un'auto ne possegga già una sempre dello stesso brand.

Cercando di delineare i confini concettuali della brand loyalty, Oliver (1999) la definisce come "un profondo impegno da parte del cliente di riacquistare o riappropriarsi di un prodotto-servizio preferito in modo costante nel tempo, nonostante fattori situazionali o sforzi di marketing tesi a generare comportamenti sostitutivi". Tuttavia, la brand loyalty rappresenta qualcosa che va ben oltre il semplice riacquisto di un brand. È un concetto multidimensionale, che racchiude sia una componente di atteggiamento che una comportamentale. In questa logica, la brand loyalty

[7] Di Laura Grazzini, Università di Firenze.

può essere dunque definita anche come "il sentimento di attaccamento che un individuo prova verso un set di brand e imprese" (Kotler, 1991). Dal suo punto di vista, Aaker (1991) definisce la fedeltà alla marca come "il grado di attaccamento emotivo che un consumatore ha rispetto ad un brand", identificandone sei dimensioni quali l'intenzione a riacquistare il prodotto, il riconoscimento di un premium price, la soddisfazione, la preferenza rispetto agli altri brand, gli switching cost e il commitment (l'impegno) verso il brand.

Le principali dimensioni alla base del costrutto di fedeltà alla marca risultano dunque essere l'atteggiamento e il comportamento nei confronti del brand, dove per entrambi si riconosce il *commitment* come presupposto per attivare relazioni di lungo termine (Kressmann *et al.*, 2006). La dimensione legata all'atteggiamento fedele prende in considerazione l'impegno che il cliente mostra nei confronti di un particolare brand; esempi di atteggiamento fedele possono dunque essere ravvisati nel passaparola positivo che i consumatori generano nei confronti del brand o nelle loro intenzioni d'acquisto.

La fedeltà comportamentale risulta essere, invece, più oggettiva in quanto misura direttamente la frequenza in termini di acquisto e riacquisto dei consumatori di un determinato. Per comprendere appieno la differenza tra queste due dimensioni e come entrambe possano generare livelli di fedeltà diversi, si riporta il modello di Dick e Basu (1994) i quali identificano quattro diversi tipi di fedeltà alla marca (fig. 3): Vera fedeltà; Fedeltà latente; Fedeltà spuria; Nessuna fedeltà.

Figura 3. – *Modello di fedeltà alla marca*

		Fedeltà comportamentale (riacquisti)	
		alta	bassa
Atteggiamento fedele	alto	**Vera fedeltà**	**Fedeltà latente**
	basso	**Fedeltà spuria**	**Nessuna fedeltà**

Fonte: Dick e Basu (1994).

Secondo tale modello, la vera fedeltà alla marca non si manifesta quando vi è semplicemente un'elevata fedeltà comportamentale, dovuta al riacquisto continuato del brand nel tempo, ma bensì quando tale comportamento è accompagnato da un attaccamento affettivo ed emotivo, che si traduce in un elevato commitment del cliente e nel suo bisogno di possedere quel brand (Bloemer e Kasper, 1995). Nel caso, invece, della fedeltà alla marca cosiddetta spuria, ovvero elevata in termini di riacquisto ma non accompagnata da un attaccamento emotivo da parte del cliente, questa deriva prevalentemente da comportamenti dovuti all'inerzia. In questo caso, le ragioni alla base dell'acquisto ripetuto possono essere dovute al risparmio di tempo nella scelta o al basso rischio percepito. Ne consegue che la probabilità da parte del cliente di attuare comportamenti sostitutivi sia più elevata: un sconto di prezzo o una maggiore visibilità in punto vendita possono infatti portare il cliente ad acquistare un altro brand. Per quanto attiene la fedeltà alla marca latente è caratteristica di situazioni in cui il cliente manifesta un elevato attaccamento al brand e/o un'elevata intenzione all'acquisto, ma per influenze sociali o fattori situazionali (ad es. la disponibilità del brand all'interno di un punto vendita) tale atteggiamento positivo non si traduce in un'elevata fedeltà comportamentale. In ultimo, la non fedeltà si manifesta quando ad un basso attaccamento emotivo si unisce una limitata frequenza nel riacquistare il brand.

2.6. LE STRATEGIE DI MARCA ED I LIVELLI DELLA MARCA [8]

2.6.1. Le strategie di marca

Le imprese possono decidere di seguire due strategie di marca principali: la strategia di marca multi-prodotto o la strategia multimarca (Kerin, Hartley e Rudelius, 2011).

Strategia di marca multi-prodotto. Attraverso la strategia di marca multi-prodotto, talvolta denominata anche "*Family branding*" o "*Corporate branding*", l'impresa utilizza una sola marca (che speso coincide con il nome dell'impresa) per tutti i suoi prodotti-servizi. Si possono identificare una serie di vantaggi derivanti da questa strategia. In primo luogo si capitalizzano gli investimenti nella marca favorendo un rafforzamento della brand equity; clienti soddisfatti ed altri fruitori dei prodotti di una medesima impresa hanno modo di trasferire il loro atteggiamento positivo sui vari output che riportano la stessa marca nella medesima classe di prodotto (si pensi agli esempi di marche come Sony, Samsung, Microsoft). In particolare questa strategia consente di effettuare la cosiddetta "***product line extension***" ovvero quella pratica attraverso la quale utilizzando una stessa marca si entra in nuovi segmenti di domanda all'interno della stessa classe di prodotto (ad esempio le diverse linee di tortellini Rana). Questa opzione determina solitamente costi inferiori di comunicazione e di marketing in quanto la stessa marca è utilizzata per una pluralità di prodotti, incrementando così il livello di notorietà complessiva della marca multi-prodotto. Uno dei rischi più rilevanti delle line extensions è quello di attivare fenomeni di "**cannibalizzazione**", dove le vendite derivanti dall'estensione sono realizzate a detrimento degli altri prodotti della linea. Le estensioni di linea

---

[8] Di Gaetano Aiello e Raffaele Donvito, Università di Firenze.

manifestano appieno la loro bontà strategica laddove incrementino il fatturato attraendo nuovi clienti o comunque convincendo i clienti di altre imprese a ad orientarsi verso l'impresa che ha realizzato l'estensione (Neff, 2008).

Alcune strategie di marca multi prodotto implicano scelte di "***subbranding***" che combinano il family brand con un brand gerarchicamente meno rilevante, come un brand di linea o di prodotto. Ad esempio FIAT affianca il nome di prodotto (500, Panda) al nome di marca (FIAT).

Una forte brand equity consente inoltre di effettuare addirittura una "***brand extension***" ovvero la pratica attraverso la quale si utilizza una certa marca per entrare in una classe di prodotto diversa (Barilla che oltre alla pasta di semola utilizza la sua marca nei sughi pronti). Tuttavia un eccessivo ricorso alla brand extension può essere molto dannoso. Utilizzi ripetuti e multipli di questa opzione, magari in classi di prodotto scarsamente correlate o "contraddittorie", possono diluire il significato, il posizionamento che la marca ha assunto nella mente degli acquirenti.

Secondo alcuni (Kerin Hartely Rudelius, 2011) una variante della brand extension si configura nel "**co-branding**", ovvero l'accoppiamento tra due marche per uno stesso prodotto-servizio; si possono citare ad esempio i casi Fiat 500-Gucci o il co-branding tra Disney ed Ariete nei piccoli elettrodomestici. Il co-branding permette alla imprese di beneficiare della forza congiunta delle marche, spesso godendo della reputazione, esperienza di una delle due marche in una data categoria di prodotto.

Strategia multimarca. In alternativa alla strategia di marca multi-prodotto, l'impresa può decidere di adottare una strategia multimarca la quale implica che venga assegnata una specifica marca ad ogni prodotto/linea di prodotto dell'impresa. Questa opzione è di particolare utilità quando si decida di indirizzare la propria offerta verso una pluralità di segmenti di mercato.

In rapporto con la strategia di marca multi-prodotto, quella multimarca in genere implica investimenti di comunicazione superiori; l'impresa deve infatti generare una notorietà di marca presso i clienti e i dettaglianti per ciascuna delle marche nel suo portafoglio, non potendo beneficare di un effetto cumulato degli sforzi di marketing così come avveniva nella strategia multi-prodotto. Il vantaggio, connesso con la specifica destinazione di un brand per un segmento di mercato, è che un eventuale crisi o fallimento di una delle marche non affliggerà direttamente la reputazione ed il posizionamento di mercato ottenuto dalle altre. Tuttavia è interessante notare come due degli attori industriali più rilevanti a livello internazionale nell'ambito dei prodotti di largo consumo e che da sempre incarnano l'esempio di questa strategia di marca (P&G ed Unilever) stiano modificando o comunque stemperando il contenuto della medesima; P&G sta facendo emergere accanto ai brand di prodotto la marca del gruppo (ad esempio l'affiancamento di P&G accanto al brand Dash) mentre Unilever ha di molto ridotto il numero delle marche (da 1.600 a 400) in un recente passato (Bahdur, 2006).

2.6.2. I livelli della marca: product brand, retail brand e vertical brand

Se dunque il concetto di brand ammette un'ampia varietà di interpretazioni come sopra delineato, i costrutti di product brand e di retail brand ne rappresentano specifiche declinazioni che tendono sempre più a convergere. Qui di seguito si richiamano le caratteristiche principali delle due tipologie di brand al fine di rappresentare in modo adeguato i processi di interazione che intercorrono tra le stesse.

Product brand. Levitt (1960) approfondendo il tema della differenziazione, ha sottolineato che il prodotto può essere pensato come un insieme di attributi (tangibili e intangibili) teso a soddisfare i bisogni dell'acquirente. Tra gli elementi intangibili di differenziazione si colloca anche la marca. In tal senso, la dottrina ha cominciato a distinguere tra il prodotto, basato sulla sua fisicità, e il brand, di natura intangibile (de Chernatony, 2002). Kapferer (2004) and Keller (2003), evidenziando le **interrelazioni che sussistono tra prodotto e brand** e come il primo possa essere considerato la materializzazione fisica o la dimensione tangibile della marca. In questa prospettiva, il brand va ben oltre il prodotto, fungendo da interfaccia relazionale tra l'impresa ed i suoi stakeholders (Goodyear, 1993; Keller, 2003). Sempre Kapferer (1992) e Keller (1993) sottolineano come il brand sia una entità stratificata e densa di significati per cui l'attività di branding travalica la semplice attribuzione di un nome ad un prodotto (Collesei, 2000; Keegan, Moriarty e Duncan, 1992; Aaker e Joachimsthaler, 2003). Sulla base di queste premesse, considereremo dunque il concetto di "product brand" come quella declinazione della marca connessa sia ai prodotti sviluppati dai *national manufacturer* ("**industrial brand**") sia a quelli sviluppati dai *retailer* (Beldona, Wysong, 2007; Scott Morton e Zettelmeyer, 2004); sebbene da un punto di vista terminologico i **product brand dei retailer** siano stati variamente denominati dalla dottrina (*i.e.* private label, store brand, distributor brand, own brand or house brand) per semplicità in questa sede ci riferiremo a tali brand con la denominazione di "private label".

Retail brand. Il concetto di retail brand si lega, almeno in origine, al tema della personalità e della immagine del punto vendita (*retail store image*) dove la prima può essere letta attraverso la seconda, intesa come l'impressione generale percepita dai clienti (Martineau, 1958; Keaveney e Hunt, 1992). La retail store image si configura come la cognizione e l'emozione individuale generate dagli stimoli mnemonici e percettivi legati ad un punto vendita e che rappresentano ciò che il punto vendita significa per l'individuo (Baker ed altri, 1994; Mazursky e Jacoby, 1986). La dottrina si è ampiamente soffermata sulla definizione di retail store image identificandone molteplici dimensioni (Lindquist, 1974; Martineau, 1958; Porter e Claycomb, 1997); in tali studi sono stati classificati sia fattori oggettivi che soggettivi utilizzati per misurare l'immagine del punto vendita, includendo variabili quali il prezzo e la qualità dell'assortimento, il personale di vendita, la localizzazione, i servizi e la *store atmosphere* (Lindquist, 1974; Berry, 1969; Whelan e Davies, 2007); tali fattori possono considerarsi peraltro come veri e propri attributi del "retail product", ovvero il punto vendita (Lugli e Pellegrini, 2006). In tal senso, vanno ad assumere rilievo crescente lo *store environment* e la *retail experience* che si pongono come elementi costitutivi della relazione tra clienti ed impresa; dunque la cognizione mentale che i consumatori hanno della store image è fondamentale per far percepire il "**retailer as a brand**" (Jacoby e Mazursky, 1984). Sulla base di questa prospettiva, alcuni (Ailawadi e Keller, 2004; Pappu e Quester, 2006) hanno asserito come i principi di brand management siano applicabili direttamente a livello di retailing. Le imprese del dettaglio si sono impegnate in modo intenso nella progettazione e gestione della propria store image, con l'obiettivo di essere percepite e viste come un brand. Dunque, in termini simmetrici alla product brand, la retail brand è definibile come quella declinazione del brand connessa ai punti vendita. I punti vendita sono i "retail product" dell'impresa commerciale al dettaglio, e l'insegna deve essere capace di incorporare la personalità del punto vendita e quella del retailer nel suo complesso.

Così configurati, **product brand e retail brand sono coinvolti in rilevanti processi di interazione**; tali fenomeni possono essere analizzati considerando tre ambiti: la mutua influenza tra le due tipologie di brand, l'interazione tra "brand loyalty e store loyalty", i percorsi di vertical branding.

Influenza reciproca tra product brand e retail brand. Baker ed altri (1994) hanno rilevato come l'assortimento abbia un impatto diretto sull'immagine del retail brand; la percezione dell'assortimento, così come si manifesta nella mente del consumatore, si ripercuote infatti non solo sui diversi prodotti e sui brand di prodotto di cui è formato ma sul punto vendita nel suo insieme. Già negli anni '80, ricerche empiriche hanno rilevato come la retail store image può essere migliorata legandola ai brand di prodotto valutati positivamente dalla domanda ed al contempo eliminando o riducendo il peso dei brand di prodotto oggetto di valutazione negativa (Jacoby e Mazursky, 1984). Inoltre (Ailawadi e Keller, 2004) per cogliere l'influenza dei product brand sui retail brand si deve tenere in considerazione la combinazione in termini di industrial brand e di private labels presenti in assortimento: è l'immagine stessa del punto vendita a risultare condizionata da tale combinazione. Con particolare riferimento all'abbigliamento, alcune ricerche (Porter e Claycomb, 1997; Pettijohn *et al.*, 1992) hanno rilevato che la presenza di un brand di prodotto ad elevata immagine (*anchor brand*) determina una influenza positiva sull'immagine del punto vendita e del retail brand. Di converso, anche l'immagine del brand di prodotto risulta influenzata dall'immagine del retail brand, sebbene per taluni questa influenza sia meno diretta rispetto a quella esercitata in senso opposto (Jacoby e Mazursky, 1984). La portata dell'effetto del retail brand sulla percezione dell'assortimento e quindi sui product brand appare più tenue per i retailers multibrand (di beni shopping e specialty), che per loro natura non possono configurare e controllare appieno i caratteri dei prodotti da loro commercializzati. Questa dinamica, come approfondiremo di seguito, si modifica radicalmente con riferimento ai retailer monomarca dove product brand e retail brand si sovrappongono.

L'interazione tra "brand loyalty e store loyalty". L'analisi dei processi di interazione tra product brand e retail brand implica la considerazione dei fenomeni di "brand loyalty e store loyalty" e che in questa sede acquisiscono il significato di product brand loyalty e di retail brand loyalty. Il tema della loyalty ha assunto un rilievo nei mercati a basso tasso di crescita e in virtù del fatto che la relazione con i clienti diviene generalmente più profittevole col trascorrere del tempo (Reichheld e Sasser, 1990). Si può sostenere che la product (brand) loyalty sia quella fedeltà manifestata dai clienti nei confronti di un certo product brand mentre la store (retail brand) loyalty sia legata alla scelta di un particolare punto vendita effettuata dal cliente (Doyle e Fenwick, 1974; Burns, 1992). Ciò detto, ed in virtù della mutua influenza che sussiste tra retail brand e product brand, store loyalty e brand loyalty non devono essere considerate esclusivamente in un'ottica contrapposta (Castaldo, 1994; Corstjens e Corstjens, 1995); in effetti le due fedeltà non implicano necessariamente un reciproco contrasto ma anzi manifestano livelli di "integrazione" (Busacca e Castaldo, 1996). A favore di questa interpretazione sussistono due ordini di ragioni; la prima riguarda i caratteri costitutivi della fedeltà al punto vendita che, pur arricchendosi di contenuti, è ancora fortemente determinata dalla capacità di una superficie commerciale di offrire quei prodotti e quelle marche verso le quali il cliente manifesta maggiore propensione d'acquisto; la seconda ragione, in modo complementare alla prima, deriva dal fatto che la brand experience si realizza per larga parte "in store". In tal senso, si deve considerare come la relazione tra brand loyalty e store loyalty divenga sempre più stretta; questo accade perché, nella prospettiva esperienziale, product brand e retail brand si configurano come un unico contenitore dei caratteri distintivi ed emozionali dell'offerta dell'impresa, siano essi riconducibili ad uno specifico prodotto o al punto vendita (Schmitt, 1999 a, b).

Percorsi di vertical branding. Dall'osservazione delle condotte competitive delle imprese (in particolare quelle di abbigliamento) si nota come numerose imprese industriali ed altrettanti retailer cerchino di presidiare più livelli della filiera, ponendo in essere percorsi di integrazione verticale (Hisey, 2002). In particolare, questa dinamica vede da un lato imprese industriali impegnate ad aprire punti vendita monomarca (di proprietà, in franchising o in altre forme ad esso assimilabili), attraverso i quali commercializzare i propri product brand, e, dall'altro lato, i retailer impegnati nella creazione di private labels da inserire nell'assortimento dei propri punti vendita (Smith, 2000; Birtwistle e Freathy, 1998). Sulla scorta di queste dinamiche, ci sembra utile fare riferimento al concetto di "Vertical Brand" che in prima istanza può essere inteso come **l'intersezione tra product brand e retail brand** (Aiello e Donvito, 2005). La nozione di Vertical Brand è riconducibile alla capacità di ciascun attore, impresa a matrice industriale o retailer, di sviluppare un posizionamento competitivo basato sul controllo di ambedue le declinazioni di brand (Product e Retail brand) e sulla possibilità di deciderne il livello ottimale di integrazione. La strategia di sviluppo di una Vertical Brand punta a generare una esperienza complessiva ed integrata della marca veicolata dal prodotto, dalla comunicazione attraverso i media, dal punto vendita. In altre parole, i pubblici a cui si rivolge l'impresa sperimentano una moltiplicazione delle occasioni cognitive, emozionali e comportamentali derivanti da quel brand che possiede sia una componente di "prodotto" che una di "insegna". La possibilità di generare una brand experience efficace dipende in larga parte dalla capacità delle imprese di armonizzare la strategia di marca con quelle di comunicazione e di distribuzione che trovano, a loro volta, nel punto vendita la piattaforma di relazione più efficace.

3. LE POLITICHE DI COMUNICAZIONE [9]

3.1. STRUTTURA E CRITICITÀ DEI PROCESSI DI COMUNICAZIONE

La comunicazione ha un ruolo centrale nell'ambito del trasferimento del valore, come fonte privilegiata di segnali di valore per il consumatore.

Le politiche di comunicazione sono principalmente finalizzate a (Cozzi e Ferrero, 2004):

– *far conoscere il prodotto, il brand e l'impresa* (interventi sulla sfera cognitiva del consumatore, per generare notorietà);

– *differenziare il prodotto e la marca* (interventi sulla sfera degli atteggiamenti del consumatore);

– *spingere alla prova, all'acquisto, al riacquisto del prodotto* (interventi sulla sfera dei comportamenti di consumo).

Gli effetti ricercati con la comunicazione sono quindi:

– lo stimolo della domanda e lo sviluppo delle vendite;

– la riduzione dell'elasticità della domanda al prezzo e l'incremento della fedeltà del consumatore;

– lo sviluppo di barriere verso i competitor.

La comunicazione, quindi, è in molti casi vitale, soprattutto quando sul mercato notorietà, immagine di marca e presidio ampio e sistematico dei canali risultino fattori critici di successo. Essa, però, non deve essere confusa con il marketing (come spesso accade nella pratica, soprattutto nelle imprese minori), bensì deve rappresentare uno degli strumenti per dare concretezza alle scelte di tipo strategico,

---

[9] Di Fulvio Fortezza, Università di Ferrara.

con particolare riguardo al posizionamento del prodotto e della marca. In questo senso, è anche importante, come vedremo, che l'azienda non pensi di poter semplicemente demandare lo sforzo comunicazionale a soggetti esterni (agenzie specializzate), a maggior ragione oggi, con l'avanzare deciso del **digitale**, che disegna un terreno di gioco completamente nuovo, fatto di relazioni sistematiche e possibilmente autentiche con la domanda.

In questi ultimi anni, lo **scenario della comunicazione** è profondamente mutato ed è tuttora in evoluzione, con la saturazione di molti canali canonici di comunicazione, con la maggiore resistenza da parte dei consumatori (per vari motivi, dalla diffidenza alla banalizzazione degli acquisti) ai messaggi veicolati dalle imprese (con il rischio di insoddisfacenti ritorni), ma anche con la disponibilità di nuovi strumenti, canali e modalità di contatto con il mercato, in primis collegati alla diffusione delle ICT (Moffitt e Dover, 2012).

In base alla tipologia di destinatari cui è rivolta, la comunicazione può essere *interna* (verso i dipendenti) o *esterna* (verso consumatori ed altri pubblici), mentre in base ai contenuti, essa si può distinguere in (Corvi, 2007):

– *commerciale*: volta ad influenzare le percezioni di valore o di sacrificio da parte di clienti finali o intermedi (trade);

– *istituzionale*: volta ad influenzare le percezioni di molteplici pubblici (interni ed esterni) circa l'impresa nel suo complesso, i suoi valori, la sua mission. Essa risulta particolarmente importante e delicata in momenti di crisi aziendale;

– *gestionale*: volta a migliorare le relazioni con i soggetti direttamente o indirettamente coinvolti nella gestione d'impresa, in modo da creare allineamento e commitment (es.: annual report, house organ);

– *economico-finanziaria*: volta a migliorare le relazioni con i portatori di risorse e di interesse (azionisti, lavoratori, società di rating, ecc.), esplicitando aspetti patrimoniali, reddituali e finanziari dell'impresa, nonché gli andamenti auspicati e/o previsti.

I processi di comunicazione presentano una struttura tipica, che comprende i seguenti elementi:

– l'*emittente*: è il soggetto che decide i contenuti della comunicazione, le lineeguida per chi si occuperà di dar vita materialmente al messaggio, sulla base degli obiettivi perseguiti. L'emittente dovrebbe quindi essere l'impresa, anche se spesso (soprattutto nelle imprese minori, o comunque in quelle meno managerializzate) questo principio viene disatteso, lasciando alle agenzie di comunicazione il compito di immaginarsi l'ottimo per il cliente, senza una necessaria conoscenza degli aspetti profondi alla base del messaggio da veicolare[10]. Il risultato è rappresentato

[10] Soprattutto nelle imprese minori, ciò riflette la già citata equivalenza che spesso viene fatta fra

da campagne di comunicazione spesso "belle da vedere", ma di scarso impatto rispetto alle reali necessità delle imprese o addirittura non coerenti con gli obiettivi di posizionamento del brand;

– la *codifica*: è il processo attraverso cui il "comunicatore" (di solito un'agenzia esterna) dà forma al messaggio, mediante simboli, immagini, suoni, parole, in coerenza con le indicazioni fornite dall'emittente. Il messaggio deve risultare chiaro, comprensibile e accattivante per il pubblico cui è diretto;

– i *mezzi* (o *media*): sono i canali generici (es.: Radio, Tv, Stampa, ecc.) attraverso cui il messaggio viene veicolato ai destinatari e si distinguono in mezzi di massa (permettono di raggiungere in modo indistinto ampi pubblici) e mezzi non di massa (permettono di raggiungere in modo mirato e selettivo specifici pubblici, finanche nicchie);

– i *veicoli*: sono i canali specifici scelti per veicolare il messaggio, nell'ambito di un certo *media* (es.: un certo canale Tv, un certo quotidiano, ecc.);

– la *decodifica*: è il processo mentale attraverso cui chi riceve il messaggio lo interpreta (o, appunto, lo decodifica), conferendogli un significato;

– i *destinatari*: sono coloro ai quali il messaggio è indirizzato. Bisogna tenere presente che non tutti quelli che ricevono il messaggio ("riceventi") corrispondono ai destinatari-target dell'impresa; questo perché è pressoché impossibile individuare veicoli comunicazionali che abbiano un bacino d'utenza ("audience") perfettamente corrispondente ai destinatari-target. Chiaramente, maggiore è la percentuale di destinatari-target all'interno dell'audience dei veicoli scelti, maggiore si rivela l'efficienza degli investimenti in comunicazione (si riduce il cosiddetto "**costo a contatto**" [11]). Da questo punto di vista, il **digitale** offre importanti opportunità, perché consente di impostare delle campagne in modo molto specifico rispetto al bacino di utenza-obiettivo (si pensi, ad esempio, alle "campagne sponsorizzate" su Facebook);

– la *risposta*: è l'insieme delle reazioni dei destinatari a seguito della decodifica del messaggio (es.: richiesta di informazioni sul prodotto o di una prova dello stesso);

– il *feed-back*: è quella parte delle reazioni dei destinatari che l'emittente è in grado di conoscere, il che permette anche di misurare i ritorni della comunicazione. Non sempre le risposte sono facilmente misurabili e si traducono automaticamente in feed-back consistenti, per i quali possono rendersi necessarie apposite indagini di mercato. Se, ad esempio, si realizza una campagna di comunicazione con l'obiettivo di incrementare il tasso di "prossimità" e di simpatia del brand (si pensi ai ripetuti tentativi in tal senso di McDonald's negli ultimi anni sul mercato italiano),

---

marketing e comunicazione, per cui si pensa che una volta destinato del budget per una campagna di comunicazione, lo sforzo di marketing sia completo e che i risultati (sotto forma di ritorno sull'investimento sostenuto) siano quindi certi.

[11] È il costo di una certa iniziativa di comunicazione realizzata mediante un certo media e canale rapportato al numero di contatti utili (quindi coerenti con i destinatari-target della data iniziativa) generati.

per ottenere un feed-back adeguato bisognerà necessariamente realizzare indagini di mercato ad hoc; viceversa, se si realizza una campagna per spingere una certa percentuale del target-group (si consideri un produttore di automobili) a recarsi presso i punti vendita (in ipotesi, per visionare un nuovo modello), sarà più agevole effettuare la suddetta misurazione, ad esempio mediante i dispositivi conta-persone che possono essere installati presso gli store.

Vi sono alcune **criticità da gestire** per rendere ottimali i processi di comunicazione. Innanzitutto, come premesso, l'emittente deve fornire al comunicatore indicazioni precise (e vincolanti) circa i destinatari del messaggio e le risposte ricercate. In aggiunta, egli dovrà interagire costantemente con il comunicatore (a maggior ragione nel caso sia un soggetto esterno), per verificare di essere costantemente allineati sul risultato finale del processo, in modo anche da poter realizzare eventuali interventi correttivi o migliorativi. Quanto al comunicatore, egli avrà alcune responsabilità specifiche:

– prima di effettuare la *codifica*, dovrà ricostruire il possibile processo di decodifica dei destinatari, in modo da optare per le migliori scelte creative, tali da incrementare l'efficacia del messaggio;
– nella scelta di *media* e *veicoli* di comunicazione, dovrà cercare di ottimizzare il rapporto fra bacino di utenza e destinatari della comunicazione, in modo da massimizzare l'efficienza dell'investimento;
– ancora nella scelta dei *media*, dovrà verificare la coerenza fra le loro caratteristiche tecniche (cosa consentono/non consentono di fare in termini di comunicazione) e le modalità di codifica del messaggio [12];
– infine, dovrà effettuare pre-test sull'efficacia comunicazionale delle iniziative, in base a contenuti della comunicazione, modalità di codifica e caratteristiche dei mezzi di comunicazione scelti, per capire se e come intervenire con delle modifiche prima di diffondere ufficialmente il messaggio.

3.2. IL MIX-COMUNICAZIONALE

Gli sviluppi avvenuti negli ultimi anni nello scenario della comunicazione hanno ampliato il canonico mix-comunicazionale (**comunicazione esterna**) a disposizione delle imprese, che oggi comprende:

– la pubblicità;
– il product placement;

---

[12] Ad esempio, se si vuole trasmettere la "capacità esperienziale" di una marca di yogurt che vuole risultare fortemente sensoriale agli occhi del consumatore, tendenzialmente la Tv sarà un media più adatto della carta stampata.

– le promozioni;
– il passaparola (attivo);
– il marketing diretto;
– le pubbliche relazioni;
– le sponsorizzazioni;
– la comunicazione personale.

Questi strumenti di comunicazione veicolano messaggi in chiave sostanzialmente top-down, quindi dall'impresa (come emittente di processi di comunicazione finalizzati a influenzare percezioni, valutazioni e scelte dei consumatori) verso i destinatari-target. Come abbiamo già accennato e come vedremo meglio nel prosieguo del capitolo, la **rivoluzione digitale** accredita poi (in una certa misura, a dire il vero, impone) nuove vie per raggiungere il consumatore, in chiave più relazionale, proponendo anche un rinnovamento del suddetto mix-comunicazionale.

3.2.1. La pubblicità

La pubblicità è lo strumento di marketing e comunicazione più conosciuto. Si tratta di una forma di comunicazione a pagamento veicolata in genere mediante mezzi impersonali, che comporta il sostenimento di costi fissi (Ferraresi *et al.*, 2007). Dapprima, i canali pubblicitari preferenziali sono stati i mass media (Tv, Radio, Stampa), ma nel corso degli ultimi anni il quadro della comunicazione è fortemente cambiato, con una decisa frammentazione di media e bacini di utenza (si pensi ai canali Tv tematici) e con la consistente diffusione del web come nuovo spazio di comunicazione capace di catturare l'attenzione di ampi strati della popolazione, ma con logiche diverse rispetto ai canali tradizionali (Sassoon, 2012).

Storicamente, la comunicazione pubblicitaria tramite **mass media** ha avuto un peso rilevante nell'influenzare i comportamenti sociali (Fabris, 1995, 2002), in particolare quelli connessi all'adozione stabile nei panieri di consumo delle famiglie di determinate categorie di prodotti, come gli elettrodomestici. Inoltre, gli investimenti in comunicazione (soprattutto pubblicitaria) possono essere ritenuti un indicatore e allo stesso tempo una cartina di tornasole della congiuntura economica di un Paese (Buzzo, 2007), anche in virtù dei metodi che di solito vengono utilizzati per definire gli investimenti in quest'ambito.

Nel corso degli anni nel nostro Paese è mutato molto l'**atteggiamento verso la pubblicità**, parallelamente all'evoluzione dei consumatori, che come abbiamo evidenziato nel capitolo 3 sono sempre più "competenti" e meno passivi, anche rispetto ai processi di comunicazione (Cova *et al.*, 2008). Per il consumatore di oggi (trend iniziato negli anni '90) la pubblicità è tollerabile, anzi, può essere anche percepita come positiva, ma deve essere "utile" (ad esempio, prospettando alternative rispetto ad un bisogno, in modo chiaro, convincente, credibile), divertente, non banale (vanno evitati messaggi ripetitivi e scontati), coinvolgente.

Caratteristica importante della pubblicità è che essa persegue **obiettivi ampi** (es.: può accompagnare una certa strategia di posizionamento) e non circoscritti (come avviene, invece, per le promozioni, soprattutto quelle *di convenienza*), per cui è errato valutarne effetti e ritorni adottando una prospettiva di breve termine e considerando i soli dati di vendita. Peraltro, gli investimenti pubblicitari hanno bisogno di stratificarsi nel tempo, raggiungendo una certa massa critica (un certo "stock"), prima di poter produrre gli effetti sperati (chiaramente, in interazione con gli altri strumenti del mix comunicazionale).

Come specificato in precedenza, la **misurazione dei ritorni di una campagna pubblicitaria** (il "feedback" del processo di comunicazione) generalmente richiede indagini di mercato ad hoc, prevalentemente su base quantitativa [13] (in modo da poter generalizzare e quindi "pesare" i risultati ottenuti). Solo a titolo di esempio e prendendo in considerazione l'obiettivo della notorietà di marca (o "brand awareness"), di solito si effettuano indagini per individuare (Molteni e Troilo, 2007):

– il brand *top of mind*: in questo caso agli intervistati viene chiesto di citare la prima marca che gli viene in mente relativamente ad una certa categoria di beni o servizi (es.: smartphone); si rileva, quindi, la percentuale di persone che hanno citato per primo il brand di interesse all'interno della categoria;

– la *notorietà spontanea* di un dato brand: agli intervistati viene chiesto di indicare i brand che gli vengono in mente in relazione ad una certa categoria di beni o servizi; si rileva, quindi, la percentuale di persone che hanno citato spontaneamente (ma non necessariamente per primo) il brand oggetto di analisi;

– la *notorietà aiutata* di un dato brand: qui gli intervistati visionano una lista di brand e devono spuntare quelli appartenenti ad una specifica categoria di beni o servizi; si rileva, quindi, la percentuale di persone che hanno indicato correttamente il brand fra quelli appartenenti alla data categoria.

La pubblicità può essere veicolata mediante **molteplici media**. Per ognuno di essi, vi sono specifiche criticità da gestire:

– *cartellonistica*: bisogna studiare con attenzione le location (dove collocare i manifesti, in base ai destinatari-target e ai loro spostamenti), le dimensioni e i formati, il layout, le scelte grafiche, i contenuti. Negli ultimi anni, le agenzie di comunicazione hanno proposto una serie di innovazioni, nell'ottica del marketing creativo o non convenzionale, come, ad esempio, i cartelloni "intelligenti" o dinamici, che sono capaci di modificare il messaggio al passaggio degli utenti, o in base a specifici obiettivi di comunicazione;

– *volantinaggio*: bisogna prestare attenzione a chi provvederà alla distribuzione

---

[13] Precisamente, con un sondaggio effettuato su un campione di consumatori rappresentativo dell'intero mercato di riferimento.

dei volantini (aspetto, atteggiamenti), a dove verranno distribuiti e come, a dimensioni e formato del volantino, materiali, layout, scelte grafiche e contenuti;

– *stampa, radio, tv*: in questi casi bisogna scegliere veicoli che per bacino di utenza, contenuti e posizionamento siano coerenti con gli obiettivi dell'impresa; inoltre, bisogna definire timing (inizio e fine della campagna e frequenza del messaggio) e modalità specifiche di codifica. Negli ultimi anni questi media sono stati attraversati da importanti cambiamenti, con: *quotidiani e periodici* che hanno dovuto rivedere in molti casi le loro proposte, soprattutto per cercare un incrocio virtuoso con l'on-line; la *radio*, che si è vista proiettare anche in Tv, dovendo così cercare anch'essa un nuovo assetto e nuove proposte di palinsesto e di approccio all'utenza; la *Tv*, con una tematizzazione per canali sempre più spinta e con operatori del tutto nuovi (es.: Netflix), pronti a rinnovare profondamente le regole del gioco;

– *sale cinematografiche*: è un canale delicato (perché è facile indisporre l'utente), che si presta a una comunicazione concisa e immediata (bisogna quindi evitare di replicare semplicemente gli spot televisivi), nonché alla presentazione di proposte di aziende locali;

– *Internet*: qui, come vedremo meglio in seguito, non è pensabile (come, però, accade ancora, non di rado) traslare le logiche classiche di comunicazione pubblicitaria, basate sul modello "*interruption and repeat*" (Lombardi e Roselli, 2010), ovvero sull'"intrusione" del messaggio nel processo di fruizione dei contenuti da parte dell'utente (Kotler *et al.*, 2017). Si pensi alle varie tipologie di banner pubblicitari invadenti, così come ai mini-spot a cui si è esposti per poter guardare i video su Youtube oppure per poter leggere gli articoli sui siti dei più importanti quotidiani on-line.

La **gestione di una campagna pubblicitaria** passa attraverso sette fasi:

1. definizione degli obiettivi;
2. definizione del budget (stanziamenti pubblicitari);
3. individuazione dei destinatari-target;
4. definizione del messaggio e della cosiddetta "copy strategy";
5. scelta di mezzi e veicoli;
6. decisioni sulla sequenza temporale della campagna (timing);
7. controllo dei risultati.

Approfondiamo alcuni di questi passaggi.

Gli **obiettivi di una campagna** (che derivano da obiettivi generali del piano di marketing) devono essere specifici e il più possibile misurabili, in modo da agevolare il controllo dei risultati. Si può trattare di obiettivi riguardanti la *sfera cognitiva* (es.: portare a conoscenza dell'esistenza del prodotto/brand una certa percentuale del target-group di riferimento), la *sfera degli atteggiamenti dei consumatori* (es.: rendere il brand più simpatico, più appealing, magari verso specifici segmenti), quella delle *intenzioni di acquisto/riacquisto* (es.: richiamare le esperienze di consumo di un certo brand, per stimolare "acquisti di rinnovo").

Quanto agli **stanziamenti pubblicitari**, essi possono essere definiti mediante valutazioni più semplificate (interne) o più strutturate e complesse (esterne) (Cozzi e Ferrero, 2004). Nel primo caso, ad esempio, ci si può rifare a *dati storici* ("quanto si è investito in passato"), o ai *valori di riferimento del settore*, oppure *applicare una certa percentuale al fatturato* o *stanziare un importo fisso per unità di prodotto* che si prevede di vendere. La controindicazione è che in presenza di una flessione del giro d'affari si finirà per investire di meno in pubblicità proprio quando potrebbe essere necessario uno sforzo maggiore, per rilanciare le vendite e sostenere il brand. Fra i metodi esterni ritroviamo, ad esempio, quello della *parità concorrenziale*, dove gli investimenti vengono tarati sulla base della quota di mercato dell'impresa, del livello dei suoi prezzi e della situazione della concorrenza, oppure quello dell'*obiettivo-compito*. In questo caso, si parte dall'enunciazione dell'obiettivo da raggiungere (es.: spostare le preferenze di una certa percentuale di un target-group secondario), si effettuano test di mercato per quantificare l'investimento necessario per raggiungere l'obiettivo, infine si valuta la sostenibilità dell'investimento.

Per quanto riguarda la **copy strategy**, essa è data da alcuni elementi costitutivi (Buzzo, 2007):

– *promise* (promessa): è il concetto centrale della comunicazione, il principale vantaggio, beneficio che il prodotto vuole offrire, la principale ragione per cui il consumatore dovrebbe preferire il prodotto;
– *reason-why* (giustificazione): è l'evidenziazione della principale caratteristica del prodotto, che giustifica o accredita la promessa; deve essere convincente, dimostrabile e differenziante;
– *supporting evidence* (supporto): è l'insieme degli eventuali ulteriori elementi che motivano o supportano la promessa;
– *tone* (tono): indica lo stile, la personalità che il prodotto/brand vuole assumere, quindi l'atmosfera della comunicazione;
– *must* (obblighi): sono i vincoli imposti alla comunicazione da norme, usi sociali, esigenze specifiche del consumatore-obiettivo o da prassi accreditate nel mercato di riferimento.

Considerando un liquore, la *copy strategy* potrebbe essere:

– "il prodotto x ha un gusto unico, diverso da qualsiasi altro liquore presente sul mercato" (*Promessa*);
– "perché è fatto seguendo una ricetta della tradizione e utilizzando solo materie prime attentamente selezionate" (*Reason Why*);
– "senza alcuna aggiunta di aromi/completamente naturale" (*Supporting Evidence*);
– *Tono*: non esclusivo, autentico, non austero;
– *Must*: invitare a un utilizzo responsabile del prodotto.

Per quanto riguarda la **scelta di mezzi e veicoli**, partendo dall'identificazione dei destinatari-target (primari e secondari) da raggiungere e degli obiettivi di copertura e frequenza della comunicazione, nonché delle possibilità offerte dai diversi media in termini di codifica del messaggio, è possibile utilizzare taluni indicatori, che consentono di avere un'idea preventiva del ritorno che ciascun media potrà garantire. Si tratta:

– del *reach*, che indica la percentuale dei destinatari-target dell'impresa che potrà essere raggiunta puntando su uno o più veicoli specifici (in base all'audience di questi ultimi);

– dell'*opportunity to see* (OTS), che indica la frequenza media della campagna pubblicitaria, ovvero il numero medio di "esposizioni" alla campagna da parte delle persone in target che fanno parte del bacino di utenza dei veicoli considerati;

– del *gross rating point* (GRP), ottenuto moltiplicando *reach* e *opportunity to see*, che esprime il livello di "pressione pubblicitaria" espressa dalla campagna sul target di riferimento.

3.2.2. Il product placement

Il product placement consiste nell'inserimento (o, appunto, "placement") di un prodotto/brand all'interno di specifiche forme di spettacolo, di cui esso diventa coprotagonista o in cui comunque recita un ruolo (possibilmente rilevante), in cambio di una somma di denaro o dell'impegno in attività promozionali congiunte (Hawkins *et al.*, 2004).

Le modalità di inserimento sono tre:

1. visuale (*screen placement*);
2. verbale (*script placement*);
3. integrata (*plot placement*).

I principali contesti di applicazione sono:

– i *film*: il cosiddetto product placement cinematografico è la tipologia più diffusa (Dalli, 2005; Dalli *et al.*, 2008), consentita in Italia dal 2004. I casi di placement all'interno di pellicole sono sempre più frequenti, fino ad arrivare a situazioni limite, in cui la sceneggiatura è costruita ad hoc per valorizzare il brand. Proprio questa è una delle maggiori criticità di tale strumento di comunicazione, perché il brand non deve mai prendere il sopravvento sulla narrazione, bensì si deve amalgamare con essa, in modo da non infastidire gli spettatori. Di conseguenza, le modalità di inserimento del brand all'interno della pellicola devono essere attentamente studiate e concordate da parte di regista e brand manager. Si pensi al caso emblematico di "Cast Away", pellicola di grande successo, in cui, in particolare, i brand *Wilson* (che nelle fasi centrali del racconto addirittura "si umanizza") e *Fedex* (che addirittura "mette a repentaglio" la vita di un proprio valoroso dirigente pur di recapitare il prima possibile i pacchi a casa dei destinatari) assumono un ruolo di primo piano, come veri e propri co-protagonisti.

In Italia, come premesso, il product placement si è diffuso con ritardo, ma i casi sono sempre più numerosi e sofisticati. Peraltro, al di là dei film, sono ricorrenti i placement anche nelle trasmissioni televisive, come avviene in modo massiccio, ad esempio, all'interno dei vari programmi che hanno a che fare con la cucina e gli chef: dall'onnipresente rotolone *Regina* in abbinamento a Antonino Cannavacciuolo alla altrettanto onnipresente birra *Peroni* in tutti i format che coinvolgono Chef Rubio;

– *video musicali e concerti*: molti artisti (e case discografiche) hanno capito negli ultimi anni che i placement possono essere una rilevante fonte di entrate, che permettono di capitalizzare la loro notorietà e immagine di marca;

– *spot pubblicitari* (di altri brand): in virtù di accordi di co-marketing, un brand può "ospitare" nel proprio spot pubblicitario un altro brand (con cui deve esservi coerenza di fondo e possibilità di sinergie), di cui si opera il placement. Una delle prime operazioni di questo tipo è stata realizzata nel 2006 da Fiat con la *Nuova 500*, che è entrata in placement in uno spot di *Nastro Azzurro* ("brand ospitante"), che vedeva protagonista il campione del motomondiale Valentino Rossi, a bordo di un insolito e suggestivo taxi giallo (appunto una Fiat 500, vecchio modello) a New York, anticipando, di fatto, dal punto di vista comunicazionale, le decisioni della casa torinese in termini di sviluppo internazionale e, in particolare, di presenza sul mercato USA, anche con la piccola utilitaria;

– *videogames* ("*advergaming*"): in questo caso i giochi sono ambientati nel mondo della marca e possono essere frutto di co-marketing con produttori di console, oppure possono essere sviluppati autonomamente dall'azienda e resi disponibili tramite il proprio sito web.

Negli ultimi anni, poi, parallelamente alla nascita di pagine Facebook dal grande seguito, capaci di accreditarsi a tutti gli effetti come dei contenitori [14] dinamici e virali dell'intrattenimento 2.0 (dai *The Jackal* ai *Casa Surace*, giusto per fare due esempi, fra i più noti), il product placement ha scoperto un nuovo interessante campo di applicazione.

In generale, il product placement rappresenta uno strumento comunicazionale **a forte impatto emozionale**, non invasivo, capace di incidere in particolare sulla sfera del ricordo di prodotti e brand (notorietà), ma anche su quella degli atteggiamenti del consumatore (Brennan *et al.*, 1999). Un aspetto interessante è che a differenza della pubblicità, la **"resistenza" del consumatore** è minore (McCarthy, 2004), proprio perché – nei casi in cui vengano gestiti bene, ovvero senza eccessive forza-

---

[14] Che tendenzialmente fanno capo a delle media company che rappresentano la versione 2.0 delle agenzie di comunicazione.

ture – i placement non vengono percepiti alla stregua di spot pubblicitari (Balasubramanian, 1994). Secondo alcune stime relative al product placement cinematografico, il 50% circa degli spettatori nota la presenza di brand nelle inquadrature, il 90% di questi riesce a individuarli correttamente e la quasi totalità di essi (92%) accetta questa presenza senza fastidi.

Altro importante vantaggio del product placement è che esso consente anche di **aggirare ostacoli o addirittura barriere** dal punto di vista comunicazionale, che possono derivare da normative, o da valori e convincimenti prevalenti in ambito socio-culturale, come nel caso di junk food o sigarette. Si affidano spesso al product placement anche quei brand che vogliano indirizzarsi verso il segmento gay, in modo da evitare un involontario de-marketing[15], cui si potrebbe andare incontro mediante scelte di comunicazione più esplicite, come nel caso di una campagna pubblicitaria. Ha optato per una soluzione di questo tipo Fiat, sempre con la *Nuova 500*, presente nella pellicola del 2009 "Diverso da Chi?".

Un altro vantaggio specifico del product placement cinematografico è dato dalla **cassa di risonanza** che può ottenere un film di successo, perché in questo caso il brand verrà "ricelebrato" ogni volta che il film verrà trasmesso, sui canali televisivi a pagamento e non, oppure nei circuiti dell'home video. Questo, evidentemente, impatta sui ritorni dell'investimento comunicazionale, abbassando il costo a contatto.

BOX N. 1

IL PRODUCT PLACEMENT DI "BENVENUTI AL SUD"

Nel 2010 "Benvenuti al Sud" (remake della commedia francese "Bienvenue chez le Ch'tis") è stato il successo cinematografico dell'anno in Italia.
Alberto (Claudio Bisio), responsabile dell'ufficio postale di una cittadina della Brianza, sotto pressione della moglie Silvia (Angela Finocchiaro), è disposto a tutto pur di ottenere il trasferimento a Milano, anche fingersi invalido per scalare la graduatoria. L'imbroglio però non funziona e per punizione Alberto viene trasferito in un paesino della Campania, andando a finire in quel sud che rappresenta per lui e la moglie un vero e proprio incubo. Pieno di pregiudizi, Alberto parte da solo alla volta di quella che ritiene la terra della camorra, dei rifiuti per le strade e degli scansafatiche. Con sua immensa sorpresa, scoprirà un luogo affascinante, colleghi affettuosi, una popolazione ospitale e un nuovo e grande amico, il postino Mattia (Alessandro Siani), al quale darà una mano per riconquistare il cuore della sua amata (Valentina Lodovini).
La storia vede, in particolare, la presenza di tre brand "co-protagonisti": Poste Italiane, Fiat Croma, Invernizzi Gim. Nel susseguirsi delle scene l'"effetto simpatia" verso il Sud, in generale, e verso la location delle riprese (una cittadina della bella Costa del Cilento, in provincia di Salerno), si snocciola con crescente efficacia, al punto che il contrasto Nord-Sud (su cui si è gioca abilmente nel corso della pellicola) si va ricomponendo, per sfociare in un ideale abbraccio finale.

[15] È l'allontanamento di parte della clientela potenzialmente interessata a un prodotto-brand. Talvolta è un risultato ricercato dall'impresa (si pensi alle imprese che vogliano focalizzarsi su nicchie ad elevato valore aggiunto, alla ricerca di brand esclusivi), mentre altre volte è il risultato dell'errata attivazione e gestione di specifiche leve operative di marketing, come, appunto, la comunicazione.

Quello di *Poste Italiane* è il placement principale (per presenza e per intensità del messaggio) della pellicola. Qui, un aspetto estremamente interessante è che sebbene il Direttore (Claudio Bisio), ovvero il massimo rappresentante dell'azienda nelle varie scene del film, risulti spesso castrante, freddo, scostante, il mix di battute, espressioni, situazioni in cui gli attori si vengono a trovare – sotto l'"ombrello" delle Poste – porta lo spettatore ad associazioni del tipo: Poste Italiane-efficienza, Poste Italiane-umanità, Poste Italiane-attenzione al cliente e alle persone, Poste Italiane-soluzioni per il cliente, Poste Italiane-Comunità di appartenenza. Nel complesso, quindi, Poste Italiane è il perno simbolico del film e viene presentato con caratteri "morbidi" e qualificanti, a beneficio del posizionamento.
Sono ricorrenti anche le apparizioni del Gorgonzola della *Invernizzi (Gim)*, che viene trattato con "sacralità", nell'ambito di una segreta "Accademia di Intenditori", di cui Bisio fa parte.
Ultimo placement di rilievo è quello di *Fiat Croma*, auto che accompagna Bisio nelle sue traversate nord-sud, mettendo in mostra eleganza, spaziosità e sicurezza, tutti fattori interessanti per il posizionamento del brand.

Fonte: *www.experyentya.it.*

BOX N. 2

IL PRODUCT PLACEMENT DI "BOSS IN INCOGNITO"

"Boss in Incognito" è un format internazionale, del genere docu-reality, in onda anche in Italia dal 2015.
Il concetto è semplice: si prende il titolare o massimo dirigente di un'azienda e per una settimana lo si camuffa e lo si porta sotto mentite spoglie fra i suoi dipendenti, sul campo, "a sporcarsi le mani". Ogni giorno "il Boss" è chiamato a ricoprire un ruolo diverso e in questo percorso gli viene affidato ogni giorno un tutor diverso (un suo dipendente), che ha il compito di mostrargli i fondamenti del suo mestiere e di metterlo alla prova, consentendogli, sotto la sua guida, di svolgere gli stessi compiti, anche bacchettandolo, se è il caso.
Al termine della settimana di lavoro sul campo, il boss torna nei suoi veri panni e fa convocare i suoi "tutor" con stretta urgenza, senza che a questi venga svelato il motivo. Una volta arrivati a destinazione, essi si troveranno di fronte il loro capo. A questo punto, il bravo, buono, onesto e magnanimo boss (così, evidentemente, deve venirne fuori) spiega le motivazioni del suo viaggio fra le prime linee e, con tanto di immancabile commozione, bacchetta (quasi mai e comunque sempre in modo morbido e comprensivo) o (più frequentemente) premia quelli che a quel punto diventano degli "eletti" e dei "protetti", ai quali vengono concesse gratifiche di vario tipo. Non a caso, si tratta quasi sempre di dipendenti eccezionali (che amano l'azienda, che la rispettano profondamente, che svolgono il loro compito nel migliore dei modi), o comunque con potenziale (anche se commettono qualche sbaglio li si può perdonare e aiutare a migliorare, no?) e, quasi sempre, con storie di vita e contesti familiari particolari, struggenti. Tutto questo favorisce la chiusura ottimale del cerchio, con il boss che corre in soccorso, aiuta, sorregge, gratifica, cambia la vita dei propri dipendenti. Qua e là, nel corso delle varie scene, ecco venir fuori il brand dell'azienda e/o dei suoi prodotti. Sempre in modo discreto, ma chiaro, come il decalogo del perfetto product placement vuole. In sostanza, alla fine al telespettatore deve essere chiaro di chi si parli, ma senza che ciò sia troppo manifesto e comunque "fastidioso".
Qual è, quindi, il messaggio che si vuole far emergere?

1. che l'azienda è umana, sensibile, attenta;
2. che in quell'azienda tutti danno tutto, ci mettono l'anima e lo fanno con grande spirito di servizio, per i clienti, ma anche per la collettività di cui fanno parte;
3. che i prodotti o servizi che vengono realizzati da quell'azienda sono di grande valore, proprio perché frutto di amore, passione, attenzione, impegno massimo, a tutti i livelli.

Fonte: *www.experyentya.it.*

3.2.3. Le promozioni

Rispetto alla pubblicità, le iniziative promozionali presentano obiettivi più circoscritti, più orientati alle **risposte comportamentali dei consumatori** (acquisto e riacquisto) e comportano, in genere, il sostenimento di costi variabili, anziché fissi. Una campagna pubblicitaria può anche andare a supporto di una campagna promozionale (sinergia), richiamandone caratteristiche e vantaggi.

Le iniziative promozionali possono essere indirizzate a tutti i consumatori in modo indistinto, oppure essere calibrate e differenziate (volendo, anche per singolo cliente) in base ai meccanismi di fidelizzazione (loyalty) adottati (Ziliani, 2008).

Esistono quattro tipi di promozioni:

a) le *promozioni di convenienza*: mirano a una riduzione temporanea del sacrificio di prezzo percepito dal consumatore, come incentivo agli acquisti. Promozioni di questo tipo sono, ad esempio: il *cut-price* (riduzione esplicita – ancorché temporanea – del prezzo del prodotto [16]), l'*economy-pack* (offerta di un insieme di prodotti della medesima impresa ad un prezzo complessivo scontato, oppure di un prodotto con formato maggiorato al prezzo del formato standard), il *3 × 2* [17] (offerta di tre confezioni di prodotto al prezzo di due), la *vendita abbinata* (offerta di un prodotto già noto con l'aggiunta di un nuovo prodotto in omaggio o a prezzo scontato), il *buono sconto* [18] (distribuzione di un coupon che consente di ottenere uno sconto sull'acquisto di uno specifico prodotto), la *supervalutazione dell'usato* [19] (valutazione temporanea particolarmente conveniente di un prodotto usato concessa a chi effettuerà acquisti di rinnovo). Il consumatore odierno, sempre più attento e competente e abile nel confrontare la convenienza delle diverse offerte presenti sul mercato, soprattutto nell'ambito dei beni di largo consumo, utilizza le

[16] Si pensi alla campagna promozionale "Bassi e Fissi" dei supermercati *Conad*, che ha riscosso molto successo negli ultimi anni e che consiste nella riduzione esplicita del prezzo di una serie di prodotti a marchio commerciale ritenuti "di prima necessità" (es.: latte, pasta, ecc.), come supporto dato da questo retailer ai consumatori per affrontare al meglio le difficoltà determinate dalla crisi economica.

[17] E relative varianti (meno frequenti), come il *4 × 2*.

[18] Questo tipo di iniziativa in Italia non ha mai ottenuto un particolare successo, al contrario di quanto accade negli Stati Uniti, come testimoniato da alcune popolari trasmissioni Tv, che raccontano le gesta dei patiti dei coupon. Va aggiunto che si tratta di una tecnica più adatta ai prodotti da poco introdotti sul mercato rispetto a quelli che hanno raggiunto la fase di maturità del loro ciclo di vita (Molteni e Troilo, 2007).

[19] Negli ultimi anni, questo tipo di iniziativa si è esteso dal suo ambito classico di applicazione, ovvero il comparto dell'auto, ad altri ambiti di acquisto meno impegnativi, come l'abbigliamento. Si pensi alla campagna di rottamazione dell'intimo da parte di *Intimissimi*, proposta ai consumatori non solo come un'opportunità di risparmio, ma anche come una scelta responsabile, in chiave "green".

promozioni di convenienza per preservare il proprio potere di acquisto e per sancire in qualche misura la propria maggiore indipendenza rispetto al passato nei confronti delle marche industriali. Dal canto loro, le imprese utilizzano spesso queste iniziative per realizzare politiche mascherate di riduzione dei prezzi, quindi per mettere in atto condotte di tipo opportunistico, anche se non sempre ciò avviene in modo ortodosso, con il rischio di effetti negativi più che positivi. Da questo punto di vista, vi sono alcuni **importanti fattori da considerare** (Molteni e Troilo, 2007):

– l'opportunità di risparmio offerta al consumatore deve essere, preferibilmente, consistente (deve ingolosire, deve rappresentare per il consumatore un'occasione imperdibile, "da cogliere al volo" [20]), ben delimitata nel tempo (deve essere chiaro al consumatore che l'opportunità va colta per tempo), ben comunicata (sul punto vendita e al di fuori dello stesso);

– detto questo, le marche con posizionamenti premium price (giusto a titolo di esempio, nel mercato della pasta secca potrebbe trattarsi di marchi come *De Cecco* o *Garofalo*) tendono a ottenere maggiori ritorni da politiche di questo tipo rispetto alle marche con maggiori quote di mercato ma livelli qualitativi (percepiti) dell'offerta più bassi (rimanendo sulla pasta secca, ad esempio *Barilla*);

– ragionando in termini comparativi, a parità di condizioni le promozioni di convenienza dei marchi a maggior quota e di quelli dal posizionamento più alto prevalgono, in termini di efficacia, su quelle delle marche minori e su quelle del trade;

– bisogna evitare di rilanciare troppo spesso (quindi di far diventare sistematiche) queste promozioni (a meno che si voglia optare per un posizionamento strutturalmente più conveniente della propria offerta sul mercato, riposizionandosi quindi verso il basso), perché la conseguenza sarebbe un abbassamento del prezzo di riferimento del cliente per il dato prodotto-brand, quindi una progressiva riduzione dell'intensità della risposta del cliente alle sollecitazioni delle promozioni;

b) gli *omaggi*: consistono nella consegna gratuita di nuovi prodotti (in genere in formati ridotti) per indurre i consumatori alla prova. In quest'ambito, si può avere

---

[20] Un aspetto interessante delle promozioni di convenienza è rappresentato dagli effetti complessivi che possono generare sulle vendite, prima, durante e dopo la campagna (Castaldo, 2009). Prima del lancio della stessa, infatti, i consumatori potrebbero contrarre i loro acquisti abituali del dato prodotto o presso la data insegna distributiva, in attesa di poter beneficiare dell'opportunità di risparmio. Durante la campagna (soprattutto in presenza di specifiche condizioni, come spiegato di seguito nel testo), i consumatori tendono a "fare scorta del prodotto", per approfittare al meglio dell'opportunità. Ciò potrebbe determinare una riduzione degli acquisti nelle fasi immediatamente successive alla fine della campagna. Per questi motivi, è importante settare al meglio le campagne promozionali di convenienza, stimando le possibili risposte del consumatore, per assicurarsi ritorni soddisfacenti, in primis in termini di vendite, ma anche di atteggiamenti nei confronti del brand.

anche il cosiddetto "experimental sampling", dove vengono distribuiti "campioncini" di un nuovo prodotto in fase di sperimentazione, allo scopo di appurarne il gradimento ed eventuali lievi miglioramenti da apportare;

c) le *operazioni a premio*: prevedono la possibilità per i consumatori che abbiano raggiunto un certo numero di acquisti di un dato prodotto di ottenere un oggetto in omaggio ("*collection*"), in genere di valore diverso in base al numero di prove d'acquisto che vengono raccolte, oppure consistono nell'offerta temporanea di confezioni speciali riutilizzabili per scopi diversi una volta consumato il prodotto ("*reusable pack*"), come nel caso dei classici bicchieri della *Nutella*, oppure ancora abbinano all'acquisto del prodotto piccoli omaggi di prodotti complementari o gadget[21] ("*gift in pack*");

d) *i concorsi a premio*: in questo caso gli acquirenti partecipano ad un concorso, al termine del quale vengono estratti dei premi, di valore più alto rispetto alle operazioni a premio. Sempre più spesso fra i premi in palio vengono proposti "gift esperienziali" (es.: cofanetti week-end). In generale, una buona regola quando si impostano campagne di questo tipo è di aumentare il numero di piccoli premi messi in palio, perché, come rilevato su base empirica da Ward *et al.* (1988), la percezione di non avere di fatto nessuna possibilità di vincere qualcosa genera effetti negativi non solo sotto il profilo comportamentale (vanificando o comunque riducendo i ritorni della promozione), ma anche sotto il profilo degli atteggiamenti verso la marca, generando delusione, apatia. Ciò avviene perché i consumatori partecipano a promozioni di questo tipo non tanto perché mossi dalla possibilità di un tornaconto dal punto di vista economico, quanto per un fattore ludico e per motivazioni edonistiche (Molteni e Troilo, 2007).

Come per le altre iniziative di carattere operativo, anche in questo caso ogni intervento deve essere coerente con obiettivi e linee-guida del piano di marketing e deve essere oggetto di **attenta programmazione**, in modo da consentire anche opportuni controlli sulle performance raggiunte.

---

[21] Un classico esempio sono i giochini inseriti nelle confezioni di merendine per i più piccoli. In tal senso, ci si potrebbe chiedere se l'*Ovetto Kinder* rappresenti o meno un caso di *gift in pack*. La risposta è no. Il "giochino" (la sorpresa) inserito all'interno di ogni ovetto, infatti, non è una componente una tantum, bensì un elemento strutturale (importantissimo) del "sistema di prodotto" dell'*Ovetto Kinder*. È proprio la combinazione fra ovetto di cioccolato e sorpresa a creare valore, dando vita non a un prodotto alimentare, bensì a un prodotto ("speciale") a sé stante, che quindi non è e probabilmente non sarà mai una commodity. Presentano caratteristiche per molti versi simili i *Baci Perugina*.

BOX N. 3

ESEMPIO DI PROGRAMMAZIONE DI UN'OPERAZIONE DI SAMPLING

INIZIATIVA: sampling
TITOLO: "Stappa l'Estate"
TEMA: allegria, spensieratezza
OBIETTIVO PROMOZIONALE: in 2 mesi (aprile-maggio) 100.000 persone dovranno provare la bibita
BUDGET: 200.000 €
OBIETTIVO DI MERCATO: notorietà brand e stimolo acquisti (fatturare in 2 mesi 800.000 €)
DESCRIZIONE PROGRAMMA:
- distribuire in 1.000 pv (diverse tipologie e *location*) campioni omaggio
- consegnare con l'omaggio un buono sconto da 0,50 €

SUPPORTI:
- personale (2 × punto vendita)
- merchandising e materiale espositivo

3.2.4. Il passaparola

Il passaparola (positivo) è un fondamentale segnale di valore, che a fronte dei cambiamenti in atto dal lato della domanda sembra essere più efficace di altri strumenti di comunicazione (*in primis* la pubblicità), di cui il consumatore tende ad essere più diffidente.

Il passaparola è un processo spontaneo innescato da consumatori soddisfatti, ma può essere agevolato o stimolato da parte delle imprese (Cova *et al.*, 2008), con una serie di interventi:

– *fine tuning* e *customer care* (Fabris, 1995), ovvero cercando di ascoltare il consumatore e rispondere in modo ottimale e tempestivo alle sue richieste, anche stupendolo [22] (La Salle e Britton, 2003);

– ottenere la *collaborazione degli opinion-leader* (Watts e Dodds, 2007), in particolare sul web (Schlosser, 2005), nell'ambito dei social network, dove risulta agevole individuare gli "influenzatori" (o *influencer*). Da questo punto di vista, come vedremo meglio in seguito, sono in atto cambiamenti importanti, perché se all'inizio (fino a qualche anno fa) era sostanzialmente più semplice ottenere la collaborazione di queste figure, anche mediante il semplice invio gratuito dei prodotti per

[22] Si pensi ai casi di "recovery", ovvero quando il consumatore subisca dei disservizi di vario tipo (dalla cancellazione di un volo alla spedizione di un prodotto non conforme) e si renda necessario fornirgli delle risposte soddisfacenti, possibilmente in modo credibile e nel minore tempo possibile. È dimostrato che la capacità delle imprese di rispondere positivamente ad imprevisti di questo tipo non solo può consentire di recuperare la fiducia del cliente, ma in taluni casi (se la risposta è particolarmente soddisfacente) può addirittura portare a un incremento del valore attribuito al brand. Chiaramente, bisogna evitare che i disservizi si ripetano, soprattutto a distanza di poco tempo.

una loro prova, oggi sostanzialmente esiste un "mercato degli influencer", con veri e propri listini. Del resto, in questo scenario c'è anche chi decide di operare scelte diverse, più creative, come nel caso di *Macy's*[23], catena di grandi magazzini americana che ha ben pensato di trasformare i propri dipendenti nei primi ambasciatori del brand, chiedendo loro di postare sui propri social network foto e video (senza un format standardizzato e linee-guida particolarmente vincolanti) che hanno a che fare con la propria vita quotidiana e con i vari beni e servizi trattati dal brand, come è possibile vedere nell'esempio sottostante. Un ottimo connubio, questo, fra "employer branding"[24] (Lizzani *et al.*, 2008) e valorizzazione della marca agli occhi del consumatore finale, in chiave autentica (Gilmore e Pine, 2017);

– *offrire ai consumatori agevolazioni economiche* sull'acquisto di un dato bene (es.: sconto sul prezzo) o sugli acquisti successivi (es.: buoni sconto), qualora essi segnalino l'azienda e i suoi prodotti nella propria rete di contatti, oppure qualora accettino di "mettere in mostra" il prodotto-brand nel suo utilizzo quotidiano. In questo caso bisogna fare attenzione a non rendere le iniziative esclusivamente e palesemente commerciali, perché affinché il passaparola funzioni è necessario che chi riceve la "segnalazione" la percepisca come sufficientemente sincera e disinteressata

[23] *Fonte: http://www.pambianconews.com/2018/06/06/macys-trasforma-i-dipendenti-in-influencer-237744/*, ultimo accesso in data 04/07/2018.

[24] Attività di branding verso il "pubblico interno" (i dipendenti), con il fine di accrescere il valore percepito del brand, quindi il commitment interno, anche come strumento (non esclusivo, ma importante) di fidelizzazione dei talenti migliori.

(Brown e Reigen, 1987). In tal senso, un esempio particolarmente significativo, anche perché riguarda una delle Pmi italiane maggiormente dinamiche e innovative dal punto di vista del marketing negli ultimi anni, è quello di *Lago*[25] (Ferrero e Fortezza, 2013), con il suo concept dell'"appartamento Lago"[26]. Questa formula, in sostanza, prevede la possibilità per architetti e designer di co-progettare con l'azienda l'arredamento del proprio appartamento (vengono privilegiate location di maggiore appeal e interesse per l'azienda, rispetto ai suoi obiettivi di copertura del mercato) e di ottenere uno sconto sull'acquisto. A fronte di questo, il cliente-partner[27] (che l'azienda identifica come "*tenant*") si impegna a ospitare sistematicamente nel proprio appartamento eventi (anche co-progettati con l'azienda stessa; da presentazioni di libri a piccole mostre) in cui mettere in mostra i prodotti Lago;

– *stimolare il coinvolgimento emozionale dei consumatori*, ad esempio mediante gadget, campioni di prodotto o altri omaggi, mediante eventi ad hoc (es.: feste in locali sponsorizzati), oppure mediante l'intrattenimento sul web. Anche sotto questo profilo, gli strumenti e le opportunità che il digitale offre evolvono rapidamente; così, nel corso degli ultimi anni si è passati dalla fase in cui spopolavamo i "video virali"[28] (Cova *et al.*, 2008) alla fase attuale, in cui il mantra sembra essere rappresentato dal "real time marketing", quindi da un racconto (sistematico) ironico e autoironico della realtà che circonda i brand.

3.2.5. Il marketing diretto

Le operazioni di marketing diretto (Tapp, 2002) consistono nell'indirizzare verso i consumatori forme di comunicazione personalizzata (aspetto determinante), mediante diversi possibili canali (telefono, e-mail, posta cartacea).

Le finalità di queste iniziative possono essere molteplici:

---

[25] Lago produce mobili e arredi dal posizionamento premium price e dai concept stilistici particolarmente ricercati, facendo leva sull'ottimizzazione degli spazi e sulla concezione non convenzionale dell'occupazione degli stessi. Fra le referenze più emblematiche del posizionamento dell'azienda ritroviamo, ad esempio, il letto sospeso e il tavolo sospeso.

[26] *Fonte*: *https://www.lago.it/business/appartamento-lago*. Ultimo accesso in data 04/07/2018.

[27] Siamo, quindi, ancora una volta nell'ambito del marketing relazionale.

[28] Video brevi (di solito, divertenti, ironici, spettacolari, ad effetto) capaci di generare un immediato "effetto wow" (quindi un forte coinvolgimento emotivo) da parte dell'utente, con l'obiettivo di spingere alla loro condivisione sui social network, con la possibilità, appunto, se costruiti e distribuiti bene (Caiazzo *et al.*, 2013), di farli diventare pervasivi sulla rete, esattamente come un virus. Le strategie di marketing virale fanno leva su un concetto semplice: in una fase iniziale ci si concentra su gruppo ristretto di persone, che devono essere punti nodali di reti sociali rilevanti e verso cui si veicola un messaggio che possa fare breccia. Da qui si innesca l'effetto propagazione del messaggio. Queste operazioni sono agevolate se il prodotto/brand possiede un "DNA virale" (Pallera, 2012).

– *portare a conoscenza* dei consumatori i prodotti dell'impresa o, più in generale, il brand[29];
– proporre iniziative mirate di *fidelizzazione*[30];
– *supportare la forza vendita* (in caso, ad esempio, di vendita porta a porta) e lo sforzo commerciale[31];
– *generare traffico nei punti vendita*, anche secondo logiche di trade marketing[32].

Lo sviluppo del marketing diretto è dovuto sia alla crisi della comunicazione classica, sui mass media, sia alla frammentazione che caratterizza il mercato (Corvi, 2007). Uno dei vantaggi che questo strumento offre, infatti, è la possibilità di **raggiungere in modo mirato specifici raggruppamenti di consumatori-obiettivo**[33]. Il consumatore, infatti, riceve il messaggio in via diretta (a casa o su un suo device), viene chiamato per nome (ha quindi la sensazione di essere considerato una persona specifica e non "uno fra tanti") e viene raggiunto (auspicabilmente) con una proposta su misura per lui, come nel caso di un genitore che venga raggiunto da offerte relative al mondo baby care o da proprietari di animali domestici che vengano raggiunti da proposte relative al mondo pet food.

Un altro importante vantaggio di queste iniziative è che consentono di effettuare una **puntuale ed agevole misurazione dei risultati ottenuti** (Molteni e Troilo, 2007) e presentano un **costo a contatto contenuto**. Uno degli indici più utilizzati per misurare il ritorno di queste campagne è la "redemption" (Castaldo, 2009), calcolata nel

---

[29] In tal senso, il marketing diretto si rivela una soluzione potenzialmente molto interessante per promuovere, in particolare, nuove attività a livello locale.

[30] In questo caso, sulla base di sistemi informativi che consentono di profilare la clientela, arrivando a conoscerne abitudini e preferenze in modo molto specifico, è possibile mettere a punto iniziative di retention molto mirate, finanche personalizzate. Si parla, in questi casi, di **Customer Relationship Management** (CRM).

[31] Se il contatto (personale o telefonico) di un venditore è preceduto dall'invio di una (efficace) comunicazione diretta e personalizzata al consumatore, le possibilità di concludere positivamente una trattativa commerciale tendono ad aumentare.

[32] Si pensi, ad esempio, a un brand di sneaker che voglia promuovere un nuovo modello presso uno specifico bacino di clientela potenziale e che, allo scopo, organizzi una campagna di marketing diretto recapitando a casa dei consumatori dei buoni sconto personalizzati (tanto meglio se capaci di "lusingare" i consumatori e se accompagnati da una comunicazione calda, a forte impatto), permettendo l'utilizzo dei coupon solo in determinati negozi trattanti, magari in specifici giorni della settimana e fasce orarie, sostenendo, così, le vendite dei punti vendita considerati, soprattutto nei momenti in cui questi di solito incontrano maggiori difficoltà.

[33] A tal fine, è necessario poter accedere a database di contatti il più possibile profilati e aggiornati. Se l'azienda non dispone internamente di queste informazioni, può acquisirle sul mercato, ricorrendo a provider specializzati (anche Poste Italiane offre un servizio di questo tipo) o affidandosi ad agenzie di comunicazione per soluzioni "chiavi in mano".

seguente modo: (numero di risposte ottenute[34]/numero di contatti generati[35]) × 100.

È però fondamentale evitare il fenomeno dello "**spam**" da parte dei destinatari; in tal senso, bisogna puntare su soluzioni creative e su contenuti capaci di stuzzicare l'attenzione del consumatore[36]. L'aggiunta di un gadget o di altro omaggio, ad esempio, può essere un incentivo utile.

3.2.6. Le pubbliche relazioni

A differenza delle precedenti componenti del mix comunicazionale, le pubbliche relazioni (Pecchenino, 2006) sono in genere rivolte a più ampi pubblici, fino a ricomprendere anche l'opinione pubblica generale (ad esempio per l'accreditamento o il consolidamento di una certa immagine corporate) e gli stakeholder (es.: sindacati, azionisti, finanziatori).

Le iniziative di questo tipo mirano a fornire ampie informazioni sull'impresa, sui suoi prodotti, sulle sue attività a comunicatori professionali (giornalisti e blogger, in particolare, ma anche accademici), in modo che questi dispongano di materiale potenzialmente interessante su cui potranno elaborare spontaneamente articoli da veicolare mediante i media su cui pubblicano abitualmente i propri contenuti.

Una particolare forma di pubbliche relazioni è la *publicity* (da non confondere, quindi, con la pubblicità), che consiste nel "provocare" (mediante incentivi di vario tipo, spesso monetari) l'elaborazione di redazionali o di servizi radio-televisivi incentrati sui nuovi prodotti che l'impresa ha lanciato o si appresta a lanciare sul mercato, di cui si parla in modo solo apparentemente neutrale (ovvero in modo "non pubblicitario"), perché queste comunicazioni finiscono per rafforzare segnali di valore relativi alle caratteristiche distintive del prodotto già veicolati tramite altri strumenti (in primis, la pubblicità) e canali di comunicazione.

Altri tipi di pubbliche relazioni sono le *conferenze stampa* (dove bisogna curare al meglio gli aspetti di comunicazione personale ed avere un chiaro copione dei punti salienti da toccare e delle informazioni da fornire ai presenti) e i *comunicati stampa* (dove bisogna risultare sintetici, chiari e suscitare attenzione e curiosità da parte dei destinatari, che di solito sono rappresentati da testate giornalistiche).

Infine, vi sono gli *eventi*, che possono essere:

---

[34] Ovvero, quante persone, fra quelle complessivamente contattate, hanno dato una risposta positiva, di qualsiasi tipo (dalla richiesta di maggiori informazioni alla richiesta della prova del prodotto).

[35] A quante persone/famiglie è stato inviato il messaggio.

[36] Si consideri l'esempio di un'agenzia di assicurazioni che voglia promuovere soluzioni di risparmio e che faccia recapitare a casa del consumatore una piccola pianta, accompagnata dall'invito a farla crescere e prendersene cura, e che faccia poi seguire dopo qualche giorno una telefonata per chiedere un incontro finalizzato a illustrare al cliente le migliori soluzioni che l'agenzia è in grado di offrire per coltivare i suoi risparmi, con la medesima cura e attenzione.

– svolti presso un'unica location oppure essere itineranti (es.: road show);

– organizzati autonomamente dall'impresa (di solito per il lancio di nuovi prodotti), oppure organizzati da altri (es.: workshop, tavole rotonde, fiere e saloni). In particolare, nel caso di fiere e saloni è bene programmare con attenzione la presenza dell'impresa e curare gli aspetti di immagine coordinata e di comunicazione personale, in modo da preservare e rappresentare al meglio l'immagine aziendale. Inoltre, è buona regola avere chiari gli obiettivi della partecipazione a una data fiera (acquisire contatti con potenziali nuovi clienti, vendere in via diretta, acquisire contatti con venditori qualificati, ecc.) e organizzare di conseguenza i propri processi[37].

3.2.7. Le sponsorizzazioni

Con le sponsorizzazioni si finanziano in tutto o in parte eventi, personaggi o team sportivi, oppure progetti di interesse collettivo in ambito culturale (es.: il rifacimento o il mantenimento di un importante monumento) o sociale (es.: pulizia delle spiagge da parte un brand di bibite), in modo da far risaltare il brand dell'impresa, garantendo ritorni in termini di notorietà (commisurati alla capacità mediatica di ciò che si sponsorizza) e di immagine (qualora vi sia coerenza di fondo fra oggetto/soggetto della sponsorizzazione e posizionamento del brand). Si tratta di iniziative che possono anche presentare rischi (soprattutto nel caso delle sponsorizzazioni sportive), che si manifestano nel momento in cui il soggetto o l'evento sponsorizzato siano coinvolti in scandali (es.: squalifiche per doping di atleti) o altri avvenimenti problematici non preventivabili.

BOX N. 4

DACIA E UDINESE CALCIO: STORIA DI UNA SPONSORIZZAZIONE FELICE

Il mondo del calcio nel corso degli ultimi anni è cambiato molto. Al netto dei pesanti innesti di capitoli provenienti in particolare dall'Asia, è evidente che il marketing sia sempre più alla base della capacità dei grandi club (oramai delle società per azioni, per lo più quotate in Borsa) di creare valore. In tal senso, vediamo affinarsi sempre più le formule pressoché perfette di Manchester United, Real Madrid e Barcellona, ovvero modelli costruiti sulla "scientifica" valorizzazione dei brand e di tutto quello che può girare attorno alla capacità attrattiva del pallone e della fede calcistica.

In tutto questo, emerge fortissimo il tema della (sana) governance e dei modelli di business delle società

[37] Se, ad esempio, l'obiettivo principale è acquisire contatti di possibili nuovi clienti, alla fine dell'evento sarà necessario aggregare i vari contatti raccolti (sotto forma di bigliettini da visita, cataloghi, ecc.), creare dei database e profilare i contatti secondo i criteri più congeniali (es.: suddivisione per settore di appartenenza, per area geografica, ecc.), pianificare tempistiche e modalità dei vari recall commerciali da effettuare rispetto a ciascuno dei contatti presenti nel database.

di calcio. In Italia, al momento, la Juventus è ancora la società più attrezzata da questo punto di vista, ma si fa strada anche un altro modello interessante, ovvero quello di società come l'Udinese, capaci, in particolare, di valorizzare talenti per poi realizzare cospicue plusvalenze. Oltre a questo, il club friulano si contraddistingue anche per la capacità di gestire le sponsorizzazioni, con coerenza e programmaticità, puntando forte sul legame con Dacia, main sponsor del club, come testimonia il nome stesso dello stadio, la "Dacia Arena", di certo fra i più belli d'Italia. Un aspetto molto interessante è che qui lo stadio è stato studiato strizzando l'occhio con grande decisione alle famiglie, con l'intento di aprire le porte il più possibile anche ai "non tifosi", con una serie di servizi dedicati, per consentire loro di condividere la passione del calcio con i propri cari e, nel frattempo, trascorrere tempo libero piacevole, di qualità.

In questa operazione di co-marketing si ravvisa una rilevante coerenza e comunanza di valori fra i brand coinvolti. I veicoli a marchio *Dacia*, infatti, vogliono essere affidabili, "onesti", solidi. La promessa di valore è di "stare dalla parte del cliente", dargli valore, senza fronzoli. Le auto Dacia non vogliono essere maestre di stile, ma dei "sani punti di riferimento". Tutte caratteristiche, queste, che, volendo, è possibile riscontrare anche nell'impostazione, nello stile e nelle scelte operate dal club friulano.

Insomma, un caso di evidenti "affinità elettive", che rendono l'investimento da parte del brand più sicuro. È, infatti, una logica di sponsorizzazione ben diversa da quella – semplicistica – dove si cerca di assoldare gli atleti più in voga del momento affinché promuovano, fra gli altri, anche il proprio brand.

Fonte: *www.experyentya.it.*

3.2.8. La comunicazione personale

Si tratta di uno strumento molto diverso dalle componenti del mix comunicazionale analizzate in precedenza e spesso alternativo ad alcune di esse, che risulta importante soprattutto nei mercati dove il contatto ravvicinato con clienti e dealer, l'ascolto e la risoluzione di problemi in tempo reale rappresentino fattori critici di successo, e dove l'impresa produttrice gestisca in forma diretta la distribuzione (Cioppi e Pencarelli, 2008). In questi casi, il personale "di contatto" rappresenta a tutti gli effetti l'impresa, per cui è fondamentale presidiare in modo competente gli aspetti di comunicazione personale (Livolsi, 2008), su cui bisogna intervenire con specifici programmi di formazione.

3.3. LA COMUNICAZIONE NON CONVENZIONALE

Negli ultimi anni molti autori hanno focalizzato la loro attenzione sulla necessità di recuperare creatività nel marketing. Kim e Mauborgne (2005) parlano di "oceani blu", contrapposti agli "oceani rossi", per simboleggiare condotte di mercato capaci di creare o ricreare spazi di opportunità. Sulla stessa lunghezza d'onda, Fisk (2007) propone il concetto di "marketing genius". Kotler e de Bes (2004), invece, suggeriscono l'adozione di logiche laterali, richiamando le imprese, anche in questo caso, ad una maggiore creatività (per arrivare a soluzioni non scontate), sia su un piano strategico che su un piano operativo.

Del resto, come sottolinea Fiocca (2008), il marketing è per definizione "non convenzionale", o meglio, dovrebbe esserlo: "le convenzioni sono la negazione del marketing, a cui non devono essere mai sottratte creatività e originalità, a partire dal modo in cui si analizzano i mercati e si interpretano i cambiamenti, prima ancora che parlando di strumenti e leve operative".

Parlare di marketing non convenzionale, quindi, vuole essere più che altro una provocazione, per richiamare l'attenzione sul fatto che lo scenario di riferimento per le imprese sia profondamente mutato e che sia inevitabile cercare nuove forme di contatto con il mercato.

Dal punto di vista comunicazionale, il marketing non convenzionale è soprattutto "il tentativo di dilatare gli spazi di incontro tra marche e consumatori", in un'era caratterizzata da sovrabbondanza di offerta e da affollamento crescente di spazi distributivi e comunicazionali (Brioschi e Uslenghi, 2009).

Le nuove condizioni di contesto dal punto di vista della comunicazione prevedono tre principali cambiamenti (Lombardi e Roselli, 2010):

– la *frammentazione dei media* (Polesana, 2005; Weber, 2007; Brognara e Del Curto, 2009);
– l'*attention deficit* (anche come conseguenza della frammentazione e moltiplicazione dei media): gli stimoli che arrivano al nostro cervello tendono a moltiplicarsi, così viviamo in uno stato di "attenzione parziale continua";
– la *difesa dal brand spam* (Godin, 1999; Plummer, 2000): il consumatore è sempre meno propenso ad assorbire passivamente messaggi con chiara impronta commerciale e tende ad irritarsi facilmente in presenza di tentativi ripetuti e manifesti di creare "interruzioni" nella fruizione del proprio tempo libero.

L'obiettivo di queste nuove tecniche è quello di "far venire voglia alle persone di approfittare dell'occasione inattesa dell'incontro con il brand per passare con la marca più 'tempo mentale'" (Brioschi e Uslenghi, 2009). In effetti, molte di queste tecniche sono finalizzate a raggiungere il pubblico nei luoghi in cui vive, lavora, si muove, si diverte abitualmente. Ciò rappresenta, a dire il vero, anche una criticità, perché si corre il rischio di risultare invasivi esattamente come gli strumenti di comunicazione più convenzionali. Bisogna quindi prestare attenzione in tal senso.

Si è portati a pensare che le operazioni non convenzionali siano necessariamente poco costose, ma se questa è una reale possibilità (la creatività consente di ridurre gli stanziamenti richiesti per raggiungere determinati obiettivi, soprattutto in termini di notorietà), è anche vero che nei budget di comunicazione dei grandi brand iniziative di questo tipo occupano oramai, in molti casi, uno spazio importante. Peraltro, è bene considerare le operazioni di marketing convenzionale non sostitutive, bensì integrative rispetto a quelle più classiche, nell'ottica dell'ottimizzazione contestuale di mezzi e strumenti (Cova *et al.*, 2008). Altra considerazione importante è che la comunicazione non convenzionale non va vista solamente come un modo più originale per raggiungere i consumatori (con effetti fine a sé stessi, di breve periodo), bensì come un modo per entrare in relazione con i consumatori, "che ragionano sì con la mente, ma sempre di più con il cuore, e sono quindi alla ricerca di empatia, vogliono creare legami emotivi" (Brioschi e Uslenghi, 2009).

Fra gli strumenti non convenzionali maggiormente utilizzati ritroviamo:

– l'*ambient marketing* (o "place-based advertising"): si sfrutta la normale ambientazione cittadina per incuriosire e/o sorprendere i passanti, con particolari "installazioni" (es.: panchine brandizzate, totem, cartellonistica creativa, ecc.). Si punta, quindi, su "momenti di vita" dove le persone tendono ad avere minori filtri rispetto ai messaggi che possono raggiungerle (Cova *et al.*, 2008);

Un esempio di ambient marketing

– il *guerrilla marketing*: in modo simile, ma in chiave più dinamica ed esperienziale, si utilizzano stazioni ferroviarie, strade cittadine, piazze, college universitari, ecc. come set per inscenare eventi insoliti, spettacolari (es.: flash mob), in cui il brand sia visibile, riconoscibile o dove, comunque, possa essere in qualche modo evocato.

4. L'EVOLUZIONE DELLA COMUNICAZIONE NELL'ERA DIGITALE[38]

4.1. PREMESSA

La rivoluzione digitale in atto rappresenta un epocale cambiamento di scenario, che – è bene sottolinearlo – non riguarda solamente il rapporto fra imprese e mercati, ma anche l'assetto stesso di molti mercati, filiere e processi del valore (Prandelli e Verona, 2006, 2011).

Per quanto riguarda il marketing, questi cambiamenti si basano sulle nuove tecnologie (con riferimento ai device, alle infrastrutture delle telecomunicazioni[39], alle app e alle nuove piattaforme web, in primis i social network), come fondamentale "fattore abilitante", ma di fatto sono il riflesso dell'evoluzione stessa di una società sempre più interconnessa (alla ricerca di "nuovi legami") e mobile (Mandelli e Accoto, 2012), con effetti sostanzialmente trasversali per fasce di età[40].

Sono principalmente quattro le proprietà degli ambienti digitali che generano nuove sfide di marketing per le imprese, che in molti casi sono chiamate a mettere in discussione le proprie modalità di interfaccia con il mercato (Prandelli e Verona, 2009):

– *apertura e ubiquità*: il web, oggi, azzera le distanze, consentendo di entrare in contatto con un numero incredibilmente più ampio di clienti (anche in chiave internazionale), anche in tempo reale e in modo altamente coinvolgente, ma bisogna saper comunicare in modo appropriato e – come vedremo – bisogna saper gestire le relazioni, presidiando molteplici touchpoint;
– *vastità informativa*: il web fornisce nuove possibilità per seguire, conoscere e profilare i clienti rispetto ad abitudini di consumo e preferenze d'acquisto. Inoltre, si può accedere alle conoscenze del consumatore (nell'ottica della già citata co-creazione) e comprenderne maggiormente i valori e le aspirazioni, con la possibilità, di conseguenza, di costruire e alimentare un maggiore grado di fiducia. Ciò richiede, però, di abbandonare logiche puramente transazionali;
– *velocità*: le opportunità di interazione con i consumatori si moltiplicano e si moltiplicano in modo corrispondente i "momenti della verità" da presidiare senza che vi siano eccessivi "tempi morti";
– *mutabilità*: gli ambienti digitali evolvono in continuazione (in termini di strumenti, canali, player, regole), obbligando le imprese a un apprendimento continuo, per cogliere al meglio le sfide e le opportunità emergenti.

---

[38] Di Fulvio Fortezza, Università di Ferrara.

[39] Ad esempio, la fibra ottica.

[40] Anche se i veri protagonisti della nuova ondata digitale, com'è evidente, sono le nuove generazioni dei nativi digitali.

Detto questo, è bene sottolineare come il marketing digitale non sia un "nuovo marketing"[41], bensì rappresenti per molti versi l'esaltazione dei principi del **marketing relazionale** (Gummesson, 2005).

4.2. ECOSISTEMI DIGITALI E CUSTOMER JOURNEY

Se un tempo il problema della presenza web delle imprese si riduceva sostanzialmente alla creazione di siti internet d'impatto, chiari, navigabili, veloci e ben indicizzati, oggi la sfida è quella di progettare, implementare e gestire più complessi e ampi "**ecosistemi digitali**", composti da tutti i possibili punti di contatto ("touchpoint digitali") fra imprese e consumatori, con l'obiettivo di rendere il più possibile soddisfacente l'esperienza di questi ultimi ("customer journey" – *Supra* cap. 2). In quest'ottica, a dire il vero, i touchpoint digitali dovrebbero anche essere integrati con quelli off-line, in modo da offrire la massima coerenza, a tutto vantaggio dell'immagine di marca (Kotler *et al.*, 2017). Un esempio molto semplice, perché riguarda la vita quotidiana di tutti noi, può essere rappresentato dalle *compagnie assicurative*, che un cliente può voler contattare – a seconda dei casi – attraverso il sito in versione desktop (e al suo interno, magari, attraverso una chat), il sito in versione mobile o l'app (quindi mediante smartphone o tablet), i social network, il call center. È fondamentale che a prescindere dal canale scelto, le informazioni fornite siano tempestive, soddisfacenti e coerenti, pur sapendo che a ciascuno dei touchpoint potrà essere affidato un ruolo specifico, in base alle sue caratteristiche tecniche e alle sue potenzialità.

4.3. LE SPECIFICITÀ E I TECNICISMI DEL SOCIAL MEDIA MARKETING

4.3.1. La scelta dei social network e la definizione della strategia di fondo

I social network rappresentano un ambito estremamente ampio e variegato, ancora in profonda evoluzione. Così, se da un lato taluni spazi, come i blog, presentano già una certa maturità, per cui negli ultimi anni le imprese hanno affinato tecniche e modalità di gestione[42], sono ancora in parte da scrivere le regole del gioco sui

[41] Negli ultimi anni si è assistito a una proliferazione di etichette e di presunti "nuovi paradigmi del marketing", con il risultato di creare una certa confusione all'interno della disciplina (Fortezza, 2014).

[42] A dire il vero, i blog sono anche uno strumento molto complesso e dispendioso, per cui negli ultimi anni molti hanno preferito compiere scelte diverse. Da questo punto di vista, uno dei casi più eclatanti è rappresentato da *Ducati*, che ha abbandonato il suo (seppur seguitissimo) "Desmoblog" (che aveva innescato, peraltro, casi interessanti di co-creazione con la community di apostoli del brand) per orientarsi verso Facebook, Twitter e Instagram.

social network relativamente più recenti (sia quelli generalisti come Facebook, Twitter, Instagram, YouTube, sia quelli tematici, come LinkedIn), che, peraltro (ciò vale in particolare per Facebook), tendono a modificare con una certa frequenza le proprie impostazioni e funzionalità. Inoltre, in un contesto decisamente volatile, si assiste alla rapida ascesa di nuovi social network (negli ultimi anni, ad esempio, ha riscosso molto successo, soprattutto fra i più giovani, Snapchat) e all'altrettanto rapido declino di altri (si pensi ai casi di MySpace, Pinterest e Foursquare).

In generale, per le imprese si pone la necessità di effettuare una scrematura, individuando i migliori spazi entro i quali essere presenti e le migliori modalità di presenza e di rafforzamento delle relazioni con la propria clientela di riferimento (quindi del brand), nella consapevolezza che non si può rinunciare ad acquisire un posizionamento e un'identità 2.0, ma anche che ogni social network ha specifiche funzionalità, pubblici e contesti preferenziali di utilizzo almeno in parte differenti.

4.3.2. La creazione dei contenuti

A differenza dei siti internet, che tendenzialmente hanno più una funzione di supporto e servizio (informativo), i social network nascono per creare coinvolgimento emotivo (si pensi a YouTube). In tal senso, i contenuti (testuali, fotografici, video) rappresentano una componente essenziale (devono essere "di qualità"), unitamente ai tecnicismi per la loro ottimale diffusione (si pensi alle "campagne sponsorizzate" su Facebook o agli hashtag su Twitter e Instagram).

La creazione di contenuti deve essere ispirata da una chiara linea editoriale (coerente con la brand strategy, quindi con il posizionamento dell'azienda o del brand), che indichi i temi di maggiore interesse, da sviluppare quotidianamente con uno o più post su ognuno dei social network presidiati, e deve essere organizzata mediante un preciso piano di pubblicazione, che preveda quanti e quali contenuti pubblicare in base al calendario e alle fasce orarie.

Dal punto di vista della creazione dei contenuti sui social network, sono due gli approcci più utilizzati negli ultimi anni, ovvero lo storytelling e il real time marketing. Lo **storytelling** è la costruzione di un racconto fatto di più puntate (o, appunto, "storie"), in cui la marca emerge in modo credibile e coinvolgente come un leader empatico, capace di ispirare (Mandelli e Accoto, 2012). Il **real time marketing** consiste, invece, nella capacità di intercettare (appunto in tempo reale) rilevanti fatti di cronaca o comunque avvenimenti con un rilevante seguito presso il grande pubblico, rielaborandoli in modo ironico o anche autoironico, offrendo in questo modo al brand una potente cassa di risonanza, in chiave virale. Di seguito, a titolo di esempio, viene riportato un post di *Barilla* nelle ore immediatamente successive al fallito tentativo da parte della Nazionale Italiana di Calcio di qualificarsi ai Mondiali di Russia 2018.

Un esempio di Real Time Marketing

Un altro importante aspetto da considerare è relativo a **chi produce i contenuti.** Nell'era del web della condivisione, non è il compito lasciato solo all'impresa[43] (sebbene l'impresa dovrebbe mantenere il presidio complessivo della comunicazione attorno al brand, indirizzandola e armonizzandola), ma che può e deve alimentarsi anche di partnership (ottica del "crowdsourcing"), ad esempio con:

– *i consumatori stessi*, in particolare quelli più fedeli alla marca. Citiamo, ad esempio, il caso di *Sephora*, che ha affidato il proprio blog specializzato sui trattamenti di bellezza proprio ai suoi consumatori[44];
– *gli influencer*, ovvero le nuove categorie di comunicatori professionali sul web, la cui popolarità (e quindi autorevolezza) è espressa dal numero di follower sui propri social network (un tempo soprattutto blog, oggi in particolare Instagram, soprattutto in specifiche categorie tematiche, come moda, food e viaggi).

Non va poi sottovalutata la possibilità di collaborare con le *nuove community dall'alto tasso di viralità* che spopolano sui social network (da "Commenti Memorabili" a "Io Ti Maledico", per fare alcuni esempi), create ad arte dalle media company digitali per intercettare ampie audience da mettere poi a disposizione dei brand per accrescere la propria visibilità rispetto a bacini di utenza principalmente giovanili.

---

[43] A dire il vero, peraltro, sono molte le imprese che delegano questo compito in tutto o in parte ad agenzie esterne, mentre in linea di principio sarebbe opportuno internalizzare questo tipo di attività, perché il racconto quotidiano sui social network implica una profonda conoscenza dell'azienda, dei suoi prodotti e processi, delle persone che ne fanno parte.

[44] *Fonte*: *https://www.mark-up.it/50-top-brand-da-cui-imparare-il-content-marketing*, ultimo accesso in data 05/07/2018.

BOX N. 5

LA CO-CREAZIONE DI CONTENUTI IN AMBITO TURISTICO: IL CASO TER

Anche in ambito turistico, con particolare riferimento alle destinazioni, il web 2.0 sta determinando importanti innovazioni nel modo in cui i territori si propongono ai propri pubblici e alimentano la propria notorietà e la propria immagine.
In Italia, fra i casi più significativi, oltre a quelli spesso citati di Toscana, Trentino e Puglia, vi è quello della regione Emilia Romagna, con le iniziative poste in essere negli ultimi anni dal social media team di Turismo Emilia Romagna (TER), che fanno leva principalmente sul crowdsourcing, quindi sui cosiddetti "user-generated content".
Sono state concepite in quest'ottica, ad esempio:

• *Adotta una parola*, un progetto inaugurato nel 2010, finalizzato al miglioramento delle voci Wikipedia relative all'Emilia-Romagna. Dopo aver effettuato un censimento delle voci rilevanti, si è chiesto agli utenti di candidarsi tramite il sito, appunto per "adottare una parola". Il meccanismo prevede che ogni "genitore adottivo" accetti di "prendersi cura" di una data parola, con riferimento a tutto quanto in regione possa avere a che fare con quella parola, verificando e migliorando dove necessario quanto già eventualmente presente in Wikipedia. L'obiettivo di questa iniziativa è duplice: migliorare l'immagine e la visibilità dei luoghi e delle specialità della regione, ma anche premiare il più possibile il coinvolgimento della community (in un'ottica di marketing interno del territorio);
• *Chef di TER per un giorno*, una sorta di "ricettario collettivo", che vuole raccogliere e valorizzare i piatti della tradizione, nelle varianti locali e familiari. L'obiettivo, qui, è di valorizzare il patrimonio di varietà regionali, con riferimento a un tema – l'enogastronomia – che è centrale rispetto al posizionamento turistico della regione;
• *Parlami di TER*, che ha che fare con il blog, che il mercoledì viene lasciato aperto a contributi esterni, ai racconti degli utenti che vogliano parlare appunto dell'Emilia Romagna per come la vedono, con i loro occhi. Da questi racconti sono stati creati degli e-book scaricabili gratuitamente;
• *Pic of the day*, una selezione quotidiana di immagini proposte dagli utenti, fra cui ogni giorno viene scelta la più suggestiva o rappresentativa, che viene ripubblicata da TER nei propri spazi 2.0;
• *InstaTER*, un'iniziativa sempre orientata alla collaborazione, ma questa volta a cavallo fra on-line e offline. Si tratta di gite fotografiche organizzate assieme agli instagramer [45] della regione, scegliendo ogni volta una località diversa. Lo scopo è di far conoscere dal vivo persone che si relazionano tutti i giorni in rete, condividendo la propria passione, nella fattispecie valorizzandone il talento ai fini della presentazione del territorio;
• *Blogville*, un progetto che riguarda l'internazionalizzazione della regione e che vuole far leva sui travel blogger, considerati come importanti opinion leader. In questo caso, due appartamenti (a Bologna e Rimini) vengono messi a disposizione gratuitamente per quasi tre mesi a favore di cinquanta blogger provenienti da tutto il mondo, ai quali viene data la libertà di muoversi secondo le proprie preferenze. L'obiettivo è di facilitare e far emergere un racconto vivo, dinamico e autentico della regione, in tutte le sue molteplici sfaccettature.

Fonte: Fortezza e Pencarelli, 2018.

4.3.3. L'importanza delle attività di analisi

Ai fini di una presenza di successo sui social network è fondamentale prestare

[45] Ovvero gli utenti (appassionati) di Instagram.

importanza sistematica all'analisi dei dati che i vari provider offrono (insights, analytics, ecc.) o che si possono acquisire autonomamente dalla rete, manualmente o mediante l'utilizzo di specifici software.

Ciò vale, in primis, per l'impostazione e l'ottimizzazione delle campagne "sponsorizzate" sui social network, con la possibilità di selezionare in modo estremamente fine i pubblici di interesse, da raggiungere con messaggi il più possibile mirati. Del resto, un altro ambito decisamente importante, è quello del monitoraggio della brand reputation (Mandelli e Accoto, 2012). Da questo punto di vista, infatti, ci si può aspettare che il flusso delle opinioni e delle interazioni sul web sarà sempre più istantaneo e massiccio e che il controllo dei flussi di comunicazione tenderà in parte a passare di mano dalle imprese ai consumatori (Vescovi, 2008).

In tal senso, è molto importante imparare a "lasciar fare al consumatore"; bisogna dargli la possibilità di esprimersi, sull'azienda, sul brand, sui suoi prodotti, sulle sue iniziative ed è meglio che lo faccia sugli spazi web ufficiali dell'azienda, anziché "altrove" (bisogna quindi creare le condizioni migliori affinché ciò avvenga[46]), in modo indiscriminato e poco controllabile. Entrerà poi in gioco la capacità dell'impresa di gestire i feed-back e le relazioni, anche quelle maggiormente problematiche.

4.4. LE NUOVE OPPORTUNITÀ PER LE PMI: L'ESEMPIO DEL CROWDFUNDING

Lo scenario finora descritto apre nuove importanti opportunità per le imprese minori (Bocconcelli *et al.*, 2017), non tanto perché si tratti di un terreno di gioco più semplice (al contrario), ma perché aumentano notevolmente le possibilità di entrare in contatto con ampi pubblici, con molteplici possibili forme di ritorno.

Un esempio emblematico è rappresentato dal crowdfunding (Lagazio e Querci, 2018), fenomeno riconducibile agli schemi della sharing economy (Botsman e Rogers, 2010), che sostanzialmente consiste nella collaborazione fra soggetti "alla pari", ovvero, nello specifico, fra chi ha un progetto per il quale chiede supporto finanziario e chi è disposto a supportarlo (che prende il nome di "baker"), con l'infomediazione di specifiche piattaforme web (appunto, le piattaforme di crowdfunding), che possono essere generaliste (es.: Kickstarter) o settoriali (es.: Produzioni dal Basso) e che possono prevedere la partecipazione al capitale da parte di conferisce il proprio denaro (equity-based crowdfunding) oppure no (qui la formula più diffusa è quella del reward-based crowdfunding).

Aspetto particolarmente degno di nota è che queste piattaforme (in particolare quelle reward-based) offrono non solo la possibilità di approvvigionarsi di risorse

[46] In quest'ottica, non si può pensare di difendere la reputazione del brand semplicemente rimuovendo i contenuti ritenuti "scomodi".

finanziarie necessarie per sostenere i propri progetti (es.: lancio di un prodotto innovativo), ma anche di ottenere una serie di vantaggi sotto il profilo del marketing (Brown *et al.*, 2016), con particolare riferimento ai seguenti aspetti:

– l'*ulteriore messa a punto del progetto*, visto che chi finanzia progetti di questo tipo ha spesso (soprattutto qualora si tratti di appassionati di un certo ambito o prodotto [47]) anche il desiderio di partecipare, fornendo idee e spunti migliorativi;

– la *visibilità del progetto*, per effetto del passaparola generato dai baker, soprattutto on-line;

– l'*accesso al mercato*, visto che nei casi di "pre-sale" [48] la piattaforma di crowdfunding funge anche, di fatto, da e-commerce.

Va anche sottolineato come per poter pubblicare il proprio progetto su una piattaforma di questo tipo, l'impresa sia di fatto obbligata a curare con attenzione la comunicazione del progetto stesso, esaltandone le virtù. I vari progetti, infatti, sono tutti potenzialmente in concorrenza fra loro per conquistare l'interesse, quindi il denaro, dei baker. Ciò, quindi, spinge ad attribuire importanza particolare ad aspetti che di solito molte imprese minori tendono a sottovalutare, ritenendoli residuali rispetto alle caratteristiche del prodotto (Ferrero e Fortezza, 2007).

---

[47] Si pensi al *gaming*.

[48] Il *pre-sale* è una delle opzioni del reward-based crowdfunding, dove a fronte del denaro conferito dal baker, questi riceve in cambio una o più unità di un prodotto innovativo, in anteprima, ovvero prima che venga lanciato sul mercato su vasta scala.

DOMANDE PER AUTOVALUTAZIONE

- Quali sono le componenti di base della marca?
- Quali funzioni svolge la marca?
- Quali sono le quattro fasi (brand equity pyramid) mediante le quali si costruisce la brand equity?
- Cosa è la personalità di marca e su quali dimensioni si basa?
- Su cosa si basa la teoria delle basi relazionali della marca?
- Come si definisce la fedeltà alla marca e quali vantaggi determina?
- Come possono essere classificate le tipologie di fedeltà alla marca?
- Quali sono le strategie di marca?
- Che rapporti sussistono tra product brand e retail brand?
- Quali sono le valutazioni più importanti che bisogna compiere per verificare che la comunicazione produca ritorni soddisfacenti per l'impresa?
- Quale è la struttura dei processi di comunicazione?
- Quali sono le componenti del mix comunicazionale?
- Quali sono le fasi di una campagna pubblicitaria?
- Come un'impresa può agevolare o stimolare il passaparola?
- Quali sono le tipologie di marketing non convenzionale ed i fattori che ne hanno agevolato la diffusione?
- Che cosa differenzia la pubblicità dal product placement?
- Quali sostanziali cambiamenti l'evoluzione dello scenario sociale e di mercato sta determinando su canali e strumenti della comunicazione d'impresa?
- Come possono essere utilizzati i social network per una comunicazione più efficace con il proprio target?

Capitolo 8

LA PROGETTAZIONE DEL VALORE ED IL SUO TRASFERIMENTO[1]

Sommario: 1. Introduzione. – 2. Il ruolo della funzione distributiva nel mercato. – 3. Il canale di distribuzione e i suoi attori. – 4. Le decisioni di distribuzione dell'impresa industriale. – 5. L'organizzazione e la gestione della forza vendita dell'impresa industriale. – 6. I rapporti industria-distribuzione tra conflitto e cooperazione. – 7. Il nuovo scenario del commercio online. – Domande per autovalutazione.

1. INTRODUZIONE

Come osservato da alcuni autori (Cozzi e Ferrero, 1996), nel marketing il termine distribuzione ha una duplice valenza:

a) la distribuzione intesa come una delle leve del marketing mix, insieme al prodotto, al prezzo e alla comunicazione;

b) la distribuzione come categoria di operatori economici (le imprese commerciali) che sono presenti sul mercato con finalità e politiche autonome e che, mediante l'impiego di risorse di varia natura (risorse fisiche e umane), svolgono un'attività di scambio allo scopo di conseguire un profitto, adottando specifiche strategie di mercato (De Luca, 2007).

Si distingue quindi concettualmente tra le *funzioni distributive*, intese come attività inerenti alle scelte di distribuzione delle imprese industriali, e i *distributori*, intesi come operatori economici che in presenza di talune condizioni svolgono tali funzioni. Com'è noto, infatti, la maggior parte delle imprese industriali non vende direttamente ai propri clienti (consumatori o utilizzatori industriali) ma si avvale di altre imprese per lo svolgimento di tale funzione. Tra l'impresa produttrice e il cliente finale si inseriscono il più delle volte uno o più *intermediari, i quali svolgono*

---

[1] Di Gian Luca Gregori, Silvio Cardinali, Valerio Temperini, Federica Pascucci, Sara Bartoloni, Luca Marinelli, Università Politecnica delle Marche.

la funzione di rendere il bene disponibile nel "luogo", nel "tempo" e nei "modi" più opportuni per il cliente. In tal senso, lo scopo della distribuzione è quello di limitare i gap spaziali e temporali che esistono tra le condizioni dell'offerta e le condizioni della domanda di beni o servizi.

L'impresa commerciale non si limita a trasferire valore ma aggiunge valore mediante la realizzazione di una serie di attività specializzate, volta al trasferimento del prodotto dalla produzione al consumo/utilizzo.

In questo capitolo, dopo aver illustrato il ruolo che la funzione distributiva assolve all'interno del sistema economico (parr. 2 e 3), ci occuperemo prevalentemente della prima accezione, esaminando, le problematiche connesse alle scelte distributive, nella prospettiva delle imprese industriali operanti nei mercati business to consumer (par. 4); successivamente, verranno approfondite le tematiche connesse alla gestione della forza di vendita (par. 5), che ha assunto un ruolo via via più strategico nel corso del tempo. Nel par. 6 verranno presentati i principali aspetti evolutivi dei rapporti tra industria e distribuzione, da sempre "in bilico" tra cooperazione e conflitto, con alcuni cenni alle politiche di marketing rivolte dall'impresa industriale al distributore (*Trade marketing*) e al *Category Management.* Infine, nel par. 7 verrà illustrato il nuovo scenario offerto dall'avvento del canale online, quale mezzo attraverso il quale le imprese possono vendere i propri prodotti e servizi in una maniera innovativa rispetto al passato.

2. IL RUOLO DELLA FUNZIONE DISTRIBUTIVA NEL MERCATO

Secondo Sciarelli (1969) "l'attività distributiva di base consiste nel trasferire i beni dai luoghi di produzione a quelli di consumo, nel conservarli nel tempo in modo da immetterli nel mercato in ragione delle graduali richieste degli acquirenti e nel porli a disposizione di questi ultimi secondo le modalità di assortimento, di pagamento e di consegna ad essi gradite". Tale attività è normalmente assolta da una particolare categoria di operatori economici, che sono gli intermediari commerciali (*trade*). Essi acquistano la proprietà del prodotto dalle imprese industriali e trasferiscono tale prodotto ai clienti finali, siano essi consumatori o utilizzatori industriali.

La presenza degli intermediari commerciali è utile per ridurre il numero delle transazioni che l'impresa industriale dovrebbe altrimenti gestire per raggiungere un elevato numero di clienti finali e di conseguenza ridurre anche il costo complessivo per il sistema. Supponiamo infatti che 3 produttori (P) debbano fornire 5 clienti finali (C): ciascuno di loro dovrebbe realizzare 5 transazioni per un totale di $3 \times 5 = 15$ transazioni complessive; se invece i produttori decidono di avvalersi di un intermediario (I) il quale poi servirà i clienti finali, il numero delle transazioni si ridurrebbe a $3 \times 1 = 3$ (per le imprese produttrici) + $1 \times 5 = 5$ (per l'intermediario), per un totale di 8 (si veda la fig. 1). In altre parole, la gestione diretta delle vendite da parte delle imprese industriali aumenta il numero complessivo delle relazioni da gestire e quindi il costo (Grandinetti, 2008).

Figura 1. – *La presenza di intermediari riduce il numero complessivo di relazioni*

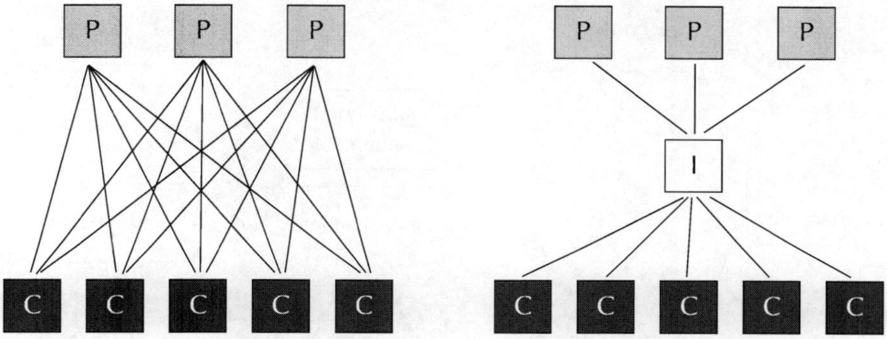

Fonte: nostre elaborazioni.

Le funzioni commerciali possono essere distinte in due grandi gruppi (si veda la figura seguente):

1. le *funzioni commerciali primarie*;
2. le *funzioni commerciali secondarie.*

Le **funzioni commerciali primarie** sono orientate a colmare un divario che tipicamente si crea fra la fase di produzione e la fase di utilizzo e consumo; tale divario è di varia natura:

– *gap spaziale*, ovvero, la distanza fisica che separa il luogo della produzione dal luogo del consumo; la riduzione di tale gap avviene grazie alla funzione di **trasporto** (trasferimento nello spazio);

– *gap temporale*: ovvero la distanza temporale che, per esigenze produttive o per aspetti connessi alla stagionalità, separa il momento della produzione dal momento della richiesta da parte dei consumatori; per ridurre tale divario è necessario il "trasferimento nel tempo" dei prodotti, mediante la funzione di **magazzinaggio** e della relativa conservazione;

– *gap quantitativo*: la quantità di merce prodotta da un'impresa industriale solitamente è maggiore di quella utile ad un singolo consumatore, pertanto mediante la funzione di **adattamento quantitativo** (frazionamento delle partite) le imprese commerciali rendono disponibile agli acquirenti le quantità necessarie al loro fabbisogno;

Figura 2. – *Le principali funzioni commerciali primarie e secondarie*

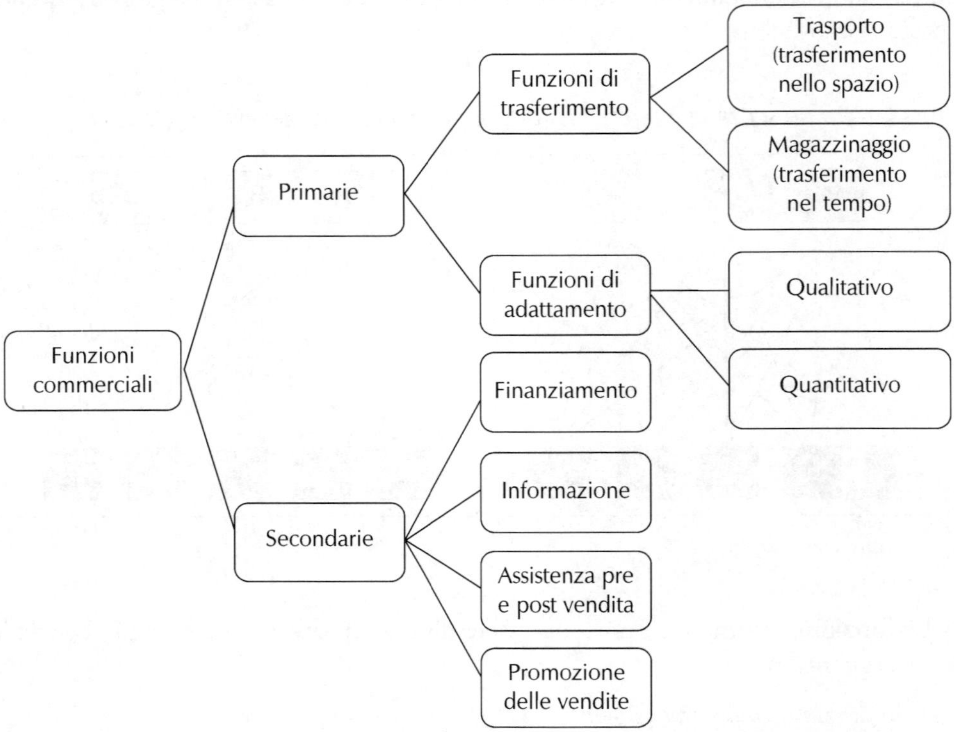

Fonte: nostre elaborazioni su Sbrana e Gandolfo, 2007.

– *gap qualitativo*: l'impresa commerciale non interviene negli attributi fisici di un prodotto e quindi l'**adattamento qualitativo** va inteso come la costruzione di un assortimento (mix di prodotti) adatto alle esigenze dei compratori, anche attingendo da imprese di produzione differenti.

A queste funzioni definite primarie si associano poi altre attività che gli intermediari commerciali possono realizzare e che risultano, in alcuni casi, rilevanti sia per il consumatore, sia per il distributore stesso che diventa così capace di differenziare la propria offerta dagli altri competitor commerciali; con la fornitura di servizi accessori che vanno al di là della semplice funzione tecnico-economica originaria del commercio (Baccarani e Caprara, 2001), l'intermediario commerciale crea valore per il consumatore, che è diventato via via più esigente in termini di esperienze di consumo "complete". La realizzazione degli obiettivi di consumo dei clienti, infatti, richiede che i beni siano forniti assieme a un complesso di servizi differenziati: egli acquista pacchetti di beni e servizi "confezionati" dalle imprese di distribuzione, non dalle imprese industriali (Spranzi, 1988).

Le principali **funzioni commerciali secondarie** possono attivarsi precedentemente, contestualmente o successivamente alle fasi di vendita, e sono le seguenti:

– *finanziamento*: rappresenta la funzione commerciale ritenuta più importante e consiste, da parte dei vari attori del canale, nell'offrire dilazioni di pagamento, ovvero, far acquisire ai compratori la proprietà della merce prima di pagarne il corrispettivo. Solitamente questa dilazione è più lunga nelle fasi "a valle" (pur non esistendo una regola generale) ed è molto differenziata da settore a settore. Accade invece con una certa frequenza, che per le imprese al dettaglio si inverta il ciclo finanziario, ovvero, che la merce venga pagata al fornitore (grossista o impresa di produzione) con una dilazione (solitamente anche molto lunga) e la vendita (con il relativo incasso) avvenga contestualmente all'acquisto da parte del consumatore;

– *informazione*: il distributore, essendo a contatto diretto con il cliente finale, da un lato riesce a rilevare meglio le informazioni provenienti dal mercato e, dall'altro lato, a fornire adeguate informazioni per agevolare il processo di scelta del cliente riducendo, in tal senso, i costi di transazione e di ricerca; il cliente ottiene così un duplice vantaggio: da un lato, può beneficiare, grazie alla selezione operata dal distributore tra le varietà di prodotto conosciute, di informazioni preziose circa le caratteristiche specifiche dei beni (Sciarelli e Vona, 2000); dall'altro lato, la capacità del distributore di raccogliere informazioni circa il suo comportamento di consumo, permette a quest'ultimo di realizzare un assortimento e un'offerta commerciale il più possibile rispondente ai bisogni e alle preferenze del consumatore;

– *assistenza pre e post-vendita*; tale funzione acquisisce una particolare importanza per i beni ad "acquisto problematico" (si pensi agli elettrodomestici o alle automobili) e consiste nel supportare il cliente finale prima e dopo l'acquisto, fornendo consigli ed assistenza; rientrano in questa categoria i servizi di riparazione o sostituzione dei prodotti, ma anche le condizioni di pagamento e la cortesia del personale. Tali servizi sono quelli che più di tutti permettono al distributore di acquisire dei vantaggi competitivi differenziali – sebbene forse meno difendibili – in quanto sono quelli più chiaramente percepibili dall'acquirente finale;

– *promozione delle vendite*: tale funzione è volta a stimolare, mediante specifiche iniziative, l'acquisto dei prodotti da parte dei consumatori. Rientrano in questa categoria le raccolte punti, le offerte speciali, gadget in regalo per chi acquista determinati prodotti, ecc. Anche questa funzione può essere personalizzata sulla base delle preferenze e dei bisogni dei propri consumatori.

In definitiva, ogni impresa commerciale adotta un mix di servizi differenziato volto a soddisfare le esigenze della propria clientela.

Nello svolgimento di queste funzioni si generano diversi *flussi commerciali* tra i soggetti coinvolti nel processo di scambio:

– il flusso del titolo di proprietà del bene (impresa industriale/cliente);
– il flusso fisico (spostamenti reali del prodotto; impresa industriale/cliente);

– il flusso degli ordini (cliente/impresa industriale);
– il flusso finanziario (cliente/impresa industriale);
– il flusso di informazioni (flusso bidirezionale impresa industriale/cliente).

Solitamente gli intermediari sono in grado di gestire tali flussi con maggiore efficacia e minori costi rispetto a quanto potrebbe fare un'impresa industriale. In particolare, la presenza di intermediari specializzati nelle attività distributive, riducendo il costo di "produzione" delle funzioni commerciali ed il numero necessario di transazioni, può abbassare il costo complessivo della funzione distributiva.

Va osservato che, a fronte delle funzioni primarie e secondarie sopra descritte, la distribuzione comporta dei costi di varia natura: costi monetari e non monetari, di natura logistica e informativa (Sciarelli e Vona, 2000). Tali costi non andrebbero attribuiti soltanto agli intermediari commerciali, ma con un approccio più ampio e sistemico, si dovrebbe ragionare in termini di costo totale di distribuzione (si veda il *box* n. 1).

BOX N. 1

IL COSTO TOTALE DI DISTRIBUZIONE

Il concetto di costo totale di distribuzione è derivato dalla teoria dei sistemi. In base a tale concetto, il canale di distribuzione dovrebbe essere visto come un sistema composto da tanti sottoinsiemi interdipendenti; l'obiettivo del manager del sistema (o canale) dovrebbe essere l'ottimizzazione del rendimento complessivo del canale, ovvero la riduzione al minimo del costo totale, mantenendo inalterate le altre caratteristiche; in altri termini, si tratta di evitare che il potenziale dell'intero sistema non sia pienamente sfruttato, ferma restando, però, la fisionomia specifica del canale.
L'elenco seguente presenta i principali costi sui quali operare:

1. costi di trasporto;
2. costi per la gestione dell'ordine;
3. costo delle transazioni non andate a buon fine (costo-opportunità o di sostituzione dovuto all'incapacità di soddisfare la domanda del cliente);
4. costi di gestione delle merci in magazzino, comprendenti: costi del magazzino, costo del capitale investito, imposte e tasse, assicurazioni, obsolescenza e deterioramento dei prodotti;
5. costi di confezionamento;
6. costi per la gestione materiale delle merci.

Fonte: nostre elaborazioni su Peter e Donnelly, 2003.

3. IL CANALE DI DISTRIBUZIONE E I SUOI ATTORI

Il "canale di distribuzione" è "il percorso economico-giuridico" (non solo fisico) che il prodotto compie per essere trasferito dall'impresa industriale produttrice al cliente finale (sia esso un consumatore o un utilizzatore industriale).

All'interno di ogni canale, la funzione di distribuzione avviene con l'intervento di una serie di player – definiti "**attori in senso stretto**"; tale qualifica dovrebbe essere attribuita soltanto a quei soggetti che acquistano temporaneamente la proprietà del bene per poi cederla a terzi in un secondo momento. Oltre alle imprese industriali, che si occupano della produzione dei beni, gli attori del canale sono pertanto i seguenti:

- *grossisti*, che acquistano le merci dai produttori (ottenendone il diritto di proprietà), per poi rivenderle ai dettaglianti, offrendo una serie di servizi, quali: trasporto, magazzinaggio, adattamento quali-quantitativo e finanziamento (Lambin, 2002). Nel *box* n. 2 vengono sinteticamente presentate le diverse tipologie di formati di vendita all'ingrosso.

BOX N. 2

DIFFERENTI TIPOLOGIE DI FORMATI DI VENDITA ALL'INGROSSO

Sulla base delle funzioni svolte si distinguono differenti tipologie di grossisti, di seguito elencate.

1. *Grossisti a servizio (o a funzioni) completo.* Svolgono un insieme di funzioni a carattere logistico (deposito e trasporto), finanziario (finanziamento al produttore, credito al dettaglio) e commerciale (assortimento e ricerca di sbocchi di vendita) fornendo così importanti servizi alle aziende produttrici-fornitrici e a quelle clienti-dettaglianti. Sono operatori indipendenti.
2. *Grossisti a servizio (o a funzioni) limitato.* Svolgono un ridotto numero di funzioni circoscritte alla compravendita e che variano a seconda della specificità del mercato. In questa categoria rientrano il Cash & Carry, il grossista trasportatore, il rack jobber, i truck-jobbers e i drop-shippers. Il *Cash & Carry*, è uun magazzino all'ingrosso con vendita a libero servizio, presso il quale il dettagliante può acquistare i prodotti direttamente, pagando in contanti alla cassa e provvedendo al trasporto al proprio punto vendita. Il rack jobber, è generalmente un'impresa grossista che mantiene la proprietà della merce anche dopo che questa è stata posta sugli scaffali del negozio al dettaglio. Agisce come intermediario per conto ed in nome proprio e può fatturare la merce al dettagliante solo dopo che questo la ha effettivamente venduta. I *truck-jobbers* (poco diffusi in Italia) sono grossisti specializzati nel settore alimentare, il cui tratto peculiare è la loro possibilità di consegnare immediatamente al dettagliante la merce che si portano al seguito. I *drop-shippers* acquistano invece la proprietà del prodotto che trattano, ma non effettuano su di essa nessuna operazione. Essi si limitano ad inviare l'ordine al produttore con i dettagli della spedizione presso il cliente dettagliante.

Fonte: Stanton e Varaldo, 1989; Casarin, 1996.

- *dettaglianti*, che vendono beni e servizi direttamente ai clienti finali (consumatori), dopo averne acquisito il diritto di proprietà dai grossisti o dalle imprese di produzione. Il loro guadagno è rappresentato dalla differenza (il margine) tra il prezzo di acquisto corrisposto e il prezzo di vendita al cliente finale. Per una descrizione delle principali tipologie di formati di vendita al dettaglio grocery si veda il *box* n. 3.

BOX N. 3

DIFFERENTI TIPOLOGIE DI FORMATI DI VENDITA AL DETTAGLIO GROCERY

Superette. Superficie di vendita da 200 a 400 mq, assortimento formato da un numero ridotto di referenze (1.500-1.700); tecnica di vendita mista self service e banco a servizio, area di attrazione limitata (500 metri); tende a localizzarsi e a svilupparsi nei centri urbani minori.
Supermercato. Esercizio di vendita al dettaglio operante nel comparto grocery (alimentare e non alimentare di uso corrente) organizzato a libero servizio, integrato da reparti a vendita assistita e con pagamento all'uscita, con una superficie di vendita generalmente compresa tra 400 e 2.500 mq, e localizzazione urbana.
Ipermercato. Esercizio al dettaglio con una superficie di vendita superiore a 2.500 mq (assortimento food e non food); è localizzato in aree urbane periferiche per utilizzare ampi spazi o per sfruttare le grandi arterie di traffico; adotta una tecnica di vendita a libero servizio integrata da reparti assistiti; assortimento vasto ma non necessariamente profondo.
Discount. Si possono individuare due tipologie principali. Hard Discount: superficie di vendita di 400-500 mq, sviluppo di un'immagine di convenienza prevalentemente offrendo prodotti non di marca (700-800 referenze), riduzione al minimo dei servizi offerti alla clientela; Soft discount: Superficie di vendita di 600-800 mq; 1.500 referenze; presenza dei prodotti freschi e migliore ambientazione del punto vendita.

Fonte: Lugli, 1998; Burresi *et al.*, 2006.

Alla macro tipologia degli intermediari commerciali vanno poi aggiunti una serie di attori che svolgono un ruolo rilevante nel processo di commercializzazione, anche se non sempre acquisiscono la proprietà della merce: si tratta, ad esempio, degli *agenti* e dei *broker*. L'agente di vendita è un operatore al quale il produttore conferisce un incarico contrattuale per la vendita dei prodotti in nome e per conto proprio, in una data area geografica. Il broker non ha un rapporto continuativo con l'impresa industriale, limitandosi a facilitare la transazione tra questa e l'acquirente e venendo remunerato soltanto in caso di conclusione del contratto.

"Il canale di distribuzione non include invece mai le imprese di trasporto e le banche, le quali offrono sì importanti servizi per la commercializzazione del prodotto, ma non giocano un ruolo fondamentale nella conclusione delle operazioni di acquisto e vendita" (Stanton e Varaldo, 1989, 258).

4. LE DECISIONI DI DISTRIBUZIONE DELL'IMPRESA INDUSTRIALE

4.1. LA SCELTA DELLA STRUTTURA DEL CANALE: LA "LUNGHEZZA"

Dal punto di vista di un'impresa industriale di produzione, la formulazione della politica di distribuzione comprende le tre seguenti attività:

a) *la determinazione della struttura del canale (cioè quanti e quali tipi di intermediari commerciali)*; tale scelta si estrinseca nella determinazione della *lunghezza* e dell'*ampiezza* del canale distributivo;

b) *la scelta tra il ricorso a canali convenzionali di marketing o a sistemi verticali di marketing* (SVM);

c) *la scelta delle singole aziende commerciali in ciascuno stadio del canale.*

Riguardo alla prima decisione, si tratta di scegliere tra canale diretto o indiretto e, in questo ultimo caso, tra canale lungo o corto (lunghezza del canale). I canali si distinguono in funzione del "numero di stadi" in cui si articolano, ovvero della lunghezza del percorso che il prodotto compie per arrivare al cliente finale. In tal senso è possibile individuare tre tipologie principali di canale distributivo (fig. 3):

1. *canale "lungo"*, nel quale operano due o più intermediari commerciali, cioè almeno un grossista e un dettagliante; questo è il canale prevalente nei mercati dei beni di consumo;
2. *canale "corto"*, nel quale il produttore rifornisce direttamente il dettagliante, "saltando" il grossista;
3. *canale "diretto"*, nel quale non esiste alcun intermediario commerciale tra il produttore e il consumatore (o l'utilizzatore industriale). In tal caso il produttore prende contatto direttamente con il compratore finale, mediante, ad esempio, l'apertura di punti vendita al dettaglio di proprietà (si pensi ai Factory outlet) o il ricorso ad un proprio sito web di vendita (e-Commerce). Tale canale distributivo è particolarmente diffuso nel settore dell'abbigliamento (*box* n. 4).

BOX N. 4

LA SCELTA DEL CANALE DIRETTO NEL SETTORE DELL'ABBIGLIAMENTO

La politica distributiva delle imprese della moda ha subito un'evoluzione che ha portato alla rapida espansione del canale diretto a scapito delle tradizionali forme distributive indirette, come le *boutique multimarca*, particolarmente diffuse in passato all'interno dei centri storici delle città. La necessità di avvicinarsi al cliente finale, la criticità della raccolta e della gestione delle informazioni inerenti alle tendenze del mercato e la convinzione che i punti vendita multimarca non fossero più in grado di sostenere una forte immagine di marca, ha portato le aziende del fashion all'apertura di canali diretti di proprietà, come i negozi monomarca, all'interno dei quali le forme più importanti sono rappresentate dai *flagship store* e i *factory outlet*. Nel primo caso, si fa riferimento ad un negozio con una superficie di vendita molto estesa, che supera in genere i 200 metri quadri, nel quale l'azienda produttrice espone un ampio assortimento, con il fine ultimo di evocare i valori e i benefici connessi al marchio. Il *flagship store* ha soprattutto una valenza comunicativa, pertanto nasce generalmente in località prestigiose, nelle cosiddette vie dello shopping. Si pensi ad esempio ai negozi di Prada, Armani e Gucci in Madison Avenue a New York, o Luis Vitton e Calvin Klein in Bond Street a Londra. Il *factory outlet*, invece, rappresenta l'evoluzione dello "spaccio aziendale" e nasce in risposta al problema delle rimanenze delle collezioni delle stagioni passate. Esso rappresenta il primo approccio dei produttori alla vendita diretta e, in passato, sorgeva soprattutto a latere degli stabilimenti produttivi. In questo modo il consumatore fina-

le ha la possibilità di acquistare prodotti di alta qualità ad un prezzo fortemente scontato; di conseguenza, aumenta la probabilità che esso si rechi successivamente a visitare i negozi "ufficiali" per visionare le nuove collezioni, non ancora scontate e presenti in outlet. Il successo ottenuto dalla "formula" distributiva del factory store ha portato alla creazione degli attuali *"factory outlet* store" o *"factory outlet center"*, i quali sono dei veri e propri centri commerciali che riuniscono, all'interno di un'unica superficie, una molteplicità di outlet dedicati a marchi diversi.
La scelta da parte delle aziende del fashion di operare direttamente anche come retailer è dovuta principalmente a tre fattori:

- avvio di un dialogo diretto con il mercato;
- raccolta di informazioni sul cliente finale;
- incremento del volume di affari e del margine operativo.

A fronte di questi benefici, tuttavia, lo sviluppo del retail con una rete diretta di punti vendita monomarca, sottopone i brand della moda ad una serie di criticità:

- elevato impegno finanziario: oltre alle spese per l'impianto e l'allestimento di ogni singolo negozio (acquisizione della location, acquisto dell'immobile, inaugurazione, realizzazione della struttura), si devono aggiungere i costi di gestione e di coordinamento della rete nel suo complesso (eventuale affitto dei locali, utenze, sistemi informativi e assicurativi, personale di vendita, ecc.);
- perdita del fatturato derivante dalla rete indiretta nella località di apertura del negozio monomarca;
- rischio e costi dell'invenduto: l'invenduto nel caso del canale indiretto rimaneva a carico del dettagliante, il quale disponeva di maggiori strumenti di vendita (promozioni e saldi);
- irrigidimento della struttura economica dell'impresa.

Fonte: elaborazioni su Modina, 2007.

Figura 3. – *Le tipologie di canale di distribuzione in funzione della "lunghezza"*

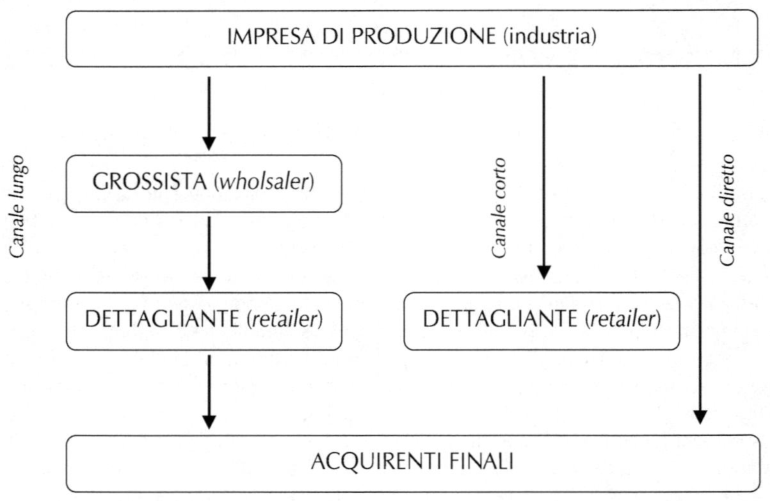

Fonte: nostre elaborazioni.

La scelta dipende da una serie di fattori, che vengono descritti nel *box* n. 5.

BOX N. 5

PRINCIPALI CRITERI DI SCELTA DELLA "LUNGHEZZA" DEL CANALE

1. *Le caratteristiche del mercato*; riguardano la domanda, la sua dispersione geografica, il comportamento di acquisto dei clienti, in termini di abitudini del consumatore relative al luogo di acquisto ed ai beni da acquistare. Diversi segmenti di clientela possono richiedere differenti livelli di servizio commerciale, possono essere più orientati verso l'acquisto presso talune formule commerciali; da ciò discende la preferenza accordata ad uno piuttosto che un altro canale distributivo da parte dell'impresa industriale.
2. *Le caratteristiche del prodotto*; riguardano il profilo merceologico e tecnico, oltre che quello fisico ed economico dello stesso prodotto. Problemi e compiti distributivi assumono, infatti, aspetti diversi se si devono collocare prodotti deperibili o non deperibili, tecnicamente complessi o poco complessi. I prodotti deperibili richiedono canali che consentono di ridurre il numero di passaggi, così come i prodotti voluminosi. Deve essere preso in considerazione anche il valore unitario del prodotto laddove, infatti, un elevato valore costituisce spesso un incentivo alla vendita diretta. Inoltre, mentre i beni di largo consumo tendono ad avere canali indiretti, per i beni di lusso si tende a privilegiare canali diretti o comunque tendenzialmente più brevi.
3. Naturalmente anche *le caratteristiche dell'impresa* giocano un ruolo importante nella scelta di un canale di distribuzione. La dimensione aziendale e la situazione finanziaria determinano quali funzioni possono o devono essere affidate agli intermediari. È chiaro che i canali brevi impongono lo svolgimento di talune funzioni distributive accessibili solamente ad aziende con adeguate caratteristiche dimensionali ed organizzative.
4. Nel processo di definizione della struttura di canale, l'impresa deve tenere in considerazione anche i *canali distributivi utilizzati dai competitor*. In alcuni casi si sceglie, ad esempio, di utilizzare canali alternativi rispetto a quelli già utilizzati dai propri concorrenti, con l'obiettivo di "innovare" dal lato della distribuzione e raggiungere nuovi segmenti di mercato o stessi segmenti secondo modalità differenti. In altri casi, la scelta del canale è invece guidata da un comportamento imitativo dell'impresa nei confronti dei principali competitor.
5. *Le caratteristiche degli intermediari* costituiscono un ulteriore fattore nella definizione della struttura ottimale del canale. L'impresa deve individuare quali intermediari siano idonei e disponibili a portare a termine i compiti a loro affidati. In assenza di una struttura distributiva efficiente, la tendenza è verso canali più brevi, giacché l'impresa tende a farsi carico di talune funzioni distributive al posto di una struttura distributiva inefficiente.

Fonte: elaborazioni su Burresi *et al.*, 2006.

La scelta della lunghezza del canale ha implicazioni in termini di controllo del canale (che risulta piuttosto ridotto nel caso di un canale lungo), di possibilità di moltiplicazione dei contatti (che risulta inferiore nei canali diretti), e possibilità di raccogliere le informazioni riguardanti il mercato (che risulta inferiore nel caso dei canali lunghi).

Va rilevato che la scelta tra l'uno o l'altro canale non si pone in termini di alternativa, ma sempre più frequentemente le imprese adottano *strategie di multicanalità*. Tale fenomeno è stato notevolmente accelerato dalla diffusione del canale elettronico, il quale ha indotto la moltiplicazione delle vie, mediante le quali il prodotto (oltre che le informazioni) può arrivare al consumatore (Pascucci, 2013). All'impresa industriale si schiudono quindi nuove opportunità per distribuire i propri prodotti, secondo una logica "multicanale", ovvero l'adozione contemporanea di più tipologie di canale e di più tipologie di operatori per raggiungere i mercati, che richiedono diverse intensità di servizio distributivo; ciò allo scopo di accrescere la propria presenza sui mercati stessi (Castaldo, 2006). L'obiettivo potrebbe essere quello di usare canali differenti per raggiungere gruppi di clienti con abitudini di acquisto diverse. Per esempio, molte imprese industriali gestiscono direttamente, con la propria forza vendita, i clienti più importanti e affidano a distributori i clienti minori (Lambin, 2002).

4.2. LA SCELTA DELLA STRUTTURA DEL CANALE: "L'AMPIEZZA" E IL GRADO DI COPERTURA DEL MERCATO

L'ampiezza del canale è legata all'*intensità della distribuzione del prodotto nel mercato: cioè al numero di aziende commerciali, alle quali l'impresa industriale reputa opportuno affidare la vendita del proprio prodotto in una data area geografica.*

A questa variabile è strettamente collegato il concetto di "copertura del mercato", che può essere misurata mediante il rapporto tra il numero di clienti raggiungibili e il numero totale dei clienti potenziali in una data zona geografica.

In sostanza, riguardo all'intensità distributiva, il management può scegliere tra le seguenti tre alternative:

– "*politica intensiva*", cioè vendere a molti rivenditori, per conseguire un'elevata "copertura" del mercato; questa politica punta a fare ricorso a quanti più possibili punti vendita disponibili per una capillare presenza sul territorio; è molto diffusa, ad esempio, nel caso di prodotti *convenience* che hanno un elevato tasso di sostituzione e non necessitano di particolari servizi. Per i consumatori, disponibilità significa poter contare su un punto vendita nelle immediate vicinanze e impiegare un tempo minimo per reperirvi il prodotto desiderato;

– "*politica selettiva*", cioè selezionare un ristretto numero di intermediari commerciali per ottenere una copertura del mercato minore rispetto alla politica intensiva, a fronte però di indubbi vantaggi nella gestione delle leve di marketing, in quanto il rapporto con ciascun intermediario selezionato dovrebbe essere più stretto; l'impresa industriale può pertanto ottenere un maggior controllo sui prezzi e sul merchandising e godere di una superiore disponibilità a collaborare degli intermediari;

– "*politica esclusiva*", cioè affidare la distribuzione del prodotto ad un solo commerciante (grossista o dettagliante, a seconda dello stadio del canale e della vastità della zona di vendita), il quale di solito si impegna a non vendere "marche" concorrenti con quella dell'impresa che ha concesso l'esclusiva. Si tratta in sostanza di una forma estrema di distribuzione selettiva, della quale condivide quindi i vantaggi e gli svantaggi (in forma accentuata).

Accanto al concetto di copertura distributiva è importante considerare anche la *copertura numerica* e *ponderata*, per la cui trattazione si rimanda al capitolo 5 di questo volume.

4.3. LA SCELTA TRA CANALE CONVENZIONALE E CANALE VERTICALE DI MARKETING

I canali descritti fino ad ora sono configurabili come *canali convenzionali*, ovvero quelli in cui operano attori (impresa industriale, grossisti e/o dettaglianti) indipendenti fra loro, tra i quali non esiste alcuna forma di coordinamento, né di cooperazione. In questo sistema ciascuna impresa persegue i propri obiettivi, anche a scapito degli obiettivi altrui, e il canale non viene quindi concepito in modo sistemico ed "olistico".

In alternativa ai sistemi convenzionali di marketing vi sono i "sistemi verticali di marketing" (SVM – Kotler e Keller, 2007), costituiti da un produttore, da uno o più grossisti e da un certo numero di dettaglianti, i quali agiscono come un unico sistema che viene coordinato e gestito da uno specifico membro del canale, che può ottenere la cooperazione degli altri mediante varie forme (aziendale, contrattuale, amministrata). Il sistema verticale di marketing può configurarsi infatti secondo differenti modalità:

– *Aziendale.* Si realizza un SVM aziendale quando la gestione dei diversi stadi del canale è riunita nell'ambito di una stessa azienda, che pertanto integra tutte le funzioni connesse alla distribuzione.

– *Contrattuale.* In questo caso il canale si configura come un sistema di imprese indipendenti, collocate a diversi stadi, che cooperano sulla base di un contratto che le lega per un certo periodo temporale. Lo scopo è quello di ottimizzare il processo di vendita e di distribuzione, evitando il sorgere dei conflitti tra gli attori del canale e garantendo un maggior coordinamento delle attività tra di loro. Le forme contrattuali alla base di tali canali possono essere varie: si va da accordi che si limitano a definire alcuni aspetti della vendita, ad accordi più complessi come i contratti di franchising (o affiliazione commerciale, si veda approfondimento nel *box* n. 6).

– *Amministrato.* In questo SVM uno o pochi componenti del canale esercitano qualche forma di potere, influenzando il comportamento degli altri e imponendo i propri obiettivi; in tal modo, si ottiene un certo livello di coordinamento e di cooperazione all'interno del canale. Tale potere può derivare, ad esempio, dalla maggiore dimensione che un attore ha rispetto agli altri, oppure dal comportamento dei consumatori che risultano particolarmente fedeli ad una data marca, ecc.

BOX N. 6

PRINCIPALI CARATTERISTICHE DI UN SISTEMA DI FRANCHISING

Il franchising è un sistema di marketing verticale contrattuale che organizza la distribuzione di beni e servizi. Si stabilisce un rapporto di franchising quando, per contratto, un'impresa concede a un'altra il diritto di utilizzare la propria formula commerciale in un territorio delimitato, secondo norme definite e con un'insegna o una marca date. L'impresa affiliante, chiamata *franchisor*, offre generalmente ai suoi affiliati, i *franchisee*, un'assistenza continua, permettendo loro di svolgere l'attività nelle migliori condizioni possibili nelle rispettive zone. Sia a titolo di compenso del diritto di sfruttamento della marca, sia per beneficiare di un apporto continuo di know-how, il franchisee si impegna, per contratto, a versare al franchisor una quota iniziale (canone forfetario o fee) e una percentuale sulle vendite realizzate (royalties). L'affiliato acquista infatti una formula di successo già sperimentata dall'affiliante e magari anche da altri affiliati in altre zone.
Si distinguono quattro tipi di franchising: franchising che unisce un produttore e un dettagliante, franchising tra un produttore e un grossista, franchising tra un grossista e un dettagliante, franchising di servizi.
Dal punto di vista del *franchisor (azienda che attiva il sistema di franchising)*, la creazione di una rete di affiliati permette di procurarsi rapidamente e a basso costo una rete commerciale (anche internazionale) senza investire direttamente nella proprietà della rete ma, tuttavia, controllandola per contratto. Il franchising è dunque un sistema di distribuzione integrato, controllato dall'affiliante ma finanziato dagli affiliati.
Le motivazioni del franchisor sono soprattutto le seguenti:

- poter accedere a una fonte di capitali, senza perdere o allentare il controllo sul sistema di marketing;
- evitare gli elevati costi fissi imposti da un sistema di distribuzione con negozi propri;
- collaborare con distributori indipendenti ma fortemente motivati, in quanto proprietari dell'attività;
- collaborare con imprenditori locali, ben integrati nel contesto cittadino, regionale o nazionale;
- realizzare un rapido aumento delle vendite;
- beneficiare di economie di scala.

Il *franchisee* (*impresa indipendente che fa parte della rete di franchising*) è motivato principalmente dal vantaggio dell'esperienza, della notorietà e della garanzia legate all'immagine di marca dell'affiliante. A questa motivazione di base se ne aggiungono altre:

- la possibilità di avviare un'impresa con un capitale ridotto;
- la riduzione del rischio e dell'incertezza, poiché il successo del progetto è stato dimostrato;
- una formazione e un'assistenza continue da parte del franchisor;
- un maggior potere d'acquisto presso i fornitori della catena affiliata;
- l'accesso a migliori zone di vendita, grazie alla fama e alla potenza finanziaria del franchisor;
- il sostegno del franchisor nella gestione del marketing, nonché nella gestione finanziaria e contabile;
- la possibilità di creare un'attività propria e indipendente, pur appartenendo a una grande organizzazione.

Il rapporto di franchising è una forma relativamente flessibile di collaborazione tra il franchisor e i franchisee. Esistono tuttavia tre elementi indispensabili affinché un rapporto di questo tipo abbia solide basi: la volontà di lavorare in modo solidale, l'accettazione del diritto di controllo reciproco, la validità della formula commerciale.

Fonte: Lambin, 2002.

4.4. LA SCELTA DEI SINGOLI INTERMEDIARI COMMERCIALI

Specie nelle politiche di vendita selettiva ed esclusiva, un aspetto critico è costituito dalla selezione degli intermediari commerciali. I criteri di selezione possono essere numerosi e vari, ma ve ne sono alcuni particolarmente rilevanti, quali: la dimensione in termini di volume di affari e di mercato servito; la qualità del servizio offerto per il prodotto dell'impresa, che dipende dalle conoscenze e dalle competenze tecniche del distributore; il posizionamento competitivo e la qualità percepita dell'insegna commerciale (Burresi *et al.*, 2006); l'affidabilità finanziaria dell'intermediario, ovvero la capacità di far fronte agli impegni presi con l'impresa industriale e di investire risorse per gli sviluppi futuri dell'attività; la presenza di prodotti concorrenti nell'assortimento, la capacità di svolgere le funzioni logistiche (Casarin, 1996).

5. L'ORGANIZZAZIONE E LA GESTIONE DELLA FORZA VENDITA DELL'IMPRESA INDUSTRIALE

5.1. ORGANIZZAZIONE E FUNZIONI DELLA FORZA VENDITA

Il personale di vendita svolge il ruolo di "raccordo" fra impresa e *trade*. In un contesto di crescente competizione, appare evidente che il ruolo della forza di vendita acquisisce una crescente rilevanza per le imprese. In particolare, negli ultimi anni sembrano evidenziarsi alcuni trend che interessano complessivamente l'intera funzione vendite:

– l'assunzione di un ruolo strategico e non solo operativo; basti pensare all'importanza del ruolo che la forza vendita svolge nella gestione della relazione di lungo periodo con i clienti;
– l'aumento della rilevanza del contributo delle vendite nella fase analitica del marketing, ovvero della raccolta ed analisi delle informazioni sul mercato; infatti, le vendite rappresentano il "veicolo" privilegiato per raccogliere le informazioni sui clienti (in particolare per le imprese B2B);
– la rinnovata integrazione fra la funzione marketing e le vendite con un più efficace processo interattivo di scambio di informazioni e, in alcuni casi, di ruoli.

Di conseguenza si trasforma anche il ruolo del personale commerciale, che viene sempre più considerato quale "*value creator*", ovvero attore nel processo di creazione del valore per il cliente, più che mero "salesman" (Weitz e Bradford, 1999).

A fronte della crescente importanza della funzione vendite non può sfuggire che, in molti casi, essa risulta ancora gestita in modo non adeguato; in particolare, può essere osservato che è finora prevalso da parte delle aziende un orientamento "tattico", di breve termine, ed è stata rivolta una limitata attenzione al contributo che le vendite possono fornire nell'influenzare le fasi analitiche, strategiche ed operative del marketing.

Le funzioni che possono essere assegnate al personale di vendita non si limitano all'attività di vendita in senso stretto, ma comprendono un insieme di attività complesso ed articolato, tra le quali spiccano le seguenti:

– ricerca, selezione e contatto di nuovi clienti;
– gestione della comunicazione verso il cliente e gli influenzatori;
– offerta di servizi di assistenza (pre e post vendita);
– raccolta di informazioni relative alla specifica area di competenza ed ai clienti;
– attività di natura operativa (ad esempio, consegna della merce, recupero dei crediti, ecc.) e strategica (contributo allo sviluppo di nuovi prodotti o alla definizione delle strategie).

L'organizzazione della forza di vendita comprende due aspetti principali:

a) la definizione della struttura della forza vendita;
b) la scelta della tipologia della forza vendita.

L'organizzazione della *forza di vendita* di un'impresa può essere basata sui seguenti tre criteri, utilizzabili anche in combinazione tra loro.

1. Il criterio *geografico*, che risulta il più diffuso, prevede l'assegnazione ad ogni venditore di una zona (area, provincia, regione) nella quale gli viene accordata l'esclusiva di vendita della gamma produttiva dell'impresa.

Tale soluzione in genere favorisce un migliore coordinamento ed una maggiore flessibilità, oltre che l'ottenimento di una motivazione superiore da parte del venditore. Tuttavia, si osserva che *spesso l'assegnazione tende ad essere basata sui "confini amministrativi", con il rischio di non cogliere eventuali opportunità e richieste del mercato.* Va poi evidenziato che i vantaggi sono limitati ai casi in cui l'offerta sia costituita da una gamma non troppo diversificata e complessa e ci si rivolga a gruppi di clienti non troppo disomogenei in termini di esigenze (Casarin, 1996).

2. Il criterio per *prodotto* (o per linee di prodotto), si ritiene preferibile nei casi di gamme molto diversificate e di prodotti tecnologicamente sofisticati.

È stato, infatti, osservato che gli intermediari commerciali non sono sempre propensi ad acquistare da uno stesso venditore l'intera gamma produttiva, mentre sono più disponibili ad acquistare prodotti di linee differenti, anche della stessa impresa, se però proposti da venditori diversi (Gregori, 1995). Per questo motivo un'impresa che offre sul mercato linee differenti di prodotti può trovare conveniente affidarle, anche nella stessa zona, a venditori diversi. Peraltro va rilevato che, soprattutto per le linee di prodotto più collegate, si potrebbe verificare una situazione di potenziale concorrenza tra i diversi venditori della stessa impresa a causa di una parziale sovrapposizione delle reti di vendita, costituendo tale situazione una fonte di possibile inefficienza.

3. Il criterio per *clienti* si considera opportuno quando si rilevano esigenze fortemente differenziate a seconda della tipologia di clientela (per settore, dimensioni, organizzazione). Il costo di tale soluzione organizzativa può diventare eccessivo se i clienti sono molto dispersi sul territorio e se realizzano ciascuno ordini esigui.

Riguardo alla tipologia della forza vendita, si distingue tra forza di vendita *diretta* (venditori dipendenti dell'impresa) e *indiretta* (venditori indipendenti dall'impresa), cioè agenti di commercio con o senza rappresentanza. Gli *agenti di commercio* sono persone o aziende incaricate stabilmente da una (agenti monomandatari) o più imprese (agenti plurimandatari) di concludere, in una data area geografica, contratti di vendita in nome e per conto delle stesse imprese (se con rappresentanza) oppure di promuovere la conclusione di contratti (se senza rappresentanza).

Una delle principali differenze è costituita dalla modalità di remunerazione: mentre nel caso dei venditori diretti questa è in larga parte "fissa", la remunerazione dei venditori indiretti è variabile, in quanto costituita da provvigioni legate ai volumi delle vendite[2].

Ciascuna tipologia presenta vantaggi e svantaggi (si veda il *box* seguente) e non è possibile indicare a priori quale delle due sia la migliore.

In generale, il ricorso alla forza di vendita indiretta è preferibile quando i clienti sono sparsi su un territorio di vaste dimensioni, sono ubicati in zone distanti dall'impresa e i volumi di vendita sono scarsi o le prospettive di vendita incerte. L'utilizzo di venditori diretti è invece ritenuto più adeguato in situazioni di mercati con elevate prospettive di vendita e nei casi in cui la clientela richieda servizi pre e post vendita complessi e numerosi.

---

[2] La percentuale da applicare sul fatturato varia notevolmente da settore a settore ed anche all'interno dello stesso settore si differenzia a seconda della tipologia di clientela. Differenze possono poi esistere da zona a zona, dove situazioni peculiari di mercato impongono politiche retributive differenti. È interessante osservare che nel caso della forza di vendita indiretta, la retribuzione potrebbe *non variare al modificarsi dell'anzianità di servizio*; si è infatti riscontrato che, non solo la percentuale provvigionale non si incrementa nel tempo, ma che può essere più elevata nel caso di nuovi agenti/rappresentanti per stimolarne l'impegno. Oltre alle provvigioni e alla componente fissa, la retribuzione dei venditori può comprendere anche rimborsi spese e i cosiddetti fringe benefit (auto aziendale, telefono aziendale, polizze assicurative, ecc.).

BOX N. 7

FORZA DI VENDITA DIRETTA E INDIRETTA: UN CONFRONTO

Aspetti principali	Forza di vendita diretta	Forza di vendita indiretta
Area economica	La remunerazione è in gran parte *fissa* rispetto al fatturato	La remunerazione appresenta un costo *variabile* per l'impresa
Area motivazionale	Può essere motivata con maggiore difficoltà	Essendo la retribuzione legata ai volumi di vendita, è generalmente più motivata
Conoscenza del prodotto	I venditori diretti si configurano come degli specialisti dei prodotti dell'impresa	La conoscenza del prodotto dell'impresa può essere inadeguata
Conoscenza del mercato	Appare la soluzione più svantaggiosa in caso di introduzione in nuovi mercati (il rischio che si generino delle inefficienze è piuttosto elevato)	La maggiore esperienza e le relazioni che l'agente ha maturato nello specifico mercato, possono consentire risultati più rapidi
Controllo	Maggiori possibilità di coordinamento e di coerenza tra politiche aziendali e comportamento del venditore	Maggiore difficoltà di convergenza tra le politiche commerciali dell'impresa mandante e le esigenze dell'agente; difficoltà a costruire un'immagine uniforme dell'azienda mandante
Dedizione	Trattandosi di dipendenti dell'impresa il tempo dedicato è pieno	In caso di agente plurimandatario si corre il rischio che il tempo da questi dedicato ai prodotti dell'impresa risulti inadeguato
Contatto impresa/mercato	L'impresa ha un contatto diretto con il mercato, e può ottenere maggiori *feed-back* informativi	Contatto indiretto impresa/mercato, minori *feed-back* informativi
Servizi ai clienti	Possibilità di offrire maggiori servizi alla clientela	Probabile inefficienza per lo svolgimento di ulteriori attività al di fuori della vendita

Fonte: nostre elaborazioni.

È stato verificato che le imprese di piccola e media dimensione sembrano orientarsi maggiormente verso venditori esterni, sia monomandatari che plurimandatari. La scelta di ricorrere alla forza di vendita indiretta spesso risulta obbligata, non soltanto dalla ridotta dimensione operativa, ma soprattutto dall'estrema variabilità nel tempo delle vendite per ogni singola impresa.

5.2. LE PRINCIPALI PROBLEMATICHE DI GESTIONE DELLA FORZA VENDITA: DALLA SELEZIONE ALLA VALUTAZIONE

La gestione della forza vendita implica quattro problematiche principali, che verranno di seguito approfondite: il reclutamento e la selezione dei venditori; la formazione e il loro affiancamento; la motivazione; e la valutazione e il controllo.

A) Il reclutamento e la selezione dei venditori

Definizione delle esigenze di professionalità. Il primo *step* di un processo integrato di pianificazione dello sviluppo della forza di vendita, è costituito dalla definizione delle esigenze di professionalità che questa deve possedere; si tratta di individuare:

1. le mansioni che i venditori dovranno svolgere, in relazione alle differenti tipologie di prodotti, alla politica di comunicazione e di distribuzione adottate dall'impresa;
2. le competenze professionali ed abilità richieste ai venditori, a seconda del prodotto, della zona, dei clienti, del tipo di approccio alla vendita.

È importante osservare che il lavoro dei venditori si sta caratterizzando per una crescente complessità dovuta ad una specializzazione sempre più elevata e ad un mercato in continua evoluzione.

Definire con chiarezza le esigenze di professionalità e controllare la loro evoluzione nel tempo risulta di estrema importanza per l'azienda; si deve delineare con precisione il tipo di venditore coerente con le strategie di marketing, che si intendono adottare.

Tuttavia, è stato riscontrato che *raramente l'imprenditore o il direttore vendite cercano di definire, soprattutto nelle PMI, il tipo di venditore adatto alle proprie esigenze; non esiste un'attività di pianificazione in tal senso. L'attività di ricerca e di selezione della forza di vendita è svolta spesso utilizzando un approccio di breve termine, senza valutare gli effetti, che si potranno avere nel tempo.*

Le fonti di reclutamento. Tra le principali fonti di reclutamento del personale di vendita, si possono evidenziare le seguenti:

a) mostre e fiere;
b) contatti personali;
c) inserzioni su riviste specializzate o siti internet;
d) annuario degli agenti/rappresentanti;
e) camere di commercio;
f) società specializzate;

siti internet specializzati (si vedano a titolo di esempio *www.venditori.it* o *www.agenti.it*).

In particolare, si nota che i canali più utilizzati sono quelli delle mostre e fiere e dei contatti personali, ma è interessante osservare che i risultati del reclutamento sono in genere piuttosto scarsi. I contatti personali risultano la fonte che presenta il risultato migliore.

L'attività di selezione. Si tratta di una fase particolarmente importante, in quanto *un processo di selezione errato comporta il sostenimento, in aggiunta ai costi specifici di selezione, di costi derivanti dalla perdita delle vendite a causa del soggetto prescelto.* Diventa infatti molto difficile per l'azienda, soprattutto se presente "ex novo" nella zona, migliorare la propria immagine e recuperare la fiducia della clientela, a seguito di inadeguati approcci del venditore (scarsa conoscenza del prodotto, basso livello di servizio fornito ai clienti, uso di inefficaci tecniche di vendita).

Si osserva quindi la necessità di migliorare le tecniche di selezione; in realtà, in molti casi si è accertato che *il processo di selezione avviene in maniera piuttosto informale.* Talvolta si può verificare che l'impresa per semplificare il processo assume soggetti già esperti, anche sostenendo costi maggiori per la retribuzione; ciò può presentare alcuni svantaggi:

a) *è molto difficile che un venditore "esperto" per un'azienda lo sia nella stessa misura anche per un'altra*;
b) *il nuovo venditore avrà un suo "modus operandi", non sempre coincidente e coerente con quello dell'azienda.*

B) La formazione e l'affiancamento dei venditori

L'attività formativa della forza di vendita può essere distinta a seconda che riguardi aspetti "tecnici" o aspetti "psicologico-organizzativi". Gli obiettivi della formazione tecnica riguardano la trasmissione al personale di vendita delle conoscenze sulla politica aziendale attuale e passata, sui prodotti offerti, sulla concorrenza, sul sistema distributivo, sulla clientela. Gli scopi dell'addestramento psicologico-organizzativo riguardano invece le modalità di svolgimento dell'attività di vendita e quindi gli aspetti relazionali con i clienti attuali e potenziali e con il personale dell'azienda.

Successivamente alla formazione tecnica ed organizzativa, solitamente si ha una fase di **affiancamento** del venditore; in tale fase il responsabile commerciale o il responsabile delle vendite svolge l'attività di vendita insieme al venditore al fine di trasferire al meglio le competenze operative, presentare i clienti e, soprattutto, monitorare direttamente il suo operato.

C) La motivazione dei venditori

Il senso di appartenenza all'organizzazione rivesta un'importanza cruciale per il buon esito delle performance di vendita. Al fine di stimolare tale senso di appartenenza, è stato dimostrato che gli incentivi monetari possono avere solo un effetto limitato. Sarebbe dunque auspicabile passare ad un'ottica differente, che tenga cioè conto di tutti gli elementi che hanno un impatto sulla motivazione, sui comportamenti e sui risultati.

Nella fattispecie, oltre al denaro, hanno particolare importanza aspetti come: il tipo di lavoro, le prospettive di crescita, l'ambiente di lavoro, i sistemi di valutazione, i riconoscimenti e il coinvolgimento nelle decisioni strategiche. Fondamentale è poi il concetto di *work experience*, da intendersi come insieme delle sensazioni stimolanti che possono nascere sul posto di lavoro.

Molti limiti si verificano nel modo di gestire l'incentivazione da parte delle imprese. In particolare:

a) l'incentivazione è spesso considerata alla stregua di un "regalo aziendale" e non connessa al perseguimento di specifici obiettivi;

b) prevale una politica omogenea di incentivazione (spesso sulla base di incrementi percentuali di fatturato), mentre al contrario sono necessari programmi "*ad hoc*";

c) viene solitamente utilizzata una sola variabile, cioè il fatturato;

d) non si considerano gli effetti dell'incentivazione sulla retribuzione pluriennale dell'agente.

D) La valutazione e il controllo dei venditori

Il processo di valutazione può essere realizzato in maniera differente (in termini statici o dinamici), a seconda che l'ottica utilizzata prenda in considerazione la situazione attuale o si consideri il potenziale del venditore e gli effetti futuri che la sua azione potrebbe determinare; inoltre, può riguardare differenti categorie di attività e diverse variabili.

La valutazione dell'attività della forza di vendita è realizzata sulla base dei risultati, piuttosto che sui comportamenti; "volume delle vendite" e "quota di mercato" risultano quindi gli indicatori principali, anche se ciò può indurre il personale di vendita ad adottare rischiosi orientamenti di breve termine. Non vengono sovente considerati altri elementi, che pure risultano rilevanti, come: l'evoluzione del numero di clienti, il margine di contribuzione, la percentuale dei crediti in sofferenza sul totale del fatturato, le valutazioni qualitative inerenti la personalità e la motivazione (Brown *et al.*, 2005).

Uno strumento fondamentale per la valutazione, il controllo e lo stimolo all'operato del personale di vendita è il *budget di vendita*; questo *tool* è estremamente importante, ma spesso non viene utilizzato efficacemente dalle imprese; infatti, ne sono stati rilevati alcuni aspetti problematici, di seguito considerati:

– riguardo alla determinazione della zona di vendita, dei prodotti, della clientela e degli obiettivi da affidare a ciascun venditore, è possibile osservare che in molti casi viene realizzato un processo decisionale senza il supporto di un adeguato sistema informativo, che consenta di individuare le soluzioni più efficaci;

– il fatturato della stagione (o anno) precedente risulta l'elemento principale nella determinazione degli obiettivi, mentre si tiene in minore considerazione l'evoluzione del numero di clienti ed il contesto economico;

– la formulazione del *budget* viene ancora in molti casi imposta dall'azienda senza un adeguato coinvolgimento della forza di vendita; è questo un errore che "depotenzia" lo strumento e lo rende poco "credibile".

Appare quindi evidente la necessità di sviluppare un differente approccio per la formulazione del *budget*, che favorisca anche l'utilizzo di nuovi strumenti informatici, come il *geomarketing* (vedi *box* seguente), i quali possano consentire di ottenere vantaggi anche in fase di controllo e valutazione.

BOX N. 8

IL GEOMARKETING

Il geomarketing – un ***approccio di marketing strettamente connesso al territorio*** – "potrebbe sembrare una espressione nuova per indicare una prassi consolidata", ovvero quella di considerare il territorio come una variabile strategica; tuttavia, l'elemento innovativo sta nell'utilizzo di *nuovi mezzi che permettono l'analisi di dati esistenti con differenti tecniche d'indagine*. Differenti possono essere le applicazioni:

– georeferenziazione dei punti di vendita per valutarne la posizione in relazione ai "baricentri" commerciali e verificare la localizzazione dei principali competitor;
– creazione di indici di penetrazione territoriale e definizione delle aree di sviluppo; ciò è possibile rapportando il numero dei punti di vendita attivi e di quelli obiettivo (target di riferimento), oppure, mettendo in relazione la domanda di area (in termini di volumi) con i fatturati sviluppati dall'azienda;
– valutazione delle aree "coperte" dagli agenti al fine di indicare le città/comuni/ quartieri con elevate o ridotte potenzialità e di conseguenza definire una strategia per ogni singola area;
– analisi dei fatturati per area e per tipologia di prodotto, al fine di monitorare con immediatezza i risultati commerciali da un punto di vista qualitativo e quantitativo.

Non può quindi sfuggire che il geomarketing rappresenta un valido strumento per definire una politica commerciale differenziata per singolo agente che tenga anche conto delle specificità di area.

Fonte: nostre elaborazioni su Cardinali, 2010.

5.3. ASPETTI EVOLUTIVI DELLE VENDITE: DAL RELATIONSHIP SELLING AL SOCIAL SELLING

Per l'impresa assume notevole rilevanza *definire le modalità con cui si istaurano i rapporti con la forza di vendita* e poiché adottando differenti approcci, si ottengono risultati differenti anche in termini di rapporti con il cliente finale. Rispetto al classico approccio tradizionale alla gestione della forza vendita, fondato su una logica di breve periodo, la prospettiva relazionale sviluppa un approccio più "olistico" di gestione integrata delle interazioni impresa-venditore e venditore-cliente. È possibile in tal senso adottare i principi del *relationship selling* ovvero di un approccio alla vendita, e dunque alla gestione dei rapporti con i clienti, che vada oltre la mera transazione. In tal senso il rapporto con il personale di vendita risulta di fondamentale rilevanza in quanto questo attore può direttamente influenzare le relazioni con il cliente.

BOX N. 9

DIFFERENTI APPROCCI ALLA GESTIONE DELLA FORZA DI VENDITA

Elementi della gestione	Approccio tradizionale	Approccio relazionale
Focus	Volumi di vendita	Gestione del cliente finale ed intermedio
Ottica temporale	Breve periodo (singola transazione/stagione)	Lungo periodo: viene considerato il ciclo di vita del venditore
Politica di prodotto	Definita dall'azienda	Realizzata anche in collaborazione o usando gli input informativi del venditore
Strategia	"Imposta"	Co-generata
Feedback	Raccolta di informazioni isolate spesso di carattere amministrativo o concentrate nei sales meeting	Flusso Dialogico anche formalizzato tramite strumenti informatizzati
Politica commerciale	Uniforme per mercato	Per area, per venditore, per cliente
Criterio di successo	Fatturato, n. clienti	Indice di penetrazione territoriale, indice di loyalty, coerenza rispetto alle strategie aziendali

Fonte: nostre elaborazioni.

Coerente con l'approccio relazionale è il concetto di ARM (*Agent Relationship Management*) con il quale si intende un *innovativo approccio al monitoraggio della forza di vendita, orientato alla qualità tra impresa e personale di vendita.* I principi ed i metodi applicati sono gli stessi del CRM (*Customer Relationship Management*), ma al centro dell'attenzione si pone il venditore, dando enfasi alle attività di comunicazione tra quest'ultimo e l'impresa per la quale egli opera. L'idea di fondo è che lo scambio reciproco, continuo e "formalizzato" di informazioni – reso più agevole dalle soluzioni offerte dalle ICT – possa consentire di generare conoscenze utili ad entrambe le parti, al fine di migliorare la propria operatività e conseguire *performance* superiori.

Si pensi alle attività di analisi e di *reporting* che la forza di vendita può svolgere, al fine di sviluppare la conoscenza dell'ambiente competitivo in cui opera l'azienda (o intende operare); rientrano in questo ambito l'acquisizione e la trasmissione di dati ed informazioni utili a descrivere le *caratteristiche evolutive del mercato* (domanda, concorrenza e distribuzione). Gli scopi principali di tali attività sono quelli di individuare opportunità e minacce per l'impresa, contribuire alla definizione di obiettivi, strategie e piani operativi, stimolare i processi innovativi.

Inoltre, dal contatto diretto con la clientela (sia attuale che potenziale) la forza vendita ottiene una mole di dati utili a ricavare una "profilatura" dei clienti. Ciò, non soltanto con lo scopo di realizzare opportune azioni di CRM, ma anche di conseguire maggiori livelli di efficacia in fase di trattativa. Riguardo a quest'ultimo aspetto, si ritiene particolarmente utile la creazione di un *customer database* nel quale registrare ed organizzare, ad esempio, le informazioni sulle caratteristiche dei clienti, le domande rivolte[3], le argomentazioni di vendita utilizzate, le obiezioni effettuate, i valori associati al prodotto o al *brand*, le funzioni d'uso indicate, i fattori determinanti la scelta di acquisto o di non acquisto (economici, emotivi, tecnici) (Bellini, 2006). Dall'esame di questi dati si potrebbero infatti elaborare, per ogni profilo di cliente, "modelli di successo" di gestione della trattativa; si potrebbe così offrire ai singoli venditori la *possibilità di disporre, attraverso un adeguato sistema informativo, dell'esperienza complessivamente accumulata dalla rete di vendita.*

La rivoluzione digitale ha trasformato il percorso di acquisto del cliente in un insieme circolare di *touchpoints*, nei quali l'acquirente ricerca, valuta, seleziona e condivide esperienze riguardo prodotti e servizi. Tali dinamiche hanno determinato un progressivo cambiamento del ruolo del cliente da destinatario passivo di informazioni a partecipante attivo nella relazione con il venditore. In particolare, i clienti sono diventati più consapevoli ed informati riguardo a prodotti e servizi e il commerciale vede messo in discussione il suo ruolo di "information broker" (Agnihotri *et al.*, 2012, p. 342). Nel corso del cosiddetto "customer journey", i contenuti digitali sono sempre più rilevanti nell'influenzare le fasi di ricerca e la decisione di acquisto. In questo scenario, i social media rappresentano un importante "punto di contatto" tra azienda e cliente.

Specialmente nei contesti B2B, tali cambiamenti hanno una particolare rilevanza per la funzione commerciale, che costituisce un ponte tra le aziende e il mercato (Agnihotri *et al.*, 2012). La natura "boundary spanning" delle vendite fa sì che i

---

[3] Si pensi a quanto possano rivelarsi utili tali informazioni, al fine di gestire i casi di *consultative selling*, nei quali si rende necessario istruire i clienti sulle modalità di utilizzo del prodotto più adeguate al soddisfacimento dei loro bisogni.

social possano essere utilizzati nell'ottica di creare relazioni *one-to-one*. L'uso di tali piattaforme influenza, infatti, l'abilità di creare opportunità e gestire le relazioni con i clienti. Attraverso questi canali, i venditori sono in grado di raggiungere il cliente nel luogo giusto e nel momento giusto quando l'opportunità di vendita si palesa.

Si ritiene che i social media siano potenzialmente in grado di influenzare ciascuna fase del tradizionale processo di vendita: dalla generazione e qualificazione del contatto, passando per la proposta e negoziazione, fino alla chiusura dell'accordo e al *follow-up* (Andzulis *et al.*, 2012; Marshall *et al.*, 2012; Moncrief *et al.*, 2015). In particolare, tali piattaforme possono rivelarsi utili nella fase di *prospecting* e generazione dei contatti, rendendo possibile reperire informazioni dettagliate e aggiornate su potenziali clienti. In questo step del processo, i social offrono l'opportunità di prestare ascolto alle opinioni e alle esperienze dei clienti e, quindi, capirne le necessità (Andzulis *et al.*, 2012). Tramite i contenuti disseminati all'interno di tali piattaforme, gli stessi clienti possono raggiungere l'azienda autonomamente, ad esempio attraverso le recensioni su LinkedIn. Grazie alla loro natura interattiva, i social possono ritenersi molto utili nella fase di presentazione dell'offerta commerciale, si pensi ad esempio all'utilizzo di video YouTube (Moncrief *et al.*, 2015). Infine, anche il *customer service* può beneficiare ampiamente della comunicazione a due vie di cui si caratterizzano i social media, rendendo il *follow-up* continuativo (Andzulis *et al.*, 2012; Moncrief *et al.*, 2015). In tal senso, i social media non soltanto impattano in maniera positiva sulla capacità di trasmettere contenuti che siano informativi e di valore per il cliente, ma possono anche migliorare l'elaborazione di efficaci risposte alle richieste di assistenza del cliente e favorire così lo sviluppo della fiducia (Agnihotri *et al.*, 2012).

Tuttavia, non mancano alcuni aspetti critici collegati all'uso di tali piattaforme nell'attività di vendita. Innanzitutto, i social hanno determinato una crescente pressione nella sfera lavorativa della forza vendita, dovuta alla costante connettività loro richiesta: essi possono essere sottoposti a richieste di informazioni da parte dei clienti, manager e colleghi, anche al di fuori dell'orario di lavoro (Marshall *et al.*, 2012; Moncrief *et al.*, 2015). In secondo luogo, la differenza generazionale all'interno dell'area commerciale può determinare resistenze all'utilizzo di questi canali da parte dei venditori più anziani e con più esperienza (Marshall *et al.*, 2012; Moncrief *et al.*, 2015). In questo caso, saranno ancora più importanti gli investimenti in formazione e training da parte delle aziende per motivare i più giovani ad essere maggiormente predisposti al contatto di tipo tradizionale, mediante chiamate e incontri faccia a faccia, e i venditori più maturi ad accettare e aprirsi all'utilizzo di queste piattaforme, quando sono i clienti a richiedere questo tipo di approccio.

In generale, è dunque possibile concludere che i recenti sviluppi tecnologici hanno cambiando drasticamente il ruolo delle figure commerciali, che in un mondo iperconnesso si trovano a gestire nuovi canali, a dover essere creativi e flessibili, nonché a collaborare e co-creare valore con i clienti (Pascucci *et al.*, 2018).

6. I RAPPORTI INDUSTRIA-DISTRIBUZIONE TRA CONFLITTO E COOPERAZIONE

6.1. L'EVOLUZIONE DEI RAPPORTI INDUSTRIA-DISTRIBUZIONE E LA RIVOLUZIONE COMMERCIALE

I rapporti fra imprese industriali e commerciali sono estremamente complessi, in quanto entrambe controllano parte delle leve necessarie a qualificare la loro offerta, ma dipendono dal partner di canale per le altre leve. Gli obiettivi delle parti sono differenti e ciò rende più difficile la loro collaborazione; infatti, l'industria è interessata alla vendita e alla redditività del singolo prodotto, mentre la distribuzione ha interesse a vendere l'intero assortimento e presta attenzione alla profittabilità della categoria merceologica. Inoltre, il distributore assume un duplice ruolo nei confronti dell'impresa industriale: quello di *cliente* (che acquista i prodotti per distribuirli ai consumatori) e quello di *concorrente* (che compete con i produttori per la conquista dei consumatori finali sul punto vendita). Dai contributi di Gregori (1995) e Pastore (1996) emerge che le potenziali aree di conflitto/competizione sono da ricondursi alla gestione della politica di prodotto e degli assortimenti, alla politica delle scorte, alla politica di marca, alla politica di prezzo, alla politica di gestione dei flussi informativi e alla politica di comunicazione. Una chiara situazione di conflitto emerge quando i distributori, mediante l'offerta sul mercato di prodotti a marchio proprio, entrano direttamente in concorrenza con l'industria per l'acquisizione delle preferenze del consumatore sul prodotto. Per realizzare un vantaggio competitivo nei confronti dei propri rivali, produttori e distributori si adoperano dunque per ottenere condizioni di favore dalla controparte (Lugli, 1998). Le relazioni di natura competitiva si sviluppano in funzione di possibili "invasioni di campo" dell'industria nell'area di attività propria della distribuzione e viceversa, in contrasto con il principio della specializzazione e della reciproca integrazione funzionale (Varaldo e Dalli, 1989). Si viene dunque a determinare una sorta di rivalità diretta tra i due attori del canale distributivo.

Il fatto che questo tipo di concorrenza si sviluppi tra soggetti che operano in differenti fasi all'interno del canale configura una situazione di **concorrenza verticale** che si caratterizza per la diversità delle leve usate (Pellegrini, 1990): il marketing mix dell'industria è incentrato sul prodotto (innovazione, differenziazione) e sulla comunicazione (pubblicità), mentre quello della distribuzione utilizza in particolare le leve della fiducia nell'insegna, del prezzo e del merchandising.

All'interno del canale vi è però anche un obiettivo condiviso tra produttori e distributori che è quello di assicurare, grazie ad una gestione efficace ed efficiente delle attività, una posizione di vantaggio concorrenziale rispetto agli altri canali, garantendo la soddisfazione del cliente finale. Le iniziative tipiche di collaborazione nel marketing sono in genere centrate su attività promozionali (in cui il produttore partecipa a campagne attivate dal distributore o a campagne congiunte) e sulle modalità di inserimento dei prodotti in assortimento (Pastore, 1996).

Ciò vuol dire che le relazioni che si vengono a sviluppare tra gli attori del canale possono essere di tipo sia competitivo, sia collaborativo.

La ripartizione delle funzioni di marketing tra tali soggetti è cambiata nel tempo, e i rapporti tra di essi sono profondamente mutati per effetto dell'evoluzione delle condizioni di mercato.

L'affermazione della funzione distributiva separata e indipendente dalla produzione si ha soltanto con l'avvento della produzione di massa e, fino alla fine degli anni '50, la figura dominante nella distribuzione italiana era quella del grossista; in seguito, l'industria, grazie all'impiego della politica pubblicitaria e della politica di marca, finalizzate ad ampliare il più possibile gli sbocchi di mercato, rovescia il rapporto di subordinazione al grossista ed assume il ruolo di leader del canale. L'azione di vendita è orientata al consumatore e non più all'intermediario-grossista, il quale diventa un soggetto sostanzialmente neutrale e passivo rispetto alle politiche di mercato dei produttori. Tale fenomeno è noto come il "superamento del grossista".

A partire dalla seconda metà degli anni '70, le condizioni economiche – elevata inflazione, riduzione del tasso di crescita dei consumi – e i cambiamenti nei processi di acquisto dei consumatori stimolarono un processo di razionalizzazione del commercio a favore delle forme distributive moderne, in grado di assicurare al consumatore la possibilità di acquistare le stesse quantità di prodotti a prezzi inferiori. Si avvia il processo di concentrazione nel commercio, ulteriormente rafforzato nel corso degli anni '80 e '90, con l'avvento della "rivoluzione commerciale". Il numero dei retailer, specie nel comparto food, si è progressivamente ridotto, a fronte di una crescita della dimensione media. I dettaglianti hanno incrementato la loro pressione nei confronti del mercato, attuando azioni di comunicazione efficaci e sviluppando autonome politiche di branding mediante l'affermazione delle marche commerciali (private label). Ne è conseguita una modificazione dei rapporti di forza industria-distribuzione, a favore del retail. I dettaglianti non si pongono più in modo neutrale, ma sono ora in grado di incidere nella formazione delle preferenze dei consumatori.

Nel corso del tempo i retailer hanno quindi acquisito un ruolo strategico sempre più rilevante, e la distribuzione ha cessato di essere una variabile sotto l'esclusivo controllo dell'industria; ciò ha richiesto alle imprese industriali di dotarsi di politiche idonee per farsi accettare dai canali distributivi (Casarin, 1996). In altri termini, l'evoluzione osservata ha indotto le imprese industriali ad ampliare le proprie politiche di marketing da quelle orientate al cliente-consumer (creazione del valore per il cliente finale) a quelle orientate anche al cliente-Trade (creazione del valore per il cliente commerciale intermedio). Nasce così il Trade Marketing.

6.2. IL TRADE MARKETING: OBIETTIVI E LEVE

In molti settori l'attenzione tradizionalmente centrata sui prodotti e sul consumatore si è spostata sugli intermediari commerciali, che rappresentano i clienti primi, più diretti dei produttori, e permettono loro l'accesso al mercato finale, spesso arricchendo il prodotto di valenze positive addizionali a quelle originate dal produttore (Marcati, 1989).

Fornari (1990, 53) definisce il trade marketing come l'*insieme di tutte quelle attività che basate sul concetto di cliente / canale puntano a conoscere, pianificare e gestire il processo produttivo in modo da ottenere da un lato un efficace impiego delle risorse aziendali e dall'altro duraturi vantaggi competitivi nello scambio di prodotti [...] Il fine del trade marketing è di realizzare gli obiettivi industriali, salvaguardando gli interessi dei distributori, nell'ambito di una più generale azione di marketing rivolta a soddisfare i bisogni dei consumatori finali. Più brevemente il trade marketing consiste nella strategia e nelle azioni finalizzate alla realizzazione di un vantaggio competitivo nel mercato intermedio* (Lugli, 1998).

Nelle due accezioni di cui sopra, il trade marketing finisce per assumere una valenza sia strategica che tattica.

Risulta dunque rilevante per l'impresa l'integrazione tra consumer marketing e trade marketing, attraverso la gestione coordinata dei differenti strumenti che le due strategie di marketing necessitano (si veda *box* n. 10).

Il trade marketing infatti, al pari del consumer marketing, si serve di leve di marketing proprie, costituite principalmente dalle condizioni di vendita, dal merchandising industriale, dalla logistica integrata e dalla comunicazione integrata. Tali leve (mix) sono di seguito brevemente esaminate:

1. *negoziazione delle condizioni di vendita*, relativamente a sconti, abbuoni, condizioni di pagamento;

2. *in-store merchandising*. Il posizionamento dei prodotti all'interno del punto vendita ha un impatto rilevante, sulle vendite di un prodotto. È pertanto di interesse dell'impresa industriale, ma anche del distributore, sviluppare sistemi (anche innovativi) per migliorare le performance di rotazione e/o di redditività di prodotto o di reparto. Un altro aspetto della collaborazione è sulle modalità di inserimento dei prodotti nell'assortimento: formati, confezioni, studi sull'allocazione ottimale degli spazi espositivi;

3. *definizione delle politiche promozionali*. È di rilevante interesse dell'impresa industriale, poter condividere e collaborare con il distributore al fine di rendere efficaci le politiche di pricing (evitando il rischio di una gestione autonoma e speculativa da parte del distributore) ma anche di coordinare questo strumento con le altre leve del marketing al fine di garantire un adeguata attuazione delle politiche di branding. La collaborazione fra retailer e impresa industriale può avvenire sia nella definizione delle promozioni di prezzo che in quelle non di prezzo;

4. *integrazione delle funzioni logistiche.* Nella logistica integrata gli sviluppi collaborativi sono finalizzati alla massimizzazione del livello di efficienza operativa e alla minimizzazione dei costi nella gestione dei flussi fisici della merce (Luceri, 1996).

BOX N. 10

UN CONFRONTO FRA L'ADOZIONE DI POLITICHE DI TRADE MARKETING E DI CONSUMER MARKETING

	Consumer marketing	**Trade e consumer marketing**
Funzione principale	Marketing	Marketing e Vendite
Focus	Bisogni e attitudini del consumatore	Bisogni del consumatore e del *trade*
Politiche di prodotto	Massimizzare i volumi di vendita	Ottimizzare la spesa con un'ottica di prodotto/canale/cliente
Strutture	Linea di vendita con funzione esecutiva. Gestione giornaliera dei clienti chiave ed accordi commerciali	Sviluppo di una funzione di *trade marketing* che introduce metodo ed analiticità nella pianificazione, gestione e controllo del trade
Sistemi	Bassa integrazione tra sistemi marketing, vendita e distribuzione fisica. Poco supporto informativo per marketing e vendita su prezzo al pubblico e ricarico per canale. Limitato contatto del Product Manager con le vendite ed i vari canali	Sviluppo di un piano di prodotto/canale attraverso un ciclo che bilanci i vari obiettivi. Supporto di un sistema informativo. Alto contatto interfunzionale e con i vari canali (cooperazione)
Caratteristiche del personale	Cultura funzionale marketing e vendite. Possibili scontri di cultura	Scambio di personale fra funzioni

Rientrano inoltre nell'ambito del trade marketing alcune iniziative di "marketing integrato" tra Industria e Distribuzione.

Si fa riferimento, in particolare, all'attivazione da parte dei distributori di rapporti di fornitura con i co-packer dei prodotti a marchio. In questo caso si viene a creare un rapporto di partnership di tipo strategico in quanto il distributore non ha interesse a cambiare frequentemente l'impresa fornitrice per spuntare migliori condizioni, perché questo vantaggio sarebbe più che compensato dalla necessità di ricostruire da zero un rapporto di marketing con la nuova impresa produttrice.

Un'altra importante area di collaborazione, negli ultimi anni, è rappresentata dalla condivisione del patrimonio informativo, possibile grazie allo sviluppo della tecnologia e alla diffusione dello strumento delle *fidelity card* (Ziliani, 2008).

Un'impresa che adotta politiche di trade marketing modifica l'approccio al mercato intermedio e spesso questo significa, da un lato, modificare l'organizzazione interna dall'altro, realizzare un continuo processo di integrazione con la funzione vendite. In vari casi, infatti, le attività di trade marketing possono essere svolte da differenti funzioni aziendali in relazione all'assetto organizzativo desiderato; non è infatti infrequente integrare questa attività direttamente alla Direzione commerciale, alla direzione marketing o nell'ambito delle vendite. A prescindere dall'assetto organizzativo prescelto (cioè in quale funzione inserire le attività di trade marketing) è necessario sviluppare al proprio interno le competenze e le figure professionali che abbiano la capacità di realizzare un'efficace azione commerciale e sviluppare politiche di marketing rivolte al distributore.

Nasce, in questo senso, la figura del *key account*, ossia il responsabile di cliente, che svolge un'attività di tipo specialistico basata sulla gestione complessiva del rapporto di vendita nei confronti, appunto, dei grandi clienti (distributori). Questo profilo professionale utilizza gli strumenti operativi di programmazione e controllo dei rapporti con la clientela commerciale; si avvale dell'offerta di nuovi servizi al trade funzionali a favorire il passaggio dalle logiche di sell-in a quelle dei sell-out e a massimizzare i livelli di efficienza nei rapporti verticali, realizza iniziative di "marketing integrato" per valorizzare maggiormente il crescente peso delle attività di "store promotion" nelle strategie di comunicazione.

6.3. LE PRIVATE LABEL

Negli ultimi decenni un ruolo centrale nelle politiche di marketing delle imprese commerciali (distributrici) è stato svolto dalle cosiddette "private label". "I prodotti di private label si identificano come prodotti di consumo realizzati da (o per conto di) imprese commerciali e venduti con la denominazione oppure con un marchio della stessa impresa, all'interno dei suoi punti vendita" (Morris, 1979, pp. 59-78). La loro origine è antecedente a quella delle marche industriali ma è a partire dagli anni '20 che cominciano a diffondersi a livello mondiale, come risposta del distributore alla diminuzione della capacità di acquisto dei consumatori (determinata dalla crisi economica) e della conseguente creazione di eccesso dell'offerta. Ad oggi, i dati relativi alla diffusione della marca commerciale in Italia mostrano un fenomeno in costante crescita: la quota di mercato delle private label (marca del distributore) è aumentata dall'11,3% nel 2003 al 18,5% nel 2016, e, secondo le stime di The European House – Ambrosetti (2018), questa arriverà al 20,3% nel 2020; per quanto riguarda il fatturato, si è avuto un aumento del 206% dal 2003 al 2016 (passando da 3,2 miliardi a 9,8 miliardi di Euro), con un'ulteriore crescita del 12% prevista nel 2020.

La presenza dei prodotti a marca commerciale presuppone la presenza di un *co-packer*, ovvero di un'impresa manifatturiera, che fornisce all'impresa commerciale i prodotti, rispetto ai quali il distributore può prevedere alcune varianti specifiche. In questo modo esso è in grado di offrire al cliente un prodotto generalmente a basso prezzo, accanto alle più conosciute marche industriali. I fattori che permettono al distributore di mantenere un prezzo più basso ad una qualità sostanzialmente invariata rispetto alla produzione industriale, sono principalmente tre:

– la possibilità di ottenere i prodotti dai fornitori a basso prezzo sfruttando la capacità produttiva in eccesso delle imprese industriali; in una situazione di mercato in cui la domanda è quantitativamente inferiore all'offerta, le imprese industriali, per non perdere la possibilità di beneficiare di economie di scala produttive, si trovano costrette a vendere parte dei propri prodotti a un costo unitario inferiore;
– la riduzione dell'entità delle spese di marketing e di sponsorizzazione tipiche del prodotto delle imprese industriali che devono investire nella promozione del marchio e nell'innovazione costante del prodotto;
– gestione dello scaffale: le marche del distributore fruiscono in genere di un trattamento preferenziale rispetto ai prodotti a marca industriale; ciò si sostanzia nella possibilità del trade di riservare alle proprie offerte commerciali uno spazio maggiore e una posizione migliore sugli scaffali.

Tali fattori hanno determinato un forte aumento del potere contrattuale dei distributori a discapito della marca industriale, la quale si trova a dover competere con un nuovo concorrente in grado di spuntare condizioni di acquisto sempre migliori.

In questo modo il distributore può perseguire differenti obiettivi nella proposizione della propria private label (Lugli, 2003; Fornari e Grandi, 2011):

– la crescita della marginalità media della categoria. Tale marginalità è dovuta dalla differenza tra i minori costi sostenuti per l'acquisto e la promozione della marca privata e il prezzo di cessione al pubblico;
– la differenziazione dell'assortimento rispetto ai rivali rivenditori. La proposta di prodotti esclusivi recanti il marchio dell'insegna contribuisce a distinguere la propria offerta da quella di altri rivenditori, spostando la competizione dal fattore prezzo;
– la fidelizzazione del cliente finale e creazione della "store loyalty". Grazie all'ampliamento dell'assortimento, l'insegna è in grado di soddisfare in maniera più completa le esigenze dei propri consumatori, favorendone la fedeltà al negozio.

Le marche commerciali possono essere classificate in diverse tipologie, che corrispondono anche all'evoluzione subita negli anni dalle politiche di branding distributivo (Gnecchi, 2002; Lugli, 2003; Pellegrini, 1990; Piana, 2009):

– *marchi di fantasia* che non identificano il distributore: sono marchi di proprietà del distributore ma che non permettono una chiara associazione ad esso;
– *marca generica*: prodotti caratterizzati da una semplice confezione e dal mini-

mo sforzo grafico, e che puntano ad attrarre il cliente particolarmente sensibile al prezzo. Accanto all'indicazione della tipologia merceologica è possibile notare la marca del distributore. Tali prodotti rappresentano la prima generazione delle private label, definita da Lugli (2003) come la generazione dei "cloni viventi". Si trattava di banali imitazioni degli analoghi prodotti della marca industriale, più che altro afferenti alle categorie merceologiche più diffuse, e vendute a prezzi più bassi anche del 30-40% rispetto ai marchi leader;

– *prodotti bandiera*: sono prodotti simili ai precedenti, ma con un livello di qualità del prodotto superiore e una chiara associazione con il nome del distributore. Sono caratterizzati da un elevato budget pubblicitario, packaging comune e aree dedicate all'interno dei punti vendita. Rappresentano il primo step verso la realizzazione di una politica di marca commerciale fortemente identificata con il distributore che garantisce sulla qualità del prodotto;

– *marca insegna*: i prodotti della marca privata vengono commercializzati con il nome dell'insegna commerciale che contraddistingue l'impresa di distribuzione. Sono prodotti dalla qualità medio-alta, con packaging simile a quello della marca industriale, ma ad un prezzo leggermente inferiore. In questo caso il legame tra insegna commerciale e marchio è molto forte. La promozione del marchio-insegna diventa un obiettivo strategico di lungo periodo per l'impresa commerciale, non essendo più soltanto un sostegno al margine medio sul venduto.

Pur nascendo come alternativa a basso prezzo e di scarsa qualità delle grandi marche, le private labels sono oggi uno strumento strategico usato dalle imprese commerciali per costruire l'immagine della propria insegna. La politica di marca commerciale è divenuta via via più complessa e le imprese distributrici offrono oggi sui propri scaffali un mix di marche proprie molto ampio e diversificato: accanto alla offerta base (marca-insegna) e all'offerta "primo prezzo" (assimilabile alla marca generica), sono presenti prodotti a "*marca premium*", caratterizzati da una qualità e un prezzo più elevati del prodotto leader, i quali rispondono alla domanda di prodotti ricercati, tipici e regionali (ad esempio Sapori e Dintorni di Conad e "Fior Fiore" di Coop). Una particolare declinazione di questa tipologia di offerta sono le linee di prodotto biologiche, ecologiche e solidali che stanno avendo un grosso successo all'interno della grande distribuzione, come Naturama di Esselunga o CarrefourBio o ViviVerde Coop.

L'introduzione delle marche private da parte delle imprese commerciali hanno avuto implicazioni, non soltanto nei rapporti orizzontali – ovvero tra retailer – ma anche e soprattutto nei rapporti verticali – ovvero tra retailer ed imprese industriali, creando nuove sfide ma anche aprendo nuove opportunità a queste ultime. Gli svantaggi per le imprese industriali sono riassumibili nei seguenti punti (Arce-Urriza e Cebollada, 2017; Lugli, 2003):

– aumento della concorrenza per accedere al mercato distributivo: il lancio di marche private da parte dei distributori riduce lo spazio competitivo dei brand industriali;

– riduzione del potere contrattuale nei confronti del distributore;

– perdita del controllo sulle informazioni relative ai consumatori e sul loro comportamento nel punto vendita. Il retailer nel punto vendita è in possesso di una grande mole di dati circa le abitudini e le preferenze della propria clientela, che possono essere tradotte in nuove caratteristiche di prodotto ma anche in promozioni *ad hoc* di prodotti private label.

Le opportunità per l'impresa industriale, in particolare per quelle di medie e piccole dimensioni, sono invece le seguenti:

– possibilità di vendere elevate quantità di prodotto senza sostenere i costi di marketing di cui si fa carico l'impresa commerciale;

– utilizzo della capacità produttiva in eccesso;

– possibilità di accedere al mercato del largo consumo.

Pastore *et al.* (2007) individuano tre differenti strategie che le imprese industriali possono adottare nei confronti del marchio commerciale:

– strategia di produzione e vendita della sola marca industriale. Questa è percorribile solamente dalle marche industriali leader, capaci di grandi investimenti in ricerca e sviluppo, produzione e marketing;

– strategia delle imprese terziste. Le aziende manifatturiere possono decidere di produrre unicamente per le marche commerciali o altre marche non di loro proprietà. Questa è la strategia principalmente utilizzata dalle PMI locali, con competenze specializzate nella produzione, ma scarse competenze di marketing e promozione;

– strategia mista. L'impresa industriale produce sia per la marca commerciale, sia per il proprio marchio. Questa strategia trova fertile terreno specialmente nel contesto della marca premium delle insegne commerciali. L'affermazione della marca premium necessita infatti di una collaborazione fra impresa industriale e impresa distributrice: da un lato, il distributore offre la sua conoscenza dei cambiamenti di mercato e dei gusti del consumatore, dall'altro, l'impresa industriale offre il know how progettuale ed manifatturiero per sviluppare un prodotto di elevata qualità (Sbrana e Gandolfo, 2007).

Come accennato in precedenza, il fenomeno delle private labels è profondamente cambiato nel tempo e la sua crescita in termini di fatturato e quota di mercato la rende una delle leve strategiche più importanti sia per l'impresa commerciale che per quella industriale. Nel prossimo futuro la crescita della marca del distributore sarà sostenuta in particolare dal segmento Premium – la cui incidenza sul fatturato totale del settore passerà dal 14% nel 2016 al 22% nel 2020 – a discapito del segmento "primo prezzo" che sta gradatamente scomparendo dagli scaffali.

BOX N. 11

OLTRE IL GROCERY ... LE PRIVATE LABEL DI AMAZON

Il grande successo delle marche commerciali non si ferma solamente al comparto del grocery. Il marchio del distributore è pervasivo in una vasta gamma di settori, come la tecnologia, l'arredamento, l'abbigliamento, il farmaceutico (emblematico il caso Coop con la sua aspirina da banco "acido acetilsalicilico e acido ascorbico Coop"). Negli ultimi anni chi ha veramente capitalizzato il business delle private label in molte categorie merceologiche è Amazon, il colosso dell'e-Commerce.
Si stima che nel 2017 i marchi privati Amazon siano stati circa 80 e che questi abbiano generato all'incirca 250 milioni di dollari di ricavi (One Click Retail, 2017). Tra i marchi più conosciuti si ha Amazon Basic, che propone prodotti legati all'elettronica di consumo, Amazon Element, che comprende pannolini e salviette umidificate, e Amazon Essential per la categoria abbigliamento. Proprio quest'ultima è la categoria sulla quale Amazon sta puntando di più, con il lancio di ben 63 pivate label tra dicembre 2017 e marzo 2018.
Le private label Amazon sono particolarmente diffuse in America, meno in Europa, dove però il loro trend è in crescita.
Questo fa di Amazon un concorrente minaccioso a livello mondiale soprattutto per i grandi retailer. Infatti, oltre ai vantaggi di marginalità comuni a tutte le private label, la strategia vincente delle marche commerciali di Amazon, si basa su due fattori che la Rete (in questo caso la piattaforma ecommerce) ha contribuito ad amplificare:

– enorme quantità di "big data", ovvero dati relativi alle abitudini e ai comportamenti degli utenti, in relazione ai propri brand e ai brand dei competitor. Il tracciamento di tutte le transazioni, dei prodotti messi nel carrello e non acquistati, delle ricerche sulla piattaforma consentono ad Amazon di avere a disposizione un'enorme mole di informazioni, molto più accurate rispetto ad uno store fisico;
– il possesso della piattaforma permette ad Amazon di scegliere quando e come far vedere i propri prodotti, facendoli apparire tra i consigliati o tra i primi risultati di ricerca. A questo si aggiunga la possibilità di gestire il sistema delle recensioni.

Fonte: nostre elaborazioni.

6.4. IL CATEGORY MANAGEMENT

Il Category Management rappresenta una strategia di collaborazione tra impresa industriale ed impresa commerciali, la quale origina dalla rinuncia della prima a focalizzarsi sul singolo prodotto e della seconda a ragionare soltanto in termini di intero assortimento. Il focus è pertanto sul concetto di **categoria** di prodotti e sulla condivisione di informazioni che la riguardano (Casarin, in Volpato, 1996).

I prodotti vengono suddivisi in categorie in funzione del tipo di acquisto da parte dei consumatori (ad esempio, rispetto all'occasione d'uso) e dell'affinità merceologica.

Ad esempio, la categoria "baby care" al suo interno può comprendere i seguenti prodotti (da un senso stretto a uno più ampio del termine): i pannolini, le salviette, baby toiletries, baby food, accessori, vestiti, ecc. Ciascuna categoria viene gestita rispetto a specifici obiettivi di vendita e di profitto, ad uno specifico ruolo all'interno dell'assortimento e mediante uno specifico retailing mix (assortimento, promozioni, merchandising, layout, prezzo).

Uno dei principali obiettivi del category management è quello di definire e proporre al consumatore all'interno dei punti vendita, un'offerta di beni e servizi che risponda in modo ottimale alle sue specifiche esigenze, facendo leva sulle caratteristiche peculiari di ciascuna categoria di prodotto. In economie globali e con consumi saturi, la categoria si identifica come un centro di profitto di ordine superiore, nei confronti della quale si definiscono specifiche strategie, si attribuiscono risorse umane e finanziarie, si implementano programmi operativi e si misurano i risultati (Gennari, 2004).

L'implementazione del category management comporta, per le aziende che lo adottano, conseguenze a diversi livelli, sostanzialmente riguardanti un corretto sviluppo del rapporto produttore-distributore-consumatore, per il miglioramento delle condizioni di funzionalità duratura di tutte le imprese coinvolte. Il category management è quindi una strategia in grado di creare valore per tutti e tre gli attori in gioco: il consumatore, l'impresa produttrice, l'impresa commerciale. Il consumatore esprime, attraverso i comportamenti di acquisto, le proprie esigenze al distributore, il quale provvede a trasmetterle al produttore. Quest'ultimo può così fornire beni quali-quantitativamente rispondenti ai bisogni del consumatore finale, evitando fenomeni di rifiuto da parte del mercato ed agevolando l'attività di vendita. Il distributore, a sua volta, grazie alle competenze ed alle conoscenze condivise con il produttore, è in grado di razionalizzare l'offerta aumentandone, di conseguenza, la trasparenza e facilitando le scelte del cliente. L'obiettivo è l'attivazione di un circolo virtuoso in cui il distributore rappresenta l'anello di raccordo tra il produttore e il cliente finale. Una maggiore soddisfazione nel processo di acquisto del consumatore incrementa la performance totale di categoria, con effetti positivi sulle vendite del distributore e sulle quote di mercato del produttore.

La gestione della categoria pone profonde modifiche alla relazione tra il trade e l'industria, in quanto l'integrazione delle rispettive catene di valore interne comporta il rovesciamento del modo usuale di relazionarsi. Al fine di risolvere tali problematiche è venuta a delinearsi la figura del category manager (o del category team). Tale figura può essere considerata uno step evolutivo all'interno della cultura di marketing, che ha visto prima l'avvento della figura del product manager (il responsabile di prodotto), e poi quella del brand manager (il responsabile della marca).

Rispetto al trade marketing, dove l'industria investe risorse sulla clientela intermedia per utilizzare il punto vendita e l'insegna come mezzi di comunicazione della propria politica di prodotto, nel category management il fornitore è costretto ad ampliare l'orizzonte di riferimento alla categoria a cui il prodotto appartiene.

La digitalizzazione e la diffusione di un consumatore sempre più "omnicanale" (vedi paragrafo successivo) stanno tuttavia cambiando le modalità di applicazione del category management. Di fronte ad un consumatore sempre più esigente dal punto di vista della esperienza di acquisto, le logiche di gestione della categoria merceologica devono essere ripensate in un'ottica multicanale, in grado di soddisfare il cliente a prescindere dal canale utilizzato, sia esso il negozio fisico, il sito e-Commerce fruito da desktop o da dispositivo mobile. In particolare, aumentando i punti di contatto con il consumatore, aumentano inevitabilmente anche le modalità con la quale il retailer è in grado di acquisire informazioni sul consumatore finale, andando al di là della logica precedente che vedeva nelle statistiche delle vendite passate la principale fonte di informazione su cui basare le proprie politiche di category management. Spazi e assortimenti devono essere organizzati per soddisfare con profitto le esigenze di flessibilità, di servizio e di stile di vita dei consumatori moderni.

7. IL NUOVO SCENARIO DEL COMMERCIO ONLINE

7.1. L'E-COMMERCE, I NUOVI INTERMEDIARI ONLINE E LE TECNOLOGIE EMERGENTI

L'e-Commerce è il processo di acquisto, vendita, trasferimento o scambio di prodotti, servizi e/o informazioni via reti di computer e in particolare tramite Internet.

Secondo il report "Digital in 2018" realizzato da We Are Social in collaborazione con Hootsuite nel mondo, su una popolazione stimata di circa 7 miliardi e 600 milioni, oltre 4 miliardi di individui hanno accesso ad Internet, oltre 3 miliardi utilizzano regolarmente i social media e oltre 5 miliardi (il 68% della popolazione) utilizza un supporto mobile. Il comparto degli smartphone rappresenta il 57% dei supporti mobili e sempre più questi device vengono utilizzati per navigare, accedere a servizi digitali e effettuare acquisti online. Il fenomeno dell'e-Commerce sta registrando a livello globale una crescita significativa in tutti i principali settori merceologici. Rispetto allo scorso anno che ha visto 1,79 miliardi di persone effettuare acquisti via Internet, per il 2018 è prevista una crescita degli utenti di circa l'8% (Casaleggio e associati, 2018). In particolare, il mercato dell'e-Commerce al dettaglio, che nel 2017 era pari a 2.290 miliardi di dollari, ha registrato una crescita di oltre il 23% rispetto all'anno precedente.

Interessante è inoltre lo scenario a livello internazionale nel quale la Cina rappresenta il mercato più importante in termini di volumi di vendita: da sola produce un valore di circa 1.119 miliardi di dollari. L'altro grande mercato è quello statunitense, dove il cui volume di affari ha toccato nel 2017 i 409 miliardi di dollari, registrando anch'esso una crescita del 14% rispetto all'anno precedente.

In questo contesto, che vede Cina e Stati Uniti come i due principali mercati, si rileva che il commercio elettronico è attualmente dominato da due grandi player: il marketplace cinese Alibaba.com e la famosa piattaforma americana Amazon.com; se sommate insieme le transazioni delle due organizzazioni ammontano a circa 1,1 trilioni di dollari[4].

In linea con questo trend, anche l'e-Commerce italiano è in crescita: nel 2017 il valore del fatturato prodotto dal canale elettronico in Italia è stato di 35 miliardi di euro con un incremento del 11% rispetto all'anno precedente (si veda la fig. 4).

Figura 4. – *Crescita del fatturato e-Commerce in Italia*

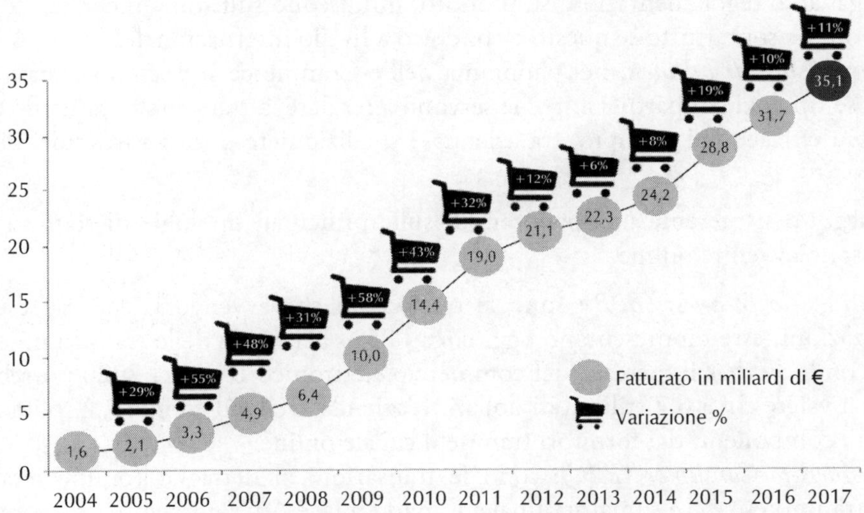

Fonte: Casaleggio Associati, 2018.

In questo scenario, quella distributiva è una delle funzioni nelle quali il digitale ha impattato (e sta tutt'ora impattando) in modo più pervasivo, contribuendo alla nascita ed affermazione di nuovi attori e di modelli di business, basati su forme di intermediazione innovative.

Gli elementi chiave che costituiscono un "ambiente e-Commerce" sono i seguenti (Turban *et al.*, 2016):

• *Persone e/o imprese*: venditori, compratori, intermediari di prodotti o di informazioni, specialisti di tecnologia, analisti, ma anche tutti i soggetti che in un'organizzazione collaborano più o meno direttamente allo sviluppo dell'e-Commerce, come gli addetti alla funzione logistica.

[4] Binsights, 2018.

• *Marketing e advertising*: un progetto di e-Commerce dovrebbe essere supportato da azioni di marketing e campagne di advertising finalizzate a portare traffico di utenti nel sito web e a incrementare le vendite. Tali aspetti acquisiscono una maggiore rilevanza nei modelli Business-to-Consumer (B2C), dove le transazioni avvengono tra impresa e consumatore finale.
• *Servizi di supporto*: tutti quei servizi complementari al commercio elettronico tra cui la creazione di contenuti, la gestione dei pagamenti online (e-Payment) e la gestione degli aspetti logistici legati alla consegna degli ordini.
• *Policy Pubblica*: le politiche attuate dai governi locali in materie come privacy, dazi doganali o regolamentazioni su prodotti, influiscono sulle dinamiche del commercio online soprattutto se questo è condotto a livello internazionale.
• *Partnership di business*: nel panorama dell'e-Commerce si possono instaurare numerose tipologie di partnership che servono a rendere la transazione più efficiente e/o più efficace (ad esempio, tra azienda e spedizioniere o tra i vari attori della *supply chain*).

Di seguito si presenta una panoramica sulle principali tipologie di transazioni che possono avvenire online.

• *Business-to-Business (B2B)*: sono le transazioni che avvengono tra imprese o organizzazioni; esse rappresentano oggi circa l'85% del totale delle transazioni online; secondo Forbes il mercato del commercio elettronico B2B nel 2020 potrebbe arrivare a valere circa 6,7 trilioni di dollari. L'azienda Dell, ad esempio, è solita acquistare i componenti dai fornitori tramite il canale online.
• *Business-to-Consumer (B2C)*: sono le transazioni al dettaglio (online retail), ovvero tra imprese e consumatore finale; il marketplace Amazon.com è un esempio di modello B2C.
• *Consumer-to-Consumer (C2C)*: sono le transazioni tra utenti privati che avvengono tramite le piattaforme online, in un ambiente dedicato e regolamentato. Il sito italiano Subito.it, ad esempio, crea le condizioni per far sì che avvenga questo tipo di transazioni.

I processi di vendita/acquisto online possono essere basati su modelli di business differenti; essi dipendono dal ruolo degli attori coinvolti, e dalla modalità con cui l'azienda, l'organizzazione o l'utente finale generano il flusso di ricavi proveniente da tali attività.

Una distinzione fondamentale riguarda la presenza o meno del magazzino per lo stoccaggio dei prodotti. Nel primo caso (*drop-shipping*) il sito di e-Commerce vende i prodotti al cliente senza possedere un proprio magazzino, per cui è un fornitore esterno ad occuparsi della gestione dello stoccaggio e della spedizione della merce agli acquirenti. Il venditore quindi, effettuata la vendita, trasmetterà l'ordine al fornitore ("dropshipper"), il quale spedirà il prodotto direttamente all'utente finale. Il *drop shipping* è un modello molto comune poiché non necessita di ingenti investimenti in strutture; tuttavia, va ricordato che tale configurazione è caratterizzata solitamente da una bassa marginalità sul fatturato generato. Nel secondo caso, invece, il soggetto gestore del sito di e-Commerce oltre a gestire l'attività di vendita, possiede anche un magazzino per lo stoccaggio delle merci.

A prescindere dal modello adottato, un fattore critico in ogni progetto di e-Commerce è il focus sul cliente: struttura del sito web, aspetto grafico, politiche di marketing e comunicazione, ogni elemento del progetto deve essere orientato al miglioramento della *customer experience*, ovvero dell'esperienza di acquisto del cliente.

Il comportamento d'acquisto online è profondamente segnato dalle nuove tecnologie emergenti (Marinelli, 2018). L'evoluzione delle ICTs (Information Communication Technologies), così come l'introduzione di nuove tecnologie abilitanti, come ad esempio intelligenza artificiale (AI), realtà virtuale (VR), realtà aumentata (AR) e Internet of Things (IoT), stanno impattando in maniera trasversale sia sulle società, stili di vita e di consumo, sia sui processi di progettazione e trasferimento del valore attuati dalle organizzazioni. Un chiaro esempio è rappresentato dall'algoritmo di Amazon.com che è basato su un sistema di intelligenza artificiale (AI), mediante il quale è possibile fornire agli utenti informazioni e raccomandazioni sempre più accurate e basate sullo studio delle loro preferenze e dei modelli di comportamento d'acquisto.

La realtà virtuale (VR) a la realtà aumentata (AR) stanno invece impattando maggiormente sul rapporto tra il cliente, il prodotto e il punto vendita. Alibaba.com e il colosso del retail americano Macy's hanno collaborato ad un progetto basato sulla realtà virtuale e finalizzato a "portare" virtualmente gli utenti cinesi all'interno del famoso store di Macy's situato a New York. Ikea ha invece lanciato un catalogo interattivo in formato cartaceo ma che, grazie ad un'applicazione di realtà aumentata, consente agli utenti di visualizzare tramite supporto mobile le possibili collocazioni in casa del prodotto desiderato.

Anche la tecnologia chiamata Internet delle cose o *Internet of Things* (IoT) sta contribuendo alla nascita di nuove opzioni di shopping: mediante la "messa in rete" di oggetti e strumenti fisici è già possibile effettuare acquisti senza il bisogno di connettersi ad un sito web, ma semplicemente "dialogando" con un elettrodomestico situato all'interno dell'abitazione.

7.2. DALLA MULTICANALITÀ ALL'OMNICHANNEL: L'INTEGRAZIONE TRA CANALI ONLINE E OFFLINE

Come affermato nel precedente paragrafo, il contesto in cui si afferma il commercio elettronico è molto complesso, tale complessità è generata sia da un sempre crescente sviluppo delle tecnologie, sia dall'architettura del così detto *customer journey* (Kotler, 2017), ovvero il percorso che porta il cliente a compiere l'acquisto. Tale percorso viene descritto come un vero e proprio "viaggio" poiché può essere costituito da numerosi punti di contatto fisici e virtuali (*touch points*) i quali definiscono le relazioni tra l'azienda e l'acquirente. Alla base di questi concetti vi è l'assunto che oggi non è più possibile fare una netta distinzione tra canali di vendita online e offline.

Ad esempio, un utente può accedere ad un sito di e-Commerce visualizzando su Facebook una campagna promozionale realizzata tramite lo strumento Facebook Ads; oppure può ricevere un'offerta mirata via email tramite una campagna di direct email marketing (DEM); ancora, si possono verificare dei processi di acquisto "integrati" nei quali l'acquirente effettua una ricerca dei prodotti sui canali online, ma poi effettua l'acquisto su un punto vendita fisico[5] (offline), oppure, viceversa, dove sceglie di "toccare con mano" il prodotto sul punto vendita per poi acquistarlo online, magari a condizioni di prezzo più vantaggiose grazie ad un sito di comparazione di prezzi e in un marketplace diverso.

In questo processo, un ruolo sempre più rilevante è svolto dai device mobili (smartphone e tablet): il *mobile commerce*, ovvero la possibilità di acquistare prodotti e servizi tramite supporti mobili, è in costante crescita.

In quest'ottica l'e-Commerce dovrebbe essere considerato come un elemento chiave di un più ampio "ecosistema" in cui tecnologie, punti di contatto digitali e canali di vendita fisici dialogano insieme, con l'obiettivo di fornire al cliente un'esperienza di acquisto priva di punti di interruzione (*seamless experience*).

Questo percorso evolutivo è segnato dal passaggio dalla *multicanalità*, ovvero un utilizzo congiunto ma separato dei diversi canali commerciali online e offline, alla *omnicanalità*, un approccio di tipo integrato in cui l'esperienza d'acquisto del consumatore è omogenea e può essere migliorata e personalizzata nonostante la pluralità e l'eterogeneità dei punti di contatto.

In pratica, mentre una strategia basata sulla multicanalità (*multichannel*) prevede che ogni singolo canale adottato "viva di vita propria" e venga gestito con obiettivi, politiche e sistemi di analisi dei dati dedicati, l'omnicanalità (*omnichannel*) mira al superamento dei limiti di una gestione organizzata per singolo canale, proponendo un approccio più vicino al concetto di "ecosistema di business" in cui i diversi canali non solo coesistono, ma condividono tra loro dati e informazioni e sono in grado di offrire al cliente, anche in tempo reale (Pondel e Korckzac, 2017), l'esperienza d'acquisto più idonea rispetto al suo profilo.

Boggi Milano, un importante brand italiano di moda, ha dato vita ad un progetto chiamato *Omnichannel Experience*[6] tramite il quale gli utenti possono compiere le seguenti azioni:

---

[5] Tale processo viene tipicamente definito con l'acronimo "ROPO" (Research Online Purchase Offline) ovvero l'assetto di un tipico processo d'acquisto che vede appunto un'adozione congiunta dei canali digitali e tradizionali.

[6] *https://www.boggi.com/it_IT/boggi-world/OMNICHANNEL.html.*

• Click&Collect: è possibile acquistare online e ritirare i prodotti nel punto vendita fisico più congeniale individuabile grazie allo store locator.

• E-Reserve in store: navigando online è possibile effettuate una prenotazione nel punto vendita più comodo per provare il prodotto.

• Order in Store: il cliente riceve assistenza tramite tablet sul punto vendita, ma può decidere di ritirare il prodotto nel negozio a lui più comodo o riceverlo gratuitamente direttamente a casa.

7.3. LA MISURAZIONE DELLA PERFORMANCE COMMERCIALE ONLINE (CENNI)

Come evidenziato nel precedente paragrafo, i percorsi che portano l'acquirente ad accedere al sito ed a compiere uno o più acquisti non sono lineari e possono essere caratterizzati da più configurazioni. A tal proposito, risulta opportuno implementare un sistema di monitoraggio delle performance del sito di vendita online al fine di comprendere, controllare ed eventualmente porre delle azioni correttive alle strategie e alle azioni di vendita online.

Le tecnologie digitali consentono all'operatore di marketing di raccogliere una serie di dati i quali, se analizzati con opportune metriche, sono in grado di produrre nuove porzioni di conoscenza, funzionali a compiere migliori decisioni di business[7].

Queste metriche del Web sono numerose e vengono adottate per compiere valutazioni quantitative e qualitative su diversi fenomeni.

Di seguito si riporta una selezione di quelle ritenute più significative per l'analisi e il monitoraggio di un sito di e-Commerce:

• *Visite del sito web*: esprime il numero delle volte in cui il sito web è stato visitato, i dati sulle visualizzazioni possono esse ottenuti anche per le singole pagine di cui è costituito il sito. È una metrica che fornisce una valutazione quantitativa rispetto al volume di traffico che il sito in questione genera.

• *Durata media delle visite*: questo indicatore esprime il valore medio del tempo che gli utenti spendono nel sito, tale metrica è utile per quantificare il livello di interesse degli utenti nei confronti dei contenuti del sito.

• *Bounce Rate o frequenza di rimbalzo*: esprime il tasso di abbandono del sito o di una certa pagina da parte degli utenti. Con questa metrica è possibile valutare il grado di rilevanza dei contenuti del sito rispetto all'utente-target che lo ha visitato: un elevato tasso di rimbalzo può far supporre che il sito non sia ben strutturato o che non sia in linea con il pubblico che vi ha fatto accesso.

• *Carrelli abbandonati*: indica il numero di acquisti che non sono andati a buon

---

[7] Si fa riferimento ai Big Data Analytics e alla disciplina della Web Analysis.

fine, questa metrica consente appunto di comprendere se il processo d'acquisto si sia interrotto, in questo caso, un elevato numero di carrelli abbandonati potrebbe essere un segnale di malfunzionamento delle fasi finali del checkout.

• *Convertion Rate o tasso di conversione*: la metrica più significativa in termini di performance di un sito di e-Commerce, essa esprime tipicamente il rapporto tra il numero di utenti che hanno effettuato un acquisto e il numero di utenti che hanno visitato il sito web. Un elevato tasso di conversione può indicare che l'offerta, la strategia di marketing e il percorso d'acquisto sono stati progettati correttamente.

DOMANDE PER AUTOVALUTAZIONE

- Quali funzioni svolge la distribuzione commerciale nel sistema economico?
- Quali sono i principali attori del canale distributivo e quale ruolo svolgono?
- Cosa si intende per "copertura del mercato"?
- Cosa sono i "sistemi verticali di marketing"?
- Quali sono le differenze principali tra forza di vendita diretta e indiretta?
- Quali sono le principali decisioni che il management di un'impresa deve prendere in relazione all'organizzazione e alla gestione della forza di vendita?
- Cosa si intende per "social selling"?
- Come sono cambiati i rapporti industria-distribuzione nel corso del tempo e quale è stato il ruolo delle private label in questa evoluzione?
- Quali sono i tratti principali della "logica omnicanale" nella gestione dei canali di distribuzione online ed offline?
- Come sono cambiati i processi di acquisto e di vendita con l'avvento dell'e-commerce e delle nuove tecnologie?

Capitolo 9

LA PROGETTAZIONE DEL VALORE E LE POLITICHE DI PREZZO[1]

Sommario: 1. Introduzione. – 2. Principali fattori che influenzano le decisioni di prezzo. – 3. Definizione del prezzo in base a costi e marginalità. – 4. Definizione del prezzo in base alla domanda. – 5. Definizione del prezzo in base alla concorrenza. – 6. Strategie di pricing. – Domande per autovalutazione.

1. INTRODUZIONE

Il prezzo è una delle componenti più significative del *marketing mix*, dal suo livello dipende quello del fatturato, della redditività, della domanda e, più in generale, la competitività che l'impresa è in grado di raggiungere.

La crisi economica globale che si è verificata negli anni dal 2008 al 2013 ha indotto molte imprese a porre particolare attenzione sulla variabile del prezzo, al fine di preservare i livelli di fatturato e le quote di mercato in un contesto di contrazione dei volumi di acquisti dei clienti e di riduzione dei prezzi da parte dei competitors (Piercy *et al.*, 2010). Peraltro, l'impatto negativo sui redditi di numerose famiglie ha intensificato la competizione sul loro budget di spesa tra fornitori di prodotti e servizi di generi anche del tutto diversi. Il calo dei redditi ha fatto sì che il fattore economico, o in altri termini la convenienza, abbia assunto un peso maggiore nel determinare il valore percepito dai consumatori, modificando priorità e comportamenti di consumo, in modo diffuso ma soprattutto nei segmenti della popolazione più colpiti. Il perdurare della crisi ha favorito in molti manager l'idea "pericolosa" che ridurre il prezzo fosse l'unica soluzione (e quella più veloce) per incrementare il valore per i clienti. Si è assistito così a frequenti ricorsi a campagne promozionali e a continui tagli dei prezzi, con conseguenti cambiamenti nel compor-

[1] Di Gian Luca Gregori, Silvio Cardinali, Andrea Perna, Valerio Temperini, Università politecnica delle Marche.

tamento dei consumatori, i quali sono divenuti maggiormente sensibili e cauti. Vi sono imprese che, adottando l'approccio "value pricing", hanno integrato la propria offerta con linee di prodotti collocate su fasce di prezzo inferiori per espandere le opportunità di mercato, senza incorrere nella "cannibalizzazione". Va poi evidenziato il paradosso delle imprese che, decidendo di evitare la price competition, con opportune strategie nonostante la crisi dei mercati sono riuscite a incrementare il prezzo dei prodotti e dei servizi, ottenendo margini maggiori.

La crisi economica ha quindi rafforzato la visione del pricing in una prospettiva strategica piuttosto che tattica.

Un altro fenomeno che enfatizza la rilevanza strategica delle decisioni di pricing è rappresentato dalla diffusione di internet. Le web based technologies spingono le imprese a ripensare i modelli di business, ed anche, la gestione dei rapporti con il mercato poiché influenzano tutti gli aspetti del marketing (Hoffman, 2000). L'utilizzo di internet ha conferito maggior potere ai consumatori, i quali possono ricercare e trovare i prodotti e i servizi ai prezzi più convenienti in maniera più facile, veloce e meno costosa.

Il pricing è tra le aree del marketing in cui internet ha impattato maggiormente, influenzando le strategie delle imprese in diversi modi; oltre alla maggiore disponibilità di informazioni per i consumatori, si evidenziano l'incremento del numero di concorrenti e l'intensificarsi della competizione, l'affermarsi delle cosiddette "auction house" ("case d'asta") come ad esempio eBay, la possibilità per le imprese di testare il prezzo in tempo reale (Yannopoulos, 2011).

Internet ha quindi prodotto un impatto estremamente rilevante portando come conseguenza maggiore una pressione al ribasso dei prezzi, dovuta all'esplosione dell'e-commerce e alla crescita dei fornitori on-line. Il governo delle politiche di prezzo da parte delle imprese è divenuto più complesso a causa delle politiche autonomamente adottate dagli intermediari on-line e offline.

Le decisioni di pricing presentano diverse implicazioni di natura economico-organizzativa, competitiva e di mercato; per determinare correttamente il prezzo di un prodotto o servizio, occorre considerare i costi, studiare la concorrenza, analizzare le relazioni con la domanda ed indagare il processo cognitivo mediante il quale il cliente attribuisce significato al valore dell'offerta (Cardinali e Trio, 2009). In riferimento a quest'aspetto, si osserva che il prezzo svolge una significativa funzione "segnaletica" e contribuisce a definire il posizionamento del prodotto nella percezione dei clienti ed è fondamentale per il successo nelle politiche di marketing. Come variabile del marketing mix, può assurgere a un ruolo più o meno importante a seconda della tipologia di mercato e della relazione fra i differenti competitor.

Al fine di fornire un'analisi complessiva delle scelte e delle implicazioni che i manager devono affrontare ogni qual volta definiscono il prezzo di un prodotto o servizio, verranno prima esaminati i fattori che influenzano le decisioni (par. 2), ed in seguito descritti i principali metodi di determinazione, ovvero, cost-oriented (par. 3), demand-oriented (par. 4) e competition-oriented (par. 5). Infine, saranno esaminate le caratteristiche delle principali strategie di pricing (par. 6).

2. PRINCIPALI FATTORI CHE INFLUENZANO LE DECISIONI DI PREZZO

La gestione del prezzo costituisce un processo sempre più articolato dalla presenza e dall'aumento della complessità di numerosi fattori che le imprese dovrebbero conoscere, al fine di realizzare una scelta consapevole della strategia di pricing.

A fronte di un ruolo sempre più strategico della politica di prezzo, molte imprese dedicano alla sua determinazione e gestione, risorse ancora limitate per permettere di cogliere a pieno le potenzialità di questa leva in termini di generazione del profitto e di impatto sul cliente. Nell'ottica di fornire una classificazione dei principali elementi che influenzano il processo di determinazione del prezzo si possono individuare due macrocategorie: fattori interni e fattori esterni (fig. 1).

Figura 1. – *Fattori interni ed esterni che influenzano la politica di prezzo*

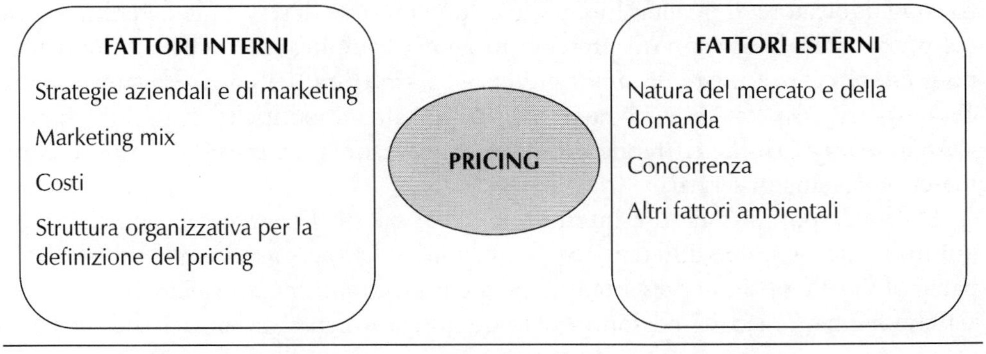

Fonte: nostre elaborazioni su Kotler e Amstrong, 2006.

Com'è noto, per la scelta del prezzo vengono considerati tre principali elementi (*costo*, *domanda* e *concorrenza*) che rappresentano i criteri utilizzati per l'individuazione di parametri quantitativi utili alla determinazione. Va tuttavia osservato che altri paramenti, non meno rilevanti, influenzano in misura diretta e indiretta questa scelta.

Prima di definire il prezzo risulta opportuno verificarne l'*allineamento con la strategia aziendale*; infatti, il prezzo può rappresentare una derivazione di scelte strategiche e di obiettivi di carattere generale dell'impresa, come la massimizzazione dei profitti, la leadership in termini di quota di mercato o di qualità del prodotto; in tal senso, le scelte di prezzo rappresentano una emanazione "operativa" delle decisioni relative alle strategie competitive o di sviluppo attuate.

Occorre evidenziare che tali decisioni sono intimamente correlate anche con le finalità ultime dell'impresa; si pensi alla differente visione del pricing da parte delle imprese no-profit (che mirano solo a una copertura totale dei costi) o ad alcune imprese pubbliche il cui obiettivo è un recupero anche solo parziale dei costi (come può avvenire per le aziende sanitarie o per le Università).

Un altro aspetto che riveste un certo interesse è il legame fra il prezzo e le *altre variabili del marketing mix*; tali leve non possono essere considerate singolarmente poiché costituiscono elementi di un'unica strategia e necessitano di un forte coordinamento, ai fini di ottenere una certa coerenza negli obiettivi; in alcuni casi, può però verificarsi che prima si attribuisce il prezzo e successivamente si definiscono le altre variabili di marketing; si tratta della definizione del *prezzo obiettivo*. Occorre inoltre aggiungere che, tale variabile risulta rilevante per il posizionamento del prodotto a fronte della correlazione, spesso esistente, fra percezione del prezzo da parte dei consumatori e aspettativa in termini di qualità.

Anche le caratteristiche dell'offerta (servizio o prodotto) influiscono sul processo di determinazione del prezzo; per alcuni servizi i consumatori non conoscono il valore totale fino a che il servizio non viene erogato e si affidano maggiormente al prezzo come indicatore di qualità. Inoltre, in alcune imprese di servizi, la determinazione del prezzo sulla base dei costi presenta maggiori complicanze anche perché tendono a essere caratterizzate da una rigidità nella struttura dei costi (elevato impatto dei costi fissi rispetto ai costi variabili). Infine, alcune politiche di prezzo come il *price bundling* (pacchetti) rende difficile per i consumatori stabilire il valore commerciale dei singoli servizi.

L'altro importante fattore interno è il *costo*; questo parametro è sicuramente il più utilizzato nelle sue differenti configurazioni, e lo approfondiremo nel prossimo paragrafo. Tale opzione presenta non poche limitazioni; fra le principali, si evidenzia che mediante i costi possono essere definiti utilmente dei prezzi che, tuttavia, non tengono in esame le variabili esterne e, in particolare, la domanda.

Un ultimo aspetto da tenere in considerazione con riferimento ai *fattori interni*, è l'individuazione di "chi" ha la responsabilità delle scelte di pricing (imprenditore, responsabile di prodotto o, in rari casi, responsabile di marketing) e "come" questo attua la scelta. In alcune PMI il processo di determinazione del prezzo è il risultato di una "concertazione" che coinvolge differenti funzioni aziendali: commerciale e rete di vendita, direzione, amministrazione. I rappresentanti di queste aree si confrontano sulla base delle informazioni che ciascuno ha in possesso (prospettive parziali e spesso soggettive) e sulle differenti "immagini del mercato" che essi hanno. Il processo di determinazione del prezzo avviene pertanto effettuando un'analisi mediata dei fattori influenzanti (costo, domanda, concorrenza).

Ai fini delle scelte di marketing di rilevante importanza sono anche i *fattori esterni* che influenzano le decisioni di prezzo, ovvero, la forma di mercato (concorrenza perfetta, concorrenza monopolistica, concorrenza oligopolistica o monopolio) e le caratteristiche della domanda. Per quanto concerne quest'ultimo fattore è necessario considerare l'elasticità della domanda rispetto al prezzo, che tuttavia risulta di difficile rilevazione.

Altro fattore "esterno" che condiziona le scelte di pricing è la *concorrenza*; si possono in merito effettuare due differenti riflessioni:

1. tale elemento ha tanto più importanza quanto gli operatori presenti sul mercato si condizionano reciprocamente;
2. le scelte relative alla fissazione dei prezzi sulla base della concorrenza deve tenere in considerazione non solo il livello dei prezzi (peraltro relativamente semplice da monitorare), ma anche la funzione di costo dei competitor. Ciò, perché una eventuale riduzione di prezzo potrebbe avvantaggiare o meno i differenti operatori in relazione al reciproco ammontare dei costi variabili unitari (che possono rappresentare il prezzo minimo di vendita).

A questi vanno aggiunti altri *elementi esogeni* al sistema impresa che, tuttavia, esercitano, specialmente in alcuni contesti, un'influenza notevole; oltre all'azienda, ai consumatori e alla concorrenza, è evidente l'esistenza di "differenti attori" che possono intervenire nella definizione di tale variabile (Gregori e Ciafrè, 2006):

- i retailer svolgono un ruolo determinante nella definizione del prezzo al consumatore finale, infatti, il produttore industriale può, secondo la normativa, solo consigliare il prezzo di vendita; è opportuno evidenziare il peso notevole che hanno assunto gli intermediari dell'e-commerce nel determinare il livello dei prezzi;
- altri intermediari commerciali, in particolare gli agenti/rappresentanti, possono variare il prezzo, con diversi strumenti (riduzione del prezzo tramite politiche di sconto, dilazioni di pagamento e altre politiche promozionali definite in fase di negoziazione);
- anche le aziende di credito sono interessate alla redditività aziendale e quindi alla definizione del prezzo; infatti, la determinazione di tale variabile dovrebbe consentire la remunerazione delle risorse finanziarie che il sistema creditizio ha erogato. Ciò si sta verificando, per esempio, nel settore immobiliare per quanto concerne le nuove costruzioni (finanziate con mutui in una fase di ciclo espansivo) e il cui prezzo sembra rimasto pressoché invariato anche a seguito di riduzioni del numero di compravendite;
- l'operatore pubblico, nelle differenti configurazioni che assume (Ministero dell'Economia, Agenzia per le Entrate, ecc.), può influenzare la politica di prezzo delle imprese. Si pensi ai prodotti per i quali il prezzo è definito su "base normativa" o venga fissato un "tetto" sui margini o vi sia l'obbligo di autorizzazione relativamente alle variazioni tariffarie.

Va inoltre osservato, per quanto riguarda le *imprese presenti sui mercati internazionali*, che possono essere considerate ulteriori variabili; anche in questo caso si rilevano fattori interni (costi logistici, costi di adattamento di prodotto, ecc.) ed esterni all'impresa (tasso di cambio, inflazione, barriere tariffarie, ecc. – si veda il par. 6).

Si nota che questi elementi condizionano le scelte di prezzo anche in considerazione delle specificità settoriali; si evidenziano in questo senso differenti elementi di originalità nei mercati industriali (si veda il *box* n. 1).

BOX N. 1

SPECIFICITÀ DEL PRICING DEI BENI INDUSTRIALI NEI MERCATI ESTERI

La formulazione della strategia di prezzo all'interno dei mercati industriali presenta elementi di notevole complessità, da cui deriva la necessità di un approccio che sintetizzi nel prezzo la variegata realtà dei rapporti tra le imprese.
Un primo elemento da considerare è la stretta connessione esistente tra le "catene del valore" dei clienti con quelle dei propri fornitori: ogni prodotto/servizio, infatti, è allo stesso tempo output dell'impresa venditrice e input dell'acquirente.
Questo collegamento comporta che il valore monetario espresso dal prezzo impatti su entrambe le catene e divenga elemento di collegamento e di integrazione tra sistemi.
Per esempio, per valutare il prezzo massimo che il cliente è disposto a pagare è necessario procedere alla identificazione di tutti i vantaggi che egli trae dall'utilizzo del prodotto e i relativi costi, identificando gli usi che fa del prodotto, analizzando i costi sostenuti per l'acquisto e il suo utilizzo, stilando un bilancio costi-benefici.
Un secondo elemento di riflessione riguarda la già citata complessità, tipica dei mercati industriali, che induce a una valutazione su diversi fattori, tra i quali:

- l'esistenza di prezzi multipli;
- lo sforzo relazionale da compiere prima della conclusione del contratto e del compimento della transazione;

La politica di prezzo si fonda, dunque, su fattori ed elementi peculiari che derivano dal ruolo svolto dalla relazione e dalla presenza di un rapporto stretto e continuativo tra le parti; ogni decisione da assumere con riferimento al prezzo deve essere necessariamente ricondotta alla relazione, e questo vale quando si tratti di scegliere se attuare una strategia di "scrematura" o una di "penetrazione", un *premium price* o una strategia basata sulla leadership di costo, quando si decida di personalizzare l'offerta piuttosto che renderla omogenea per tutti i clienti indistintamente.

Fonte: Cardinali e Trio, 2010.

3. DEFINIZIONE DEL PREZZO IN BASE A COSTI E MARGINALITÀ

La scelta relativa al pricing può essere sviluppata considerando differenti variabili; nel presente paragrafo saranno esaminati l'elemento "costo" e la relazione con il profitto. Il costo è uno dei parametri più utilizzati per la determinazione del prezzo e può essere un adeguato punto di partenza per le decisioni di pricing. In tal senso, è utile individuare differenti livelli di prezzo (definiti prezzi interni) che possiamo classificare nelle seguenti categorie:

- *Prezzo base* (o prezzo minimo): è il prezzo che permette il recupero dei soli costi variabili di prodotto (Prezzo base = costi variabili unitari (*cvu*)).
- *Prezzo tecnico*: corrispondente al punto di equilibrio, ovvero il prezzo che permette un recupero totale dei costi variabili e di quelli fissi (Prezzo tecnico = *cvu* + costi fissi/*qa*; dove *qa* rappresenta la quantità attesa di vendite del prodotto).
- *Prezzo target*: permette oltre alla copertura dei costi (fissi e variabili) anche di recuperare una parte di marginalità (Prezzo target = Prezzo tecnico + $r \times K/qa$, dove r rappresenta la redditività attesa e K il capitale investito).

Più frequentemente il prezzo target è calcolato incrementando il prezzo tecnico con un margine fisso o prevedendo una percentuale di "ricarico" (spesso stimata sull'esperienza aziendale); la semplicità di calcolo ha permesso un'ampia diffusione di questa metodologia nella prassi aziendale di molte PMI, anche a fronte degli evidenti limiti (il margine obiettivo è raggiunto solo in caso di stime corrette della domanda; si veda Lambin, 2008).

BOX N. 2

UN ESEMPIO DI DETERMINAZIONE DEI PREZZI INTERNI SULLA BASE DEI COSTI

Esempio di determinazione dei "prezzi interni" sulla base dei costi.

Dati di input:
Capacità produttiva massima: 150.000 unità
Totale capitale investito (*K*): 20.000.000 €
Tasso di redditività atteso (*r*): 12%
Costi variabili unitari di prodotto (*cvu*): 95 €
Costi fissi (*cf*): 7 000 000 €/ anno
Vendite attese (*qa*): 100.000 unità

Differenti configurazioni di prezzo:
Prezzo minimo = cvu = 95 €
Prezzo tecnico = cvu + cf/qa = 95 + 7.000.000/100.000 = 165 €
Prezzo target = cvu + cf/qa + (r × K)/ qa = 95 + 7.000.000/100.000 + (0,12 × 20.000.000)/100.000 = 189 €.

Fonte: nostre elaborazioni.

Un ulteriore strumento utile al fine di supportare le scelte inerenti al prezzo, è il modello del punto di pareggio (*break-even analysis*) che ci permette di stimare, conosciuta la struttura dei costi e il prezzo di vendita, il volume di produzione (e vendite) di pareggio.

Nello specifico il modello prevede l'applicazione della seguente formula:

$$\text{Ricavi totali } (rt) = \text{Costi totali } (ct)$$

con

rt = prezzo (p) per quantità di vendite attese (x)

e

ct = costo variabile unitario (a) per quantità di vendite attese (x) sommate ai costi fissi (k).

Sviluppando la formula descritta si ottiene:

$$px = ax + k$$

isolando le quantità come variabile incognita è possibile ottenerle la seguente formula:

$$\boldsymbol{x = k/(p - a).}$$

Tale formula, utile al calcolo del volume di pareggio (dato il prezzo p), è il risultato del rapporto fra i costi fissi e il margine di contribuzione ($p - a$: prezzo meno costi variabili unitari). Dalla relazione descritta nel grafico della figura 2 si evince che all'aumentare delle quantità vendute il margine di contribuzione va a "coprire" prima i costi fissi e poi determina l'entità dell'utile. A ogni livello di prezzo si otterrà un differente margine di contribuzione e di conseguenza un differente volume di pareggio.

L'analisi del punto di pareggio permette di effettuare simulazioni relative alla relazione fra prezzo e volumi che possono risultare particolarmente utili; non può sfuggire tuttavia che a questo modello sono state mosse differenti critiche dovute al fatto di considerare imprese "monoprodotto" e monomercato, pertanto con una sola funzione di costo e di ricavo.

È possibile ovviare a questa problematica adottando il concetto di margine di contribuzione percentuale che si ottiene moltiplicando la formula precedente con il prezzo di vendita:

$$px = \frac{k}{\frac{(p-a)}{p}}$$

dove px rappresenta il fatturato totale e $(p - a)/p$ il margine di contribuzione percentuale.

Figura 2. – *Il modello del punto di pareggio*

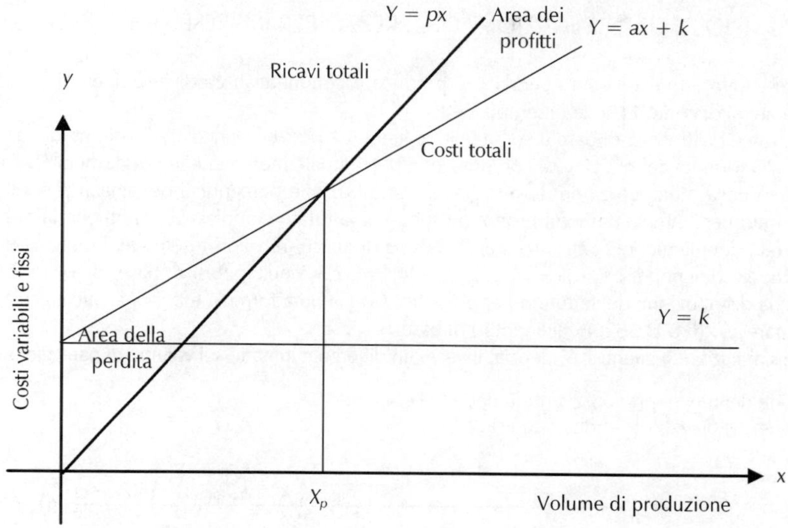

Fonte: nostre elaborazioni.

Tali approcci di calcolo – basati esclusivamente sui costi – sono parzialmente rispondenti alle esigenze di un'impresa perché considerano solo alcune delle variabili necessarie. Pur se la completezza di alcune formule sembra fornire una "garanzia di risultato", l'assenza di un esame della correlazione fra prezzo e domanda, rischia di generare non solo operativamente, ma anche concettualmente, dei "ragionamenti circolari". Infatti, il volume atteso determina il livello di prezzo target considerato e a sua volta esso influisce sul livello della domanda.

Pertanto, l'analisi descritta, particolarmente utile per lo sviluppo di simulazioni sulla correlazione fra le differenti variabili, può risultare di corretta applicazione in contesti in cui le previsioni di vendita risultano ragionevolmente affidabili. Si pongono tuttavia differenti interrogativi sul comportamento che le imprese dovrebbero tenere in situazioni di non allineamento fra le previsioni di vendita e i volumi realizzabili. Seguendo le relazione fra le variabili descritte in alcune nelle formule di questo paragrafo a un'aspettativa di contrazione dei volumi di vendita l'impresa dovrebbe reagire, al fine di riportare un allineamento dei valori di redditività, con un aumento di prezzo. Al contrario, a un aumento delle quantità vendute dovrebbe ipoteticamente reagire con una riduzione del prezzo. Non può sfuggire che, questo approccio può essere considerato lontano dalle prassi solitamente applicate dalle imprese. In realtà, l'analisi della correlazione fra costi e prezzo può rappresentare solo l'inizio per un'analisi complessiva delle decisioni di pricing.

BOX N. 3

UN ESEMPIO DI DETERMINAZIONE DEL PREZZO PER IMPRESE MULTI-PRODOTTO

Il caso presentato è quello di un'azienda che produce e commercializza diverse linee di prodotti con prezzi e margini di contribuzione differenti.

Come si evince dall'ipotesi di base (vedi tabella seguente) è possibile calcolare il volume di pareggio ricorrendo alla formula del margine di contribuzione percentuale medio dell'impresa (mcm%). Tale valore scaturisce dalla moltiplicazione dei margini di contribuzione percentuali dei singoli prodotti (mc%) per il fatturato percentuale per ogni prodotto rispetto al fatturato complessivo. Si ottiene la distribuzione ponderata dei margini di contribuzione; la somma di questi tre valori restituisce il margine di contribuzione medio dell'impresa (26% + 17,3% + 14% = 57,3% nell'ipotesi di base) dato un livello dei prezzi e una distribuzione del fatturato per prodotto. Con la nota formula è poi possibile calcolare il fatturato di pareggio (€ 873.362,45 nell'ipotesi di base).

Nelle due simulazioni seguenti si evidenzia, invece, un differente impatto sul volume di pareggio dovuto a:

- variazione del mix di prodotto venduti (ipotesi 1);
- variazione del prezzo di vendita (ipotesi 2).

Ipotesi di base					
Legenda	Elementi	Prodotto A	Prodotto B	Prodotto C	
p	Prezzo di vendita	€ 50,00	€ 40,00	€ 30,00	
a	Costo variabile unitario	€ 24,00	€ 17,00	€ 9,00	
p-a	Margine di contribuzione	€ 26,00	€ 23,00	€ 21,00	
MC%=(p-a)/p	Margine di contribuzione percentuale	52,0%	57,5%	70,0%	
	Distribuzione % del fatturato per prodotto	50,0%	30,0%	20,0%	100,0%
MC%*Disr. Fatt.	Distribuzione % del margine di contribuzione	26,0%	17,3%	14,0%	
MCM%		→	→	→	57,3%
k	Costi fissi				€ 1.500.000,00
k/MCM%	*Fatturato di pareggio*				€ 2.620.087,34
IPOTESI 1: Variazione del mix di fatturato					
Legenda	Elementi	Prodotto A	Prodotto B	Prodotto C	
p	Prezzo di vendita	€ 50,00	€ 40,00	€ 30,00	
a	Costo variabile unitario	€ 24,00	€ 17,00	€ 9,00	
p-a	Margine di contribuzione	€ 26,00	€ 23,00	€ 21,00	
MC%=(p-a)/p	Margine di contribuzione percentuale	52,0%	57,5%	70,0%	
	Distribuzione % del fatturato per prodotto	20,0%	20,0%	60,0%	100,0%
MC%*Disr. Fatt.	Distribuzione % del margine di contribuzione	10,4%	11,5%	42,0%	
MCM%		→	→	→	63,9%
k	Costi fissi				€ 1.500.000,00
k/MCM%	*Fatturato di pareggio*				€ 2.347.417,84
IPOTESI 2: Variazione dei prezzi					
Legenda	Elementi	Prodotto A	Prodotto B	Prodotto C	
p	Prezzo di vendita	€ 55,00	€ 42,00	€ 31,00	
a	Costo variabile unitario	€ 24,00	€ 17,00	€ 9,00	
p-a	Margine di contribuzione	€ 31,00	€ 25,00	€ 22,00	
MC%=(p-a)/p	Margine di contribuzione percentuale	56,4%	59,5%	71,0%	
	Distribuzione % del fatturato per prodotto	50,0%	30,0%	20,0%	100,0%
MC%*Disr. Fatt.	Distribuzione % del margine di contribuzione	28,2%	17,9%	14,2%	
MCM%		→	→	→	60,2%
k	Costi fissi				€ 1.500.000,00
k/MCM%	*Fatturato di pareggio*				€ 2.490.349,50

Fonte: nostre elaborazioni.

Gli effetti negativi della crisi economica hanno portato allo sviluppo di altri modelli di pricing ritenuti più appropriati, nel tentativo di superare i limiti dei semplici metodi cost-based (*box* n. 4)

BOX N. 4

ALCUNI MODELLI DI PRICING DIFFUSI IN PERIODI DI CRISI ECONOMICA

"Payement-by-results": il prezzo che viene proposto al cliente è composto da una parte fissa ed una variabile legata al raggiungimento di determinati risultati. Questa strategia consente di evitare il taglio dei prezzi, mantenendo un prezzo nominale che può essere confrontato con quello dei concorrenti; in questo caso però l'impresa condivide con il cliente il rischio di raggiungimento dei risultati.
"Razor and blades": è un modello commerciale in cui un oggetto viene venduto a un prezzo basso (o dato in regalo gratuitamente) al fine di aumentare le vendite di un bene complementare, come le forniture di consumo (si pensi al caso delle lamette multiuso per la rasatura della barba).
"A la carte" pricing: utilizzato in modo particolare dalle compagnie aeree, questo metodo prevede che il cliente mette insieme un pacchetto di prodotti e sviluppa un prezzo di acquisto basato su opzioni di prodotto (si parte da una base e gli extras sono proposti e inseriti separatamente, andando poi a formare il prezzo complessivo) (Granados *et al.*, 2012).
"Pay per use": in base a questo modello (applicato ad esempio nel mercato dei software) il fornitore mantiene la proprietà del bene che propone al cliente, il quale riconosce il pagamento di un prezzo per il suo utilizzo, evitando importanti investimenti e costi (ad esempio di manutenzione o aggiornamento).

Fonte: nostre elaborazioni su Piercy *et al.*, 2010.

4. DEFINIZIONE DEL PREZZO IN BASE ALLA DOMANDA

Oltre agli elementi "interni" che agiscono sul prezzo, abbiamo visto che vi sono diversi fattori esterni ne possono influenzare le decisioni fra cui le *caratteristiche della domanda*. L'analisi delle caratteristiche dei consumatori (o acquirenti di beni industriali) e dei vari aspetti che definiscono il loro comportamento rappresentano un altro rilevante fattore da tenere in considerazione nella determinazione dei prezzi. Va osservato che questi elementi risultano di particolare rilevanza per un'impresa orientata al mercato, la quale dovrebbe individuare nella domanda, nella creazione di valore differenziale e negli altri fattori esterni, quelli prioritari nella determinazione del prezzo. I clienti (attuali e potenziali) dovrebbero essere posti al centro delle strategie di pricing; è stato infatti rimarcato che il princing influenza la customer loyalty, la customer satisfaction, l'acquisizione di nuovi clienti e l'immagine aziendale (Avlonitis and Indounas, 2005), ed ha inoltre un peso centrale nel determinare il valore percepito dal consumatore.

Per comprendere efficacemente la correlazione fra prezzo e domanda è opportuno richiamare il concetto di "curva di domanda" ampiamente utilizzata negli studi microeconomici, pur se questo comporta una semplificazione rispetto alla dinamiche reali. La curva di domanda, infatti, mette in relazione le unità vendute di un prodotto con i diversi livelli di prezzo. Ad agire sul livello delle quantità richieste sono, oltre al prezzo:

1. le preferenze dei consumatori, legate a fattori geografici, demografici, culturali e tecnologici;
2. la disponibilità di prodotti sostitutivi che rende la domanda più elastica (più sensibile a variazioni di prezzo);
3. le condizioni economiche dei consumatori.

La differenza fondamentale tra il prezzo e i fattori appena elencati è costituita dal fatto che mentre il prezzo determina spostamenti *lungo* la curva di domanda, gli altri causano spostamenti *della* curva di domanda (Cardinali e Trio, 2009).

Il parametro necessario al management per ottenere indicazioni relative al prezzo è l'*elasticità della domanda* che identifica la variazione percentuale della quantità acquistata di un dato prodotto rispetto ad una variazione percentuale del prezzo.

Analizzando l'elasticità della domanda è possibile individuare differenti situazioni in relazione alla conformazione della curva della domanda:

- *domanda elastica*: quando la domanda si riduce all'aumentare del prezzo (e viceversa, aumenta alla riduzione del prezzo);
- *domanda inelastica o rigida*: la domanda non si modifica al variare del prezzo; è il caso di prodotti insostituibili e indispensabili per il cliente (si pensi ad alcune tipologie di medicinali). La rigidità è legata alla sussistenza di alcune condizioni, tra cui lo scarso numero di prodotti sostitutivi o di prodotti concorrenti, la ridotta percezione dell'aumento di prezzo da parte degli acquirenti o la limitata propensione a modificare, nel breve periodo, le abitudini di acquisto;
- *domanda con elasticità positiva* si verifica quando questa cresce al crescere dei valori di prezzo; ciò può verificarsi nelle situazioni in cui il prezzo elevato influisce nella percezione del cliente in modo da indurlo ad associare prezzo alto ad alta qualità (si pensi ad alcune tipologie di beni di lusso). Tale ultimo caso, che potrebbe sembrare marginale, risulta comunque diffuso nei paesi nei quali la "*country of origin image*" può, insieme al prezzo, identificare un chiaro posizionamento.

Il calcolo dell'elasticità può essere ottenuto mediante differenti metodi: osservazioni di serie storiche (risultati di vendite passate rispetto alle relative variazioni del prezzo) o ricorrendo a metodi empirici (indagini dirette presso i consumatori, sperimentazioni, focus group, ecc.); va tuttavia osservato che l'utilizzo di queste metodologie presentano non poche difficoltà applicative e nella prassi aziendale definire il prezzo sulla base della domanda risulta poco diffuso soprattutto nelle imprese di piccola e media dimensione. Infatti, la conoscenza dell'elasticità dipende dalla capacità di misurazione del grado di risposta dei clienti che può individuarsi solo a posteriori, quindi dopo che la scelta del consumatore è stata effettuata. Va infine rilevato che l'elasticità si limita a dare informazioni sull'impatto del prezzo sulla quantità acquistata, ma nulla dice con riferimento alla propensione a provare il prodotto o reiterare l'acquisto, tutti elementi importanti per avere un quadro completo dei meccanismi che influenzano le scelte di pricing.

La difficoltà nell'utilizzare la domanda nella definizione del pricing e d'altra parte la sua importanza è testimoniata dagli sforzi effettuati da alcune imprese nel cercare metodi alternativi, ma allo stesso tempo particolarmente pragmatici di rilevazione "indiretta" delle opinioni dei consumatori. Un caso interessante di un'impresa che attua un processo di determinazione del prezzo sulla base della domanda è la Cesare Paciotti: azienda calzaturiera che è presente nel segmento del lusso e distribuisce sul mercato nazionale ed internazionale tramite una rete di punti di vendita diretti monomarca e altri plurimarca. Come noto per i prodotti di fascia alta risulta piuttosto complesso definire procedure finalizzate alla stima del prezzo sulla base della domanda anche a fronte della numerosità degli articoli e delle relative varianti di cui sono composte le collezioni semestrali. La scelta dell'impresa è stata quella di realizzare un processo di pricing "inverso", realizzato partendo dalle indicazioni dei direttori dei punti di vendita diretti; gli stessi che collaborano alla definizione delle previsioni di vendita stagionali. Il risultato è la definizione di una procedura di rilevazione dei prezzi consigliati al pubblico sulla base del valore a cui il prodotto è più adeguato alla vendita nell'ipotesi dei manager di rete, solo in una fase successiva viene realizzato un processo di controllo di coerenza con i dati di costo.

Le difficoltà operative come quello descritte fanno si che le imprese ricorrano spesso a metodi alternativi rispetto alla quello dell'elasticità della domanda che si basano sul valore percepito dal consumatore; fra i vari approcci rileviamo i seguenti:

– analisi del profilo del potenziale: con questo metodo è possibile associare differenti livelli di prezzo in relazioni agli attributi che il cliente utilizza per la selezione di quel prodotto. Questo metodo permette di comprendere il valore associato ai singoli attributi ed a confrontarsi con dei prodotti concorrenti per comprendere se il cliente è disposto a spendere un premium price;

– analisi del valore d'uso (*value in use price*): con questo metodo la determinazione del prezzo del prodotto avviene aggiungendo al prezzo scaturito dall'analisi dei costi un margine in funzione del "valore d'uso" percepito dal cliente; ciò al fine di considerate tutti i benefici oggettivi e soggettivi che il cliente può attribuire al prodotto e che possono influire sul prezzo e valutare il "valore" massimo accettabile dal cliente.

5. DEFINIZIONE DEL PREZZO IN BASE ALLA CONCORRENZA

Altro fattore "esterno" che condiziona le scelte di pricing è la *concorrenza*; il prezzo come variabile del marketing mix può assurgere a un ruolo più o meno importante in relazione alla tipologia di competizione presente nel settore e tale elemento ha tanto più importanza quanto gli operatori presenti sul mercato si condizionano reciprocamente.

Le scelte relative alla fissazione dei prezzi sulla base della concorrenza dovrebbero tenere in considerazione non solo il livello dei prezzi (peraltro relativamente semplice da monitorare), ma anche la funzione di costo dei competitor.

In tal senso, è importante associare il prezzo alla differenziazione del prodotto operando una distinzione tra due differenti modalità di competere; l'una, che si riscontra prevalentemente in caso di articoli standardizzati o percepiti come tali (price competition), in cui il prezzo è la principale variabile competitiva, l'altra (non-price competition), in cui si enfatizza la differenziazione in relazione ai prodotti dei concorrenti (si pensi in tal senso anche a tutte le politiche di marca e di fidelizzazione). In una condizione di competizione di tipo price fra i competitori può svilupparsi la cosiddetta "guerra dei prezzi" che si verifica nel momento in cui uno degli operatori procede a una riduzione del prezzo del bene e il competitor reagisce con un'ulteriore riduzione, ancora più consistente, generando una spirale di ribassi consecutivi che potrebbero generare non poche problematiche dal lato della redditività e possibili effetti sul numero di operatori presenti sul mercato. Molto conosciuta è la "guerra" sviluppatasi su iniziativa dalla testata Times nel 1993, i cui risultati determinarono una contrazione del prezzo del quotidiano di quasi il 60% (in circa 18 mesi), un consistente aumento delle vendite (di circa l'80%) e l'uscita dal mercato di svariati competitor; solo dopo vari anni il prezzo del giornale poté ritornare a livelli originari.

In sintesi è possibile affermare che le informazioni da ricercare nel momento in cui l'azienda vuole definire un prezzo sulla base della concorrenza sono le seguenti:

1. individuazione dei competitor e della loro rilevanza (ad esempio in termini di quota di mercato – *market share*);
2. conoscenza del livello di prezzi applicati, delle funzioni di costo e delle scelte relative alle strategie di pricing (scrematura o penetrazione).

In riferimento al primo aspetto (punto 1) può essere utile condurre un'analisi di *competitive intelligence* non solo sui concorrenti ritenuti "diretti", ma anche fra le imprese che commercializzano prodotti sostitutivi. È interessante far notare come la quota di mercato (parametro rilevante quando si è in presenza di mercati con fatturati concentrati, ovvero, sviluppati da poche grandi imprese) possa essere molto importante per orientare le politiche di pricing. Ulteriore parametro da considerare è il *tasso di sviluppo della domanda* che in passato ha giustificato il comportamento di molte multinazionali produttrici di beni di consumo nei grandi paesi di nuova industrializzazione (BRIC's – Brasile, Russia, India, Cina) ove l'ingresso è stato caratterizzato da scelte di penetrazione particolarmente aggressive pur di sviluppare una quota di mercato consistente da poter mantenere nella fasi di maturità di quel mercato.

Anche la raccolta di informazione relative alla concorrenza (punto 2) può risultare complessa soprattutto nei settori *business to business* dove non è sempre reperibile un "listino ufficiale" o il listino è variabile in relazione alle politiche commerciali messe in atto dalle imprese (sconti, abbuoni, servizi integrati offerti o a pagamento); inoltre, in alcuni casi il prodotto è co-creato fra buyer e seller e non esiste prima della negoziazione.

Va inoltre osservato che oltre a conoscere il livello dei prezzi è necessario avere informazioni sulla "funzione di costo" dei concorrenti, ovvero, è rilevante conoscere l'entità dei costi variabili per unità di prodotto che, in vari casi, costituisce il prezzo minimo (prezzo base) di vendita. In una *price competition* conoscere questo parametro permette di avere informazioni per stimare fino a quando il concorrente può "spingersi al ribasso" mantenendo una marginalità positiva; non può sfuggire che avere informazioni su questo parametro risulta tutt'altro che semplice.

A questo punto è necessario oltre che individuare il prezzo di vendita dei concorrenti, contestualmente ipotizzare o simulare le *possibili reazioni* che questi potranno avere a seguito dell'ingresso nel mercato dell'impresa o in conseguenza di una scelta di variazione del prezzo (Gregori e Cardinali, 2012).

6. STRATEGIE DI PRICING

Esaminati i fattori che influenzano le politiche di prezzo, passiamo ora ad esaminare le strategie e le tattiche che le imprese possono adottare:

- obiettivi di mercato: politica di scrematura, penetrazione, mantenimento della quota;
- politiche di prezzo per gamma;
- politica degli sconti ed abbuoni;
- politiche di prezzo delle imprese commerciali.

1. Obiettivi di mercato. Va osservato che un elemento di particolare rilevanza nella scelta del prezzo è l'obiettivo di mercato che l'impresa si pone. Possono essere individuati tre differenti percorsi alternativi in relazione a come l'impresa sceglie di posizionarsi nel mercato di riferimento, a cui conseguono strategie di pricing: "scrematura", "penetrazione", "mantenimento della quota".

Con la strategia di penetrazione l'impresa che decide di entrare in un mercato determina il valore del bene commercializzato in modo da contenerne, il più possibile, il prezzo. Con questo approccio di entry price il management si pone l'obiettivo di incrementare sensibilmente e velocemente le vendite, acquisendo, ad esempio, una market share significativa. Solo nel momento in cui le quantità vendute siano ritenute adeguate, l'impresa potrebbe procedere ad un incremento del prezzo per permettere di ampliare i margini unitari senza "sacrificare" la quota di mercato.

Non può certo sfuggire che, per la riuscita di una strategia di penetrazione devono esserci alcune condizioni fra le quali la presenza di competitor "attaccabili", ovvero, che non ingaggino "guerre di prezzo" così pesanti da rendere il mercato non profittevole, per tutti gli attori, nel lungo periodo. Inoltre, un'altra condizione della politica di penetrazione è che alla crescita dei volumi di vendita deve accompagnarsi un incremento dei rendimenti di scala, evidenziando un miglioramento dei costi di produzione e/o di distribuzione. Va infine rilevato che questa strategia può essere adottata qualora il mercato di riferimento sia particolarmente sensibile al prezzo; ad esempio la Procter&Gamble (marchio Pampers) e la Kimberly Klark (marchio Hugghies) hanno fatto ricorso a questo approccio nel mercato brasiliano dei pannolini e ciò ha permesso un incremento consistente delle vendite dovute ad un abbassamento della soglia di prezzo considerato accettabile dalla middle class brasiliana; le due multinazionali adottando la stessa strategia di penetrazione hanno ingaggiato una efferata "guerra dei prezzi" che ha comportato un susseguirsi di ribassi con non poche problematiche nella gestione dei margini unitari. In definitiva, ciò ha permesso in pochi anni di triplicare il numero di consumatori di prodotti "usa e getta", ma anche di attirare l'attenzione di concorrenti locali (non detentori di brand conosciuti) che hanno limitato le opportunità di sviluppo futuro per i due brand multinazionali, attuando a loro volta un pricing aggressivo e conquistando progressivamente quote di mercato (Cateora e Graham, 2008).

Alternativa alla politica di penetrazione è la strategia di scrematura che ha come obiettivo il mantenimento di un prezzo relativamente elevato del bene commercializzato; questa strategia permette, da un lato, di limitare l'offerta in quantità, dall'altro, di sviluppare ampi margini e di qualificare l'acquisto di solo alcune tipologie di clienti (innovatori e pionieri). Anche in questo caso si pongono dei limiti a tale approccio al pricing, infatti, la scelta di "scremare il mercato" ha solitamente un orizzonte temporale limitato a cui seguono scelte di contenimento dei prezzi, al fine di rivolgersi a fasce di mercato di dimensioni maggiori.

Va osservato che la "sostenibilità" di una strategia di scrematura non dipende solo dalle condizioni della domanda o dalle scelte aziendali, ma anche dalla tempistica di reazione della concorrenza: celerità nell'adottare scelte di prodotto (ad esempio perseguendo una politica imitativa) e di prezzo efficaci.

Infine, se l'impresa persegue un obiettivo difensivo di mantenimento della quota di mercato, anche al fine di evitare guerre di prezzo, una soluzione è rappresentata dalla politica di "parity pricing", che consiste nel determinare il prezzo focalizzandosi sui prezzi praticati dai fornitori di prodotti o servizi comparativi.

Al fine di fornire una visione più completa delle manovre di questa leva del marketing mix è opportuno evidenziare che le scelte di pricing possono essere differenti a seconda che si tratti di beni di consumo (mercati B2C) o di beni industriali (mercati B2B). Infatti, se per i beni di consumo esiste una forte correlazione fra potere di acquisto e scelte di pricing, per quanto concerne i beni strumentali il processo di acquisto è molto più articolato e la definizione del prezzo dovrebbe tenere in considerazione il bilanciamento fra costi e benefici del cliente rispetto alla soluzione proposta.

2. Politiche di prezzo e gamma. La politica di prezzo deve essere determinata, tenendo conto delle caratteristiche del product mix offerto al mercato, in termini di ampiezza, profondità e coerenza; in altri termini, la determinazione del prezzo dei singoli prodotti deve essere realizzata analizzando la "relazione" che esiste tra gli stessi nell'ambito della gamma produttiva, al fine di massimizzarne la redditività.

La definizione del prezzo, diventa in tal modo più complessa in quanto non è sufficiente analizzare la relazione costi-domanda-concorrenza relativamente ad ogni prodotto, in quanto questa va realizzata con riferimento all'insieme dei prodotti che costituiscono la gamma. In particolare, potrebbe verificarsi che alcuni prezzi vengano determinati per ottenere un'adeguata "redditività", mentre altri per raggiungere ad obiettivi "quota di mercato", ricorrendo ad un prezzo inferiore rispetto a quello dei prodotti concorrenti.

Nell'ambito delle decisioni di prezzo della gamma possiamo distinguere le seguenti scelte:

1. prodotti per fasce di prezzo: consiste nel fissare le fasce di prezzo dei prodotti compresi all'interno della medesima linea. In particolare, tali fasce dovrebbero contemplare, su le differenze tra i prodotti in termini di costi, sia la valutazione delle caratteristiche dei prodotti da parte della clientela sia, infine, i prezzi della concorrenza;
2. prodotti con prezzi civetta: mediante tale politica, l'impresa fissa il prezzo di un prodotto di una linea ad un livello spesso inferiore al suo costo (il cd. sottocosto) con l'obiettivo di attrarre i clienti sugli altri prodotti della linea venduti a prezzi più elevati;
3. prodotti complementari: consiste nel fissare un prezzo basso per il prodotto principale di una linea ed uno elevato per i prodotti complementari, necessari per il suo funzionamento o potenziamento (questo accade con una certa frequenza per alcuni prodotti informatici come le stampanti e le cartucce).

Va infine rilevato che le decisione sopra descritte sono intimamente correlate alle relazione esistenti fra di differenti prodotti (evitando ad esempio fenomeni di "cannibalismo") ed al ruolo assegnato ai vari prodotti all'interno della gamma (Gregori e Ciafrè, 2006).

3. Politiche di sconti. Gli sconti ed abbuoni rappresentato una diminuzione del livello del prezzo che può manifestarsi secondo differenti forme.

a. sconti di quantità: vengono concessi solitamente dall'impresa con finalità di aumentare il volumi delle vendite; il ricorso a tale politica può consentire una migliore organizzazione della capacità produttiva dell'impresa e, con essa, il raggiungimento di economie di scala. Gli sconti si possono ulteriormente distinguere in:

– non cumulativi (vengono calcolati sulla base di un singolo ordine composto da uno o più articoli). Dal lato dei costi, trovano una ragione nell'abbattimento dell'incidenza del "costo ordine" sul singolo prodotto venduto;

– cumulativi (vengono riconosciuti al cliente, quando questi ha raggiunto un determinato volume di acquisti). Sono anche definiti "sconti fedeltà" in quanto hanno, appunto, l'obiettivo di fidelizzare il cliente all'acquisto continuativo da un unico fornitore.

a) sconti commerciali: sono applicati, partendo dai prezzi di listino, per remunerare le attività commerciali svolte dai vari attori del canale di distribuzione;

b) sconti di cassa: vengono erogati dall'impresa per incassi anticipati rispetto ai normali standard;

c) sconti stagionali: vengono concessi a fronte di ordini emessi dall'azienda durante i "periodi morti", consentendo una migliore organizzazione della capacità produttiva;

d) sconti promozionali: si tratta di sconti concessi dall'impresa venditrice agli acquirenti (ad esempio, dettaglianti), che hanno offerto un determinato servizio promozionale sui prodotti (ad esempio, una campagna promozionale presso il punto di vendita).

4. Politiche di prezzo delle imprese commerciali. Nell'ambito delle politiche di prezzo delle imprese al dettaglio, se ne possono individuare differenti modalità:

a) Prezzi unici e differenziati per tipi di clientela

Con la politica del prezzo unico l'impresa applica lo stesso prezzo su tutti i prodotti acquistati dai differenti clienti; con la politica dei prezzi differenziati l'impresa può vendere allo stesso tipo di clienti quantità simili di prodotto a prezzi differenti. In questo caso, il prezzo praticato scaturisce da una contrattazione. Mentre la prima politica contribuisce a creare un'immagine di fiducia nei confronti di un determinato venditore, tutelando altresì chi è meno dotato di capacità di contrattazione, la seconda è particolarmente utilizzata sia per sottrarre clienti alla concorrenza, sia per iniziare una strategia di fidelizzazione verso un potenziale cliente. In definitiva, la prima politica è da preferire soprattutto in quanto contribuisce a rafforzare l'immagine e la reputazione dell'impresa.

b) L'indicazione del prezzo unitario

Al fine di consentire al cliente di effettuare confronti di prezzo su prodotti similari, in aggiunta al prezzo tipicamente riferito alla confezione, viene indicato anche quello per unità di misura (al litro, al chilogrammo, al pezzo).

c) La politica dei prezzi per linea di prodotti

Mediante tale politica viene selezionato un numero limitato di livelli di prezzo per valorizzare l'intero assortimento. Un negoziante di abbigliamento potrebbe, ad esempio, decidere di vendere la propria merce con tre differenti livelli di prezzo; il vantaggio per l'acquirente consiste nella semplificazione del processo di acquisto.

d) Loss leader o prodotti civetta

Tale politica consiste nel diminuire il prezzo di prodotti di marca per attrarre li clientela all'interno del punto di vendita; una volta entrati nel punto vendita, i clienti saranno indotti ad acquistare altri beni, determinando in tal modo un effetto positivo, con un aumento dei livelli di vendita e dei profitti totali.

e) Every-Day Low Pricing – High-Low

Il dettagliante che applica una politica di tipo EDLP, fissa un prezzo costantemente; più basso per i prodotti che costituiscono la sua offerta, riducendo o rinunciando a promozioni o offerte speciali; nella politica High-Low, il venditore applica prezzi prelevati, ma utilizza con frequenza le promozioni per portare il prezzo anche al di sotto di quello della EDPL (Kotler e Trias De Bes, 2004).

In particolare, la politica EDLP presenta i seguenti vantaggi (Donnelly e Peter, 2003):

1. limita la guerra di prezzo tra dettaglianti in quanto il consumatore è convinto eh; i prezzi del punto di vendita siano realmente i più bassi;
2. il ricorso alla pubblicità è ridotto in quanto i prezzi associati a tale politica risultano essere stabili, rendendo spesso inutili le campagne pubblicitarie e promozionali;
3. regolarizza i flussi di clientela all'interno del punto di vendita, soprattutto a causa dell'assenza di campagne promozionali;
4. migliora la gestione del magazzino, evitando "rotture di stock" causate dalla elevati domanda durante i periodi promozionali;
5. migliora la marginalità a causa dell'assenza dei costi necessari per la preparazione e la gestione delle promozioni.

Dal lato, invece, della politica High-Low, riscontriamo i seguenti vantaggi:

a) favorisce il processo di segmentazione della clientela, individuando chi è disposto a pagare il "prezzo pieno", rispetto a chi acquista solo durante le campagne promozionali;

b) genera entusiasmo nella clientela, che può essere indotta a tornare più volte all'interno del punto di vendita e ciò mediante l'elevato numero di promozioni;

c) promuove la "rotazione" della merce, anche se i profitti risultano inferiori sui beni offerti in promozione;

d) conferisce un elevato posizionamento al punto di vendita, mediante l'alto prezzo iniziale con cui vengono venduti i prodotti;

e) risulta più facilmente applicabile, rispetto alla politica EDLP, in quanto per attuare quest'ultima bisogna effettivamente convincere il cliente che i prezzi siano effettivamente i più bassi. La politica in esame, al contrario, offre subito al consumatore la possibilità di verificare quanto sia conveniente il prezzo promozionale, rispetto a quello pieno comunque indicato sull'etichetta.

DOMANDE PER AUTOVALUTAZIONE

- Che correlazione può esistere fra prezzo e valore?
- Quali sono e con quale modalità i fattori esterni ed interni condizionano le scelte relative alla politica di prezzo?
- Come la crisi economica ha influenzato le politiche di pricing delle imprese?
- Quali importanti cambiamenti ha comportato internet nelle politiche di pricing delle imprese?
- Quali sono i limiti della determinazione del prezzo sulla base dei costi?
- Quali i sono i criteri di definizione del prezzo in base alla domanda?
- Quali sono le principali strategie di pricing?

Capitolo 10

PIANIFICAZIONE, METRICHE DI CONTROLLO E ASPETTI ORGANIZZATIVI DEL MARKETING[1]

Sommario: 1. Il piano di marketing. – 2. Modelli organizzativi e ruoli della funzione di marketing. – Domande per autovalutazione.

1. IL PIANO DI MARKETING

1.1. L'IMPORTANZA DELLA PIANIFICAZIONE DI MARKETING

La pianificazione di marketing è finalizzata a supportare la pianificazione strategica d'impresa, definendo piani più dettagliati incentrati su specifiche opportunità di mercato. Il suo scopo è di comunicare in modo efficace a tutte le parti interessate (dipendenti interni, collaboratori, azionisti, ecc.) le linee d'azione individuate dall'impresa in relazione ai propri mercati (Chernev, 2018). È un'attività complessa e continuativa che consiste nel decidere oggi, sulla base di dati passati e stime previsionali, cosa fare in futuro, con quale tempistica (Quando), secondo quali modalità (Come) e quali responsabilità coinvolgere (Chi) per l'attuazione dei programmi.

Nelle organizzazioni complesse, la pianificazione di marketing segue, generalmente, un processo articolato in tre fasi: pianificazione, implementazione e controllo. La fase di pianificazione si formalizza nella stesura del piano di marketing: un documento scritto che sintetizza la strategia di marketing, ne spiega i presupposti e la traduce in programmi operativi. Nella fase di implementazione si procede all'attuazione del piano di marketing, previo ottenimento delle risorse necessarie. Si deve pertanto stabilire la tempistica delle azioni ed eseguire il programma elaborato in fase di pianificazione. La fase di controllo, infine, ha come obiettivo quello di verificare che il programma definito si sviluppi secondo la direzione stabilita. Ciò richiede un monitoraggio costante dei risultati teso a rilevare, con tempestività, le eventuali divergenze

[1] Di Elisabetta Savelli, Università di Urbino.

rispetto agli obiettivi stabiliti e ad agire sui divari correggendo quelli negativi e sfruttando quelli positivi.

Questo processo di pianificazione è in realtà circolare e non lineare, in quanto presuppone una continuità delle azioni e la possibilità che la fase di controllo possa contribuire a ridefinire nel tempo gli obiettivi e le scelte strategico/operative del piano. È, inoltre, un processo multifunzionale che, sebbene coordinato dalla funzione di Marketing, coinvolge la Produzione, l'area delle Risorse Umane, la R&S, la Finanza e tutte le altre competenze aziendali in rapporto al loro specifico ambito di azione e responsabilità (cfr. fig. 1).

Figura 1. – *Natura circolare ed interfunzionale della pianificazione di marketing*

Questa considerazione sottolinea l'importanza della pianificazione di marketing quale strumento di coordinamento interfunzionale che, definendo la situazione di partenza, gli obiettivi e le azioni da intraprendere, facilita lo svolgimento delle attività e la finalizzazione dei singoli contributi al perseguimento degli obiettivi aziendali.

Nonostante i limiti della pianificazione, infatti, legati al rischio di rigidità ed eccessiva burocratizzazione delle procedure, la redazione scritta dei piani di marketing è molto utile in quanto consente una migliore condivisione delle attività a livello organizzativo, stabilisce con chiarezza le responsabilità e fornisce una memoria storica delle strategie di marketing. Inoltre, implicando un ragionamento sistematico indispensabile per la sua elaborazione, favorisce il consolidarsi dei valori e della cultura di marketing all'interno dell'azienda (Lehmann, Winer, 1997). Ciò è vero anche quando il processo di pianificazione non viene formalizzato e tradotto in documenti ufficiali, cosa che accade molto spesso nei contesti attuali, dove la dinamicità dei mercati e la turbolenza competitiva impongono alle imprese ritmi operativi talmente serrati che, talvolta, mal si conciliano con i tempi della pianificazione. Il piano di marketing rappresenta, comunque, uno schema concettuale da seguire per assumere le decisioni e condurre le attività di marketing in maniera rigorosa ed ordinata, assicurando la necessaria integrazione interfunzionale. Esso, perciò, deve essere concepito ed inteso non necessariamente come un documento concreto e formalmente strutturato, bensì come una guida operativa che può e deve orientare l'impresa nel suo agire quotidiano.

Naturalmente l'efficacia della pianificazione di marketing può variare in funzione della capacità di stabilire obiettivi misurabili e raggiungibili; di definire piani semplici, chiari e specifici basati su fatti e presupposti validi; di costruire piani completi che siano realizzabili e controllabili, ma, nello stesso tempo, concisi, affinché possano contribuire a ridurre la confusione informativa cui sono generalmente esposti molti manager, e flessibili ossia facilmente modificabili in presenza di situazioni impreviste. In particolare, uno dei requisiti essenziali per il successo della pianificazione di marketing è la sua coerenza, che deve essere garantita a diversi livelli (Cozzi, Ferrero, 2004):

– *coerenza rispetto alle strategie di business*, ossia rispetto alla natura dei vantaggi competitivi che l'impresa si propone di perseguire nei confronti dei concorrenti ed alla strategia di base decisa;

– *coerenza rispetto alle caratteristiche del mercato*, la formulazione del piano presuppone un'attenta valutazione delle aspettative e dei comportamenti dei potenziali clienti (intermediari commerciali o consumatori finali) e delle politiche adottate dai concorrenti, in modo da sviluppare strategie e programmi operativi in grado di offrire un beneficio percepito superiore, valorizzando le capacità distintive dell'impresa;

– *coerenza interna*, tra obiettivi, scelte strategiche e politiche operative di marketing che vengono stabilite.

1.2. I CONTENUTI DEL PIANO DI MARKETING DI PRODOTTO

Un'impresa può sviluppare diversi piani di marketing, a seconda dell'unità base che assume a riferimento (canale/cliente commerciale, prodotto/linea, categoria di prodotto, ecc.). Oltre al piano di marketing complessivo, le imprese possono realizzare piani più specializzati che possono riguardare lo sviluppo di un prodotto, la gestione del brand o della comunicazione. Alcuni di questi, a loro volta, possono comprendere piani più specifici (es.: piano di *social media communication* nell'ambito del piano di comunicazione), la cui efficacia dipende sempre dal grado di coerenza che essi presentano rispetto al piano di marketing complessivo (Chernev, 2018).

Nella maggior parte dei casi, il piano di marketing si riferisce al singolo prodotto, ovvero ad un'intera linea o all'insieme dei prodotti commercializzati con un determinato marchio. Esso delinea lo scenario competitivo di riferimento, gli obiettivi fissati in termini di performance di mercato (fatturato, quota di mercato) ed economiche (margine di contribuzione), le strategie (scelta dei target a cui indirizzare il prodotto, definizione del posizionamento e marketing mix) e le risorse necessarie per realizzarle.

Tale piano è predisposto dal product manager e verificato, integrato, approvato dal direttore marketing, che ha il compito di coordinare e rendere coerenti fra loro i vari piani di prodotto, allocando le risorse necessarie. Una volta approvato dal vertice, il piano di marketing diventa vincolante per tutte le funzioni aziendali coinvolte nella sua realizzazione (produzione, R&S, vendite, ecc.). Da ciò si comprende la sua importanza come strumento di integrazione e di consolidamento della cultura di marketing e la necessità di un lungo lavoro preparatorio, da parte del product manager, volto ad ottenere l'adesione preventiva delle altre funzioni alle proposte che verranno formalizzate nel piano.

Posto che la struttura del piano di marketing possa variare nelle diverse aziende, lo schema logico segue la seguente impostazione (Cozzi, Ferrero, 2004; Kotler *et al.*, 2014; Lambin, 2016) (cfr. fig. 2):

1. sommario;
2. analisi;
3. obiettivi e scelte strategiche;
4. programmi operativi;
5. previsioni di conto economico;
6. controllo.

Figura 2. – *Lo schema logico del piano di marketing di prodotto*

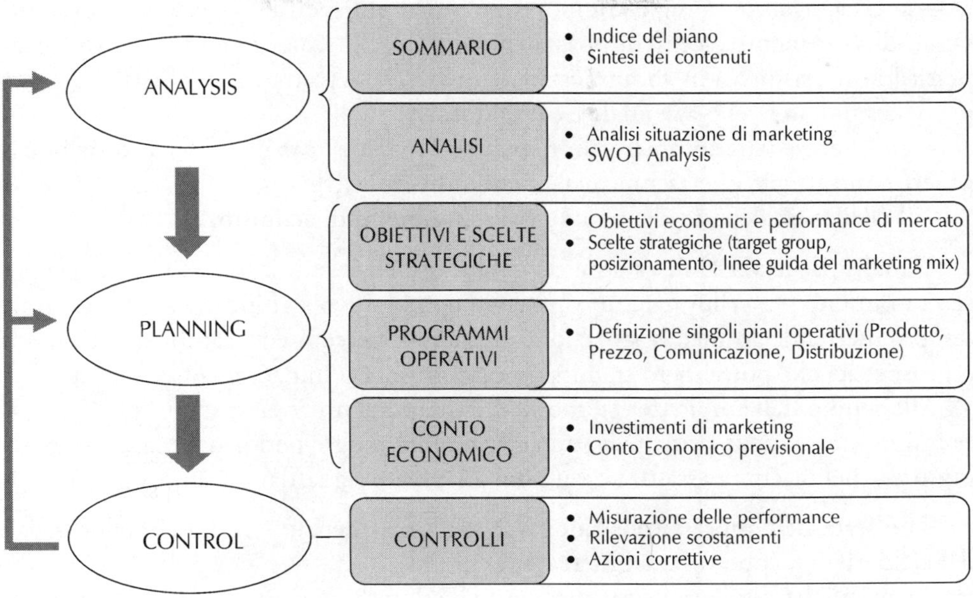

Sommario. Il piano di marketing si apre con una breve presentazione dei contenuti ed un indice del documento, utile per assicurare richiami veloci alla rotta in qualsiasi momento. In due pagine al massimo vengono sintetizzati gli obiettivi salienti, le strategie di fondo ed i programmi operativi prestabiliti.

Analisi. Al sommario segue una sezione in cui si spiegano i presupposti del piano, ossia le premesse analitiche in grado di giustificare le scelte strategiche ed operative contenute nel documento (Valdani, 2011).

Questa sezione rappresenta una parte molto ponderosa del piano. Tenendo presente le linee strategiche definite a livello di SBU, si compie un'attenta analisi dell'ambiente esterno ed interno all'impresa, riferita al presente, passato e futuro, volta ad evidenziare: le tendenze generali, i comportamenti dei vari interlocutori e delle forze competitive e la posizione specifica dell'impresa nel mercato.

L'analisi dell'ambiente esterno è utile per determinare l'attrattività del mercato di riferimento (*supra*, cap. 4). Essa prende in esame molteplici variabili riguardanti (Lambin, 2016):

– l'ambiente generale: forze economiche, socio demografiche, tecnologiche e politiche;

– il mercato di riferimento: dimensioni in volume e valore, tendenze evolutive (sviluppo, stagnazione, declino), durata media della vita del prodotto, ecc.;
– la concorrenza: come è composta, presenza sul mercato (gamma di prodotti, target di riferimento, scelte di posizionamento, ecc.), situazione di mercato (prezzi praticati, investimenti in comunicazione, quote di mercato, ecc.), obiettivi e strategie perseguite (a livello aziendale e di prodotto);
– gli intermediari commerciali: rilevanza dei diversi canali e format distributivi; potere contrattuale di ciascun canale; tendenze evolutive;
– il cliente finale: atteggiamenti e comportamenti di acquisto.

L'analisi delle variabili esterne dovrebbe evidenziare i fattori critici di successo su cui puntare per sviluppare un vantaggio competitivo significativo e duraturo nel tempo, mettendo in luce la situazione attuale di mercato ed i cambiamenti in atto o prospettici che potrebbero tradursi in opportunità o minacce da fronteggiare.

Allo studio dell'ambiente esterno deve affiancarsi un'attenta analisi dell'ambiente interno, ossia delle principali strategie di marketing e performance ottenute dall'impresa nel recente passato. Le variabili analizzate riguardano (Lambin, 2016):

– l'offerta dell'impresa: posizione occupata nel mercato da ogni prodotto, fase del ciclo di vita, copertura del mercato, ecc.;
– le politiche di prezzo: strategie e tattiche di pricing adottate e loro impatto sul posizionamento del prodotto e sulle scelte d'acquisto del consumatore;
– le politiche di comunicazione: forme di comunicazione impiegate e relativi ritorni;
– le politiche di distribuzione: scelte di canale, tipologia di intermediari selezionati, organizzazione della forza vendita, ecc.

L'analisi dell'ambiente interno ha come obiettivo quello di valutare la capacità competitiva dell'impresa, attraverso l'identificazione dei punti di forza e di debolezza sui quali basare lo sviluppo del vantaggio competitivo.

Tutte le informazioni relative alla situazione di marketing devono essere sintetizzate per poter comprendere le priorità aziendali e stabilire gli obiettivi e le strategie di marketing da adottare (McDonald, 2007). La SWOT Analysis permette di sintetizzare le informazioni rilevanti aiutando ad individuare le strategie più adatte per utilizzare al meglio i punti di forza e debolezza dell'impresa in relazione alle minacce/opportunità del mercato. Ai fini di un utilizzo efficace di tale strumento, la matrice SWOT non deve contenere un'elencazione generica dei fatti e delle circostanze di mercato positive o negative, ma deve individuare le minacce e le opportunità in funzione della rilevanza dell'impatto che possono avere e della loro probabilità di accadimento (una minaccia poco rilevante ma molto probabile va contrastata con molta efficacia; così come un'opportunità debole ma probabile rappresenta un evento molto favorevole). Mentre le forze e le debolezze devono essere sempre valutate in rapporto ai concorrenti ed ai principali fattori critici di successo del mercato.

Obiettivi e scelte strategiche. Gli obiettivi del piano di marketing di prodotto possono essere definiti in termini di performance di mercato (volume delle vendite, fatturato, quota di mercato) ed economiche (margine di contribuzione). Il margine di contribuzione, in particolare, dovrebbe costituire, almeno nel medio periodo, il principale parametro di valutazione dei risultati conseguiti dal marketing. Questo, tra l'altro, costituisce uno degli elementi che distingue l'orientamento al marketing dall'orientamento alle vendite: se alla funzione commerciale vengono attribuiti solo compiti operativi di vendita, i suoi risultati non possono che essere valutati sulla base del volume di vendite e di fatturato realizzati; se, invece, è coinvolta nella formulazione della strategia da perseguire, la sua responsabilità è più ampia e coinvolge anche la determinazione dei costi da sostenere, pertanto deve essere considerata un centro di profitto e non solo un centro di ricavo (Cozzi, Ferrero, 2004).

Tenendo conto di alcune semplici regole manageriali, nella formulazione degli obiettivi bisognerebbe fare attenzione affinché essi risultino:

– realistici, ossia sostenibili dal punto di vista economico ed organizzativo;
– coerenti, rispetto alle aspettative manifestate dall'alta direzione, ai vincoli costituiti dalle risorse disponibili ed alle possibilità consentite dal mercato;
– sufficientemente specifici, ossia mirati e comprensibili in modo univoco;
– quantitativamente misurabili, al fine di poterli controllare.

Definiti gli obiettivi, occorre procedere all'identificazione delle modalità strategiche previste per il loro raggiungimento.

Ovviamente, la definizione degli obiettivi e delle scelte strategiche è strettamente collegata e le decisioni si influenzano a vicenda (gli obiettivi guidano la formulazione delle strategie; le linee strategiche individuate, a loro volta, possono influenzare e favorire la revisione degli obiettivi raggiungibili e della loro entità).

Le scelte fondamentali che qualificano la strategia di marketing di prodotto sono riferibili a:

1. la definizione del target group a cui l'impresa intende rivolgersi;
2. i fattori su cui basare la differenziazione del prodotto e l'offerta di un beneficio percepito superiore (value proposition e posizionamento del prodotto);
3. le linee guida per l'impostazione del marketing mix.

Programmi operativi. La definizione degli obiettivi e delle scelte strategiche guida la gestione delle singole politiche di marketing operativo che sono necessarie per implementare le strategie programmate. In questa sezione del piano vengono formulati i piani operativi annuali di prodotto, prezzo, comunicazione e distribuzione, facendo attenzione ad assicurare la massima coerenza dei contenuti.

Previsioni di conto economico. Sulla base delle analisi svolte, degli obiettivi definiti e delle strategie programmate, occorre fare una dettagliata previsione di conto economico necessaria per:

– valutare la reale fattibilità delle azioni di marketing previste;

– operare una scelta tra eventuali ipotesi alternative (che possono riguardare la definizione degli obiettivi, le scelte di targeting e posizionamento oppure le singole leve del marketing mix);

– disporre di parametri utili per effettuare il controllo del piano e verificare la sua validità.

Tenuto conto della natura variegata dei costi di marketing e industriali (costi diretti e indiretti; fissi, variabili e semifissi, ecc.) e dei relativi problemi che possono sorgere in fase di rilevazione ed imputazione degli stessi alle diverse attività, la stesura del prospetto di conto economico previsionale può seguire due diversi criteri: quello dell'utile netto oppure quello del margine di contribuzione.

Il metodo dell'utile netto sottrae al fatturato netto (non comprendente i margini commerciali dei distributori) tutti i costi, diretti e indiretti, sia di marketing che industriali:

$$Un = F - (CDm + CIm) - (CDi + Cg).$$

Dove:

Un =Uutile netto;
F = Fatturato;
CDm = Costi Diretti di marketing;
CIm = Costi Indiretti di marketing;
CDi = Costi Diretti industriali;
Cg = Altri costi generali.

Il metodo del margine di contribuzione, invece, considera solo i costi diretti:

$$Mc = F - CDm - Cdi.$$

Dove:

Mc = Margine di contribuzione;
F = Fatturato;
CDm = Costi Diretti di marketing;
CDi = Costi Diretti industriali.

Figura 3. – *Prospetto semplificato di conto economico previsionale proiettato sul triennio 2018-2020*

	2018	**2019**	**2020**
Fatturato	9.180.000	9.380.000	9.660.000
Costi diretti industriali	3.560.000	3.690.000	3.820.000
Margine lordo	**5.620.000**	**5.690.000**	**5.840.000**
Margine lordo (%)	61,22%	60,13%	60,46%
Costi diretti di marketing			
pubblicità	60.000	60.000	60.000
grafica e stampa	60.000	60.000	60.000
PR	38.000	40.000	42.000
Website	50.000	58.000	64.000
TOTALE	208.000	218.000	226.000
Margine di contribuzione	**5.412.000**	**5.472.000**	**5.614.000**

A sostegno del metodo del margine di contribuzione, vi è la consapevolezza di evitare qualsiasi problema legato all'imputazione dei costi indiretti (Kotler, Scott, 1998) ed il fatto che tali costi, essendo prevalentemente fissi, devono essere sostenuti comunque, per cui l'importante è comprendere come ogni unità di pianificazione concorre alla loro copertura.

Per contro, il metodo dell'utile netto, pur essendo soggetto al limite dell'adozione di criteri di rilevazione arbitrari, è più esaustivo ed attendibile in quanto evita il rischio di considerare positive delle situazioni nelle quali una corretta valutazione di tutti i costi evidenzierebbe l'esistenza di perdite (situazione possibile, quest'ultima, nelle valutazioni previsionali basate sul margine di contribuzione).

In linea generale, si può affermare che il metodo dell'utile netto risulti più appropriato per effettuare previsioni di medio-lungo termine (per cui l'incidenza dei costi indiretti o fissi non può essere trascurata) e riferite ad unità di pianificazione ampie (es.: l'intera gamma dei prodotti di un'impresa, per cui si ovvia, almeno parzialmente, al problema dell'imputazione di taluni costi ai singoli prodotti), mentre il metodo del margine di contribuzione possa essere utilmente impiegato nel caso di previsioni di breve termine e riferite a specifiche unità di pianificazione (es.: il singolo prodotto).

Controlli. L'ultima parte del piano di marketing attiene alla fase di controllo, fondamentale per riflettere sulle proprie capacità gestionali e per impostare la pianificazione futura.

Considerata la criticità dei controlli e la possibilità di articolarli in maniera diversa a seconda dei parametri e delle variabili prese a riferimento, nel prossimo paragrafo si approfondiscono alcune delle principali metriche utilizzabili nella gestione delle attività di marketing e nelle relative fasi di controllo delle performance.

1.3. METRICHE PER IL CONTROLLO DEI RISULTATI

La misurazione e il controllo dei risultati di marketing rappresentano un processo fondamentale tramite il quale le imprese valutano l'efficacia delle loro attività, rilevano eventuali scostamenti rispetto agli obiettivi prefissati e predispongono iniziative di miglioramento. Tale processo ha assunto un ruolo di importanza critica negli ultimi anni in considerazione della crescente dinamicità competitiva, della necessità di ridurre i tempi di risposta al mercato, dell'evoluzione continua in atto nei mercati intermedi e finali.

La definizione dei controlli implica tre scelte contestuali:

– cosa controllare: il monitoraggio dovrebbe essere riferito all'intero piano di marketing e alle sue componenti (es.: singole linee di prodotto o aree geografiche) e dovrebbe basarsi sia sulla rilevazione dei risultati complessivi (es.: margine di contribuzione di un prodotto) sia sugli obiettivi conseguiti dalle singole politiche (indicatori di processo o *performance drivers*) che concorrono alla determinazione di tali risultati (es.: gli effetti della campagna pubblicitaria);

– come effettuare i controlli: ovvero quali indicatori (o KPI: *Key Performance Indicators*) utilizzare per i controlli (es. indice di copertura ponderata, indice di fedeltà, numero di visitatori del sito, brand reputation, ...);

– con quale tempistica rilevare i controlli (al termine del periodo di pianificazione, annualmente, a scadenze infrannuali prestabilite, ecc.).

L'efficacia del controllo dipende molto dalla possibilità di disporre di fonti informative sempre aggiornate, in grado di rilevare tempestivamente i risultati conseguiti, e dall'abilità di utilizzare supporti statistici e matematici (modelli di marketing) capaci di raffigurare con diagrammi e funzioni matematiche i rapporti causali fra le variabili in gioco, così da formulare ipotesi sulle ragioni degli scostamenti ed attuare efficaci azioni correttive.

Il rilievo ormai assunto dal marketing digitale, inoltre, rende necessario integrare i tradizionali meccanismi di controllo con nuovi sistemi adatti a rilevare le performance delle attività di marketing sviluppate in Rete. A tal fine, sono disponibili software specifici (es.: Google analytics) che consentono analisi molto dettagliate.

Molto importante è dunque disporre di un sistema informativo integrato e di software di business intelligence che consentano di elaborare ampie masse di dati provenienti da fonti diverse e di tradurle rapidamente ed in modo efficace in informazioni utili per valutare i risultati ed assumere le decisioni conseguenti.

Come detto, il controllo si basa sul monitoraggio di indicatori specifici, comunemente noti come metriche di marketing, che vengono utilizzati sia per definire gli obiettivi da conseguire, sia per la valutazione ex post degli eventuali scostamenti che possono verificarsi in modo da poter intervenire per la loro correzione (Kotler *et al.*, 2014).

Tali metriche sono numerose e spesso vengono suddivise in categorie a seconda della loro focalizzazione. Il loro utilizzo, inoltre, può variare da un'azienda all'altra, in relazione alla specifica strategia e attività di marketing realizzata.

Nei precedenti capitoli sono già stati analizzati molteplici indicatori e metodologie per valutare i risultati finali ed intermedi conseguiti con le politiche di marketing.

Possiamo distinguere:

– metriche finanziarie,
– metriche di sviluppo,
– metriche riferite a specifiche politiche di marketing.

Le metriche finanziarie sono finalizzate a valutare il ritorno economico delle attività di marketing. Un esempio è costituito dal ROMI (*Return on Marketing Investment*) che misura gli effetti sul margine di contribuzione o su altri parametri finanziari (es.: utile operativo) delle spese di marketing. È calcolato come rapporto tra l'incremento del margine di contribuzione (o di un altro parametro di risultato economico) attribuibile al marketing e le spese sostenute per le politiche di marketing. Può avere a riferimento un periodo temporale di breve termine (es.: il ritorno che le spese di marketing realizzano nell'arco di un anno) o un periodo di lungo termine (es.: i ritorni che la crescita della *brand awareness* può generare nell'arco di più anni).

Può essere riferito alle spese complessive di marketing, oppure alle spese relative ad una specifica variabile del marketing mix (es.: promozioni, campagne di comunicazione, distribuzione del prodotto, ecc.).

Le metriche di sviluppo misurano il successo competitivo del prodotto e della marca.

L'indicatore più importante in tale ambito è sicuramente la quota di mercato (QM) che consente di valutare la dinamica delle vendite in rapporto ai concorrenti ed alla domanda primaria (= vendite totali della categoria di prodotto). Altri indicatori, ricavabili dalla scomposizione della quota di marcato, possono essere il tasso di penetrazione del prodotto, il tasso di fedeltà, la quota nei clienti trattanti e vari altri già esaminati nel capitolo 5 di questo manuale. Metriche di sviluppo possono anche essere considerate la *brand awareness*, la *brand reputation* ed altre trattate nel capitolo 6.

Un altro indicatore molto importante, che possiamo comprendere nell'ambito delle metriche di sviluppo, è rappresentato dal valore della clientela, che corrisponde al cash flow che si stima potrà generare l'attuale clientela in un certo arco di tempo, attualizzato ad oggi. È calcolato come somma della *customer equity* (CE) dei singoli clienti.

La *customer equity* è rappresentata dall'attualizzazione del cash flow che il cliente potrà originare nel tempo. Per la sua misurazione è necessario stimare, su basi probabilistiche, l'importo degli acquisti che esso potrà effettuare nell'arco di tempo in cui rimane nella necessità di fruire del prodotto/servizio, i costi che l'impresa dovrà sostenere per la gestione del rapporto e per la realizzazione delle prestazioni richieste, il tasso di interesse da applicare per l'attualizzazione dei valori. In termini matematici, tale valore può essere calcolato mediante la formula seguente (Costabile, 2000):

$$CE = \sum_{t=1}^{n}(Q_t M_t)d^t - \sum_{t=1}^{n}(SF_t dt) - A_1 .$$

Dove:

– CE è la Customer Equity;
– Q è il valore degli acquisti al tempo t;
– M è la % di margine sulle vendite al tempo t;
– d è il tasso di attualizzazione al tempo t;
– SF sono le spese di gestione della relazione al tempo t;
– A sono i costi di acquisizione del cliente, che dovrebbero essere sopportati solo al tempo 1.

Il valore dei clienti è, quindi, condizionato da:

– la durata del rapporto: maggiore è il valore di t, maggiore sarà il valore attualizzato; quindi, è importante riuscire a fidelizzare per un lungo periodo i clienti;
– le caratteristiche del cliente, in quanto non tutti i clienti acquistano la stessa quantità di beni (Q) o beni che presentano un uguale margine (M);
– la possibilità di incrementare, mediante politiche di cross selling o di trading up, gli acquisti del cliente (Q), avvicinando il suo valore reale a quello potenziale;
– le esigenze del cliente e la pressione competitiva, che condizionano le spese di gestione e fidelizzazione del cliente (SF);
– il tasso di attualizzazione applicato (d), che dipende dall'andamento dei mercati finanziari (che influiscono sul rendimento atteso degli investimenti) e dal rischio percepito che il cliente non rimanga fedele e quindi le previsioni relative ai flussi non si verifichino (maggiore è il rischio, più alto è il tasso di interesse applicato). Se il tasso è basso, anche le vendite lontane nel tempo contribuiscono in modo significativo a determinare il valore del cliente; se il tasso è alto, invece, solo le vendite effettuate nel breve termine incidono su tale valore.

Le metriche riferite a specifiche politiche di marketing, infine, sono molto numerose e possono riguardare sia le attività off-line che quelle on-line. Molte di esse sono state esaminate nei precedenti capitoli del manuale per cui non torneremo su di esse. Si tratta di metriche di processo, dirette cioè a misurare obiettivi intermedi che concorrono a determinare i risultati competitivi ed economici finali.

A titolo di esempio possiamo ricordare gli indicatori di customer satisfaction, di copertura numerica e ponderata, gli indicatori volti a misurare il numero di contatti realizzati con una campagna di comunicazione o il suo ricordo, gli indicatori per la misurazione delle performance aziendali online (visita di specifiche pagine, creazione di nuovi account, downloading di software, ...).

Concludendo, in un contesto nel quale il contenimento dei costi e la produttività degli investimenti hanno acquisito crescente rilievo critico per la competitività delle aziende, la quantità di risorse assegnate dai vertici aziendali al marketing dipende sempre più dalla possibilità di quantificare i vantaggi che ne derivano per l'impresa. Nel contempo, la variabilità dei mercati e la presenza di consumatori sempre più esigenti e competenti obbliga a monitorare con continuità e capillarità gli effetti delle proprie politiche per operare tempestivamente le correzioni necessarie. Va, infine, considerato che un'attenta analisi degli effetti delle politiche adottate attiva processi di apprendimento molto importanti per un miglioramento continuo delle prestazioni aziendali. Per tutte queste ragioni, le metriche per il controllo dei risultati hanno assunto un'importanza centrale nella pianificazione di marketing.

2. MODELLI ORGANIZZATIVI E RUOLI DELLA FUNZIONE DI MARKETING

2.1. L'ETEROGENEITÀ DEI MODELLI ORGANIZZATIVI DI MARKETING

L'importanza che la funzione di marketing assume all'interno di un'impresa e le modalità secondo cui viene gestita ed organizzata possono essere differenti e tendono a mutare nel corso del tempo.

Ciò rispecchia una visione contingente, molto condivisa nella letteratura di marketing, secondo cui l'assetto organizzativo di tale funzione è influenzato da numerosi fattori esogeni ed endogeni che, interagendo tra loro, favoriscono l'affermarsi della soluzione più adatta (Olson *et al.*, 2005; Ruekert *et al.*, 1985) [2].

Il tipo di prodotto è sicuramente un fattore rilevante. L'offerta di un prodotto banale, di scarso valore unitario e poco riconoscibile tende a richiedere competenze e routine organizzative più standardizzate rispetto a quelle necessarie nel caso della

[2] Per il marketing, questa varietà dipende anche dal fatto che, essendo una funzione di confine, è soggetta a condizionamenti ancora più ampi e vari rispetto alle altre funzioni aziendali (Produzione, Amministrazione, ecc.).

vendita di un prodotto molto specializzato, legato a stili di vita specifici e rivolto a mercati di nicchia fortemente selezionati. Altro fattore rilevante possono essere i mercati e i clienti serviti: diversa è la situazione di un'impresa che concentra il suo fatturato interamente nel mercato domestico, da quella di un concorrente che esporta i suoi prodotti in numerosi paesi esteri, anche extraeuropei. Oltre alla necessità di raggiungere fisicamente mercati molto lontani e rapportarsi con vari intermediari, la presenza internazionale richiede elevate competenze nell'ambito del marketing informativo e strategico, per comprendere e gestire adeguatamente le differenze sociali e culturali della clientela, e competenze specifiche anche in ambito operativo per gestire in maniera opportuna le leve operative del marketing. Altri fattori influenzanti possono riguardare la storia e il modello direzionale dell'impresa. La presenza di una cultura tradizionale, tipica di aziende padronali in cui non è ancora avvenuto il passaggio generazionale, ancorata ai principi dell'eccellenza del prodotto o dell'efficienza produttiva potrebbe indurre a considerare meno rilevante la criticità del marketing per il successo aziendale, attribuendo, di conseguenza, meno risorse finanziarie ed umane a tale dipartimento. Al contrario, la presenza di nuovi manager, portatori di culture e stili direzionali diversi, potrebbe favorire una maggiore autonomia della funzione di marketing, con conseguente maggiore strutturazione dei compiti e ruoli ad essa assegnati. Ancora, tra i fattori influenzanti l'organizzazione del marketing vi sono certamente gli obiettivi e le caratteristiche dello stile direzionale: la volontà di espandersi in nuovi mercati o la forte propensione innovativa dell'impresa richiedono maggiori conoscenze del mercato, favoriscono una valorizzazione di tutte le competenze aziendali e, di sicuro, portano a riconoscere maggiore autonomia alle funzioni che, in questo modo, necessitano di maggiori risorse e di una strutturazione adeguata delle attività e competenze. Differenze significative, infine, possono riguardare le grandi e le piccole e medie imprese (Gilmore *et al.*, 2001). Frequenti sono i casi di PMI in cui le attività di marketing non solo vengono coordinate dall'imprenditore, ma sono gestite in toto da lui stesso, rientrando tra le sue competenze di base. Di conseguenza, risulta difficile trovare una funzione di marketing ben definita e strutturata. Nella migliore delle ipotesi esiste una "funzione commerciale" che, di fatto, svolge attività di vendita. Questa circostanza si verifica spesso nelle imprese minori per mancanza di risorse economiche e umane (condizione molto frequente) oltre che per ragioni culturali, legate alla volontà dell'imprenditore di privilegiare un comportamento gestionale piuttosto accentratore.

Come si può intuire, alcuni di questi fattori sono direttamente controllabili dall'impresa, altri lo sono di meno. Inoltre, alcuni esercitano un'influenza molto forte nel breve periodo al contrario di altri che tendono a produrre i loro effetti in maniera meno irruenta e in contesti temporali più dilatati. Alcune variabili, infine, sono legate al passato e al vissuto storico dell'azienda, mentre altre si riferiscono al presente o addirittura riguardano l'ambiente e il contesto futuro.

A ciò si aggiunge la dinamicità delle strutture nel tempo, ossia la possibilità che all'interno della stessa impresa la configurazione organizzativa del marketing possa evolvere dando luogo a soluzioni intermedie ibride connotate da una forte specificità. La teoria si propone, dunque, di semplificare la realtà proponendo delle schematizzazioni ideali (che richiameremo brevemente nel par. 2.), ma bisogna ammettere la possibilità che tali modelli siano impiegati dalle imprese con adattamenti in funzione delle proprie caratteristiche e necessità.

In particolare, l'eterogeneità delle soluzioni possibili può essere semplificata riconducendola a tre situazioni limite:

– imprese in cui la funzione di marketing assume connotazioni specialistiche ben definite. È il caso più frequente delle grandi imprese, anche multinazionali, dove le attività di marketing tendono ad essere circoscritte all'interno di un dipartimento ben definito, potenzialmente molto articolato in termini di funzioni e ruoli professionali;

– imprese in cui la funzione di marketing perde la sua connotazione specialistica per divenire una funzione diffusa, attribuita a molteplici unità organizzative e non più identificabile con uno specifico dipartimento. È un caso sicuramente frequente nelle piccole e medie imprese che, pur avendo un forte orientamento al marketing, non riescono a formalizzarlo sul piano organizzativo (per ragioni culturali o mancanza di risorse). Ma, come vedremo più avanti, questa situazione è sempre più frequente anche nell'ambito delle grandi imprese, guidate da orientamenti gestionali evoluti che privilegiano la dimensione relazionale e l'integrazione interfunzionale (marketing relazionale, marketing esperienziale, marketing laterale, ecc.);

– imprese caratterizzate da una situazione intermedia alle due precedenti, in cui si riscontrano "mini-strutture" di marketing, caratterizzate dalla presenza di alcune figure specialistiche, formalmente inserite all'interno di un'unità organizzativa, ma che operano in stretta collaborazione con altri responsabili funzionali, variamente coinvolti nella gestione delle attività commerciali. Può essere il caso di quelle imprese che si trovano in una fase di transizione (es.: piccole imprese in crescita dimensionale) che, volendo rafforzare la propria cultura di marketing, avvertono l'esigenza di strutturare formalmente un dipartimento di marketing e quindi iniziano ad inserire nuove competenze e professionalità, a volte senza nemmeno seguire un disegno pianificato ma, semplicemente, affidandosi ad un percorso incrementale di progettazione organizzativa.

Ciò premesso, in questo capitolo, l'attenzione sarà rivolta non tanto ad analizzare i principali modelli organizzativi che possono essere adottati per la funzione di marketing, ma soprattutto ad evidenziare la complessità della problematica organizzativa, la necessità di adattare i modelli tradizionali alle specifiche condizioni di contesto e le principali tendenze evolutive che possono riguardare l'organizzazione del marketing all'interno dell'impresa.

2.2. COLLOCAZIONE DELLA FUNZIONE NEL CONTESTO AZIENDALE E MODELLI ORGANIZZATIVI INTERNI

I contenuti della progettazione organizzativa di marketing possono essere affrontati attraverso due livelli di analisi riguardanti l'organizzazione delle attività e delle competenze all'interno dell'unità aziendale e la scelta della sua posizione nell'organigramma aziendale, in rapporto agli altri livelli e unità funzionali.

Relativamente al secondo aspetto, una delle variabili esogene più influenti è senz'altro l'orientamento al mercato, ossia la filosofia di gestione che ispira l'impresa nel governo dei suoi rapporti con il mercato esterno (Olson *et al.*, 2005; Verhoef, Leeflang, 2009).

Modificando l'importanza assegnata agli interessi dell'organizzazione, dei clienti e della società, tale filosofia influenza la collocazione del marketing all'interno della macrostruttura, l'entità e il rilievo dei compiti svolti, il peso del ruolo, ossia l'influenza esercitata sulle scelte d'impresa, le relazioni e il tipo di interdipendenza che intercorrono tra questa e le altre funzioni aziendali, nonché i meccanismi da adottare per realizzare la necessaria integrazione.

Il passaggio dall'orientamento al prodotto a quello alle vendite e al marketing presuppone, almeno teoricamente, una situazione di crescente complessità della funzione di marketing che tende ad assumere un ruolo strategico sempre più importante e, potenzialmente, un'identità organizzativa sempre più definita ed autonoma.

Nel caso di imprese orientate al prodotto, in particolare, l'attenzione si rivolge soprattutto alla progettazione e realizzazione degli output e all'acquisizione delle risorse finanziarie necessarie, mentre l'attività svolta dalla funzione di marketing appare molto ridotta, limitata alla cura dei rapporti con la clientela, ovvero, alle azioni di vendita e distribuzione dei prodotti [3]. Sul piano organizzativo, è ipotizzabile che la collocazione gerarchica del Marketing (o, più in generale, della funzione commerciale) sia non molto elevata, dato il limitato potere decisionale e la scarsa influenza esercitabile sulle scelte dell'alta direzione, ed i rapporti di interdipendenza con le altre funzioni siano di scarso rilievo e complessità, riguardando essenzialmente questioni di coordinamento operativo.

L'orientamento alle vendite, invece, potrebbe spingere le imprese a potenziare le strutture e i mezzi destinati alla funzione Marketing, al fine di disporre di un'elevata capacità di vendita dei prodotti, secondo una logica operativa che porta a concepire i rapporti con il mercato in modo essenzialmente unidirezionale, volto cioè ad influenzare gli acquirenti nelle loro scelte, più che a comprendere le dimensioni, le caratteristiche e le esigenze del mercato stesso (ruolo operativo/creativo – Cozzi, Ferrero, 2004). La collocazione gerarchica ed il potere della funzione di marketing

---

[3] Questa situazione corrisponde al ruolo c.d. "esecutivo/di routine" della funzione di marketing (Cozzi, Ferrero, 2004).

tendono ad aumentare, incorporando la gestione delle varie attività commerciali divenute man mano più importanti (ricerche di mercato, pubblicità, servizio alla clientela) anche se, di fatto, tale funzione potrebbe non avere ancora una sua autonomia ed essere ricompresa all'interno del più ampio settore commerciale.

Nel caso, infine, di imprese orientate al marketing, tale funzione riveste un ruolo fondamentale nella fase di definizione delle strategie aziendali (e non solo a valle del processo produttivo per gestire le attività connesse alla vendita) ed assolve un importante ruolo di coordinamento intra- ed interfunzionale tra tutte le attività aziendali che possono influire sul rapporto con il mercato (ruolo strategico/operativo – Cozzi, Ferrero, 2004). Si presume che alla funzione di marketing vengano assegnate risorse autonome ed obiettivi di medio/lungo termine e valenza generale e che la sua collocazione risulti ai più alti livelli della struttura gerarchica.

A questa progressiva crescita di importanza del ruolo del marketing nel contesto aziendale, cui tende a corrispondere una posizione organizzativa sempre più rilevante nell'organigramma non è detto che corrisponda un crescente livello di strutturazione interna del dipartimento di marketing.

Sotto questo profilo, le soluzioni più comuni proposte in letteratura sono quattro (fig. 4):

- organizzazione per funzione;
- organizzazione per prodotti;
- organizzazione per mercati/clienti;
- organizzazione mista o a matrice.

Il raggruppamento funzionale, basato sulla specializzazione dei compiti e delle mansioni assegnate ai singoli individui (in modo da utilizzare al meglio le loro conoscenze specialistiche e le abilità professionali) è la soluzione organizzativa più nota e diffusa, nonostante i limiti che presenta in termini di difficoltà di coordinamento interunità, eccessiva burocratizzazione e scarso sviluppo di competenze manageriali generali (Mintzberg, 1985). Esso rappresenta il criterio guida anche dei modelli organizzativi per prodotti e mercati, i quali prevedono la presenza di un livello direzionale aggiuntivo (Product o Market Manager) da cui dipendono una serie di attività organizzate su base funzionale. Il ricorso a tali soluzioni si giustifica quando l'impresa si trova a gestire prodotti molto numerosi e diversi tra loro, fortemente innovativi o tecnologicamente complessi (tali da richiedere un notevole impegno di coordinamento delle risorse interne) oppure quando i clienti appartengono a vari gruppi di utilizzatori, con diverse esigenze e abitudini di acquisto o, ancora, esistono segmenti di mercato a cui sono destinati più prodotti della stessa azienda (Eminente, Cherubini, 1988; Kotler, Scott, 1998). L'organizzazione mista, invece, combina la struttura per prodotti e quella per mercati o clienti, basandosi sull'adozione contemporanea dei Product e Market Manager, per cui alla linea di autorità fondata sulle funzioni, si sovrappongono due linee di influenza legate rispettivamente ai prodotti e ai mercati.

Per le sue caratteristiche, l'organizzazione mista si adatta meglio alle imprese che producono una molteplicità di prodotti destinati a numerosi mercati/clienti, sebbene la sua adozione possa rivelarsi talvolta molto costosa e conflittuale. Costosa, in quanto, incrementando il numero di specialisti, si aggravano i costi di struttura; conflittuale, perché spesso può essere difficile conciliare l'attività dei Product Manager (ciascuno dei quali tende a spingere per i propri prodotti) con quella dei Responsabili di mercato.

Figura 4. – *L'organizzazione interna della funzione di marketing*

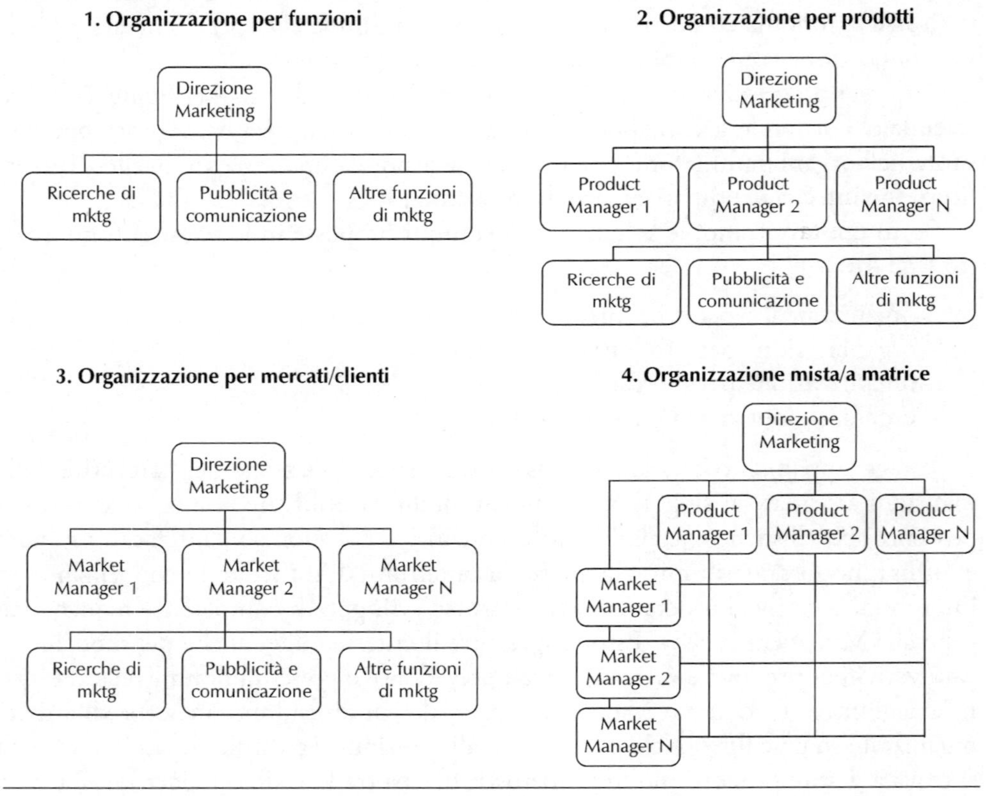

Rispetto a tali modelli è possibile riscontrare, nella realtà, soluzioni differenti e ibride che solo in parte si avvicinano agli archetipi proposti. In particolare, oltre all'influenza dei fattori di contesto, il limite principale di questi modelli dipende dal fatto che essi sono stati definiti facendo riferimento prioritario alle variabili della progettazione organizzativa attinenti la struttura, ossia considerando il criterio di aggregazione delle posizioni individuali ed i rapporti di autorità che intercorrono tra i soggetti coinvolti nell'organizzazione stessa. Occorre sottolineare, invece, che, nella realtà, la funzione di marketing dovrebbe essere organizzata in maniera tale da permettere lo svolgimento del suo ruolo di funzione di confine e dei suoi compiti di integrazione orizzontale. Ciò potrebbe spingere all'adozione di strutture maggiormente organiche, che privilegiano il carattere contributivo delle conoscenze specialistiche, il ricorso all'adattamento reciproco come meccanismo di coordinamento, l'importanza del decentramento e lo sviluppo di relazioni orizzontali con forte contenuto di informazione e consiglio, in luogo di strutture basate su una chiara definizione dei compiti, sull'utilizzo della gerarchia come strumento di integrazione, sull'accentramento dei poteri e su relazioni prevalentemente di tipo verticale e unidirezionali (Homburg *et al.*, 2000).

La progettazione organizzativa della funzione di marketing, in altri termini, non dovrebbe essere ricondotta alla definizione della sola struttura, chiamando in gioco molteplici altre variabili tra cui gli aspetti "comportamentali" e "di processo". È necessario, cioè, superare la questione dicotomica spesso dibattuta in letteratura che vede contrapposte le problematiche funzionali a quelle operative. L'organizzazione del marketing deve essere tale da permettere a questa unità di lavorare sia a livello strategico che tattico/operativo, supportando la direzione aziendale nella definizione degli obiettivi e delle azioni strategiche perseguibili, e partecipando alla definizione e realizzazione di strumenti opportuni per favorire il contatto tra l'azienda e il mercato. Altrimenti, non c'è da stupirsi se organizzazioni di marketing apparentemente identiche sotto il profilo strutturale conseguano risultati assai diversi proprio perché basate su meccanismi operativi e sistemi di potere completamente differenti. Questa considerazione trova riscontro nelle riflessioni successive del capitolo, in cui l'attenzione si focalizza sulle tendenze evolutive e gli elementi di complessità dell'organizzazione del marketing.

2.3. COMPLESSITÀ E TENDENZE EVOLUTIVE IN ATTO NELL'ORGANIZZAZIONE DEL MARKETING

I cambiamenti in atto nella realtà operativa e concorrenziale in cui operano le imprese (globalizzazione, evoluzione dei modelli di consumo e di acquisto, sviluppo tecnologico dirompente, evoluzione del sistema distributivo e dei rapporti Industria/Distribuzione, ecc.) tendono a modificare le modalità secondo cui le imprese si rapportano ai mercati, influenzando la criticità delle attività di marketing e, di conseguenza, le modalità organizzative che vengono adottate.

Alcuni studi svolti negli anni '90 preannunciavano processi evolutivi della funzione di marketing caratterizzati dall'attribuzione di nuovi ruoli, dalla nascita di nuove figure professionali con competenze diverse, dallo sviluppo di nuove modalità di lavoro che richiedono meccanismi di coordinamento e controllo differenti rispetto al passato (Achrol, 1991; Webster, 1994). A distanza di oltre vent'anni, queste previsioni hanno trovato riscontro in molte aziende e continuano a prospettarsi plausibili per il prossimo futuro (Rothwell *et al.*, 2017).

Gli obiettivi perseguiti dalla funzione Marketing appaiono sempre meno settoriali; l'orizzonte temporale delle decisioni si amplia e le connessioni tra il marketing e le altre funzioni aziendali tendono a divenire sempre più critiche, riproponendo come estremamente attuale l'approccio sistemico e orientato al cliente (Homburg *et al.*, 2000). Sembra, infatti, che la sfida principale di questi anni, per il marketing, possa consistere nella capacità di saper capire meglio, più in profondità ed in modo creativo, le tendenze evolutive della società e del mercato, permettendo all'azienda di offrire prodotti e servizi innovativi, rispondenti alle esigenze di un target fortemente esigente e mutevole e apprezzabili per i vantaggi e benefici che procurano al singolo consumatore e all'impresa.

Ciò potrebbe avere dei riflessi rilevanti sul piano organizzativo. In particolare, tre tendenze, strettamente collegate tra loro, meritano attenzione:

1. sviluppo di nuove modalità di lavoro che privilegiano l'integrazione interfunzionale e la logica gestionale per processi;
2. progressivo "dissolvimento" dei confini organizzativi interfunzionali e sviluppo del marketing come funzione diffusa, svolta contemporaneamente da marketer part time e marketer full time (Gummesson, 1991);
3. affermarsi di nuove figure professionali nell'area marketing, in grado di favorire una migliore integrazione dell'impresa con i soggetti esterni di riferimento (es.: intermediari commerciali, clienti, consumatori finali).

2.3.1. Lavoro in team e logiche organizzative per processo

La necessità delle imprese di rapportarsi con mercati sempre più ampi e complessi, caratterizzati da una dinamicità dirompente e da un'estrema eterogeneità di situazioni da gestire rende più critico l'orientamento al marketing e il conseguente coordinamento interfunzionale ed interorganizzativo necessario per la creazione del valore.

Già negli anni '90, alcune ricerche empiriche avevano evidenziato la chiusura dei dipartimenti di marketing in molte imprese, statunitensi ed europee, e la loro sostituzione con *buyer groups, customer development teams* ed altri teams multidisciplinari (Piercy, Cravens, 1995), rivelando una progressiva tendenza delle organizzazioni orientate al mercato a divenire più piatte, flessibili e operanti per processi, attraverso l'impiego di teams interfunzionali.

Ciò richiede una migliore integrazione tra tutti gli attori interni (Montgomery, Webster, 1997; Hult, 2011), che potrebbe tradursi nell'adozione di nuovi meccanismi di coordinamento e controllo basati sull'adattamento reciproco, la comunicazione e lo sviluppo di forme di relazione interpersonali coinvolgenti tutti i livelli.

Riunioni periodiche e corsi di formazione interna potrebbero essere indispensabili a tal fine. Mentre, laddove è presente una funzione centrale di staff che gestisce i servizi e le attività di marketing per conto di diverse unità (situazione diffusa in molte aziende multinazionali organizzate su base divisionale), la crescente rilevanza strategica del marketing potrebbe rafforzare l'importanza della funzione stessa come strumento di integrazione e coordinamento interfunzionale.

Ancora, si fa strada in questo contesto l'affermarsi di nuove modalità di lavoro, basate sulla gestione per processi, che, superando il paradigma della specializzazione funzionale, enfatizzano il ruolo dei team di lavoro e privilegiano l'integrazione e la collaborazione a tutti i livelli. Tali logiche presuppongono una riduzione dei livelli gerarchici intermedi ed una redistribuzione del potere e delle autorità all'interno delle singole unità organizzative. La logica gestionale per processi potrebbe dar luogo alla costituzione di team, temporanei o permanenti, composti da persone che provengono da diversi reparti aziendali, oppure, nelle situazioni più complesse, potrebbe comportare anche la creazione di nuove unità organizzative, sempre composte da specialisti multifunzionali, che sono impegnati in una determinata attività/processo di marketing particolarmente importante e critico sotto il profilo strategico. Ciò può avvenire, per esempio, in alcune industrie operanti nei settori airlines e telecomunicazioni, dove le attività di *pricing* sono talmente importanti sotto il profilo strategico da meritare l'attenzione e l'impegno di unità organizzative *ad hoc*, esterne all'area marketing, che rispondono direttamente alla direzione generale (Homburg *et al.*, 2000).

Alcuni autori hanno trasformato questo dibattito in una questione più generale sulle organizzazioni di marketing intese come *network organizations*, ovvero come configurazioni di impresa organiche, piatte e flessibili, fondate sulla capacità di saper gestire e confrontarsi con una pluralità di relazioni di mercato (Achrol, 1991; Achrol, Kotler, 1999). Si tratta di configurazioni particolarmente complesse e persino difficili da verificare nella realtà, ma che enfatizzano il superamento dell'approccio funzionale e compartimentalizzato al marketing proponendo modelli innovativi fondati sulle logiche gestionali sopra discusse.

2.3.2. Il marketing come funzione diffusa

Nel momento in cui le imprese implementano un reale orientamento al marketing e la centralità del cliente diviene il fulcro dell'operatività d'impresa tende a verificarsi un presunto dissolvimento della funzione di marketing (Gummesson, 1991; Mac Hulbert, Pitt, 1996), ossia la scomparsa di un dipartimento dedicato e la conseguente identificazione del marketing con le più generali attività di management dell'impresa. La creazione di valore per il cliente, infatti, non può essere ricondotta al controllo di una singola unità organizzativa ma riguarda una pluralità di attori, anche esterni alla singola impresa (Gronroos, 1994; Gummesson, 1998). Di conseguenza, il grado di specializzazione funzionale diviene meno importante e il marketing diventa un "problema di tutti".

Il concetto di funzione diffusa applicato al marketing è stato proposto nei primi anni '90 (Gummesson, 1991) e, col passare del tempo, numerose ricerche ne hanno rafforzato la sua validità (Workman *et al.*, 1998; Moorman, Rust, 1999; Hult, 2011).

Esso presuppone l'esistenza di una cultura di marketing forte e condivisa che lo scenario di mercato attuale rende sempre più importante ai fini del successo e della competitività aziendale, sia nelle grandi che nelle piccole e medie imprese.

Nel contesto delle PMI accade spesso, come accennato in precedenza, che le attività di marketing non trovino formalizzazione in uno specifico dipartimento, per mancanza di risorse oppure per ragioni culturali che portano a privilegiare obiettivi di breve termine e molto ancorati al concetto di prodotto ed efficienza produttiva. Negli ultimi anni, tuttavia, numerose indagini dimostrano che ci sono sempre più casi di successo di piccole imprese dalla cui analisi si evince la presenza di un forte orientamento al marketing (Raju *et al.*, 2011; Walsh, Lipinski, 2009) che, seppure formalmente non trovi espressione in un dipartimento strutturato, si manifesta nel modo di pensare e di agire di tutte le persone coinvolte in azienda che, a vario titolo e con diversa intensità, collaborano allo svolgimento delle attività di marketing (cfr. *box* n. 1).

BOX N. 1

IL MARKETING, NON-MARKETING DI BRANDINA

Brandina The Original è la linea di borse e accessori made in Italy realizzata con il tessuto dei lettini da mare, su iniziativa di Marco Morosini, fotografo e designer pesarese. L'idea di Brandina nasce nel 2004, quando Morosini, durante un servizio fotografico, scopre le potenzialità del tessuto di cui sono composti i tradizionali lettini da mare e decide di utilizzarlo per la creazione di borse e accessori.

La scelta del brand (Brandina) è immediata, poiché coincide con la sua essenza materiale, e prima ancora di trasformarsi in prodotto, diviene un concept che comunica con decisione la propria personalità. Allegria, positività e piacevolezza dello "star bene" sono i principi cardine della filosofia Brandina che offre un prodotto divertente e di qualità. Il fascino del brand risiede nel suo immenso potere evocativo: un'esperienza tattile e visiva che conduce al mare, ai suoi colori e profumi, alla spensieratezza ed al brio che hanno caratterizzato nel tempo le spiagge del Bel Paese.

Morosini non ama definirsi un imprenditore e tanto meno un uomo di marketing, preferisce l'espressione "artigiano pensatore", per sottolineare l'importanza della creatività, della sperimentazione e della ricerca continua della qualità in ogni piccolo dettaglio.

In realtà, il progetto Brandina è stato, ed è tutt'ora, gestito con estrema professionalità, orchestrando con maestria tutte le leve del marketing. È stata fatta una precisa scelta di targeting e posizionamento: donne dai 15 anni in su che amano i colori, l'atmosfera e le emozioni del mare. A livello di prodotto, la particolarità e originalità del tessuto impiegato è tale che l'ideale estetico è quello di un design funzionale, che non aggiunge altri dettagli ma punta all'essenziale. I prodotti sono venduti esclusivamente nelle BB-Botteghe BRANDINA: spazi progettati da Morosini e interamente realizzati da mastri artigiani che creano ogni dettaglio con il massimo della cura. Al loro interno le Sirene Brandina (le commesse) indossano una divisa bianca e azzurra, i colori istituzionali del brand. Le Botteghe aprono la porta ad un mondo e ad uno spazio che sono ben più di un semplice negozio monomarca. Anche la comunicazione sfrutta canali e strumenti perfettamente in linea con l'identità del brand e il concept di posizionamento studiato. Eventi come il Brandina "Coast to Coast", realizzato a giugno 2011, o il Weekycolor ricalcano l'anima giovanile e spensierata del brand utilizzando strumenti non convenzionali di grande impatto ed efficacia.

Il tutto senza un dipartimento strutturato di marketing, ma grazie a persone creative, intuitive che affrontano il mercato con grande proattività e coerenza, stimolando bisogni e ricercando modalità innovative di soddisfazione attraverso un approccio di marketing che trova nel concetto di esperienza e di coinvolgimento emotivo i drivers fondamentali per la creazione del valore.

Un discorso simile può valere per le grandi imprese. In genere, queste dispongono di maggiori risorse e tendono ad avere una cultura manageriale maggiormente consapevole, rispetto alle PMI, della criticità del marketing. Tuttavia, non è sempre detto che a ciò corrisponda la presenza di un dipartimento funzionale di marketing circoscritto e strutturato. Occorre considerare, infatti, anche il modo in cui viene concepito il concetto di marketing.

Quando l'orientamento al mercato evolve verso il marketing relazionale (Gronroos, 1994; Gummesson, 1998), per esempio, i compiti della funzione si ampliano e non riguardano più solamente il governo delle singole transazioni regolate da meccanismi di mercato, ma anche la creazione e gestione di complesse relazioni di scambio tra l'impresa e gruppi chiave d'interesse. Sul piano organizzativo, il compito di creare, sviluppare e mantenere le relazioni di mercato potrebbe essere suddiviso fra molteplici unità organizzative (R&S, produzione, finanza, logistica, ecc.) che dovrebbero finalizzare una parte delle loro attività a questo obiettivo, per cui la funzione di marketing tende a perdere, nelle sue connotazioni organizzative, la tipica caratteristica specialistico-settoriale (Achrol, 1991; Gummesson, 1991; Webster, 1994; Workman et al., 1998) per divenire una funzione diffusa svolta contemporaneamente da marketer part-time e marketer full-time.

Considerazioni simili valgono in rapporto ai nuovi approcci di marketing che si stanno diffondendo negli ultimi anni, i quali approfondiscono ed integrano lo schema concettuale del paradigma dominante con nuovi elementi capaci di cogliere la maggiore complessità dei rapporti impresa/mercato. Alcuni di questi approcci enfatizzano nuove modalità per la creazione di valore (es.: marketing esperenziale, marketing laterale); altri propongono nuovi modelli concettuali per favorire il coinvolgimento dei consumatori nel processo di creazione del valore (es.: marketing tribale, marketing virale); altri ancora sottolineano la molteplicità dei compiti che il marketing deve assolvere nell'impresa (es.: marketing integrato, marketing olistico). In ogni caso, questi approcci rappresentano modelli evoluti di marketing che enfatizzano, in misura crescente, la dimensione relazionale e privilegiano l'integrazione interfunzionale, lo sviluppo di un clima partecipativo e la diffusione delle attività di marketing a tutti i livelli dell'organizzazione (Homburg *et al.*, 2000).

2.3.3. Nascita di nuove figure professionali ed evoluzione degli specialismi di marketing

La ricerca di maggiore coordinamento ed integrazione interfunzionale, in gran parte legata allo sviluppo di nuovi approcci di marketing che identificano modalità innovative di creazione del valore e al rafforzamento della cultura di marketing considerata sempre più indispensabile (sia nelle piccole che nelle grandi imprese) per affrontare la maggiore complessità del mercato, tende a favorire importanti cambiamenti anche sotto il profilo delle mansioni e professionalità coinvolte nelle attività di marketing.

Indipendentemente dal fatto che queste professionalità convergano o meno verso uno specifico dipartimento di marketing, la necessità di avere delle competenze di marketing è comunque fondamentale e la loro formazione deve essere strettamente collegata al reale contributo che essi possono dare al processo di generazione del valore.

Considerati i profondi cambiamenti in atto nell'ambiente mercato e negli assetti organizzativi e gestionali delle imprese (forme organizzative flessibili, *organizational learning*, ecc.), l'evoluzione delle competenze e degli specialismi di marketing può essere analizzata lungo due principali direzioni.

– sviluppo di nuove figure professionali legate al mondo digital;
– sviluppo e potenziamento di figure professionali legate al marketing relazionale e alla gestione di relazioni complesse.

I ruoli legati alla gestione del mondo digital si stanno affermando, negli ultimi anni, come figure centrali per le organizzazioni moderne, essendo l'ambiente digitale un nuovo contesto in cui non solo si possono trovare enormi quantità di informazioni potenzialmente rilevanti per il management aziendale, ma un ambiente in cui le imprese possono stabilire la loro presenza e sviluppare nuove forme di contatto con il mercato.

Per lavorare nel mondo digital occorre un ripensamento delle competenze tradizionali e talvolta l'affiancamento di nuove figure. Il che giustifica il recente fiorire di una pletora di nuove professioni: il Community Manager che ha il compito di gestire, amministrare e moderare una community online; il Digital Strategist che predispone le strategie di promozione mixando vari canali con differenti messaggi; l'esperto SEO, che ottimizza i contenuti di un sito internet per i vari motori di ricerca; il Digital Analyst, specialista nella gestione di metriche e dati prodotti dal web; il Web Content Strategist, che progetta ed elabora i contenuti delle campagne sul web, e molte altre figure ancora. Si tratta di alcuni esempi che dimostrano come sia possibile (e necessario) nelle aziende moderne unire le competenze analitiche, strategiche ed operative del marketing e della comunicazione alla passione per tutto ciò che è digitale.

Saper integrare le skills più tradizionali con quelle digitali sembra essere, quindi, un requisito sempre più importante per lavorare nel marketing, poiché per gestire la multicanalità, la virtualizzazione, il mobile, i social, i Big Data, servono nuove skills, sempre più interfunzionali, crossmediali e multidisciplinari. Ovviamente ciò non è tutto. Per far sì che questo mix di competenze garantisca l'efficacia nel marketing management sono indispensabili anche le c.d. *soft skills*: pensiero critico, creatività, capacità di negoziazione e problem solving, capacità decisionale e di team-working restano, sicuramente, requisiti fondamentali per non rischiare di focalizzare troppo l'attenzione sullo "strumento", tralasciando gli obiettivi strategici del marketing e dell'intera impresa nel medio-lungo termine.

La seconda area di cambiamento riguarda lo sviluppo e il potenziamento delle figure professionali legate al marketing relazionale e alla gestione di relazioni complesse. La necessità di rapportarsi con un numero crescente di soggetti, in possesso di conoscenze e capacità di valutazione e caratterizzati da comportamenti altamente mutevoli determina un'importanza crescente delle attività di analisi e monitoraggio del mercato. Ciò richiede un potenziamento delle posizioni addette alla gestione del SIM, degli analisti di mercato, degli specialisti di ricerche di mercato i cui compiti si ampliano arricchendosi di contenuti strategici oltre che puramente operativi. La diffusione delle ICT agevola questa evoluzione nella misura in cui rende disponibili strumenti informatici sempre più potenti ed evoluti, ma, nello stesso tempo, potrebbe comportare la necessità di introdurre nuove figure professionali in grado di affiancare alle competenze tradizionali nuove capacità, specializzate, tese a favorire l'integrazione delle competenze tecnologiche con quelle più tradizionali di marketing (Camussone, 2000; Donati, 1997).

Nello contempo, la criticità delle relazioni con il mercato tende a favorire una crescita d'importanza dei livelli operativi inferiori e delle posizioni di front-line che assumono un ruolo decisionale più attivo. Ciò riguarda, anzitutto, le posizioni che si rapportano con il consumatore finale (es.: fornitori di servizi di assistenza e manutenzione) che sono sempre più importanti per il ruolo informativo che assolvono e per la loro capacità di interagire con il consumatore creando le condizioni per un maggiore coinvolgimento di quest'ultimo nel processo di creazione del valore. Analogamente, questa tendenza tende a riguardare le posizioni organizzative che si rapportano con gli intermediari commerciali, come i Key Account manager, i Trade Marketing Manager o i Category Manager (*supra*, cap. 8) i quali assolvono un importante ruolo di integrazione, a livello di canale e di azienda, favorendo lo sviluppo di relazioni intense e durature tra l'impresa e i clienti commerciali. Nell'insieme, queste diverse figure associano alle tradizionali conoscenze analitico-operative nuove competenze di coordinamento e di relazione che sono finalizzate a massimizzare l'efficace interazione ed integrazione dell'impresa nei processi di generazione e distribuzione del valore al cliente.

In definitiva, gli assetti organizzativi di marketing tendono a modificarsi continuamente nel tempo, attraverso interventi che possono essere più o meno radicali, ma che, nell'insieme, definiscono una certa propensione delle aziende a semplificare le proprie strutture di marketing, ossia a renderle più organiche e flessibili, arricchendo poteri, compiti e responsabilità di chi ha un ruolo operativo, e a rendere i confini organizzativi più labili sia a livello intra- che inter-aziendale (Kellog *et al.*, 2006).

L'aspetto interessante di questa evoluzione è sicuramente la sua varietà: il cambiamento organizzativo del marketing guidato e supportato dai cambiamenti in atto nel mercato tende a prospettare una pluralità di soluzioni ibride, connotate dalla ineludibile compresenza di "vecchio" e "nuovo", dove formule consolidate di organizzazione e gestione vengono rielaborate alla ricerca di nuovi equilibri basati su modalità innovative di divisione e gestione del lavoro (in cui la dimensione collaborativa assume un ruolo assolutamente centrale), che rendono l'organizzazione sempre più elastica e in grado di reagire prontamente agli stimoli mutevoli del mercato (Homburg *et al.*, 2000).

DOMANDE PER AUTOVALUTAZIONE

- In quali principali capitoli si articola il piano di marketing di prodotto?
- Quali livelli di coerenza devono essere rispettati per un'efficace redazione di un piano di marketing?
- Quali condizioni rendono più opportuno l'impiego del metodo dell'utile netto e quello del margine di contribuzione nella stesura delle previsioni di conto economico del piano di marketing?
- La misurazione e il controllo dei risultati di marketing implicano tre scelte contestuali. Quali sono?
- Che cosa sono le metriche finanziarie? A che cosa servono e su quali principali indicatori si basano?
- Che cosa sono le metriche di sviluppo? A che cosa servono e su quali principali indicatori si basano?
- Quali fattori possono influenzare l'assetto organizzativo della funzione di marketing?
- In che modo l'orientamento al mercato può influenzare la configurazione organizzativa del marketing?
- Quali sono le principali tendenze evolutive in atto nei modelli organizzativi della funzione di marketing?
- Che cosa si intende con l'espressione "funzione diffusa"?
- Quali condizioni possono favorire l'affermarsi di tale condizione per il marketing?
- In quali direzioni si sta orientando l'evoluzione delle competenze e degli specialismi all'interno della funzione di marketing?

BIBLIOGRAFIA

AAKER D.A. (1991), *Managing Brand Equity*, New York, The Free Press.

AAKER D.A. (1996), *Building Strong Brands*, The Free Press, New York.

AAKER D.A. (1997), *Brand equity: la gestione del valore della marca*, Franco Angeli, Milano.

AAKER D.A, DAY G.S. (1986), *Marketing Research*, John Wiley & Sons Inc., New York.

AAKER D.A. JOACHIMSTHALER E. (2003), *Brand Leadership*, Franco Angeli, Milano.

ABELL D.F. (1980), *Defining the Business*, Prentice Hall, New York.

ABELL D.F. (1986), *Business e scelte aziendali*, Ipsoa, Milano (trad. da *Defining the Business*, Prentice Hall, 1980).

ABELL D.F., HAMMOND J.S. (1986), *Marketing strategico*, IPSOA Scuola d'impresa, Milano.

ABERNATHY W., WAYNE K. (1974), "The Limits of Experience Curve", in *Harvard Business Review*, September-October, pp. 109-119.

ABRAMS B. (2000), "The observational research handbook", in *NTC Business Books, AMA*.

ACHROL R.S. (1991), "Evolution of the Marketing Organization: New Forms for Turbolent Environment", in *Journal of Marketing*, vol. 55, October, pp. 73-93.

ACHROL R.S., KOTLER P. (1999), "Marketing in the Network Economy", in *Journal of Marketing*, special issue, vol. 63, pp. 146-163.

ACS Z.I., SANDERS M. (2009), "The Knowledge Spillover Theory of Entrepreneurship", in *Small Business Economics*, vol. 32, n. 1, pp. 15-30.

AGNIHOTRI R., KOTHANDARAMAN P., KASHYAP R., SINGH R. (2012), "Bringing 'Social' Into Sales: The Impact of Salespeople's Social Media Use on Service Behaviors and Value Creation", in *Journal of Personal Selling & Sales Management*, vol. 32, n. 3.

AHMED Z.U., JOHNSON J.P., LING C.P., FANG T.W., Hui A.K (2002), "Country-of-origin and Brand Effects on Consumers'evaluations of Cruise Lines", in *International Marketing Review*, vol. 19, n. 2-3, pp. 279-302.

AHUVIA A.C. (2005), "Beyond the Extended Self: Loved Objects and Consumers'Identity Narratives", in *Journal of Consumer Research*, vol. 32, June, pp. 171-184.

AIELLO G. (2002), *Relazioni di marketing e tecnologie digitali*, Giappichelli, Torino.

AIELLO G., DONVITO R. (2005), "Comunicazione integrata nell'abbigliamento: strategie di marca e ruolo del punto vendita nella distribuzione specializzata statunitense", Proceeding for the Conference "Le Tendenze del Marketing in Europa", Ecole Supérieure de Commerce de Paris ESCP-EAP, Parigi, 21-22 gennaio.

AILAWADI K.L., KELLER K.L. (2004), "Retail Branding: Conceptual Insights and Research Priorities", in *Journal of Retailing*, vol. 80, n. 4, pp. 331-342.

ALDRICH H., WHETTEN D.A. (1981), "Organization-sets, Action Sets, and Networks: Making the Most of Simplicity", in P.C. Nystrom, W.H. Starbuck, *Handbook of Organizational Design*, vol. I, Oxford University Press, Oxford.

AMA (1987), *Marketing News*, n. 21, n. 2, gennaio.

Amado A., Cortez P., Rita P., Moro S. (2018), "Research trends on Big Data in marketing: a text mining and topic modeling based literature analysis", in *European Research on Management and Business Economics*, vol. 24, pp. 1-7.

Amit R., Schoemaker P.J.H. (1993), "Strategic Assets and Organizational Rent", in *Strategic Management Journal*, vol. 14, pp. 33-46.

Ancarani F., Costabile M. (2009), *Concorrenza ibrida. Convergenza, Tecnologie, Esperienze di consumo*, FT Prentice Hall, Milano.

Anderson J.C., Narus J.A. (1999), *Business Marketing Management. Understanding, Creating and Delivering Value*, Prentice Hall, Englewood Cliffs, NJ.

Andzulis J.M., Panagopoulos N.G., Rapp A. (2012), "A Review of Social Media and Implications for the Sales Process", in *Journal of Personal Selling & Sales Management*, vol. 32, n. 3.

Ansoff H.I. (1957), "Strategies for Diversification", in *Harvard Business Review*, September-October, pp. 113-124.

Antonides G., van Raaij W.F. (1998), *Consumer Behaviour. A European Perspective*, Wiley, Chicester.

Arce-Urriza M., Cebollada J. (2017), "Competition between Private Labels and National Brands in a Multichannel Retailer", in *Advancing Insights on Brand Management*, InTech. Disponibile online: *https://cdn.intechopen.com/pdfs/56662.pdf*.

Armstrong G., Kotler P. (2006), *Principi di marketing*, Pearson Italia, Milano.

Arnould E., Price L., Zinkhan G. (2002), *Consumers*, McGraw-Hill, New York.

Astous A., Ahmed S.A. (1999), "The Importance of Country Images in the Formation of Consumer Product Perceptions", in *International Marketing Review*, vol. 16, n. 2.

Avlonitis G.J., Indounas, K.A. (2005), "Pricing Objectives and Pricing Methods in the Services Sector", in *Journal of Services Marketing*, vol. 19, n. 1, pp. 47-57.

Baccarani C., Golinelli G.M. (1992), "L'impresa inesistente: le relazioni tra immagine e strategia", in *Sinergie*, n. 29.

Badot O., Cova B. (1995), "Communauté et consommation: prospective pour un marketing tribal", in *Revue Française du Marketing*.

Bagozzi R.P., Gopinath M., Nyer P.U. (1999), "The Role of Emotions in Marketing", in *Academy of Marketing Science*, vol. 27, n. 2, pp. 184-206.

Bahdur N. (2006), "How to Slim Down a Brand Portfolio", in *Strategy & Business*, Winter, pp. 15-16.

Baker J., Grewal D., Parasuraman A. (1994), "The Influence of Store Environment on Quality Inferences and Store Image", in *Journal of Academy of Marketing Science*, vol. 22, n. 4, pp. 328-339.

Balasubramanian S.K. (1994), "Beyond Advertising and Publicity: Hybrid Messages and Public Policy Issues", in *Journal of Advertising*, vol. 23, n. 4.

Baltas G. (1997), "Determinants of Store Brand Choice: A Behavioural Analysis", in *Journal of Product and Brand Management*, vol. 6, n. 5, pp. 315-324.

BANANA W.H. (1981), *L'intervista in profondità*, Franco Angeli, Milano.

BARDHI F., ECKHARDT G.M. (2012), "Access-based Consumption: The Case of Car Sharing", in *Journal of Consumer Research*, vol. 39, n. 4, pp. 881-898.

BARNEY J.B. (1991), "Firm Resources and Sustained Competitive Advantage", in *Journal of Management*, vol. 17, pp. 99-120.

BARNEY J.B. (2007), *Gaining And Sustaining Competitive Advantage*, 3rd ed., Prentice-Hall, Upper Saddle River.

BARTOLI M. (2017), "Start up a crescita record: in Italia sono quasi 7mila", disponibile online: *http://www.scuola24.ilsole24ore.com/art/universita-e-ricer*ca [ultimo accesso: 10/06/2018].

BAUMAN Z. (2000), *Liquid Modernity*, Polity Press, Cambridge.

BELDONA S., WYSONG S. (2007), "Putting the 'Brand' Back into Store Brands: An Exploratory Examination of Store Brands and Brand Personality", in *Journal of Product & Brand Management*, vol. 16, n. 4, pp. 226-235.

BELLINI R (2006), "ICT e innovazione d'impresa. Casi di successo", in *Mondo Digitale*, n. 1, *www.mondodigitale.net*, marzo.

BERRY L.C., PARASURAMAN A. (1992), "Building a New Academic Field: The Case of Services", in *Journal of Retailing*, n. 1-92.

BERRY L.L. (1969), "The Components of Department Store Image", in *Journal of Retailing*, vol. 52, pp. 17-32.

BERTOLI G., BUSACCA B. (2017), *Customer value*, Egea, Milano.

BETTIS R.A., HITT M.A. (1995), "The New Competitive Landscape", in *Strategic Management Journal*, vol. 16, pp. 7-19.

BIEL A.L. (1993), "Converting Image Into Equity", in D.A. AAKER, A.L. BIEL (eds.), *Brand Equity & Advertising's Role in Building Strong Brands*, Lawrence Erlbaum Associates, Hillsdale, NJ, pp. 67-82.

BIRTWISTLE G., FREATHY P. (1998), "More than Just a Name above The Shop: A Comparison of the Branding Strategies of Two UK Fashion Retailers", in *International Journal of Retail & Distribution Management*, vol. 26, n. 8, pp. 318-323.

BITNER M.J.-ZEITHAML V.A. (2002), *Service marketing*, McGraw-Hill, New York.

BLACKSTONE M. (1992), "Observations: Building Brand Equity by Managing the Brand's Relationships", in *Journal of Advertising Research*, May-June, pp. 79-83.

BLACKSTONE M. (1993), "Beyond Brand Personality: Building Brand Relationships", in D.A. AAKER, A.L. BIEL (eds.), *Brand Equity and Advertising*, Lawrence Erlbaum Associates, Hillsdale, NJ.

BLACKWELL R.D., MINIARD P.W., ENGEL J.F. (2001), *Consumer Behavior*, The Dryden Press, Fort Worth, TX.

BLOEMER J.M., KASPER H.D. (1995), "The complex relationship between consumer satisfaction and brand loyalty", in *Journal of Economic Psychology*, vol. 16, n. 2, pp. 311-329.

BOARETTO A., NOCI G., PINI F.M. (2011), *Marketing Reloaded*, Il Sole 24 Ore, Milano.

BOCCIA ARTIERI G. (2012), *Stati di connessione. Pubblici, cittadini e consumatori nella (Social) Network Society*, Franco Angeli, Milano.

BOCCONCELLI R. (2004), *Value networks e canali di marketing*, Ed. Goliardiche, Trieste.

BOCCONCELLI R., CIOPPI M., PAGANO A. (2017), "Social Media as a Resource in SMEs'sales Process", in *Journal of Business & Industrial Marketing*, vol. 32, n. 5, pp. 693-709.

BOSTON CONSULTING GROUP (1968), *Perspectives on Experience*, Boston Consulting Group, Boston.

BOSWIJK A., THIJSSEN T., PEELEN E. (2005), *A New Perspective on the experience Economy: Meaningful Experiences*, Pearson Education, Amsterdam.

BOTSMAN R., ROGERS R. (2010), *What's Mine is Yours: The Rise of Collaborative Consumption*, Harper Business, New York.

BOUMPHREY S., BREHMER Z. (2017), *Megatrend Analysis. Putting the Consumer at the Heart of Business*, Euromonitor International. Disponibile online: *https://www.scribd.com/document/370527729/Euromonitor-Megatrend-Analysis-pdf*.

BOYD D.E., CLARKE T.B., SPEKMAN R.E. (2014), "The Emergence and Impact of Consumer Brand Empowerment in Online Social Networks: A Proposed Ontology", in *Journal of Brand Management*, vol. 21, n. 6, pp. 516-531.

BRAGOZZI R.P. (1994), *Advanced Methods f Marketing Roesearch*, Basil Blackwell, Cambridge, MA.

BRENNAN I., DUBAS K., BABIN L. (1999), "The Influence of Product Placement Type and Exposure Time on Product-Placement Recognition", in *International Journal of Advertising*, vol. 18, n. 3.

BRIOSCHI A., USLENGHI A. (2009), *White Space. Comunicazione non convenzionale*, Egea, Milano.

BROGNARA R., DEL CURTO M. (2009), *New Media & Comunicazione di Marketing. Verso i mercati post-pubblicitari*, Franco Angeli, Milano.

BROWN D. (1991), *Human Universals*, McGraw-Hill, New York.

BROWN J.J., REIGEN P.H. (1987), "Social Ties and Word-of-mouth Referral Behavior", in *Journal of Consumer Research*, vol. 14, n. 3, pp. 350-362.

BROWN S., COX E., WEITZ B (2005), "Emerging Factors Affecting Sales Management and Personal Selling", in *Journal of Personal Selling & Sales Management*.

BROWN T.E., BOON E., PITT L.F. (2016), "Seeking Funding in Order to Sell: Crowdfunding as a Marketing Tool", in *Business Horizons*, vol. 60, n. 2, pp. 189-195.

BUCKLIN, R.E., LEHMANN, D., LITTLE J. (1998), "From Decision Support to Decision Automation: A 2020 Vision", in *Marketing Letters*, vol. 9, n. 3, pp. 235-246.

BUCKLIN R.E., LATTIN J.M., ANSARI A., GUPTA S., BELL D., COUPEY E., STECKEL J. (2002), "Choice and the Internet: From Clickstream to Research Stream", in *Marketing Letters*, vol. 13, n. 3, pp. 245-258.

BURATTI N. (2000), *Lo sviluppo di nuovi prodotti: modelli ed esperienze nei mercati industriali*, Giappichelli, Torino.

BURATTI N. (2005), "La valorizzazione del potenziale tecnologico secondo una prospettiva di marketing: c'è qualcosa di nuovo nella cassetta degli attrezzi del marketing Hight Tech?", in *Mercati e Competitività*, vol. 4, n. 05, pp. 43-66.

BURATTI N. (2005), "New Product Development as Knowledge Management in the Italian Auto Industry: How Many Goals Have Been Scored?", in R. SANCHEZ, A. HEENE (eds.), *Research in Competence Based Management*, vol. 2, Elsevier Science, Oxford, UK.

Buratti N. (2009), "La gestione dei prodotti esistenti e lo sviluppo di nuovi prodotti", in G. Cristini (a cura di), *Manuale di Marketing*, Il Sole 24 Ore, Milano.

Buratti N., Derchi F., Profumo G. (2015), "The Blurred Boundary Between Empowered and Working Consumers: Insights from the Winner Taco Case", in *Mercati e Competitività*, vol. 4, n. 4, pp. 133-156.

Buratti N., Lanzara R., Simoni M. (2016), "Technological Innovation and Marketing. A Multi-perspective Analysis", in *Mercati e Competittività*, vol. 1, pp. 17-42.

Burn A.C., Bush R.F. (2000), *Marketing Research*, Prentice Hall, Upper Saddle River, NJ.

Burns D.J. (1992), "Image Transference and Retail Site Selection", in *International Journal of Retail & Distribution Management*, vol. 20, n. 5, pp. 38-44.

Burresi A. (2006), "I fondamenti del marketing ed il loro contributo al governo d'impresa", in A. Burresi, G. Aiello, S. Guercini (a cura di), *Marketing per il governo d'impresa*, Giappichelli, Torino.

Burresi A., Guercini S. (2000), "Rappresentazione strategica del mercato e segmentazione in rapporto alle nuove tendenze dell'ambiente di marketing", Atti del Convegno "Le tendenze del marketing in Europa", Università Ca' Foscari, Venezia, 24 novembre.

Burresi A., Aiello G., Guercini S. (a cura di) (2006), *Marketing per il governo d'impresa*, Giappichelli, Torino.

Burt S., Mavrommatis A. (2006), "The International Transfer of Store Brand Image", in *International Review of Retail, Distribution, and Consumer Research*, vol. 16, n. 4, pp. 395-413, September.

Busacca B. (2000), *Il valore della marca: fra postfordismo ed economia digitale*, Egea, Milano.

Busacca B. (2004), *Consumatore, concorrenza, valore. Una prospettiva di marketing*, Egea, Milano.

Busacca B., Bertoli G. (2017), *Customer value*, Egea, Milano.

Busacca B., Castaldo S. (1996), *Il potenziale competitivo della fedeltà alla marca e all'insegna commerciale*, Egea, Milano.

Busacca B., Prandelli E. (2001), "Le potenzialità di apprendimento congiunto tra impresa e consumatori nell'economia della virtualità", in S. Vicari (a cura di), *Economia della virtualità*, Egea, Milano.

Busacca B., Bertoli G., Molteni L. (2006), "Consumatore, marca ed 'effetto made in': evidenze dall'Italia e dagli Stati Uniti", in *Finanza Marketing e Produzione*, vol. 24, fasc. 2.

Busacca B., Grandinetti R., Troilo G. (1999), "Transizione del marketing e concezione sistemico-evolutiva del consumatore", in E. Rullani, S. Vicari S. (a cura di), *Sistemi ed evoluzione nel management*, Etas Libri, Milano.

Buzzo B. (2007), *Governare la comunicazione d'impresa. Modelli, attori, tecniche, strumenti e strategie*, Franco Angeli, Milano.

Caiazzo D., Febbraio A., Lisiero U. (2013), *Viral Video*, Fausto Lupetti Editore, Milano.

Camussone P.F. (2000), *Informatica, organizzazione e strategie*, McGraw-Hill, Milano.

Capeci F. (2017), *Post Millennial marketing. Marketing di nuova generazione*, Franco Angeli, Milano.

Capodaglio O. (2016), "I Millennials nel mondo: non solo social", disponibile online: *http://*

www.nielsen.com/it/it/insights/news/2016/the-millennials-in-the-world-not-only-social.html [ultimo accesso: 13/06/2018].

CARBONE L., HAECKEL S. (1994), "Engineering Customer Experience", in *Marketing Management*, vol. 3, n. 3.

CARDINALI S. (2010), *Geomarketing e nuove metriche per un differente approccio alla competizione. Prospettive di ricerca e strumenti di gestione*, Esculapio, Bologna.

CARDINALI S., TRIO O. (2009), "Fondamenti del pricing", in G. CRISTINI, *La guida del sole 24 ore al marketing. Ambiente, competizione, processi di marketing, metriche e strumenti di gestione*, Il Sole 24 Ore, Milano, pp. 447-463.

CARPENTER J.M., MOORE M., FAIRHURST A.E. (2005), "Consumer Shopping Value for Retail Brands", in *Journal of Fashion Marketing and Management*, vol. 9, n. 1, pp. 43-53.

CARSON D. (1985), "The Evolution of Marketing in Small Firms", in *European Journal of Marketing*, vol. 19, n. 5, pp. 7-16.

CARSON D., CROMIE S., MCGOWAN P., HILL J. (1995), *Marketing and Entrepreneurship in SMEs. An Innovative Approach*, Prentice-Hall, London.

CARSON D., GILMORE A., PERRY C., GRONHAUG K. (2001), *Qualitative Marketing Research*, Sage Pubblications, London.

CARÙ A., COVA B. (2011), *Marketing e Competenze dei Consumatori. L'approccio al mercato nel dopo-crisi*, Egea, Milano.

CARÙ A., PACE S. (2009), "Servizi e soluzioni nelle relazioni di mercato", in S. CASTALDO (a cura di), *Marketing e Fiducia*, Il Mulino, Bologna.

CASALEGGIO ASSOCIATI (2018), *E-Commerce in Italia 2018*.

CASARIN F. (1996), "La distribuzione", in G. VOLPATO. *La gestione d'impresa*, Cedam, Padova.

CASTALDO S. (2006), *Distribuzione e vendite. Le strategie commerciali delle imprese*, Università Bocconi Editore, Milano.

CASTALDO S. (2009), *Marketing e Fiducia*, Il Mulino, Bologna.

CASTALDO S. (2010), *Go to market*, Il Mulino, Bologna.

CATEORA P.R., GRAHAM J.L. (2008), *Marketing internazionale. Imprese italiane e mercati mondiali*; edizione italiana a cura di Alberto Mattiacci e Carolina Guerini, Hoepli, Milano.

CBINSIGHTS (2018), *15 Trends Shaping Tech In 2018*.

CENGIZ H., AKDEMIR-CENGIZ H. (2016), "Review of Brand Loyalty Literature: 2001-2015", in *Journal of Research in Marketing*, vol. 6, n. 1, pp. 407-434.

CENSIS (2016), "Millennials: intraprendenti, stacanovisti, innovatori in tecnologie e stili di vita", online: *http://www.censis.it/7?shadow_comunicato_stampa=121029* [ultimo accesso: 08/06/2018).

CHEN Y. (2009), "Possession and Access: Consumer Desires and Value Perceptions Regarding Contemporary Art Collection and Exhibit Visits", in *Journal of Consumer Research*, vol. 35, April, pp. 925-940.

CHERNEV A. (2018), *Strategic Marketing Management*. Cerebellum Press, USA.

CHESBROUGH H.W. (2003), "A Better Way to Innovate", in *Harvard Business Review*, vol. 81, n. 7, pp. 12-13.

CHISNALL P.M. (1996), *Le ricerche di marketing*, McGraw-Hill, Milano.

CHRISTENSIGN C.M. (2016), *Il dilemma dell'innovatore. Come le nuove tecnologie possono estromettere dal mercato le grandi aziende*, Franco Angeli, Milano.

CHRISTENSEN C.M., KAUFMAN S.P., SHIH W.C. (2008), "Innovation Killers", in *Harvard Business Review*, vol. 86, n. 1, pp. 98-105.

CIOPPI M., PENCARELLI T. (2008), "I processi di vendita ed il marketing delle PMI", in A. TUNISINI (a cura di), *Teorie e Applicazioni di Business Marketing: comprendere i processi di mercato e modellare l'azione di management*, Franco Angeli, Milano.

CLARK K.B., WHEELWRIGHT S.C. (1993), *Managing New Product and Process Development*, The Free Press, Boston, MA.

CODELUPPI V. (1992), *I consumatori. Storia, tendenze, modelli*, Franco Angeli, Milano.

CODELUPPI V. (2001), "Shoptainment: verso il marketing dell'esperienza", in *Micro & Macro Marketing*, n. 3.

COLLESEI U. (2000), *Marketing*, Cedam, Padova.

CONTI E. (2005), "'Approcci di marketing per la piccola impresa': il caso Eva Garden s.r.l.", in *Piccola Impresa*, vol. 18, fasc. 1, pp. 155-182.

COOK S. (2008), "The Contribution Revolution", in *Harvard Business Review*, vol. 86, n. 10.

COOK W.A. (1992), "Brand Equity as a Love Strory", in *Journal of Advertising Research*, November-December, pp. 7-8.

COOPER R.G., KLEINSCHMIDT E.J. (1995), "Benchmarking the Firm's Critical Success Factors in New Product Development", in *Journal of Product Innovation Management*, vol. 12, n. 5, November, pp. 374-391,

COOPER R.G., KLEINSCHMIDT E.J. (2007), "Winning Businesses in Product development: The Critical Success Factors", in *Research Technology Management*, May-June.

CORSARO D. (2016), *Il valore delle relazioni di mercato*, Franco Angeli, Milano.

CORSTJENS J., CORSTJENS M. (1995), *Store Wars: The Battle for Mindspace and Shelfspace*, Wiley, Chicester.

CORVI E. (2007), *La comunicazione aziendale. Obiettivi, tecniche, strumenti*, Egea, Milano.

COSTABILE M. (2000), *Il capitale relazionale*, McGraw Hill Italia, Milano.

COVA B. (2003), "Analyzing and Playing with Tribes which Consume", in *Finanza, Marketing e Produzione*, vol. 21, n. 1, pp. 66-89.

COVA B. (2003), *Il marketing tribale*, Il Sole 24 Ore Libri, Milano.

COVA B., PACE S. (2006), "Brand Community of Convenience Products: New Forms of Customer Empowerment – The Case "my Nutella the Community", in *European Journal of Marketing*, vol. 40, n. 9-10, pp. 1087-1105.

COVA B., PACE S. (2007), "Branding Tribale su Internet: mynutella the Community", in *Micro & Macro Marketing*, n. 1.

COVA B., GIORDANO A., PALLERA M. (2008), *Marketing non-convenzionale. Viral, Guerrilla, Tribal e i 10 principi fondamentali del marketing postmoderno*, Il Sole 24 Ore Libri, Milano.

COZZI G. (1985), "Soggettività e organizzazione nel marketing delle piccole e medie imprese", in *Economia e Politica Industriale*, n. 47.

COZZI G. (1995), "Tre tipi di varietà, tre sfide per il marketing management", Seminario tenuto il 4 maggio presso la Facoltà di Economia di Urbino.

COZZI G. (1999), "Nuovi paradigmi concettuali: il marketing relazionale", in R. VARALDO (a cura di), *Il marketing negli anni Duemila*, Guerini e Associati, Milano.

COZZI G. (2013), "Il marketing industriale business-to-business", in G. FERRERO, *Marketing e creazione del valore*, Giappichelli, Torino.

COZZI G. (2013), "Marketing e sostenibilità della crescita economica", in G. FERRERO, *Marketing e creazione del valore*, Giappichelli, Torino.

COZZI G., FERRERO G. (1996), *Marketing. Principi, metodi, tendenze evolutive*, Giappichelli, Torino.

COZZI G., FERRERO G. (2000), *Marketing. Principi, metodi, tendenze evolutive*, Giappichelli, Torino, seconda ed..

COZZI G., FERRERO G. (2004), *Principi ed aspetti evolutivi del marketing aziendale*, Giappichelli, Torino.

COZZI G., PANERO C., (2011), "Aspetti e problemi delle interazioni tra soggetti non equifinalizzati nel marketing turistico-territoriale", in *Mercati e Competitività*, n. 3.

COZZI G., DI BERNARDO B., RULLANI E. (1988), "Marketing e tecnologie dell'informazione: dall'economia di massa all'economia della varietà", in AA.VV., *Scritti in onore di Luigi Guatri*, Bocconi Comunicazione, Milano.

CRAWFORD CAMICIOTTOLI B., RANFAGNI S., GUERCINI S. (2014), "*Exploring Brand Associations: An Innovative Methodological Approach*", in *European Journal of Marketing*, vol. 48, n. 5/6, pp. 1092-1112.

CRISTINI G. (1992), *Le strategie di marca del distributore*, Egea, Milano.

CRISTINI G. (2009), *Marketing*, Il Sole 24 Ore, Milano.

CUCCO R., DALLI D. (2008), "500 wants you, un caso di convergenza tra retro-marketing, cooperative innovation e community management", in *Economia & Management*, vol. 2.

DALLI D. (2005), "Il Product Placement tra realismo cinematografico e comunicazione pubblicitaria", in *Economia & Management*, n. 4.

DALLI D. (2010), "Produzione, distribuzione e appropriazione del valore di mercato: il ruolo del consumatore", in J.C. ANDREANI, U. COLLESEI (eds.), *Proceedings of 10th International Conference Marketing Trends*, Marketing Trends Association, Venice.

DALLI D., ROMANI S. (2011), *Il comportamento del consumatore. Acquisti e consumi in una prospettiva di marketing*, Franco Angeli, Milano.

DALLI D., GISTRI G., BORELLO D. (2008), *Marche alla ribalta. Il product placement cinematografico in Italia e la sua gestione manageriale*, Egea, Milano.

DAUTRIAT H. (1979), *Il Questionario – Guida per la preparazione e l'impiego nelle ricerche sociali, di psicologia sociale e di mercato*, Franco Angeli, Milano.

DAVIES G. (1992), "The Two Ways in Which Retailers Can Be Brands", in *International Journal of Retail & Distribution Management*, vol. 20, n. 2, pp. 24-34.

DAY G.S. (1992), *Strategie per i mercati. Processi per la creazione del valore*, Etas Libri, Milano (trad. da *Market Driven Strategy. Process for Creating Value*, The Free Press, New York, 1990).

DAY G.S. (1994), "The Capabilities of Market-driven Organizations", in *Journal of Marketing*, October.

DAY G.S., WENSLEY R. (1988), "Assessing Advantage. A Framework for Diagnosing Competitive Superiority", in *Journal of Marketing*, April.

DE CHERNATONY L. (2002), "Would a Brand Smell Any Sweeter by a Corporate Name", in *Corporate Reputation Review*, vol. 5, n. 2-3, pp. 114-132.

DE LILLO A. (2006), "Il sistema dei valori dei giovani italiani. Persistenze e mutamenti", in A.C. BOSIO, *Esplorare il cambiamento sociale. Studi in onore di Gabriele calvi*, Franco Angeli, Milano.

DE LUCA P. (2007), *Economia e Gestione delle Imprese commerciali*, Università di Trieste, Trieste.

DE VALCK K. (2005), "Virtual Communities of Consumption: Networks of Consumer Knowledge and Companionship", in *ERIM PhD, Series: Research in Management.*

DEICHMANN M. (1991), "Introduzione" all'edizione italiana, in J.N. KAPFERER, J.C. THOENIG, *La marca. Motore della competitività delle imprese e della crescita dell'economia*, Guerini e Associati, Milano.

DENEGRI-KNOTT J., ZWICK D., SCHROEDER J.E. (2006), "Mapping Consumer Power: An Integrative Framework for Marketing and Consumer Research", in *European Journal of Marketing*, vol. 40, n. 9-10, pp. 950-971.

DI BERNARDO B., RULLANI E. (1990), *Il management e le macchine. Teoria evolutiva dell'impresa*, Il Mulino, Bologna.

DI NALLO E. (2004), "Il consumo come area esperienziale", in *Sociologia del lavoro*, vol. 93, pp. 71-82.

DICK A., BASU K. (1994), "Customer Loyalty, Toward an Integrated Conceptual Framework", in *Journal of the Academy of Marketing Science*, vol. 22, pp. 99-113.

DONATI E. (1997), "Il lavoratore della conoscenza garantisce la competitività", in *L'impresa*, n. 10, pp. 36-50.

DONNELLY J.P., PETER J.H. (2003), *A Preface to Marketing Management*, McGraw-Hill/Irwin, New York.

DOYLE P., FENWICK I. (1974), "How Store Image Affects Shopping Habits in Grocery Chains", in *Journal of Retailing*, vol. 50, n. 4, pp. 39-52.

DOYLE S.A., BROADBRIDGE A. (1998), "Differentiation by Design: The Importance of Design in Retailer Repositioning and Differentiation", in *The International Journal of Retail & Distribution Management*, vol. 27, n. 2, pp. 72-83.

DRUCKER P.F. (1954), *The Practice of Management*, Harper & Row Publishers, New York.

DUESENBERRY J.S. (1949), *Income, Saving and the Theory of Consumer Behaviour*, Harvard University Press, Cambridge, MA.

DUNN E.W., GILBERT D.T., WILSON T.D. (2011), "If Money doesn't Make You Happy, then You Probably aren't Spending It Right", in *Journal of Consumer Psychology*, vol. 21, pp. 115-125.

EIGLER P., LANGEARD E. (1988), *Il marketing strategico dei servizi*, McGraw-Hill, Milano.

EMINENTE G., CHERUBINI S. (1998), *Marketing in Italia*, Franco Angeli, Milano.

EREVELLES S., FUKAWA N., SWAYNE L. (2016), "Big Data consumer analytics and the transformation of marketing", in *Journal of Business Research*, vol. 69, n. 2, pp. 897-904.

ESSOUSSI L.H., DWIGHT M. (2007), "Consumers'product Evaluations in Emerging Markets. Does Country of Design, Country of Manufacture, or Brand Image Matter?", in *International Marketing Review*, vol. 24, n. 4.

FABRIS G. (1967), *Le ricerche motivazionali*, Etas Kompass, Milano.

FABRIS G. (1995), *Consumatore & Mercato*, Sperling & Kupfer, Milano.

FABRIS G. (1999), "Verso nuovi modelli di consumo", in R. VARALDO (a cura di), *Il marketing negli anni Duemila. Sfide per il nuovo secolo*, Guerini e Associati, Milano.

FABRIS G. (2002), *La Pubblicità. Teorie e Prassi*, Franco Angeli, Milano.

FABRIS G. (2003), *Il nuovo consumatore: verso il postmoderno*, Franco Angeli, Milano.

FABRIS G. (2008), *Societing. Il marketing nella società postmoderna*, Egea, Milano.

FABRIS G. (2010), *La società post crescita. Consumi e stili di vita*, Egea, Milano.

FAZZI R. (1970), *Formazione storica e prospettive degli studi sui comportamenti imprenditoriali*, Stabilimenti litografici La Stampa, Firenze.

FERBER R., HAUCK M. (1964), "A Framework for Dealing with Response Errors in Consumer Surveys", in *Proceedings of the Fall Conference, American Marketing Association.*

FERRARESI M., SCHMITT B.H. (2006), *Marketing Esperienziale: come sviluppare l'esperienza di consumo*, Franco Angeli, Milano.

FERRARESI M., MORTARA A., SYLWAN G. (2007), *Manuale di teorie e tecniche della pubblicità*, Carocci, Roma.

FERRERO G. (1989), "Variabili di contesto e compiti del marketing nell'impresa, in *Economia e Politica Industriale*, n. 63.

FERRERO G. (1992), *Il marketing relazionale. L'approccio delle scuole nordiche*, Edizioni Lint, Trieste.

FERRERO G. (1992), *Struttura, strategia e processi innovativi nelle piccole imprese*, Edizioni Lint, Trieste.

FERRERO G. (2001), "Nuove tendenze negli studi sulla piccola impresa", in *Piccola Impresa/Small Business*, n. 1, pp. 3-7.

FERRERO G. (a cura di) (2015), *Marketing e creazione del valore*, Giappichelli, Torino, 2013.

FERRERO G., FORTEZZA F. (2007), "Importanza ed elementi di criticità del marketing strategico nelle PMI", in *Piccola Impresa/Small Business*, n. 2.

FERRERO G., FORTEZZA F. (2013), "Il presidio dei fattori abilitanti nel marketing imprenditoriale: il caso Lago Spa", Atti del X Convegno Annuale della Società Italiana di Marketing (SIM), Milano, 3-4 ottobre.

FERRUCCI L. (2000), *Strategie competitive e processi di crescita dell'impresa*, Franco Angeli, Milano.

FERRUCCI L., TUNISINI A., PENCARELLI T. (2014), *Economia e management delle imprese*, Hoepli, Milano.

FIOCCA R. (2008), "Quanto è convenzionale il 'marketing non convenzionale'?", in *Micro & Macro Marketing*, n. 3.

FIOCCA R., SEBASTIANI R. (2010), *Politiche di marketing*, McGraw-hill, Milano.

FIOCCA R., SNEHOTA I., TUNISINI A. (2003), *Business Marketing*, McGraw-Hill, Milano.

FIRAT F.A., DHOLAKIA N., VENKATESH A. (1995), "Marketing in a Postmodern World", in *European Journal of Marketing*. vol. 29, n. 1, pp. 40-56.

Fishbein M. (1963), "An Investigation of Relationship Between Beliefs About an Object and the Attitude Toward the Object", in *Human Relations*, vol. 16, pp. 233-240.

Fishbein M. (1967), "Attitude and Prediction of Behavior", in M. Fishbein (ed.), *Readings in Attitudine Theory and Measurement*, Wiley, New York.

Fisk P. (2007), *Marketing Genius*, Egea Milano.

Ford D. (1980), "The Development of Buyer-seller Relationships in Industrial Markets", in *European Journal of Marketing*, vol. 14, n. 5-6, pp. 339-354.

Ford D. (1990), *Understanding Business Markets. Interactions, Relationships, Networks*, Academic Press, London.

Fornari D. (1990), *Le strategie di trade marketing*, Egea, Milano.

Fornari D. (1995), "Le nuove dimensioni dei modelli di consumo in Italia", in *Trade Marketing*, n. 15.

Fornari D. (1999), *Rivoluzione commerciale e trade marketing*, Egea, Milano.

Fornari E., Grandi S. (2011), "Le promozioni di prezzo sulle marche private: variabilità tra categorie ed effetti competitivi inter-brand", in *Mercati e Competitività*, n. 4.

Foroudi P., Jin Z., Gupta S., Foroudi M.M., Kitchen P.J. (2018), "Perceptional components of brand equity: Configuring the Symmetrical and Asymmetrical Paths to brand loyalty and brand purchase intention", in *Journal of Business Research*, vol. 89, pp. 462-474.

Fortezza F. (2009), "Approcci di Marketing Tribale: il caso Fichimori", in J.C. Andreani, U. Collesei (eds.), *Proceedings of 8th International Conference Marketing Trends*, Marketing Trends Association, Paris.

Fortezza F. (2014), *Marketing, Felicità e Nuove Pratiche di Consumo. Fra sharing, baratto e accesso*, Franco Angeli, Milano.

Fortezza F., Pencarelli T. (2011), "Experience Marketing: Specific Features and Trends. The Wish Days Case Study", in *Journal of Marketing Trends*, vol. 1, n. 6.

Fortezza F., Pencarelli T. (2018), "A Comprehensive Picture of the Social Media Challenge for DMOs", *Anatolia – An International Journal of Tourism and Hospitality Research*, vol. 29, n. 3.

Fortezza F., Dusi A., Pencarelli T. (2018), "How Marketing Works in the Experience Economy: The Case of the Experience Gift Box Providers", in T. Pencarelli, F. Forlani (eds.), *The Experience Logic as a New Perspective for Marketing Management*, Springer, Heidelberg.

Franch M. (1992), *Strategie interattive e sistema informativo di marketing*, Cedam, Padova.

Frey J.H. (1983), *Survey Research by Telephone*, Sage, London.

Friedman L.M. (2002), *La società orizzontale*, Il Mulino, Bologna.

Fuchs C., Schreier M. (2011), "Customer Empowerment in New Product Development", in *Journal of Product Innovation Management*, vol. 28, n. 1, pp. 17-32.

Gallucci F. (2004), *Category management e vantaggio competitivo*. Giappichelli, Torino.

Gallucci F. (2014), *Marketing emozionale e neuroscienze*, 2ª ed., Egea, Milano.

Gerken G. (2000), *Addio al marketing*, Isedi, Torino.

Ghio *et al.* (2015), "The Emergence of Spillover Theory of Entrepreneurship", in *Small Business Economics*, vol. 44, n. 1, pp. 1-18.

Gilmore A., Carson D., Grant K. (2001), "SME Marketing in Practice", in *Marketing Intelligence & Planning*, vol. 19, n. 1, pp. 6-11.
Gilmore J.H., Pine II B.J. (1997), "Quattro assi soddisfano tutta la clientela", in *Harvard Business Review* (ed italiana), settembre-ottobre.
Gilmore J.H., Pine II B.J. (2007), "Authenticity: What Consumers Really Want", in *Harvard Business School Press*.
Gnecchi F. (2002), *La private label nell'economia d'impresa*, vol. 8, Giappichelli, Torino.
Godin S. (1999), *Permission Marketing: Turning Strangers Into Friends, and Friends Into Customers*, Simon & Schuster, New York.
Goeldner C.R. (1962), "Automation in marketing", in *Journal of Marketing*, vol. 26, n. 1, pp. 53-56.
Goldman A.E., McDonald S.S. (1987), *The Group Depth Interview. Principles and Practices*, Prentice Hall, London.
Goodyear M. (1993), "Reviewing the Concepts of Brands and Branding", in *Marketing Research Today*, May, pp. 75-79.
Granados N., Kauffman R.J., Lai H., Lin Hc. (2012), "À la carte pricing and price elasticity of demand in air travel", in *Decision Support Systems*, vol. 53, issue 2, May, pp. 381-3940.
Grandi R. (1987), *Come parla la pubblicità – Modelli comunicativi degli Spot pubblicitari*, Il Sole 24 Ore, Milano.
Grandinetti R. (1989), "Il marketing delle grandi e delle piccole imprese: dalla separazione alla convergenza", in *Economia e Politica Industriale*, fasc. 63, pp. 83-94.
Grandinetti R. (1995), *Reti di marketing. Dal marketing delle merci al marketing delle relazioni*, Etas Libri, Milano.
Grandinetti R. (a cura di) (2008), *Marketing. Mercati, prodotti e relazioni*, Carocci, Roma.
Grant R.M. (1991), "The Resource-based Theory of Competitive Advantage: Implications for Strategy Formulation", in *California Management Review*, vol. 33, n. 3, pp. 114-135.
Grant R.M. (1999), *L'analisi strategica per le decisioni aziendali*, Il Mulino, Bologna.
Green P.E., Frank R.E. (1971), *Introduzione alle ricerche di marketing*, Isedi, Milano.
Greenbaum T.L. (1998), *The handbook for focus group research*, Sage, Thousand Oaks, CA.
Gregori G.L. (1995), *Aspetti economici e gestionali delle relazioni tra imprese industriali ed intermediari commerciali*, Giappichelli, Torino.
Gregori G.L., Cardinali S. (2012), "Strategie e politiche di prezzo", in T. Bursi, G. Galli, *Marketing internazionale*, McGraw-Hill, Milano.
Gregori G.L., Ciafrè G. (2006), *Le decisioni sul prezzo*, in Burresi A. et al. (a cura di), *Marketing per il governo d'impresa*, Giappichelli, Torino.
Grewal R., Metha R., Kardes F. (2000), "The Role of the Social-identity Function of Attitudes in Consumer Innovativeness and Opinion Leadership", in *Journal of Economic Psychology*, vol. 21, pp. 233-252.
Grønhaug K. (2002), "Is Marketing Knowledge Useful?", in *European Journal of Marketing*, vol. 36, n. 3, pp. 364-372.
Grönross C. (1994), *Management e marketing dei servizi*, Isedi, Torino.

GRÖNROOS C. (1994), "Quo vadis marketing? Toward a Relationship Marketing Paradigm", in *Journal of Marketing Management*, n. 10, pp. 347-360.

GUATRI L., VICARI S., FIOCCA R. (1999), *Marketing*, McGraw-Hill, Milano.

GUERCINI S. (2005), "Marketing imprenditoriale, marketing manageriale e conoscenza di mercarto del vertice d'impresa", in *Mercati e Competitività*, vol. 1, pp. 143-164.

GUERCINI S., COVA B. (2018), Unconventional entrepreneurship, in *Journal of Business Research*, vol. 92, pp. 385-391.

GUERCINI S., RUNFOLA A., RANFAGNI A. (2005), "Aspetti e forme di integrazione di filiera nella distribuzione del tessile/abbigliamento", capitolo 4 in A. BURRESI (a cura di), *Il marketing della moda. Temi emergenti nel tessile/abbigliamento*, Firenze University Press, Firenze.

GUMMESSON E. (1991), "Marketing-orientation Revisited: The Crucial Role of the Part-time Marketer", in *European Journal of Marketing*, vol. 25 n. 2, pp. 60-70.

GUMMESSON E. (1997), "Relationship Marketing as a Paradigm Shift: Some Conclusions From the 30R Approach", in *Management Decision*, vol. 35, n. 4.

GUMMESSON E. (1998), "Relationship Marketing and Imaginary Organizations: A Synthesis", in *European Journal of Marketing*, vol. 30, n. 2, pp. 31-44.

GUMMESSON E. (2005), *Marketing Relazionale. Gestione del Marketing nei Network di Relazioni*, Hoepli, Milano.

GURVIEZ P. (1996), "The Trust Concept in the Brand-Consumers Relationship", in *Proceeding EMAC*, Budapest.

GUTMAN J. (1982), "A Means-End Chain Model Based on Consumer Categorization Processes", in *Journal of Marketing*, vol. 46, n. 2, pp. 60-72.

HAECKEL S., CARBONE L., BERRY L. (2003), "How to Lead the Customer Experience", in *Marketing Management*, vol. 12, n. 1.

HAGUE P. (1994), *Le interviste nelle ricerche di mercato – Guida per pianificare e condurre interviste ad aziende e consumatori*, Franco Angeli, Milano.

HAKANSSON H. (1982) (ed.), *International Marketing and Purchasing of Industrial Goods*, Wiley & Sons, New York.

HAKANSSON H., OSTBERG C. (1975), "Industrial Marketing: An Organizational Problem?", in *Industrial Marketing Management*, vol. 41, pp. 113-123.

HAKANSSON H., SNEHOTA I.J. (1995), *Developing Relationship in Business Networks*, Routledge, London.

HAMZAOUI L., DWIGHT M. (2006), "The Impact of Country of Design and Country of Manufacture on Consumer Perceptions of Bi-national Products'quality: An Empirical Model Based on the Concept of Fit", in *Journal of Consumer Marketing*, vol. 23, n. 3, pp. 145-155.

HAN X., KWORTNIK jr. R.J., WANG C. (2008), "Service loyalty: An integrative model and examination across service contexts", in *Journal of Service Research*, vol. 11, n. 1, pp. 22-42.

HARRISON T., WAITE K., HUNTER G.L. (2006), "The Internet, Information and Empowerment", in *European Journal of Marketing*, vol. 40, n. 9, pp. 972-993.

HAUBL G., ELROD T. (1999), "The Impact of Congruity Between Brand Name and Country of Production on Consumers'product Quality Judgements", in *International Journal of Research in Marketing.*

HAWKINS D.I., BEST R.J., CONEY K.A. (2004), *Consumer Behaviour: Building Marketing Strategy*, McGraw-Hill, New York.

HEATH R.P. (1996), "The Frontiers of Psychographics", in *American Demographics*, vol. 18, n. 7, pp. 38-44.

HEIMBACH I., KOSTYRA D.S., Hinz O. (2015), "Marketing Automation", in *Business & Information Systems Engineering*, vol. 57, n. 2, pp. 129-133.

HENDERSON T.A., MIHAS E.A. (2000), *Building Retail Brands*, McKinsey & Company, Chicago.

HENRY H. (1978), *La ricerca motivazionale*, Franco Angeli, Milano.

HISEY P. (2002), "The Return of Sears and Penny", in *Retail Merchandiser*, vol. 42, n. 8.

HOFFMAN D.L. (2000), "The Revolution Will not be Televised: Introduction to the Special Issue on Marketing and The Internet", in *Marketing Science*, vol. 19, n. 1, pp. 1-3.

HOFFMAN K.D., BATESON J.E.G., IASEVOLI G. (2013), *Marketing dei servizi*, Apogeo, Milano.

HOLT D.B. (2002), "Why do Brands Cause Trouble? A Dialectical Theory of Consumer Culture and Branding", in *Journal of Consumer Research*, vol. 29, n. 1, pp. 70-90.

HOMBURG C., WORKMAN J.P., JENSEN O. (2000), "Fundamental Changes in Marketing Organization: The Movement Toward a Customer-focused Organizational Structure", in *Journal of the Academy of Marketing Science*, vol. 28, n. 4, pp. 459-478.

HOWARD J.A., SHETH J.N. (1969), *The Theory of Buyer Behaviour*, John Wiley and Sons, New York.

HOWE N., STRAUSS W. (2007), "The Next 20 Years", in *Harvard Business Review*, vol. 85, n. 7-8, pp. 41-52.

HOYER W.D., MACHINNIS D.J. (2001), *Consumer Behaviour*, 2nd ed., Houghton Mifflin Company Boston.

HULT G.T.M. (2011), "Toward a Theory of the Boundary-Spanning Marketing Organization and Insights from 31 Organization Theory", in *Journal of the Academy of Marketing Science*, vol. 39, pp. 509-536.

IL SOLE 24 ORE (2018), "Tendenze. Faro dell'istituto di ricerca sulle abitudini di spesa. Nielsen, cinque nuovi profili per i consumatori italiani", in *Impresa e Territori*, 16 febbraio.

ISTAT (2016), "Le trasformazioni demografiche e sociali. Una lettura per generazione", disponibile online: *https://www.istat.it/it/files/2016/04/Cap_2_Ra2016.pdf* [ultimo accesso: 13/06/2018].

JACOBY J., MAZURSKY D. (1984), "Linking Brand and Retailer Images – do the Potential Risks Outweigh the Potential Benefits?", in *Journal of Retailing*, vol. 60, n. 2, pp. 105-122.

JARACH D., REINA D. (2017), *Marketing 2020*, Egea, Milano.

JAWORSKI B.J., KOHLI A.K. (1993), "Market Orientation: Antecedentes and Consequenxes", in *Journal of Marketing*, July, vol. 57, pp. 53-70.

KAGERMANN H., HELBIG J., HELLINGER A., WAHLSTER W. (2013), "Recommendations for Implementing the Strategic Initiative Industries 4.0: Securing the Future of German Manufacturing Industry"; *Final report of the Industries 4.0 Working Group*, Forschungsunion.

KAHN B.E. (1998), "Dynamic Relationships with Customers: High-Variety Strategies", in *Journal of the Academy of Marketing Science*, n. 1.

KAHNEMAN D., TVERSKY A. (1982), "The Simulation Heuristic", in D. KAHNEMAN, P. SLOVIC, A. TVERSKY (eds.), *Judgment under Uncertainty: Heuristics and Biases*, Cambridge University Press, New York.

KÄHR A., NYFFENEGGER KROHMER H., HOYER W.D. (2016), "When Hostile Consumers Wreak Havoc on Your Brand: The Phenomenon of Consumer Brand Sabotage", in *Journal of Marketing*, May, vol. 80, n. 3, pp. 25-41.

KANIZSA S. (1993), *Che ne pensi? L'intervista nella pratica didattica*, NIS, Roma.

KAPFERER J.-N. (1992), *Strategic Brand Management: New Approaches to Creating and Evaluating Brand Equity*, Kogan Page, London.

KAPFERER J.-N. (2004), *The New Strategic Brand Management – Creating and Sustaining Brand Equity Long Term*, Kogan Page, London.

KAPFERER J.-N., THOENIG J.C. (1991), *La marca. Motore della competitività delle imprese e della crescita dell'economia*, Guerini e Associati, Milano.

KATONA G. (1951), *Psychological Analysis of Economic Behaviour*, John Wiley and Sons, New York.

KEAVENEY S.M., HUNT K.A. (1992), "Conceptualization and Operationalization of Retail Store Image: A Case of Rival Middle-level Theories", in *Journal of the Academy of Marketing Science*, vol. 20, n. 2, pp. 165-175.

KEEGAN W., MORIARTY S., DUNCAN T. (1992), *Marketing*, Prentice Hall, Englewood Cliffs, NJ.

KEITH R.J. (1960), "The Marketing Revolution", in *Journal of Marketing*, n. 24.

KELLER K.L. (1993), "Conceptualizing, Measuring, and Management Customer-based Brand Equity", in *Journal of Marketing*, vol. 57, pp. 1-22.

KELLER K.L. (1998), *Strategic Brand Management: Building, Measuring and Management Brand Equity*, Prentice-Hall, New York.

KELLER K.L. (2003), "Brand Synthesis: The Mulitidimentionality of Brand Knowledge", in *Journal of Consumer Research*, vol. 29, pp. 595-600.

KELLER K.L. (2008), *Strategic Brand Managment*, 3rd ed., Prentice Hall, Upper Saddle River, NJ.

KELLOG K.C., ORLIKOWSKI W.J., YATES J. (2006), "Life in the Trading Zone: Structuring Coordination Across Boundaries in Postbureaucratic Organizations", in *Organization Science*, vol. 17, n. 1, pp. 22-44.

KENT R. (1999), *Marketing Research: Measurement, Method and Application*, International Thompson Business Press, London.

KERIN R.A., HARTLEY S.W., RUDELIUS W. (2011), *Marketing*, 10th ed., McGraw-Hill-Irwin, New York.

KEYNES J.M. (1936), "Essays in Persuasion – Economic Possibilities for our Grandchildren", in *The Collected Writings of J.M. Keynes*, vol. 9, The McMillan Press, London.

KIM C.W., MAUBORGNE R. (2005), *Blue Ocean Strategy. How to Create Uncontested Market Space and Make the Competition Irrelevant*, Harvard Business School Press, Boston.

KIM C.W., MAUBORGNE R. (2005), "Value Innovation: A Leap Into the Blue Ocean", in *Journal of Business Strategy*, vol. 26, n. 4, pp. 22-28.

KING S. (1984), *Developing New Brands*, J. Walter Thomson Company Ltd, London.

KINNEAR T.C., J.R. TAYLOR (1990), *Ricerche di marketing – Analisi e strategie –*, Gruppo Editoriale Jackson, Milano.

KOTLER P. (1967), *Marketing management. Analysis, Planning and Control*, Prentice-Hall, Englewood Cliffs, NJ.

KOTLER P. (1972), "A Generic Concept of Marketing", in *Journal of Marketing*, n. 2.

KOTLER P. (1977), "From Sales Obsession to Marketing Effectiveness", in *Harvard Business Review*, n. 55, pp. 67-75.

KOTLER P. (1980), *Marketing Management*, 4ª ed., Prentice-Hall, Englewood Cliffs, NJ.

KOTLER P. (1991), *Marketing Management: Analysis, Planning, Implementation and Control*, Prentice Hall, New Jersey.

KOTLER P. (2017), *Marketing 4.0. Dal tradizionale al digitale*, Hoepli, Milano.

KOTLER P., AMSTRONG G. (2006), *Principi di marketing*, Prentice Hall, Pearson, NJ.

KOTLEL P., GERTNER, D. (2002), "Country as Brand, Product, and Beyond: A Place Marketing and Brand Management Perspective", in *Journal of Brand Management*, vol. 9, n. 4.

KOTLER P., KELLER K.L. (2006), *Marketing Management*, Prentice Hall, Pearson, NJ.

KOTLER P., KELLER K.L. (2007), *Il marketing del nuovo millennio*, Prentice Hall, Pearson, NJ.

KOTLER P., SCOTT G.W (1998), *Marketing Management*, Isedi, Torino.

KOTLER P., TRIAS DE BES F. (2004), *Marketing laterale. Tecniche nuove per trovare idee rivoluzionarie*, Il Sole 24 Ore, Milano.

KOTLER P., JAIN D.C., MAESINCEE S. (2002), *Il marketing che cambia*, Il Sole 24 Ore, Milano.

KOTLER P., KARTAJAYA H., SETIAWAN I (2017), *Marketing 4.0 Dal tradizionale al digitale*, Hoepli, Milano, traduzione italiana dell'intero testo: KOTLER P., KARTAJAYA H., SETIAWAN I., *Marketing 4.0 Moving from traditional to digital*, John Wiley & Sons, New York, 2016.

KOTLER P., KELLER K., ANCARANI F. (2017), *Marketing management*, 15ª ed., Pearson Italia, Milano.

KOTLER P., KELLER K., ANCARANI F., COSTABILE M. (2014), *Marketing per manager. Capire il marketing Made in Italy*, Pearson Italia, Milano.

KOTLER P., ARMSTRONG G., SAUNDERS J., WONG V. (2001), *Principi di Marketing*, Isedi, Torino.

KOZINETS R.V. (2002), "The Field Behind the Screen: Using Netnography for Marketing Research in Online Communities", in *Journal of Marketing Research*, vol. XXXIX, February, pp. 61-72.

KOZINETS, R.V. (2010), *Netnography. Doing ethnographic research online*, Sage Publications, Thousand Oaks, CA.

KRESSMANN F., SIRGY M.J., HERRMANN A., HUBER F., HUBER S., LEE D.J. (2006), "Direct and indirect effects of self-image congruence on brand loyalty", in *Journal of Business Research*, vol. 59, n. 9, pp. 955-964.

KRUEGER R.A. (1988), *Developing Questions for Focus Groups*, Sage Publications, Thousand Oacks, CA.

KRUEGER R.A. (1998), *Moderating focus groups*, Sage Publications, Thousand Oacks, CA.

KUCUK S.U. (2012), "Can Consumer Power Lead to Market Equalization on the Internet?", in *Journal of Research for Consumers* vol. 21, n. 1.

KUCUK S.U., KRISHNAMURTHY S. (2007), "An Analysis of Consumer Power on the Internet", in *Technovation*, vol. 27, n. 1-2, pp. 47-56.

LA SALLE D., BRITTON T.A. (2003), *Priceless. Come trasformare prodotti e servizi comuni in esperienze straordinarie*, Etas, Milano.

LAGAZIO C., QUERCI F. (2018), "Exploring the Multi-sided Nature of Crowdfunding Campaign Success", in *Journal of Business Research*, vol. 90, pp. 318-324.

LAMBIN J.J. (1991), *Marketing*, McGraw Hill, Milano (trad. da *Le marketing strategique*, McGraw Hill, 1989).

LAMBIN J.J. (1996), *Marketing strategico*, McGraw-Hill, Milano.

LAMBIN J.J. (2002), *Marketing strategico e operativo: Market-driven management*, McGraw-Hill, Milano.

LAMBIN J.J. (2004), *Marketing strategico e operativo*, 4ª ed., McGraw-Hill, Milano.

LAMBIN J.J. (2008) (2009) (2012) (2016), *Market-driven management. Marketing strategico e operativo*, McGraw-Hill, Milano.

LEHMANN D.R., WINER R.S. (1997), *Analysis for Marketing Planning*, 3ª ed., Irwin, Chicago.

LEHMANN D.R., GUPTA S., STECKEL J.H. (1998), *Marketing Research*, Addison Wesley, Reading, MA.

LEVITT T. (1960), "Marketing Myopia", in *Harvard Business Review*, n. 38.

LEVITT T. (1985), *The Marketing Imagination*, Sperling & Kupfer, Milano.

LILIEN G., KOTLER P. (1983), *Marketing Decision Making: a Model Building Approach*, Harper & Row, New York.

LINDQUIST, S.D. (1974), "Meaning of Image", in *Journal of Retailing*, vol. 50, p. 29.

LINTON R. (1936), *The Study of Man*, Appleton Century, New York.

LIS A. (a cura di) (1988), *Tecniche proiettive per l'indagine della personalità*, Il Mulino, Bologna.

LITTLE J.D. (2001), "Marketing Automation on the Internet", in "Presentation at the UC Berkeley Fifth Invitational Choice Symposium", Monterey, CA.

LIVOLSI M. (2008), *Manuale di sociologia della comunicazione*, Laterza, Roma.

LIZZANI G., MUSSINO G.M., BONAIUTO M. (2008), *L'employer Branding. Tra ricerca e applicazione*, Hoepli, Milano.

LOMBARDI M., ROSELLI L. (2010), "L'emotional engagement nell'era digitale", in M. LOMBARDI (a cura di), *La Strategia in Pubblicità. Manuale di tecnica multimediale: dai media classici al digitale*, Franco Angeli, Milano.

LOREK S., SPANGENBERG J.H. (2014), "Sustainable Consumption within a Sustainable Economy – Beyond Green Growth and Green Economies", in *Journal of Cleaner Production*, vol. 63, pp. 33-44.

LOVELOCK C. (1983), "Classifyng Services to Gain Strategic Marketing Insights", in *Journal of Marketing*, Summer.

LUCERI B. (1996), *La logistica integrata*, Giuffrè, Milano.

LUCERI B. (2013), *Prospettive della ricerca di marketing. Business, scienza, spazi e vertigini*, Egea, Milano.

LUCK D. (1969), "Broadening the Concept of Marketing: Too Far", in *Journal of Marketing*, n. 2.

LUGLI G. (1998), *Economia e gestione delle imprese commerciali*, Utet, Torino.

LUGLI G. (a cura di) (2003), *Branding distributivo: dalla marca di prodotto alla marca di categoria*, Egea, Milano.

LUGLI G. (2007), *Marketing channel. La creazione di valore nella distribuzione organizzata*, Utet, Torino.

LUGLI G. (2011), *Neuroshopping. Come e perché acquistiamo*, Apogeo Education, Milano.

LUGLI G. (2015), *Cibo, salute e business. Neuroscienze e marketing nutrizionale*, Egea, Milano.

LUGLI G., PELLEGRINI L. (2006), *Marketing distributivo*, Utet, Torino.

LYBECK A., HOLMLUND-RYTKONEN M., SAAKSJARVI M. (2006), "Store Brands vs. Manufacturer Brands: Consumer Perceptions and Buying of Chocolate Bars in Finland", in *The International Review of Retail, Distribution and Consumer Research*, vol. 16, n. 4, pp. 471-492, September.

MAC HULBERT J., PITT L. (1996), "Exit Left Center Stage? The Future of Functional Marketing", in *European Management Journal*, vol. 14, n. 1, pp. 47-60.

MAEHLE N., SHNEOR R. (2010), "On Congruence Between Brand and Human Personalities", *Journal of Product & Brand Management*, vol. 19, n. 1, pp. 44-53.

MAGONE A., MAZALI T. (2016), *Industria 4.0. Uomini e macchine nella fabbrica digitale*, Guerini e Associati, Milano.

MALHOTRA N.K. (1998), *Marketing Research*, Prentice Hall, Upper Saddle River, NJ.

MALHOTRA N.K., BIRKS D.F., PALMER A., KOENIG-LEWIS N. (2003), "Market Research: an Applied Approach", in *Journal of Marketing Management*, vol. 27, pp. 1208-1213.

MANARESI A. (1999), "La competizione tra distributori per la relazione con il cliente: dalla gestione di relazioni al recupero del paradigma transazionale", in *Trade Marketing*, n. 26.

MANDELLI A. (2017), *Big Data Marketing*, Egea, Milano.

MANDELLI A., ACCOTO C. (2012), *Social mobile marketing. L'innovazione dell'ubiquitous marketing con device mobili, social media e realtà aumentata*, Egea, Milano.

MARBACH G. (1988), *Le ricerche di mercato*, Utet, Torino.

MARCATI A. (1989), "Il Trade Marketing: stato dell'arte e prospettive", in *Sinergie*, n. 19.

MARCH J.G., SIMON H.A. (1958), *Organizations*, Wiley, Oxford.

MARCHINI I. (1995), *Il governo della piccola impresa*, vol. I, *Le basi delle conoscenze*, ASPI/INS-EDIT, Urbino.

MARCHINI I. (1998), *Il governo della piccola impresa*, vol. III, *La gestione delle funzioni*, ASPI/INS-EDIT, Urbino.

MARINELLI L. (2018), "Le quattro tecnologie che stanno segnando il futuro dello shopping", in *Ninja Marketing*.

MARION G. (1993), "The Marketing Management Discourse. What's New Sinche the 1960s?", in M.J. BAKER, *Perspectives on Marketing Management*, vol. 1, Wiley, London.

MARSHALL G.W., MONCRIEF W.C., RUDD J.M., LEE N. (2012), "Revolution in Sales: The impact of Social Media and Related Technology on the Selling Environment", in *Journal of Personal Selling & Sales Management*, vol. 32, n. 3.

MARTENSON R. (2007), "Corporate Brand Image, Satisfaction and Store Loyalty: A Study of the Store as a Brand, Store Brands and Manufacturer Brands", in *International Journal of Retail & Distribution Management*, vol. 35, n. 7, pp. 544-555.

MARTIN C.L. (1985), "Delineating the Boundaries of Marketing", in *European Journal of Marketing*, n. 4.

MARTINEAU P. (1958), "The Personality of the Retail Store", in *Harvard Business Review*, January-February, p. 50.

MARTINI U. (a cura di) (2017), *Management e marketing delle destinazioni turistiche territoriali. Metodi, approcci e strumenti*, McGraw Hill, Milano.

MARTONE D., FURLAN R. (2007), *Online market research. Tecniche e metodologia delle ricerche di mercato tramite internet*, Franco Angeli, Milano.

MARZILI P.G. (1979), *Nuovi orientamenti della funzione di marketing*, Tipografia Coppini, Firenze.

MARZILI P.G. (2006), "I nuovi orientamenti negli studi di marketing. Riflessioni conclusive", in AA.VV., *Nuovi orientamenti negli studi di Marketing*, Florence University Press, Firenze.

MARZOCCHI G., MONTAGUTI E. (2007), *Le ricerche per il lancio di nuovi prodotti*, in L. MOLTENI, G. TROILO, *Ricerche di Marketing*, McGraw Hill, Milano.

MASLOW A.H. (1954), *Motivation and Personality*, Harper, New York.

MATHEW V., THOMAS S. (2018), "Direct and indirect effect of brand experience on true brand loyalty: role of involvement", in *Asia Pacific Journal of Marketing and Logistics*, vol. 30, n. 3, pp. 725-748.

MATHUR S. (1984), "Competitive Industrial Marketing Strategies", in *Long Range Planning*, vol. 17 n. 4.

MATTIACCI A. (2008), *Nicchia e competitività*, Carocci ed., Roma.

MATTIACCI A., PASTORE A. (2014), *Marketing. Il Management orientato al mercato*, Hoepli, Milano.

MAURI C. (2007), *Product & Brand management*, Egea, Milano.

MAZURSKY D., JACOBY J. (1986), "Exploring the Development of Store Images", in *Journal of Retailing*, vol. 62, Summer, pp. 145-165.

MCAFEE A., BRYNJOLFSSON E., DAVENPORT T.H., PATIL D.J., BARTON D. (2012), "Big data: the management revolution", in *Harvard Business Review*, vol. 90, n. 10, pp. 60-68.

MCCARTHY E.J. (1960), *Basic Marketing: A Managerial Approach*, Irwin, Homewood, ILL.

MCCARTHY J.A. (2004), "Product Placement: The Nature of the Practice and Potential

Avenues of Inquiry", in L.J. SHRUM (ed.), *The Psychology of Entertainment Media*, Lawrence Erlbaum Associates, Mahwah.

MCCLELLAND D.C. (1955), *Studies in Motivation*, Appleton-Century Crofts, New York.

MCDONALD M. (2007), *Marketing Plans: How to Prepare Them, How to Use Them*, Butterworth-Heinemann, Oxford.

MCGREGOR S. (2005), "Sustainable Consumer Empowerment Through Critical Consumer Education: A Typology of Consumer Education Approaches", in *International Journal of Consumer Studies*, vol. 29, n. 5, pp. 437-447.

MCKINSEY Global Institute, *The Internet of Things: Mapping the value beyond the hype*, Disponibile online: *https://www.mckinsey.com/~/media/McKinsey/Business%20Functions/McKinsey%20Digital/Our%20Insights/The%20Internet%20of%20Things%20The%20value%20of%20digitizing%20the%20physical%20world/The-Internet-of-things-Mapping-the-value-beyond-the-hype.ashx* (ultimo accesso 16/9/2018).

MICELLI S. (2000), *Imprese, reti e comunità virtuali*, Etas Libri, Milano.

MICELLI S., PRANDELI E. (2000), "Net marketing. Ripensare il consumatore nel mondo della rete", in *Economia & Management*, n. 4.

MILES M.B., HUBERMAN A.M. (1994), *Qualitative Data Analysis*, Sage, Thousand Oaks, CA.

MINTZBERG H. (1985), *La progettazione dell'organizzazione aziendale*, Il Mulino, Bologna.

MODINA S. (2007), *Il business della moda*, Franco Angeli, Milano.

MOFFITT S., DOVER M. (2012), *Wiki brands. Reinventa il brand nell'era della partecipazione*, Franco Angeli, Milano.

MOLLER K., HALINEN A. (2000), "Relationship Marketing Theory: Its Roots and Direction", in *Journal of Marketing Management*, n. 16, pp. 29-54.

MOLTENI L. (1993), *L'analisi multivariata nelle decisioni di marketing*, Egea, Milano.

MOLTENI L., TROILO G. (2007), *Ricerche di marketing*, McGraw-Hill, Milano.

MONCRIEF W.C., MARSHALL G.W., RUDD J.M. (2015), "Social Media and Related technology: Drivers of Change in Managing the Contemporary Sales Force", in *Business Horizons*, vol. 58, n. 1.

MONTGOMERY D.B., WEBSTER F.E. jr. (1997), "Marketing's Interfunctional Interfaces: The MSI Workshop on management of Corporate Fault Zones", in *Journal of Market-Focused Management*, n. 2, pp. 7-26.

MOORE G. (1991), *Crossing the Chasm*, Harper Business Book Publ., New York.

MOORE G. (1995), *Inside the Tornado*, Harper Business Book Publ., New York.

MOORMAN C., RUST R.T. (1999), "The Role of Marketing", in *Journal of Marketing*, vol. 63 (SI), pp. 180-197.

MORACE F. (2003), "Il marketing dell'esperienza, la felicità, i generi e le generazioni", in *Sviluppo e Organizzazione*, n. 197, maggio/giugno.

MORGAN D.L. (1988), *Focus Groups as Qualitative Research*, Sage, Thousand Oaks, CA.

MORGAN D.L. (1998), *Planning Focus Groups*, Sage, Thousand Oaks, CA.

MORRIS D. (1979), "The Strategy of Own Labels", in *European Journal of Marketing*, vol. 13, n. 1, pp. 55-78.

MORRIS D. (1979), "The Strategy of Own Brands", in *European Journal of Marketing*, vol. 13, n. 2.

MORTON W.J. (1978), "Questionnaire Design", in R. WORCESTER, J. DOWNHAM (a cura di), *Consumer Market Research Handbook*, Van Nostrand Reinhold Company, Wokingham.

MOSER C.A., KALTON G. (1971), *Survey Methods in Social Investigation*, Heinemann, Londra.

MRS (The Market Research Society) (2002), *Questionnaire Design Guidelines*.

MUNIZ A.M. jr., O'GUINN T.C. (2001), "Brand Community", in *Journal of Consumer Research*, vol. 27, n. 4, pp. 412-432.

MYERS J.H. (1996), *Segmentation and Positioning for Strategic Marketing Decisions*, AMA, Chicago.

NABELUFF B.J., BRANDENBURGER A. (1996), *Co-opetition*, Harper Collins, London.

NARVER J.C., SLATER S.F. (1990), "The Effect of Market Orientation on Business Profitability", in *Journal of Marketing*, October, pp. 20-35.

NEFF J. (2008), "The End of the Line Extension?", in *Advertising Age*, July 7, pp. 20-22.

NONAKA I. (1994), "A Dynamic Theory of Organizational Knowledge Creation", in *Organization Science*, vol. 5, n. 1, pp. 14-37.

NORMANN R. (1985), *La gestione strategica dei servizi*, Etas, Milano.

OGAMA S., PILLER F.T. (2006), "Reducing the Risks of New Product Development", in *MIT Sloan Management Review*, Winter, pp. 65-71.

OKAZAKI S. (2006), "Excitement or Sophistication? A Preliminary Exploration of online Brand Personality", in *International Marketing Review*, vol. 23, n. 3, pp. 279-303.

OLIVER R. (1999), "Whence Consumer Loyalty?", in *Journal of Marketing*, vol. 63, n. 4, pp. 33-44.

OLSON E.M., SLATER S.F., HULT G.T. (2005), "The Performance Implications of Fit Among Business Strategy, Marketing Organization Structure, and Strategic Behavior", in *Journal of Marketing*, vol. 69, n. 3, pp. 49-65.

ONE CLICK RETAIL (2017), "*Private Brands: Where Will Amazon Go Next?*".

OPPENHEIM A.N. (1966), *Questionnaire Design and Attitude Measurement*, Heinemann, London.

OSTERWALDER A., PIGNEUR Y. (2012), *Creare modelli di business*, Edizioni Fag, Milano.

PADULA G. (2000), "Reti di imprese e processi di competitivi", in S. PODESTÀ, F. GOLFETTO (a cura di), *La nuova concorrenza. Contesti di interazione, strumenti di azione, approcci di analisi*, Egea, Milano.

PALLERA M. (2012), *Create! Progettare idee contagiose (e rendere il mondo migliore)*, Sperling & Kupfer, Milano.

PAPPU R., QUESTER P (2006), "Does Customer Satisfaction Lead to Improved Brand Equity? An Empirical Examination of Two Categories of Retail Brands", in *Journal of Product & Brand Management*, vol. 15, n. 1, pp. 4-14.

PARASURAMAN A. (1986), *Marketing Research*, Addison-Wesley, Reading, MA.

PASCUCCI F. (2013), *Strategie di marketing online per il vantaggio competitivo aziendale*, Esculapio, Bologna.

PASCUCCI F., ANCILLAI C., CARDINALI S. (2018), "Exploring Antecedents of Social Media Usage in B2B: a Systematic Review", in *Management Research Review*, vol. 41, n. 6.

PASTORE A. (1996), *I nuovi rapporti industria-distribuzione: le aree e gli strumenti per la partnership*, Cedam, Padova.

PASTORE A., FORNARI E., CECCONI V. (2007), "Sviluppo e riposizionamento delle marche commerciali", in *Finanza Marketing e Produzione*, n. 2.

PECCHENINO M. (2006), *Le relazioni pubbliche. Teorie, strumenti, figure professionali*, Carocci, Roma.

PECOTICH A., WARD S. (2007), "Global Branding, Country of Origin and Expertise. An Experimental Evaluation", in *International Marketing Review*, vol. 24, p. 3.

PELLEGRINI L. (1990), *Economia della distribuzione commerciale*, Edizioni Giuridiche Economiche Aziendali dell'Università Bocconi, Milano.

PELLICELLI G. (1988), *Il marketing*, Utet, Torino.

PENROSE E.T. (1959), *The Theory of Growth of the Firm*, Basil Blackwell, London.

PETER J.C., OLSON J.C. (1990), *Consumer Behaviour and Marketing Strategy*, Irwin, Homewood, ILL.

PETER J.P., DONNELLY J.H. (2003), *Marketing Management*, McGraw-Hill, Milano.

PETERSON R.A. (2000), *Constructing Effective Questionnaires*, Sage Publications, Thousand Oaks, CA.

PETTIJOHN L.S., MELLOTT D.W., PETTIJOHN C.E. (1992), "The Relationship Between Retailer Image and Brand Image", in *Psychology and Marketing*, vol. 9, n. 4, pp. 311-329.

PEW RESEARCH CENTER (2015), "Educational Attainment and Racial, Ethnic, and Gender Disparity", online: *http://onlinestatbook.com/lms/case_studies/educational_attainment%20old.html* [ultimo accesso: 29/05/2018).

PIANA M. (2009), "Private label nella Gdo: il caso Coop Italia", in *Consumatori, Diritti e Mercato*, n. 1.

PIERCY N.F., CRAVENS D.W. (1995), "The Network Paradigm and the Marketing Organization", in *European Journal of Marketing*, vol. 29, n. 3, pp. 7-34.

PIERCY N.F., CRAVENS D.W., LANE N. (2010), "Thinking Strategically about Pricing Decisions", in *Journal of Business Strategy*, vol. 31, n. 5, pp. 38-48.

PINE B.J., GILMORE J.H. (1997), "Quattro assi soddisfano tutta la clientela", in *Harvard Business Review Italia*, n. 5.

PINE B.J. II, GILMORE J.H. (1999), *The Experience Economy. Work is Theatre & Every Business a Stage*, Harvard Business Scholl Press, Boston, MA (trad. it. *L'economia delle esperienze*, Etas, Milano, 2000).

PIRES G.D., STANTON J., RITA P. (2006), "The Internet, Consumer Empowerment and Marketing Strategies", in *European Journal of Marketing*, vol. 40, n. 9/10, pp. 936-949.

PLUMMER J.T. (1974), "The Concept and Application of Life Style Segmentation", in *Journal of Marketing*, vol. 38, n. 1, pp. 33-37.

PLUMMER T.J. (2000), *How Personality Makes a Difference*, in *Journal of Advertising Research*, vol. 40, n. 6.

POLESANA M.A. (2005), *Frammentazione dell'audience, frammentazione dei linguaggi pubblicitari*, in *Micro & Macro Marketing*, n. 1.

PONDEL M., KORCZAK J. (2017), "A View on the Methodology of Analysis and Exploration of Marketing Data", in *Computer Science and Information Systems (FedCSIS)*, pp. 1135-1143, IEEE.

POPE J.L. (1993), *Practical Marketing Research*, hardcover book, Amazon.

PORTER M.E. (1982), *La strategia competitiva. Analisi per le decisioni*, Tipografia Compositori, Bologna.

PORTER M.E. (1985), *Competitive Advantage*, The Free Press, New York.

PORTER M.E. (1987), *Il vantaggio competitivo*, Edizioni Comunità, Torino.

PORTER M.E., HEPPELMANN, J.E. (2014), "How Smart, Connected Products are Transforming Competition", in *Harvard Business Review*, vol. 92, n. 11, pp. 64-88.

PORTER S.S., CLAYCOMB C. (1997), "The Influence of Brand Recognition on Retail Store Image", in *Journal of Product & Brand Management*, vol. 6, n. 6, p. 373.

PRAHALAD C.K., HAMEL G. (1990), "The Core Competence of The Corporation", in *Harvard Business Review*, May-June, pp. 79-91.

PRAHALAD C.K., RAMASWAMY V. (2004), "Co-creation Experiences: The Next Practice in Value Creation", in *Journal of Interactive Marketing*, vol. 18, n. 3, pp. 5-14.

PRAHALAD C.K., RAMASWAMY V. (2004), *The Future of Competition: Co-creating Unique Value with Customers*, Harvard Business School Press, Boston.

PRANDELLI E., VERONA G. (2002), *Marketing in rete. Analisi e decisioni nell'economia digitale*, Mc Graw-Hill, Milano.

PRANDELLI E., VERONA G. (2006), *Marketing in rete. Oltre internet verso il nuovo marketing*, McGraw-Hill, Milano.

PRANDELLI E., VERONA G. (2009), *Il marketing digitale: dal marketing interattivo al marketing collaborativo*, in S. CASTALDO (a cura di), *Marketing e Fiducia*, Il Mulino, Bologna.

PRANDELLI E., VERONA G. (2011), *Vantaggio competitivo in rete – Dal web 2.0 al cloud computing*, McGraw-Hill Italia, Milano.

PRANIC L., ROEHL W.S. (2012), "Rethinking Service Recovery: A Customer Empowerment (CE) Perspective", in *Journal of Business Economics and Management*, vol. 13, n. 2, pp. 242-260.

PRIDE W.M., FERREL O.C. (2005), *Marketing*, Egea, Milano.

RACIOPPI F. (2013), *Applied Demography. La Demografia per le aziende e la governance locale*, Edizioni Nuova Cultura, Roma.

RAIMONDI M. (2009), *Marketing del prodotto-servizio. Integrare tangibile e intangibile per offrire valore al cliente*, Hoepli, Milano.

RAIMONDO M.A., MICELI G.N. (2005), "Un modello formativo per la misurazione del valore per il cliente", in *Mercati e Competitività*, n. 2.

RAJU P.S., LONIAL S.C., CRUM M.D. (2011), "Market Orientation in the Context of SMEs: A Conceptual Framework", in *Journal of Business Research*, vol. 64, pp. 1320-1326.

RAPPORTO COOP (2014), *Consumi e distribuzione. Assetti, dinamiche, previsioni*, Agra Editrice srl, Roma.

RAPPORTO COOP (2016), "Consumi e distribuzione. Assetti, dinamiche, previsioni", disponibile online: *https://italiani.coop/wp-content/uploads/2017/01/coop-consumi-dicembre-2016.pdf* [ultimo accesso: 13/06/2018].

RAPPORTO COOP (2017), disponibile online: *https://italiani.coop/wp-content/uploads/pdf/rapporto-coop-2017.pdf* [ultimo accesso: 13/06/2018].

REICHHELD F., SASSER E.W. (1990), "Zero-defections: Quality Comes to Services", in *Harvard Business Review*, vol. 68, n. 5, pp. 105-111.

RESCINITI R. (2004), *Il marketing orientato all'esperienza: l'intrattenimento nella relazione con il consumatore*, Edizioni Scientifiche Italiane, Napoli.

REYNOLDS T.J., GUTMAN J. (1988), "Laddering Theory, Method, Analysis and Interpretation", in *Journal of Advertising Research*, February-March.

RICHARDSON G.B. (1972), "The Organization of Industry", in *The Economic Journal*, vol. 82, pp. 883-896.

RICOLFI L. (1997), *La ricerca qualitativa*, Carocci, Roma.

RIFKIN J. (2000), *L'era dell'accesso. La rivoluzione della New Economy*, Mondadori, Milano.

ROBERTS K. (2006), *Lovemarks. Il futuro oltre il brand*, Mondadori, Milano.

ROGERS E.M. (1982), *Diffusion of Innovation*, The Free Press, New York.

ROMANO L., RULLANI E. (1998) (a cura di), *Il postfordismo. Idee per un capitalismo prossimo venturo*, Etas Libri, Milano.

ROSSI C. (2014), *Marketing collaborativo e on line value co-creation*, Franco Angeli, Milano.

ROTH E.A., SNEADER K.D. (2006), "Reinventing Innovation at Consumer Goods Companies", in *The McKinsey Quarterly*, November.

ROTHWELL W.J., PARK J.G., LEE J.Y. (2017), *Marketing Organization Development: A How-To Guide for OD Consultants*, CRC Press, New York.

RUEKERT R.W., WALKER O.C., ROERING K.J. (1985), "The Organization of Marketing Activities: A Contingency Theory of Structure and Performance", in *Journal of Marketing*, vol. 49, pp. 13-25.

RULLANI E. (2004), *La fabbrica dell'immateriale. Produrre valore con la conoscenza*, Carocci, Roma.

RULLANI, E. (2017), "Industria 4.0: la quarta rivoluzione industriale", Fondazione Isabella Marchini e Università di Urbino, Fano, 1 dicembre.

RUMELT R.P. (1984), "Toward a Strategic Theroy of the Firm", in R. LAMB (a cura di), *Competitive Strategic Management*, Prentice-Hall, Englewood Cliffs, NJ.

RUSSELL-BENNETT R., MCCOLL-KENNEDY J.R., COOTE L.V. (2007), "Involvement, satisfaction, and brand loyalty in a small business services setting", in *Journal of Business Research*, vol. 60, n. 12, pp. 1253-1260.

SAMIEE S. (1994), "Customer Evaluation of Products in a Global Market", in *Journal of International Business Studies*, vol. 25, n. 3, pp. 579-604.

SASSOON J. (2012), *Web Storytelling. Costruire storie di marca nei social media*, Franco Angeli, Milano.

Savelli E., Moriconi S. (2010), "Le dimensioni esperienziali del valore: il marketing sensoriale in Perugina", in *Economia & Management*, n. 5, pp. 1-17.

Sbrana R., Gandolfo A. (2007), *Contemporary retailing. Il governo dell'impresa commerciale moderna*, Giappichelli, Torino.

Scaraboto D. (2015), "Selling, Sharing, and Everything in between: The Hybrid Economies of Collaborative Networks", in *Journal of Consumer Research*, vol. 42 (June), pp. 152-176.

Schimtt B.H. (1999), *Experiential marketing*, The Free Press, New York.

Schmitt B. (1999a), "Experiential Marketing", in *Journal of Marketing Management*, vol. 15, n. 1-3, pp. 53-67.

Schmitt B. (1999b), *Experiential Marketing*, The Free Press, New York.

Schlosser A. (2005), "Source Perception and the Persuasiveness on Internet Word-of-mouth Communication", in *Advances in Consumer Research*, vol. 32, n. 1.

Schumpeter J.A. (1911), *Theorie der wirtshaftlichen Entwicklung*, trad. it. (1971), *Teoria dello sviluppo economico*, Sansoni, Firenze.

Sciarelli S. (1969), *Le politiche distributive dell'impresa industriale*, Giannini, Napoli.

Sciarelli S., Vona R. (2000), *L'impresa commerciale: economia e gestione*, McGraw-Hill Libri Italia, Milano.

Scitovsky T. (1992), *The Joyless Economy*, Oxford University Press, New York.

Scott W.G. (1987), "Dal marketing convenzionale al marketing strategico", in *L'impresa*, n. 2.

Scott W.G. (1989), "La dimensione strategica della funzione di marketing", in *L'impresa*, Quaderno n. 1.

Scott Morton F., Zettelmeyer F. (2004), "The Strategic Positioning of Store Brands in Retailer – Manufacturer Negotiations", in *Review of Industrial Organization*, 24, pp. 161-194.

Selznick P. (1957), *Leadership in Administration: A Sociological Interpretation*, University of California Press, Berkeley.

Semeijn J., van Riel A.C.R., Ambrosini B.A. (2004), "Consumer Evaluations of Store Brands: Effects of Store Image and Product Attributes", in *Journal of Retailing and Consumer Services*, vol. 11, n. 4, pp. 247-258.

Sheehan K.B., Hoy M.G. (2000), "Dimensions of Privacy Concern Among Online Consumers", in *Journal of Public Policy & Marketing*, vol. 19, n. 1, pp. 62-73.

Siri G. (2004), "Società dei consumi e nuove identità. L'evoluzione della persona all'inizio del terzo millennio, tra globalizzazione economica e frammentazione del sé", in *Sociologia del lavoro*, vol. 93, pp. 59-70.

Skiera B., Abou Nabout N. (2013), "Practice Prize Paper-prosad: A Bidding Decision Support System for Profit Optimizing Search Engine Advertising", in *Marketing Science*, vol. 32, n. 2, pp. 213-220.

Smith B. (2000), "The store as a brand", in *DSN Retailing Today*, vol. 39, n. 23.

Snehota I. (2005), "Perspectives and Theories of Market", chapter 2 in H. Håkansson, D. Harrison, A. Waluszewski (eds.), *Rethinking Marketing. Developing a New Understanding of Markets*, John Wiley & Sons, Chichester.

SOLOMON M.R., STUART E.W. (2005), *Marketing*, Apogeo, Milano.
SPRADLEY J.P. (1980), *Participant Observation*, Holt, Rinehart & Winston, New York.
STALK G., EVANS P., SCHULMAN L.E. (1992), "Competing on Capabilities: The New Rules of Corporate Strategy", in *Harvard Business Review*, March-April.
SPRANZI A. (1988), "Il sistema distributivo italiano", in L. GUATRI (a cura di), *Trattato di economia delle aziende industriali*, Egea, Milano.
STANTON J.W., VARALDO R.,(1989), *Marketing*, Il Mulino, Bologna.
STEWART W.D., SHAMDASANI P.N. (1990), *Focus Groups: Theory and Practice*, Sage, Thousand Oaks, CA.
STRAUSS W., HOWE N. (2000), *Millennials Rising: The Next Great Generation*, Vintage Books, New York.
STUCKER C. (2002), *The Mistery Shopper's Manual*, Special Interests Publishing, Sugar Land, Texas.
SUPPHELLEN M., GRONHAUG K. (2003), "Building Foreign Brand Personalities in Russia: The Moderating Effect of Consumer Ethnocentrism", in *International Journal of Advertising*, vol. 22, n. 2, pp. 203-226.
SWOBODA B., MORSCHETT F.H.D., SCHRAMM-KLEIN H. (2007), "An Intersector Analysis of the Relevance of Service in Building a Strong Retail Brand", in *Managing Service Quality*, vol. 17, n. 4, pp. 428-448.

TAPP A. (2002), *Direct & Database marketing*, Apogeo, Milano.
TAUBER E. (1974), "How Market-Research Discourages Major Innovation", in *Business Horizons*, vol. 17, n. 3, June, pp. 22-26.
TEECE, D.J. (1998), "Capturing Value from Knowledge Assets: The New Economy, Markets for Know-How, and Intangible Assets", in *California Management Review*, vol. 40, n. 3, pp. 55-79.
TEECE D.J., PISANO G., SHUEN A. (1997), "Dynamic Capabilities and Strategic Management", in *Strategic Management Journal*, vol. 18, n. 7, pp. 509-533.
TEEL J.E., BEARDEN W.O., DURAND R.M. (1977), "Psychographic Profiles of Media Usage Segments", in *Journal of the Academy of Marketing Science*, vol. 5, n. 4, pp. 379-388.
THAKOR M.V., KOHLI C.S. (1996), "Brand Origin: Conceptualisation and Review", in *Journal of Consumer Marketing*, vol. 13, n. 3, Summer, pp. 27-43.
THE BOSTON CONSULTING GROUP (2016), "How Millennials Are Changing the Face of Marketing Forever", disponibile online: *https://www.bcgperspectives.com/content/articles/marketing_center_consumer_customer_insight_how_millennials_changing_marketing_forever/?chapter=3#chapter3* [ultimo accesso: 09/06/2018).
THE EUROPEAN HOUSE-AMBROSETTI (2018), *La marca del distributore: il valore e il ruolo per il sistema-paese*, Position Paper.
THOMKE S.H., VON HIPPEL E. (2002), "Customers as Innovators: a New Way to Create Value", in *Harvard Business Review*, vol. 80, n. 4, pp. 74-85.
TOFFLER A. (1980), *The Third Wave*, Collins, New York.

TOWNSEND B. (1987), "Market Segmentation: Using Demographics, Psychographics and Other Segmentation Techniques to Uncover and Exploit New Markets", in *American Demographics*, vol. 9, n. 6, pp. 10-11.

TRENTINI G. (1989), *Manuale del colloquio e dell'intervista*, Arnoldo Mondadori Editore Milano.

TROILO G. (2001), *Marketing Knowledge Management*, Etas Libri, Milano.

TROILO M., MOLTENI L. (2003), *Ricerche di marketing*, McGraw-Hill, Milano.

TRUSOV M., BUCKLIN R.E., PAUWELS K. (2009), "Estimating the Dynamic Effects of Online Word-of-mouth on Member Growth of a Social Network Site", in *Journal of Marketing*, vol. 73, n. 5, pp. 90-102.

TULL D.S., HAWKINS D.I. (1987), *Marketing Research*, Macmillan Publishing Company, New York.

TUNISINI A. (2003), *Supply chains e strategie di posizionamento*, Carocci, Roma.

TUNISINI A. (2017), *Marketing B2B. Capire e gestire le reti e le relazioni tra imprese*, Hoepli, Milano.

TURBAN E., STRAUSS J., LAI L. (2016), *Social Commerce. Marketing, Technology and Management*, Springer International Publishing, Cham.

URBAN G.L., WEINBERG B.D., HAUSER J.R. (1996), "Premarket Forecasting of Really New Product", in *Journal of Marketing*, vol. 60, January, pp. 74-85.

VALDANI E. (1995), *Marketing strategico. Un'impresa proattiva per sviluppare capacità market driving e valore*, Etas Libri, Milano.

VALDANI E. (2000), *L'impresa proattiva. Coevolvere e competere nell'era dell'immaginazione*, McGraw Hill Italia, Milano.

VALDANI E. (a cura di) (2011), *Marketing management. Progettare e generare valore per il cliente*, Egea, Milano.

VALDANI E., ANCARANI F. (a cura di) (2000), Il *marketing territoriale. Logiche, strumenti e casi nei contesti italiano e internazionale*, Egea, Milano.

VALDANI E., ANCARANI F. (2009), *Marketing strategico*, voll. 1, 2, 3, Egea, Milano.

VALDANI E., BUSACCA B. (1999), "Customer Based View", in *Finanza Marketing e Produzione*, n. 2.

VALETTE-FLORENCE P. (1986), "Les Demarches de Style de Vie: Concepts, Champs d'Investigation et Problèmes Actuels", in *Recherches et Applications en Marketing*, vol. 1, n. 1-2, pp. 41-58.

VAN RAAIJ W.F., VERHALLEN T.M.M. (1994), "Domain Specific Market Segmentation", in *European Journal of Marketing*, vol. 28, n. 10, pp. 49-66.

VARALDO R. (2014), *La nuova partita dell'innovazione. Il futuro dell'industria italiana*, Il Mulino, Bologna.

VARALDO R., DALLI D. (1989), "Le relazioni strategiche tra industria e distribuzione", in *Sinergie*, n. 19.

VARALDO R., DALLI D., RESCINITI R., TUNISINI A. (2009), *Un tesoro emergente*, Franco Angeli, Milano.

VARGO S.L., LUSCH R.F. (2004), "Evolving to a New Dominant Logic for Marketing", in *Journal of Marketing*, vol. 68, n. 1.

VARGO S.L., LUSCH R.F. (2008), "Service-dominant Logic: Continuing the Evolution", in *Journal of the Academy of Marketing Science*, vol. 36, n. 1, pp. 1-10.

VATTIMO G (1989), *La società trasparente*, Garzanti, Milano.

VAZQUEZ R., SANTOS H.L., ALVAREZ L.I. (2001), "Market Orientation, Innovation and Competitive Strategies in Industrial Firms", in *Journal of Strategic Marketing*, vol. 9, n. 1, pp. 9-90.

VEBLEN T. (1899), *The Theory of the Leisure Class: An Economic Study of Institutions*, McMillan, New York.

VELOUTSOU C. (2015), "Brand evaluation, satisfaction and trust as predictors of brand loyalty: the mediator-moderator effect of brand relationships", in *Journal of Consumer Marketing*, vol. 32, n. 6, pp. 405-421.

VELOUTSOU C., CHRISTODOULIDES G., DE CHERNATONY L. (2013), "A taxonomy of measures for consumer-based brand equity: drawing on the views of managers in Europe", in *Journal of Product & Brand Management*, vol. 22, n. 3, pp. 238-248.

VENABLE B.T., GREGORY M., GILBERT F. (2003), "Measuring the Brand Personality of Non-profit Organizations", in *Advances in Consumer Research*, vol. 30, n. 1, pp. 379-380.

VERHOEF P.C., LEEFLANG P.S.H. (2009), "Understanding the Marketing Department's Influence Within the Firm", in *Journal of Marketing*, vol. 73, n. 2, pp. 14-37.

VERONA G., PRANDELLI E. (2006), *Collaborative Innovation*, Carocci, Roma.

VESCOVI T. (2008), "I clienti invadenti e il marketing non convenzionale", in *Micro & Macro Marketing*, n. 3.

VICARI S. (1989), *Nuove dimensioni della concorrenza*, Egea, Milano.

VICARI S. (1991), *L'impresa vivente. Itinerario di una diversa concezione*, Etas Libri, Milano.

VICARI S. (1992), "Risorse aziendali e funzionamento d'impresa", in *Finanza, Marketing e Produzione*, n. 3.

VICARI S. (1995), "Verso il resource-based management", in ID. (a cura di), *Brand Equity. Il potenziale generativo della fiducia*, Egea, Milano.

VICARI S. (1998), *La creatività dell'impresa*, Etas Libri, Milano.

VICARI S. (2001), "Il management della virtualità", in ID. (a cura di), *Economia della virtualità*, Egea, Milano.

VYNCKE P. (2002), "Lifestyle Segmentation: From Attitudes, Interests and Opinions, to Values, Aesthetic Styles, Life Visions and Media Preferences", in *European Journal of Communication*, vol. 17, n. 4, pp. 445-463.

WALLACE D., GIESE J., JOHNSON J. (2004), "Customer Retailer Loyalty in the Context of Multiple Channel Strategies", in *Journal of Retailing*, vol. 80, n. 4, pp. 249-63.

WALSH M.F., LIPINSKI J. (2009), "The Role of the Marketing Function in Small and Medium Sized Enterprises", in *Journal of Small Business and Enterprise Development*, vol. 16, n. 4, p. 569 ss.

WARD J.C., HILL R.P., GARDNER M.P. (1988), "Promotional Games: The Effects of Participation on Mood, Attitude, and Information Processing", *Advances in Consumer Research*", vol. 15.

WATHIEU L., BRENNER L., CARMON Z., CHATTOPADHYAY A., WERTENBROCH K., DROLET A., WU G. (2002), "Consumer Control and Empowerment: A Primer", in *Marketing Letters*, vol. 13, n. 3, pp. 297-305.

WATSON G.H. (1993), *Strategic Benchmarking: How to Rate Your Company's Performance Against the World's Best*, Wiley, New York.

WATTS D.J., DODDS P.S. (2007), "Influentials, Networks, and Public Opinion Formation", in *Journal of Consumer Research*, vol. 34, n. 4.

WE ARE SOCIAL, HOOTSUITE (2018), "Digital in 2018. Essential Insights into Internet, Social Media, Mobile and E-commerce Use Around the World", disponibile online: *https://www.slideshare.net/wearesocial/digital-in-2018-global-overview-86860338* [ultimo accesso: 15/09/2018]

WEBER L. (2007), *Marketing to the Social Web*, John Wiley & Sons Inc., New York.

WEBSTER F.E. (1994), "The Changing Role of Marketing in the Corporation", in *Journal of Marketing*, vol. 56, December, pp. 1-17.

WEBSTER F.E. jr. (2005), "Back to the Future: Integrating Marketing as Tactics, Strategy and Organizational Culture", in *Journal of Marketing*, October.

WEBSTER J.A. (1976), *Growth Opportunity Analysis*, Reston Publishing Inc., Virginia.

WEITZ B.A., BRADFORD K.D. (1999), "Personal Selling and Sales Management: A Relationship Marketing Perspective", in *Journal of the Academy of Marketing Science*, vol. 27.

WELLS D.W. (1975), "Psychographics: A Critical Review", in *Journal of Marketing Research*, vol. 12, n. 2, pp. 196-213.

WELLS D.W. (ed.) (2011), *Life Style and Psychographics. Decatur (GA): Marketing Classics Press* (originally published in 1974, American Marketing Association, Chicago).

WELLS D.W., TIGERT D.J. (1971), "Activities, Interests and Opinions", in *Journal of Advertising Research*, vol. 11, n. 4, pp. 27-35.

WERNERFELT B. (1984), "A Resource-based View of the Firm", in *Strategic Management Journal*, vol. 5, pp. 171-180.

WHELAN S., DAVIES G. (2007), "A Comparative Study of the Corporate Reputation of Irish Versus British Retailers: Lessons for Retail Brand Practice", in *Irish Marketing Review*, vol. 19, n. s i & 2.

WHYTE W.F. (1988), *Learning from the Field. A Guide from Experience*, Sage, London.

WIENER N. (1948), "Cybernetics", in *Scientific American*, vol. 179, n. 5, pp. 14-19.

WILLIAMS C.K. (1988), *Psicologia per il marketing*, Il Mulino, Bologna.

WIND Y., ROBERTSON T.S. (1983), "Marketing Strategy: New Directions for Theory and Research", in *Journal of Marketing*, Spring.

WIPPERFÜRTH A. (2005), *Brand Hijack: Marketing without Marketing*, Portfolio, New York.

WITTEN I.H. (2005), "Text Mining", in M.P. SINGH (ed.), *Practical Handbook of Internet Computing*, Chapman & Hall/CRC Press, Boca Raton, Florida, pp. 14.1-14.22.

WORKMAN J.P. jr., HOMBURG C., GRUNER K. (1998), "Marketing Organization: An Integrative Framework of Dimensions and Determinants", in *Journal of Marketing*, vol. 62, pp. 21-41.

WRIGHT T.P. (1936), "Factors Affecting the Cost of Airplanes", in *Journal of Aeronautical Sciences*", vol. 3, pp. 16-24.

XUN J., REYNOLDS, J. (2010), "Applying Netnography to Market Research: The Case of the Online Forum", in *Journal of Targeting, Measurement and Analysis for Marketing*, vol. 18, n. 1, pp. 17-31.

YANNOPOULOS P. (2011), "Impact of the Internet on Marketing Strategy Formulation", in *International Journal of Business and Social Science*, vol. 2, n. 18, pp. 1-7.

ZARA C. (1997), *La valutazione della marca: il contributo del brand alla creazione del valore d'impresa*, Etas, Milano.

ZEITHAML V.A. (1988), "Consumer Perceptions of Price, Quality and Value", in *Journal of Marketing*, July, pp. 2-22.

ZIFF R. (1971), "Psychographics for Market Segmentation", in *Journal of Advertising Research*, vol. 11, n. 2, pp. 3-9.

ZILIANI C. (2008), *Loyalty marketing. Creare valore attraverso le relazioni*, Egea, Milano.

ZIMMER M.R., Golden L.L. (1988), "Impressions of Retail Stores: A Content Analyses of Consumer Images", in *Journal of Retailing*, vol. 54, n. 3, pp. 265-291.

ZIMMERMAN M.A. (1995), "Psychological Empowerment: Issues and illustrations", in *American Journal of Community Psychology*, vol. 23, n. 5, pp. 581-599.

Finito di stampare nel mese di ottobre 2018
nella Stampatre s.r.l. di Torino
Via Bologna, 220